政府会计实务与案例

《政府会计实务与案例》编写组　编著

中国财经出版传媒集团
经济科学出版社
Economic Science Press

图书在版编目（CIP）数据

政府会计实务与案例/《政府会计实务与案例》编写组编著. —北京：经济科学出版社，2019.4（2019.10 重印）
ISBN 978 – 7 – 5218 – 0455 – 3

Ⅰ. ①政⋯　Ⅱ. ①政⋯　Ⅲ. ①预算会计 – 研究 – 中国
Ⅳ. ①F812.3

中国版本图书馆 CIP 数据核字（2019）第 068484 号

责任编辑：李　磊
责任校对：蒋子明
封面设计：王　颖
责任印制：邱　天

政府会计实务与案例

《政府会计实务与案例》编写组　编著
经济科学出版社出版、发行　新华书店经销
社址：北京市海淀区阜成路甲 28 号　邮编：100142
总编部电话：010-88191217　发行部电话：010-88191522
网址：www.esp.com.cn
电子邮件：esp@ esp.com.cn
天猫网店：经济科学出版社旗舰店
网址：http://jjkxcbs.tmall.com
固安华明印业有限公司印装
880×1230　16 开　36.75 印张　1080000 字
2019 年 5 月第 1 版　2019 年 10 月第 4 次印刷
ISBN 978 – 7 – 5218 – 0455 – 3　定价：128.00 元
（图书出现印装问题，本社负责调换。电话：010 – 88191510）
（版权所有　侵权必究　打击盗版　举报热线：010 – 88191661
　QQ：2242791300　营销中心电话：010 – 88191537
　　　　　　　　电子邮箱：dbts@ esp.com.cn）

前　言

按照《国务院关于批转财政部权责发生制政府综合财务报告制度改革方案的通知》要求，为建立现代财政制度，推进预决算公开，完善政府预算体系，准确核算政府的运行成本，全面加强资产、负债管理，提高政府会计信息的准确性、全面性、可比性，构建起统一科学规范的政府会计标准体系，满足财税体制改革的需要，财政部出台了一系列政府会计准则制度。与现行的行政事业单位会计制度相比，新的政府会计准则制度有很多创新和突破。在我国政府会计发展的历史进程当中，具有里程碑的意义，具有跨时代的意义。

为了指导和帮助行政事业单位会计人员系统、完整、准确地理解新的政府会计准则制度，做好新旧会计制度衔接工作，确保政府会计准则制度有效实施，吉林省政府会计专家学者和实务工作者组织编写了《政府会计实务与案例》一书。本书作者由政府会计咨询专家、长期从事行政事业单位会计工作的实务工作者，财经院校的专家教授以及部分会计领军人才组成。他们对政府会计理论、方法有较为深入的研究，熟悉政府会计核算实务，了解政府会计准则制度的修订背景、指导思想和主要内容。本书不仅可以作为行政事业单位贯彻实施政府会计准则制度的参考书，也可作为行政事业单位会计人员培训的教材，还可以作为高等学校会计学专业教学的参考资料。

本书的主要特点包括：

以新的政府会计准则制度为标准，以政府会计主体会计核算为核心内容，在介绍政府会计的基本理论与方法的基础上，详细讲解了政府会计核算的业务流程及财务报告和决算报告的编制方法，对新制度的解读力求全面、准确和清晰。

以最新的文件制度为依据，把中共中央、国务院和财政部近期颁布的关于加强党政机关经费管理等文件精神融入到了会计核算中，将政府会计主体的会计核算与预算管理、财务管理、内部控制有机结合。

以实用性和可操作性为目标，力求理论密切联系实际，在详细解读一般会计核算业务的基础上，对常用的特殊会计核算业务也进行了诠释，并对主要账务处理业务均配有例题或实例。在第一章政府会计改革和第二十七章新旧会计制度衔接中，清晰地归纳了新旧政府会计制度的差异或变化，简洁地提供了有助于理解新制度内容的背景资料，明确指出了掌握新制度需要关注的重点和难点，有针对性地回答了学习中可能存在的疑惑，便于读者尽快掌握并运用新制度。

本书内容共分四篇二十七章。第一篇为总论，主要介绍政府会计改革有关情况和政府会计理论；第二篇主要按照财务会计五要素介绍财务会计理论与实践内容；第三篇按照预算会计三要素介绍预算会计理论与实践内容；第四篇主要介绍平行记账业务、会计调整和新旧会计制度衔接内容。本书由吉林省政府会计准则咨询委员会的咨询专家集体完成编写。其中：第一篇由咨询专家王文玉、金贞福、常忠利编写；第二篇由咨询专家杨军、李玉英、王晓茹、李华、王艳红、常伟、张福新、徐宗丹、王立、朱延辉、王明锐、谷秀云、苑嫦艳、何敬敏、陈丹、王文玉、梁毕明等人编写；第三篇由咨询专家孟宪敏、崔英波、张春景、朱延辉等人编写；第四篇由咨询专家王文玉、金贞福、徐宗丹、马宇飞、李华、唐月友、赵晓宇、常忠利等人编写，最后由吉林大学特聘教授王文玉、吉林工商学院金贞福副教授对本书进行总纂。在本书的编写过程中，各地一线的会计工作者和专家为此书提供了案例和实务操作建议，省直有关部门、财经院校有关领导提供了协助与支持，在此深表谢意！本书的编写参考并引用了财政部颁布的政府会计准则制度和《新旧行政事业单位会计制度有关衔接问题的处理规定》，还采用了相关政府会计改革方面的部分调研成果等。

由于时间仓促，加之水平有限，书中不妥乃至错误之处在所难免，敬请同仁和广大读者不吝指正。新的政府会计准则制度颁布的时间不长，我们与大家一样也在学习、领会之中，本书的内容还需要后续的修订、充实与完善。我们的电子邮箱是 2320397166@qq.com，读者在学习新会计制度中如有问题，或者发现本书错误之处，恳请通过此邮箱与我们联系。

《政府会计实务与案例》编写组
2018年12月

目 录

第一篇 总 论

第一章 政府会计改革 … 3
第一节 我国政府会计的历史沿革与发展 … 3
第二节 政府会计改革的必要性和紧迫性 … 8
第三节 政府会计改革的原则、目标与任务 … 10
第四节 政府会计的创新与变化 … 12

第二章 政府会计基本理论 … 19
第一节 政府会计概述 … 19
第二节 政府会计法规制度体系 … 22
第三节 政府会计的基本前提和一般原则 … 23
第四节 政府会计的对象、要素和会计等式 … 25
第五节 政府决算报告和财务报告 … 29

第二篇 财务会计

第三章 财务会计概述 … 33
第一节 财务会计的概念和特点 … 33
第二节 财务会计科目设置 … 33
第三节 财务会计与预算会计的关系 … 36

第四章 货币资金 … 37
第一节 货币资金概述 … 37
第二节 库存现金 … 39
第三节 银行存款 … 40
第四节 零余额账户用款额度 … 43
第五节 其他货币资金 … 44

第五章 应收及预付款项 … 46
第一节 应收及预付款项概述 … 46
第二节 财政应返还额度 … 47
第三节 应收票据 … 48
第四节 应收账款 … 51
第五节 其他应收款 … 53
第六节 坏账准备 … 55

	第七节	预付账款	58
	第八节	应收股利	60
	第九节	应收利息	61

第六章 存货 63
  第一节 存货概述 63
  第二节 存货的确认与初始计量 65
  第三节 存货的后续计量 71
  第四节 存货的披露 75

第七章 投资 76
  第一节 投资概述 76
  第二节 短期投资的确认与计量 77
  第三节 长期债权投资的确认与计量 78
  第四节 长期股权投资的确认与计量 80
  第五节 投资的披露 85

第八章 固定资产 86
  第一节 固定资产概述 86
  第二节 固定资产的确认 88
  第三节 固定资产的初始计量 88
  第四节 固定资产的后续计量 97
  第五节 固定资产的披露 105

第九章 无形资产 106
  第一节 无形资产概述 106
  第二节 无形资产的确认 107
  第三节 无形资产的初始计量 107
  第四节 内部研究开发支出的确认和计量 111
  第五节 无形资产的后续计量 113
  第六节 无形资产的披露 118

第十章 公共基础设施 119
  第一节 公共基础设施概述 119
  第二节 公共基础设施的确认 120
  第三节 公共基础设施的初始计量 121
  第四节 公共基础设施的后续计量 125
  第五节 公共基础设施的信息披露 131

第十一章 政府储备物资 132
  第一节 政府储备物资概述 132
  第二节 政府储备物资的确认 133
  第三节 政府储备物资的初始计量 134
  第四节 政府储备物资的后续计量 136
  第五节 政府储备物资的信息披露 142

第十二章 保障性住房 143
  第一节 保障性住房概述 143
  第二节 保障性住房的确认 144
  第三节 保障性住房的初始计量 145
  第四节 保障性住房的后续计量 147

第五节	保障性住房的披露	151

第十三章　文物文化资产和受托代理资产　152
第一节　文物文化资产　152
第二节　受托代理资产　156

第十四章　其他资产　159
第一节　待摊费用　159
第二节　长期待摊费用　160
第三节　待处理财产损溢　160

第十五章　负债　163
第一节　负债概述　163
第二节　举借债务　164
第三节　应付及预收款项　170
第四节　暂收性负债　184
第五节　预计负债　186
第六节　受托代理负债　188
第七节　负债的披露　189

第十六章　净资产　190
第一节　净资产概述　190
第二节　累计盈余　192
第三节　专用基金　195
第四节　权益法调整　199
第五节　本期盈余　201
第六节　本年盈余分配　202
第七节　无偿调拨净资产　203
第八节　以前年度盈余调整　205

第十七章　收入　208
第一节　收入概述　208
第二节　财政拨款收入　209
第三节　事业收入　212
第四节　上级补助收入　219
第五节　附属单位上缴收入　220
第六节　经营收入　221
第七节　非同级财政拨款收入　222
第八节　投资收益　223
第九节　捐赠收入和利息收入　224
第十节　租金收入和其他收入　225

第十八章　费用　228
第一节　费用概述　228
第二节　业务活动费用　231
第三节　单位管理费用　235
第四节　经营费用　238
第五节　资产处置费用　240
第六节　上缴上级费用　242
第七节　对附属单位补助费用　242

第八节 所得税费用 243
第九节 其他费用 244

第十九章 财务会计报告 247
第一节 财务报告概述 247
第二节 资产负债表 249
第三节 收入费用表 255
第四节 净资产变动表 258
第五节 现金流量表 260
第六节 财务报表附注 263
第七节 部门（单位）合并财务报表 271

第三篇 预算会计

第二十章 政府预算会计概述 287
第一节 政府预算会计的概念和特点 287
第二节 政府预算会计科目 288

第二十一章 预算收入 290
第一节 预算收入概述 290
第二节 财政拨款预算收入 290
第三节 事业预算收入 292
第四节 上级补助预算收入 296
第五节 附属单位上缴预算收入 297
第六节 经营预算收入 298
第七节 债务预算收入 299
第八节 非同级财政拨款预算收入 300
第九节 投资预算收益 301
第十节 其他预算收入 302

第二十二章 预算支出 304
第一节 预算支出概述 304
第二节 行政支出 304
第三节 事业支出 307
第四节 经营支出 312
第五节 上缴上级支出 314
第六节 对附属单位补助支出 314
第七节 投资支出 315
第八节 债务还本支出 316
第九节 其他支出 316

第二十三章 预算结余 319
第一节 预算结余概述 319
第二节 资金结存 320
第三节 财政拨款结转结余 323
第四节 非财政拨款结转结余 329
第五节 专用结余 334
第六节 经营结余和其他结余 335
第七节 非财政拨款结余分配 337

第二十四章	决算报告	339
第一节	决算报告概述	339
第二节	预算收入支出表	340
第三节	预算结转结余变动表	342
第四节	财政拨款预算收入支出表	345

第四篇　平行记账会计调整与新旧会计制度衔接

第二十五章	政府财务会计与预算会计平行记账	349
第一节	政府财务会计与预算会计平行记账概述	349
第二节	资产业务的平行记账	353
第三节	负债业务的平行记账	393
第四节	净资产业务的平行记账	408
第五节	收入（预算收入）业务的平行记账	413
第六节	费用（预算支出）业务的平行记账	423
第七节	预算结余业务的平行记账	434
第二十六章	会计调整	443
第一节	会计政策及其变更	443
第二节	会计估计及其变更	448
第三节	会计政策变更与会计估计变更的划分	450
第四节	会计差错及其更正	451
第五节	报告日后事项	453
第二十七章	新旧会计制度衔接	459
第一节	新旧会计制度衔接概述	459
第二节	行政单位新旧会计制度衔接	463
第三节	事业单位新旧会计制度衔接	472
第四节	高等学校新旧会计制度衔接	487
第五节	中小学校新旧会计制度衔接	502
第六节	科学事业单位新旧会计制度衔接	516
第七节	彩票机构新旧会计制度衔接	530
第八节	医院新旧会计制度衔接	544
第九节	基层医疗卫生机构新旧会计制度衔接	556
第十节	基本建设账数据的并账方法	568

第一篇 总 论

第一章 政府会计改革

第一节 我国政府会计的历史沿革与发展

政府会计是随着国家的出现而出现的。我国是世界上建立政府会计最早的国家之一，几乎从有文字记载开始就有了政府会计的雏形。在三千多年前商代"殷墟书契"的甲骨文中，就已经有了商王朝财政收支的记录，这也是世界上最古老的政府会计记录。早在公元前十一世纪的西周时期，政府会计被称为"官厅会计"，设有专门的会计机构和会计官员，会计事项的处理和方法也与当时的国家财政收支特点相适应，例如有"岁会""月要""日成"的规定，类似现代的年报、月报和旬报。唐代设置有"度支部"，宋代设置有"总计司""会计司"等专门组织来"总考天下财赋收入"。

新中国成立以来，我国会计体系包括企业会计和预算会计，后者包括财政总预算会计、行政单位会计和事业单位会计等。预算会计是反映各级政府财政部门、使用预算拨款的各级行政单位和各类事业单位核算和监督各项财政性资金活动、单位预算资金的运动过程和结果以及有关经营收支情况的一门专业会计，又被称为"政府会计"。我国政府会计制度经历了一个不断实践、不断总结、不断改革和不断完善的渐进过程。

一、政府会计体系的初步形成（1949—1952年）

新中国成立初期，人民政府财政工作所面临的形势十分严峻，严重的经济困难、巨额的财政赤字和剧烈波动的物价。一方面，随着新政权的建立，百废待兴、百事待举，支出需求剧增。主要原因：一是由于当时解放战争尚未完全结束，为了实现全国解放，还必须支出大量的军费；二是开展正常的国家政务活动，巩固政权，稳定社会秩序必须有正常的经费保障；三是恢复被破坏的生产和交通，救济灾民和失业的工人，同时接收了大量原属国民党政府的军政公教人员等等，开支巨大。另一方面，这一时期的财政收入增加非常缓慢，主要原因：一是解放战争进展迅速，新解放区的城市和农村的税收制度还来不及建立，而老解放区的负担能力有限，不能满足浩大的财政开支；二是接收的一些老企业濒临破产，还不能恢复正常生产，而新建的国有企业，在短时间内还不能给国家提供利润；三是残余土匪尚未肃清，铁路公路尚未完全恢复，城乡物资交流不畅，造成税源不旺。

为了扭转这种困难局面，根据《中国人民政治协商会议共同纲领》的要求，我国于1950年采取了统一财政经济管理的重大决策，对财政管理实行了高度集中的统收统支办法，开始编制1950年全国财政收支概算。1949年12月27日，当时的政务院发布《关于1949年财政决算及1950年财政预算编制的指示》，要求各级政府和中央直属企业部门编制1949年财政收支决算和1950年预算，按规定时间编制上报，并明确规定政府预算实行历年制，从公历1月1日起至12月31日止为一个预算年度，同时规定了预算编制的具体方法和要求。1950年3月政务院作出《关于统一国家财政经济工作的决定》。1951年，政务院发布《预算决算暂行条例》规定了国家预算的组织体系，各级人民政府的预算权，各级预算的编制、审查、核定等执行的程序，决算的编制与审定程序等，这标志着我国高度集中统收统支的预算体制初步确立。

《中国人民政治协商会议共同纲领》和《预算决算暂行条例》中涉及预算管理的有关规定是设计预

会计制度的框架依据。1950年3月3日，政务院公布《中央金库条例》，其后财政部制订相关会计制度的《施行细则》，这是新中国在会计核算制度方面颁布的第一部行政规章。1950年4月，我国通过颁布《各级税务机关暂行会计制度》，建立了全国统一的税务会计规范。1950年10月27日，财政部召开全国预算、会计、金库制度会议。在此基础上，财政部于1950年12月颁布了《各级人民政府暂行总预算会计制度》和《各级人民政府暂行单位预算会计制度》，第一次对预算会计的名称与体系进行了界定，并对会计科目、会计报表、记账方法和会计年度等内容制定了统一标准。这两个制度比较系统、全面、明确地规定了我国预算会计的组织管理体系与核算要求，既是纲领性的规定，又是操作性的范本，奠定了我国预算会计工作的基础，初步建立了统一的预算会计制度和核算体系，堪称新中国预算会计体系和会计方法的奠基石。

1951年，财政部修订了《各级人民政府暂行单位预算会计制度》，规定单位预算会计"采用复式簿记原理，按借贷记账法登记账目"。修订之后的制度为各级总会计单位可根据实际需要来采用收付记账法留有余地，事实上，此后统一采用借贷记账法的趋向已十分明确。

国民经济恢复时期，我国的预算管理权限高度集中于中央政府，一切财政收支项目、税收制度、供给标准、人员编制都由中央决定。全国总预算和决算要由中央政府批准执行，地方预算须由中央政府核定，地方决算要报中央政府审查。此时，我国政府预算管理制度中的金库、税务、总预算及单位预算有了统一的会计规范，从而使政府的经济管理工作得到切实保障。

二、改革开放前的波动阶段（1953—1978年）

在这一阶段，我国实行"统一领导、分级管理"的预算管理体制，其做法是由中央核定地方的收支指标，凡收大于支的地方上交收入，凡支大于收的地方由中央补助。政府预算制度带有典型的计划经济特征：在预算形式上采用单式预算；预算编制原则上贯彻国民经济综合平衡原则；预算编制方法上长期沿用基数法编制预算；预算编制程序上采用自下而上和自上而下，上下结合，逐级汇总的方法，而具体到不同的部门、单位以及不同类别的支出，预算管理的方法又不尽相同。计划经济体制下，基本建设资金在预算支出中所占的比重最大，对这部分资金相继采用了以下预算管理方法：1958年以前，基本建设支出预算的编制与分配职能由财政部门直接行使；1958年以后，财政部门委托建设银行经办；从1956年开始，基本建设预算拨款实行"上存下支"的资金供应体制，并由财政部门审批基本建设年度财务决算，办理投资核销，这种办法一直沿用到改革开放前夕。

与此相适应，预算会计制度伴随着预算体制的变迁而不断改革。1953年，在吸收苏联经验的基础上，我国对总预算会计制度的主要内容进行了大幅修订，把会计科目由原来的五类（岁入、岁出、资产、负债、资产负债共同类）合并为两大类（资产与负债），并在之后的三年里又陆续开展了一系列改革。1954年，两部暂行预算会计制度分别就其适用范围作了调整。由于中央及各省的会计处理在繁简程度和报表要求上与县（市）不同，《各级人民政府暂行总预算会计制度》的适用范围划分为中央、省和县（市）两部分，分别使用。《各级人民政府暂行单位预算会计制度》也因适用范围内涵不明确，而将其明确为"各级人民政府所属机关、事业机关、企业主管机关和团体"。为简化会计事务，加快会计报表编报进度，1954年财政部推行了《单位预算会计简易处理办法》。这些制度安排使预算会计在"一五"时期得到稳步发展。

1958年开始，进入"大跃进"时期，政府及非营利组织会计工作遭受严重挫折。由于片面地强调人的主观能动性，不讲客观条件和可能，把必要的规章制度当成束缚群众手脚的条条框框，在"要算政治账，不算经济账"的错误口号下，搞所谓"先破后立"，使合理的规章制度被废除，财政、财务、会计工作的正常秩序被打乱。政府及非营利组织会计机构和人员被裁减，各项规章制度受到破坏，全国统一的政府及非营利组织会计工作难以正常开展，预算会计制度和会计基础工作受到严重破坏。

面对严峻形势，党中央、国务院适时提出了"调整、巩固、充实、提高"的八字方针，对国民经济进行调整，并着手纠正"大跃进"中的一些错误做法。1962年5月财政部与中国人民银行联合召开第一次全国工作会议，要求整顿和充实会计工作，使各级领导和广大会计人员对会计工作重要性的认识有所深化。财政部加大了规范会计工作的力度，从而迅速扭转了预算会计的混乱局面，整顿和健全了预算会计工作秩序，加强了会计核算与监督。财政部于1963年春出台了《地方财政机关总预算会计制度》，1966年出台了《行政事业单位预算会计制度》，并于1965年秋召开全国预算会计会议，总结了新中国成立以来的预算会计理论成果与实践经验，确定了预算会计的职能是服务于国家预算管理。同时进一步完善了《行政事业单位预算会计制度》和《地方财政机关总预算会计制度》，在记账方法上，指出"借贷记账法，不够通俗易懂，不便于领导和群众监督"。根据预算会计办理收支的特点、改为"同收同付有收有付的收付记账法"。对于个别地区认为"增减记账法"或者"反收付记账法"好用的也允许试行。由此，"收付记账法"替代了"借贷记账法"，并通过行政措施使新的记账方法在全国的预算单位迅速启动，这是预算会计制度变迁的重要转折点。

然而随着1966年"文化大革命"的开始，预算会计工作走入低谷，受到严重的冲击。政府及非营利组织会计工作再次遭到严重破坏，许多会计机构被撤并，会计人员被精简下放，会计工作濒临崩溃的边缘。1969年，作为主管全国预算会计工作的财政部预算司被合并调整为一个小组，预算会计管理工作完全停滞。

三、改革开放初期政府会计修订阶段（1978—1993年）

1978年开始，我国进行了举世瞩目的经济体制改革。随着传统的计划经济向社会主义市场经济体制逐步转化，国民经济各方面包括财税、金融、行政事业单位财务管理体制等等，都发生了巨大的变化。1980年由分级管理的预算体制演变为"划分收支、分级包干"体制，这是预算体制的一次重大变迁，使地方政府初步成为责权利相结合的预算主体。其特征是：在总额分成的基础上对超收部分加大地方留成比例，以调动地方政府增收的积极性。但是，随着市场在资源配置中作用的扩大，分级包干体制暴露出诸多弊端。例如，税收调节功能弱化，影响统一市场的形成；中央财政收入比重不断下降，弱化了中央政府的宏观调控能力。从总体上看，分级包干体制已不适应市场经济发展的要求。作为国家预算管理重要组成部分的预算会计，既有同预算体制改革配套的问题，又有自身制度创新的问题。伴随着预算管理体制的改革，预算会计也进行了相应的制度调整。

1983年至1985年，财政部相继出台了新修订的《财政机关总预算会计制度》和新制定的《中华人民共和国国家金库条例》《中央国库条例实施细则》。80年代初，为配合改革推进，财政部制定了许多会计核算方法，然而该阶段的预算会计制度改革只是个别研究一些实际操作性问题，预算会计的整体改革并未取得实质性进展。在1989年的全国预算会计工作会议上，财政部对《行政事业单位会计制度》与《财政机关总预算会计制度》进行了修订，并宣布新制度从1989年起开始执行。此次单位预算会计改革的重点如下：一是对单位预算会计名称予以规范，并拓宽其制度适用面；二是为适应行政事业单位的预算管理体制和财务制度改革的形势，制定配套的会计科目和核算办法，以满足采用差额、全额和自收自支预算管理方式的行政事业机构会计核算的需要；三是围绕行政事业单位的职能特点与财务管理情况，充实了会计核算的内容。在总预算会计上的改革内容主要是：界定了总预算会计的职能；财政部门可依照财政拨款数额列支处理科技三项费用；制定乡（镇）一级的财政总会计制度，并对其权限作出具体规定。这次改革特别是新《事业行政单位预算会计制度》的执行，使各级事业单位的会计管理体制摆脱了过去高度统一的状态，走上"统一领导、分级管理"的道路，对经济社会的发展起到了良好的促进作用。

四、政府会计改革探索阶段（1994—2010年）

1994年，我国全面开始社会主义市场经济改革，财政管理体制迎来了改革的春天。同年起，我国财政体制开始实施分税制。新体制下，旧的预算会计制度局限了预算会计职能的行使，按照市场经济规则改革政府会计刻不容缓。为此，1993年底财政部正式启动预算会计改革，在1994年2月筹建了预算会计改革常务工作组，着手研究、起草预算会计准则和会计制度草案。财政部于1996年2月颁布了《预算会计核算制度改革要点》，在指导思想、改革目标、会计体系、核算方法和改革步骤等方面明确了预算会计的改革。在三年多的努力下，《财政总预算会计制度》《事业单位会计准则（试行）》《事业单位会计制度》和《行政单位会计制度》四项会计制度在1997到1998年间先后发布，并在1998年正式开始执行，使预算会计体系有了基本的制度框架。这次改革的主要内容是：将预算会计体系中的单位预算会计细分为行政和事业两类单位预算会计，将乡级预算会计纳入财政总预算会计范围；首次提出了准则管理的事业会计核算管理模式和会计要素概念，明确了会计的五大要素为资产、负债、净资产、收入和支出；改革了记账方法，以借贷记账法取代收付记账法；统一管理和核算行政、事业单位的全部预算内外资金；针对行政、事业两类单位会计分设两套会计科目；调整包干经费支出的列支依据，以财政拨款数为准，不再采用银行支出数；对财政周转金的核算和新的报表体系进行规范。"一套准则、三套会计制度"重新划分了我国预算会计体系，摆脱了计划经济体制下的模式，初步建立起适合市场经济需要的预算会计制度体系。

随后，财政部根据事业单位经济活动的发展需要，制定了《科学事业单位会计制度》《医院会计制度》《中小学会计制度》《高等学校会计制度》和《测绘事业单位会计制度》等行业会计制度和相关的补充规定、暂行规定。事业单位会计准则统驭的各类事业单位会计制度与行政单位会计制度和财政总预算会计制度三部分共同组成了该阶段我国政府及非营利组织会计规范体系。

1999年9月，财政部在《关于改进2000年中央预算编制的意见》中要求，2000年选择部分部门试行部门预算编制方法。随后，国家根据建立公共财政的要求，先后推行了编制部门预算、深化"收支两条线"管理、政府收支重新分类、政府采购、实施国库集中收付制度、推行政府采购制度、建设"金财工程"的改革措施。一系列制度安排表明，我国预算体制已经进入总体保持基本稳定、局部渐进式趋于完善的体制变迁阶段，实施的各项预算改革措施，相辅相成，规范了预算资金范围界定、预算编制、预算执行等预算管理环节，初步建立起与公共财政相适应的政府预算制度框架，并在提高预算管理水平、加强预算约束方面显现出良好效果。

在我国预算体制渐趋完善的演进中，中央和地方财政结合自身预算管理改革的需要，仅对预算会计的核算内容和方法中与新推行的预算制度不适应之处进行了局部的制度调整，并未从总体上打破1997年底建立的预算会计核算体系。随着财政管理体制改革步伐的加快，按照公共财政理论设计的预算管理模式已开始建立，预算编制、预算执行等环节的管理制度正在发生根本性的变化，"一套准则、三套会计制度"的不足与弊端日益凸显：收付实现制难以全面反映单位的财务状况和提供关于政府行为的长期持续能力的信息；对各期收益和费用水平的反映不尽合理，不能将政府服务的程度、成本与绩效配比，难以满足公共财政改革的需要；现行预算会计体系自身存在缺陷，我国现行预算会计体系包括财政总会计、行政单位会计和事业单位会计三者，它们可看成两种不同性质的经济活动，政府部门及行政单位的收入依靠强制性行政力量获得，支出依赖政府拨款。而部分事业单位拥有自身业务收入，相当大一部分能做到收支相抵。若将它们统一于一个会计体系之下，不利于会计职能的发挥。

理论界还认为，我国预算会计，特别是财政总预算会计，既类似于政府财务会计，又不同于政府财务会计。类似前者，主要体现在财政总预算会计既反映了政府预算执行的实际情况和结果的信息，也反映了与当期预算执行相关的财务收支情况和财务状况以及政府在执行收支预算过程中产生的债权债务等。不同于后者，因为财政总预算会计只反映当期预算执行相关的财务收支情况及财务状况，并没有从连续、全面、系统、完整的角度反映预算收支对政府财务活动情况及财务状况产生的当期影响及连续影响。

此外，民间非营利组织大量涌现，事业单位正逐步分化为公立性非营利组织和企业性质的经济组织，而预算会计制度适用的事业单位仅指国有事业单位，不包括非国有事业单位，导致民办、外资或混合制事业单位在选择应遵循的会计制度时发生困难。现行政府及非营利组织会计规范体系已经不能满足社会经济环境的变化和行政、事业单位业务发展的需要，需要重新划分政府及非营利组织会计的组成体系，对现行的政府及非营利组织会计规范体系进行改革。

根据《关于改进2000年中央预算编制的意见》，从1999年开始，财政部先后在全国范围内推进了部门预算改革，陕西、安徽、天津等部分省市也结合本地实际，先后创新了预算管理制度的改革方式。紧接着，为实现构建公共财政的目标，国家先后在国库集中支付、政府采购和政府收支分类等领域进行改革，并相应出台一系列制度措施，标志着我国已步入全面推进公共财政体制改革阶段。为了适应公共财政体制的各项改革需要，各级财政结合本地区预算管理改革的实际情况，针对预算会计中与体制不协调的核算方法和内容作出了局部制度改动，其中财政总预算会计于2001年补充修订了预算外资金财政专户的核算办法。针对实际情况，中央相关部门也相继制定了更为合理的核算制度与具体业务的核算办法，如农业综合开发资金、三峡库区移民资金、国库管理制度改革年终预算结余资金等均有了专门的制度规范。一些特殊事业单位的会计制度也在国库管理制度改革的大背景下得到了规范，如彩票发行与销售机构的会计制度等。2004年8月18日，财政部发布了《民间非营利组织会计制度》，要求适用的民间非营利组织自2005年1月1日起开始执行。该制度在制定过程中，充分吸收了我国企业会计改革成果，并借鉴了相关国际惯例，引入了区分交换交易与非交换交易规范收入确认原则、净资产区分为限定性与非限定性进行列报等会计理念和会计处理规定，对规范民间非营利组织会计核算行为、丰富我国会计理论、完善我国会计标准建设具有积极意义。它也是我国第一部民间非营利组织的会计制度，填补了我国会计规范的一项空白。

2007年，政府会计改革首次被写入《国民经济和社会发展第十一个五年规划纲要》，其目标是要按照社会主义市场经济条件下公共财政管理的要求，建立规范、统一的政府会计准则体系、制度体系和政府综合年度财务报告制度。按照"总体规划、先易后难、重点突破、逐步推进"的原则，从政府单位范围、政府会计制度体系和准则体系、政府年度财务报告制度和实施权责发生制等方面开展深入研究。尽管作了如此多的修订，但并未从总体上打破1997年底建立的预算会计核算体系。

五、政府会计全面改革阶段（2011年至今）

随着公共财政体制的建立和完善，为了适应财政改革需要，财政部于2010年率先从医疗卫生行业入手，修订发布了《基层医疗卫生机构会计制度》《医院会计制度》；2012年为配合事业单位财务管理改革的需要，适时修订发布了《事业单位会计准则》《事业单位会计制度》；在此基础上，又于2013年修订发布了《行政单位会计制度》《高等学校会计制度》《中小学校会计制度》《科学事业单位会计制度》，制定发布了《彩票机构会计制度》。另外，为了进一步提高行政事业单位内部管理水平，规范内部控制，加强廉政风险防控机制建设，财政部于2012年制定发布了《行政事业单位内部控制规范（试行）》。上述各项工作顺应了中央分类推进事业单位改革的要求，满足了财政预算管理改革的需求，对于规范行政事业单位会计行为，保证会计信息质量，提高公共资金透明度，促进各项事业健康发展发挥了重要的作用。同时，也为政府会计改革积累了经验、奠定了基础。

财政部在积极推进政府会计改革的同时，在前期大量理论研究基础上，从2009年开始在海南省开展政府会计改革试点。海南省政府会计改革的主要目标定位于满足财务和预算管理双重需要，主要内容是整合现行行政事业单位会计制度，建立预算会计与财务会计有机结合的政府会计体系，分步推进权责发生制，改革财务报告制度，实行项目成本归集管理等。试点工作中的做法和经验对全面推进我国政府会计改革具有一定的参考价值。作为政府会计改革的一项尝试性工作，财政部自2010年起选择部分省份开展权责发生制的政府综合财务报告试编工作，主要思路和做法是，在尚未制定政府会计准则的情况下，通过转换预算数据以及搜集整理并汇总反映政府相关财务信息，试编权责发生制的政府综合财务报告。2015年11月16日，财政部印发了《政府财务报告编制办法（试行）》，从2017年起开始编制2016年度政府财务报告。

2014年8月31日，十二届全国人大常委会通过了关于修改预算法的决定，修改后的《中华人民共和国预算法》于2015年1月1日起施行。预算和会计是孪生和互补的关系，预算法的改革需要以政府会计改革为支撑，而预算法的修订也为政府会计改革奠定了法律基础。预算法引入"权责发生制"。《预算法》第五十八条规定：各级预算的收入和支出实行收付实现制。特定事项按照国务院的规定实行权责发生制的有关情况，应当向本级人民代表大会常务委员会报告。《预算法》第九十七条规定：各级政府财政部门应当按年度编制以权责发生制为基础的政府综合财务报告，报告政府整体财务状况、运行情况和财政中长期可持续性，报本级人民代表大会常务委员会备案。这是我国首次在正式立法中对政府综合财务报告和预算的记账基础分别作出相关规定，为政府会计的改革进一步指明了方向，减少了理论的纷争。权责发生制的政府综合财务报告制度将从根本上提高政府财务信息的透明度，使信息需求者更加清晰地了解和掌握政府财政运行情况。这就要求在政府会计体系上必须加强政府会计信息公开的规范性，确保无论是上级部门，还是本级人民代表大会，抑或是普通社会公众，在掌握基础的政府会计相关知识的前提下，都可以从财务报告等政府会计信息中获取各自需要的关于政府收入、支出、负债、资产等详细的财务信息。

2014年12月12日，国务院批转财政部《权责发生制政府综合财务报告制度改革方案》，确立了政府会计改革的指导思想、总体目标、基本原则、主要任务、具体内容、配套措施、实施步骤和组织保障。《改革方案》提出，权责发生制政府综合财务报告制度改革是基于政府会计规则的重大改革，其前提和基础就是要构建统一、科学、规范的政府会计准则体系，包括制定政府会计基本准则、具体准则及应用指南和健全完善政府会计制度。

2015年10月23日，财政部令第78号公布《政府会计准则——基本准则》。基本准则自2017年1月1日起施行。2016年7月6日财政部印发了《政府会计准则第1号——存货》《政府会计准则第2号——投资》《政府会计准则第3号——固定资产》和《政府会计准则第4号——无形资产》，自2017年1月1日起施行。2017年2月21日财政部印发了《政府会计准则第3号——固定资产》应用指南。2017年4月17日财政部印发了《政府会计准则第5号——公共基础设施》，自2018年1月1日起施行。2017年7月28日财政部印发了《政府会计准则第6号——政府储备物资》，自2018年1月1日起施行。2018年10月21日财政部印发了《政府会计准则第7号——会计调整》，自2019年1月1日起施行。2018年11月9日财政部印发了《政府会计准则第8号——负债》，自2019年1月1日起施行。2018年12月26日，财政部印发了《政府会计准则第9号——财务报表编制与列报》，自2019年1月1日起施行。2017年10月24日财政部印发了《政府会计制度——行政事业单位会计科目和报表》，自2019年1月1日起施行。至此，我国政府会计迈入全面改革的历史新阶段。

第二节 政府会计改革的必要性和紧迫性

党的十八届三中全会《中共中央关于全面深化改革若干重大问题的决定》（以下简称《决定》）指出，财政是国家治理的基础和重要支柱，这是从"完善和发展中国特色社会主义制度，推进国家治理体系和治理能力现代化"的战略高度对财政职能作用的重要论断，充分表明了新一届中央领导集体对当前财税领域形势的清醒认识和准确把握，对财税体制改革在整个改革中基础和支撑作用的准确定位，以及对财政改革发展的高度重视。政府会计改革是财政改革的一个重要组成部分。目前，我国实行的是以收付实现制为基础的预算会计，尚未建立以权责发生制为基础的政府会计体系，在新的形势下，立足国情，借鉴国际经验，加快推进政府会计改革势在必行。

一、我国政府会计制度现状及问题

多年来，我国在政府会计领域实行的是以收付实现制为核算基础的预算会计标准体系，主要包括财政总预算会计制度、行政单位会计制度和事业单位会计准则制度，其中，事业单位会计体系包括事业单位会计准则、事业单位会计制度以及医院、高等学校、中小学校、科学事业单位、彩票机构等事业单位会计制度。此外，现行政府会计体系还包括参与预算执行的国库会计、税收征解会计，以及国有建设单位会计、社会保险基金会计、政府性基金会计和若干会计核算补充规定等。

现行政府会计制度具有以下主要特点：一是会计目标方面，偏重于满足财政预算管理的需要，行政事业单位会计在一定程度上兼顾了单位财务管理需要；二是核算内容方面，侧重于预算收入、支出和结余情况。资产负债状况有一定程度反映，但核算范围较窄，特别是在财政总预算会计中，资产负债核算范围仅限于存款和往来款项；三是核算基础方面，主要以收付实现制为基础，即各项收入、支出的确认不是以应收应付，而是以实际收到、付出款项为标准；四是财务报告方面，主要提供的是反映财政总预算资金、单个行政事业单位、单项基金等预算收支执行结果的信息。

我国现行政府会计制度是为适应财政预算管理要求建立和逐步发展起来的，为财政资金的运行管理和宏观经济决策发挥了重要的基础性作用。然而，随着我国政府职能的转变和公共财政体制的建立和完善，现行政府会计制度的缺陷逐渐显现，难以适应新形势的需要，主要表现为：一是不能如实反映政府

"家底"，不利于政府加强资产负债管理，防范和降低财政风险；二是不能客观反映政府运行成本，不利于科学评价政府的运营绩效；三是缺乏统一、规范的政府会计标准体系，不能提供信息准确完整的政府财务报告。

二、加快推进政府会计改革势在必行

近年来，全国人大代表、有关专家等纷纷呼吁，要求加快推进政府会计改革，建立能够真实反映政府"家底"、绩效及预算执行情况的政府会计体系，审计署也提出了相关建议。与此同时，国际上一些发达国家都不同程度地进行了权责发生制政府会计改革，取得了较好的效果。早在2006年，我国《国民经济和社会发展"十一五"规划纲要》就已提出"推进政府会计改革"，2011年，"十二五"规划纲要再次提出，要"进一步推进政府会计改革，逐步建立政府财务报告制度"；2013年，中共中央、国务院印发的《党政机关厉行节约反对浪费条例》第九条也明确要求，"推进政府会计改革，进一步健全会计制度，准确核算机关运行经费，全面反映行政成本"。党的十八届三中全会更是从全面深化改革的战略高度，在全会《决定》中明确提出要"建立权责发生制的政府综合财务报告制度"。这些要求充分体现了新时期政府会计改革的必要性，也体现了政府会计改革在加强公共资金管理，推进国家治理体系和治理能力现代化中的重要作用。因此，在新的形势下，总结已有经验，调动一切积极力量，加快推进政府会计改革，建立和实施统一的权责发生制政府会计准则，及时、准确、完整地公开政府整体财务状况、运行情况及预算执行等信息，具有深远的现实意义，也是一项十分紧迫的政治任务。

国际上，自20世纪80年代以来，在新公共管理运动推动下，不少国家都不同程度地进行了权责发生制政府会计改革。改革的实践证明，推进政府会计改革，对于这些国家强化政府的公众受托责任、提高政府公共支出管理水平、增强政府财政透明度、合理评价政府绩效、防范财政风险、增强财政可持续性等都起到了重要作用。据了解，目前一半以上的经济合作发展组织（OECD）成员国都不同程度地实施了权责发生制政府会计。国际货币基金组织（IMF）、国际会计师联合会（IFAC）等国际组织大力呼吁和促进各国建立权责发生制政府会计标准，提供权责发生制政府会计信息。因此，在日益全球化的今天，加快推进政府会计改革，也是提升政府财政透明度，展现国家良好形象，融入全球化竞争的必然趋势。

三、政府会计改革意义重大

党的十八届三中全会通过的《决定》提出了"建立权责发生制的政府综合财务报告制度"重要战略部署。2014年12月，国务院批转了财政部《权责发生制政府综合财务报告制度改革方案》（以下简称《改革方案》），确立了政府会计改革的指导思想、总体目标、基本原则、主要任务和实施步骤，充分体现了党中央、国务院对全面推进我国政府会计改革的高度重视。全面推进政府会计改革，对于建立现代财政制度、建设法治政府，提升国家治理体系和治理能力现代化，都有重要意义。

第一，推进政府会计改革，是建立现代财政制度的迫切需要。财政是国家治理的基础和重要支柱。政府会计是财政管理的一项重要基础工作。政府会计改革的一项重大突破，就是在政府领域引入权责发生制理念，在权责发生制下，对资产、负债等会计要素的概念、信息质量特征，都作出了重新界定、提出了新的要求，从而保证政府资产、负债等信息得以如实记录、完整反映，有利于全面反映政府财务状况、财政能力和财政责任，有利于进一步加强政府的资产管理和控制债务风险，有利于健全预算管理基础，对于建立全面规范、公开透明的现代预算制度，促进财政可持续发展，具有重要的基础性作用。

第二，推进政府会计改革，是建设法治政府的内在要求。通过政府会计改革，在政府综合财务报告中引入成本、绩效等先进理念，能够合理归集、反映政府的运行费用和履职成本，科学评价政府、部门、单位等耗费公共资源、成本边际等情况，有利于建立并有效实施预算绩效评价制度，有利于合理界定中央与地方政府间的财政关系，有利于科学评价政府履行责任情况和更好地接受公众监督，从而为政府依法理财、依法履行职责奠定基础。

第三，推进政府会计改革，是提升国家治理体系和治理能力现代化的重要基础。通过政府会计改革，建立健全政府财务报告体系、政府财务报告审计和公开机制，能够全面、清晰地反映政府预算执行信息和财务状况，满足权力机关、社会公众等对政府财政财务信息全面性、准确性和及时性的需求，并为制定财政中长期规划、国民经济和社会发展中长期规划以及国家相关宏观政策提供依据，从而有利于改进和加强财政管理，进一步规范政府行为和提高政府决策能力，促进国家治理体系和治理能力现代化。

第三节　政府会计改革的原则、目标与任务

一、政府会计改革的原则

1. 立足中国国情，借鉴国际经验。在充分考虑我国政府财政财务管理特点的基础上，积极借鉴我国企业会计改革的成功做法，吸收国际公共部门会计准则、有关国家政府财务报告制度改革的有益经验，构建具有中国特色的政府综合财务报告制度。

2. 坚持继承发展，注重改革创新。积极吸收近年来完善现行政府会计制度、行政事业单位会计改革以及政府综合财务报告试编中取得的经验，注重制度创新，强化信息技术支撑，准确反映政府资产负债状况和运行成本，促进政府规范管理和有效监督。

3. 坚持公开透明，便于社会监督。按照政府信息公开要求，规范公开内容和程序，促进公开常态化、规范化和法制化，满足各有关方面对政府财务状况信息的需求，进一步增强政府透明度。

4. 做好总体规划，稳妥有序推进。科学合理设计改革总体框架和目标，指导改革有序推进。充分考虑改革的复杂性和艰巨性，先行试点，由易到难，分步实施，积极稳妥地推进改革。

二、政府会计改革的总体目标

权责发生制政府综合财务报告制度改革是基于政府会计规则的重大改革，总体目标是通过构建统一、科学、规范的政府会计准则体系，建立健全政府财务报告编制办法，适度分离政府财务会计与预算会计、政府财务报告与决算报告功能，全面、清晰地反映政府财务信息和预算执行信息，为开展政府信用评级、加强资产负债管理、改进政府绩效监督考核、防范财政风险等提供支持，促进政府财务管理水平提高和财政经济可持续发展。

三、政府会计改革的主要任务

1. 建立健全政府会计核算体系。推进财务会计与预算会计适度分离并相互衔接，在完善预算会计功能基础上，增强政府财务会计功能，夯实政府财务报告核算基础，为中长期财政发展、宏观调控和政府信用评级服务。

2. 建立健全政府财务报告体系。政府财务报告主要包括政府部门财务报告和政府综合财务报告。政府部门编制部门财务报告，反映本部门的财务状况和运行情况；财政部门编制政府综合财务报告，反映政府整体的财务状况、运行情况和财政中长期可持续性。

3. 建立健全政府财务报告审计和公开机制。政府综合财务报告和部门财务报告按规定接受审计。审计后的政府综合财务报告与审计报告依法报本级人民代表大会常务委员会备案，并按规定向社会公开。

4. 建立健全政府财务报告分析应用体系。以政府财务报告反映的信息为基础，采用科学方法，系统分析政府的财务状况、运行成本和财政中长期可持续发展水平。充分利用政府财务报告反映的信息，识别和管理财政风险，更好地加强政府预算、资产和绩效管理，并将政府财务状况作为评价政府受托责任履行情况的重要指标。

四、政府会计改革的具体内容

（一）建立政府会计准则体系和政府财务报告制度框架体系

1. 制定政府会计基本准则和具体准则及应用指南。基本准则用于规范政府会计目标、政府会计主体、政府会计信息质量要求、政府会计核算基础，以及政府会计要素定义、确认和计量原则、列报要求等原则事项。基本准则指导具体准则的制定，并为政府会计实务问题提供处理原则。具体准则依据基本准则制定，用于规范政府发生的经济业务或事项的会计处理，详细规定经济业务或事项引起的会计要素变动的确认、计量、记录和报告。应用指南是对具体准则的实际应用作出的操作性规定。

2. 健全完善政府会计制度。政府会计科目设置要实现预算会计和财务会计双重功能。预算会计科目应准确完整反映政府预算收入、预算支出和预算结余等预算执行信息，财务会计科目应全面准确反映政府的资产、负债、净资产、收入、费用等财务信息。条件成熟时，推行政府成本会计，规定政府运行成本归集和分摊方法等，反映政府向社会提供公共服务支出和机关运行成本等财务信息。

3. 制定政府财务报告编制办法和操作指南。政府财务报告编制办法应当对政府财务报告的主要内容、编制要求、报送流程、数据质量审查、职责分工等作出规定。政府财务报告编制操作指南应当对政府财务报告编制和财务信息分析的具体方法等作出规定。

4. 建立健全政府财务报告审计和公开制度。政府财务报告审计制度应当对审计的主体、对象、内容、权限、程序、法律责任等作出规定。政府财务报告公开制度应当对政府财务报告公开的主体、对象、内容、形式、程序、时间要求、法律责任等作出规定。

（二）编报政府部门财务报告

1. 清查核实资产负债。各部门、各单位要按照统一要求有计划、有步骤清查核实固定资产、无形资产以及代表政府管理的储备物资、公共基础设施、企业国有资产、应收税款等资产，按规定界定产权归属、开展价值评估；分类清查核实部门负债情况。清查核实后的资产负债统一按规定进行核算和反映。

2. 编制政府部门财务报告。各单位应在政府会计准则体系和政府财务报告制度框架体系内，按时编制以资产负债表、收入费用表等财务报表为主要内容的财务报告。各部门应合并本部门所属单位的财务报表，编制部门财务报告。

3. 开展政府部门财务报告审计。部门财务报告应保证报告信息的真实性、完整性及合规性，接受审计。

4. 报送并公开政府部门财务报告。部门财务报告及其审计报告应报送本级政府财政部门，并按规定向社会公开。

5. 加强部门财务分析。各部门应充分利用财务报告反映的信息，加强对资产状况、债务风险、成本费用、预算执行情况的分析，促进预算管理、资产负债管理和绩效管理有机衔接。

（三）编报政府综合财务报告

1. 清查核实财政直接管理的资产负债。财政部门要清查核实代表政府持有的相关国际组织和企业的出资人权益；代表政府发行的国债、地方政府债券，举借的国际金融组织和外国政府贷款、其他政府债务以及或有债务。清查核实后的资产负债统一按规定进行核算和反映。

2. 编制政府综合财务报告。各级政府财政部门应合并各部门和其他纳入合并范围主体的财务报表，编制以资产负债表、收入费用表等财务报表为主要内容的本级政府综合财务报告。县级以上政府财政部门要合并汇总本级政府综合财务报告和下级政府综合财务报告，编制本行政区政府综合财务报告。

3. 开展政府综合财务报告审计。政府综合财务报告应保证报告信息的真实性、完整性及合规性，接受审计。

4. 报送并公开政府综合财务报告。政府综合财务报告及其审计报告，应依法报送本级人民代表大会常务委员会备案，并按规定向社会公开。

5. 应用政府综合财务报告信息。政府综合财务报告中的相关信息可作为考核地方政府绩效、分析政府财务状况、开展地方政府信用评级、编制全国和地方资产负债表以及制定财政中长期规划和其他相关规划的重要依据。

（四）配套措施

1. 推动修订相关法律法规。推动修订《中华人民共和国会计法》《中华人民共和国预算法实施条例》等，为推进改革提供法律保障。

2. 修订完善相关财务制度。根据需要，进一步完善相关行政事业单位财务制度和《行政单位国有资产管理暂行办法》《事业单位国有资产管理暂行办法》等，保证改革顺利实施。

3. 进一步完善决算报告制度。进一步完善决算报表体系，侧重反映预算收支执行情况，与政府财务报告有机衔接。

4. 优化政府财政管理信息系统。构建覆盖政府财政管理业务全流程的一体化信息系统，不断提高政府财政管理的效率和有效性。

5. 加强政府财务报告编报内部控制。按规定建立和实施行政事业单位内部控制机制，设置充足的财务会计管理岗位，加强政府财务报告编报内部控制，保证政府财务报告真实、完整、合规。

第四节 政府会计的创新与变化

一、政府会计准则的创新与变化

政府会计准则统一了行政、事业以及行业事业单位会计确认、计量和报告会计标准。政府会计准则包括政府会计基本准则和具体准则及应用指南。基本准则用于规范政府会计目标、政府会计主体、政府会计信息质量要求、政府会计核算基础，以及政府会计要素定义、确认和计量原则、列报要求等原则事项。基本准则指导具体准则的制定，并为政府会计实务问题提供处理原则。具体准则依据基本准则制定，用于规范政府发生的经济业务或事项的会计处理，详细规定经济业务或事项引起的会计要素变动的确认、计量、记录和报告。应用指南是对具体准则的实际应用作出的操作性规定。

（一）《基本准则》的创新与变化

《基本准则》是政府会计领域一次重大的制度变革，实施《基本准则》对于行政事业单位（以下简称单位）财务和会计管理带来以下显著变化：

1. 进一步规范单位会计行为，提高会计信息质量。《基本准则》要求按收付实现制对预算收入、预算支出和预算结余进行会计核算，按权责发生制对资产、负债、净资产和收入、费用进行会计核算，同时对各个会计要素的确认、计量和列示等提出了原则性要求，对会计信息质量提出了明确的标准，有助于行政事业单位对各项经济业务或事项进行全面、规范的会计处理，不断提升单位会计信息质量。

2. 夯实单位财务管理基础，提升财务管理水平。实施《基本准则》，有助于单位贯彻落实国家各项预算管理要求，规范收支行为，夯实预算管理基础，建立健全预算管理制度；有助于单位严格落实有关国有资产管理的规定，全面、真实反映增量和存量资产的状况，夯实单位资产管理基础，完善控制国有资产流失的管理制度，提高单位国有资产管理的绩效；有助于单位严格落实有关财务管理规定，增强公共管理意识，实现资金、资产和资源的科学合理配置，防范和化解财务风险，促进单位持续健康发展。

3. 准确反映单位运行成本，科学评价单位绩效。《基本准则》要求单位按照权责发生制原则核算各项耗费，如计提固定资产折旧费用、无形资产摊销费用等，并要求编制收入费用表，合理归集、反映单位的运行费用和履职成本，从而有助于科学评价单位耗费公共资源、成本边际等情况，建立并有效实施预算绩效评价制度，提升单位绩效评价的科学性。

4. 全面反映单位预算执行信息和财务信息，提高单位财务透明度。《基本准则》要求单位在编制决算报告的同时，还要编制包括资产负债表、收入费用表和现金流量表在内的财务报告，全面反映单位的预算执行情况和财务状况、运行情况和现金流量等。各部门还要按规定合并所属单位的财务报表，编制部门合并财务报告，全面反映部门整体财务状况，并按照规定进行审计和公开。《基本准则》的实施，显著提升单位财务透明度。

（二）具体准则的创新与变化

为了贯彻落实《国务院关于批转财政部权责发生制政府综合财务报告制度改革方案的通知》（国发〔2014〕63号）要求，加快建立政府会计准则体系，财政部根据《政府会计准则——基本准则》（财政部令第78号），制定印发了《政府会计准则第1号——存货》《政府会计准则第2号——投资》《政府会计准则第3号——固定资产》《政府会计准则第4号——无形资产》《政府会计准则第5号——公共基础设施》《政府会计准则第6号——政府储备物资》《政府会计准则第7号——会计调整》《政府会计准则第8号——负债》《政府会计准则第9号——财务报表编制和列报》。具体准则在合理继承行政单位会计制度、事业单位会计准则制度和财政总预算会计制度有关规定基础上，立足政府会计主体财务会计核算和权责发生制政府综合财务报告制度改革需要，兼顾当前行政事业单位国有资产管理相关规定，在规范存货、投资、固定资产和无形资产、公共基础设施、政府储备物资的会计核算方面有很多创新与变化，主要体现在以下几个方面：

1. 进一步明确资产的会计确认和披露要求。行政单位会计制度、事业单位会计准则制度对于存货、固定资产、无形资产、公共基础设施、政府储备物资的会计核算进行了规范，现行财政总预算会计制度和事业单位会计准则制度对于对外投资的会计核算也进行了相应规范，但是主要侧重于相关资产的会计计量和记录，特别是会计记录，即会计科目的设置及账务处理，很少涉及会计确认和披露。具体准则遵循基本准则，对存货、投资、固定资产和无形资产、公共基础设施、政府储备物资的确认、计量和披露进行了系统规范，为将符合存货、投资、固定资产和无形资产、公共基础设施、政府储备物资定义和确认条件的相关资产纳入会计账簿和财务报表提供了统一的会计处理原则，提高了不同政府会计主体对同一经济业务和事项会计处理的可比性，丰富了政府会计信息的内容，有利于权责发生制政府财务报告的编制。

2. 健全完善资产的计价和入账管理要求。行政单位会计制度、事业单位会计准则制度对接受捐赠、无偿调入和盘盈等方式取得资产入账价值的确定进行了规范，但在实际执行中操作性不强。具体准则遵循《基本准则》关于资产计量属性的规定，立足实务需要，兼顾资产管理规定，分别对接受捐赠、无偿调入和盘盈取得资产的初始入账问题进行了规范，相对于原制度更为科学。以固定资产准则为例，对于接受捐赠的固定资产，其成本应当依次按照相关凭据注明的金额、评估价值、市场价格加相关税费、运输费和名义金额四个层次判断确定；对于无偿调入的资产，其成本按照调出方账面价值确定；对于盘盈的资产，按规定需要评估的，其成本按评估价值确定，其他情况下其成本按照重置成本确定。另外，考虑到当时实务中有大量的公共基础设施和政府储备物资没有纳入政府会计主体的会计核算，或者部分公共基础设施和政府储备物资按照其他资产类别进行核算，公共基础设施准则和政府储备物资准则均在附则部分对存量资产在本准则首次执行日的会计处理原则进行了规定。具体而言，对于应当确认为公共基础设施（或政府储备物资）但已经确认为固定资产、存货或其他资产类别的资产，政府会计主体应当在本准则首次执行日按该资产账面价值重分类为公共基础设施（或政府储备物资）；对于应当确认但尚未入账的存量公共基础设施（或政府储备物资），政府会计主体应当在本准则首次执行日按照历史成本/评估价值/重置成本三个层次依次判断确定其初始入账成本。

3. 全面确立"实提"折旧和摊销的政策要求。行政单位会计制度、事业单位会计准则制度对单位计提固定资产折旧、无形资产摊销进行了规范，但除医院会计制度和其他少数行业事业单位会计制度外，均规定了"虚提"折旧和摊销的做法，即在按期计提折旧或摊销时冲减非流动资产基金（或资产基金），而非计入支出或费用。这种规定兼顾了预算管理和财务管理的双重需要，在以收付实现制为主要核算基础的现行预算会计制度体系中具有一定的现实意义。但是，"虚提"折旧和摊销的规定在实际工作中执行得并不好，没有充分发挥折旧和摊销等会计信息在单位内部成本费用管理和资产管理中的作用。固定资产和无形资产准则基于权责发生制会计核算要求，分别对政府会计主体固定资产折旧和无形资产摊销作出统一规范，要求固定资产应计提的折旧（或无形资产的摊销金额）根据用途计入当期费用或者相关资产成本。这种"实提"折旧和摊销的做法，有利于客观真实反映资产价值，有利于推进政府成本会计核算与管理，有利于权责发生制政府财务报告的编制。

4. 全面引入长期股权投资权益法核算。原事业单位会计制度规定长期股权投资采用成本法进行核算，即长期股权投资的账面余额通常保持不变，仅在追加或收回投资时，相应调整其账面余额，而财政总预算会计制度规定股权投资采用权益法核算。为了加强政府资产管理,真实全面反映政府长期股权投资及其变动情况,投资准则中规定,长期股权投资持有期间通常采用权益法进行核算,即投资最初以投资成本计量,以后根据政府会计主体在被投资单位所享有的所有者权益份额的变动对投资的账面余额进行调整。但是,投资准则在明确规定长期股权投资通常采用权益法的同时保留了成本法。主要考虑是,如果政府会计主体没有决定或参与被投资单位的财务和经营政策决策的权力,股权投资对政府会计主体的财务影响仅限于取得所分配的股利或利润,这种情况下采用成本法核算,不对被投资企业净资产的变动调整长期股权投资账面余额和确认投资损益,将使会计核算结果更符合相关性原则。

5. 着力强化自行研发无形资产入账成本的核算。行政单位会计制度、事业单位会计准则制度规定,自行开发并按法律程序申请取得的无形资产,按照依法取得时发生的注册费、聘请律师费等费用确认初始成本,导致自行研发的无形资产账面成本远小于单位实际投入,不利于科研成果绩效评价、促进科技成果转化以及按规定实施科技成果奖励,也不利于落实《改革方案》所提出的推行政府成本会计的要求。鉴于此,无形资产准则引入了企业会计中关于自行研发无形资产的会计处理规定,但为便于实务操作,对相关内容进行了适度简化,即:政府会计主体自行研究开发项目的支出,应当区分研究阶段支出与开发阶段支出。政府会计主体自行研究开发项目研究阶段的支出,应当于发生时计入当期费用。政府会计主体自行研究开发项目开发阶段的支出,先按合理方法进行归集,如果最终形成无形资产的,应当确认为无形资产;如果最终未形成无形资产的,应当计入当期费用。同时,为了与行政事业单位会计制度中的相关规定有效衔接,无形资产准则规定,自行研究开发项目尚未进入开发阶段,或者确实无法区分研究阶段和开发阶段的支出,但按法律程序申请取得无形资产的,可以按照依法取得时发生的注册费、聘请律师费等费用确定无形资产的成本。

6. 科学界定了公共基础设施和政府储备物资的概念。关于公共基础设施的概念,目前在我国尚无公认的定义。具体准则本着与政府会计主体占有、使用的固定资产相区别的原则,结合国内政府公共基础设施管理的现状,在合理继承《行政单位会计制度》关于公共基础设施定义的基础上,积极借鉴国际公共部门会计准则和有关国家关于公共基础设施特征的表述,对公共基础设施的概念进行了界定,明确规定该资产是指政府会计主体为满足社会公共需求而控制的有形资产,且同时满足以下特征:(1)是一个有形资产系统或网络的组成部分;(2)具有特定用途;(3)一般不可移动。关于政府储备物资的概念,有关规章和规范性文件分别从不同角度对其进行了定义,但是,尚缺乏能够涵盖各级各类部门所管理物资的统一的概念界定。在综合考虑我国政府储备物资品种繁多、管理体系复杂等现实情况基础上,准则从区别于存货的角度,对政府储备物资的概念进行了界定,突出强调政府储备物资的目的是为了满足特定公共需求,且同时满足以下特征:(1)只有在应对特定事件或情形时才能报经批准后动用;(2)其购入、存储保管、更新(轮换)、动用等由政府及相关部门发布的专门管理制度严格规范。

(三)应用指南的创新与变化

应用指南是对具体准则的实际应用作出的操作性规定。根据《政府会计准则——基本准则》和《政府会计准则第3号——固定资产》,财政部制定了《〈政府会计准则第3号——固定资产〉应用指南》。应用指南主要规定了两方面内容:

1. 关于政府固定资产折旧年限的确定。在制定政府固定资产折旧年限时,主要遵循了以下原则:

一是充分考虑政府固定资产分类管理的要求,按照固定资产分类国家标准,分类确定政府固定资产折旧年限。现行的固定资产分类国家标准(GB/T14885—2010)将固定资产分为六大类,即土地、房屋及构筑物;通用设备;专用设备;文物和陈列品;图书、档案;家具、用具、装具及动植物等。由于固定资产准则对土地、文物和陈列品、图书、档案、动植物等固定资产不要求提取折旧,因此目前仅需对房屋及构筑物、通用设备、专用设备及家具、用具、装具等四类固定资产按其类别确定折旧年限。

二是充分考虑现行相关法规对政府固定资产折旧年限所作的规定及要求,合理借鉴吸收确定政府固定资产折旧年限。我国企业所得税法实施条例对固定资产折旧的最低年限有明确规定,此外我国原医院财务制度、科研事业单位财务制度、高等学校教育培养成本监审办法也对固定资产折旧年限作出了明确规定,财政部及地方财政部门对通用办公设备及家具的最低使用年限也有具体规定。对于原已有的关于政府固定资产折旧年限的规定及要求,只要存在合理性,则尽可能予以借鉴吸收,以减少固定资产准则的执行成本。

三是充分考虑其他国家对政府固定资产折旧年限所作的相关规定，参照确定我国政府固定资产折旧年限。国际上其他国家同样是依据政府固定资产的物理寿命、经济寿命以及技术寿命来确定折旧年限，但主要参照企业同类资产的折旧年限标准确定政府部门固定资产的折旧年限。由于固定资产折旧年限确定的理论依据相同，且固定资产分类相近，国际上其他国家政府固定资产的折旧年限也可以作为确定我国政府固定资产折旧年限的参考。

四是充分考虑行政事业单位固定资产管理及其折旧的复杂性，尤其是不同类型的事业单位对固定资产折旧信息需求及应用程度的客观差异，按照普适性与特殊性相结合的要求，除专用设备外，仅对政府固定资产的最低折旧年限作出规定。各类行政事业单位的主管部门在遵循政府固定资产最低折旧年限的前提下，经财政部批准可以结合其固定资产管理特点对折旧年限作出更为具体的规定。

2. 关于政府固定资产折旧计提的时点。

长期以来，我国会计准则制度均要求固定资产按月计提折旧，当月增加的固定资产，当月不计提折旧，从下月起计提折旧；当月减少的固定资产，当月仍计提折旧，从下月起不计提折旧。这一规定主要沿袭计划经济时期企业采用综合折旧率计提折旧的做法。随着会计信息化不断普及，考虑到政府会计领域（除医院外）原行政事业单位会计制度未要求采用权责发生制原则计提固定资产折旧，不会因政策变更而影响相关历史数据，因此应用指南改变了政府固定资产折旧的计提时点，规定当月增加的固定资产，当月计提折旧；当月减少的固定资产，当月不计提折旧。

二、政府会计制度主要创新与变化

政府会计制度（以下简称《制度》）继承了多年来我国行政事业单位会计改革的有益经验，反映了当前政府会计改革发展的内在需要和发展方向，相对于现行制度有以下重大变化与创新：

（一）重构了政府会计核算模式

在系统总结分析传统单系统预算会计体系利弊的基础上，《制度》按照《改革方案》和《基本准则》的要求，构建了"财务会计和预算会计适度分离并相互衔接"的会计核算模式。

"适度分离"，是指适度分离政府预算会计和财务会计功能，决算报告和财务报告功能，全面反映政府会计主体的预算执行信息和财务信息。主要体现在以下几个方面：一是"双功能"，在同一会计核算系统中实现财务会计和预算会计双重功能，通过资产、负债、净资产、收入、费用五个要素进行财务会计核算，通过预算收入、预算支出和预算结余三个要素进行预算会计核算。二是"双基础"，财务会计采用权责发生制，预算会计采用收付实现制，国务院另有规定的，依照其规定。三是"双报告"，通过财务会计核算形成财务报告，通过预算会计核算形成决算报告。

"相互衔接"，是指在同一会计核算系统中政府预算会计要素和相关财务会计要素相互协调，决算报告和财务报告相互补充，共同反映政府会计主体的预算执行信息和财务信息。主要体现在：一是对纳入部门预算管理的现金收支进行"平行记账"。对于纳入部门预算管理的现金收支业务，在进行财务会计核算的同时也应当进行预算会计核算。对于其他业务，仅需要进行财务会计核算。二是财务报表与预算会计报表之间存在勾稽关系。通过编制"本期预算结余与本期盈余差异调节表"并在附注中进行披露，反映单位财务会计和预算会计因核算基础和核算范围不同所产生的本年盈余数（即本期收入与费用之间的差额）与本年预算结余数（本年预算收入与预算支出的差额）之间的差异，从而揭示财务会计和预算会计的内在联系。这种会计核算模式兼顾了部门决算报告制度的需要，又能满足部门编制权责发生制财务报告的要求，对于规范政府会计行为，夯实政府会计主体预算和财务管理基础，强化政府绩效管理具有深远的影响。

（二）统一了现行各项单位会计制度

《制度》有机整合了行政单位会计制度、事业单位会计制度和医院、基层医疗卫生机构、高等学校、中小学校、科学事业单位、彩票机构、地勘单位、测绘单位、林业（苗圃）等行业事业单位会计制度的内容。在科目设置、科目和报表项目说明中，一般情况下，不再区分行政和事业单位，也不再区分行业事业单位；在核算内容方面，基本保留了现行各项制度中的通用业务和事项，同时根据改革需要增加各级各类行政事业单位的共性业务和事项；在会计政策方面，对同类业务尽可能作出同样的处理规定。通过会计制度的统一，大大提高了政府各部门、各单位会计信息的可比性，为合并单位、部门财务报表和逐级汇总编制部门决算奠定了坚实的制度基础。

（三）强化了财务会计功能

《制度》在财务会计核算中全面引入了权责发生制，在会计科目设置和账务处理说明中着力强化财务会计功能，如增加了收入和费用两个财务会计要素的核算内容，并原则上要求按照权责发生制进行核算；增加了应收款项和应付款项的核算内容，对长期股权投资采用权益法核算，确认自行开发形成的无形资产的成本，要求对固定资产、公共基础设施、保障性住房和无形资产计提折旧或摊销，引入坏账准备等减值概念，确认预计负债、待摊费用和预提费用等。在政府会计核算中强化财务会计功能，对于科学编制权责发生制政府财务报告、准确反映单位财务状况和运行成本等情况具有重要的意义。

（四）扩大了政府资产负债核算范围

《制度》在现行制度基础上，扩大了资产负债的核算范围。除按照权责发生制核算原则增加有关往来账款的核算内容外，在资产方面，增加了公共基础设施、政府储备物资、文物文化资产、保障性住房和受托代理资产的核算内容，以全面核算单位控制的各类资产；增加了"研发支出"科目，以准确反映单位自行开发无形资产的成本。在负债方面，增加了预计负债、受托代理负债等核算内容，以全面反映单位所承担的现时义务。此外，为了准确反映单位资产扣除负债之后的净资产状况，《制度》立足单位会计核算需要、借鉴国际公共部门会计准则相关规定，将净资产按照主要来源分类为累计盈余和专用基金，并根据净资产其他来源设置了权益法调整、无偿调拨净资产等会计科目。资产负债核算范围的扩大，有利于全面规范政府会计主体各项经济业务和事项的会计处理，准确反映政府"家底"信息，为相关决策提供更加有用的信息。

（五）改进了预算会计功能

根据《改革方案》要求，《制度》对预算会计科目及其核算内容进行了调整和优化，以进一步完善预算会计功能。在核算内容上，预算会计仅需核算预算收入、预算支出和预算结余。在核算基础上，预算会计除按《预算法》要求的权责发生制事项外，均采用收付实现制核算，有利于避免现在制度下存在的虚列预算收支的问题。在核算范围上，为了体现新《预算法》的精神和部门综合预算的要求，《制度》将依法纳入部门预算管理的现金收支均纳入预算会计核算范围，如增设了债务预算收入、债务还本支出、投资支出等。调整完善后的预算会计，能够更好贯彻落实《预算法》的相关规定，更加准确反映部门和单位预算收支情况，更加满足部门、单位预算和决算管理的需要。

（六）整合了基建会计核算

按照原制度规定，单位对于基本建设投资的会计核算除遵循相关会计制度规定外，还应当按照国家有关基本建设会计核算的规定单独建账、单独核算，但同时应将基建账相关数据按期并入单位"大账"。《制度》依据《基本建设财务规则》和相关预算管理规定，在充分吸收《国有建设单位会计制度》合理内容的基础上对单位建设项目会计核算进行了规定。单位对基本建设投资按照本制度规定统一进行会计核算，不再单独建账，大大简化了单位基本建设业务的会计核算，有利于提高单位会计信息的完整性。

（七）完善了报表体系和结构

《制度》将报表分为预算会计报表和财务报表两大类。预算会计报表由预算收入表、预算结转结余变动表和财政拨款预算收入支出表组成，是编制部门决算报表的基础。财务报表由会计报表和附注构成，会计报表由资产负债表、收入费用表、净资产变动表和现金流量表组成，其中，单位可自行选择编制现金流量表。此外，《制度》针对新的核算内容和要求对报表结构进行了调整和优化，对报表附注应当披露的内容进行了细化，对会计报表重要项目说明提供了可参考的披露格式、要求按经济分类披露费用信息、要求披露本年预算结余和本年盈余的差异调节过程等。调整完善后的报表体系，对于全面反映单位财务信息和预算执行信息，提高部门、单位会计信息的透明度和决策有用性具有重要的意义。

（八）增强了制度的可操作性

《制度》在附录中采用列表方式，以《制度》中规定的会计科目使用说明为依据，按照会计科目顺序对单位通用业务或共性业务和事项的账务处理进行了举例说明。在举例说明时，对同一项业务或事项，在表格中列出财务会计分录的同时，平行列出相对应的预算会计分录（如果有）。通过对经济业务和事项举例说明，能够充分反映《制度》所要求的财务会计和预算会计"平行记账"的核算要求，便于会计人员学习和理解政府会计八要素的记账规则，也有利于单位会计核算信息系统的开发或升级改造。

三、记账方法的创新与变化

（一）财务会计和预算会计"平行记账"

为了满足单位在一个会计信息系统中同时进行财务会计和预算会计核算的需要，政府会计制度要求单位进行"平行记账"，即对于纳入预算管理的现金收支业务，在采用财务会计核算的同时进行预算会计核算。此处的"现金"指现金及现金等价物，包括国库直接支付的财政拨款资金、国库授权支付的零余额账户用款额度、银行存款、库存现金及其他货币资金。

一般情况下，对于财务会计下"财政拨款收入""零余额账户用款额度""库存现金""银行存款""其他货币资金"科目发生增减变动时，在预算会计下应同时进行会计处理。例如，单位通过授权支付方式购买固定资产时，在财务会计下，借记"固定资产"科目，贷记"零余额账户用款额度"科目；同时，在预算会计下，借记相关支出类科目，贷记"资金结存"相关明细科目。固定资产后续计量仅需要进行财务会计处理，如计提折旧时，借记相关费用科目，贷记"累计折旧"科目。但是，对于不纳入预算管理收支的现金收支业务，如应当上缴国库或财政专户的款项、应当转拨其他单位的款项、受托代理的款项等，收到或支付时仅作财务会计核算，不需要进行预算会计核算。

"平行记账"是政府财务会计和预算会计功能适度分离又相互衔接核算模式的典型特征，相对于行政事业单位会计制度中"双分录"核算模式，更能全面准确反映行政事业单位的财务信息和预算执行信息。

（二）会计科目设置的创新与变化

1. 财务会计科目设置的创新与变化。

（1）关于资产/负债类会计科目。为了全面反映行政事业单位的经济业务和事项，政府会计制度在行政事业单位会计制度基础上，在"资产类"会计科目中，增加了"其他货币资金""在途物品""加工物品""应收股利""应收利息""坏账准备""待摊费用""工程物资""研发支出""公共基础设施""政府储备物资""文物文化资产""受托代理资产"等科目。

在"负债类"会计科目中，增加了"应交增值税""其他应交税费""应付利息""预提费用""预计负债"和"受托代理负债"等科目。

（2）关于净资产科目。为了准确反映单位净资产状况，政府会计制度将净资产科目细分为"累计盈余""专用基金""权益法调整""本年盈余""本年盈余分配""无偿调拨净资产""以前年度盈余调整"科目。

（3）关于收入和费用类科目。政府会计制度根据强化政府财务会计核算的需要，设置收入和费用类科目。为了简化核算，收入科目的设置和预算收入科目的设置基本一致。但是，为了更好地体现权责发生制核算原则，有助于单位成本会计核算，制度在费用科目设置上有别于预算支出科目，主要按功能分为"业务活动费用""单位管理费用""经营费用""资产处置费用""上缴上级费用""对附属单位补助费用""所得税费用""其他费用"。

2. 预算会计科目设置的创新与变化。

（1）关于预算收支科目。政府会计制度在原行政事业单位会计制度设置的收支会计科目基础上，对预算收入科目进行了细化。为了区别财务会计收入和预算收入，在预算收入各科目名称中均体现了"预算"两字。特别是将原制度中的"其他收入"拆分成"非同级财政拨款预算收入""投资预算收益""其他预算收入"。同时，为了完整反映部门预算收支，增设了"债务预算收入"和"投资支出"科目。

（2）关于预算结余科目。政府会计制度基本沿用了原行政事业单位净资产类相关科目，如财政拨款结转、财政拨款结余、非财政拨款结转、经营结余、非财政拨款结余分配。但是为了更好地体现制度的统一性，本制度将原事业单位会计制度中的"事业基金"改为"非财政拨款结余"；为了实现预算会计三要素核算，增设了"资金结存"科目；为核算事业单位按规定从非财政拨款结余中提取的具有专门用途的资金的变动和滚存情况，增设了"专用结余"科目。

(三) 预算会计核算的创新与变化

在政府会计中,预算会计通过预算收入、预算支出和预算结余三个要素进行核算,会计恒等式为"预算收入 – 预算支出 = 预算结余"。预算会计通常采用收付实现制核算。政府会计制度中预算会计核算基本与原行政事业单位会计制度中的相关核算保持一致,有关特殊说明如下:

1. 关于"资金结存"科目。政府会计制度在设计预算结余类科目时,为了保证复式记账借贷平衡,体现收付实现制下预算资金流入、流出和结存情况,除设置了"财政拨款结转""财政拨款结余""非财政拨款结转""非财政拨款结余""专用结余"等结存类科目,还设置了"资金结存"科目,用以反映各结存类科目对应的资金形态,该科目的明细科目包括零余额账户用款额度、货币资金和财政应返还额度。当确认预算收入时,同时借记"资金结存"科目;当确认预算支出时,同时贷记"资金结存"科目。年末结账后"资金结存"科目余额为借方余额,上述结存类科目余额为贷方余额,两者方向相反、金额相等。

2. 关于预收和预付款项。为了充分体现预算会计收付实现制核算原则,制度对于预收款项和预付款项(包括暂付款项),在现金流入或流出时要求及时进行预算会计核算。但是,考虑到实务中在暂付资金时尚不能明确支出明细科目,因此制度规定,在发生暂付款项时,在相关预算支出科目下设置"待处理"明细科目,待实际报销或相关事项明确时再由"待处理"明细科目转入相关支出明细科目。

3. 关于债务预算收入。为了全面反映单位预算收入信息,体现收付实现制会计核算原则,制度设置"债务预算收入"科目,核算事业单位对外举借的资金,收到款项时贷记本科目,归还款项时借记本科目,年末余额转入"非财政拨款结余"科目。

4. 关于投资支出。为了全面反映单位预算支出信息,体现收付实现制会计核算原则,制度设置"投资支出"科目,核算事业单位对外投资的资金,支出款项时借记本科目,收回投资时贷记本科目,年末余额转入非财政拨款结余。

5. 关于预算会计中的权责发生制事项。政府会计制度规定预算会计一般采用收付实现制,但考虑到部门预算管理相关要求,并兼顾实务工作需要,对有的业务采用了权责发生制的处理。如财政应返还额度,主要针对国库集中支付下当年未支而需结转下一年度支付的用款或支付额度采用了权责发生制原则核算。

(四) 财务会计报表及附注的创新与变化

1. 关于资产负债表。政府会计制度进一步丰富了资产负债表的内容,优化了资产负债表结构,特别是将"受托代理资产"和"受托代理负债"作为单独项目进行反映,以充分反映单位受托代理的资产和负债。

2. 关于收入费用表。收入费用表为制度新增的财务报表,主要反映单位本期收入、费用及本期盈余情况,为下一步推进政府成本会计核算提供基本信息。

3. 关于现金流量表。现金流量表为制度新增的财务报表。在该表项目设置上,未采用现行企业会计现金流量表的格式,而是按照财政拨款资金、非财政拨款资金和受托代理资金三大类反映单位的资金流情况。

4. 关于附注。政府会计制度在附注部分,原则性列出了单位的基本情况、会计报表编制基础、遵循政府会计准则制度的声明、重要会计政策和会计估计、会计报表重要项目说明、本年盈余与预算结余的差异情况说明、其他重要事项说明等七大类需要披露的事项。本年盈余与预算结余差异调节表是附注的重要内容,为了反映单位财务会计和预算会计因核算基础和核算范围不同所产生的本年盈余数与本年预算结余数之间的差异,单位应当按照重要性原则,对本年度发生的各类影响收入(预算收入)和费用(预算支出)的业务进行适度归并和分析,披露将年度预算收入支出表中"本年预算收支差额"调节为年度收入费用表中"本期盈余"的信息。

第二章　政府会计基本理论

第一节　政府会计概述

一、政府会计的概念

按照国际会计准则委员会的规定，政府会计被定义为："政府会计是指用于确认、计量、记录和报告政府和政府单位财务收支活动及其受托责任的履行情况的会计体系。"[①] 在我国，《政府会计准则——基本准则》（以下简称《基本准则》）并没有对政府会计的概念作出界定，但却规定了中国政府会计的构成。《基本准则》规定，政府会计由预算会计和财务会计构成。其中，预算会计是指以收付实现制为基础对政府会计主体预算执行过程中发生的全部收入和全部支出进行会计核算，主要反映和监督预算收支执行情况的会计。财务会计是指以权责发生制为基础对政府会计主体发生的各项经济业务和事项进行会计核算，主要反映和监督政府会计主体财务状况、运行情况和现金流量等的会计。

由此我们可以归纳出政府会计的定义：政府会计是以货币为主要计量单位，对政府会计主体的财务状况、运行情况（含运行成本）、现金流量、预算执行等情况进行全面核算、监督和报告的经济活动，是会计体系的重要分支。具体包括以下几层含义：

1. 政府会计主体。根据《基本准则》第二条规定，各级政府、各部门、各单位统称为政府会计主体。其中，各级政府是指我国政府的分级，包括中央，省、自治区、直辖市，设区的市、自治州，县、自治县、不设区的市、市辖区，乡、民族乡、镇等五级政府。我国各级政府的会计核算，由财政部门负责办理，这部分会计称为政府财政会计。由于目前这部分会计尚未按照新的政府会计核算模式进行改革，所以仍然按传统方法称之为财政总预算会计。

各部门、各单位是指与本级政府财政部门直接或者间接发生预算拨款关系的国家机关、军队、政党组织、社会团体、事业单位和其他单位。其中军队和已纳入企业财务管理体系的单位和执行《民间非营利组织会计制度》的社会团体，不适用《基本准则》。

需要指出，各级部门、各单位统称为政府单位。政府单位按照单位的性质不同，可划分为行政单位和事业单位。其中行政单位是指以社会公共利益为重，行使国家权力，依法管理国家事务的单位。在我国，行政单位是政府办事机构，政府职能的具体实施者，一般包括国家权力（立法）机关即各级人民代表大会及其常务委员会；中国共产党机关即中国共产党中央委员会及地方各级委员会；中国人民政治协商会议机关即中国人民政治协商会议全国委员会及各级地方委员会；国家行政机关即国务院和地方人民政府及其工作机构；各级审判机关和检察机关等。此外，还包括性质上不属于行政单位，但经费来源于财政拨款，人员列入国家行政编制的，财务管理上视同行政单位的各民主党派和工商联、妇联、共青团等人民团体。事业单位是指国家为了社会公益目的，由国家机关举办或者其他组织利用国有资产举办的，从事教育、科研、文化、卫生、体育、新闻出版、广播电视、社会福利、救助减灾、统计调查、技术推广与实验、公共设施管理、物资仓储、监测、勘探与勘察、测绘、检验检测与鉴定、法律服务、资源管理事务、质量技术监督事务、经济监督事务、知识产权事务、公正与认证、信息与咨询、人才交流、就业服

[①] 上海财经大学公共政策研究中心.2003年中国财政发展报告[M].上海：上海财经大学出版社，2003：651.

务、机关后勤服务等活动的社会组织。从行政隶属关系来看，事业单位一般要接受国家行政机关的领导。

2. 政府会计核算、监督和报告的内容。政府会计核算、监督和报告的内容包括两方面，一方面是政府会计主体的财务状况、运行情况（含运行成本）、现金流量等的财务信息，另一方面是政府会计主体的预算执行信息。

3. 政府会计是以货币为主要计量单位的经济活动，是会计体系的重要分支。政府会计是会计学的一般原理在政府会计主体中的运用，是以货币为主要计量单位，对各级政府、各部门和各单位的经济活动或会计事项进行核算、监督和报告的一种专门技术方法和专门管理活动，是与营利性企业会计相对应的一个会计学分支。

二、政府会计的特点

政府会计作为我国会计体系的一大分支，无论是其会计主体，还是其核算内容及方法等都有其特殊性。概括起来，政府会计具有以下特点：

（一）具有公共性、非营利性和财政性

公共性是指政府会计主体属于公共部门，以实现公共职能为目的，以公共资金为核算对象，以公共事务为核算依据，以公共业务成果为主要考核指标。

非营利性是指政府会计主体不以营利为目的，以收支而不是以收支相抵后的结转结余为主要核算内容，政府会计主体的资源提供者向该单位或组织投入资源不要求任何经济回报，追求的是公共利益。

财政性是指政府会计以财政资金运动为核算对象，政府会计主体与国家财政之间存在资金领拨关系，如政府财政会计（财政总预算会计）直接核算财政资金的集中和分配，政府单位会计（行政事业单位会计）主要核算财政经费拨款的获取和使用，由此政府会计主体必须遵循财政政策，接受财政政策的调控。

（二）具有统一性、广泛性和全面性

统一性是指政府会计核算体系与政府会计核算内容具有全国统一性。政府会计是核算、反映和监督政府会计主体的预算执行情况、政府财务状况、运行情况和现金流量等信息的会计，是为政府预算管理和政府财务管理服务的，其组织体系与国家预算的组织体系是相一致的。我国凡成立总预算和单位预算的地区、部门和单位都设立了政府会计，它们都以政府预算管理与财务管理为中心，核算、反映和监督各级总预算和单位预算的执行情况、政府财务状况、运行情况和现金流量等信息，形成了全国统一的政府会计核算体系。同时，为了便于国家定期及时反映、汇总和分析国家预算执行情况和政府财务状况、运行情况和现金流量等信息，各政府会计主体的收支指标内容也与"政府预算收支分类科目"相一致。

广泛性体现在两个方面：一是核算内容的广泛性。政府会计既要核算、反映和监督非物质生产领域的各项预算收支及其有关财务活动，又要核算、反映和监督物质生产领域上缴的税收、利润和用于物质生产领域的各项支出等有关财务活动，其涉及的内容比较广泛。二是会计主体的广泛性。政府会计包括了诸多会计主体的会计核算，如政府财政会计（财政总预算会计）、政府单位会计（行政事业单位会计）参与预算执行的会计等。

全面性是指政府会计主体反映的会计信息既包括预算执行情况的信息，又包括财务状况、运行情况、现金流量等财务会计信息，实现了满足政府会计核算双目标的要求。

（三）实行准则制度会计规范模式

会计规范是指会计主体对会计交易与事项处理应遵循的规范，大体可分为准则规范和制度规范两种模式。所谓准则规范模式是指由权威的会计主管部门或会计组织定期或不定期发布会计准则，用以指导和规范具体的会计活动。所谓制度规范模式是指政府通过制定会计制度对会计主体的会计活动进行规范和约束。我国企业会计实行的是准则规范模式，而政府会计实行的是准则加制度的两种混合模式。它既不是完全的准则规范模式，也不是完全的制度规范模式，是一种过渡式模式。我国政府会计之所以采用混合模式，是由我国政府会计的历史性、财政性和信息提供能力等综合因素所决定的，这说明我国政府会计制度体系构建尚处于初级阶段。今后随着政府会计制度的逐步完善和信息提供能力的逐渐提高，政府会计规范模式将逐渐走向准则规范模式。

（四）实行权责发生制和收付实现制的双会计核算基础

《基本准则》第三条规定，政府会计由预算会计和财务会计构成。预算会计实行收付实现制，国务院另有规定的，依照其规定。财务会计实行权责发生制。因此，我国目前政府会计采用的是收付实现制和权责发生制相结合的双会计核算基础，而企业会计采用的则是单一的权责发生制。

（五）推行政府成本会计核算

我国传统的预算会计一直实行的是以收付实现制为核算基础的，以反映预算执行情况为主的会计信息系统，除了医院、文化、科研单位等特殊行业之外，一般不进行成本核算。《权责发生制政府综合改革方案》提出，加快推进政府会计改革，建立审计、公开机制和分析应用体系，落实相关配套措施，力争在2020年前建立具有中国特色的政府会计准则体系和权责发生制政府综合财务报告制度，并部署2018—2020年间研究全面推行政府成本会计。这意味着，我国目前构建的新的政府会计体系，完全打破了过去单一的会计核算目标，不仅要反映政府的预算执行情况，还要反映政府财务状况以及运行成本。这将大大提高我国政府会计的信息质量，最终实现我国政府会计的改革目标。

（六）会计核算内容及方法有其特殊性

从反映政府会计核算内容具体化的会计要素看，政府会计采用"3+5要素"的会计核算模式，即政府预算会计采用预算收入、预算支出和预算结余三要素，政府财务会计采用资产、负债、净资产、收入和费用五要素。从一些具体业务的核算方法看也有其特殊性，比如为了实现"财务会计和预算会计适度分离并相互衔接"的会计核算模式，对纳入部门预算管理的现金收支进行"平行记账"；对专用基金实行专款专用，没有利润及利润分配的核算；由于出资人或社会公众的限制要求，所以政府会计对预算收支特别是预算支出要进行明细核算，即要根据《政府收支分类科目》中支出功能分类和部门预算支出经济分类科目进行明细核算。

三、政府会计的组成

政府会计的组成，应从以下两个角度进行分类：

（一）从不同主体角度分类

从不同主体角度分类，我国政府会计体系由政府财政会计（财政总预算会计）、政府单位会计（行政事业单位会计）以及参与预算会计执行的国库会计、收入征解会计、社会保险基金会计和土地储备资金会计等组成。其中，政府财政会计、政府单位会计是政府会计体系的基本组成部分，政府财政会计（财政总预算会计）是核心，政府单位会计是政府财政会计的延伸；而国库会计、收入征解会计、社会保险基金会计和土地储备资金会计等作为参与国家预算执行的专门会计，同政府财政会计和政府单位会计共同组成了政府会计体系，对财政资金活动进行系统会计核算。我国政府会计体系如图2-1所示。

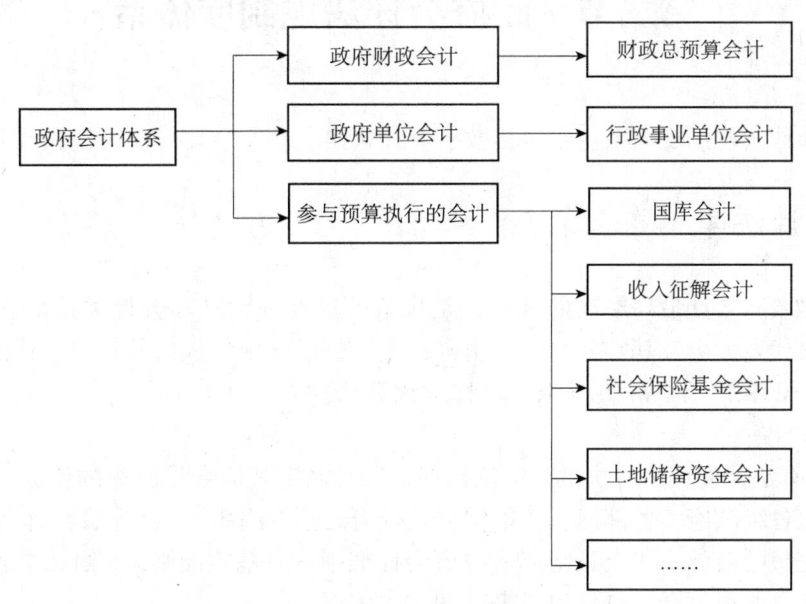

图2-1 我国政府会计体系

1. 政府财政会计。

政府财政会计，即财政总预算会计。它是各级政府财政核算、反映、监督政府一般公共预算资金、国有资本经营预算资金、社会保险基金预算资金以及财政专户管理资金、专用基金和代管资金等资金活动的专业会计。

与国家预算组成体系相一致，我国的财政总预算会计体系分为五级：财政部设立中央财政总预算会计，省（自治区、直辖市）财政厅（局）设立省级财政总预算会计，设区的市（自治州）财政局设立市级财政总预算会计，县（自治县、不设区的市、市辖区）财政局设立县级财政总预算会计，乡镇（民族乡）财政所设立乡镇级财政总预算会计。

2. 政府单位会计。

政府单位是指与本级政府财政部门直接或者间接发生预算拨款关系的行政单位和事业单位。政府单位会计是为行政单位和事业单位实现其职能而服务的，是各行政事业单位以货币为主要计量单位，核算、反映和监督预算执行情况以及财务状况、运行情况和现金流量等信息的会计。

按照预算管理权限，行政事业单位预算管理分为三个级次，即一级预算单位、二级预算单位和基层预算单位。其中向同级财政部门申报预算的行政事业单位，为一级预算单位；向上一级预算单位申报预算并有下级预算单位的行政事业单位，为二级预算单位；向上一级预算单位申报预算，且没有下级预算单位的行政事业单位，为基层预算单位。一级预算单位有下级预算单位的，为主管预算单位。各级预算单位应当按照预算管理级次申报预算，并按照批准的预算组织实施，定期将预算执行情况向上一级预算单位或者同级财政部门报告。

3. 参与预算执行的会计。

参与预算执行的会计主要包括中国人民银行在办理国库业务过程中设立的国库会计、税务部门和海关在办理税款征解过程中设立的收入征解会计以及社会保险基金会计和土地储备资金会计等，在国家预算执行过程中，均承担一定的政府会计业务，也属于政府会计的范畴。国库会计是核算、反映和监督预算收入的收纳、划分、报解和库款支拨的专业会计。收入征解会计是核算、反映和监督税收征收机关（税务部门和海关）组织各项税收的实现、征收、上解、入库、减免的专业会计，包括税收会计和关税会计。

（二）从不同会计功能角度分类

从不同会计功能角度分类，我国政府会计体系由预算会计和财务会计构成。

1. 预算会计，是指以收付实现制为基础对政府会计主体预算执行过程中发生的全部收入和全部支出进行会计核算，主要反映和监督预算收支执行情况的会计。

2. 财务会计，是指以权责发生制为基础对政府会计主体发生的各项经济业务和事项进行会计核算，主要反映和监督政府会计主体财务状况、运行情况和现金流量等的会计。

第二节　政府会计法规制度体系

我国现行政府会计法规制度体系主要包括政府会计法律、政府会计行政法规和政府会计规章。

一、政府会计法律

政府会计法律是政府会计最高层次的规范，是规范政府财务活动和会计关系的法律总称，由国家最高权力机关全国人民代表大会及其常务委员会制定，主要包括《中华人民共和国会计法》（以下简称《会计法》）和《中华人民共和国预算法》（以下简称《预算法》）。

（一）《会计法》

《会计法》是会计法律制度中层次最高的法律规范，是制定其他会计法规的依据，也是指导会计工作的最高准则，是规范各级政府、各部门、各单位会计行为的基本法律。《会计法》作为规范会计行为和保证会计资料真实、完整的会计法律，是制定《政府会计准则——基本准则》《财政总预算会计制度》《政府会计制度——行政事业单位会计科目和报表》的主要依据。

（二）《预算法》

《预算法》是中国特色社会主义法律体系中的一部重要法律，是财政领域的基本法律制度，对有关预算的其他规范性文件起着统率的作用，是规范各级政府、各部门、各单位财务活动的基本法律。《预算法》作为规范政府收支行为，强化预算约束，加强对预算的管理和监督，建立健全全面规范、公开透明的预算制度的法律，是制定《政府会计准则——基本准则》《财政总预算会计制度》《政府会计制度——行政事业单位会计科目和报表》《行政单位财务规则》《事业单位财务规则》和各项行业事业单位财务制度的主要依据。

二、政府会计行政法规

行政法规是根据管理社会经济活动的需要，以行政规章、条例、制度和规定等形式颁布的一种社会经济行为规范，它既是根据法律制定和颁布的一种规范，也是法律规定的具体化。政府会计行政法规包括两类：一是由政府主管部门根据法律规定制定和颁布的法律实施细则，如国务院颁布的《中华人民共和国预算法实施细则》；二是由政府主管部门根据政府会计法律制定的相关规定、方案、办法等，如国务院批转财政部的《权责发生制政府综合财务报告制度改革方案》等。

三、政府会计规章

政府会计规章是指由主管全国会计工作的行政部门财政部就会计工作中某些方面的内容所制定的规范性文件，主要包括《政府会计准则——基本准则》《财政总预算会计制度》《政府会计准则第1号——存货》《政府会计准则第2号——投资》《政府会计准则第3号——固定资产》《政府会计准则第4号——无形资产》《政府会计准则第5号——公共基础设施》《政府会计准则第6号——政府储备物资》《政府会计准则第7号——会计调整》《政府会计准则第8号——负债》《政府会计准则第9号——财务报表编制和列报》《〈政府会计准则第3号——固定资产〉应用指南》《政府会计制度——行政事业单位会计科目和报表》和高等学校等特殊行业补充规定等会计准则制度以及《行政单位财务规则》《事业单位财务规则》和行业事业单位财务制度等财务规章制度。

我国现行政府会计规范体系如图2-2所示。

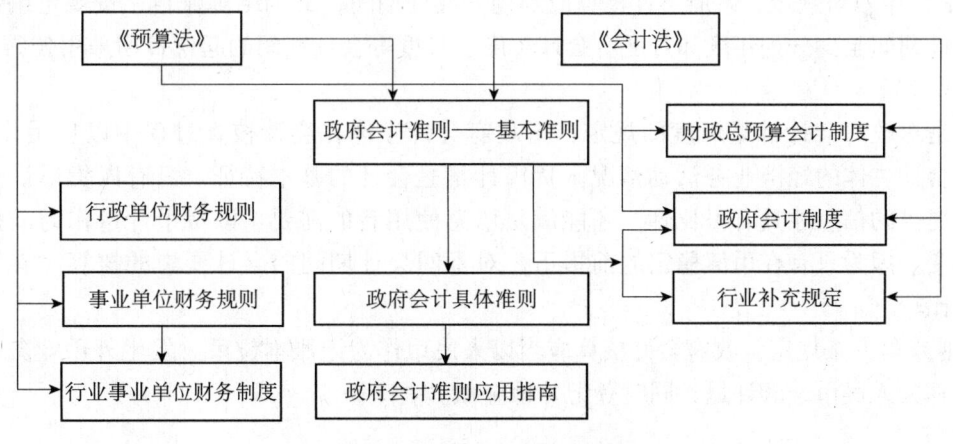

图2-2 我国政府会计规范体系

第三节 政府会计的基本前提和一般原则

一、政府会计的基本前提

会计基本前提，又称会计基本假设，是进行会计核算的基本条件。会计基本前提是合理限定会计核算的范围,据以确定会计核算对象、选择会计方法、收集加工处理会计数据,从而保证会计工作的正常进行和会计信息的质量。政府会计的基本前提包括会计主体、持续运行、会计分期和货币计量。

(一)会计主体

政府会计主体是政府会计为之服务的特定单位,它限定了政府会计核算的空间范围。政府会计在主体经济业务范围内进行确认、计量、记录和报告,实行会计监督,向有关各方面提供正确的会计信息。政府会计主体是持续运行和会计分期这两个前提的基础。

《基本准则》第二条规定,政府会计主体包括各级政府、各部门、各单位。其中各部门、各单位是指与本级政府财政部门直接或者间接发生预算拨款关系的国家机关、军队、政党组织、社会团体、事业单位和其他单位。但军队和已纳入企业财务管理体系的单位和执行《民间非营利组织会计制度》的社会团体除外。

基于社会组织的分类、政府会计主体可归纳为各级政府、各级各类行政单位和事业单位。具体而言,政府财政会计即财政总预算会计的主体是各级政府,政府单位会计的主体主要是行政事业单位。

(二)持续运行

持续运行是指在正常情况下,政府会计主体的经济业务活动无限期延续下去,在可以预见的未来不会终止。持续运行规定了政府会计核算的时间范围,即会计主体的经济业务活动将无限期继续存在下去,不考虑是否因特殊原因如机构改革撤销或合并而终止。

只有在持续运行的前提下,政府会计核算才能使用特有的程序和方法,全面系统地反映会计主体的财务状况和预算执行情况。即政府会计核算所使用的原则、程序和方法都是建立在持续运行的基础之上,只有在这一前提下,会计人员在日常的会计核算中对经济业务才能作出正确判断,对会计处理方法和会计处理程序才能作出正确选择。

《基本准则》第七条规定,政府会计核算应当以政府会计主体持续运行为前提。

(三)会计分期

会计分期,又称会计期间,是指将政府会计主体持续运行的经济业务活动根据信息使用者的需要,人为地划分为一个个连续的、长短相同的期间,以便分期结算账目、编制会计报表,及时向各方面提供有用的会计信息。会计分期是对持续运行前提的必要补充。

《基本准则》第八条规定,政府会计核算应当划分会计期间,分期结算账目,按规定编制决算报告和财务报告;会计期间至少分为年度和月度。会计年度、月度等会计期间的起讫日期采用公历日期。

(四)货币计量

货币计量是对政府会计计量尺度的规定,指政府会计主体在会计核算过程中以货币作为计量单位,综合反映政府会计主体的经济业务活动情况。货币计量是会计的基本特征。只有以货币计量为前提,政府会计核算所提供的信息才具有可比性,才能满足信息使用者的需要。以货币计量作为前提,还包含假设币值保持不变。因为只有在币值稳定的前提下,对不同会计期间的会计要素的核算才有意义,才可以前后各期加以比较。

《基本准则》第九条规定,政府会计核算应当以人民币作为记账本位币。发生外币业务时,应当将有关外币金额折算为人民币金额计量,同时登记外币金额。

二、政府会计的信息质量要求

会计信息质量要求是对会计主体决算报告和财务报告中所提供会计信息质量的基本要求,是使决算报告和财务报告中所提供会计信息对会计信息使用者决策有用应具备的基本特征。政府会计信息质量要求,主要包括真实性、全面性、相关性、及时性、可比性、可理解性、实质重于形式等七项。

1. 真实性。

真实性,又称客观性或可靠性,是指政府会计主体的会计核算应当以实际发生的经济业务为依据,如实反映各项会计要素的情况和结果,保证会计信息真实可靠。

真实性要求政府会计核算必须以经济业务发生时所取得的合法书面凭证为依据,不得弄虚作假,伪造、篡改凭证，凭证内容要真实、数字要准确、项目要完整、手续要齐备、资料要可靠，只有这样才能保证会计信息与会计反映对象的客观事实相一致，才能满足各信息使用者作出正确决策的需要。

2. 全面性。

全面性，是指政府会计报表应全面反映经济业务活动情况及结果。《基本准则》第十二条规定，政府会计主体应当将发生的各项经济业务或者事项统一纳入会计核算，确保会计信息能够全面反映政府会计主体预算执行情况和财务状况、运行情况、现金流量等。

全面性要求会计报表所反映的信息做到内容完整、全面。

3. 相关性。

相关性，又称有用性，是指政府会计所提供的信息应与信息使用者了解政府会计主体公共受托责任履行情况和进行经济决策需要相关，有助于报告使用者对政府会计主体过去、现在或者未来的情况作出评价或者预测。

相关性需要政府会计主体在确认、计量和报告会计信息的过程中，充分考虑信息使用者的决策模式和信息需要，从而有助于信息使用者全面了解政府及部门单位受托责任履行情况和作出正确的决策。

4. 及时性。

及时性，是指政府会计主体对已经发生的经济业务或事项应当及时进行。会计核算不得提前或者延后。

会计信息具有一定的时效性，所以，在会计核算中，政府会计主体应及时收集会计信息、及时处理会计信息、及时传递报告会计信息，从而帮助信息使用者及时作出经济决策，确保会计信息的价值。

5. 可比性。

可比性，是指政府会计提供的会计信息应当具有可比性，包括同一政府会计主体不同时期以及不同政府会计主体发生的相同或者相似的经济业务或者事项应当采用一致的会计政策。

可比性可保证政府会计主体根据国家的统一规定进行核算，使各政府会计主体的会计信息建立在相互可比的基础上，以便于会计信息的比较、分析和合并，从而为信息使用者进行决策和国家进行宏观调控与管理提供必要的依据；同时有利于比较分析同一政府会计主体不同会计期间的会计信息，从而对预算执行和财务状况作出正确判断，以提高预测和决策的准确性。

6. 可理解性。

可理解性，是指政府会计记录和会计报表应当清晰明了，便于理解和运用。

可理解性要求会计核算各个环节和步骤清晰明了、通俗易懂，以利于会计信息使用者理解会计报表和利用会计信息，同时也有利于审计人员进行审计。

7. 实质重于形式。

实质重于形式，是指政府会计核算和会计信息要真实反映政府会计主体经济业务或事项的实际情况，要按照经济业务或事项的经济实质进行会计核算，而不应当仅仅以它们的法律形式作为会计核算的依据。按实质或经济事实来核算和反映而不看其表现形式，当经济事实与法律形式不一致时，按事实来记录和反映。

第四节 政府会计的对象、要素和会计等式

一、政府会计的对象

会计对象，又称会计客体，是指会计所核算、反映和监督的内容，具体是指社会再生产过程中能以货币表现的资金运动。

政府会计对象是政府会计所核算、反映和监督的内容。政府会计以货币计量为前提，因此，政府会计的对象只能是能以货币表现的各级政府、各级各类行政事业单位的各项经济业务活动，主要表现为财政性资金运动，即预算执行过程中发生的收支及其结果以及政府财务状况、运行情况（含运行成本）和

现金流量等有关信息。由于各级政府财政部门和各级各类行政事业单位在国家预算执行中所担负的职责不同，其各自核算、反映和监督的内容也不同，由此，政府财政会计（财政总预算会计）和政府单位会计（行政事业单位会计）的对象也存在差异。

（一）政府财政会计的对象

各级政府财政部门肩负着该级政府总预算执行的职责，是负责组织国家财政收支、办理国家预决算的行政机关，是各级政府财政的总会计。在国家预算执行过程中，各级财政部门按照核定的预算通过收取税收、非税收入等形式取得财政收入，而通过财政直接支付和财政授权支付等方式向预算单位拨付财政资金发生财政支出，财政收入超过财政支出的部分形成财政结转结余；同时，各级政府财政部门在取得财政收入、发生财政支出时必然形成各级财政的资产、负债和净资产。因此，政府财政会计（财政总预算会计）的核算对象是各级政府财政资金的集中、分配及其结果，在收付实现制为主的会计核算基础下表现为各级财政的收入、支出、结转结余以及由此形成的资产、负债与净资产。

（二）政府单位会计的对象

政府单位会计主体包括各级行政单位和各级各类事业单位。

行政单位作为进行国家行政管理、组织经济建设和文化建设、维护社会公共秩序的单位，肩负着行政单位预算执行和完成行政任务的职责。事业单位作为国家为了社会公益目的，由国家机关或者其他组织利用国有资产举办的社会服务组织，肩负着事业单位预算执行和完成国家规定的各项事业计划的职责。行政事业单位在单位预算执行中，按照核定的单位预算和分月（季度）用款计划通过财政直接支付和财政授权支付等方式从同级财政部门获取拨款，或者按国家规定取得业务收入，形成其收入；同时，按照预算规定的用途和开支标准，支付基本支出和项目支出以及经营业务支出，形成其支出；收入超过支出的部分形成其结转结余。而行政事业单位在取得收入和发生支出的过程中，必然形成单位的资产、负债和净资产。

因此，政府单位会计（行政事业单位会计）的对象是行政事业单位在单位预算执行过程中资金的获取和组织、使用及其结果。在"双基础"核算模式下，具体表现为资产、负债、净资产、收入和费用等财务会计要素和预算收入、预算支出和预算结余等预算会计要素。

二、政府会计要素及其确认和计量

政府会计要素是政府会计对象的构成要素，是对政府会计对象的基本分类，是政府会计核算内容的具体化，是构筑会计报表的基本组件，也是账户所要反映和监督内容的高度归并和概括。由于对会计要素的进一步划分就是会计科目，所以确定会计要素有助于设置会计科目；由于会计要素之间的相互关系就是会计报表的平衡关系，所以明确会计要素及其相互关系有助于设计会计报表的框架结构和格式。

（一）政府预算会计的基本要素及其确认和计量

政府预算会计基本要素包括预算收入、预算支出与预算结余。

1. 预算收入。

依照《基本准则》，预算收入是指政府会计主体在预算年度内依法取得的并纳入预算管理的现金流入。预算收入一般在实际收到时予以确认，以实际收到的金额计量。

2. 预算支出。

依照《基本准则》，预算支出是指政府会计主体在预算年度内依法发生并纳入预算管理的现金流出。预算支出一般在实际支出时予以确认，以实际支付的金额计量。

3. 预算结余。

依照《基本准则》，预算结余是指政府会计主体预算年度内预算收入扣除预算支出后的资金余额，以及历年滚存的资金余额。

预算结余包括结余资金和结转资金。结余资金是指年度预算执行终了，预算收入实际完成数扣除预算支出和结转资金后剩余的资金。结转资金是指预算安排项目的支出年终尚未执行完毕或者因故未执行，且下年需要按原用途继续使用的资金。

符合预算收入、预算支出和预算结余定义及其确认条件的项目应当列入政府决算报表。

(二）政府财务会计的基本要素及其确认和计量

政府财务会计要素包括资产、负债、净资产、收入和费用。

1. 资产。

资产是指政府会计主体过去的经济业务或者事项形成的、由政府会计主体控制的、预期能够产生服务潜力或者带来经济利益流入的经济资源。服务潜力是指政府会计主体利用资产提供公共产品和服务以履行政府职能的潜在能力。经济利益流入表现为现金及现金等价物的流入，或者现金及现金等价物流出的减少。政府会计主体的资产按照流动性，分为流动资产和非流动资产。流动资产是指预计在1年内（含1年）耗用或者可以变现的资产，包括货币资金、短期投资、应收及预付款项、存货等。非流动资产是指流动资产以外的资产，包括固定资产、在建工程、无形资产、长期投资、公共基础设施、政府储备资产、文物文化资产、保障性住房和自然资源资产等。

符合资产定义的经济资源，在同时满足以下条件时，确认为资产：

（1）与该资源有关的服务潜力很可能实现或者经济利益很可能流入政府会计主体。

从资产的定义可以看到，能否预期带来服务潜力或者带来经济利益是资产的一个本质特征，但在现实生活中，由于经济环境瞬息万变，与资源有关的服务潜力或者经济利益能否流入政府会计主体或者能够流入多少，实际上带有不确定性。因此，资产的确认还应与服务潜力或者经济利益流入的不确定性程度的判断结合起来，如果根据编制财务报表时所取得的证据，与资源有关的服务潜力或者经济利益很可能流入政府会计主体，那么就应当将其作为资产予以确认；反之，不能确认为资产。例如，某事业单位赊销一批产品给某一服务对象，从而形成了对该客户的应收账款，由于单位最终收到款项与销售实现之间有时间差，而且收款又在未来期间，因此带有一定的不确定性，如果单位在销售时判断未来很可能收到款项或者能够确定收到款项，单位就应当将该应收账款确认为一项资产；如果单位判断在通常情况下很可能部分或者全部无法收回，表明该部分或者全部应收账款已经不符合资产的确认条件，应当计提坏账准备，减少资产的价值。

（2）该经济资源的成本或者价值能够可靠地计量。

财务会计系统是一个确认、计量和报告的系统，其中计量起着枢纽作用，可计量性是所有会计要素确认的重要前提，资产的确认也是如此。只有当有关资源的成本或者价值能够可靠地计量时，资产才能予以确认。在实务中，政府会计主体取得的许多资产都是发生了实际成本的，例如，单位购买或者生产的存货，单位购置的办公用房或者设备等，对于这些资产，只要实际发生的购买成本或者生产成本能够可靠计量，就视为符合了资产确认的可计量条件。

资产的计量属性主要包括历史成本、重置成本、现值、公允价值和名义金额。在历史成本计量下，资产按照取得时支付的现金金额或者支付对价的公允价值计量。在重置成本计量下，资产按照现在购买相同或者相似资产所需支付的现金金额计量。在现值计量下，资产按照预计从其持续使用和最终处置中所产生的未来净现金流入量的折现金额计量。在公允价值计量下，资产按照市场参与者在计量日发生的有序交易中，出售资产所能收到的价格计量。无法采用上述计量属性的，采用名义金额（即人民币1元）计量。政府会计主体在对资产进行计量时，一般应当采用历史成本。采用重置成本、现值、公允价值计量的，应当保证所确定的资产金额能够持续、可靠计量。

2. 负债。

依照《基本准则》，负债是指政府会计主体过去的经济业务或者事项形成的，预期会导致经济资源流出政府会计主体的现时义务。政府会计主体的负债，按照流动性分为流动负债（包括应付及预收款项、应付职工薪酬、应缴款项等）和非流动负债（包括长期应付款、应付政府债券和政府依法担保形成的债务等）。

符合本负债定义的义务，在同时满足以下条件时，确认为负债：（1）履行该义务很可能导致含有服务潜力或者经济利益的经济资源流出政府会计主体；（2）该义务的金额能够可靠地计量。

负债的计量属性主要包括历史成本、现值和公允价值。在历史成本计量下，负债按照因承担现时义务而实际收到的款项或者资产的金额，或者承担现时义务的合同金额，或者按照为偿还负债预期需要支付的现金计量。在现值计量下，负债按照预计期限内需要偿还的未来净现金流出量的折现金额计量。在公允价值计量下，负债按照市场参与者在计量日发生的有序交易中，转移负债所需支付的价格计量。政府会计主体在对负债进行计量时，一般应当采用历史成本。采用现值、公允价值计量的，应当保证所确定的负债金额能够持续、可靠计量。

3. 净资产。

依照《基本准则》，净资产是指政府会计主体资产扣除负债后的净额。净资产金额取决于资产和负债的计量。

4. 收入。

依照《基本准则》，收入是指报告期内导致政府会计主体净资产增加的、含有服务潜力或者经济利益的经济资源的流入。

政府会计主体的收入的确认应当同时满足以下条件：（1）与收入相关的含有服务潜力或者经济利益的经济资源很可能流入政府会计主体；（2）含有服务潜力或者经济利益的经济资源流入会导致政府会计主体资产增加或者负债减少；（3）流入金额能够可靠地计量。

5. 费用。

依照《基本准则》，费用是指报告期内导致政府会计主体净资产减少的、含有服务潜力或者经济利益的经济资源的流出。

政府会计主体的费用的确认应当同时满足以下条件：（1）与费用相关的含有服务潜力或者经济利益的经济资源很可能流出政府会计主体；（2）含有服务潜力或者经济利益的经济资源流出会导致政府会计主体资产减少或者负债增加；（3）流出金额能够可靠地计量。

上述各政府财务会计要素中，资产、负债、净资产属于静态要素，构筑资产负债表；收入和费用属于动态要素，构筑收入费用表。

三、政府会计的会计等式

会计等式，也称会计平衡公式，是对各会计要素的内在经济关系利用数学公式所作的概括表达，是反映各会计要素数量关系的等式。会计等式贯穿于政府会计核算的全过程，是设置账户、进行复式记账、试算平衡和编制会计报表的理论依据。

（一）政府财务会计的会计等式

政府财务会计的资产、负债、净资产、收入和费用五个会计要素分为两组，组成了两个会计等式。

1. 资产、负债和净资产的基本关系。

净资产是资产减去负债后的差额，或者表达为资产必然等于负债加净资产。这说明一个政府会计主体所拥有的资产与负债和净资产实际上是同一资金的两个不同方面，即：有一定数额的资产，就有一定数额的负债和净资产；反之，有一定数额的负债和净资产，就有一定数额的资产。资产与负债和净资产的这种相互依存的关系，决定了在数量上资产总额与负债和净资产的总额必定相等。即：

$$资产 = 负债 + 净资产$$

此等式表明，政府会计的资产由负债和净资产所组成。其中，负债是资产的一个来源。资产与负债还是同增同减的关系，如果负债不变，则资产与净资产也同增同减。

"资产 = 负债 + 净资产"是政府会计编制资产负债表的平衡公式，左方为资产，右方为负债和净资产，左方合计数与右方合计数相等。

2. 收入和费用的基本关系。

在财务会计下，政府会计主体为实现其职能、开展业务活动，必然会依法取得一定数额的收入，也必然发生一定数额的费用，收入与费用相抵后的差额为盈余。由此决定了一个政府会计主体（除各级政府外）本期内的收入和费用的差额必然与其本期盈余数额相等。即：

$$本期收入 - 本期费用 = 本期盈余$$

此等式表明，收入与费用存在着对应关系，但绝不是企业会计中的收入与费用的配比关系。本期盈余是政府单位会计净资产的一个组成部分，虽然决定着净资产的变化，但它并不是一个独立的会计要素，不同于企业会计中的利润。

"本期收入 - 本期费用 = 本期盈余"是行政事业单位会计编制收入费用表的依据。

（二）政府预算会计的会计等式

政府预算会计的预算收入、预算支出和预算结余三个会计要素之间的数量关系，组成了政府预算会计的一个会计等式，即：

$$预算收入 - 预算支出 = 预算结余$$

在预算会计下，政府会计主体为实现其职能、开展业务活动，必然会依法取得一定数额的预算收入，也必然发生一定数额的预算支出，预算收入与预算支出相抵后的差额为预算结余。由此决定了一个政府会计主体本期内的预算收入和预算支出的差额必然与其本期预算结余数额相等。

第五节　政府决算报告和财务报告

我国政府会计实行"财务会计和预算会计适度分离并相互衔接"的会计核算模式。在这种模式下，政府会计主体期末既要编制决算报告也要编制财务报告，做到"双报告"。

一、政府决算报告

（一）政府决算报告的含义及目标

政府决算报告，是综合反映政府会计主体年度预算收支执行结果的文件。它是政府会计主体根据预算会计核算数据编制而成的，专门反映政府预算执行情况的年度会计信息资料。

政府决算报告的目标，是向决算报告使用者提供与政府预算执行情况有关的信息，综合反映政府会计主体预算收支的年度执行结果，有助于决算报告使用者进行监督和管理，并为编制后续年度预算提供参考和依据。政府决算报告使用者包括各级人民代表大会及其常务委员会、各级政府及其有关部门、政府会计主体自身、社会公众和其他利益相关者。

（二）政府决算报告的种类

我国《政府会计准则——基本准则》规定，政府决算报告应当包括决算报表和其他应当在决算报告中反映的相关信息资料。

1. 决算报表。决算报表是指反映政府会计主体年度预算执行结果的报表。它由各种用预算会计核算的数字填列的政府决算表格所组成，是政府决算报告的重要组成部分，主要包括预算收入支出表、预算结转结余变动表和财政拨款预算收入支出表等。报表格式及具体填列方法详见本书第二十四章。

2. 相关信息资料。相关信息资料是指决算报表之外反映政府会计主体年度预算执行结果的其他信息资料，一般用各种文字说明来体现。

二、政府财务报告

（一）政府财务报告的含义及目标

政府财务报告是反映政府会计主体某一特定日期的财务状况和某一会计期间的运行情况和现金流量等信息的文件。

财务报告的目标是向财务报告使用者提供与政府的财务状况、运行情况（含运行成本，下同）和现金流量等有关信息，反映政府会计主体公共受托责任履行情况，有助于财务报告使用者作出决策或者进行监督和管理。政府财务报告使用者包括各级人民代表大会常务委员会、债权人、各级政府及其有关部门、政府会计主体自身和其他利益相关者。

（二）政府财务报告的种类

1. 政府财务报告按照报告主体不同，分为政府综合财务报告和政府部门财务报告。

政府综合财务报告是指由政府财政部门编制的，反映各级政府整体财务状况、运行情况和财政中长期可持续性的报告。政府部门财务报告是指政府各部门、各单位按规定编制的财务报告。

2. 政府财务报告按照报告具体形式不同，分为财务报表和其他应当在财务报告中披露的相关信息资料。

(1) 财务报表。财务报表包括会计报表和附注。会计报表至少应当包括资产负债表、收入费用表和现金流量表。

资产负债表是反映政府会计主体在某一特定日期的财务状况的报表。收入费用表是反映政府会计主体在一定会计期间运行情况的报表。现金流量表是反映政府会计主体在一定会计期间现金及现金等价物流入和流出情况的报表。政府会计主体应当根据相关规定编制合并财务报表。

(2) 附注。附注是对在会计报表中列示的项目所作的进一步说明，以及对未能在会计报表中列示项目的说明。附注是财务报表的重要组成部分。凡对报表使用者的决策有重要影响的会计信息，不论本制度是否有明确规定，单位均应当充分披露。

附注主要包括下列内容：单位的基本情况，会计报表编制基础，遵循政府会计准则、制度的声明，重要会计政策和会计估计，会计报表重要项目说明，本年盈余与预算结余的差异情况说明及其他重要事项说明等内容。具体说明详见第二十三章。

(三) 相关信息资料

相关信息资料是指财务报表之外反映政府会计主体财务状况和某一会计期间的运行情况和现金流量的其他信息资料，一般用各种文字说明来体现。

三、行政事业单位财务报表和预算会计报表的编制规定

1. 财务报表的编制主要以权责发生制为基础，以单位财务会计核算生成的数据为准；预算会计报表的编制主要以收付实现制为基础，以单位预算会计核算生成的数据为准。

2. 财务报表由会计报表及其附注构成。会计报表一般包括资产负债表、收入费用表和净资产变动表。单位可根据实际情况自行选择编制现金流量表。

3. 预算会计报表至少包括预算收入支出表、预算结转结余变动表和财政拨款预算收入支出表。

4. 单位应当至少按照年度编制财务报表和预算会计报表。

5. 单位应当根据《政府会计制度》规定编制真实、完整的财务报表和预算会计报表，不得违反本制度规定随意改变财务报表和预算会计报表的编制基础、编制依据、编制原则和方法，不得随意改变本制度规定的财务报表和预算会计报表有关数据的会计口径。

6. 财务报表和预算会计报表应当根据登记完整、核对无误的账簿记录和其他有关资料编制，做到数字真实、计算准确、内容完整、编报及时。

7. 财务报表和预算会计报表应当由单位负责人和主管会计工作的负责人、会计机构负责人（会计主管人员）签名并盖章。

第二篇　财务会计

第三章 财务会计概述

政府会计由预算会计和财务会计构成。政府会计核算应当实现预算会计与财务会计适度分离并相互衔接。政府预算会计和财务会计"适度分离",并不是要求政府会计主体分别建立预算会计和财务会计两套账,而是要求政府预算会计要素和财务会计要素相互协调,决算报告和财务报告相互补充,共同反映政府会计主体的预算执行信息和财务信息。本章系统介绍了政府财务会计,在会计实务中,单位应当按照政府会计制度的要求对政府财务会计和预算会计进行"平行记账",即对纳入部门预算管理的现金收支业务,在采用财务会计核算的同时应当进行预算会计核算;对于其他业务,仅需进行财务会计核算。

第一节 财务会计的概念和特点

一、财务会计的概念

财务会计是指以权责发生制为基础对政府会计主体发生的各项经济业务或者事项进行会计核算,主要反映和监督政府会计主体财务状况、运行情况和现金流量等的会计。

二、财务会计的特点

(一)财务会计以反映政府会计主体财务状况、运行情况(含运行成本)和现金流量等有关信息为目标

财务会计是以反映政府会计主体财务状况、运行情况(含运行成本)和现金流量等有关信息,反映政府会计主体公共受托责任的履行情况为目标,而不反映政府会计主体预算执行情况有关的信息,预算执行情况有关信息由预算会计核算进行反映。

(二)财务会计以权责发生制为核算基础

收付实现制基础下所有非现金交易不作为收入、支出即时纳入核算,相应的债权与债务也不确认,不能及时完整地反映政府预算管理业绩和政府工作效率,也不能真实地评价和考核政府会计主体的公共受托责任;同时,收付实现制是一种面向过去的确认基础,并不能提供未来现金流量的信息。因此,为了客观反映政府会计主体的财务状况、运行情况和现金流量信息,政府财务会计采用权责发生制为核算基础。

(三)财务会计要素体现了政府会计主体的非营利性

《基本准则》明确了财务会计的要素为"资产""负债""净资产""收入""费用"五个会计要素。这是与《企业会计准则》在会计要素划分上的显著区别。政府会计主体通常是公益性的社会组织,是不以营利为目的的单位。财务会计的核算并不需要反映"利润"信息,但反映"盈余"信息。因此,在会计要素的界定上,政府财务会计未将"利润"作为财务会计的要素。

第二节 财务会计科目设置

一、财务会计科目的设置

《政府会计制度》有机统一了现行各项单位会计制度,根据政府会计主体会计核算目标的要求,对原

有《行政单位会计制度》《事业单位会计制度》和行业事业单位会计制度的会计科目进行了全面梳理和改进，新增、取消了部分科目，对个别科目名称进行了修改，调整了会计科目体系。新会计制度完善了会计科目使用说明，明确了各会计科目的核算内容、明细科目设置和确认计量原则，详细阐述了各会计科目所涉及经济业务或者事项的账务处理流程与方法，为政府会计主体会计实务操作提供了更为科学全面的依据。各单位应当按照下列规定运用会计科目：

1. 单位应当按照本制度的规定设置和使用会计科目。在不影响会计处理和编制报表的前提下，单位可以根据实际情况自行增设或减少某些会计科目。

2. 单位应当执行本制度统一规定的会计科目编号，以便于填制会计凭证、登记账簿、查阅账目，实行会计信息化管理。

3. 单位在填制会计凭证、登记会计账簿时，应当填列会计科目的名称，或者同时填列会计科目的名称和编号，不得只填列科目编号、不填列科目名称。

4. 单位设置明细科目或进行明细核算，除遵循制度规定外，还应当满足权责发生制政府部门财务报告和政府综合财务报告编制的其他需要。

根据《政府会计制度》，政府财务会计科目如表3-1所示。

表3-1　　　　　　　　　　　　　财务会计科目名称和编号

一、资产类			
1	1001		库存现金
2	1002		银行存款
3	1011		零余额账户用款额度
4	1021		其他货币资金
5	1101		短期投资
6	1201		财政应返还额度
7	1211		应收票据
8	1212		应收账款
9	1214		预付账款
10	1215		应收股利
11	1216		应收利息
12	1218		其他应收款
13	1219		坏账准备
14	1301		在途物品
15	1302		库存物品
16	1303		加工物品
17	1401		待摊费用
18	1501		长期股权投资
19	1502		长期债券投资
20	1601		固定资产
21	1602		固定资产累计折旧
22	1611		工程物资
23	1613		在建工程
24	1701		无形资产
25	1702		无形资产累计摊销
26	1703		研发支出
27	1801		公共基础设施
28	1802		公共基础设施累计折旧（摊销）
29	1811		政府储备物资
30	1821		文物文化资产
31	1831		保障性住房
32	1832		保障性住房累计折旧
33	1891		受托代理资产
34	1901		长期待摊费用
35	1902		待处理财产损溢
二、负债类			
36	2001		短期借款
37	2101		应交增值税
38	2102		其他应交税费

续表

二、负债类			
39	2103	应缴财政款	
40	2201	应付职工薪酬	
41	2301	应付票据	
42	2302	应付账款	
43	2303	应付政府补贴款	
44	2304	应付利息	
45	2305	预收账款	
46	2307	其他应付款	
47	2401	预提费用	
48	2501	长期借款	
49	2502	长期应付款	
50	2601	预计负债	
51	2901	受托代理负债	
三、净资产类			
52	3001	累计盈余	
53	3101	专用基金	
54	3201	权益法调整	
55	3301	本期盈余	
56	3302	本年盈余分配	
57	3401	无偿调拨净资产	
58	3501	以前年度盈余调整	
四、收入类			
59	4001	财政拨款收入	
60	4101	事业收入	
61	4201	上级补助收入	
62	4301	附属单位上缴收入	
63	4401	经营收入	
64	4601	非同级财政拨款收入	
65	4602	投资收益	
66	4603	捐赠收入	
67	4604	利息收入	
68	4605	租金收入	
69	4609	其他收入	
五、费用类			
70	5001	业务活动费用	
71	5101	单位管理费用	
72	5201	经营费用	
73	5301	资产处置费用	
74	5401	上缴上级费用	
75	5501	对附属单位补助费用	
76	5801	所得税费用	
77	5901	其他费用	

《政府会计制度》财务会计科目分类如下：

(一) 资产类会计科目

政府会计主体的资产按照流动性，分为流动资产和非流动资产。

流动资产是指预计在1年内（含1年）耗用或者可以变现的资产，包括货币资金、短期投资、应收及预付款项、存货等。

非流动资产是指流动资产以外的资产，包括固定资产、在建工程、无形资产、长期投资、公共基础设施、政府储备资产、文物文化资产、保障性住房和自然资源资产等。

在"资产类"会计科目中，增加了"其他货币资金""在途物品""加工物品""应收股利""应收利息""坏账准备""待摊费用""在建工程""工程物资""研发支出""公共基础设施""公共基础设施累计折旧（摊销）""保障性住房""保障性住房累计折旧""政府储备物资""文物文化资产""受托代理资产"等科目。

(二) 负债类会计科目

政府会计主体的负债按照流动性，分为流动负债和非流动负债。

流动负债是指预计在 1 年内（含 1 年）偿还的负债，包括应付及预收款项、应付职工薪酬、应缴款项等。

非流动负债是指流动负债以外的负债，包括长期应付款、应付政府债券和政府依法担保形成的债务等。

在"负债类"会计科目中，增加了"应交增值税""其他应交税费""应付政府补贴款""应付利息""预提费用""预计负债""受托代理负债"等科目。

（三）净资产科目

净资产是指政府会计主体资产扣除负债后的净额。

为了准确反映单位净资产状况，将净资产科目细分为"累计盈余""专用基金""权益法调整""本期盈余""本年盈余分配""无偿调拨净资产""以前年度盈余调整"等科目。

（四）收入和费用类科目

收入是指报告期内导致政府会计主体净资产增加的、含有服务潜力或者经济利益的经济资源的流入。收入科目包括："财政拨款收入""事业收入""上级补助收入""附属单位上缴收入""经营收入""非同级财政拨款收入""投资收益""捐赠收入""利息收入""租金收入""其他收入"等科目。

费用是指报告期内导致政府会计主体净资产减少的、含有服务潜力或者经济利益的经济资源的流出。费用科目包括："业务活动费用""单位管理费用""经营费用""所得税费用""资产处置费用""上缴上级费用""对附属单位补助费用""其他费用"等科目。

根据强化政府财务会计核算的需要，设置收入和费用类科目；为了简化核算，收入科目的设置和预算收入科目的设置基本一致。但是，为了更好地体现权责发生制核算原则，有助于单位成本会计核算，在费用科目设置上有别于预算支出科目，主要按功能设置。

二、财务会计核算

财务会计通常采用权责发生制为基础对政府会计主体发生的各项经济业务或者事项进行会计核算。政府财务报告的编制主要以权责发生制为基础，以财务会计核算生成的数据为准，财务报表包括会计报表和附注。会计报表至少应当包括资产负债表、收入费用表和现金流量表。

财务会计通过资产、负债、净资产、收入和费用五要素核算。

会计恒等式为：资产 − 负债 ＝ 净资产；收入 − 费用 ＝ 本期盈余。

第三节　财务会计与预算会计的关系

财务会计与预算会计的关系：一是对纳入部门预算管理的现金收支进行"平行记账"。对于纳入部门预算管理的现金收支业务，在进行财务会计核算的同时也应该进行预算会计核算。对于其他业务，仅需要进行财务会计核算。二是财务报表和预算会计报表之间存在勾稽关系。通过编制"本期预算结余与本期盈余差异调节表"并在附注中进行披露，反映单位财务会计和预算会计因核算基础和核算范围不同所产生的本年盈余数（即本期收入与费用之间的差额）与本年预算结余数（本年预算收入与预算支出的差额）之间的差异，从而揭示财务会计和预算会计的内在联系。

第四章 货币资金

第一节 货币资金概述

一、货币资金的含义

货币资金是指政府会计主体以货币形态存在的资产,包括库存现金、银行存款、零余额账户用款额度和其他货币资金。

二、货币资金的财务管理

单位应建立健全货币资金管理制度,规范货币资金业务行为,完善货币资金内部控制保证货币资金的安全完整,加强货币资金使用管理,提高资金使用效益。

单位应严格按库存现金管理规定,加强库存现金使用范围管理,不得超范围和限额使用现金;加强库存现金会计核算管理,做到"日清月结";加强库存现金账实核对,定期清查盘点,保证账实相符,确保库存现金安全。

单位应加强零余额账户用款额度的管理,严格按国库集中支付业务有关零余额账户管理规定办理支付业务和组织零余额账户用款额度的核算,定期核对账目,做到账实相符。

单位应加强银行存款和其他货币资金的管理,严格按账户管理有关规定,加强银行账户管理,加强银行存款和其他货币资金的日常核算管理,定期进行银行对账,保证账实相符。

（一）保证货币资金的安全性

保证货币资金的安全性,预防被盗窃、诈骗或挪用。

（二）保证货币资金的完整性

保证单位收到的货币资金全部入账,预防私设"小金库"等侵占单位收入的违法行为出现。

（三）保证货币资金的合法、合规性

保证货币资金的取得、使用符合国家经济法规要求,手续齐备。

（四）保证货币资金的效益性

保证合理调度货币资金,发挥货币资金的最大效益。

三、货币资金的内部控制

为了保证货币资金的安全,单位应当加强货币资金内部控制。

（一）健全岗位责任制,确保不相容岗位有效分离

单位应当建立健全货币资金管理岗位责任制,合理设置岗位,不得由一人办理货币资金业务的全过程,确保不相容岗位相互分离。出纳不得兼管稽核、会计档案保管和收入、支出、债权、债务账目的登记工作。严禁一人保管收付款项所需的全部印章。财务专用章应当由专人保管,个人名章应当由本人或其授权人员保管。负责保管印章的人员要配置单独的保管设备,并做到人走

柜锁。

（二）加强授权审批控制，明确业务办理流程

单位应当建立有关货币资金的经济责任制，明确货币资金业务的授权审批权限和业务流程，按照审批权限应当由有关负责人签字或盖章的，应当严格履行签字或盖章手续。

（三）加强银行账户的控制

单位应当加强对银行账户的管理，严格按规定的审批权限和程序开立、变更和撤销银行账户。

（四）加强记录控制，定期盘点，做到账实相符

严格按会计核算要求，序时、逐笔登记现金日记账和银行存款日记账，做到日清、月结；定期将账存与实存进行核对，确保账实相符。

（五）加强货币资金的稽核控制

单位应指定不办理货币资金业务的会计人员定期和不定期抽查盘点库存现金，核对银行存款余额，抽查银行对账单、银行日记账及银行存款余额调节表，核对是否账实相符、账账相符。对调节不符、可能存在重大问题的未达账项应当及时查明原因并按照相关规定处理。

四、国库集中支付业务

国库集中支付制度是指政府将所有财政性资金都纳入国家单一账户体系，预算部门每年给预算单位下达预算指标，并审批预算单位提出的用款申请，委托支付中心办理具体的支付手续。实行国库集中支付的单位，财政资金的支付方式包括财政直接支付和财政授权支付。

（一）财政直接支付的程序

在财政直接支付方式下，单位在需要使用财政资金时，按照批复的部门预算和资金使用计划，向财政国库支付执行机构提出支付申请。财政国库支付执行机构根据批复的部门预算和资金使用计划及相关要求对支付申请审核无误后，向代理银行发出支付令，并通知中国人民银行国库部门，通过代理银行进入全国银行清算系统实时清算，财政资金从国库单一账户划拨到收款人的银行账户。在这种支付方式下，单位提出支付申请，由财政部门发出支付令，再由代理银行经办资金支付。所以，对于财政直接支付的资金，单位应于收到"财政直接支付入账通知书"时，按入账通知书中标明的金额确认财政拨款收入，同时计入相关支出或增加相关资产。年度终了，单位依据本年度财政直接支付预算指标数与当年财政直接支付实际支出数的差额，确认财政拨款收入并增记财政应返还额度；下年度恢复财政直接支付额度后，单位在发生实际支出时，作冲减财政应返还额度的会计处理。

（二）财政授权支付的程序

在财政授权支付方式下，单位按照批复的部门预算和资金使用计划，向财政国库支付执行机构申请授权支付的月度用款额度，财政国库支付执行机构将批准后的限额通知代理银行和单位，并通知中国人民银行国库部门。单位在月度用款额度内，自行开具支付令，通过财政国库支付执行机构转由代理银行向收款人付款，并与国库单一账户清算。

在这种支付方式下，单位申请到的是用款额度而不是存入单位账户的实有资金，单位可以在用款限额内自行开具支付令，再由代理银行向收款人付款。所以单位应于收到授权支付到账通知书时，按照通知书标明的数额确认财政拨款收入，并增记零余额账户用款额度，支用额度时作冲减零余额账户用款额度的会计处理。年度终了，单位依据代理银行提供的对账单注销额度时，增记财政应返还额度，并冲减零余额账户用款额度；如果单位本年度财政授权支付预算指标数大于零余额账户用款额度下达数，根据两者的差额，确认财政拨款收入并增记财政应返还额度。下年年初恢复额度或下年度收到财政部门批复的上年末未下达零余额账户用款额度时，作冲减财政应返还额度的会计处理。

第二节 库存现金

一、库存现金的含义及内容

库存现金是指政府会计主体存放在本单位的现金,主要用于政府会计主体的日常零星开支。

单位应当严格按照国家有关现金管理规定收支现金,不得超范围、超额度使用现金,不得"坐支"现金,并按照会计制度要求核算与现金有关的各项收支业务。现金收入业务较多、单独设有收款部门的政府会计主体,收款部门的收款员应当将每天所收现金连同收款凭据等一并交财务部门核收记账;或者将每天所收现金直接送存开户银行后,将收款凭据及向银行送存现金的凭证等一并交财务部门核收记账。政府会计主体应当设置"现金日记账",由出纳人员根据收付款凭证,按照业务发生顺序逐笔登记。每日终了,应当计算当日的现金收入合计数、现金支出合计数和结余数,并将结余数与实际库存数核对,做到账款相符。政府会计主体有外币现金的,应当分别按照人民币、外币种类设置"现金日记账"进行明细核算。

二、库存现金的核算

库存现金一般在取得可靠的收款或付款凭据时予以确认,按实际收到或支付的金额计量。

单位设置"库存现金"科目,核算库存现金的收付及结存情况。对于受托代理、代管的现金,应设"受托代理资产"明细科目,核算单位受托代理、代管的现金。政府会计主体有外币现金的,应当分别按照人民币、外币种类设置明细科目进行明细核算。有关外币现金业务的账务处理参见"银行存款"科目的相关规定。本科目期末借方余额,反映单位实际持有的库存现金。

1. 从银行等金融机构提取现金,按照实际提取的金额,借记本科目,贷记"银行存款"科目;将现金存入银行等金融机构,借记"银行存款"科目,贷记本科目。

按规定从单位零余额账户提取现金,借记本科目,贷记"零余额账户用款额度"科目;将现金退回单位零余额账户,借记"零余额账户用款额度"科目,贷记本科目。

【例4-1】某事业单位从基本账户提取备用金5 000元。

借:库存现金 5 000
  贷:银行存款 5 000

【例4-2】某事业单位从零余额账户提取现金2 000元备用。

借:库存现金 2 000
  贷:零余额账户用款额度 2 000

该业务应按平行记账原则同时进行预算会计账务处理。

2. 因内部职工出差等原因所借的现金,按实际支付的金额,借记"其他应收款"科目,贷记本科目。

出差人员报销差旅费时,按照实际报销的金额,借记"业务活动费用""单位管理费用"等科目,按照实际借出的现金金额,贷记"其他应收款"科目,按照其差额,借记或贷记本科目。

【例4-3】2×19年5月3日,某行政单位工作人员张某公务外出,预借差旅费3 000元,以现金支付。当月10日,张某出差返回,报销差旅费2 500元,交回现金500元。

预借差旅费时:

借:其他应收款——张某 3 000
  贷:库存现金 3 000

报销差旅费时:

借:业务活动费用——商品和服务费用 2 500
  库存现金 500

贷：其他应收款——张某　　　　　　　　　　　　　　　　　　　　　　　　　　　　　　　　3 000
该业务应按平行记账原则同时进行预算会计账务处理。

3. 因提供服务、商品或者其他事项收到现金，按实际收到的金额，借记本科目，贷记"事业收入""应收账款"等相关科目；因购买服务、商品或者其他事项支付现金，按照实际支付的金额，借记"业务活动费用""单位管理费用""库存物品"等相关科目，贷记本科目。涉及增值税业务的，相关账务处理参照"应缴增值税"科目。

以库存现金对外捐赠，按照实际捐出的金额，借记"其他费用"科目，贷记本科目。

【例4-4】某医院向患者提供复印服务，收到现金200元。
　　借：库存现金　　　　　　　　　　　　　　　　　　　　　　　　　　　　　　　　　　200
　　　　贷：经营收入——复印服务收入　　　　　　　　　　　　　　　　　　　　　　　　　200
该业务应按平行记账原则同时进行预算会计账务处理。

【例4-5】某行政单位以现金支付职工李某报销办公用品费300元。
　　借：业务活动费用——商品和服务费用　　　　　　　　　　　　　　　　　　　　　　　300
　　　　贷：库存现金　　　　　　　　　　　　　　　　　　　　　　　　　　　　　　　　300
该业务应按平行记账原则同时进行预算会计账务处理。

4. 收到受托代理、代管的现金时，按实际收到的金额，借记本科目（受托代理资产），贷记"受托代理负债"科目；支付受托代理、代管的现金时，按实际支付的金额，借记"受托代理负债"科目，贷记本科目（受托代理资产）。

【例4-6】某行政单位接受委托，将现金5 000元转赠贫困地区某中学，用于帮助其改善基础办学条件。

收到现金时：
　　借：库存现金——受托代理资产　　　　　　　　　　　　　　　　　　　　　　　　　5 000
　　　　贷：受托代理负债　　　　　　　　　　　　　　　　　　　　　　　　　　　　　5 000
转赠现金时：
　　借：受托代理负债　　　　　　　　　　　　　　　　　　　　　　　　　　　　　　　5 000
　　　　贷：库存现金——受托代理资产　　　　　　　　　　　　　　　　　　　　　　　5 000

5. 单位应当设置"库存现金日记账"，由出纳人员根据收付款凭证，按照业务发生顺序逐笔登记。每日终了，应当计算当日的现金收入合计数、现金支出合计数和结余数，并将结余数与实际库存数核对，做到账款相符。每日账款核对中发现有待查明原因的现金短缺或溢余的，应通过"待处理财产损溢"科目核算。属于现金溢余，应当按照实际溢余的金额，借记本科目，贷记"待处理财产损溢"科目；属于现金短缺，应当按照实际短缺的金额，借记"待处理财产损溢"科目，贷记本科目。待查明原因后及时进行账务处理，具体内容参见"待处理财产损溢"科目。

【例4-7】某事业单位进行当日现金盘点，库存现金账面余额7 200元，清点库存现金实存7 160元，当日现金短缺40元，原因待查。
　　借：待处理财产损溢——现金短款　　　　　　　　　　　　　　　　　　　　　　　　　40
　　　　贷：库存现金　　　　　　　　　　　　　　　　　　　　　　　　　　　　　　　　40
该业务应按平行记账原则同时进行预算会计账务处理。

第三节　银行存款

一、银行存款的含义及内容

银行存款是指政府会计主体存入银行或其他金融机构的各种存款。政府会计主体应当严格按照国家有关支付结算办法的规定办理银行存款收支业务，并按照规定核算银行存款的各项收支业务。

二、银行存款账户的管理

为了维护正常的经济、金融秩序,适应社会主义市场经济发展的需要,政府会计主体通过开户银行与其他单位办理结算、通过银行存款账户办理资金收付时,必须切实遵守银行规定的下述管理原则:

1. 贯彻执行国家的政策、法规,遵守国家银行的各项结算制度和现金管理制度,接受银行监督。
2. 银行存款账户只供本单位使用,不准出租、出借、套用或转让。
3. 银行存款户必须有足够的资金保证支付、加强支票管理、不准签发空头支票。
4. 各种收支款项的凭证、必须如实填明来源或用途、不得巧立名目、弄虚作假、套取现金、套购物资、严禁利用账户搞非法活动。
5. 重视与银行的对账工作,认真及时地与银行对账单进行核对、保证账账相符、账款相符,如果银行存款日记账与银行对账单的余额不符,要及时与银行核对清楚,查明原因。

三、银行存款的核算

银行存款一般在取得可靠的收款或付款凭据时予以确认,按实际收到或支付的金额计量。

单位应设置"银行存款"科目,核算银行存款的收付及结存情况。银行存款科目下设"受托代理资产"明细科目,核算单位受托代理、代管的银行存款。政府会计主体还应当按开户银行或其他金融机构、存款种类及币种等设置明细科目并分别设置"银行存款日记账",由出纳人员根据收付款凭证,按照业务的发生顺序逐笔登记,每日终了应结出余额。"银行存款日记账"应定期与"银行对账单"核对,至少每月核对一次。月度终了,单位银行存款账面余额与银行对账单余额之间如有差额,必须逐笔查明原因并进行处理,按月编制"银行存款余额调节表",调节相符。"银行存款"科目期末借方余额,反映政府会计主体实际存放在银行或其他金融机构的款项。

1. 将款项存入银行或者其他金融机构,按照实际存入的金额,借记本科目,贷记"库存现金""应收账款""事业收入""经营收入""其他收入"等相关科目。涉及增值税业务的,相关账务处理参见"应交增值税"科目。收到银行存款利息,按照实际收到的金额,借记本科目,贷记"利息收入"科目。

【例4-8】某事业单位收到开户银行转来的入账通知单,本月银行存款利息为980元。

借:银行存款 980
  贷:利息收入 980

该业务应按平行记账原则同时进行预算会计账务处理。

2. 从银行等金融机构提取现金,按照实际提取的金额,借记"库存现金"科目,贷记本科目。

【例4-9】某医院从基本账户提取备用金5 000元。

借:库存现金 5 000
  贷:银行存款 5 000

3. 以银行存款支付相关费用,按照实际支付的金额,借记"业务活动费用""单位管理费用""其他费用"等相关科目,贷记本科目。涉及增值税业务的,相关账务处理参见"应交增值税"科目。

以银行存款对外捐赠,按照实际捐出的金额,借记"其他费用"科目,贷记本科目。

【例4-10】某事业单位通过开户银行转账支付本月办公楼电费3 200元。

借:单位管理费用——商品和服务费用——电费 3 200
  贷:银行存款 3 200

该业务应按平行记账原则同时进行预算会计账务处理。

4. 收到受托代理、代管的银行存款,按照实际收到的金额,借记本科目(受托代理资产),贷记"受托代理负债"科目;支付受托代理、代管的银行存款,按照实际支付的金额,借记"受托代理负债"科目,贷记本科目(受托代理资产)。

【例4-11】某行政单位接受委托,将A单位转入的款项100 000元转赠贫困地区某小学,用于帮助其改善基础办学条件。

收到款项时：
借：银行存款——受托代理资产　　　　　　　　　　　　　　　　　　　　　　　100 000
　　贷：受托代理负债　　　　　　　　　　　　　　　　　　　　　　　　　　　　100 000
转赠款项时：
借：受托代理负债　　　　　　　　　　　　　　　　　　　　　　　　　　　　　100 000
　　贷：银行存款——受托代理资产　　　　　　　　　　　　　　　　　　　　　100 000

四、外币业务的核算

单位发生外币业务的，应当按照业务发生当日的即期汇率，将外币金额折算为人民币金额记账，并登记外币金额和汇率。

期末，各种外币账户的期末余额，应当按照期末的即期汇率折算为人民币，作为外币账户期末人民币余额。调整后的各种外币账户人民币余额与原账面余额的差额，作为汇兑损益计入当期费用。

1. 以外币购买物资、设备等，按照购入当日的即期汇率将支付的外币或应支付的外币折算为人民币金额，借记"库存物品"等科目，贷记本科目、"应付账款"等科目的外币账户。涉及增值税业务的，相关账务处理参见"应交增值税"科目。

2. 销售物品、提供服务以外币收取相关款项等，按照收入确认当日的即期汇率将收取的外币或应收取的外币折算为人民币金额，借记本科目、"应收账款"等科目的外币账户，贷记"事业收入"等相关科目。

3. 期末，根据各外币银行存款账户按照期末汇率调整后的人民币余额与原账面人民币余额的差额，作为汇兑损益，借记或贷记本科目，贷记或借记"业务活动费用""单位管理费用"等科目。

"应收账款""应付账款"等科目有关外币账户期末汇率调整业务的账务处理参照"银行存款"科目。

【例4-12】某涉外事业单位因业务需要开设外币银行存款账户。2×19年3月1日"银行存款——美元户"账面余额5 000美元，折算成人民币金额34 332.50元（当日汇率：1美元=6.8665元人民币）；"银行存款——欧元户"账面余额10 000欧元，折算成人民币金额72 538元（当日汇率1欧元=7.2538元人民币）。2×19年3月25日支付A设备采购款5 000欧元，该设备不需要安装，已验收完毕投入使用。当日汇率：1欧元=7.4208元人民币。作如下会计分录：

设备款折算成人民币金额=5 000×7.420 8=37 104.00（元）
借：固定资产——A设备　　　　　　　　　　　　　　　　　　　　　　　　　37 104
　　贷：银行存款——欧元户　　　　　　　　　　　　　　　　　　　　　　　　37 104
该业务应按平行记账原则同时进行预算会计账务处理。

【例4-13】承接【例4-12】，3月31日，该事业单位各外币账户余额："银行存款——美元户"5 000美元，人民币金额34 332.50元；"银行存款——欧元户"5 000欧元，人民币金额35 434.00元（35 434.00=72 538.00-37 104.00）。3月31日汇率：1美元=6.8770元人民币；1欧元=7.3721元人民币。

月末各外币账户余额按期末汇率折算成人民币的金额：
美元户折算成人民币金额=5 000×6.8770=34 385.00（元）
欧元户折算成人民币金额=5 000×7.3721=36 860.50（元）
各外币账户汇兑损益：
美元户汇兑损益=34 385.00-34 332.50=53.00（元）
欧元户汇兑损益=36 860.50-35 434.00=1 426.50（元）
应作如下分录：
借：银行存款——美元户　　　　　　　　　　　　　　　　　　　　　　　　　53.00
　　　　　　——欧元户　　　　　　　　　　　　　　　　　　　　　　　　　1 426.5
　　贷：业务活动费用——商品和服务费用——汇兑损益　　　　　　　　　　　1 479.50
该业务应按平行记账原则同时进行预算会计账务处理。

第四节　零余额账户用款额度

一、零余额账户用款额度的含义及内容

零余额账户用款额度是指实行国库集中支付的单位，财政部门授权其使用的资金额度。

国库集中支付制度下，政府会计主体经财政部门审批，在国库集中支付代理银行开设单位零余额账户，用于财政授权支付的结算。财政部门根据预算安排和资金使用计划，定期向政府会计主体下达财政授权支付额度。政府会计主体可以在下达的额度内，自行签发授权支付指令，通知代理银行办理资金支付业务。

单位的零余额账户是由同级财政部门为其在商业银行开设的用于本单位财政授权支付的账户。通过该账户，单位可以办理转账、汇兑、委托收款和提取现金等支付结算业务，但单位的非财政性资金不得使用该账户。单位零余额账户是一个过渡账户，而不是实存账户。

二、零余额账户用款额度的核算

单位设置"零余额账户用款额度"科目核算实行国库集中支付的单位根据财政部门批复的用款计划收到和支用的零余额账户用款额度。本科目期末借方余额，反映单位尚未支用的零余额账户用款额度。年度终了注销单位零余额用款额度后，本科目应无余额。

零余额账户用款额度的主要账务处理如下：

（一）收到额度

单位收到"财政授权支付到账通知书"时，根据通知书所列金额，借记本科目，贷记"财政拨款收入"科目。

【例4-14】2×19年2月8日，某事业单位收到同级财政部门批复的分月用款计划及代理银行盖章的"财政授权支付到账通知书"，金额为150 000元。财会部门根据有关凭证，作如下会计分录：

借：零余额账户用款额度　　　　　　　　　　　　　　　　　　　　　150 000
　　贷：财政拨款收入　　　　　　　　　　　　　　　　　　　　　　　　　150 000

该业务应按平行记账原则同时进行预算会计账务处理。

（二）支用额度

1. 支付日常活动费用时，按照支付的金额，借记"业务活动费用""单位管理费用"等科目，贷记本科目。

【例4-15】2×19年3月4日，某事业单位以财政授权支付的方式支付印刷费10 000元。财会部门根据有关凭证，作如下会计分录：

借：业务活动费用　　　　　　　　　　　　　　　　　　　　　　　　10 000
　　贷：零余额账户用款额度　　　　　　　　　　　　　　　　　　　　　　10 000

该业务应按平行记账原则同时进行预算会计账务处理。

2. 购买库存物品或购建固定资产，按照实际发生的成本，借记"库存物品""固定资产""在建工程"等科目，按照实际支付或应付的金额，贷记本科目、"应付账款"等科目。涉及增值税业务的，相关账务处理参见"应交增值税"科目。

【例4-16】2×19年3月15日，某事业单位购买了一批自用物资，取得增值税专用发票，其中购货款40 000元，增值税6 800元。以财政授权支付的方式支付全部价款46 800元，物资已验收入库。财会部门根据有关凭证，作如下会计分录：

借：库存物品　　　　　　　　　　　　　　　　　　　　　　　　　　46 800
　　贷：零余额账户用款额度　　　　　　　　　　　　　　　　　　　　　　46 800

该业务应按平行记账原则同时进行预算会计账务处理。

3. 从零余额账户提取现金时，按照实际提取的金额，借记"库存现金"科目，贷记本科目。

业务举例参见【例4-2】。

（三）购货退回

因购货退回等发生财政授权支付额度退回的，按照退回的金额，借记本科目，贷记"库存物品"等科目。

【例4-17】2×19年3月20日，某事业单位用零余额账户支付购买的自用维修材料，部分存在质量缺陷，经与供货商协商作退货处理，经清点，退回货款11 700元。作如下会计分录：

借：零余额账户用款额度　　　　　　　　　　　　　　　　　　　　　　　11 700
　　贷：库存物品　　　　　　　　　　　　　　　　　　　　　　　　　　　　11 700

该业务应按平行记账原则同时进行预算会计账务处理。

（四）年末注销

年末，根据代理银行提供的对账单作注销额度的相关账务处理，借记"财政应返还额度——财政授权支付"科目，贷记本科目。

年末，单位本年度财政授权支付预算指标数大于零余额账户用款额度下达数的，根据未下达的用款额度，借记"财政应返还额度——财政授权支付"科目，贷记"财政拨款收入"科目。

下年初，单位根据代理银行提供的上年度注销额度恢复到账通知书作恢复额度的相关账务处理，借记本科目，贷记"财政应返还额度——财政授权支付"科目。单位收到财政部门批复的上年末下达零余额账户用款额度，借记本科目，贷记"财政应返还额度——财政授权支付"科目。

【例4-18】某高校为财政全额拨款事业单位，2×19年末与代理银行提供的对账单核对，单位零余额账户余额200 000元；经与财政部门核对，本年度财政授权支付预算指标数36 000 000元，零余额账户用款额度下达数35 000 000元。

年末注销零余额账户用款额度，确认未下达的用款额度：

借：财政应返还额度——财政授权支付　　　　　　　　　　　　　　　　1 200 000
　　贷：零余额账户用款额度　　　　　　　　　　　　　　　　　　　　　　200 000
　　　　财政拨款收入——基本支出拨款　　　　　　　　　　　　　　　　1 000 000

下年初恢复零余额账户用款额度：

2×20年初，收到代理银行提供的恢复零余额账户用款额度通知，恢复上年注销的零余额账户用款额度200 000元。收到财政部门批复的上年年末未下达零余额账户用款额度1 000 000元。

借：零余额账户用款额度　　　　　　　　　　　　　　　　　　　　　　1 200 000
　　贷：财政应返还额度——财政授权支付　　　　　　　　　　　　　　　1 200 000

该业务应按平行记账原则同时进行预算会计账务处理。

第五节　其他货币资金

一、其他货币资金的含义及内容

其他货币资金是指除了现金、银行存款以外的货币资金，包括外埠存款、银行汇票存款、银行本票存款、信用卡存款等。

政府会计主体应加强对其他货币资金的管理，及时办理结算，对于逾期尚未办理结算的银行汇票、银行本票等，应按规定及时转回，按有关规定进行相应账务处理。

二、其他货币资金的核算

单位设置"其他货币资金"科目,核算单位的外埠存款、银行本票存款、银行汇票存款、信用卡存款等各种其他货币资金。本科目应设置"外埠存款""银行本票存款""银行汇票存款""信用卡存款"等明细科目进行明细核算,该科目期末借方余额,反映单位实际持有的其他货币资金。

其他货币资金的主要账务处理如下:

1. 单位按照有关规定需要在异地开立银行账户,将款项委托本地银行汇往异地开立账户时,借记本科目,贷记"银行存款"科目。收到采购员交来供应单位发票账单等报销凭证时,借记"库存物品"等科目,贷记本科目。将多余的外埠存款转回本地银行时,根据银行的收账通知,借记"银行存款"科目,贷记本科目。

2. 将款项交存银行取得银行本票、银行汇票,按照取得的银行本票、银行汇票金额,借记本科目,贷记"银行存款"科目。使用银行本票、银行汇票购买库存物品等资产时,按照实际支付金额,借记"库存物品"等科目,贷记本科目。如有余款或因本票、汇票超过付款期等原因而退回款项,按照退款金额,借记"银行存款"科目,贷记本科目。

3. 将款项交存银行取得信用卡,按照交存金额,借记本科目,贷记"银行存款"科目。用信用卡购物或支付有关费用,按照实际支付金额,借记"单位管理费用""库存物品"等科目,贷记本科目。单位信用卡在使用过程中,需向其账户续存资金的,按照续存金额,借记本科目,贷记"银行存款"科目。

【例4-19】某事业单位向在北京开设的临时采购专户汇入6 000元,用来支付采购款5 800元。结算后将采购专户余款划回。作如下会计分录:

(1)汇出采购专款时:

借:其他货币资金——外埠存款　　　　　　　　　　　　　　　　　6 000
　　贷:银行存款　　　　　　　　　　　　　　　　　　　　　　　　6 000

(2)结算报销时:

借:库存物品　　　　　　　　　　　　　　　　　　　　　　　　　5 800
　　贷:其他货币资金——外埠存款　　　　　　　　　　　　　　　　5 800

该业务应按平行记账原则同时进行预算会计账务处理。

(3)余款转回时:

借:银行存款　　　　　　　　　　　　　　　　　　　　　　　　　　200
　　贷:其他货币资金——外埠存款　　　　　　　　　　　　　　　　　200

第五章 应收及预付款项

第一节 应收及预付款项概述

一、应收及预付款项含义

应收及预付款项是指政府会计主体在开展业务活动中形成的各项债权,应收款项包括财政应返还额度、应收票据、应收账款、应收股利、应收利息、其他应收款等;预付款项是指政府会计主体按照合同规定预付的款项,如预付账款。

二、应收及预付款项的计量

应收及预付款项的计量,就是确认应收及预付款项的入账金额,并估计其可收回的金额。应收及预付款项按实际发生额记账,即按照历史成本计量。发生多少应收及预付款,就记录多少金额。对政府会计主体的应收销货款来说,就是要按买卖双方成交时的交易价格计量。

三、应收及预付款项的财务管理

政府会计主体要结合自身的实际加强应收及预付款项的财务管理,有效发挥财务管理在应收及预付款项管理中的作用,提升政府会计主体应收及预付款项财务管理能力。

1. 政府会计主体应开展应收及预付款项风险预测。政府会计主体要对客户的财务因素、非财务因素展开系统的风险预测,进行客户财务因素风险预测,将客户财务能力、资金循环周期等内容作为分析重点。

2. 政府会计主体应开展应收及预付款项风险审查。政府会计主体财务管理人员结合单位自身风险评级标准及相关管理规定,对客户信用等级展开评定。

3. 政府会计主体应开展应收及预付款项风险管理。政府会计主体开展应收及预付款项风险管理,要从长期、细节、公开及客户关系等内容出发,开展全面、系统的应收及预付款项风险管理。

四、应收及预付款项内部控制制度

为了防止差错,降低风险,消除营私舞弊,政府会计主体必须建立一个良好的应收及预付款项内部控制制度,其主要内容:

1. 职责分工控制。在赊销业务中,赊销批准与销货职能要分离,发货、开票、收款、记账职责要分离。

2. 授权审批控制。赊销、发出货物、销售价格、销售条件、运费、折扣、坏账等必须经有关人员审批。

3. 凭证和记录控制。建立各种凭证、账簿制度,及时记账、登账。

4. 检查控制。定期核对应收账款的总账和明细账，并做好内部核查制度。

第二节　财政应返还额度

一、财政应返还额度含义

财政应返还额度是指实行国库集中支付的单位应收财政返还的资金额度。实行国库集中收付制度后，单位的所有财政性资金都纳入国库单一账户体系管理，支出通过国库单一账户体系支付到商品和劳务供应者或用款单位。实行国库集中支付单位，财政资金的支付方式包括财政直接支付和财政授权支付。

二、财政应返还额度核算

为全面核算实行国库集中支付的单位应收财政返还的资金额度变化情况，应设置"财政应返还额度"科目。本科目属于资产类科目，用来核算可以使用的以前年度财政直接支付资金额度和财政应返还的财政授权支付资金额度。本科目应当设置"财政直接支付""财政授权支付"两个明细科目进行明细核算。

（一）财政直接支付

1. 年末，单位根据本年度财政直接支付预算指标数大于当年财政直接支付实际发生数的差额，借记"财政应返还额度——财政直接支付"科目，贷记"财政拨款收入"科目。

2. 单位使用以前年度财政直接支付额度支付款项时，借记"业务活动费用""单位管理费用"等科目，贷记"财政应返还额度——财政直接支付"科目。

（二）财政授权支付

1. 年末，单位根据代理银行提供的对账单作注销额度的相关账务处理，借记"财政应返还额度——财政授权支付"科目，贷记"零余额账户用款额度"科目。

2. 年末，单位本年度财政授权支付预算指标数大于零余额账户用款额度下达数的，根据未下达的用款额度的数额，借记"财政应返还额度——财政授权支付"科目，贷记"财政拨款收入"科目。

3. 下年年初，单位根据代理银行提供的上年度注销额度恢复到账通知书作恢复额度的相关账务处理，借记"零余额账户用款额度"科目，贷记"财政应返还额度——财政授权支付"科目。单位收到财政部门批复的上年未下达零余额账户用款额度，借记"零余额账户用款额度"科目，贷记"财政应返还额度——财政授权支付"科目。

【例5-1】某基层医疗机构，年度财政直接支付预算指标为750 000元，全年财政直接支付实际发生数额660 000元，财政应返还额度90 000元。编制会计分录如下：

借：财政应返还额度——财政直接支付　　　　　　　　　　　　　　　　　　　　　90 000
　　贷：财政拨款收入　　　　　　　　　　　　　　　　　　　　　　　　　　　　　90 000

该业务应按平行记账原则同时进行预算会计账务处理。

【例5-2】承接【例5-1】，下年初，该基层医疗机构用上年财政直接支付额度支付购买办公用品费用66 000元。编制会计分录如下：

借：单位管理费用——商品和服务费用　　　　　　　　　　　　　　　　　　　　　66 000
　　贷：财政应返还额度——财政直接支付　　　　　　　　　　　　　　　　　　　　66 000

该业务应按平行记账原则同时进行预算会计账务处理。

【例5-3】某学校2×19年末与代理银行提供的对账单核对，单位零余额账户余额160 000元；经与财政部门核对，本年度财政授权支付预算指标数55 000 000元，零余额账户用款额度下达数53 000 000元。年末注销零余额账户用款额度，确认未下达的用款额度。编制会计分录如下：

借：财政应返还额度——财政授权支付　　　　　　　　　　　　　　　　　　　　　2 160 000

贷：零余额账户用款额度		160 000
财政拨款收入——基本支出拨款		2 000 000

该业务应按平行记账原则同时进行预算会计账务处理。

【例5-4】承接【例5-3】，2×20年初，收到代理银行提供的恢复零余额账户用款额度通知，恢复上年注销的零余额账户用款额度160 000元。收到财政部门批复的上年末未下达零余额账户用款额度2 000 000元。编制会计分录如下：

借：零余额账户用款额度		2 160 000
贷：财政应返还额度——财政授权支付		2 160 000

该业务应按平行记账原则同时进行预算会计账务处理。

第三节　应收票据

一、应收票据含义

应收票据是指事业单位因开展经营活动销售产品、提供有偿服务等而收到的商业汇票。

商业汇票是一种由出票人签发的，委托付款人在指定日期无条件支付确定金额给收款人或者持票人的票据。在我国，商业汇票的付款期限最长不得超过6个月。商业汇票自承兑日起生效，票据的期限一般有按月表示和按日表示两种。其中，定日付款的汇票付款期限自出票日起按日计算，并在汇票上记载具体到期日；出票后定期付款的汇票付款期限自出票日起按月计算，并在汇票上记载；见票后定期付款的汇票付款期限自承兑或拒绝承兑日起按月计算，并在汇票上记载。商业汇票的提示付款期限，自汇票到期日起10日。

票据到期日的计算分两种情况。票据期限按月表示时，票据的期限不考虑各月份实际天数多少，统一按次月对应日为整月计算。当签发承兑票据的日期为某月月末时，统一到期月份的最后一日为到期日。票据期限按日表示时，票据的期限不考虑月数，统一按票据的实际天数计算。在票据承兑日和票据到期日这两天中，只计算其中的一天，即算头不算尾、算尾不算头。

商业汇票根据不同划分标准，分为以下几类：

1. 根据票据承兑人不同，商业汇票分为商业承兑汇票和银行承兑汇票两种。承兑是汇票付款人承诺在汇票到期日支付汇票金额的票据行为。商业汇票必须经承兑后方可生效。商业承兑汇票是指由付款人签发并承兑，或由收款人签发交由付款人承兑的汇票。银行承兑汇票是指由在承兑银行开立存款账户的存款人（出票人）签发，由承兑银行承兑的票据。银行承兑汇票的出票人应于汇票到期前将票款足额交存其开户银行，承兑银行应在汇票到期日或到期日后的见票当日支付票款。

2. 根据票据是否带息，商业汇票分为带息商业汇票和不带息商业汇票。商业汇票在票面上规定有利率的是带息商业汇票，票面上没有规定利率的是不带息商业汇票。

3. 根据票据是否带有追索权，商业汇票分为带追索权的商业汇票和不带追索权的商业汇票。追索权是指单位在转让该应收款项的情况下，接受应收款项转让方在应收款项遭到拒付或逾期未付时，向该应收款项转让方索取应收金额的权利。在我国，商业汇票可背书转让，持票人可以对背书人、出票人以及票据的其他债务人行使追索权。

二、应收票据核算

为了反映和监督商业汇票的取得和票款收回等情况，单位应当设置"应收票据"科目，用来核算单位因开展经营活动销售产品、提供有偿服务等而收到的商业汇票。本科目借方登记取得的商业汇票面值；贷方登记到期收回票款或到期前向银行贴现的商业汇票票面金额；期末余额在借方，反映单位持有的商业汇票票面金额。本科目按照开出、承兑商业汇票的单位进行明细核算。

单位应当设置"应收票据备查簿",逐笔登记商业汇票的种类、号数和出票日、票面金额、交易合同号和付款人、承兑人、背书人的姓名或单位名称、到期日、背书转让日、贴现日、贴现率、贴现净额、收款日、收回金额、退票情况等资料。商业汇票到期结清票款或退票后,在备查簿中应予注销。

由于商业汇票最长期限不超过6个月,所以应收票据都属于短期应收款项,因此,为简化会计核算手续,单位收到的商业汇票无论是不带息商业汇票还是带息商业汇票一律以票据面值入账。

(一)收到商业汇票

事业单位因销售产品、提供服务等收到商业汇票,按照商业汇票的票面金额,借记"应收票据"科目,按照确认的收入金额,贷记"经营收入"等科目,涉及增值税业务的,按照应交增值税金额,一般纳税人同时需要贷记"应交增值税——应交税金(销项税额)"科目,小规模纳税人同时需要贷记"应交增值税"科目。

【例5-5】某事业单位开展非独立核算经营业务,向某单位销售一批商品,价值20 600元。收到不带息商业汇票一张,期限6个月。该事业单位属于增值税小规模纳税人,此项销售应交增值税金额为600元。编制会计分录如下:

借:应收票据——某单位　　　　　　　　　　　　　　　　　　　　　20 600
　　贷:经营收入　　　　　　　　　　　　　　　　　　　　　　　　　　20 000
　　　　应交增值税　　　　　　　　　　　　　　　　　　　　　　　　　　　600

【例5-6】某事业单位向某公司销售产品一批,货款共计500 000元,应交增值税80 000元。收到一张6个月期的带息商业承兑汇票,该商业承兑汇票面值580 000元,票据年利率8%。该事业单位属于一般纳税人。编制会计分录如下:

借:应收票据——某公司　　　　　　　　　　　　　　　　　　　　　580 000
　　贷:经营收入　　　　　　　　　　　　　　　　　　　　　　　　　500 000
　　　　应交增值税——应交税金(销项税额)　　　　　　　　　　　　 80 000

(二)商业汇票贴现

商业汇票贴现是指单位以未到期的商业汇票向银行融通资金,银行按票据的应收金额扣除一定期间的贴现利息后,将余额付给单位的筹资行为。

单位可以持未到期的商业汇票向银行申请贴现。将商业汇票贴现后,单位可以从银行取得贴现净额。贴现净额的计算公式:

$$贴现净额 = 票据到期值 - 贴现息$$

$$票据到期值 = 票据面值 + 利息$$

$$票据利息 = 票据面值 \times 票面利率 \times 票据期限$$

$$贴现息 = 票据到期值 \times 贴现率 \times 贴现期$$

贴现天数是指自贴现日起至票据到期前一日止的实际天数,贴现日和票据到期日这两天中,只计算其中一天。

在会计上,单位根据贴现的商业汇票是否带追索权分别采用不同的方法进行处理。

1. 不带追索权的商业汇票贴现。

单位持未到期的不带追索权的商业汇票向银行贴现,单位在转让票据所有权的同时也将票据到期不能收回票款的风险一并转让给贴现银行,贴现票据的单位对到期无法收回的票款,不承担连带责任。因此,贴现票据的单位按照实际收到的金额(即扣除贴现息后的净额),借记"银行存款"科目,按照贴现息,借记"经营费用"等科目,按照商业汇票的票面金额,贷记"应收票据"科目。

2. 带追索权的商业汇票贴现。

单位持未到期的带追索权的商业汇票向银行贴现,单位在转让票据时并未将票据到期不能收回票款的风险一并转让给贴现银行,贴现票据的单位对到期无法收回的票款,依然承担连带责任,这种责任是贴现票据的单位的一种或有负债,该负债直至贴现银行收到票据款后才能解除。因此,将带追索权的商业汇票贴现后,不能冲销应收票据账户金额。贴现票据的单位按照实际收到的金额(即扣除贴现息后的净额),借记"银行存款"科目;按照贴现息,借记"经营费用"等科目;按照商业汇票的票面金额,贷记"短期借款"科目。

单位持带追索权的商业汇票到期未发生追索事项时，应借记"短期借款"科目，贷记"应收票据"科目。

单位持带追索权的商业汇票到期发生追索事项时，贴现票据的单位成为实际债务人。贴现票据的单位收到贴现银行有关偿债通知后，根据票据到期值，借记"应收账款"科目，根据票据账面价值，贷记"应收票据"科目，差额借记或贷记"经营费用"。贴现票据的单位如果有能力向银行偿还票款，借记"短期借款"科目，贷记"银行存款"科目。

【例5-7】2×19年2月9日，某事业单位因急需资金，将一张不带息、面值为800 000元、出票日为1月9日、期限为4个月的商业汇票向银行贴现，单位与银行签订不带追索权的贴现协议，银行贴现年利率为8%。编制会计分录如下：

票据到期值 = 800 000元

贴现息 = 800 000 × 8% × 3/12 = 16 000（元）

贴现净额 = 800 000 − 16 000 = 784 000（元）

借：银行存款　　　　　　　　　　　　　　　　　　　　　　　　784 000
　　经营费用　　　　　　　　　　　　　　　　　　　　　　　　 16 000
　　贷：应收票据　　　　　　　　　　　　　　　　　　　　　　　　800 000

该业务应按平行记账原则同时进行预算会计账务处理。

【例5-8】甲事业单位于2月20日（当年2月份为28天），持一张不带息、签发承兑日为2月5日、期限为60天、面值为600 000元、到期日为4月6日的商业承兑汇票到银行申请贴现，单位与银行签订带追索权的贴现协议，银行规定的年贴现率为8%。编制会计分录如下：

票据到期值 = 600 000元

贴现期数 = 45天

贴现息 = 600 000 × 8% × 45/360 = 6 000（元）

贴现款 = 600 000 − 6 000 = 594 000（元）

借：银行存款　　　　　　　　　　　　　　　　　　　　　　　　594 000
　　经营费用　　　　　　　　　　　　　　　　　　　　　　　　 6 000
　　贷：短期借款　　　　　　　　　　　　　　　　　　　　　　　　600 000

该业务应按平行记账原则同时进行预算会计账务处理。

【例5-9】承接【例5-8】，票据到期时，票据付款人足额向贴现银行支付票款。编制会计分录如下：

借：短期借款　　　　　　　　　　　　　　　　　　　　　　　　600 000
　　贷：应收票据　　　　　　　　　　　　　　　　　　　　　　　　600 000

【例5-10】承接【例5-8】，若票据到期时，付款人无法向贴现银行支付票款，甲事业单位可以还款，则编制如下会计分录：

借：应收账款　　　　　　　　　　　　　　　　　　　　　　　　600 000
　　贷：应收票据　　　　　　　　　　　　　　　　　　　　　　　　600 000

同时，

借：短期借款　　　　　　　　　　　　　　　　　　　　　　　　600 000
　　贷：银行存款　　　　　　　　　　　　　　　　　　　　　　　　600 000

该业务应按平行记账原则同时进行预算会计账务处理。

若票据到期时，票据付款人无法向贴现银行支付票款，贴现票据的单位也无力偿还票据款，贴现银行将对无法偿还的票据作逾期贷款处理。

（三）商业汇票背书转让

根据《银行支付结算办法》的有关规定，事业单位可以将持有的商业汇票进行背书转让，用以取得所需物资。事业单位将持有的应收票据背书转让，以取得所需物资时，按照取得物资的成本，借记"库存物品""固定资产"等有关科目，按照商业汇票的票面金额，贷记"应收票据"科目，如有差额，借记或贷记"银行存款"等科目。涉及增值税业务的，按照应交增值税金额，一般纳税人同时需要借记"应交增值税——应交税金（进项税额）"科目。

【例5-11】2×19年6月1日，某事业单位将其所取得的一张A单位出票日期为2×19年5月1日、面值500 000元、期限为3个月的无息银行承兑汇票背书转让取得了一批商品，所收到的增值税专用发票上注明货款600 000元，增值税额为96 000元，差额以银行存款补付。应编制会计分录如下：

借：库存物品　　　　　　　　　　　　　　　　　　　　　　　　600 000
　　应交增值税——应交税金（进项税额）　　　　　　　　　　　　96 000
　　贷：应收票据——A单位　　　　　　　　　　　　　　　　　　　　500 000
　　　　银行存款　　　　　　　　　　　　　　　　　　　　　　　　196 000

该业务应按平行记账原则同时进行预算会计账务处理。

（四）商业汇票到期

事业单位商业汇票到期时，会出现两种情况：一是如期收回票款，二是因付款人无力支付票款而不能如期收回票款。这两种情况应当分别进行处理：

1. 如期收回票款，按照实际收到的商业汇票票面金额，借记"银行存款"科目，贷记"应收票据"科目。

2. 因付款人无力支付票款，不能如期收款。按照商业汇票的票面金额，借记"应收账款"科目，贷记"应收票据"科目。

【例5-12】某事业单位持有的一张不带息银行承兑汇票到期，票款全部收妥入账，汇票的票面金额为116 000元。编制会计分录如下：

借：银行存款　　　　　　　　　　　　　　　　　　　　　　　　116 000
　　贷：应收票据——某单位　　　　　　　　　　　　　　　　　　　116 000

该业务应按平行记账原则同时进行预算会计账务处理。

【例5-13】某事业单位持有的一张不带息商业承兑汇票到期，因付款人无力支付票款被银行退回，汇票的票面金额为81 200元。编制会计分录如下：

借：应收账款——某单位　　　　　　　　　　　　　　　　　　　81 200
　　贷：应收票据——某单位　　　　　　　　　　　　　　　　　　　81 200

第四节　应收账款

一、应收账款含义

应收账款是事业单位提供服务、销售产品，以及单位因出租资产、出售物资等应收取的款项。

从会计实务来看，单位的应收账款不包括各种非经营活动发生的应收款项。存出的保证金和押金、购货的预付定金、对职工的预付款、预付分支机构款、与单位的经营活动无关的应收款项，以及采用商业汇票结算方式销售商品的债权等，均不属于会计上的应收账款。

二、应收账款核算

应收账款应按买卖双方成交时的实际发生额入账。其入账价值包括：销售货物或提供劳务的价款、增值税税额以及代购货单位垫付的包装费、运杂费等。

单位为了核算应收账款的增减变化情况，应设置"应收账款"科目。本科目是资产类科目，用来核算事业单位提供服务、销售产品、单位因出租资产、出售物资等应收取的款项。本科目借方登记增加的应收账款；贷方登记应收账款的收回及确认的坏账损失；期末余额在借方，反映事业单位尚未收回的应收账款。本科目应当按照购货、接受服务单位（或个人）等进行明细核算。

医院、基层医疗卫生机构应当在"应收账款"科目下设置"应收在院病人医疗款""应收医疗款"

和"其他应收款"明细科目,分别用来核算医院、基层医疗卫生机构因提供医疗服务而应向在院病人收取的医疗款、因提供医疗服务而应向医疗保险机构、门急诊病人、出院病人等收取的医疗款和除应收在院病人医疗款、应收医疗款以外的其他应收款。"应收医疗款"明细科目下还需设置"应收医保款""门急诊病人欠款"和"出院病人欠款"等明细科目。

事业单位的应收账款收回后,分为不需要上缴财政和需要上缴财政两种情况。

(一)应收账款收回后不需上缴财政

1. 单位发生应收账款时,按照应收未收金额,借记"应收账款"科目,贷记"事业收入""经营收入""其他收入""租金收入"等科目。涉及增值税业务的,按照应交增值税金额,一般纳税人同时需要贷记"应交增值税——应交税金(销项税额)"科目,小规模纳税人同时需要贷记"应交增值税"科目。

2. 单位收回应收账款,按照实际收到的金额,借记"银行存款"等科目,贷记"应收账款"科目。

3. 年末,事业单位对收回不需要上缴财政的应收账款进行全面检查,分析其可收回性,对预计可能产生的坏账损失计提坏账准备、确认坏账损失。提取坏账时,借记"其他费用"科目,贷记"坏账准备"科目。对于账龄超过规定年限并确认无法收回的应收账款,应按照有关规定报经批准后,按无法收回的金额,借记"坏账准备"科目,贷记"应收账款"科目。已核销的应收账款在以后期间又收回的,按实际收回金额,借记"应收账款"科目,贷记"坏账准备"科目;同时借记"银行存款"科目,贷记"应收账款"科目。

(二)应收账款收回后需上缴财政

1. 单位出租资产发生应收未收租金时,按照应收未收金额,借记"应收账款"科目,贷记"应缴财政款"科目。

2. 单位出售物资发生应收未收款项时,按照应收未收金额,借记"应收账款"科目,贷记"应缴财政款"科目,涉及增值税业务的,按照应交增值税金额,一般纳税人同时需要贷记"应交增值税——应交税金(销项税额)"科目,小规模纳税人同时需要贷记"应交增值税"科目。

3. 单位收回应收账款时,按照实际收到的金额,借记"银行存款"等科目,贷记"应收账款"科目。

4. 单位应当于每年年末,对收回后应当上缴财政的应收账款进行全面检查。

(1)对于账龄超过规定年限、确认无法收回的应收账款,按照规定报经批准后予以核销。按照核销金额,借记"应缴财政款"科目,贷记"应收账款"科目。核销的应收账款应当在备查簿中保留登记。

(2)已核销的应收账款在以后期间又收回的,按照实际收回金额,借记"银行存款"等科目,贷记"应缴财政款"科目。

【例5-14】某事业单位为增值税一般纳税人,开展经营业务(非独立核算)销售商品一批,不含税价为30 000元,增值税销项税额为4 800元,价税合计34 800元尚未收到。编制会计分录如下:

借:应收账款——某单位　　　　　　　　　　　　　　　　　　　　　　　　34 800
　　贷:经营收入　　　　　　　　　　　　　　　　　　　　　　　　　　　　　30 000
　　　　应交增值税——应交税金(销项税额)　　　　　　　　　　　　　　　　4 800

【例5-15】承接【例5-14】,该事业单位的上述款项34 800元已经收到,款项已经存入银行。编制会计分录如下:

借:银行存款　　　　　　　　　　　　　　　　　　　　　　　　　　　　　　34 800
　　贷:应收账款——某单位　　　　　　　　　　　　　　　　　　　　　　　　34 800

该业务应按平行记账原则同时进行预算会计账务处理。

【例5-16】3月4日,某事业单位出售物资,开出的增值税专用发票上注明款项400 000元,增值税额64 000元。5月10日,事业单位接到银行收款通知,这笔款项已经入账。该收入收回后需要上缴财政。编制会计分录如下:

(1)3月4日,销售时:

借:应收账款　　　　　　　　　　　　　　　　　　　　　　　　　　　　　　464 000
　　贷:应缴财政款　　　　　　　　　　　　　　　　　　　　　　　　　　　　400 000
　　　　应交增值税——应交税金(销项税额)　　　　　　　　　　　　　　　　64 000

(2) 5月10日，收回款项时：

借：银行存款　　　　　　　　　　　　　　　　　　　　　　　　　　　　464 000
　　贷：应收账款　　　　　　　　　　　　　　　　　　　　　　　　　　　　　464 000

(3) 5月26日，上缴财政时：

借：应缴财政款　　　　　　　　　　　　　　　　　　　　　　　　　　　464 000
　　贷：银行存款　　　　　　　　　　　　　　　　　　　　　　　　　　　　　464 000

【例5-17】某事业单位销售一批产品，开出的增值税专用发票上注明货款600 000元，增值税额96 000元。该笔收入需要上缴财政，由于购货单位有严重财务危机，导致该笔收入无法收回，经核准后予以核销。编制会计分录如下：

借：应缴财政款　　　　　　　　　　　　　　　　　　　　　　　　　　　696 000
　　贷：应收账款　　　　　　　　　　　　　　　　　　　　　　　　　　　　　696 000

【例5-18】承接【例5-17】，购货单位已解决财务危机，将该笔货款归还该事业单位。编制会计分录如下：

借：银行存款　　　　　　　　　　　　　　　　　　　　　　　　　　　　696 000
　　贷：应缴财政款　　　　　　　　　　　　　　　　　　　　　　　　　　　　696 000

第五节　其他应收款

一、其他应收款含义

其他应收款是指单位除财政应返还额度、应收票据、应收账款、预付账款、应收股利、应收利息以外的其他各项应收及暂付款项。包括职工预借的差旅费、已经偿还银行尚未报销的本单位公务卡欠款、拨付给内部有关部门的备用金、应向职工收取的各种垫付款项、支付的可以收回的订金或押金、应收的上级补助和附属单位上缴款项等。

二、其他应收款核算

为核算其他应收款的发生及收回情况，单位应设置"其他应收款"科目。本科目是资产类科目，用来核算单位除财政应返还额度、应收票据、应收账款、预付账款、应收股利、应收利息以外的其他各项应收及暂付款项。本科目借方登记增加的其他各项应收及暂付款项；贷方登记收回及转销的其他各项应收及暂付款项；期末余额在借方，反映事业单位尚未收回的其他各项应收及暂付款项。本科目应当按照其他应收款的类别以及债务单位（或个人）进行明细核算。

1. 发生其他各种应收及暂付款项时，按照实际发生金额，借记"其他应收款"科目，贷记"零余额账户用款额度""银行存款""库存现金""上级补助收入""附属单位上缴收入"等科目。涉及增值税业务的，按照应交增值税金额，一般纳税人同时需要贷记"应交增值税——应交税金（销项税额）"科目，小规模纳税人同时需要贷记"应交增值税"科目。

2. 收回其他各种应收及暂付款项时，按照收回的金额，借记"银行存款""库存现金"等科目，贷记"其他应收款"科目。

3. 单位内部实行备用金制度的，有关部门使用备用金以后应当及时到财务部门报销并补足备用金。

财务部门核定并发放定额备用金时。按照实际发放金额，借记"其他应收款"科目，贷记"库存现金"等科目；根据报销金额用现金补足备用金定额时，借记"业务活动费用""单位管理费用"等科目，贷记"库存现金""银行存款"等科目，报销数和拨补数都不再通过"其他应收款"科目核算。

4. 偿还尚未报销的本单位公务卡欠款时，按照偿还的款项，借记"其他应收款"科目，贷记"零余额账户用款额度""银行存款"等科目;持卡人报销时,按照报销金额,借记"业务活动费用""单位管理费用"等科目,贷记"其他应收款"科目。

5. 将预付账款账面余额转入其他应收款时,借记"其他应收款"科目,贷记"预付账款"科目。

6. 逾期无法收回的其他应收款。

(1) 事业单位对于账龄超过规定年限、确认无法收回的其他应收款,按照规定报经批准后予以核销。按照核销金额,借记"坏账准备"科目,贷记"其他应收款"科目,核销的其他应收款应当在备查簿中保留登记;已核销的其他应收款在以后期间又收回的,按照实际收回金额,借记"其他应收款"科目,贷记"坏账准备"科目;同时,借记"银行存款"等科目,贷记"其他应收款"科目。

(2) 行政单位应当于每年年末,对其他应收款进行全面检查。对于超过规定年限、确认无法收回的其他应收款,应当按照有关规定报经批准后予以核销。核销的其他应收款应在备查簿中保留登记。经批准核销其他应收款时,按照核销金额,借记"资产处置费用"科目,贷记"其他应收款"科目;已核销的其他应收款在以后期间又收回的,按照收回金额,借记"银行存款"等科目,贷记"其他收入"科目。

【例 5-19】某行政单位向办公室核定并发放备用金 7 500 元。编制会计分录如下:

借:其他应收款——备用金——办公室   7 500
  贷:库存现金   7 500

【例 5-20】承接【例 5-19】,办公室报销各项零星支出款 5 023 元,会计部门经审核以现金补足其备用金定额。编制会计分录如下:

借:业务活动费用——商品和服务费用   5 023
  贷:库存现金   5 023

该业务应按平行记账原则同时进行预算会计账务处理。

【例 5-21】某事业单位为购买某一商品,用现金向甲公司支付包装物押金 1 500 元。编制会计分录如下:

借:其他应收款——甲公司   1 500
  贷:库存现金   1 500

【例 5-22】承接【例 5-21】,该事业单位向甲公司归还包装物,收回押金 1 500 元。编制会计分录如下:

借:库存现金   1 500
  贷:其他应收款——甲公司   1 500

【例 5-23】某事业单位职工刘辉出差去外地开会,刘辉通过本人公务卡支付 3 500 元会议费,会议主办方通过邮递方式将相关票据邮递到单位。由于公务卡的还款期限已到,但相关票据尚未收到,刘辉到单位财务部申请先期还款,单位财务人员根据相关凭证,通过"零余额账户"支付 3 500 元予以偿还刘辉公务卡欠款。编制会计分录如下:

借:其他应收款——刘辉   3 500
  贷:零余额账户用款额度   3 500

【例 5-24】承接【例 5-23】,单位收到会议主办方邮递的相关票据,持票据到财务部报销,财务部经审核予以报销会议费 3 500 元。编制会计分录如下:

借:业务活动费用   3 500
  贷:其他应收款——刘辉   3 500

该业务应按平行记账原则同时进行预算会计账务处理。

【例 5-25】某行政单位 3 年前一笔其他应收款,经确认有确凿证据表明无法收回,报经批准予以核销,核销金额 3 800 元。编制会计分录如下:

借:资产处置费用   3 800
  贷:其他应收款   3 800

假定该笔其他应收款在后期收回,编制会计分录如下:

借:银行存款   3 800

贷：其他收入　　　　　　　　　　　　　　　　　　　　　　　　　　　3 800
该业务应按平行记账原则同时进行预算会计账务处理。

第六节　坏账准备

一、坏账含义及确认条件

　　事业单位无法收回的应收账款和其他应收款称为坏账；由此造成的损失称为坏账损失。
　　事业单位应当在每年年末，对应收账款和其他应收款进行检查，有客观证据表明该应收账款和其他应收款发生减值的，应当确认减值损失。
　　应收账款和其他应收款发生减值的客观证据主要包括以下方面：
　　1. 债务人被依法宣告破产、撤销，其剩余财产确实不足清偿的应收账款和其他应收款；
　　2. 债务人死亡或依法被宣告死亡、失踪，其财产或遗产确实不足清偿的应收账款和其他应收款；
　　3. 债务人遭受重大自然灾害或意外事故，损失巨大，以其财产（包括保险赔偿）确实无法清偿的应收账款和其他应收款；
　　4. 债务人逾期未履行偿债义务，经法院裁决，确实无法清偿的应收账款和其他应收款。
　　政府会计制度规定事业单位核销坏账损失需经有关部门批准。

二、坏账损失核算方法

　　事业单位应当于每年年末，对收回后不需上缴财政的应收账款和全部其他应收款进行全面检查，分析其可收回性，对预计可能产生的坏账损失采用备抵法核算，计提坏账准备、确认坏账损失。
　　（一）备抵法含义
　　备抵法是通过设立"坏账准备"科目，按期估计并预提坏账损失准备金，将其计入费用，当某一应收账款和其他应收款的全部或部分被确认为坏账时，根据其金额冲减坏账准备、转销相应的应收账款和其他应收款金额的方法。
　　（二）坏账准备账户
　　"坏账准备"账户属于资产类账户，是应收账款和其他应收款的备抵账户，是用来核算事业单位对收回后不需要上缴财政的应收账款和其他应收款提取的坏账准备（医院和未按"收支两条线"管理的基层医疗卫生机构对应收在院病人医疗款不提取坏账准备，按"收支两条线"管理的基层医疗卫生机构对应收在院病人医疗款和应收医疗款不提取坏账准备）。该账户贷方登记对收回后不需上缴财政的应收账款和其他应收款计提的减值准备及收回的以前年度核销的应收账款和其他应收款；借方登记确实无法收回的不需要上缴财政的应收账款和其他应收款按管理权限报经批准作为坏账的不需要上缴财政的应收账款和其他应收款的转销数；余额在贷方，反映事业单位已计提但尚未转销的坏账准备。本账户分别按应收账款和其他应收款进行明细核算。
　　医院应当在"坏账准备"科目下设置"应收账款坏账准备"和"其他应收款坏账准备"明细科目，分别核算医院按规定对"应收账款——应收医疗款""应收账款——其他应收"和医院按规定对其他应收款提取的坏账准备。基层医疗卫生机构也应当在"坏账准备"科目下设置"应收账款坏账准备"和"其他应收款坏账准备"明细科目，分别核算基层医疗卫生机构按规定对除应收在院病人医疗款以外的应收账款和其他应收款提取的坏账准备，以及按"收支两条线"管理的基层医疗卫生机构按规定对除应收在院病人医疗款、应收医疗款外的应收账款、其他应收款提取的坏账和基层医疗卫生机构按规定对其他应收款提取的坏账准备。
　　（三）计提坏账准备方法及核算
　　事业单位可以采用应收款项余额百分比法、账龄分析法、个别认定法等方法计提坏账准备。坏账准备计提方法一经确定，不得随意变更。如需变更，应当按照规定报经批准，并在财务报表附注中予以说明。

1. 应收款项余额百分比法。

应收款项余额百分比法是按应收账款和其他应收款余额的一定比例估计该应收账款和其他应收款坏账损失的方法。采用这种方法时，每期所估计的坏账损失，应根据坏账损失占应收账款和其他应收款余额的计提比例和该应收账款和其他应收款的余额确定。

采用应收款项余额百分比法对应收账款和其他应收款的坏账进行会计处理，需注意以下几个要点：

（1）事业单位首次计提坏账准备时，按应收账款和其他应收款的余额与确定的该应收账款和其他应收款的坏账比例计算应提取的坏账准备，借记"其他费用"科目，贷记"坏账准备"科目；

（2）发生坏账时，按实际发生的坏账金额，借记"坏账准备"科目，贷记"应收账款""其他应收款"等科目；

（3）已经确认的坏账又收回时，根据收回数额，借记"应收账款""其他应收款"等科目，贷记"坏账准备"科目；同时借记"银行存款"等科目，贷记"应收账款""其他应收款"等科目；

（4）会计期末估计的坏账准备与"坏账准备"账户的余额有差异时，应对"坏账准备"账户的余额进行调整，使调整后的"坏账准备"账户的贷方余额与估计的坏账数额一致。

当期应补提或冲减的坏账准备金额的计算公式如下：

当期应补提或冲减的坏账准备 = 按照应收账款和其他应收款计算应计提的坏账准备金额

－"坏账准备"账户期末贷方余额

（或 + "坏账准备"账户期末借方余额）

调整"坏账准备"账户贷方余额时，具体有以下三种情况：

（1）调整前的"坏账准备"账户为借方余额时，该余额表明本期实际发生的坏账大于上期估计的坏账准备的差额，这时应按本期估计的坏账加上调整前"坏账准备"账户的借方余额之和作为计提坏账准备的数额，借记"其他费用"科目，贷记"坏账准备"科目。

（2）调整前的"坏账准备"账户为贷方余额时，且该贷方余额小于本期估计的坏账准备数额，这时应按"坏账准备"账户贷方余额小于本期估计坏账准备数额的差额作为计提坏账准备的数额，借记"其他费用"科目，贷记"坏账准备"科目。

（3）调整前的"坏账准备"账户为贷方余额，而且该贷方余额大于本期估计的坏账准备数额，这时应按"坏账准备"账户贷方余额大于本期估计的坏账数额的差额冲减坏账准备，借记"坏账准备"科目，贷记"其他费用"科目。

【例5-26】某事业单位年末应收账款的余额为500 000元，提取坏账准备的比例为5%，第二年发生坏账损失为20 000元，年末应收账款为550 000元。第三年，收回已冲销的应收账款为20 000元，期末应收账款为620 000元。编制会计分录如下：

（1）第一年首次计提坏账准备，估计坏账损失 = 500 000 × 5% = 25 000（元）

借：其他费用　　　　　　　　　　　　　　　　　　　　　　　　　　　　　　　25 000

　　贷：坏账准备——应收账款　　　　　　　　　　　　　　　　　　　　　　　　25 000

（2）第二年冲销坏账：

借：坏账准备——应收账款　　　　　　　　　　　　　　　　　　　　　　　　　20 000

　　贷：应收账款　　　　　　　　　　　　　　　　　　　　　　　　　　　　　　20 000

（3）第二年年末按应收款项的余额计提坏账准备：

应计提坏账准备 = 550 000 × 5% = 27 500（元）

第二年年末提取前"坏账准备"科目为贷方余额5 000元，实际提取的坏账准备为22 500元（27 500 - 5 000）。

借：其他费用　　　　　　　　　　　　　　　　　　　　　　　　　　　　　　　22 500

　　贷：坏账准备——应收账款　　　　　　　　　　　　　　　　　　　　　　　　22 000

（4）第三年，收回已冲销的应收账款20 000元入账：

借：应收账款　　　　　　　　　　　　　　　　　　　　　　　　　　　　　　　20 000

　　贷：坏账准备——应收账款　　　　　　　　　　　　　　　　　　　　　　　　20 000

同时,

借:银行存款	20 000	
贷:应收账款		20 000

该业务应按平行记账原则同时进行预算会计账务处理。

(5) 第三年末应收账款的余额计算冲销坏账准备:

"坏账准备"应计提余额为 31 000 元 (620 000×5%)。期末提取前的"坏账准备"科目余额为贷方余额 47 500 元 (即期初贷方余额 27 500 元加上收回的已冲销坏账 20 000 元),超过了应计提坏账准备数,所以应冲回多提取的坏账准备 16 500 元 (47 500 - 31 000),会计分录为:

借:坏账准备——应收账款	16 500	
贷:其他费用		16 500

【例 5-27】2020 年末,某乡镇卫生院为收支两条线管理机构,2020 年末应收账款余额 300 000 元(其中应收在院病人医疗款 100 000 元,应收医疗款余额 80 000 元,其他应收账款余额 120 000 元);其他应收款余额 30 000 元。本年坏账准备余额 2 000 元(其中应收账款坏账准备 1 500 元,其他应收款坏账准备 500 元)。该单位按余额百分比法计提坏账准备,计提比率为 3%。编制会计分录如下:

应收账款坏账准备 = 120 000×3% - 1 500 = 2 100 (元)

其他应收款坏账准备 = 30 000×3% - 500 = 400 (元)

借:其他费用	2 500	
贷:坏账准备——应收账款坏账准备		2 100
——其他应收款坏账准备		400

【例 5-28】2020 年末,某社区卫生服务中心为非收支两条线管理机构(以下案例没有明确为收支两条线管理机构的基层医疗卫生机构均指非收支两条线管理机构),2020 年末应收账款年末余额 300 000 元(其中应收在院病人医疗款 100 000 元,应收医疗款余额 80 000 元,其他应收账款余额 120 000 元)。其他应收款余额 30 000 元。本年坏账准备余额 2 000 元(其中应收账款坏账准备 1 500 元,其他应收款坏账准备 500 元)。该单位按余额百分比法计提坏账准备,计提比率为 3%。编制会计分录如下:

应收账款坏账准备 = 200 000×3% - 1 500 = 4 500 (元)

其他应收款坏账准备 = 30 000×3% - 500 = 400 (元)

借:其他费用	4 900	
贷:坏账准备——应收账款坏账准备		4 500
——其他应收款坏账准备		400

2. 账龄分析法。

账龄分析法是根据应收账款和其他应收款入账时间的长短,根据以往经验确定坏账准备百分比,并据以估计坏账准备的方法。这里所指的账龄是指客户所欠账款的时间。虽然应收账款和其他应收款能否收回及其回收的程度与应收账款和其他应收款过期长短并无直接联系,但一般来说,账龄越长,账款不能收回的可能性就越大,因此事业单位可以按应收账款和其他应收款的账龄估计坏账准备。

【例 5-29】以应收账款为例,账龄分析法下的应收账款账龄分析及坏账准备的计算如表 5-1 所示。

表 5-1   账龄分析及估计坏账准备计算表

应收款项账龄	应收款项金额(元)	估计损失(%)	估计损失金额(元)
未到期	500 000	5	25 000
过期 1 个月	250 000	6	15 000
过期 2 个月	200 000	9	18 000
过期 3 个月	100 000	12	12 000
过期 3 个月以上	50 000	20	10 000
合计	1 100 000		80 000

以上计算结果表明,该事业单位该年末"坏账准备"科目余额应为 80 000 元。但是实际计提数要受之前"坏账准备"科目实际已有余额的影响,具体分三种情况:

第一种情况,假设调整前"坏账准备"账户实际余额为贷方(假设为贷方 26 000 元),则本期实际调整计提数为 54 000 元 (80 000 - 26 000)。编制会计分录如下:

借：其他费用 54 000
　　贷：坏账准备——应收账款 54 000

第二种情况，如果调整前"坏账准备"科目余额为借方余额（假设为借方 16 000 元），则本期实际调整计提数为 96 000 元（80 000 + 16 000）。编制会计分录如下：

借：其他费用 96 000
　　贷：坏账准备——应收账款 96 000

第三种情况，假设调整前"坏账准备"账户实际余额为贷方（假设为贷方 86 000 元），则本期实际调整冲减数为 - 6 000 元（80 000 - 86 000）。编制会计分录如下：

借：坏账准备——应收账款 6 000
　　贷：其他费用 6 000

3. 个别认定法。

个别认定法计提坏账准备是指在对应收账款计提坏账准备时，应针对应收账款总账所属的各个明细账户上的欠款客户逐一进行偿债能力和信用度调查，据以估计各个欠款客户的偿债概率（或者可收回的可能性），并以此为依据测算可能发生的坏账损失，进而确定本期期末应计提的坏账准备金额。

三、计提坏账准备方法的应用

（一）事业单位对应收款项按不同方法计提坏账准备

《政府会计制度》规定，事业单位可以采用应收款项余额百分比法、账龄分析法、个别认定法计提坏账准备。坏账准备计提方法一经确定，不得随意变更。如需变更，应当按照规定报经批准，并在财务报表附注中予以说明。

在采用应收款项余额百分比法、账龄分析法等方法的同时，能否采用个别认定法计提应当视具体情况而定。如果某项应收款项的可收回性与其他各项应收款项存在明显差别（例如，债务单位所处的特定地区等），导致该项应收款项按照其他应收款项同样方法计提坏账准备将无法真实地反映其可收回金额的，可对该项应收款项采用个别认定法计提坏账准备。单位应当根据所持应收款项的实际可收回情况，合理计提坏账准备，不得多提或少提，否则应视为滥用会计估计，按照重大会计差错更正的方法进行会计处理。在同一会计期间内运用个别认定法的应收款项应从其他方法计提坏账准备的应收款项中剔除。

（二）单位计提坏账准备采用账龄分析法时，对于当期有变动的应收款项如何确定账龄

采用账龄分析法计提坏账准备时，收到债务单位当期偿还的部分债务后，剩余的应收款项，不应改变其账龄，仍应按照原账龄加上本期应增加的账龄确定；在存在多笔应收款项且各笔应收款项账龄不同的情况下，收到债务单位当期偿还的部分债务，应当逐笔认定收到的是哪一笔应收款项；如果确实无法认定的，按照先发生先收回的原则确定，剩余应收款项的账龄按照上述同一原则确定。

（三）对于由应收款项余额百分比法改为按照账龄分析法或其他方法计提坏账准备，应作为会计政策变更还是作为会计估计变更

单位由应收款项余额百分比法改为账龄分析法或其他方法计提坏账准备，或由账龄分析法或其他方法改为应收款项余额百分比法计提坏账准备的，均作为会计估计变更，采用未来适用法进行会计处理。但是，如果滥用会计估计及其变更的，应作为重大会计差错予以更正。

第七节　预付账款

一、预付账款含义

预付账款是指单位按照购货、服务（劳务）合同或协议规定预付给供应单位（或个人）的款项，以

及按照合同规定向承包工程的施工单位预付的备料款和工程款。

二、预付账款核算

为了反映预付账款的发生及结转收回情况，单位应设置"预付账款"科目。该科目属于资产类科目，用来核算单位按照购货、服务（劳务）合同或协议规定预付给供应单位（或个人）的款项，以及按照合同规定向承包工程的施工单位预付的备料款和工程款。该科目借方登记预付的款项；贷方登记实际支付的预付款项；期末余额在借方，反映单位实际预付但尚未结算的款项。本科目应当按照供应单位（或个人）及具体项目进行明细核算；对于基本建设项目发生的预付账款，还应当在本科目所属基建项目明细科目下设置"预付备料款""预付工程款""其他预付款"等明细科目进行明细核算。

1. 根据购货、服务合同或协议规定预付款项时，按照预付金额，借记"预付账款"科目，贷记"财政拨款收入""零余额账户用款额度""银行存款"等科目。

2. 收到所购资产或服务时，按照购入资产或服务的成本，借记"库存物品""固定资产""无形资产""业务活动费用"等相关科目，按照相关预付账款的账面余额，贷记"预付账款"科目，按照实际补付的金额，贷记"财政拨款收入""零余额账户用款额度""银行存款"等科目。涉及增值税业务的，按照应交增值税金额，一般纳税人同时需要借记"应交增值税——应交税金（进项税额）"科目。

3. 根据工程进度结算工程价款及备料款时，按照结算金额，借记"在建工程"科目，按照相关预付账款的账面余额，贷记"预付账款"科目，按照实际补付的金额，贷记"财政拨款收入""零余额账户用款额度""银行存款"等科目。

4. 发生预付账款退回的，按照实际退回金额，借记"财政拨款收入"（本年直接支付）、"财政应返还额度"（以前年度直接支付）、"零余额账户用款额度""银行存款"等科目，贷记"预付账款"科目。

5. 单位应当于每年年末，对预付账款进行全面检查。如果有确凿证据表明预付账款不再符合预付款项性质，或者因供应单位破产、撤销等原因可能无法收到所购货物、服务的，应当先将其转入其他应收款，再按照规定进行处理。将预付账款账面余额转入其他应收款时，借记"其他应收款"科目，贷记"预付账款"科目。

【例5-30】某行政单位与某会议中心签订合同，为拟举办的会议订场地。根据合同规定，场地租金共计50 500元，预订时交纳预付款20 300元，其余部分在会议结束后支付。行政单位通过零余额账户支付定金，款项为公共财政预算基本经费拨款。编制会计分录如下：

借：预付账款——某会议中心　　　　　　　　　　　　　　　　　　　　20 300
　　贷：零余额账户用款额度　　　　　　　　　　　　　　　　　　　　　20 300

该业务应按平行记账原则同时进行预算会计账务处理。

【例5-31】承接【例5-30】，上述会议结束，行政单位通过零余额账户予以支付差额款30 200元。编制会计分录如下：

借：业务活动费用——商品和服务费用　　　　　　　　　　　　　　　　50 500
　　贷：预付账款——某会议中心　　　　　　　　　　　　　　　　　　　20 300
　　　　零余额账户用款额度　　　　　　　　　　　　　　　　　　　　　30 200

该业务应按平行记账原则同时进行预算会计账务处理。

【例5-32】丁事业单位通过预付货款购入的B材料已经收到，增值税专用发票注明材料价款25 000元，增值税额4 000元，材料已经验收入库。编制会计分录如下：

借：库存物品——B材料　　　　　　　　　　　　　　　　　　　　　　25 000
　　应交增值税——应交税金（进项税额）　　　　　　　　　　　　　　　4 000
　　贷：预付账款——某供应商　　　　　　　　　　　　　　　　　　　　29 000

【例5-33】丙事业单位2×19年5月8日为开展经营业务（非独立核算）与某供应商签订合同预购C材料一批，预付货款1 700元，通过银行转账支付。编制会计分录如下：

借：预付账款——某供应商　　　　　　　　　　　　　　　　　　　　　1 700
　　贷：银行存款　　　　　　　　　　　　　　　　　　　　　　　　　　1 700

该业务应按平行记账原则同时进行预算会计账务处理。

【例 5-34】承接【例 5-33】，由于供应商的缘故无法履行购货协议，供应商将预付货款 1 700 元退还给丙事业单位，丙事业单位已入账。编制会计分录如下：

借：银行存款 1 700
　　贷：预付账款 1 700

该业务应按平行记账原则同时进行预算会计账务处理。

【例 5-35】某事业单位年底对本年度的预付账款进行全面检查，发现一笔金额为 30 000 元预付款项不再符合预付款项性质，经批准按照规定进行处理。编制会计分录如下：

借：其他应收款 30 000
　　贷：预付账款 30 000

第八节　应收股利

一、应收股利含义

应收股利是指事业单位持有长期股权投资应当收取的现金股利或应当分得的利润。

二、应收股利核算

为核算应收股利的增减变动情况，事业单位应设置"应收股利"科目。本科目是资产类科目，用来核算事业单位持有长期股权投资应当收取的现金股利或应当分得的利润。本科目借方登记增加的现金股利、应当分得的利润及支付价款中包含的已宣告尚未发放的现金股利；贷方登记收到的现金股利或应当分得的利润；期末余额在借方，反映事业单位应当收取但尚未收到的现金股利或利润。本科目可按被投资单位进行明细核算，期末借方余额。

1. 取得长期股权投资，按支付的价款中所包含的已宣告但尚未发放的现金股利，借记"应收股利"科目，按确定的长期股权投资成本，借记"长期股权投资"科目，按实际支付的金额，贷记"银行存款"等科目。

收到取得投资时实际支付价款中包含的已宣告但尚未领取的现金股利时，按照收到的金额，借记"银行存款"科目，贷记"应收股利"科目。

2. 长期股权投资持有期间，被投资单位宣告发放现金股利或利润的，按应享有的份额，借记"应收股利"科目，贷记"投资收益"（成本法下）或"长期股权投资"（权益法下）科目。

3. 实际收到现金股利或利润时，按照收到的金额，借记"银行存款"等科目，贷记"应收股利"科目。

【例 5-36】甲事业单位经批准于 2×19 年 6 月 9 日在深圳证券交易所购买丁股份有限公司的股票 55 000 股作为长期股权投资，每股买入价为 5 元，每股价格中包含有 0.3 元的已宣告尚未发放的现金股利，另支付相关税费 3 500 元。假定甲事业单位采用成本法核算长期股权投资。编制会计分录如下：

（1）初始投资成本 = 55 000 × 5 + 3 500 − 55 000 × 0.3 = 262 000（元）
（2）编制购入股票的会计分录：

借：长期股权投资——丁股份有限公司 262 000
　　应收股利——丁股份有限公司 16 500
　　贷：银行存款 278 500

该业务应按平行记账原则同时进行预算会计账务处理。

【例 5-37】承接【例 5-36】，假定甲事业单位 2×19 年 7 月 10 日收到丁股份有限公司分来的购买该股时已宣告分派的现金股利 5 500 元。编制会计分录如下：

借：银行存款 5 500
　　贷：应收股利——丁股份有限公司 5 500

该业务应按平行记账原则同时进行预算会计账务处理。

【例5-38】承接【例5-37】，假定甲事业单位于2×20年5月19日收到丁股份有限公司宣告分派2×19年现金股利的通知，应分得现金股利6 500元。编制会计分录如下：

借：应收股利——丁股份有限公司 6 500
　　贷：投资收益 6 500

【例5-39】某事业单位拥有B公司40%的股权，2×19年4月15日B公司宣告分派现金股利2 300 000元；4月28日实际发放现金股利2 300 000元。编制会计分录如下：

（1）4月15日应收现金股利的会计处理：

事业单位应收股利＝2 300 000×40%＝920 000（元）

借：应收股利 920 000
　　贷：长期股权投资——损益调整 920 000

（2）4月28日实际收到现金股利的会计处理：

借：银行存款 920 000
　　贷：应收股利 920 000

该业务应按平行记账原则同时进行预算会计账务处理。

第九节　应收利息

一、应收利息含义

应收利息是指事业单位长期债券投资应当收取的利息。但事业单位购入的到期一次还本付息的长期债券投资持有期间的利息不属于应收利息范畴。

二、应收利息核算

为全面核算应收利息的增减变动情况，事业单位应设置"应收利息"科目。本科目是资产类科目，用来核算事业单位持有的分期（计息期不超过1年）计息的长期债券投资应当收取的利息。本科目借方登记增加的分期（计息期不超过1年）计息的长期债券投资利息及买价中包含的已到付息期但尚未领取的利息；贷方登记收到的分期（计息期不超过1年）计息的长期债券投资利息；期末余额在借方，反映事业单位应收未收的分期（计息期不超过1年）计息的长期债券投资利息。本科目可按被投资单位进行明细核算。

1. 取得长期债券投资，应按确定的投资成本，借记"长期债券投资"科目，按支付的价款中包含的已到付息期但尚未领取的利息，借记"应收利息"科目，按照实际支付的金额，贷记"银行存款"科目。

收到取得投资时实际支付价款中所包含的已到付息期但尚未领取的利息时，按照收到的金额，借记"银行存款"等科目，贷记"应收利息"科目。

2. 按期计算确认长期债券投资利息收入时，对于分期付息、一次还本的长期债券投资，按照以票面金额和票面利率计算确定的应收未收利息金额，借记"应收利息"科目，贷记"投资收益"科目。

3. 实际收到应收利息时，按照收到的金额，借记"银行存款"等科目，贷记"应收利息"科目。

【例5-40】2×19年1月1日，乙事业单位经批准购入B公司发行的5年期公司债券，该笔债券于2×18年7月1日发行，面值为20 000 000元，票面利率为5%。上年债券利息于下年年初支付。乙事业单位准备长期持有，支付价款21 000 000元（其中包含已到付息期但尚未领取的债券利息500 000元），另支付交易费用250 000元。2×19年1月6日，乙事业单位收到该笔债券利息500 000元。2×20年初乙事业单位又收到债券利息100 000元。编制会计分录如下：

(1) 2×19年1月1日，购入B公司的公司债券时：

借：长期债券投资——B公司债券——成本　　　　　　　　　　　　　20 000 000
　　　　　　　　　　　　　　　——利息调整　　　　　　　　　　　　750 000
　　应收利息——B公司　　　　　　　　　　　　　　　　　　　　　　500 000
　　贷：银行存款　　　　　　　　　　　　　　　　　　　　　　　　21 250 000

该业务应按平行记账原则同时进行预算会计账务处理。

(2) 2×19年1月6日，收到购买价款中包含的已到付息期但尚未领取债券利息时：

借：银行存款　　　　　　　　　　　　　　　　　　　　　　　　　　500 000
　　贷：应收利息——B公司　　　　　　　　　　　　　　　　　　　　500 000

该业务应按平行记账原则同时进行预算会计账务处理。

(3) 2×19年12月31日，对B公司的公司债券确认利息收入时：

借：应收利息——B公司　　　　　　　　　　　　　　　　　　　　　1 000 000
　　贷：投资收益　　　　　　　　　　　　　　　　　　　　　　　　1 000 000

(4) 2×20年初，收到持有B公司的公司债券利息时：

借：银行存款　　　　　　　　　　　　　　　　　　　　　　　　　　1 000 000
　　贷：应收利息——B公司　　　　　　　　　　　　　　　　　　　　1 000 000

该业务应按平行记账原则同时进行预算会计账务处理。

第六章 存 货

第一节 存货概述

一、存货的含义

存货是指政府会计主体在开展业务活动及其他活动中为耗用或出售而储存的资产。如材料、产品、包装物和低值易耗品等，以及未达到固定资产标准的用具、装具、动植物等。

按照政府会计制度的规定，存货不以会计科目的形式存在，是资产负债表流动资产的构成项目。资产负债表中的"存货"项目应根据"在途物品""库存物品""加工物品"科目的期末余额填列。政府储备物资、收储土地等，适用其他相关政府会计准则，不包括在存货项目中。

二、存货的管理

按照《行政单位国有资产管理暂行办法》《事业单位国有资产管理暂行办法》《行政事业单位内部控制规范（试行）》的规定，国有资产管理最重要的内容是资产配置、资产使用和资产处置三个环节。严格按照规定标准进行资产配置；落实资产保管使用责任，坚持谁使用、谁保管、谁负责的原则；对占有、使用的国有资产进行定期清查盘点，做到账、表、卡、物核对相符；国有资产处置时，应本着公开、公平、公正的原则，按照审批权限逐级审批，正确进行相关会计处理，健全资产管理制度，保障资产的安全完整，防止国有资产流失。

作为国有资产的重要组成部分，各政府会计主体必须提高对存货管理重要性的认识。加强对存货的管理，对于提高政府会计主体财务管理水平、加快资金周转、提高预算资金的使用效率具有重要的意义。政府会计主体应当建立科学的资产管理体制，明确各部门和关键岗位的职责权限，建立健全工作标准、考核与轮换制度，建立存货的内部控制制度，确保存货业务不相容岗位相互分离、相互制约、互相监督。对于价值较高的存货，要有专人负责并健全岗位责任。实现与存货资产管理相关的采购、验收、付款岗位分离，销售与收款岗位分离，业务申请与审批、执行岗位相分离等；实施授权批准控制，明确审批人对存货业务的授权批准方式、程序和相关权限，不得越权审批；对存货的收发、领退和保管都要办理相关手续，明确责任。存货管理作为资产管理的一项重要内容，其管理水平直接关系到单位资金的占用和资产的配置，对政府会计主体实现财务管理的目标具有重要的影响，是各单位管理不可忽视的重要组成部分。

三、存货的内部控制

政府会计主体应当根据《行政事业单位内部控制规范（试行）》的规定，加强对存货等实物资产的管理，明确相关部门和岗位的职责权限，强化对配置、使用和处置等关键环节的管控；对存货资产实施归口管理，明确保管责任人在存货资产管理中的责任；按照国有资产管理的相关规定，明确存货等实物资产的调剂、租借、对外投资以及处置的程序、审批权限和责任；建立资产管理台账，加强对存货实物的管理,建立定期清查盘点制度,发现存货账实不符的情况,应当及时查明原因,并按照相关规定处理;建立存货资产的信息管理系统,做好统计、报告、分析等方面的工作,实现对存货资产的动态管理。

(一)控制的范围

存货的控制范围应当与其业务流程相适应,具体包括:预算管理控制、请购与审批控制、验收控制、领用环节控制、清查盘点控制、处置环节控制等。

1. 预算管理控制。存货预算编制应由存货资产管理部门会同相关部门审核实物资产的存量,核实存货资产存量、使用人及其相关信息,提出拟购置存货的品名、规格、数量,测算经费额度,经充分论证后编制存货采购预算,经批准纳入政府会计主体年度预算。

2. 请购与审批控制。由存货使用部门提交请购申请,经本部门负责人签字后提交存货资产管理职能部门审批,经批准后办理采购。

3. 验收控制。存货在交付使用前必须先入库,在办理入库时组织验收,对贵重、稀缺和进口物品,需由专业人员协同资产管理人员进行验收。验收合格后保管人员应按规定填写入库单,经资产管理职能部门负责人审核签字后,办理报销手续。

4. 领用环节控制。

(1) 存货资产使用部门填写领用单,注明领用理由、领用存货的用途等内容,并经使用部门负责人、单位主管领导签字确认后,提交资产管理职能部门。

(2) 资产管理职能部门根据领用单,办理存货领取,并报财务部门登记,同时登记存货实物资产保管台账。

5. 清查盘点控制。

(1) 盘点前先由财务、资产管理等部门相关人员组成清查小组,负责对政府会计主体的存货资产进行清查。根据盘点结果填写存货资产盘点表,并与账簿记录进行核对。对账实不符、存货盘盈、盘亏等现象,编制存货盘盈、盘亏表,在此基础上完成清查报告,报清查小组负责人签字确认。

(2) 按照管理权限逐级上报,经核准后进行相关会计处理,并对盘盈盘亏原因进行分析,提出改进建议。

6. 处置环节控制。对拟出售或投资转出的存货,应由相关部门或人员提出处置申请,对实物资产价值进行评估。依据资产评估报告,按规定程序履行批准手续后办理出售或转让。

(二)控制要点与控制措施

存货管理业务流程风险点及主要控制措施如表6-1所示。

表6-1 存货管理业务流程风险点及主要控制措施

流程	关键环节	风险点	主要控制措施	责任主体
存货管理业务	采购	没有履行应有的审批手续,采购方式方法不符合国家有关规定	存货应由使用部门提交申请,经本部门负责人签字提交相关部门审批	请购部门、采购承办部门
	验收	新增存货资产验收程序不规范,可能导致资产质量不符合要求进而影响资产运行效果	存货在交付使用前必须组织验收,办理入库手续	资产管理部门
	领用	存货资产领用没有履行相应的审批手续,资产发出没有正确地登记,造成存货实物资产账实不符或者使用效率低下	使用部门填写领用单,经相关负责人签字确认后提交给资产管理部门;资产使用部门领用资产以后,应及时登记在用实物资产	资产使用部门、资产管理部门
	盘点	没有建立存货资产定期清查盘点制度,导致实物资产丢失、损毁,造成账实不符	定期对存货资产进行盘点,每年年末由资产管理部门和财务部门对存货实物资产进行检查、分析	资产管理部门、财务部门
	处置	报废处置环节责任不明确,未按规定程序审批,造成存货资产损失	定期对存货进行检查,了解存货资产存储状况,对于变质、报废或流失的存货资产要分清责任,履行相关审批程序后,按规定及时处置	资产管理部门、财务部门

第二节 存货的确认与初始计量

一、存货的确认

存货必须在符合定义的前提下，同时满足下列条件，才能予以确认：

1. 与该存货相关的服务潜力很可能实现或者经济利益很可能流入政府会计主体。

在确认存货时，需要判断与该项存货相关的经济利益是否很可能流入。在实务中，主要通过判断与该项存货所有权相关的风险和报酬是否转移到了政府会计主体来确定。通常情况下，取得存货的所有权是与存货相关的经济利益很可能流入的一个重要标志。例如，根据销售合同已经售出（取得现金或收取现金的权利）的存货，其所有权已经转移，与其相关的经济利益已不能再流入，此时，即使该项存货尚未运离，也不能再确认为本单位的存货。又如，委托代销商品，由于其所有权并未转移至受托方，因而委托代销的商品仍应当确认为委托方存货的一部分。总之，在判断与存货相关的经济利益能否流入时，主要结合该项存货所有权的归属情况进行分析确定。

2. 该存货的成本或者价值能够可靠地计量。

作为资产的组成部分，要确认存货，必须能够对其成本进行可靠地计量。存货的成本能够可靠地计量必须以取得确凿、可靠的证据为依据，并且具有可验证性。如果存货成本不能可靠地计量，则不能确认为一项存货。例如，政府会计主体承诺的订货合同，由于并未实际发生，不能可靠确定其成本，因此就不能确认为购买单位的存货。

二、存货的初始计量

存货在取得时应当按照成本进行初始计量。存货成本包括采购成本、加工成本和其他成本。其中，采购成本包括购买价款、相关税费、运输费、装卸费、保险费以及使得存货达到目前场所和状态所发生的其他支出；加工成本包括直接材料、直接人工以及按照一定方法分配的与存货加工有关的间接费用；其他成本是指除采购成本、加工成本以外的，使存货达到目前场所和状态所发生的其他支出。

下列各项应当在发生时确认为当期费用，不计入存货成本：

非正常消耗的直接材料、直接人工和间接费用。如因自然灾害而导致的直接材料、直接人工和间接费用的消耗，不应计入存货成本，应予以费用化。

仓储费用（不包括在加工过程中为达到下一个加工阶段所必需的费用）。如某种酒类产品为达到质量标准，必须发生的仓储费用，应计入存货成本等。

不能归属于使存货达到目前场所和状态所发生的其他支出。

政府会计主体设置"在途物品""库存物品"和"加工物品"科目，核算在开展业务及其他活动时为耗用或出售所储备的各种存货的实际成本。

"在途物品"科目用于核算政府会计主体在采购材料等物资时，货款已付或已开出商业汇票但尚未验收入库的在途物品的采购成本。本科目可按供应单位和物资品种进行明细核算，期末借方余额，反映单位在途物品的采购成本。

"库存物品"科目核算单位在开展业务活动及其他活动中，为耗用或出售而储存的各种材料、产品、包装物、低值易耗品，以及达不到固定资产标准的用具、装具、动植物，已完成测绘、地质勘察、设计成果等的成本。"库存物品"科目应当按照库存物品的种类、规格、保管地点等进行明细核算。政府会计主体储存的低值易耗品、包装物较多的，可以在本科目（低值易耗品、包装物）下按照"在库""在用""摊销"等进行明细核算。"库存物品"期末借方余额，反映单位库存物品的实际成本。

政府会计主体的下列业务不通过"库存物品"科目核算：

随买随用的零星办公用品，可以在购进时直接列作费用，不通过"库存物品"科目核算。

政府会计主体控制的政府储备物资，应当通过"政府储备物资"科目核算，不通过"库存物品"科目核算。

政府会计主体受托存储保管的物资和受托转赠的物资，应当通过"受托代理资产"科目核算，不通过"库存物品"科目核算。

政府会计主体为在建工程购买和使用的材料物资，应当通过"工程物资"科目核算，不通过"库存物品"科目核算。

"加工物品"科目核算单位自制或委托外单位加工的各种物品及未完成测绘、地质勘察、设计成果的实际成本。本科目应设置"自制物品""委托加工物品"两个一级明细科目，并按照物品类别、品种、项目等设置明细账，进行明细核算。政府会计主体自制物品时，应当在"自制物品"一级科目下设"直接材料""直接人工""其他直接费用"等二级明细科目，用以归集自制物品所发生的直接材料、直接人工（专门从事物品制造人员的人工费）等直接费用；自制物品发生的间接费用应在"自制物品"明细科目下设置"间接费用"二级明细科目中予以归集，期末再按一定的分配标准和方法，分配计入有关物品的成本。

值得注意的是，政府会计主体在核算存货的报废、毁损、盘盈、盘亏等时，一般通过"待处理财产损溢"科目，具体业务参见非流动资产"待处理财产损溢"部分的讲解。

政府会计主体的存货主要通过外购、加工以及置换、无偿调入、盘盈等方式取得。

三、外购存货

政府会计主体购入的存货，其成本即存货的采购成本，包括购买价款、相关税费、运输费、装卸费、保险费以及使得存货达到目前场所和状态所发生的归属于存货成本的其他支出。

1. 采购材料等物品时，对于货款已付或已开出商业汇票但尚未验收入库的在途物品的采购成本，应通过"在途物品"科目核算，本科目可按供应单位和物资品种进行明细核算。

购入材料等物品，按照确定的物品采购成本的金额，借记"在途物品"科目，按实际支付的金额，贷记"财政拨款收入""零余额账户用款额度""银行存款"等科目。属于增值税一般纳税人的政府会计主体，其购进物品所支付的增值税款不计入物品成本，相关账务处理参见流动负债部分"应交增值税"科目内容。

所购材料等物资到达并验收入库，按照确定的库存物品成本金额，借记"库存物品"科目，按照物品采购成本金额，贷记"在途物品"科目，按照使得入库物品达到目前场所和状态所发生的其他支出，贷记"银行存款"等科目。"在途物品"科目期末借方余额，反映单位在途物品的采购成本。

【例6-1】某行政单位购入A产品一批，价款35 100元（含税价），另付运费500元已由零余额账户支付，产品尚未验收入库。编制会计分录如下：

支付采购货款时：

借：在途物品——A产品　　　　　　　　　　　　　　　　　　　　　　　35 600
　　贷：零余额账户用款额度　　　　　　　　　　　　　　　　　　　　　35 600

该业务应按平行记账原则同时进行预算会计账务处理。

产品到货验收入库时：

借：库存物品——A产品　　　　　　　　　　　　　　　　　　　　　　　35 600
　　贷：在途物品——A产品　　　　　　　　　　　　　　　　　　　　　35 600

【例6-2】某事业单位为增值税一般纳税人，购入B产品一批，价值总计232 000元，其中：价款200 000元，增值税进项税额32 000元，以银行存款支付材料价款，产品已发出，尚未到货。编制会计分录如下：

支付采购货款时：

借：在途物品——B产品	200 000	
应交增值税——应交税金（进项税额）	32 000	
贷：银行存款		232 000

该业务应按平行记账原则同时进行预算会计账务处理。

产品到货，办妥入库手续，另付运费3 000元由基本户转账支付：

借：库存物品——B产品	235 000	
贷：在途物品——B产品		232 000
银行存款		3 000

该业务支付运费部分应按平行记账原则同时进行预算会计账务处理。

2. 外购的库存物品验收入库时，按照确定的成本，借记"库存物品"科目，贷记"财政拨款收入""零余额账户用款额度""银行存款""应付账款"等科目。属于增值税一般纳税人的政府会计主体，其购进非自用的物资所支付的增值税款不计入购入物品成本，相关账务处理参见"应交增值税"部分的内容。

【例6-3】某事业单位使用纳入预算管理的非财政资金购入甲材料一批，支付价款46 800元（含税价），运费400元，材料已验收入库。编制会计分录如下：

借：库存物品——甲材料	47 200	
贷：银行存款		47 200

该业务应按平行记账原则同时进行预算会计账务处理。

【例6-4】某事业单位为增值税一般纳税人，使用纳入部门预算管理的非财政资金采购乙材料一批，用于加工B产品对外销售，以银行存款支付价款174 000元（含税价，增值税税率16%），归属于存货成本的其他支出共计6 000元，材料已经验收入库。编制会计分录如下：

借：库存物品——乙材料	156 000	
应交增值税——应交税金（进项税额）	24 000	
贷：银行存款		180 000

该业务应按平行记账原则同时进行预算会计账务处理。

3. 医院、基层医疗卫生机构存货购入的会计处理。

医院和基层医疗卫生机构应对"库存物品"科目进行明细核算。

医院应当在"库存物品"科目下设置"药品""卫生材料""低值易耗品""其他材料"和"成本差异"明细科目。在"卫生材料"科目下设置"血库材料""医用气体""影像材料""化验材料"和"其他卫生材料"明细科目，分别核算相关物品的成本。

基层医疗卫生机构应当在"库存物品"科目下设置"药品""卫生材料""低值易耗品"和"其他材料"明细科目。

基层医疗卫生机构应当在"药品"科目下设置"西药""中成药"和"中药饮片"明细科目；在"西药"科目下设置"西药"和"疫苗"明细科目。

基层医疗卫生机构应当在"卫生材料"科目下设置"血库材料""医用气体""影像材料""化验材料"和"其他卫生材料"明细科目。

【例6-5】20×9年×月×日，某卫生院基本医疗服务业务购入药品100 000元。其中：西药40 000元，中成药20 000元，疫苗10 000元，中药饮片30 000元，该单位应编制如下会计分录：

借：库存物品——药品——西药——西药	40 000	
——药品——西药——疫苗	10 000	
——药品——中药饮片	30 000	
——药品——中成药	20 000	
贷：银行存款		100 000

该业务应按平行记账原则同时进行预算会计账务处理。

【例6-6】20×9年×月×日，某卫生院基本医疗服务业务分别向供应商购入卫生材料12万元。其中血库材料50 000元，影像20 000元，化验试剂30 000元，其他卫生材料20 000元，只有血库材料付款

50 000元，其他款项尚未支付，该单位应编制如下会计分录：

  借：库存物品——卫生材料——血库材料   50 000
         ——影像材料   20 000
         ——化验材料   30 000
         ——其他卫生材料   20 000
   贷：应付账款（明细略）   70 000
     银行存款   50 000

该业务应按平行记账原则同时进行相应预算会计账务处理。

医院、基层医疗卫生机构为取得库存物品单独发生的运杂费等，能够直接计入业务成本的，计入业务活动费用，借记"业务活动费用"科目，贷记"库存现金""银行存款"等科目；不能直接计入业务成本的，计入单位管理费用，借记"单位管理费用"科目，贷记"库存现金""银行存款"等科目。

【例6-7】20×9年×月×日，某社区卫生服务中心基本医疗服务业务购入西药80 000元，款未付，药品已入库，另支付运输费用1 000元，该单位应编制如下会计分录：

  借：库存物品——药品——西药   80 000
   贷：应付账款——××单位   80 000

同时：

  借：业务活动费用——商品和服务费用   1 000
   贷：银行存款   1 000

该业务应按平行记账原则同时进行相应预算会计账务处理。

四、加工取得的存货

（一）自制的库存物品

自制的库存物品成本由采购成本和加工成本构成。某些自制的库存物品还包括使其达到目前场所和状态所发生的其他成本，如可直接认定的产品设计费用等。通过进一步加工取得的库存物品的成本中，采购成本是由所使用或消耗的原材料采购成本转移而来的，因此，计量加工取得的库存物品成本，重点是要确定库存物品的加工成本。

自制库存物品业务通常发生在事业单位，其成本包括耗用的直接材料费用、发生的直接人工费用和按照一定方法分配的与库存物品加工有关的间接费用等。为自制物品领用材料等，应借记"加工物品（自制物品——直接材料）"，贷记"库存物品"科目；专门从事物品制造的人员发生的直接人工费用，按照实际发生的金额，借记"加工物品（自制物品——直接人工）"，贷记"应付职工薪酬"科目；为自制物品发生的其他直接费用，按照实际发生的金额，借记"加工物品（自制物品——其他直接费用）"，贷记"零余额账户用款额度""银行存款"等科目；为自制物品发生的间接费用，按照实际发生的金额，借记"加工物品（自制物品——间接费用）"，贷记"零余额账户用款额度""银行存款""应付职工薪酬""固定资产累计折旧""无形资产累计摊销"等科目。

间接费用一般按照生产人员工资、生产人员工时、机器工时、耗用材料的数量或成本、直接费用（直接材料和直接人工）或产品产量等进行分配。单位可根据情况自行选择间接费用的分配方法。分配方法一经确定，不得随意变更。

加工完成并验收入库的物品，按照所发生的实际成本（包括耗用的直接材料费用、发生的直接人工费用和按照一定方法分配的与库存物品加工有关的间接费用），借记"库存物品"科目，贷记"加工物品（自制物品）"科目。

【例6-8】某事业单位自行生产加工一种自用C产品。领用乙材料一批，采用加权平均法计算出其价值为5 000元，发生直接人工费1 500元。该单位编制会计分录如下：

  借：加工物品——C产品（自制物品——直接材料）   5 000
     ——C产品（自制物品——直接人工）   1 500

  贷：库存物品——乙材料   5 000
    应付职工薪酬   1 500

【例6-9】某事业单位将加工完成的一批B产品验收入库，共100件，归集的总加工成本共计50 000元。该单位编制会计分录如下：
  借：库存物品——B产品   50 000
    贷：加工物品——B产品（自制物品）   50 000

  医院对于按自主定价或备案价核算的自制制剂，在已经制造完成并验收入库时，按照自主定价或备案价，借记"库存物品——药品"科目，按照所发生的实际成本，贷记"加工物品"科目，按照借贷方之间的差额，借记或贷记"库存物品——成本差异"科目。

【例6-10】20×9年×月×日，某医院将一批自制药品加工完成，该批药品按照政府核定价格为100 000元，药品实际生产成本为80 000元，自制药品已验收入库，该单位应编制如下会计分录：
  借：库存物品——药品   100 000
    贷：加工物品   80 000
      库存物品——成本差异   20 000

（二）委托加工取得的库存物品

政府会计主体委托加工的库存物品成本由委托加工前库存物品成本、委托加工的成本（如委托加工费以及按规定应计入委托物品成本的相关税费等），以及达到目前场所和状态所发生的归属于库存物品成本的其他支出构成。

在委托加工的物品出库时，按照发给加工单位材料等的实际成本，借记"加工物品（委托加工物品）"科目，贷记"库存物品"科目；在支付加工费用和相关运输费等时，按照实际支付的金额，借记"加工物品（委托加工物品）"科目，贷记"零余额账户用款额度""银行存款"等科目；委托加工业务完成验收入库时，按照加工前发出材料的成本和加工、运输成本等，借记"库存物品"科目下加工完成后物品品种的明细科目，贷记"加工物品（委托加工物品）"科目。涉及增值税业务的，相关账务处理参见"应交增值税"部分的内容。

"加工物品"科目期末借方余额，反映单位自制或委托外单位加工但尚未完工的各种物品的实际成本。

【例6-11】某行政单位以丙材料委托某企业进行加工形成D产品，丙材料的账面余额为7 500元。编制会计分录如下：

将丙材料的账面余额转入"加工物品（委托加工物品）"科目：
  借：加工物品——D产品（委托加工物品）   7 500
    贷：库存物品——丙材料   7 500

通过零余额账户向加工企业支付加工费2 000元：
  借：加工物品——D产品（委托加工物品）   2 000
    贷：零余额账户用款额度   2 000

该业务应按平行记账原则同时进行预算会计账务处理。

委托加工业务完成，加工企业已向行政单位交付委托加工的D产品，并验收入库：
  借：库存物品——D产品   9 500
    贷：加工物品——D产品（委托加工物品）   9 500

五、其他方式取得的存货

（一）置换取得

政府会计主体通过置换换入的库存物品，其成本按照换出资产的评估价值，加上支付的补价或减去收到的补价，加上为换入物品支付的其他相关支出（如运输费等）确定。

置换换入的库存物品验收入库，按照确定的成本，借记"库存物品"科目，按照换出资产的账面余额，贷记相关资产科目（换出资产为固定资产、无形资产的，还应当借记"固定资产累计折旧""无形资产累计摊销"科目),按照置换过程中发生的其他相关支出,贷记"银行存款"等科目,按照借贷方差额,借记"资产处置费用"科目或贷记"其他收入"科目。涉及补价的,分别以下情况处理:

1. 支付补价的,按照确定的成本,借记"库存物品"科目,按照换出资产的账面余额,贷记相关资产科目(换出资产为固定资产、无形资产的,还应当借记"固定资产累计折旧""无形资产累计摊销"科目),按照支付的补价和置换过程中发生的其他相关支出,贷记"银行存款"等科目,按照借贷方差额,借记"资产处置费用"科目或贷记"其他收入"科目。

【例6-12】经批准某行政单位与某公司进行存货置换,以本单位的甲材料置换公司的乙材料。换出甲材料的账面价值为9 000元,评估确认价值为8 500元。根据置换协议,行政单位还需要支付补价及运费共计800元,用银行存款支付。

```
借:库存物品——乙材料                    9 300
    资产处置费用                          500
    贷:库存物品——甲材料                  9 000
       银行存款                           800
```

该业务实际支付的补价和运费应按平行记账原则同时进行预算会计账务处理。

2. 收到补价的,按照确定的成本,借记"库存物品"科目,按照收到的补价,借记"银行存款"等科目,按照换出资产的账面余额,贷记相关资产科目(换出资产为固定资产、无形资产的,还应当借记"固定资产累计折旧""无形资产累计摊销"科目),按照置换过程中发生的其他相关支出,贷记"银行存款"等科目,按照补价扣减其他相关支出后的净收入,贷记"应缴财政款"科目,按照借贷方差额,借记"资产处置费用"科目或贷记"其他收入"科目。

【例6-13】某事业单位以A设备一台与某公司乙材料进行置换。换出A设备的账面原值为70 000元,已计提的累计折旧为25 000元,A设备评估确认价值为50 000元。根据置换协议,事业单位收到置换补价5 000元,以银行存款支付相关运费1 000元。

```
借:库存物品——乙材料                   46 000
    固定资产累计折旧                    25 000
    银行存款                            5 000
    贷:固定资产——A设备                 70 000
       应缴财政款                        4 000
       其他收入                          1 000
       银行存款                          1000
```

(二)接受捐赠

接受捐赠取得的库存物品,其成本按照有关凭据注明的金额加上相关税费、运输费等确定;没有相关凭据可供取得,但按规定经过资产评估的,其成本按照评估价值加上相关税费、运输费等确定;没有相关凭据可供取得、也未经评估的,其成本比照同类或类似资产的市场价格加上相关税费、运输费等确定;没有相关凭据且未经资产评估、同类或类似资产的市场价格也无法可靠取得的,按照名义金额入账,相关税费、运输费等计入当期费用。

接受捐赠的库存物品验收入库,按照确定的成本,借记"库存物品"科目,按照发生的相关税费、运输费等,贷记"银行存款"等科目,按照其差额,贷记"捐赠收入"科目。接受捐赠的库存物品按照名义金额入账的,借记"库存物品"科目,贷记"捐赠收入"科目;按照发生的相关税费、运输费等的实际金额,借记"其他费用"科目,贷记"银行存款"等科目。

【例6-14】某行政单位接受某公司捐赠D产品一批,所附发票表明其价值为56 000元,已办妥入库手续,支付运费500元。

```
借:库存物品——D产品                   56 500
    贷:捐赠收入                        56 000
       银行存款                           500
```

该业务应按平行记账原则同时进行预算会计账务处理。

【例6-15】某事业单位接受捐赠一批特种丁材料,未附相关凭据。丁材料在市场中并无销售,无法可靠取得其价格，经批准以名义金额入账。接受捐赠时，发生税费支出1 000元，通过单位基本账户转账支付。

  借：库存物品——丁材料   1
    贷：捐赠收入   1
  借：其他费用   1 000
    贷：银行存款   1 000

该业务应按平行记账原则同时进行预算会计账务处理。

（三）无偿调入

无偿调入的库存物品，其成本按照调出方账面价值加上相关税费、运输费等确定。

无偿调入的库存物品验收入库时，按照确定的成本，借记"库存物品"科目，按照发生的相关税费、运输费等，贷记"银行存款"等科目，按照其差额，贷记"无偿调拨净资产"科目。

【例6-16】某行政单位接受从其他单位无偿调入的C材料物资（非固定资产），调出方物资的账面价值为100 000元，已办妥验收及入库手续，支付相关税费、运输费等金额共5 000元。

  借：库存物品——C材料   105 000
    贷：银行存款   5 000
      无偿调拨净资产   100 000

该业务应按平行记账原则同时进行预算会计账务处理。

（四）盘盈存货

政府会计主体应当定期对库存物品进行清查盘点，每年至少盘点一次。对于发生的库存物品盘盈，应当按规定报经批准后进行账务处理。盘盈的库存物品，其成本按照有关凭据注明的金额确定；没有相关凭据但按照规定经过资产评估的，其成本按照评估价值确定；没有相关凭据、也未经过评估的，其成本按照重置成本确定。如无法采用上述方法确定盘盈的库存物品成本的，按照名义金额入账。

对于发生盘盈的库存物品，按照确定的入账成本，借记"库存物品"科目，贷记"待处理财产损溢"科目。按照规定报经批准后及时进行后续账务处理。

【例6-17】年终某行政单位进行资产的清查盘点，发现A产品盘盈4件，同类产品的市场价格为850元/件，按照重置成本计算的盘盈产品总价值为3 400元。

将盘盈产品的价值记入"待处理财产损溢"科目，上报同级财政部门：

  借：库存物品——A产品   3 400
    贷：待处理财产损溢   3 400

经批准后处理：

  借：待处理财产损溢   3 400
    贷：业务活动费用   3 400

第三节　存货的后续计量

一、发出存货的成本计量

政府会计主体应当根据实际情况采用先进先出法、加权平均法或者个别计价法确定发出存货的实际成本。计价方法一经确定，不得随意变更。对于性质和用途相似的存货，应当采用相同的成本计价方法确定发出存货的成本。对于不能替代使用的存货、为特定项目专门购入或加工的存货，通常采用个别计价法确定发出存货的成本。

（一）先进先出法

先进先出法是以先购入的存货应先发出（销售或耗用）这样一种存货实物流转假设为前提，对发出存货进行计价。采用这种方法，先购入的存货成本在后购入存货成本之前转出，据此确定发出存货和期末存货的成本。采用这种存货计价方法，在物价持续上升时，期末存货成本更接近于市价。

(二) 加权平均法

加权平均法亦称全月一次加权平均法，是指以当月全部进货数量加上月初存货数量作为权数，去除当月全部进货成本加上月初存货成本，计算出存货的加权平均单位成本，以此为基础计算当月发出存货的成本和期末存货成本的一种方法。

存货的加权平均单位成本 = [月初结存货成本 + Σ（本月某批进货的实际单位成本×本月某批进货的数量）] / （月初结存货数量 + 本月购入存货数量）

月末库存存货成本 = 月末库存存货数量 × 加权平均单位成本

本期发出存货的成本 = 本期发出存货的数量 × 加权平均单位成本

(三) 个别计价法

个别计价法，亦称个别认定法、具体辨认法、分批实际法，其特征是逐一辨认各批发出存货和期末存货所属的购进批别或生产批别，分别按其购入或生产时所确定的单位成本计算各批发出存货和期末存货的成本。个别计价法的成本计算准确、符合实际情况，适用于一般不能替代使用的存货、为特定项目专门购入或制造的存货以及提供的劳务，如珠宝、名画等贵重物品。

(四) 发出存货成本计价的综合举例

【例 6 - 18】 2×19 年 6 月，甲单位 A 商品的购进、发出和结存情况如表 6 - 2 所示。

表 6 - 2　　　　　　　　　　　　　存货明细表

存货名称：A 商品　　　　　　　　　　　　　　　　　　　　　　　　　　　　　　　　计量单位：元/件

2×19年		摘要	收入			发出			结存		
月	日		数量	单价	金额	数量	单价	金额	数量	单价	金额
6	1	期初结存							200	60	12 000
	5	购进	500	66	33 000				700		
	7	发出				400			300		
	16	购进	600	70	42 000				900		
	18	发出				800			100		
	27	购进	500	68	34 000				600		
	29	发出				300			300		
6	30	期末结存	1 600		109 000	1 500			300		

1. 先进先出法的计算过程：

甲单位采用先进先出法计算的 A 商品 6 月发出和期末结存成本如下：

(1) 6 月 7 日发出的 A 商品成本 = 200×60 + 200×66 = 25 200（元）

(2) 6 月 18 日发出的 A 商品成本 = 300×66 + 500×70 = 54 800（元）

(3) 6 月 29 日发出的 A 商品成本 = 100×70 + 200×68 = 20 600（元）

(4) 期末结存 A 商品成本 = 300×68 = 20 400（元）

2. 加权平均法的计算过程：

甲单位采用月末一次加权平均法计算的 A 商品 6 月发出和期末结存成本如下：

(1) 加权平均单位成本 = （12 000 + 109 000）/（200 + 1 600）= 67.22（元/件）

(2) 期末结存 A 商品成本 = 300×67.22 = 20 166（元）

(3) 本月发出 A 商品成本 = （12 000 + 109 000） - 20 166 = 100 834（元）

3. 个别计价法的计算过程：

经具体辨认，甲单位 6 月 7 日发出的 400 件 A 商品中，有 100 件属于期初结存的商品，有 300 件属于 6 月 5 日第一批购进的商品；6 月 18 日发出的 800 件 A 商品中，有 100 件属于期初结存的商品，有 100 件属于 6 月 5 日第一批购进的商品，其余 600 件属于 6 月 16 日第二批购进的商品；6 月 29 日发出的 300 件 A 商品均属于 6 月 27 日第三批购进的商品。

甲单位采用个别计价法计算的 A 商品 6 月发出和期末结存成本如下：

(1) 6 月 7 日发出的 A 商品成本 = 100×60 + 300×66 = 25 800（元）

(2) 6 月 18 日发出的 A 商品成本 = 100×60 + 100×66 + 600×70 = 54 600（元）

(3) 6 月 29 日发出的 A 商品成本 = 300×68 = 20 400（元）

(4) 期末结存 A 商品成本 = 100×66 + 200×68 = 20 200（元）

二、发出存货的账务处理

政府会计主体对于已发出的存货,应当将其成本结转为当期费用或者计入相关资产成本;采用一次转销法(指在低值易耗品领用时,将其全部价值一次转销)或者五五摊销法(即五成摊销法,是指在领用低值易耗品时摊销一半,废弃时再摊销一半的摊销方法)对低值易耗品、包装物进行摊销,将其成本计入当期费用或者相关资产成本。

（一）开展业务活动领用或加工发出的库存物品

1. 领用或加工发出库存物品的会计处理。

按照领用、发出库存物品的实际成本,借记"业务活动费用""单位管理费用""经营费用""加工物品"等科目,贷记"库存物品"科目。单位按规定可自主出售的库存物品,按照上述原则进行会计处理。

【例6-19】某行政单位业务活动领用A产品10件,开出"材料出库单",办妥出库手续,该单位存货采用加权平均法计算出甲材料的单位成本为550元。

借：业务活动费用——商品和服务费用　　　　　　　　　　　　　　　5 500
　　贷：库存物品——A产品　　　　　　　　　　　　　　　　　　　　　　　5 500

【例6-20】某事业单位为加工经营业务领用B材料一批,已由经办人办妥出库手续,采用先进先出法计算出领用材料的总价值为3 500元。

借：经营费用——商品和服务费用　　　　　　　　　　　　　　　　　3 500
　　贷：库存物品——B材料　　　　　　　　　　　　　　　　　　　　　　　3 500

2. 医院、基层医疗卫生机构领用或发出库存物品、自制制剂的会计处理。

医院开展业务活动等领用或发出自制制剂,按照自主定价或备案价加上或减去成本差异后的金额,借记"业务活动费用""单位管理费用"等科目,按照自主定价或备案价,贷记"库存物品——药品"科目,按照领用或发出自制制剂应负担的成本差异,借记或贷记"库存物品——成本差异"科目。

对于基层医疗卫生机构从事业务活动领用、发出的库存物品,应分别按照提供医疗服务、开展公共卫生服务以及开展科研教学活动等具体支出项目,借记"业务活动费用——医疗费用""业务活动费用——公共卫生费用"和"业务活动费用——科教费用"科目,贷记"库存物品"科目。

【例6-21】20×9年×月,某社区卫生服务中心销售药品成本6万元,其中：基本医疗服务业务领用药品50 000元,基本公共卫生领用药品10 000元。销售卫生材料30 000元,其他材料8 000元,全部为基本医疗领用,该单位应编制如下会计分录：

借：业务活动费用——医疗费用　　　　　　　　　　　　　　　　　88 000
　　单位活动费用——公共卫生费用　　　　　　　　　　　　　　　　10 000
　　贷：库存物品——药品（明细科目略）　　　　　　　　　　　　　　　　60 000
　　　　　　　——卫生材料（明细科目略）　　　　　　　　　　　　　　　30 000
　　　　　　　——其他材料（明细科目略）　　　　　　　　　　　　　　　　8 000

（二）对外捐赠、无偿调出的库存物品

政府会计主体按规定报经批准对外捐赠、无偿调出的库存物品,应当将其账面余额予以转销,对外捐赠、无偿调出中发生的归属于捐出方、调出方的相关费用应当计入当期费用。

经批准对外捐赠的库存物品发出时,按照库存物品的账面余额和对外捐赠过程中发生的归属于捐出方的相关费用合计数,借记"资产处置费用"科目,按照库存物品账面余额,贷记"库存物品"科目,按照对外捐赠过程中发生的归属于捐出方的相关费用,贷记"银行存款"等科目。

【例6-22】某事业单位为增值税一般纳税人,经批准对某公益组织捐赠购进的非自用甲材料一批,材料价款为20 000元,增值税进项税额3 200元,捐赠相关手续已经办理完毕,货物已运抵接受捐赠方仓库,银行存款支付运费1 000元。

借：资产处置费用　　　　　　　　　　　　　　　　　　　　　　　24 200
　　贷：库存物品——甲材料　　　　　　　　　　　　　　　　　　　　　　20 000

应交增值税——应交税金（进项税额转出）	3 200
银行存款	1 000

该业务应按平行记账原则同时进行预算会计账务处理。

经批准无偿调出的库存物品发出时，按照库存物品的账面余额，借记"无偿调拨净资产"科目，贷记"库存物品"科目；同时，按照无偿调出过程中发生的归属于调出方的相关费用，借记"资产处置费用"科目，贷记"银行存款"等科目。

【例6-23】某行政单位经批准对其所属事单位无偿调出C产品一批，C产品账面价值为20 000元，无偿调出相关手续已经办理完毕，货物已运抵并办妥移交手续，支付运费1 000元。

借：无偿调拨净资产	20 000
贷：库存物品——C产品	20 000
借：资产处置费用	1 000
贷：银行存款	1 000

该业务应按平行记账原则同时进行预算会计账务处理。

（三）发生盘亏、毁损、报废的库存物品

政府会计主体对于发生的存货毁损，应当将存货账面余额转销计入当期费用，并将毁损存货处置收入扣除相关处置税费后的差额按规定作应缴款项处理（差额为净收益时）或计入当期费用（差额为净损失时）。存货盘亏造成的损失，按规定报经批准后应当计入当期费用。

发生盘亏或者毁损、报废的库存物品，转入待处置资产时，按照待处置库存物品的账面余额，借记"待处理财产损溢"科目，贷记"库存物品"科目。属于增值税一般纳税人的单位，若因非正常原因导致的库存物品盘亏或毁损，还应将与该库存物品相关的增值税进项税额转出，按其增值税进项税额，借记"待处理财产损溢"科目，贷记"应缴增值税——应交税金（进项税额转出）"科目。发生库存物品盘亏报经批准处理时，借记"资产处置费用"科目，贷记"待处理财产损溢"科目（待处理财产价值）。处置毁损、报废库存物品过程中取得的残值或残值变价收入、保险理赔和过失人赔偿等，借记"库存现金""银行存款""其他应收款"等科目，贷记"待处理财产损溢——待处理净收入"科目；处置毁损、报废库存物品过程中发生的相关费用，借记"待处理财产损溢——待处理净收入"科目，贷记"库存现金""银行存款"等科目。处理收支结清，如果处理收入大于相关费用的，按照处置收入减去相关费用后的净收入，借记"待处理财产损溢——待处理净收入"科目，按规定贷记"应缴财政款"等科目；如果处置收入小于相关费用的，按照相关费用减去处置收入后的净支出，借记"资产处置费用"科目，贷记"待处理财产损溢——待处理净收入"科目。

【例6-24】某行政单位在进行年终库存物品的盘点时，发现丙材料盘亏22千克，其账面余额为3 520元。

将盘亏材料账面余额转入"待处理财产损溢"科目，并上报同级财政部门：

借：待处理财产损溢——待处理财产价值	3 520
贷：库存物品——丙材料	3 520

经批准予以核销：

借：资产处置费用	3 520
贷：待处理财产损溢——待处理财产价值	3 520

【例6-25】某事业单位为增值税一般纳税人，单位在资产清查中发现一批需要报废的乙材料，其账面余额为25 000元，增值税进项税额应转出4 000元。处理过程中，用银行存款支付清费用2 000元，取得变价收入5 000元，按政策规定，清理净收入上缴财政。

将报废乙材料的账面余额转入"待处理财产损溢"科目：

借：待处理财产损溢——待处理财产价值	29 000
贷：库存物品——乙材料	25 000
应交增值税——应交税金（进项税额转出）	4 000

经批准予以核销：

借：资产处置费用	29 000

贷：待处理财产损溢——待处理财产价值	29 000

支付清理费用，取得变价收入：

借：待处理财产损溢——处理净收入	2 000
贷：银行存款	2 000
借：银行存款	5 000
贷：待处理财产损溢——处理净收入	5 000

将清理净收入计入应缴财政款：

借：待处理财产损溢——处理净收入	3 000
贷：应缴财政款	3 000

（四）批准对外出售、置换换出的库存物品

属于经批准才能对外出售（不含可自主出售）的库存物品发出时，按照库存物品的账面余额，借记"资产处置费用"科目，贷记"库存物品"科目；同时，按照收到的价款，借记"银行存款"等科目，按照处置过程中发生的相关费用，贷记"银行存款"等科目，按照其差额，贷记"应缴财政款"科目。

【例6-26】 某行政单位经批准出售库存A材料，A材料账面成本为9 000元，处置收入8 000元。

借：资产处置费用	9 000
贷：库存物品——A材料	9 000
借：银行存款	8 000
贷：应缴财政款	8 000

经批准置换换出的库存物品，参照有关置换换入库存物品的规定进行账务处理。

第四节 存货的披露

政府会计主体应在资产负债表"存货"项目中反映单位期末为开展业务活动及其他活动耗用或销售而储存的各种材料、产品、包装物、低值易耗品及达不到固定资产标准的用具、装具、动植物等的实际成本。"存货"项目应当根据"在途物品""库存物品""加工物品"科目的期末余额的合计数填列。

另外，应在会计报表附注中披露与存货有关的下列信息：

1. 各类存货的期初和期末账面余额。
2. 确定发出存货成本所采用的方法。
3. 以名义金额计量的存货名称、数量，以及以名义金额计量的理由。
4. 其他有关存货变动的重要信息。

第七章 投 资

第一节 投资概述

一、投资的含义

投资是指政府会计主体按规定以货币资金、实物资产、无形资产等方式形成的债权或股权投资。政府会计主体可以用货币资金、实物资产、无形资产等直接或间接投入被投资单位，以期获取收益。这里讲的投资主要指事业单位的投资活动。行政单位一般不允许开展投资活动。政府会计主体的投资活动是实现财务管理目标，防范财务风险和避免资金闲置的重要手段。但政府会计主体投资按照现行财务制度必须报有关主管部门审批后方可进行。政府会计主体应当严格遵守国家法律、行政法规以及财政部门、主管部门关于对外投资的有关规定。从广义上讲，投资包括政府会计主体对内的存货、固定资产等项目投资；也包括对外的债权性投资、股权性投资等。本章所讲投资仅指狭义的对外投资。

二、投资的分类

根据不同的划分标准，政府会计主体投资可有不同的分类。

1. 按照出资方式，政府会计主体投资可分为直接投资和间接投资。直接投资是政府会计主体直接将货币资金、实物资产、无形资产转移到被投资单位，以获取被投资单位股权的行为。如政府会计主体向被投资主体投入货币资金、实物资产、无形资产参股或控股被投资单位，以获取投资收益。间接投资是政府会计主体将资金投入证券等金融资产，以取得利息、股利或资本利得收入的行为。如政府会计主体为防范金融风险可将暂时闲置资金投入债券、股票等，以获取利息或股利收益。

2. 按照投资回收时间的长短，政府会计主体投资可以分为短期投资和长期投资。短期投资，是指政府会计主体取得的持有时间不超过1年（含1年）的投资。如购买一年内准备变现的有价证券。长期投资，是指政府会计主体取得的除短期投资以外的债权和股权性质的投资。如直接投资创办经营主体或购买准备长期持有的有价证券。长期投资按照投资方在受资方所拥有的权益又可分为长期债权投资和长期股权投资。

3. 按照投资方向，政府会计主体投资可以分为对内投资和对外投资。政府会计主体把资金投资于内部购买各种资产、建设各种项目称为对内投资。而政府会计主体以货币资金、实物资产、无形资产等方式直接投入本主体以外的被投资单位，或购买被投资单位的债券、股票等有价证券以获取债权或股权的投资则称作对外投资。

三、投资管理

事业单位投资其目的主要是避免资金闲置，并获取一定的投资收益，使资金时间价值最大化。因此在进行投资时应注意以下几个问题：

1. 认真进行市场调研，及时捕捉投资机会。捕捉投资机会是事业单位投资活动的起点，也是投资决策的关键。市场环境不断发展变化，投资机会稍纵即逝。因此事业单位必须认真进行市场调查和分析，寻找最有利的投资时机。

2. 建立科学的投资决策程序，认真进行投资的可行性分析。在市场经济条件下，投资决策都会面临一定的风险。为了保证投资的正确性和有效性，必须按科学的投资决策程序，认真进行可行性分析，充分论证投资在技术上的可行性和经济上的有效性。财务部门必须参与投资项目的可行性分析。

3. 认真分析风险和报酬的关系，适当控制投资风险。风险和报酬是伴生的。一般而言，报酬越高，风险也越大。报酬的增加是以风险的增大为代价的，而风险的增加则可能会使投资蒙受损失，不利于事业单位财务目标的实现。因此，事业单位在进行投资时，必须考虑报酬和风险的关系，只有在风险和报酬达到均衡时，才有可能增加投资价值，实现财务管理的目标。

四、投资的内部控制

事业单位对投资的内部控制主要考虑以下几点：

1. 遵循"三重一大"的原则。对外投资是属于重大项目投资决策和大额资金使用，必须经集体讨论作出决定。
2. 遵循投资报批的原则。事业单位对外投资必须遵循经批准后方可实施的原则。
3. 建立投资风险控制机制。事业单位应对投资设立合理的控制目标和控制事项，并建立风险预警机制。
4. 加强对外投资风险管理审计。事业单位应实施对外投资风险控制效果考核和综合评价。

五、投资的确认与计量

（一）投资的确认

投资同时符合下列条件的，应当予以确认：

1. 与该投资相关经济利益很可能流入政府会计主体。政府会计主体开展投资活动其目的是为了获取收益，所以当与投资相关的未来收益很可能流入会计主体时，即符合投资确认的一个条件。
2. 该投资的成本或者价值能够可靠地计量。投资成本或价值能否可靠地计量是指按照某一计量属性对其计价是否有可靠的依据，如果没有可靠依据即是无法对其计量，也就不能将其确认为投资。

在实际工作中只要符合投资的定义，基本就符合上述两个条件，即可确认为投资。

（二）投资的计量

投资在取得时，应当按照实际成本（包括购买价款和相关税费，下同）作为初始投资成本。实际支付价款中包含的已到付息期但尚未领取的利息或已宣告但未发放的股利，应当于收到时冲减投资成本。期末，投资应当按照账面余额计量。对于长期股权投资，其计量比较复杂，在本章第五节中详细介绍。

第二节 短期投资的确认与计量

短期投资是指事业单位按照规定取得的，持有时间不超过1年（含1年）的投资。事业单位进行短期投资目的主要是为了避免资金闲置，同时获取短期投资收益。按照投资载体可以分为债券投资和股票投资。

一、短期投资的初始计量

短期投资在取得时，应当按照实际成本（包括购买价款和相关税费，下同）作为初始投资成本。实际支付价款中包含的已到付息期但尚未领取的利息，应当于收到时冲减短期投资成本。期末，短期投资应当按照账面余额计量。

事业单位应设置"短期投资"科目，用于核算其持有的能够随时变现，并且持有时间不准备超过1

年的投资，包括各种股票、债券的取得、出售或到期收回等业务。本科目借方反映短期投资的增加，贷方反映短期投资的减少（出售或收回），期末借方余额，反映事业单位持有短期投资的成本。本科目按照投资的种类等进行明细核算。

短期投资在取得时，按实际支付的金额，借记"短期投资"科目，贷记"银行存款"等科目。

【例7-1】某事业单位经批准于2×19年3月1日购入A公司发行的面值5 000元半年期公司债券，年利率10%，到期还本付息，购买手续费为100元，一并以银行存款支付。应作会计分录如下：

借：短期投资——债券（A公司）　　　　　　　　　　　　　　　　　　5 100
　　贷：银行存款　　　　　　　　　　　　　　　　　　　　　　　　　　5 100

该业务应按平行记账原则同时进行预算会计账务处理。

如果购买债券时实际支付的价款中包含有自发行之日起至取得债券之日止的利息，或购买股票时含有已宣告但未发放的股利，则说明购买该债券或股票时成本中已含有该债券的利息或已宣告但未发放的股利，所以收到购买时已到付息期但尚未领取的利息或股利时，借记"银行存款"科目，贷记"短期投资"科目。

【例7-2】某事业单位经批准于2×19年4月20日以银行存款购入长城公司已宣告但尚未分派现金股利的股票12 000股，作为短期投资，每股成交价9元，其中每股含0.2元已宣告单位分派的现金股利，股权登记日为4月25日，除息日为5月10日。另支付相关税费800元。应作会计分录如下：

借：短期投资——股票（长城公司）　　　　　　　　　　　　　　　　108 800
　　贷：银行存款　　　　　　　　　　　　　　　　　　　　　　　　　108 800

该业务应按平行记账原则同时进行预算会计账务处理。

5月10日收到现金股利时，应作如下会计分录：

借：银行存款　　　　　　　　　　　　　　　　　　　　　　　　　　　2 400
　　贷：短期投资——股票（长城公司）　　　　　　　　　　　　　　　　2 400

该业务应按平行记账原则同时进行预算会计账务处理。

二、短期投资的后续计量

（一）短期投资持有期间的收益

短期投资持有期间的利息或股利收入，应当于实际收到时确认为投资收益。应借记"银行存款"科目，贷记"投资收益"科目。

（二）短期投资出售或到期收回

政府会计主体按规定出售或到期收回短期投资，应当将收到的价款扣除短期投资账面余额和相关税费后的差额计入投资损益。出售短期投资或到期收回短期国债本息，按照实际收到的金额，借记"银行存款"科目，按照出售或收回短期投资的成本，贷记"短期投资"科目，按其差额，借记或贷记"投资收益"科目。

【例7-3】承接【例7-2】资料，若8月6日该事业单位以128 000元价格全部出售长城公司股票，出售时发生相关税费8 000元。应作如下会计分录：

借：银行存款　　　　　　　　　　　　　　　　　　　　　　　　　　128 000
　　贷：短期投资　　　　　　　　　　　　　　　　　　　　　　　　　106 400
　　　　银行存款　　　　　　　　　　　　　　　　　　　　　　　　　　8 000
　　　　投资收益　　　　　　　　　　　　　　　　　　　　　　　　　 13 600

该业务应按平行记账原则同时进行预算会计账务处理。

第三节　长期债权投资的确认与计量

长期债权投资是指投资主体以债权人身份向企业等进行的投资活动。按照投资对象可以分为长期债券投资和其他债权投资。长期债券投资是指政府会计主体取得并准备持有时间超过1年的各种债券,如政府债券、公司债券、金融债券等。其他债权投资是指除了长期债券投资以外的债权性质的投资,如委托贷款等。

对长期债券投资应设置"长期债券投资"科目,核算事业单位按规定取得的,持有时间超过1年(不含1年)的债券投资。本科目下设"成本"和"应计利息"两个明细科目,并应当按照债券投资的种类进行明细核算。本科目期末借方余额,反映事业单位持有的长期债券投资的价值。

一、长期债券投资的初始计量

长期债券投资在取得时,应当按照其实际成本作为投资成本。实际支付价款中包含的已到付息期但尚未领取的债券利息,应当单独确认为应收利息,不计入长期债券投资初始投资成本。取得的长期债券投资,按照实际支付的价款(包括购买价款以及税金、手续费等相关税费)作为投资成本,借记"长期债券投资"(成本)科目,按支付的价款中包含的分期付息,到期一次还本的已到付息期但尚未领取的利息,借记"应收利息"科目;按实际支付的金额,贷记"银行存款"等科目。实际收到购买时已到付息期但尚未领取的利息时,借记"银行存款"科目,贷记"应收利息"科目。如购买的为到期一次还本付息债券已含有的利息则不能通过"应收利息"一级科目核算,需要记入"长期债权投资(应计利息)"科目。

【例7-4】某事业单位经批准以105元的价格购入债券2 000份,面值100元,其中5元为已到付息期但尚未领取的利息,另支付手续费等税费2 000元,2年期,票面年利率5%。款项共计212 000元,以银行存款支付。应作如下会计分录:

借:长期债券投资——成本　　　　　　　　　　　　　　　　　　　　　　　202 000
　　应收利息　　　　　　　　　　　　　　　　　　　　　　　　　　　　　 10 000
　　贷:银行存款　　　　　　　　　　　　　　　　　　　　　　　　　　　 212 000

该业务应按平行记账原则同时进行预算会计账务处理。

日后如收到已到付息期但尚未领取的利息10 000元,应作如下会计分录:

借:银行存款　　　　　　　　　　　　　　　　　　　　　　　　　　　　　 10 000
　　贷:应收利息　　　　　　　　　　　　　　　　　　　　　　　　　　　 10 000

该业务应按平行记账原则同时进行预算会计账务处理。

二、长期债券投资的后续计量

1. 长期债券投资持有期间的利息。

长期债券投资持有期间,应当按期以票面金额与票面利率计算确认利息收入。对于分期付息、一次还本的长期债券投资,应当将计算确定的应收未收利息确认为应收利息,计入投资收益;对于一次还本付息的长期债券投资,应当将计算确定的应收未收利息计入投资收益,并增加长期债券投资的账面余额。

长期债权投资持有期间,资产负债表日应按债券票面价值与票面利率计算确认利息收入,如为分期付息、到期还本的债券投资,借记"应收利息"科目,贷记"投资收益"科目,收到利息时,按照实收的金额,借记"银行存款"等科目,贷记"应收利息"科目。

【例7-5】承接【例7-4】上述持有债券在资产负债表日应计算确认利息收入,并编制如下会计分录:

借:应收利息　　　　　　　　　　　　　　　　　　　　　　　　　　　　　 10 000
　　贷:投资收益　　　　　　　　　　　　　　　　　　　　　　　　　　　 10 000

收到应收利息时,应作如下会计分录:

借:银行存款　　　　　　　　　　　　　　　　　　　　　　　　　　　　　 10 000
　　贷:应收利息　　　　　　　　　　　　　　　　　　　　　　　　　　　 10 000

该业务应按平行记账原则同时进行预算会计账务处理。

如若为到期一次还本付息债券，则资产负债表日计算确认利息收入，并编制会计分录如下：

借：长期债权投资——应收利息　　　　　　　　　　　　　　　　　　　　　　　10 000
　　贷：投资收益　　　　　　　　　　　　　　　　　　　　　　　　　　　　　　10 000

2. 到期收回或转让长期债券投资。

政府会计主体按规定出售或到期收回长期债券投资，应当将实际收到的价款扣除长期债券投资账面余额和相关税费后的差额计入投资损益。

到期收回长期债权投资，按照实际收到的金额，借记"银行存款"等科目，按照长期债券投资的账面余额，贷记"长期债权投资"（成本、应计利息）科目，按照其差额，贷记"投资收益"科目。

对外转让长期债券投资，按照实际收到的款项，借记"银行存款"等科目，按照长期债券投资的账面余额（成本、应收利息）贷记"长期债券投资"科目，按照计提的应收利息金额，贷记"应收利息"科目，按照其差额，贷记或者借记"投资收益"科目。

【例7-6】某事业单位1108期国债到期兑付。其账面成本为300 000元，应计利息45 000元，实际收到的金额为345 000元。款项已经收到并存入银行账户。应作如下会计分录：

借：银行存款　　　　　　　　　　　　　　　　　　　　　　　　　　　　　　345 000
　　贷：长期债券投资——成本　　　　　　　　　　　　　　　　　　　　　　　300 000
　　　　　　　　　　——应收利息　　　　　　　　　　　　　　　　　　　　　 45 000

该业务应按平行记账原则同时进行预算会计账务处理。

第四节　长期股权投资的确认与计量

长期股权投资是指事业单位按照规定取得的，持有时间超过1年（不含1年）的股权性质的投资。长期股权投资的取得方式包括支付货币、投出固定资产、投出无形资产、接受捐赠、无偿调入等。

一、长期股权投资的初始计量

对长期股权投资，事业单位应设置"长期股权投资"科目核算。"长期股权投资"主要核算事业单位按规定取得的，持有时间超过1年（不含1年）的股权性质的投资。本科目应当按照被投资单位进行明细核算。长期股权投资采用权益法核算的，还应当分别"成本""损益调整""其他权益变动"进行明细核算。

长期股权投资取得时，应当按照实际成本作为初始投资成本。

根据长期股权投资取得方式不同其主要账务处理如下：

1. 以现金取得的长期股权投资，按照实际支付的价款（包括购买价款以及税金、手续费等相关税费）作为投资成本，借记"长期股权投资"（成本）科目，按支付的价款中包含的已宣告但尚未发放的现金股利，借记"应收股利"科目，按实际支付的全部价款，贷记"银行存款"等科目。实际收到购买时包含的已宣告但尚未发放的现金股利时，借记"银行存款"等科目，贷记"应收股利"科目。

【例7-7】某事业单位经批准以银行存款购入A公司股份20 000股，占A公司股份的5%，每股价格13.5元，作为长期投资。另支付手续费、税金等相关费用1 500元，支付价款中含有已宣告但尚未发放的现金股利4 000元。应作会计分录如下：

借：长期股权投资——A公司（成本）　　　　　　　　　　　　　　　　　　　267 500
　　应收股利——A公司　　　　　　　　　　　　　　　　　　　　　　　　　　4 000
　　贷：银行存款　　　　　　　　　　　　　　　　　　　　　　　　　　　　271 500

该业务应按平行记账原则同时进行预算会计账务处理。

收到现金股利时：

借：银行存款　　　　　　　　　　　　　　　　　　　　　　　　　　　　　　4 000
　　贷：应收股利　　　　　　　　　　　　　　　　　　　　　　　　　　　　　4 000

该业务应按平行记账原则同时进行预算会计账务处理。

2. 以现金以外的其他资产置换取得的长期股权投资，原则上其成本按照换出资产的评估价值加上支付的补价或减去收到的补价，加上换入长期股权投资发生的其他支出确定。具体按照是否涉及补价分别以下情况处理。

（1）不涉及补价的，按照确定的成本，借记本科目，按照换出资产的账面余额，贷记相关资产科目（换出资产为固定资产、无形资产的，还应当借记"固定资产累计折旧""无形资产累计摊销"科目），按照置换过程中发生的其他相关支出，贷记"银行存款"等科目，按照借贷方差额，借记"资产处置费用"科目或贷记"其他收入"科目。

【例7-8】某事业单位经批准以固定资产向X公司进行一项长期股权投资。固定资产的账面余额为1 000 000元，已提折旧200 000元，按评估价确定的固定资产价值为700 000元。另支付相关税费65 000元。应作如下会计分录：

借：长期股权投资——X公司（成本） 765 000
　　固定资产累计折旧 200 000
　　资产处置费用 100 000
　　贷：固定资产 1 000 000
　　　　银行存款 65 000

该业务应按平行记账原则同时进行预算会计账务处理。

（2）涉及补价的，分别以下两种情况处理：

第一种情况：支付补价的，按照确定的成本，借记本科目，按照换出资产的账面余额，贷记相关资产科目（换出资产为固定资产、无形资产的，还应当借记"固定资产累计折旧""无形资产累计摊销"科目），按照支付的补价和置换过程中发生的其他相关支出，贷记"银行存款"等科目，按照借贷方差额，借记"资产处置费用"科目或贷记"其他收入"科目。

【例7-9】某事业单位经批准以固定资产向B公司进行一项长期股权投资。固定资产的账面余额为1 000 000元，已计提折旧20 000元。按评估价确定的固定资产价值为1 200 000元，为此支付补价300 000元，另支付相关税费65 000元。应作如下会计分录：

借：长期股权投资——B公司 1 565 000
　　固定资产累计折旧 20 000
　　贷：固定资产 1 000 000
　　　　银行存款 365 000
　　　　其他收入 220 000

该业务应按平行记账原则同时进行预算会计账务处理。

第二种情况：收到补价的，按照确定的成本，借记本科目，按照收到的补价，借记"银行存款"等科目，按照换出资产的账面余额，贷记相关资产科目（换出资产为固定资产、无形资产的，还应当借记"固定资产累计折旧""无形资产累计摊销"科目）按照置换过程中发生的其他相关支出，贷记"银行存款"等科目，按照补价扣减其他相关支出后的净收入，贷记"应缴财政款"科目，按照借贷方差额，借记"资产处置费用"科目或贷记"其他收入"科目。

【例7-10】某事业单位经批准以无形资产（专有技术）向C公司进行一项长期股权投资，无形资产的账面余额为1 650 000元，已累计摊销50 000元。经评估确认的无形资产价值为1 700 000元，收取补价100 000元。另支付相关税费85 000元。应作如下会计分录：

借：长期股权投资——C公司 1 685 000
　　银行存款 100 000
　　无形资产累计摊销 50 000
　　贷：无形资产 1 650 000
　　　　银行存款 85 000
　　　　应缴财政款 15 000
　　　　其他收入 85 000

3. 以未入账的无形资产取得的长期股权投资，按照评估价值加相关税费作为投资成本，借记"长期股权投资"科目，按照发生的相关税费，贷记"银行存款""其他应交税费"等科目，按其差额，贷记"其他收入"科目。

4. 接受捐赠的长期股权投资，其成本按照有关凭据注明的金额加上相关的税费确定没有相关凭据可供取得，但按规定经过资产评估的，其成本按照评估价值加上相关税费确定；没有相关凭据可供取得、也未经资产评估的，其成本比照同类或类似资产的市场价格加上相关税费确定。接受捐赠的长期股权投资，按照确定的投资成本，借记"长期股权投资"科目或本科目（成本），按照发生的相关税费，贷记"银行存款"等科目，按照其差额，贷记"捐赠收入"科目。

5. 无偿调入的长期股权投资，其成本按照调出方账面价值加上相关税费确定。按照确定的投资成本，借记"长期股权投资"科目或本科目（成本），按照发生的相关税费，贷记"银行存款"等科目，按照其差额，贷记"无偿调拨净资产"科目。

二、长期股权投资的后续计量

长期股权投资在持有期间，通常应当采用权益法进行核算。当事业单位无权决定被投资单位的财务和经营政策或无权参与被投资单位的财务和经营政策决策的，应当采用成本法进行核算。成本法，是指投资按照投资成本计量的方法。权益法，是指投资最初以投资成本计量，以后根据政府会计主体在被投资单位所享有的所有者权益份额的变动对投资的账面余额进行调整的方法。

（一）采用成本法核算

在成本法下，长期股权投资的账面余额通常保持不变，但追加或收回投资时，应当相应调整其账面余额。长期股权投资持有期间，被投资单位宣告分派的现金股利或利润，政府会计主体应当按照宣告分派的现金股利或利润中属于政府会计主体应享有的份额确认为投资收益。被投资单位宣告发放现金股利或利润时，按照应收的金额，借记"应收股利"科目，贷记"投资收益"科目。收到现金股利时，按照实际收到的金额，借记"银行存款"等科目，贷记"应收股利"科目。

【例7-11】承接【例7-10】对C公司的投资，C公司宣告发放上年股利，该事业单位应收股利30 000元。应作如下会计分录：

借：应收股利——C公司　　　　　　　　　　　　　　　　30 000
　　贷：投资收益　　　　　　　　　　　　　　　　　　　　　　30 000

当收到C公司发放的现金股利应编制如下会计分录：

借：银行存款　　　　　　　　　　　　　　　　　　　　　30 000
　　贷：应收股利——C公司　　　　　　　　　　　　　　　　　30 000

该业务应按平行记账原则同时进行预算会计账务处理。

（二）采用权益法核算

单位采用权益法核算长期股权投资时，按照如下原则进行会计处理：

1. 按照应享有或应分担的被投资单位实现的净损益的份额，确认为投资损益，同时调整长期股权投资的账面余额。按照应享有的被投资单位实现的净利润的份额，借记"长期股权投资（损益调整）"科目，贷记"投资收益"科目。按照应负担的被投资单位发生净亏损的份额，借记"投资收益"科目，贷记"长期股权投资（损益调整）"，但以本科目的账面余额减记至零为限；负有承担额外损失义务的除外。发生亏损的被投资单位以后实现净利润的，应首先用其收益分享额弥补以前长期股权投资减至零后未确认的亏损分担额，待未确认亏损分担额全部弥补后，再恢复确认投资收益。单位采用权益法核算长期股权投资、且被投资单位编制合并财务报表的，在持有投资期间，应当以被投资单位合并财务报表中净利润和其他所有者权益变动为基础，计算确定应当调整长期股权投资账面余额的金额，并进行相关会计处理。

【例7-12】某事业单位对B公司投资账面成本为156.5万元，占B公司权益份额的80%，该单位有权决定B公司的财务和经营政策。2×19年B公司宣告实现净利润500万元。则该单位应作如下会计分录：

借：长期股权投资——B公司（损益调整）　　　　　　　　4 000 000
　　贷：投资收益　　　　　　　　　　　　　　　　　　　　　4 000 000

如若B公司2×20年底亏损300万元，则该事业单位应按80%作如下会计分录：

借：投资收益 2 400 000
　　贷：长期股权投资——B公司（损益调整） 2 400 000

2. 按照被投资单位宣告分派的现金股利或利润计算应享有的份额，确认为应收股利，同时减少长期股权投资的账面余额。

【例7-13】承接【例7-12】若B公司2×20年4月宣告分配2×19年现金股利200万元，按该事业单位享有的份额80%确认应收现金股利160万元。则该单位应作如下会计分录：

借：应收股利——B公司 1 600 000
　　贷：长期股权投资——B公司（损益调整） 1 600 000

当收到现金股利时应编制如下会计分录：

借：银行存款 1 600 000
　　贷：应收股利——B公司 1 600 000

该业务应按平行记账原则同时进行预算会计账务处理。

3. 按照被投资单位发生除净损益和利润分配以外的所有者权益变动的份额（如被投资单位资产评估增值导致所有者权益变动），确认为净资产，同时调整长期股权投资的账面余额。借记"权益法调整"科目，贷记"长期股权投资"（其他权益变动）科目；或作相反会计分录。

（三）成本法和权益法的转换

政府会计主体在采用成本法核算的情况下，若因追加投资等原因使对被投资单位的财务或经营政策有决定权时，对长期股权投资的核算应从成本法改为权益法，并应当自有权决定被投资单位的财务和经营政策或者参与被投资单位的财务和经营政策决策时，按成本法下长期股权投资的账面余额加上追加投资的成本作为按照权益法核算的初始投资成本。追加投资成本法改为权益法时，应借记"长期股权投资——成本"科目，贷记"长期股权投资（成本法下账面余额）"科目，贷记"银行存款（追加投资）"科目。

同样，政府会计主体在采用权益法核算的情况下，若因处置部分长期股权投资等原因无权再决定被投资单位的财务和经营政策或者参与被投资单位的财务和经营政策决策的，应当对处置后的剩余股权投资改按成本法核算，并以该剩余股权投资在权益法下的账面余额作为按照成本法核算的初始投资成本。其后，被投资单位宣告分派现金股利或利润时，属于已计入投资账面余额的部分，作为成本法下长期股权投资成本的收回，冲减长期股权投资的账面余额。权益法改为成本法应借记"长期股权投资"科目，贷记"长期股权投资——成本"科目，贷记"长期股权投资——损益调整"科目，贷记"长期股权投资——其他权益变动"科目。

权益法改为成本法后收到被投资单位分配的现金股利时，属于已计入投资账面余额的部分，应借记"银行存款"科目，贷记"长期股权投资"科目。不属于已计入投资账面余额的部分，应按照成本法下的规则处理。

（四）长期股权投资的处置

单位按照规定报经批准出售（转让）长期股权投资时，应当区分长期股权投资取得方式分别进行处理。

1. 处置以现金取得的长期股权投资。单位按照实际取得的价款，借记"银行存款"等科目，按照被处置长期股权投资的账面余额，贷记"长期股权投资"科目（成本法）或贷记"长期股权投资——成本、损益调整、其他权益变动"科目（权益法），按照尚未领取的现金股利或利润，贷记"应收股利"科目，按照发生的相关税费等支出，贷记"银行存款"等科目，按照借贷方差额，借记或贷记"投资收益"科目。

2. 处置以现金以外的其他资产取得的（不含科技成果转化形成的）长期股权投资。在成本法下，单位按照被处置长期股权投资的账面余额，借记"资产处置费用"科目，贷记"长期股权投资"科目；同时，按照实际取得的价款，借记"银行存款"等科目，按照尚未领取的现金股利或利润，贷记"应收股利"科目，按照发生的相关税费等支出，贷记"银行存款"等科目，按照贷方差额，贷记"应缴财政款"科目。在权益法下，单位处置现金以外的其他资产取得的（不含科技成果转化形成的）长期股权投资时，按规定将取得的投资收益（处置价款大于长期股权投资成本的差额）纳入本单位预算管理的，分别以下两种情况处理：

（1）长期股权投资的账面余额大于其投资成本的，应当按照被处置长期股权投资的成本，借记"资产处置费用"科目，贷记"长期股权投资——成本"科目；同时，按照实际取得的价款，借记"银行存款"等科目，按照尚未领取的现金股利或利润（如有），贷记"应收股利"科目，按照发生的相关税费等支出，贷记"银行存款"等科目，按照长期股权投资的账面余额减去其投资成本的差额，贷记"长期股权投资——损益调整、其他权益变动"科目（以上明细科目为贷方余额的，借记相关明细科目），按照实际取得的价款与长期股权投资账面余额的差额，贷记或借记"投资收益"科目，按照贷方差额，贷记"应缴财政款"科目。

（2）长期股权投资的账面余额小于或等于其投资成本的，应当按照被处置长期股权投资的账面余额，借记"资产处置费用"科目，按照长期股权投资各明细科目，贷记"长期股权投资——成本"科目，贷记或借记"长期股权投资——损益调整""长期股权投资——其他权益变动"科目；同时，按照实际取得的价款，借记"银行存款"等科目，按照尚未领取的现金股利或利润（如有），贷记"应收股利"科目，按照发生的相关税费等支出，贷记"银行存款"等科目，按照实际取得的价款大于长期股权投资成本的差额，贷记"投资收益"科目，按照贷方差额，贷记"应缴财政款"科目。

3. 单位处置以科技成果转化形成的长期股权投资，应当按照实际取得的价款，借记"银行存款"等科目，按照被处置长期股权投资的账面余额，贷记"长期股权投资"科目，按照尚未领取的现金股利或利润（如有），贷记"应收股利"科目，按照发生的相关税费等支出，贷记"银行存款"等科目，按照借贷方差额，借记或贷记"投资收益"科目。

【例7-14】某事业单位向其他单位转让一项对D公司的长期股权投资。该项长期股权投资的账面余额为500 000元。经协商，该项长期股权投资转让价格为560 000元。转让过程中发生税费共计28 000元。假设该项长期股权投资原为转让固定资产取得。则应作如下会计处理：

将长期股权投资账面余额转入"资产处置费用"科目中：

借：资产处置费用	500 000
贷：长期股权投资——D公司	500 000

收到转让价款扣除税费支出按规定上缴财政的应作如下会计分录：

借：银行存款	560 000
贷：银行存款	28 000
应缴财政款	532 000

收到转让价款扣除税费支出按规定纳入单位预算管理的，应首先计算其投资收益，然后再计算应缴财政款。

投资收益 = 取得价款 − 投资原账面余额 − 相关税费 − 应收现金股利（或利润）

即：560 000 − 500 000 − 28 000 = 32 000（元）

应缴财政款 = 取得价款 − 相关税费 − 应收现金股利或利润 − 应确认的投资收益

即：560 000 − 28 000 − 32 000 = 500 000（元）

应作如下会计分录：

借：银行存款	560 000
贷：银行存款	28 000
投资收益	32 000
应缴财政款	500 000

若该投资含有已经宣告但尚未领取的现金股利或利润4 000元，收到转让价款时则：

投资收益 = 560 000 − 500 000 − 28 000 − 4 000 = 28 000（元）

应缴财政款 = 560 000 − 28 000 − 4 000 − 28 000 = 500 000（元）

应作如下会计分录：

借：银行存款	560 000
贷：银行存款	28 000

应收股利	4 000
投资收益	28 000
应缴财政款	500 000

因被投资单位破产清算等原因，有确凿证据表明长期股权投资发生损失，按规定报经批准后予以核销。按照予以核销的长期股权投资的账面余额，借记"资产处置费用"科目，贷记"长期股权投资"科目。

报经批准置换转出长期股权投资时，参照"库存物品"科目中置换换入库存物品的规定进行账务处理。换入的"库存物品""固定资产""无形资产"应按照评估价值加上支付的相关税费入账，借记相关科目（若是旧的固定资产还应根据其损耗程度借记"固定资产累计折旧"科目），按长期股权投资账面价值贷记"长期股权投资"科目，按照支付的税费和补价贷记"银行存款"（若收到补价记借方）科目，收到补价和支付相关税费的差额贷记"应缴财政款"科目。借贷方差额借记"资产处置费用"或贷记"其他收入"科目。

采用权益法核算的长期股权投资的处置，除进行上述账务处理外，还应结转原直接计入净资产的相关金额，借记或贷记"权益法调整"科目，贷记或借记"投资收益"科目。

第五节 投资的披露

政府会计主体在编制会计报表时，应当在报表附注中披露与投资有关的下列信息，以便信息使用者更好地了解会计主体的投资状况。

1. 短期投资的增减变动及期初、期末账面余额。
2. 各类长期债权投资和长期股权投资的增减变动及期初、期末账面余额。
3. 长期股权投资的投资对象及核算方法。
4. 当期发生的投资净损益，其中重大的投资净损益项目应当单独披露。

第八章 固定资产

第一节 固定资产概述

一、固定资产的含义

固定资产是指政府会计主体为满足自身开展业务活动或其他活动需要而控制的,使用年限超过1年(不含1年)、单位价值在规定标准以上(其中:一般设备价值在1 000元以上,专用设备价值在1 500元以上),并在使用过程中基本保持原有物质形态的资产。固定资产一般分为六类:房屋及构筑物;专用设备;通用设备;文物和陈列品;图书、档案;家具、用具、装具及动植物。

一般情况下固定资产必须同时具备以下两个条件:

1. 使用时间在1年以上(不含1年);
2. 单位价值在规定限额以上。

单位价值虽然未达到规定标准,但是使用时间超过1年(不含1年)的大批同类物资,如图书、家具、用具、装具等,应当作为固定资产管理。

二、固定资产的特征

1. 固定资产是为政府会计主体满足自身开展业务活动或其他活动需要而控制的,而不是直接用于出售的产品。
2. 固定资产的使用寿命超过一个会计年度。政府会计主体固定资产属于长期资产,随着使用和磨损,通过折旧方式逐步减少账面价值。
3. 固定资产具有实物形态特征。

三、固定资产的管理

固定资产在政府会计主体资产总额中一般占有相当大的比重,是进行业务活动的基础,对单位的工作效率和效果有着重大的影响。它具有形态各异、种类繁多、存放分散、单位价值较高、与日常工作活动紧密联系等特点,使其容易产生盲目购置、丢失、形成账外资产、擅自处理、私自挪用、虚列成本和毁损等不真实、不合规、不正确及营私舞弊等现象。为加强和规范政府会计主体的固定资产管理,防止固定资产毁损和流失,政府会计主体应当建立固定资产内部控制制度,使固定资产管理工作规范化、制度化、科学化,保证固定资产的安全、完整,提高固定资产使用效率。

政府会计主体应设置固定资产专门机构或专人管理,使用单位应指定专人对固定资产实施管理,并建立健全各项管理制度。

(一)固定资产的报废管理

固定资产符合下列条件之一的可申请报废:

1. 超过使用年限,该类固定资产已经淘汰无修复价值。
2. 固定资产无法使用且无改装价值。

3. 固定资产因腐蚀、老化、性能低劣无修复价值。
4. 因房屋改造，固定资产无法迁移或无使用改装价值的。
5. 因事故或其他情况，使固定资产遭受严重损失，无修复价值。
6. 其他符合报废条件的情况。

（二）固定资产的控制管理

固定资产控制是指政府会计主体为了提高固定资产使用效率，保证会计核算的真实可靠，防止固定资产流失，促进法律法规的有效遵循，实现政府会计主体对固定资产管理目标而制定和实施的一系列内部控制方法、措施和程序。

加强固定资产内部控制，有利于保证固定资产活动的真实、安全和完整；有利于保证固定资产的使用效率；有利于保证固定资产的购建合法；有利于保证会计信息的真实完整；有利于提高政府会计主体公共服务的效率和效果。

1. 控制的范围。

固定资产控制范围与业务流程紧密相关，其流程分为购入、使用和处置三个阶段。控制范围包括：购置规划、预算控制、验收控制、使用环节控制和处置环节控制等。

（1）购置规划。政府会计主体要根据发展规划的实际需要和资源条件，对固定资产建设和购置进行可行性分析和论证，购置规划需经过集体讨论进行决策。

（2）预算控制。政府会计主体购置固定资产经过论证后必须编制预算，纳入政府会计主体年度预算管理。

（3）验收控制。政府会计主体直接购入的固定资产，采购部门根据批准的预算进行采购、安装、调试、验收，使用部门应签署验收合格意见后方可办理交付使用手续；自建或改扩建的固定资产，按规定进行招投标，择优选择施工单位，对每项完工交付使用的固定资产，要组织施工单位、建设单位及监理单位等共同验收，验收合格后方可办理交付使用手续。

（4）使用环节控制。包括固定资产的会计控制，按照会计制度对固定资产进行计价、计提折旧等账务处理，建立固定资产保养、维护和维修制度，建立岗位责任制，确保固定资产的正常使用。

（5）处置环节控制。包括固定资产的清查盘点、报废、调出等环节。为保障固定资产的账实相符，必须每年至少进行一次全面的固定资产清查盘点，建立清查盘点制度；对固定资产报废、调出、捐赠等应组织有关部门进行技术鉴定和正确估价，经过严格的审批手续方可办理。

2. 控制要点和控制方法。

（1）控制要点。政府会计主体固定资产的控制包括：申请、审批、购建、验收、使用、计价、维修保养、提取折旧、盘点和处置等关键环节控制。

（2）控制方法。固定资产的控制方法主要有不相容职务相互分离、授权审批、预算控制、会计控制、财产保全控制、内部报告控制等。

（3）控制体系流程（见图8-1）。

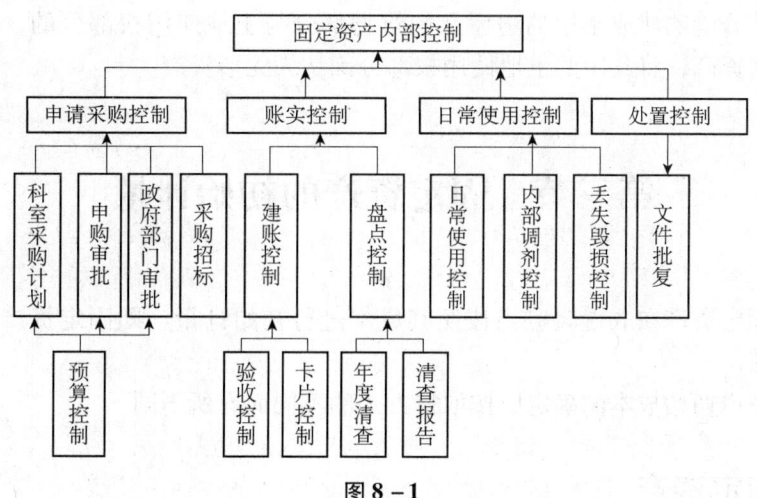

图8-1

第二节 固定资产的确认

一、固定资产的确认条件

固定资产在确认时除符合固定资产的定义外，同时还要满足下列条件：

1. 与该固定资产相关的服务潜力很可能实现或者经济利益很可能流入政府会计主体。

资产最重要的特征是预期会给政府会计主体带来履职潜力、经济效益或产生社会效益，政府会计主体在确定固定资产时，需要判断与该项固定资产有关的服务潜力或经济利益是否很有可能流入会计主体，如果与该项固定资产有关的服务潜力或经济利益很有可能流入，并同时满足固定资产确认的其他条件，那么，政府会计主体应将其确认为固定资产。否则，就不应将其确认为固定资产。

2. 该固定资产的成本或者价值能够可靠地计量。

成本能够可靠计量是资产确认的一项基本条件，政府会计主体在确定固定资产成本时必须取得确凿证据。但是有时需要根据所获得的最新资料，对固定资产成本进行合理的估价。如对于已经达到预定可使用状态但尚未办理竣工决算的固定资产，需要根据工程预算、工程造价或者工程实际发生的成本等资料，按估计价值确定成本，暂估入账。待固定资产办理竣工决算后，再按照实际成本调整原来的暂估价值。

二、固定资产的确认时点

通常情况下固定资产的确认：（1）购入、换入、接受捐赠、无偿调入不需要安装的固定资产，在固定资产验收合格时确认；（2）购入、换入、接受捐赠、无偿调入需要安装的固定资产，在固定资产安装完成交付使用时确认；（3）自行建造、改建、扩建的固定资产，在建造完成交付使用时确认。

三、固定资产确认时应考虑的具体情况

1. 固定资产的各组成部分具有不同使用年限或者以不同方式为政府会计主体实现服务潜力或提供经济利益，适用不同折旧率或折旧方法且可以分别确定各自原价的，应当分别将各组成部分确认为单项固定资产。

2. 应用软件构成相关硬件不可缺少的组成部分的，应当将该软件的价值包括在所属的硬件价值中，一并确认为固定资产；不构成相关硬件不可缺少的组成部分的，应当将该软件确认为无形资产。

3. 购建房屋及构筑物时，不能分清购建成本中的房屋及构筑物部分与土地使用权部分的，应当全部确认为固定资产；能够分清购建成本中的房屋及构筑物部分与土地使用权部分的，应当将其中的房屋及构筑物部分确认为固定资产，将其中的土地使用权部分确认为无形资产。

第三节 固定资产的初始计量

政府会计主体的固定资产在取得时应当按照其成本进行初始计量，即固定资产在取得时，应当按照取得时的实际成本入账。

在实务中，固定资产初始成本的确定应按取得方式的不同而有所不同。

一、购入的固定资产

政府会计主体外购的固定资产，其成本包括购买时实际支付的买价、相关税费以及固定资产交付使

用前所发生的可归属于该项资产的运输费、装卸费、安装费和专业人员服务费等。

以一笔款项购入多项没有单独标价的固定资产,应当按照各项固定资产同类或类似固定资产市场价格的比例对总成本进行分配,分别确定各项固定资产的成本。

政府会计主体应根据固定资产定义、对固定资产进行统一分类,并结合本单位的具体情况,制定适合本单位的固定资产目录、具体分类方法,作为进行固定资产核算的依据。设置"固定资产登记簿"和"固定资产卡片",按照固定资产类别、项目和使用部门等进行明细核算,出租、出借的固定资产,应当设置"备查簿"进行登记。政府会计主体应设置"固定资产"科目,核算固定资产的原值。"固定资产"科目期末借方余额,反映政府会计主体固定资产的原值。公共基础设施、政府储备物资、保障性住房、自然资源资产等,适用其他相关政府会计准则,不通过本科目核算。

购入固定资产的核算分为以下三种情况进行账务处理:

1. 购入不需要安装的固定资产,验收合格时,按照确定的固定资产成本,借记"固定资产"科目,贷记"财政拨款收入"(财政直接支付用)或"零余额账户用款额度"(财政授权支付用)"应付账款""银行存款"等科目。

【例8-1】某行政单位以政府集中采购方式购入一批专用设备,价值48万元,款项由财政部门以直接支付的方式支付。该设备不需要安装,已经通过验收。账务处理如下:

借:固定资产——专用设备　　　　　　　　　　　　　　　　　　480 000
　　贷:财政拨款收入　　　　　　　　　　　　　　　　　　　　　　480 000

该业务应按平行记账原则同时进行预算会计账务处理。

如果是财政授权支付:

借:固定资产——专用设备　　　　　　　　　　　　　　　　　　480 000
　　贷:零余额账户用款额度　　　　　　　　　　　　　　　　　　　480 000

该业务应按平行记账原则同时进行预算会计账务处理。

2. 购入需要安装的固定资产,先通过"在建工程"科目核算,借记"在建工程"科目,贷记"财政拨款收入""零余额账户用款额度""应付账款""银行存款"等;安装完毕交付使用时再转入"固定资产"科目,借记"固定资产"科目,贷记"在建工程"科目。

【例8-2】某事业单位购入的一台需要安装的专业设备,该设备已经完工并交付使用,设备价款45万元,安装费用1万元,款项通过单位零余额账户支付。账务处理如下:

购入时:

借:在建工程——设备投资　　　　　　　　　　　　　　　　　　450 000
　　贷:零余额账户用款额度　　　　　　　　　　　　　　　　　　　450 000

该业务应按平行记账原则同时进行预算会计账务处理。

支付安装费时:

借:在建工程——建筑安装工程投资——安装工程——设备安装　　　10 000
　　贷:零余额账户用款额度　　　　　　　　　　　　　　　　　　　10 000

该业务应按平行记账原则同时进行预算会计账务处理。

交付使用时:

借:固定资产——专用设备　　　　　　　　　　　　　　　　　　460 000
　　贷:在建工程——设备投资　　　　　　　　　　　　　　　　　　450 000
　　　　　　——建筑安装工程投资——安装工程——设备安装　　　10 000

3. 购入固定资产扣留质量保证金的,在取得固定资产时,按照确定的固定资产成本,借记"固定资产"科目[不需安装]或"在建工程"[需要安装]科目;按照实际支付的金额,贷记"财政拨款收入""零余额账户用款额度""应付账款"[不含质保金]"银行存款"等科目;按照扣留的质量保证金数额,贷记"其他应付款"[扣留期限在1年以内(含1年)]或"长期应付款"[扣留期限超过1年]科目。

质保期满支付质量保证金时,借记"其他应付款"或"长期应付款"科目,贷记"财政拨款收入""零余额账户用款额度""银行存款"等科目。

【例8-3】某事业单位购入一批计算机设备，价值50万元，设备不需要安装，已经通过验收。根据购买合同，取得该设备时通过单位的零余额账户支付总价款的80%，计40万元。其余款项为扣留的质量保证金，如设备无质量问题在3个月后支付。账务处理如下：

借：固定资产——专用设备　　　　　　　　　　　　　　　　　　　　500 000
　　贷：零余额账户用款额度　　　　　　　　　　　　　　　　　　　　400 000
　　　　其他应付款　　　　　　　　　　　　　　　　　　　　　　　　100 000

该业务应按平行记账原则同时进行预算会计账务处理。

质保期满：

借：其他应付款　　　　　　　　　　　　　　　　　　　　　　　　　　100 000
　　贷：零余额账户用款额度　　　　　　　　　　　　　　　　　　　　100 000

该业务应按平行记账原则同时进行预算会计账务处理。

二、自行建造的固定资产

政府会计主体自行建造的固定资产，其成本包括建造该项资产至交付使用前所发生的全部必要支出。单位自行建造固定资产包括自营建造和出包建造两种方式。

（一）科目设置

单位自行建造的固定资产主要通过"工程物资""在建工程""固定资产"科目进行核算。

1. 工程物资

工程物资是指为在建工程准备的各种物资，包括工程用材料、设备等。政府会计主体设置"工程物资"科目，核算为在建工程准备的各种物资的成本，按照"库存材料""库存设备"等类别进行明细核算。本科目期末借方余额，反映政府会计主体为在建工程准备的各种物资的成本。

（1）购入为工程准备的物资，按照确定的物资成本，借记"工程物资"科目，贷记"财政拨款收入""零余额账户用款额度""银行存款""应付账款"等科目。

（2）领用工程物资，按照物资成本，借记"在建工程"科目，贷记"工程物资"科目。工程完工后将领出的剩余物资退库时作相反的会计分录。

（3）工程完工后将剩余的工程物资转作本单位存货等的，按照物资成本，借记"库存物品"等科目，贷记"工程物资"科目。

2. 在建工程

在建工程是指已经发生必要支出，但尚未达到交付使用状态的建设工程。政府会计主体的在建工程包括建筑安装工程、设备安装工程、在建的信息系统项目工程、公共基础设施项目工程、保障性住房项目工程。

政府会计主体设置"在建工程"科目，核算单位在建的建设项目工程的实际成本。单位在建的信息系统项目工程、公共基础设施项目工程、保障性住房项目工程的实际成本，也通过本科目核算。本科目期末借方余额，反映单位尚未完工的建设项目工程发生的实际成本。

本科目应当设置"建筑安装工程投资""设备投资""待摊投资""其他投资""待核销基建支出""基建转出投资"等明细科目，并按照具体项目进行明细核算。

（1）"建筑安装工程投资"明细科目，核算单位发生的构成建设项目实际支出的建筑工程和安装工程的实际成本，不包括被安装设备本身的价值以及按照合同规定支付给施工单位的预付备料款和预付工程款。本明细科目应当设置"建筑工程"和"安装工程"两个明细科目进行明细核算。

（2）"设备投资"明细科目，核算单位发生的构成建设项目实际支出的各种设备的实际成本。

（3）"待摊投资"明细科目，核算单位发生的构成建设项目实际支出的、按照规定应当分摊计入有关工程成本和设备成本的各项间接费用和税费支出。本明细科目的具体核算内容包括以下方面：

①勘察费、设计费、研究试验费、可行性研究费及项目其他前期费用。

②土地征用及迁移补偿费、土地复垦及补偿费、森林植被恢复费及其他为取得土地使用权、租用权而发生的费用。

③城镇土地使用税、耕地占用税、契税、车船税、印花税及按照规定缴纳的其他税费。

④项目建设管理费、代建管理费、临时设施费、监理费、招投标费、社会中介审计（审查）费及其他管理性质的费用。

项目建设管理费是指项目建设单位从项目筹建之日起至办理竣工财务决算之日止发生的管理性质的支出，包括不在原单位发工资的工作人员工资及相关费用、办公费、办公场地租用费、差旅交通费、劳动保护费、工具用具使用费、固定资产使用费、招募生产工人费、技术图书资料费（含软件）、业务招待费、施工现场津贴、竣工验收费等。

⑤项目建设期间发生的各类专门借款利息支出或融资费用。

⑥工程检测费、设备检验费、负荷联合试车费及其他检验检测类费用。

⑦固定资产损失、器材处理亏损、设备盘亏及毁损、单项工程或单位工程报废、毁损净损失及其他损失。

⑧系统集成等信息工程的费用支出。

⑨其他待摊性质支出。

（4）"其他投资"明细科目，核算单位发生的构成建设项目实际支出的房屋购置支出，基本畜禽、林木等购置、饲养、培育支出，办公生活用家具、器具购置支出，软件研发和不能计入设备投资的软件购置等支出。单位为进行可行性研究而购置的固定资产，以及取得土地使用权支付的土地出让金，也通过本明细科目核算。本明细科目应当设置"房屋购置""基本畜禽支出""林木支出""办公生活用家具、器具购置""可行性研究固定资产购置""无形资产"等三级明细科目。

（5）"待核销基建支出"明细科目，核算建设项目发生的江河清障、航道清淤、飞播造林、补助群众造林、水土保持、城市绿化、取消项目的可行性研究费以及项目整体报废等不能形成资产部分的基建投资支出。本明细科目应按照待核销基建支出的类别进行明细核算。

（6）"基建转出投资"明细科目，核算为建设项目配套而建成的、产权不归属本单位的专用设施的实际成本。本明细科目应按照转出投资的类别进行明细核算。

（二）账务处理

1. 建筑安装工程投资。

（1）将固定资产等资产转入改建、扩建等时，按照固定资产等资产的账面价值，借记"在建工程"（建筑安装工程投资）科目，按照已计提的折旧或摊销，借记"固定资产累计折旧"等科目，按照固定资产等资产的原值，贷记"固定资产"等科目。

固定资产等资产改建、扩建过程中涉及替换（或拆除）原资产的某些组成部分的，按照被替换（或拆除）部分的账面价值，借记"待处理财产损溢"科目，贷记"在建工程"（建筑安装工程投资）科目。

（2）单位对于发包建筑安装工程，根据建筑安装工程价款结算账单与施工企业结算工程价款时，按照应承付的工程价款，借记"在建工程"（建筑安装工程投资）科目，按照预付工程款余额，贷记"预付账款"科目，按照其差额，贷记"财政拨款收入""零余额账户用款额度""银行存款""应付账款"等科目。

（3）单位自行施工的小型建筑安装工程，按照发生的各项支出金额，借记"在建工程"（建筑安装工程投资）科目，贷记"工程物资""零余额账户用款额度""银行存款""应付职工薪酬"等科目。

（4）工程竣工，办妥竣工验收交接手续交付使用时，按照建筑安装工程成本（含应分摊的待摊投资），借记"固定资产"等科目，贷记"在建工程"（建筑安装工程投资）科目。

2. 设备投资。

（1）购入设备时，按照购入成本，借记"在建工程"（设备投资）科目，贷记"财政拨款收入""零余额账户用款额度""银行存款"等科目；采用预付款方式购入设备的，有关预付款的账务处理参照本科目有关"建筑安装工程投资"明细科目的规定。

（2）设备安装完毕，办妥竣工验收交接手续交付使用时，按照设备投资成本（含设备安装工程成本和分摊的待摊投资），借记"固定资产"等科目，贷记"在建工程"（设备投资、建筑安装工程投资——安装工程）科目。将不需要安装的设备和达不到固定资产标准的工具、器具交付使用时，按照相关设备、工具、器具的实际成本，借记"固定资产""库存物品"科目，贷记"在建工程"（设备投资）科目。

3. 待摊投资。

建设工程发生的构成建设项目实际支出的、按照规定应当分摊计入有关工程成本和设备成本的各项间接费用和税费支出，先在本明细科目中归集；建设工程办妥竣工验收手续交付使用时，按照合理的分配方法，摊入相关工程成本、在安装设备成本等。

（1）单位发生的构成待摊投资的各类费用，按照实际发生金额，借记"在建工程"（待摊投资）科目，贷记"财政拨款收入""零余额账户用款额度""银行存款""应付利息""长期借款""其他应交税费""固定资产累计折旧""无形资产累计摊销"等科目。

（2）对于建设过程中试生产、设备调试等产生的收入，按照取得的收入金额，借记"银行存款"等科目，按照依据有关规定应当冲减建设工程成本的部分，贷记"在建工程"（待摊投资）科目，按照其差额贷记"应缴财政款"或"其他收入"科目。

（3）由于自然灾害、管理不善等原因造成的单项工程或单位工程报废或毁损，扣除残料价值和过失人或保险公司等赔款后的净损失，报经批准后计入继续施工的工程成本的，按照工程成本扣除残料价值和过失人或保险公司等赔款后的净损失，借记"在建工程"（待摊投资）科目，按照残料变价收入、过失人或保险公司赔款等，借记"银行存款""其他应收款"等科目，按照报废或毁损的工程成本，贷记"在建工程"（建筑安装工程投资）科目。

（4）工程交付使用时，按照合理的分配方法分配待摊投资，借记"在建工程"（建筑安装工程投资、设备投资）科目，贷记本科目（待摊投资）。待摊投资的分配方法，可按照下列公式计算：

①按照实际分配率分配。适用于建设工期较短、整个项目的所有单项工程一次竣工的建设项目。

实际分配率＝待摊投资明细科目余额÷（建筑工程明细科目余额＋安装工程明细科目余额

＋设备投资明细科目余额）×100%

②按照概算分配率分配。适用于建设工期长、单项工程分期分批建成投入使用的建设项目。

概算分配率＝（概算中各待摊投资项目的合计数－其中可直接分配部分）

÷（概算中建筑工程、安装工程和设备投资合计）×100%

③某项固定资产应分配的待摊投资＝该项固定资产的建筑工程成本或该项固定资产（设备）

的采购成本和安装成本合计×分配率

4. 其他投资。

（1）单位为建设工程发生的房屋购置支出，基本畜禽、林木等的购置、饲养、培育支出，办公生活用家具、器具购置支出，软件研发和不能计入设备投资的软件购置等支出，按照实际发生金额，借记"在建工程"（其他投资）科目，贷记"财政拨款收入""零余额账户用款额度""银行存款"等科目。

（2）工程完成将形成的房屋、基本畜禽、林木等各种财产以及无形资产交付使用时，按照其实际成本，借记"固定资产""无形资产"等科目，贷记"在建工程"（其他投资）科目。

5. 待核销基建支出。

（1）建设项目发生的江河清障、航道清淤、飞播造林、补助群众造林、水土保持、城市绿化等不能形成资产的各类待核销基建支出，按照实际发生金额，借记"在建工程"（待核销基建支出）科目，贷记"财政拨款收入""零余额账户用款额度""银行存款"等科目。

（2）取消的建设项目发生的可行性研究费，按照实际发生金额，借记"在建工程"（待核销基建支出）科目，贷记"在建工程"（待摊投资）科目。

（3）由于自然灾害等原因发生的建设项目整体报废所形成的净损失，报经批准后转入待核销基建支出，按照项目整体报废所形成的净损失，借记"在建工程"（待核销基建支出）科目，按照报废工程回收的残料变价收入、保险公司赔款等，借记"银行存款""其他应收款"等科目，按照报废的工程成本，贷记"在建工程"（建筑安装工程投资等）科目。

（4）建设项目竣工验收交付使用时，对发生的待核销基建支出进行冲销，借记"资产处置费用"科目，贷记"在建工程"（待核销基建支出）科目。

6. 基建转出投资。

为建设项目配套而建成的、产权不归属本单位的专用设施，在项目竣工验收交付使用时，按照转出的专用设施的成本，借记"在建工程"（基建转出投资）科目，贷记"在建工程"（建筑安装工程投资）

科目;同时,借记"无偿调拨净资产"科目,贷记"在建工程"(基建转出投资)科目。

【例8-4】某行政单位将A栋办公楼基建工程发包给一建筑公司,该工程合同金额500万元,先预付工程款的50%,剩余资金工程完工时一并支付。单位发生的建设单位工程管理费、可行性研究费、合同公证等待摊投资180万元,分摊到A栋办公楼待摊投资60万元。账务处理如下:

预付工程款:
借:预付账款——预付工程款——A办公楼　　　　　　　　　　　　　　　　2 500 000
　　贷:零余额账户用款额度　　　　　　　　　　　　　　　　　　　　　　2 500 000
该业务应按平行记账原则同时进行预算会计账务处理。

完工时:
借:在建工程——建筑安装工程投资　　　　　　　　　　　　　　　　　　5 000 000
　　贷:预付账款——预付工程款——A办公楼　　　　　　　　　　　　　　2 500 000
　　　　零余额账户用款额度　　　　　　　　　　　　　　　　　　　　　2 500 000
该业务应按平行记账原则同时进行预算会计账务处理。

支付待摊投资时:
借:在建工程——待摊投资　　　　　　　　　　　　　　　　　　　　　　1 800 000
　　贷:零余额账户用款额度　　　　　　　　　　　　　　　　　　　　　1 800 000
该业务应按平行记账原则同时进行预算会计账务处理。

分摊归属于A办公楼的待摊投资:
借:在建工程——建筑安装工程投资　　　　　　　　　　　　　　　　　　600 000
　　贷:在建工程——待摊投资　　　　　　　　　　　　　　　　　　　　600 000

A办公楼转固定资产:
借:固定资产——房屋及构筑物——A办公楼　　　　　　　　　　　　　　5 600 000
　　贷:在建工程——建筑安装工程　　　　　　　　　　　　　　　　　　5 600 000

【例8-5】某事业单位申请政府债券300万元,自行建造一砖混结构用房,购入建筑材料220万元,工程领用210万元,实际使用200万元,发生勘察、设计等其他费用50万元,购置设备80万元,建设期发生利息支出10万元,该工程已竣工并交付使用。账务处理如下:

(1)购置建筑材料支付220万元时:
借:工程物资——库存材料　　　　　　　　　　　　　　　　　　　　　　2 200 000
　　贷:银行存款　　　　　　　　　　　　　　　　　　　　　　　　　　2 200 000
该业务应按平行记账原则同时进行预算会计账务处理。

(2)领用建筑材料210万元,实际使用200万元剩余10万元时:
借:在建工程——建筑安装工程投资　　　　　　　　　　　　　　　　　　2 100 000
　　贷:工程物资——库存材料　　　　　　　　　　　　　　　　　　　　2 100 000
借:工程物资——库存材料　　　　　　　　　　　　　　　　　　　　　　100 000
　　贷:在建工程——建筑安装工程投资　　　　　　　　　　　　　　　　100 000

(3)发生勘察、设计等费用共计50万元:
借:在建工程——待摊投资　　　　　　　　　　　　　　　　　　　　　　500 000
　　贷:银行存款　　　　　　　　　　　　　　　　　　　　　　　　　　500 000
该业务应按平行记账原则同时进行预算会计账务处理。

(4)购置并安装设备支付80万元:
借:在建工程——设备投资　　　　　　　　　　　　　　　　　　　　　　800 000
　　贷:银行存款　　　　　　　　　　　　　　　　　　　　　　　　　　800 000
该业务应按平行记账原则同时进行预算会计账务处理。

(5)支付建设期利息支出10万元:
借:在建工程——待摊投资　　　　　　　　　　　　　　　　　　　　　　100 000
　　贷:银行存款　　　　　　　　　　　　　　　　　　　　　　　　　　100 000
该业务应按平行记账原则同时进行预算会计账务处理。

(6) 该工程已办妥竣工验收手续并交付使用，剩余材料转库存物品时：

借：固定资产 3 400 000
　　贷：在建工程——建筑安装工程 2 000 000
　　　　　　　　——设备投资 800 000
　　　　　　　　——待摊投资 600 000
借：库存物资——建筑材料 200 000
　　贷：工程物资——库存材料 200 000

自行建造的固定资产核算还应注意以下几个问题：

一是为建造固定资产借入的专门借款利息，属于建设期间发生的，计入在建工程成本，不属于建设期间发生的，计入当期费用；

二是建设期发生非正常中断且中断时间连续超过3个月（含3个月）的，应当将非正常中断期间的借款费用计入当期费用。如果中断是使工程项目达到交付使用所必须的程序，则中断期间所发生的借款费用仍应计入工程成本。

三是政府以外的政府会计主体为构建固定资产等工程项目借入专门借款的，对于发生的专门借款费用，应当按照借款费用减去尚未动用的借款资金产生的利息收入后的金额，属于工程项目期间发生的，计入工程成本；不属于工程项目建设期发生的，计入当期费用。

四是已交付使用但尚未办理竣工决算手续的固定资产，应当按照估计价值入账，待办理竣工决算后再按照实际成本调整原来的暂估价值。

【例8-6】某事业单位经批准2×18年初开始建造一栋实验楼，经批准预算为3 000万元，其中申请地方政府债券资金2 000万元，建设期一年。按合同规定，开工时预付工程款40%，该实验楼于2×20年5月末交付使用，暂估价为3 200万元，建设期借款利息为100万元，其间工程发生5个月非正常中断，中断期间借款利息为24万元，2×21年初办理竣工结算，金额为3 300万元。

(1) 开工支付预付款：

借：预付账款——预付工程款——实验楼 12 000 000
　　贷：银行存款 12 000 000

(2) 支付工程借款利息：

借：在建工程——待摊投资——借款利息 760 000
　　　　　　　　　　　　　其他费用 240 000
　　贷：银行存款 1 000 000

(3) 交付使用时：

借：在建工程——建筑安装工程投资——实验楼 32 000 000
　　贷：预付账款——预付工程款——实验楼 12 000 000
　　　　银行存款 20 000 000

同时，

借：固定资产——房屋及构筑物 32 000 000
　　贷：在建工程——建筑安装工程投资——实验楼 32 000 000

(4) 竣工结算时，支付余款100万元：

借：固定资产——房屋及构筑物 1 000 000
　　贷：银行存款 1 000 000

三、融资租入（或跨年度分期付款购入）的固定资产

融资租赁（或跨年度分期付款）取得的固定资产，其成本按照租赁协议或者合同确定的租赁价款、相关税费以及固定资产交付使用前所发生的可归属于该项资产的运输费、途中保险费、安装调试费等确定。融资租入固定资产的账务处理如下：

1. 按照确定的成本，借记"固定资产"[不需安装]或"在建工程"[需安装]科目，按照租赁协议

或者合同确定的租赁付款额，贷记"长期应付款"科目。

2. 按照支付的运输费、途中保险费、安装调试费等金额，借记"固定资产"[不需安装]或"在建工程"[需安装]科目，贷记"财政拨款收入""零余额账户用款额度""银行存款"等科目。

3. 定期支付租金时，按照实际支付金额，借记"长期应付款"科目，贷记"财政拨款收入""零余额账户用款额度""银行存款"等科目。

【例8-7】某事业单位融资租赁一台设备价值50万元，按照租赁协议每年需支付租赁费10万元，租期5年，用银行存款支付运输费、安装调试费等合计1万元。账务处理如下：

借：固定资产——专用设备　　　　　　　　　　　　　　　510 000
　　贷：长期应付款　　　　　　　　　　　　　　　　　　　500 000
　　　　银行存款　　　　　　　　　　　　　　　　　　　　 10 000

定期支付租金：

借：长期应付款　　　　　　　　　　　　　　　　　　　　100 000
　　贷：银行存款　　　　　　　　　　　　　　　　　　　　100 000

该业务应按平行记账原则同时进行预算会计账务处理。

四、接受捐赠的固定资产

接受捐赠的固定资产应按以下规定确定其入账价值：

1. 接受捐赠的固定资产其成本按照有关凭据注明的金额加上相关税费、运输费等确定；

2. 没有相关凭据可供取得，但按规定经过资产评估的，其成本按照评估价值加上相关税费、运输费等确定；

3. 没有相关凭据可供取得、也未经资产评估的，其成本比照同类或类似资产的市场价格加上相关税费、运输费等确定；

4. 没有相关凭据且未经资产评估、同类或类似资产的市场价格也无法可靠取得的，应当按照名义金额入账，相关税费、运输费等计入当期费用。

5. 如受赠的系旧的固定资产，在确定其初始成本时应当考虑该项资产的新旧程度。

接受捐赠的固定资产按照确定的固定资产成本，借记"固定资产"[不需安装]或"在建工程"[需安装]科目，按照实际发生的相关税费、运输费等，贷记"零余额账户用款额度""银行存款"等科目，按差额贷记"捐赠收入"科目。

【例8-8】某单位接受捐赠一台设备价值10万元，支付运输费等合计1万元。作会计分录如下：

借：固定资产——专用设备　　　　　　　　　　　　　　　110 000
　　贷：零余额账户用款额度　　　　　　　　　　　　　　　 10 000
　　　　捐赠收入　　　　　　　　　　　　　　　　　　　　100 000

该业务应按平行记账原则同时进行预算会计账务处理。

按照名义金额（人民币/元）入账的，按照名义金额借记本科目，贷记"捐赠收入"科目；按照发生的相关税费、运输费等，借记"其他费用"科目，贷记"零余额账户用款额度""银行存款"等科目。

【例8-9】某单位接受捐赠一幅名人字画，支付相关费用3万元。作会计分录如下：

借：固定资产——文物和陈列品　　　　　　　　　　　　　　　　1
　　贷：捐赠收入　　　　　　　　　　　　　　　　　　　　　　　1

借：其他费用　　　　　　　　　　　　　　　　　　　　　 30 000
　　贷：银行存款　　　　　　　　　　　　　　　　　　　　 30 000

该业务应按平行记账原则同时进行预算会计账务处理。

五、无偿调入的固定资产

政府会计主体无偿调入的固定资产，其成本按照调出方账面价值加上相关税费、运输费等确定。

无偿调入的固定资产按照确定的固定资产成本,借记"固定资产"[不需安装]或"在建工程"[需要安装]科目,按照发生的相关税费、运输费等,贷记"零余额账户用款额度""银行存款"等科目,按照其差额,贷记"无偿调拨净资产"科目。

【例8-10】甲单位将一台设备无偿调拨给乙单位,该设备账面原值20万元,已计提折旧8万元,乙方发生运输费2万元,该设备不需要安装,乙方账务处理如下:

  借:固定资产——专用设备   140 000
    贷:银行存款   20 000
      无偿调拨净资产   120 000

该业务应按平行记账原则同时进行预算会计账务处理。

六、置换取得的固定资产

置换取得的固定资产,其成本按照换出资产的评估价值加上支付的补价或减去收到的补价,加上为换入固定资产支付的其他费用确定。置换取得的固定资产分别按以下方式进行账务处理:

1. 支付补价的,按照确定成本,借记"固定资产"科目,按照换出资产的账面余额,贷记相关资产科目(换出资产为固定资产、无形资产的,还应当借记"固定资产累计折旧""无形资产累计摊销"科目),置换过程中发生的其他相关支出,贷记"银行存款"等科目,按照借贷方差额,借记"资产处置费用"科目或者贷记"其他收入"科目。

2. 收到补价的,按照确定的成本,借记"固定资产"科目,按照收到的补价,借记"银行存款"等科目,按照换出资产的账面余额,贷记相关资产科目(换出资产为固定资产、无形资产的,还应当借记"固定资产累计折旧""无形资产累计摊销"科目),按照置换过程中发生的其他相关支出,贷记"银行存款"等科目,按照补价扣减其他相关支出后的净收入,贷记"应缴财政款"科目,按照借贷方差额,借记"资产处置费用"科目或贷记"其他收入"科目。

【例8-11】甲与乙两个事业单位置换办公楼,甲单位办公楼账面余额400万元,已提折旧200万元,乙单位办公楼账面余额500万元,已提折旧200万元,经甲乙双方协商确定甲单位办公楼评估作价220万元,乙单位办公楼评估价格280万元,甲单位需支付乙单位补价60万元。另外甲单位支付相关费用5万元,乙单位支付相关费用4万元。作会计分录如下:

甲单位(支付补价):

  借:固定资产——换入办公楼   2 850 000
    固定资产累计折旧   2 000 000
    贷:固定资产——换出办公楼   4 000 000
      银行存款   650 000
      其他收入   20 000

该业务应按平行记账原则同时进行预算会计账务处理。

乙单位(收到补价):

  借:固定资产——换入办公楼   2 240 000
    固定资产累计折旧   2 000 000
    银行存款   600 000
    资产处置费用   760 000
    贷:固定资产——换出办公楼   5 000 000
      应缴财政款   560 000
      银行存款   40 000

该业务应按平行记账原则同时进行预算会计账务处理。

第四节　固定资产的后续计量

政府会计主体固定资产的后续计量包括固定资产的折旧和固定资产的处置。

一、固定资产折旧

(一) 固定资产折旧的含义

固定资产折旧是指在固定资产的预计使用年限内，按照确定的方法对应计的折旧额进行系统分摊。

(二) 固定资产折旧的计提范围

政府会计主体应当对固定资产计提折旧，在固定资产预计使用年限内系统地分摊固定资产的成本。固定资产计提折旧的范围包括：(1) 房屋及构筑物；(2) 通用设备；(3) 专用设备；(4) 家具、用具及装具。

但是下列各项固定资产不计提折旧：(1) 文物和陈列品；(2) 动植物；(3) 图书、档案；(4) 单独计价入账的土地；(5) 以名义金额计量的固定资产。

(三) 计提固定资产折旧应注意的问题

1. 固定资产应计提的折旧额为其成本，计提固定资产折旧时不考虑预计净残值。

2. 政府会计主体应当按月提取折旧，当月增加的固定资产，当月计提折旧；当月减少的固定资产，当月不计提折旧。

3. 已提足折旧的固定资产，无论是否继续使用，均不再计提折旧，提前报废的固定资产，也不再计提折旧；已提足折旧，可以继续使用的，应当继续使用，规范实物管理。

4. 计提融资租入固定资产折旧时，应当采用与自有固定资产相一致的折旧政策。能够合理确定租赁期届满时将会取得租入固定资产所有权的，应当在租入固定资产尚可使用年限内计提折旧；无法合理确定租赁期届满时能够取得租入固定资产所有权的，应当按照租赁期与租入固定资产尚可使用年限两者中较短的期间内计提折旧。

5. 固定资产发生更新改造等后续支出而延长其使用年限的，应当按照更新改造后重新确定的固定资产成本及重新确定的折旧年限，重新计算折旧额。

6. 已达到预定可使用状态，但尚未办理竣工决算的固定资产，应当按照暂估价值确定其成本，并计算提取折旧；待办理竣工决算后，再按照实际成本调整固定资产暂估价值，但不需要调整原已计提的折旧额。

【例 8-12】某事业单位经批准，2×18 年初开始建造一个实验室，经批准预算为 3 500 万元，建设工期为 1 年。该单位将工程发包给了 A 建筑公司，合同金额为 3 500 万元，合同规定，工程开建时预付 60% 工程款；交付使用支付另外 40% 工程款。款项由财政直接支付。2×19 年初工程完工并交付使用，因工程项目变更等事宜尚未办理竣工决算手续。单位按照合同金额 3 500 万元将该实验室暂估计入固定资产，估计使用年限 70 年。2×21 年 1 月办理了竣工决算手续，合同双方确认工程价款为 3 800 万元，预计使用年限 80 年。

(1) 工程开工预付工程款：

借：预付账款——预付工程款——A 建筑公司　　　　　　　　　　21 000 000
　　贷：财政拨款收入　　　　　　　　　　　　　　　　　　　　　21 000 000

(2) 工程完工交付使用时：

借：在建工程——建筑安装工程投资——实验室　　　　　　　　　35 000 000
　　贷：预付账款——预付工程款——A 建筑公司　　　　　　　　　21 000 000
　　　　财政拨款收入　　　　　　　　　　　　　　　　　　　　　14 000 000

同时：借：固定资产——房屋构筑物——实验室　　　　　　　　　35 000 000

　　　　　贷：在建工程——建筑安装工程投资——实验室　　　　　　　　　　　　　　35 000 000
　（3）2×19年计提折旧
　　折旧额=3 500÷70=500 000（元）
　　　借：业务活动费用——固定资产折旧费　　　　　　　　　　　　　　　　　　　　500 000
　　　　　贷：固定资产累计折旧——房屋及构筑物　　　　　　　　　　　　　　　　　　　　500 000
　（4）2×20年计提折旧
　　　借：业务活动费用——固定资产折旧费　　　　　　　　　　　　　　　　　　　　500 000
　　　　　贷：固定资产累计折旧——房屋及构筑物　　　　　　　　　　　　　　　　　　　　500 000
　（5）2×21年办理竣工决算手续调增固定资产价值300万元，财政部门追加了单位预算。
　　　借：固定资产——房屋及构筑物——实验室　　　　　　　　　　　　　　　　　3 000 000
　　　　　贷：财政拨款收入　　　　　　　　　　　　　　　　　　　　　　　　　　　　　3 000 000
　（6）2×21年计提折旧
　　折旧额=[（3 500-100）+300]÷78=47.44（万元）
　　　借：业务活动费用——固定资产折旧费　　　　　　　　　　　　　　　　　　　　474 400
　　　　　贷：固定资产累计折旧——房屋及构筑物　　　　　　　　　　　　　　　　　　　　474 400

7. 盘盈、无偿调入、接受捐赠以及置换的固定资产，应当考虑该项资产的新旧程度，按照其尚可使用的年限计提折旧。

（四）预计使用年限

固定资产应当根据相关规定以及固定资产的性质和使用情况，合理确定固定资产的使用年限。

政府会计主体确定固定资产使用年限，应当考虑下列因素：

1. 预计实现服务潜力或提供经济利益的期限；
2. 预计有形损耗和无形损耗；
3. 法律或者类似规定对资产使用的限制。

固定资产的使用年限一经确定，不得随意变更。政府会计主体固定资产折旧年限表，见表8-1。

表8-1　　　　　　　　　　　　　　政府会计主体固定资产折旧年限表

固定资产类别	内容		折旧年限（年）
房屋及构筑物	业务及管理用房	钢结构	不低于50
		钢筋混凝土结构	不低于50
		砖混结构	不低于30
		砖木结构	不低于30
	简易房		不低于8
	房屋附属设施		不低于8
	构筑物		不低于8
通用设备	计算机设备		不低于6
	办公设备		不低于6
	车辆		不低于8
	图书档案设备		不低于5
	机械设备		不低于10
	电气设备		不低于5
	雷达、无线电和卫星导航设备		不低于10
	通信设备		不低于5
	广播、电视、电影设备		不低于5
	仪器仪表		不低于5
	电子和通信测量设备		不低于5
	计量标准器具及量具、衡器		不低于5
专用设备	探矿、采矿、选矿和造块设备		10~15
	石油天然气开采专用设备		10~15
	石油和化学工业专用设备		10~15
	炼焦和金属冶炼轧制设备		10~15
	电力工业专用设备		20~30
	非金属矿物制品工业专用设备		10~20
	核工业专用设备		20~30

续表

固定资产类别	内容	折旧年限（年）
专用设备	航空航天工业专用设备	20~30
	工程机械	10~15
	农业和林业机械	10~15
	木材采集和加工设备	10~15
	食品加工专用设备	10~15
	饮料加工设备	10~15
	烟草加工设备	10~15
	粮油作物和饲料加工设备	10~15
	纺织设备	10~15
	缝纫、服饰、制革和毛皮加工设备	10~15
	造纸和印刷机械	10~20
	化学药品和中药专用设备	5~10
	医疗设备	5~10
	电工、电子专用生产设备	5~10
	安全生产设备	10~20
	邮政专用设备	10~15
	环境污染防治设备	10~20
	公安专用设备	3~10
	水工机械	10~20
	殡葬设备及用品	5~10
	铁路运输设备	10~20
	水上交通运输设备	10~20
	航空器及其配套设备	10~20
	专用仪器仪表	5~10
	文艺设备	5~15
	体育设备	5~15
	娱乐设备	5~15
家具、用具及装具	家具	不低于15
	用具、装具	不低于5

表8-2　　　　　　　　　　　　　　医院固定资产折旧年限表

固定资产类别	折旧年限（年）	固定资产类别	折旧年限（年）
一、房屋及构筑物		医用电子仪器	5
业务及管理用房		医用超声仪器	6
钢结构	50	医用高频仪器设备	5
钢筋混凝土结构	50	物理治疗及体疗设备	5
砖混结构	30	高压氧舱	6
砖木结构	30	中医仪器设备	5
简易房	8	医用磁共振设备	6
房屋附属设施	8	医用X线设备	6
构筑物	8	高能射线设备	8
二、通用设备		医用核素设备	6
计算机设备	6	临床检验分析仪器	5
通信设备	5	体外循环设备	5
办公设备	6	手术急救设备	5
车辆	10	口腔设备	6
图书档案设备	5	病房护理设备	5
机械设备	10	消毒设备	6
电气设备	5	其他	5
雷达、无线电和卫星导航设备	10	光学仪器及窥镜	6
广播、电视、电影设备	5	激光仪器设备	5
仪器仪表	5	四、家具、用具及装具	
电子和通信测量设备	5	家具	15
计量标准器具、量具、衡器	5	用具、装具	5
三、专用设备			

表8-3　　　　　　　　　　　　　　基层医疗卫生机构固定资产折旧年限表

固定资产类别	折旧年限（年）	固定资产类别	折旧年限（年）
一、房屋及构筑物		医用电子仪器	5~10
业务及管理用房		医用超声仪器	6~10
钢结构	50	医用高频仪器设备	5~10
钢筋混凝土结构	50	物理治疗及体疗设备	5~10
砖混结构	30	高压氧舱	6~10
砖木结构	30	中医仪器设备	5~10
简易房	8	医用磁共振设备	6~10
房屋附属设施	8	医用X线设备	6~10
构筑物	8	高能射线设备	8~10
二、通用设备		医用核素设备	6~10
计算机设备	6	临床检验分析仪器	5~10
通信设备	5	体外循环设备	5~10
办公设备	6	手术急救设备	5~10
车辆	10	口腔设备	6~10
图书档案设备	5	病房护理设备	5~10
机械设备	10	消毒设备	6~10
电气设备	5	其他	5~10
雷达、无线电和卫星导航设备	10	光学仪器及窥镜	6~10
广播、电视、电影设备	5	激光仪器设备	5~10
仪器仪表	5	四、家具、用具及装具	
电子和通信测量设备	5	家具	15
计量标准器具及量具、衡器	5	用具、装具	5
三、专用设备			

表8-4　　　　　　　　　　　　　　高等学校固定资产折旧年限表

固定资产类别	折旧年限（年）	备注
一、房屋及构筑物		
1. 房屋		
钢结构	50	
砖混结构	30	
砖木结构	30	
2. 简易房	8	
3. 房屋附属设施	8	围墙、停车设施等
4. 构筑物	8	池、罐、槽、塔等
二、通用设备		
1. 计算机设备	6	计算机、网络设备、安全设备、终端设备、存储设备等
2. 办公设备	6	电话机、传真机、摄像机、刻录机等
3. 车辆	8	载货汽车、牵引汽车、乘用车、专用车辆等
4. 图书档案设备	5	
5. 机械设备	10	锅炉、液压机械、金属加工设备、泵、风机、气体压缩机、气体分离及液化设备、分离及干燥设备等
6. 电气设备	5	电机、变压器、电源设备、生活用电器等
7. 雷达、无线电和卫星导航设备	10	

表8-5　　　　　　　　　　　　　　中小学校固定资产折旧年限表

固定资产类别	折旧年限（年）	备注
一、房屋及构筑物		
1. 房屋		
钢结构	50	
钢筋混凝土结构	50	
砖混结构	30	
砖木结构	30	
2. 简易房	8	
3. 房屋附属设施	8	围墙、停车设施等

续表

固定资产类别	折旧年限（年）	备注
4. 构筑物	8	池、罐、槽、塔等
二、通用设备		
1. 计算机设备	6	计算机、网络设备、安全设备、终端设备、存储设备等
2. 办公设备	6	电话机、传真机、复印机、投影仪、多功能一体机、录音设备、电子白板、LED 显示屏、触控一体机等
3. 车辆	8	校车、乘用车、载货汽车、专用车辆等
4. 图书档案设备	5	
5. 机械设备	10	电梯、制冷空调、锅炉等
6. 电气设备	5	电机、变压器、电源设备、生活用电器等
7. 通信设备	5	
8. 广播、电视、电影设备	5	
9. 仪器仪表	5	
10. 电子和通信测量设备	5	
11. 计量标准器具及量具、衡器	5	
三、专用设备		
1. 专用仪器仪表	5	教学专用仪器等
2. 文艺设备	5	乐器、舞台设备、影剧院设备等
3. 体育设备	5	田赛设备、径赛设备、球类设备、体育运动辅助设备等
4. 娱乐设备	5	
5. 公安专用设备	3	
6. 其他专用设备	10	
四、家具、用具及装具		
1. 家具	15	
其中：学生用家具（教学用）	5	
2. 用具和装具	5	

（五）固定资产折旧的计提方法

政府会计主体一般应当采用年限平均法或者工作量法计提固定资产折旧。在确定固定资产的折旧方法时，应当考虑与固定资产相关的服务潜力或经济利益的预期实现方式。

固定资产折旧方法一经确定，不得随意变更。

1. 年限平均法

年限平均法又称直线法，是指将固定资产的应计折旧额均衡地分摊到固定资产预计使用寿命内的一种方法。计算公式：

$$固定资产年折旧额 = 固定资产原值 \div 预计使用年限$$

$$固定资产月折旧额 = 固定资产年折旧额 \div 12 = 固定资产原价 \times 月折旧率$$

$$固定资产折旧率 = 固定资产年折旧额 \div 固定资产原价 \times 100\%$$

采用这种方法计算的每期折旧额均相等。它假定折旧是由于时间的推移而不是使用的关系，认为服务潜力降低的决定因素是随时间推移所造成的陈旧和破坏，而不是使用所造成的有形磨损。因而假定资产的服务潜力在各个会计期间所使用的服务总成本是相同的，而不管其实际使用程度如何。它是按固定资产的使用年限平均计提折旧的一种方法，也是最简单、最普遍的折旧方法。平均年限法适用于各个时期使用情况大致相同的固定资产折旧。

【例 8-13】某单位有一栋办公楼，该办公楼固定资产账面余额 3 780 万元，使用年限 60 年，计算每月应提的折旧。

3 780÷60÷12 = 5.25（万元）

2. 工作量法

工作量法是指按实际工作量计提固定资产折旧额的一种方法。计算公式如下：

$$单位工作量折旧额 = 固定资产原价 \div 预计总工作量$$

$$某项固定资产月折旧额 = 当月实际工作量 \times 单位工作量折旧额$$

【例8-14】 某单位有一台检测设备，该检测设备账面余额1 200万元，使用寿命为2 000小时，按工作量法计算单位工作量折旧额。

1 200÷2 000=0.6（万元/小时）

3. 账务处理

政府会计主体应当设置"固定资产累计折旧"科目，核算固定资产计提的累计折旧。该科目应当按照对应固定资产的类别及项目设置明细账，进行明细核算。

该科目属于资产备抵科目，借方登记累计折旧的减少，贷方登记累计折旧的增加，期末贷方余额反映提取的固定资产折旧累计数。

按月计提固定资产折旧时，按照应计提折旧金额，借记"业务活动费用""单位管理费用""经营费用"等科目，贷记本科目。

【例8-15】 某事业单位在执行新政府会计制度时清查核实的固定资产（房屋建筑物）见表8-6。

表8-6　　　　　　　　　　××单位×年×月固定资产折旧计算表（房屋建筑物）

序号	分类	名称	预计使用年限（年）	已使用年限（月）	原值（元）	本月折旧额（元）	累计折旧额（元）	净值（元）
1	房屋及构筑物	1号楼（钢筋混凝土结构）	50	240	290 000 000.00	483 333.33	116 000 000.00	174 000 000.00
2	房屋及构筑物	2号楼（钢筋混凝土结构）	50	180	300 000 000.00	500 000.00	90 000 000.00	210 000 000.00
3	房屋及构筑物	3号楼（砖混结构）	30	40	5 000 000.00	13 888.89	555 555.56	4 444 444.44
4	房屋及构筑物	4号楼（简易房）	8	20	500 000.00	5 208.33	104 166.67	395 833.33
	合计				595 500 000.00	1 002 430.55	206 659 722.23	388 840 277.77

根据表8-2的资料，该单位共有4栋办公用房屋及构筑物，其中1、2号楼为钢筋混凝土结构，3号楼为砖混结构，4号楼为简易房；房屋构筑物账面原值595 500 000元，已提折旧206 659 722.23元，本月应提折旧额1 002 430.57元。账务处理如下：

当月计提折旧时的会计分录：

借：单位管理费用——固定资产折旧费　　　　　　　　　　　　　　　1 002 430.55
　　贷：固定资产累计折旧——房屋及构筑物——1号楼　　　　　　　　483 333.33
　　　　　　　　　　　　　　　　　　　——2号楼　　　　　　　　500 000.00
　　　　　　　　　　　　　　　　　　　——3号楼　　　　　　　　13 888.89
　　　　　　　　　　　　　　　　　　　——4号楼　　　　　　　　5 208.33

二、固定资产的后续支出

固定资产后续支出是指固定资产使用过程中发生的更新改造支出、修理费支出等。

（一）固定资产后续支出的处理原则

1. 符合固定资产确认条件的后续支出，在原有固定资产基础上进行改建、扩建、修缮后的固定资产，其成本按照原固定资产账面价值加上改建、扩建、修缮发生的支出，再扣除资产拆除部分的账面价值后的金额确定。

2. 不符合固定资产确认条件的后续支出，应当在发生时计入当期费用或相关资产成本。

（二）账务处理

1. 资本化的后续支出。符合固定资产确认条件的后续支出，将固定资产转入改建、扩建、修缮时，固定资产的账面价值，借记"在建工程"科目，按照固定资产已计提折旧，借记"固定资产累计折旧"科目，按固定资产的账面余额，贷记"固定资产"科目。

为增加固定资产效能或延长其使用年限而发生的改、扩建等后续支出，借记"在建工程"科目，贷记"财政拨款收入""零余额账户用款额度""银行存款"等科目。

改建、扩建、修缮完成交付使用时,借记"固定资产"科目,贷记"在建工程"科目。

【例8-16】某事业单位将办公楼进行改建,固定资产账面余额100万元,已提折旧40万元,改建发生费用30万元,拆除部分价值10万元。作会计分录如下:

  借:在建工程   600 000
    固定资产累计折旧——房屋及构筑物   400 000
    贷:固定资产   1 000 000
  借:待处理财产损溢   100 000
    贷:在建工程   100 000

核销损失:

  借:资产处置费用   100 000
    贷:待处理财产损溢   100 000

支付工程款:

  借:在建工程   300 000
    贷:银行存款   300 000

该业务应按平行记账原则同时进行预算会计账务处理。

完工交付使用:

固定资产余额=100+30-10-40=80(万元)

  借:固定资产——房屋及构筑物   800 000
    贷:在建工程   800 000

2. 费用化的后续支出。为保证固定资产正常使用发生的日常维修等支出,借记"业务活动费用""单位管理费用"等科目,贷记"财政拨款收入""零余额账户用款额度""银行存款"等科目。

三、固定资产的处置

政府会计主体固定资产处置包括:出售、转让、报废、毁损、对外投资、无偿调出、对外捐赠等。

当发生固定资产处置业务时,按规定报经批准后,应分别以下情况进行处理。

(一)固定资产出售转让

按规定报经批准的固定资产出售、转让时,应当将固定资产账面价值借记"资产处置费用"科目,按照固定资产已计提的折旧,借记"固定资产累计折旧"科目,按照固定资产账面余额,贷记"固定资产"科目;同时,按照收到的价款,借记"银行存款"等科目,按照处置过程中发生的相关费用,贷记"银行存款"等科目,按照其差额,贷记"应缴财政款"科目。

【例8-17】某行政单位经批准以50万元转让一台设备,账面余额120万元,已提折旧100万元。作会计分录如下:

  借:资产处置费用   200 000
    固定资产累计折旧——专用设备   1 000 000
    贷:固定资产——专用设备   1 200 000
  借:银行存款   500 000
    贷:应缴财政款   500 000

(二)对外捐赠固定资产

政府会计主体按规定报经批准对外捐赠固定资产,按照固定资产已计提的折旧,借记"固定资产累计折旧"科目,按照被处置固定资产账面余额,贷记"固定资产"科目,按照捐赠过程中发生的归属于捐出方的相关费用,贷记"银行存款"等科目,按照其差额,借记"资产处置费用"科目。

【例8-18】某事业单位向贫困地区捐赠一台设备,该设备账面价值16万元,已提折旧7万元,支付相关费用2万元。账务处理如下:

  借:资产处置费用   110 000

　　　　固定资产累计折旧——通用设备　　　　　　　　　　　　　　　　　70 000
　　　贷：固定资产——通用设备　　　　　　　　　　　　　　　　　　　160 000
　　　　　银行存款　　　　　　　　　　　　　　　　　　　　　　　　　 20 000
该业务应按平行记账原则同时进行预算会计账务处理。

（三）无偿调出固定资产

报经批准无偿调出的固定资产，按照固定资产已计提的折旧，借记"固定资产"科目，按照被处置固定资产账面余额，贷记"固定资产"科目，按照其差额，借记"无偿调拨净资产"科目；同时，按照无偿调拨过程中发生的归属于调出方的相关费用，借记"资产处置费用"科目，贷记"银行存款"等科目。

【例 8-19】某事业单位经批准无偿调拨一台设备给其他单位，该设备账面价值 20 万元，已提折旧 8 万元，支付运费 2 万元。账务处理如下：

　　借：无偿调拨净资产　　　　　　　　　　　　　　　　　　　　　　　120 000
　　　　固定资产累计折旧——通用设备　　　　　　　　　　　　　　　　 80 000
　　　贷：固定资产——通用设备　　　　　　　　　　　　　　　　　　　200 000
　　借：资产处置费用　　　　　　　　　　　　　　　　　　　　　　　　 20 000
　　　贷：银行存款　　　　　　　　　　　　　　　　　　　　　　　　　 20 000

该业务应按平行记账原则同时进行预算会计账务处理。

（四）固定资产对外投资

按规定报经批准以固定资产对外投资的，应当将该固定资产的账面价值予以转销，并将固定资产在对外投资时的评估价值与其账面价值的差额计入当期收入或费用。

【例 8-20】某单位经批准以一栋办公楼对外投资，该楼账面余额 120 万元，已提折旧 100 万元，投资评估价值 50 万元。作会计分录如下：

　　借：长期股权投资　　　　　　　　　　　　　　　　　　　　　　　　500 000
　　　　固定资产累计折旧——房屋及构筑物　　　　　　　　　　　　　 1 000 000
　　　贷：固定资产——房屋及构筑物　　　　　　　　　　　　　　　　1 200 000
　　　　　其他收入　　　　　　　　　　　　　　　　　　　　　　　　　300 000

四、固定资产的盘点和清查

政府会计主体应当定期对固定资产进行清查盘点，每年至少盘点一次，以保证固定资产核算的真实性，充分挖掘单位现有固定资产的潜力。对于发生的固定资产盘盈、盘亏或毁损、报废，应当先记入"待处理财产损溢"科目，按照规定报经批准后及时进行后续账务处理。

（一）盘盈的固定资产

盘盈的固定资产应按以下规定确定其入账价值：

1. 盘盈的固定资产，其成本按照有关凭据注明的金额确定；
2. 没有相关凭据可供取得，按规定经过资产评估的，其成本按照评估价值确定；
3. 没有相关凭据、也未经过评估的，其成本应当按照重置成本确定；
4. 如无法采用上述方法确定盘盈固定资产成本金额，按照名义金额（人民币 1 元）入账。

盘盈的固定资产，按照确定的入账价值，借记"固定资产"科目，贷记"待处理财产损溢"科目。对于以前年度非流动资产经批准后处理时，借记"待处理财产损溢"科目，贷记"以前年度盈余调整"科目。

【例 8-21】某单位在年末财产清查中，盘盈打印机一台，按同类产品市场价格及打印机的新旧程度估价为 1 500 元，次年经批准作盘盈处理。账务处理如下：

　　借：固定资产　　　　　　　　　　　　　　　　　　　　　　　　　　 1 500
　　　贷：待处理财产损溢　　　　　　　　　　　　　　　　　　　　　　 1 500
　　借：待处理财产损溢　　　　　　　　　　　　　　　　　　　　　　　 1 500
　　　贷：以前年度盈余调整　　　　　　　　　　　　　　　　　　　　　 1 500

（二）盘亏、毁损或报废的固定资产

政府会计主体的固定资产盘亏、毁损或报废，按照待处理固定资产的账面价值，借记"待处理财产损溢"科目,按照已计提折旧,借记"固定资产累计折旧"科目,按照固定资产的账面余额,贷记"固定资产"科目。

【例8-22】 某单位年终盘点发现盘亏一台通用设备,该设备账面余额10万元,已提折旧8万元,作会计处理如下:

  借:待处理财产损溢   20 000
    固定资产累计折旧——通用设备   80 000
    贷:固定资产——通用设备   100 000

批准处理:

  借:资产处置费用   20 000
    贷:待处理财产损溢   20 000

【例8-23】 某事业单位因遭受水灾而报废设备一台,报批后处理该设备原价为200 000元,已计提折旧160 000元;其残料变价收入15 000元存入银行;报废资产发生相关税费20 000元,以银行存款支付;经保险公司核定应赔偿损失2 000元,尚未收到赔款。假定不考虑相关税费。账务处理如下:

  借:待处理财产损溢——待处理财产价值   40 000
    固定资产累计折旧——专用设备   160 000
    贷:固定资产——专用设备   200 000
  借:资产处置费用   40 000
    贷:待处理财产损溢——待处理财产价值   40 000
  借:银行存款   15 000
    贷:待处理财产损溢——处理净收入   15 000
  借:待处理财产损溢——处理净收入   20 000
    贷:银行存款   20 000
  借:其他应收款   2 000
    贷:待处理财产损溢——处理净收入   2 000

报经批准后,处理收支结清,处理收入小于相关费用:

  借:资产处置费用   3 000
    贷:待处理财产损溢——处理净收入   3 000

该业务应按平行记账原则同时进行预算会计账务处理。

第五节 固定资产的披露

固定资产应当在附注中披露下列信息:
1. 固定资产的分类、计量基础和折旧方法。
2. 各类固定资产的使用年限、折旧率。
3. 各类固定资产的期初和期末账面余额、累计折旧额。
4. 各类固定资产当期确认的折旧费用。
5. 以名义金额计量的固定资产名称、数量,以及以名义金额计量的理由。
6. 已提足折旧的固定资产名称、数量等情况。
7. 接受捐赠、无偿调入的固定资产名称、数量等情况。
8. 出租、出借固定资产以及以固定资产投资的情况。
9. 对外捐赠、无偿调出、毁损等重要资产处置的情况。
10. 暂估入账的固定资产账面价值变动情况。

第九章 无形资产

第一节 无形资产概述

一、无形资产的定义及特征

无形资产是指政府会计主体控制的、没有实物形态的、可辨认的非货币性资产,如专利权、商标权、著作权、土地使用权、非专利技术等。

无形资产具有以下特征:

(一)由政府会计主体控制

政府会计主体控制是指政府会计主体有权获得某项无形资产产生的服务潜力或经济利益,同时又能约束其他人获得这些服务潜力或经济利益,并受法律的保护。

(二)无形资产不具有实物形态

无形资产通常表现为某种权力、某项技术或者是某种获得超额收益的能力,没有实物形态,比如商标权、著作权、土地使用权、非专利技术等。无形资产大多是通过自身所具有的优势为政府会计主体带来服务潜能。

不具有实物形态是无形资产区别于其他资产的主要特征之一。

(三)无形资产具有可辨认性

要作为无形资产进行核算,该项资产必须能够区别于其他资产并可以单独辨认。

满足下列条件之一的,符合无形资产定义中的可辨认性标准:

1. 能够从政府会计主体中分离或者划分出来,并能单独或者与相关合同、资产或负债一起,用于出售、转移、授予许可、租赁或者交换。

2. 源自合同性权利或其他法定权利,无论这些权利是否可以从政府会计主体或其他权利和义务中转移或者分离。

无形资产的定义要求无形资产是可辨认的,以便与政府会计主体不可辨认的商誉清楚地区分开来。

(四)无形资产属于非货币性资产

由于无形资产没有发达的交易市场,一般不容易转化成现金,不符合货币性资产的概念,属于非货币性资产。

为反映政府会计主体无形资产的取得、使用、摊销、转销等情况,政府会计主体应当设置"无形资产"科目。同时,按照无形资产的类别、项目、《政府收支分类科目》中"支出功能分类"相关科目进行明细核算。年末本科目借方余额反映政府会计主体无形资产的原价。

无形资产按使用年限是否确定可以划分为使用年限确定的无形资产和使用年限不确定的无形资产。

政府会计主体应当于取得或形成无形资产时合理确定其使用年限。无形资产的使用年限为有限的,应当估计该使用年限。无法预见无形资产为政府会计主体提供服务潜力或者带来经济利益期限的,应当视为使用年限不确定的无形资产。

二、无形资产的管理要求

无形资产的内部控制方法主要有不相容职务相互分离、授权审批、预算控制、会计控制、财产保全控制、内部报告控制等。

政府会计主体应对无形资产业务的流程进行梳理，找出无形资产业务的关键控制点和风险点，采取控制措施进行风险应对，建立和健全无形资产管理制度。政府会计主体应建立无形资产的归口管理，规定无形资产处置、摊销、核销的财务权责和业务流程。政府会计主体还要定期开展无形资产内部控制有效性的检查和评价，不断完善无形资产内部控制制度。

第二节　无形资产的确认

无形资产同时满足下列条件的，应当予以确认：
1. 与该无形资产相关的服务潜力很可能实现或者经济利益很可能流入政府会计主体；
2. 该无形资产的成本或者价值能够可靠地计量。

政府会计主体在判断无形资产的服务潜力或经济利益是否很可能实现或流入时，应当对无形资产在预计使用年限内可能存在的各种社会、经济、科技因素做出合理估计，并且应当有确凿的证据支持。

政府会计主体购入的不构成相关硬件不可缺少组成部分的软件，应当确认为无形资产。

政府会计主体自行研究开发项目的支出，应当区分研究阶段支出与开发阶段支出。

政府会计主体自行研究开发项目研究阶段的支出，应当于发生时计入当期费用。

政府会计主体自行研究开发项目开发阶段的支出，先按合理方法进行归集，如果最终形成无形资产的，应当确认为无形资产；如果最终未形成无形资产的，应当计入当期费用。

政府会计主体自行研究开发项目尚未进入开发阶段，或者确实无法区分研究阶段支出和开发阶段支出，但按法律程序已申请取得无形资产的，应当将依法取得时发生的注册费、聘请律师费等费用确认为无形资产。

政府会计主体自创商誉及内部产生的品牌、报刊名等，不应确认为无形资产。

与无形资产有关的后续支出，符合无形资产确认条件的，应当计入无形资产成本；不符合无形资产确认条件的，应当在发生时计入当期费用或者相关资产成本。

第三节　无形资产的初始计量

政府会计主体的无形资产在取得时应当按照其成本进行初始计量，即无形资产在取得时，应当按照取得时的实际成本入账。

在实务中，无形资产初始成本的确定应按取得方式的不同而有所不同。

一、外购无形资产

政府会计主体外购的无形资产，其成本包括购买价款、相关税费以及可归属于该项资产达到用途所发生的其他支出。

购入的无形资产，按照确定的无形资产成本，借记"无形资产"科目，贷记"财政拨款收入""零余额账户用款额度""银行存款"等科目。涉及平行记账时，应进行平行记账。

非大批量购入、单价小于1 000元的无形资产，可以于购买的当期将其成本一次性全部转销。

【例9-1】某政府会计主体外购一套信息化软件，价值100万元，采用财政直接支付方式进行结算。账务处理如下：

  借：无形资产   1 000 000
    贷：财政拨款收入   1 000 000

该业务应按平行记账原则同时进行预算会计账务处理。

【例9-2】某政府会计主体外购一套信息化软件，价值100万元，采用财政授权支付方式结算60万元，银行存款支付20万元，其余价款未付。账务处理如下：

  借：无形资产   1 000 000
    贷：零余额账户用款额度   600 000
      银行存款   200 000
      应付账款   200 000

该业务应按平行记账原则同时进行预算会计账务处理。

二、委托软件公司开发软件

政府会计主体委托软件公司开发软件，视同外购无形资产进行处理。

合同约定预付开发费时，按照预付金额，借记"预付账款"科目，贷记"财政拨款收入""零余额账户用款额度""银行存款"等科目。

软件开发完成交付使用，并支付剩余或全部软件开发费用时，按照软件开发费用总额，借记"无形资产"科目，按照预付账款金额贷记"预付账款"科目，按照支付的剩余费用，贷记"财政拨款收入""零余额账户用款额度""银行存款"等科目。

【例9-3】某事业单位委托软件公司开发一套软件，价款100万元，合同约定预先支付开发费40万元，采用财政授权方式进行结算。账务处理如下：

  借：预付账款   400 000
    贷：零余额账户用款额度   400 000

该业务应按平行记账原则同时进行预算会计账务处理。

【例9-4】承接【例9-3】，上述软件开发完成，交付事业单位使用，采用财政授权方式进行结算。账务处理如下：

  借：无形资产   1 000 000
    贷：预付账款   400 000
      零余额账户用款额度   600 000

该业务应按平行记账原则同时进行预算会计账务处理。

三、无形资产置换

政府会计主体通过置换取得的无形资产，其成本按照换出资产的评估价值加上支付的补价或减去收到的补价，加上换入无形资产发生的其他相关支出确定。

支付补价换入无形资产的，按照换出资产的评估价值加上支付的补价，加上换入无形资产发生的其他相关支出确定入账成本，借记"无形资产"科目，按照换出资产的账面余额，贷记相关资产科目（换出资产为固定资产、无形资产的，还应当借记"固定资产累计折旧""无形资产累计摊销"科目），按照支付的补价和置换过程中发生的其他相关支出，贷记"银行存款"等科目。按照借贷方差额，借记"资产处置费用"或贷记"其他收入"科目。

收到补价换入无形资产的，按照换出资产的评估价值减去收到的补价，加上换入无形资产发生的其他相关支出确定入账成本，借记"无形资产"科目，按照收到的补价，借记"银行存款"等科目，按照换出资产的账面余额，贷记相关资产科目（换出资产为固定资产、无形资产的，还应当借记"固定资产累计折旧""无形资产累计摊销"科目），按照置换过程中发生的其他相关支出，贷记"银行存款"等科目，按照补价扣减其他相关支出后的净收入，贷记"应缴财政款"科目，按照借贷方差额，借记"资产处置费用"或贷记"其他收入"科目。

【例9-5】 某事业单位用20×9年购入的闲置固定资产换入某科研院所的无形资产，固定资产原值30万元，已提折旧3万元，评估价为30万元。换入无形资产过程中发生登记费5 000元，同时支付补价5 000元。不考虑置换过程中的其他税费。账务处理如下：

无形资产入账价值 = 300 000 + 5 000 + 5 000 = 310 000（元）

置换净收入 = 310 000 - [（300 000 - 30 000）+（5 000 + 5 000）] = 30 000（元）

借：无形资产　　　　　　　　　　　　　　　　　　　　310 000
　　固定资产累计折旧　　　　　　　　　　　　　　　　 30 000
　　贷：固定资产　　　　　　　　　　　　　　　　　　300 000
　　　　银行存款　　　　　　　　　　　　　　　　　　 10 000
　　　　其他收入　　　　　　　　　　　　　　　　　　 30 000

该业务应按平行记账原则同时进行预算会计账务处理。

【例9-6】 承接【例9-5】，假定置换的固定资产评估价值25万元，其他条件不变。账务处理如下：

无形资产入账价值 = 250 000 + 5 000 + 5 000 = 260 000（元）

置换净损失 = 260 000 - [（300 000 - 30 000）+（5 000 + 5 000）] = -20 000（元）

借：无形资产　　　　　　　　　　　　　　　　　　　　260 000
　　固定资产累计折旧　　　　　　　　　　　　　　　　 30 000
　　资产处置费用　　　　　　　　　　　　　　　　　　 20 000
　　贷：固定资产　　　　　　　　　　　　　　　　　　300 000
　　　　银行存款　　　　　　　　　　　　　　　　　　 10 000

该业务应按平行记账原则同时进行预算会计账务处理。

【例9-7】 某政府会计主体用20×9年购入的闲置固定资产换入某科研院所的无形资产，固定资产原值30万元，已提折旧3万元，评估价为30万元。换入无形资产过程中发生登记费5 000元，同时收到补价10 000元。不考虑置换过程中的其他税费。账务处理如下：

无形资产入账价值 = 300 000 - 10 000 + 5 000 = 295 000（元）

计入应缴财政款金额 = 10 000 - 5 000 = 5 000（元）

置换净收入 =（10 000 + 295 000）- [（300 000 - 30 000）+ 5 000 + 5 000] = 25 000（元）

借：银行存款　　　　　　　　　　　　　　　　　　　　 10 000
　　无形资产　　　　　　　　　　　　　　　　　　　　295 000
　　固定资产累计折旧　　　　　　　　　　　　　　　　 30 000
　　贷：固定资产　　　　　　　　　　　　　　　　　　300 000
　　　　银行存款　　　　　　　　　　　　　　　　　　　5 000
　　　　应缴财政款　　　　　　　　　　　　　　　　　　5 000
　　　　其他收入　　　　　　　　　　　　　　　　　　 25 000

补价扣减其他相关支出后为净收入，该业务无须进行预算会计账务处理。

【例9-8】 某政府会计主体用20×9年购入的闲置固定资产换入某科研院所的无形资产，固定资产原值30万元，已提折旧3万元，评估价为25万元。换入无形资产过程中发生登记费5 000元，同时收到补价4 000元。不考虑置换过程中的其他税费。账务处理如下：

无形资产入账价值 = 250 000 - 4 000 + 5 000 = 251 000（元）

置换净损失 = 251 000 - [（300 000 - 30 000）- 4 000 + 5 000] = -20 000（元）

借：无形资产　　　　　　　　　　　　　　　　　　　　251 000
　　固定资产累计折旧　　　　　　　　　　　　　　　　 30 000
　　银行存款　　　　　　　　　　　　　　　　　　　　　4 000
　　资产处置费用　　　　　　　　　　　　　　　　　　 20 000
　　贷：固定资产　　　　　　　　　　　　　　　　　　300 000

　　　　银行存款　　　　　　　　　　　　　　　　　　　　　　　　　　　　　　　　　　　5 000

补价扣减其他相关支出后为净支出，该业务应按平行记账原则同时进行预算会计账务处理。

四、接受捐赠的无形资产

接受捐赠的无形资产应按以下规定确定其入账价值：

1. 接受捐赠的无形资产，其成本按照有关凭据注明的金额加上相关税费确定；
2. 没有相关凭据可供取得，但按规定经过资产评估的，其成本按照评估价值加上相关税费确定；
3. 没有相关凭据可供取得、也未经资产评估的，其成本比照同类或类似资产的市场价格加上相关税费确定；
4. 没有相关凭据且未经资产评估、同类或类似资产的市场价格也无法可靠取得的，按照名义金额入账，相关税费计入当期费用。

确定接受捐赠无形资产的初始入账成本时，应当考虑该项资产尚可为政府会计主体带来服务潜力或经济利益的能力。

接受捐赠的无形资产，按照确定的无形资产成本，借记"无形资产""应交增值税"等科目，按照发生的相关税费，贷记"零余额账户用款额度""银行存款"等科目，按其差额贷记"捐赠收入"科目。

值得说明的是，接受捐赠过程中按规定应缴纳的增值税，如果接受捐赠方为一般纳税人的，应按照增值税专用发票上注明的可抵扣增值税进项税额，借记"应交增值税——应交税金（进项税额）"；接受方为小规模纳税人的，应缴纳的增值税直接计入接受捐赠的无形资产成本。

【例9-9】 某政府会计主体接受科研所捐赠一套信息化软件，经第三方评估机构评估，受赠的软件不含税金额15万元。捐赠过程中支付增值税1.65万元，支付评估等相关费用1万元。账务处理如下：

政府会计主体为增值税一般纳税人：

借：无形资产　　　　　　　　　　　　　　　　　　　　　　　　　　　　　　　160 000
　　应交增值税——应交税金（进项税额）　　　　　　　　　　　　　　　　　　16 500
　　贷：银行存款　　　　　　　　　　　　　　　　　　　　　　　　　　　　　26 500
　　　　捐赠收入　　　　　　　　　　　　　　　　　　　　　　　　　　　　　150 000

该业务应按平行记账原则同时进行预算会计账务处理。

政府会计主体为增值税小规模纳税人：

借：无形资产　　　　　　　　　　　　　　　　　　　　　　　　　　　　　　　176 500
　　贷：银行存款　　　　　　　　　　　　　　　　　　　　　　　　　　　　　26 500
　　　　捐赠收入　　　　　　　　　　　　　　　　　　　　　　　　　　　　　150 000

该业务应按平行记账原则同时进行预算会计账务处理。

【例9-10】 某政府会计主体接受科研所捐赠一套信息化软件，没有相关凭据且未经资产评估、同类或类似资产的市场价格也无法可靠取得，捐赠过程中支付评估等相关费用500元。

借：无形资产　　　　　　　　　　　　　　　　　　　　　　　　　　　　1（名义金额）
　　贷：捐赠收入　　　　　　　　　　　　　　　　　　　　　　　　　　　　　　　1
借：其他费用　　　　　　　　　　　　　　　　　　　　　　　　　　　　　　　　500
　　贷：银行存款　　　　　　　　　　　　　　　　　　　　　　　　　　　　　　500

该业务应按平行记账原则同时进行预算会计账务处理。

五、无偿调入无形资产

政府会计主体无偿调入的无形资产，其成本按照调出方账面价值加上相关税费确定。

无偿调入的无形资产，按照确定的无形资产成本，借记"无形资产"，按照发生的相关税费，贷记"零余额账户用款额度""银行存款"等科目，按其差额贷记"无偿调拨净资产"科目。

【例9-11】某政府会计主体自下属单位无偿调入一套信息化软件，该软件调出方账面价值为15万元，调入过程中通过财政授权支付相关费用1万元。

借：无形资产　　　　　　　　　　　　　　　　　　　　　　　　　160 000
　　贷：零余额账户用款额度　　　　　　　　　　　　　　　　　　　　　10 000
　　　　无偿调拨净资产　　　　　　　　　　　　　　　　　　　　　　　150 000

该业务应按平行记账原则同时进行预算会计账务处理。

六、按照规定使用专用基金购置无形资产

政府会计主体按照规定使用提取的专用基金购置无形资产，按照无形资产的成本金额，借记"无形资产"，贷记"银行存款"等科目；同时，按照专用基金使用金额，借记"专用基金"，贷记"累计盈余"科目。

【例9-12】某政府会计主体按规定使用专用基金购置无形资产，价值10万元。

借：无形资产　　　　　　　　　　　　　　　　　　　　　　　　　100 000
　　贷：银行存款　　　　　　　　　　　　　　　　　　　　　　　　　　100 000
借：专用基金　　　　　　　　　　　　　　　　　　　　　　　　　100 000
　　贷：累计盈余　　　　　　　　　　　　　　　　　　　　　　　　　　100 000

该业务应按平行记账原则同时进行预算会计账务处理。

第四节　内部研究开发支出的确认和计量

对于政府会计主体自行进行的研究开发项目，应当区分研究阶段与开发阶段两个阶段。

研究是指为获取并理解新的科学或技术知识而进行的独创性的有计划调查。

开发是指在进行生产或使用前，将研究成果或其他知识应用于某项计划或设计，以生产出新的或具有实质性改进的材料、装置、产品等。

一、内部研究开发支出的确认

通常情况下，政府会计主体内部产生的无形资产不予确认，如自创商誉及内部产生的品牌、报刊名等。由于确定研究与开发费用是否符合无形资产的定义和相关特征、能否或者何时能够为政府会计主体产生预期未来的服务潜力或经济利益，以及成本能否可靠计量尚存在不确定因素。因此，研究与开发活动发生的费用，除了要遵循无形资产确认和初始计量的一般要求外，还需要满足其他特定的条件，才能确认为一项无形资产。

二、内部研究开发支出的计量

政府会计主体自行进行的研究开发项目研究阶段的支出，应当于发生时计入当期费用。研究开发项目开发阶段的支出符合无形资产确认条件的计入无形资产成本，不符合无形资产确认条件的计入当期费用。确实无法区分研究阶段的费用和开发阶段的费用，应将其所发生的费用全部费用化。

政府会计主体内部研发活动形成的无形资产成本，由可直接归属于该资产的创造、生产并使该资产达到预定用途所发生的全部必要费用组成，包括开发该无形资产时耗费的材料、劳务成本、与研发活动相关的管理费用、间接费用或其他各项费用。为该项无形资产发生的培训支出等不构成无形资产的开发成本。

值得说明的是，内部开发无形资产的成本仅包括开发阶段至无形资产达到预定用途前所发生的费用

总和,对于同一项无形资产在研究阶段已经费用化计入当期费用的支出不再进行调整。

三、内部研究开发支出的核算

为反映自行研究开发项目研究阶段和开发阶段所发生的各项费用情况,政府会计主体应当设置"研发支出"科目,并按自行研究开发项目,分别设置"研究支出""开发支出"进行明细核算。建设项目中的软件研发支出,应当通过"在建工程"科目核算,不通过本科目核算。

期末结账后,本科目借方余额反映预计能达到预定用途的研究开发项目开发阶段发生的累计开发支出数。

其主要账务处理如下:

1. 自行研发项目研究阶段的支出,应当先在"研发支出"科目归集。按照从事研究及其辅助活动人员计提的薪酬、研究活动领用的库存物品、发生的与研究活动相关的管理费用、间接费用或其他各项费用,借记"研发支出——研究支出",贷记"应付职工薪酬""库存物品""财政拨款收入""零余额账户用款额度""固定资产累计折旧""银行存款"等科目。期(月)末,应当将"研发支出"科目归集的研究阶段的支出金额转入当期费用,借记"业务活动费用"等科目,贷记"研发支出——研究支出"科目。

【例9-13】某科研院所自行开发一款信息系统,研究阶段发生应付职工薪酬50 000元,通过财政授权支付其他费用2 000元。账务处理如下:

①归集研究阶段费用

借:研发支出——研究支出　　　　　　　　　　　　　　　　　　　52 000
　　贷:应付职工薪酬　　　　　　　　　　　　　　　　　　　　　　50 000
　　　　零余额账户用款额度　　　　　　　　　　　　　　　　　　　2 000

该业务应按平行记账原则同时进行预算会计账务处理。

②月末转入当期费用

借:业务活动费用　　　　　　　　　　　　　　　　　　　　　　　52 000
　　贷:研发支出——研究支出　　　　　　　　　　　　　　　　　　52 000

2. 政府会计主体自行开发项目开发阶段的支出,先通过"研发支出——开发支出"科目进行归集,按照从事研究及其辅助人员计提的薪酬、开发活动领用的库存物品、发生的研究活动相关的管理费用、间接费用或其他各项费用,借记"研发支出——开发支出"科目,贷记"应付职工薪酬""库存物品""财政拨款收入""零余额账户用款额度""固定资产累计折旧""银行存款"等科目。

自行研发项目完成,达到预定用途形成无形资产的,按照研究开发项目进入开发阶段后至达到预定用途前所发生的支出总额,借记"无形资产"科目,贷记"研发支出——开发支出"科目。

【例9-14】某科研院所自行开发一款信息系统,开发阶段领用库存物品20 000元,固定资产累计折旧5 000元,支付职工薪酬10 000元,现已完工并形成无形资产。账务处理如下:

①归集开发阶段费用

借:研发支出——开发支出　　　　　　　　　　　　　　　　　　　35 000
　　贷:库存物品　　　　　　　　　　　　　　　　　　　　　　　　20 000
　　　　固定资产累计折旧　　　　　　　　　　　　　　　　　　　　5 000
　　　　银行存款　　　　　　　　　　　　　　　　　　　　　　　　10 000

该业务应按平行记账原则同时进行预算会计账务处理。

②按实际成本35 000元转入无形资产,假定不考虑其他税费。

借:无形资产　　　　　　　　　　　　　　　　　　　　　　　　　35 000
　　贷:研发支出——开发支出　　　　　　　　　　　　　　　　　　35 000

3. 政府会计主体自行研究开发的无形资产尚未进入开发阶段,或者确实无法区分研究阶段费用和开发阶段费用,但按法律程序已取得无形资产的,应当按照依法取得时发生的注册费、聘请律师费等费用,借记"无形资产"科目,贷记"财政拨款收入""零余额账户用款额度""银行存款"等科目。

【例9-15】某科研院所自行研究开发无形资产，研发支出无法区分研究阶段费用和开发阶段费用，但按法律程序已取得无形资产，取得时发生注册费、聘请律师费等费用共2万元，采用财政授权方式进行结算。账务处理如下：

借：无形资产　　　　　　　　　　　　　　　　　　　　　　　　　　20 000
　　贷：零余额账户用款额度　　　　　　　　　　　　　　　　　　　　　　20 000

该业务应按平行记账原则同时进行预算会计账务处理。

4. 政府会计主体应于每年年度终了评估研究开发项目是否能达到预定用途，如预计不能达到预定用途（如无法完成最终开发项目并形成无形资产的），应当将已发生的开发支出金额全部转入当期费用，借记"业务活动费用"，贷记"研发支出——开发支出"。

【例9-16】20×9年12月31日，某科研院所评估A研究开发项目无法达到预定用途，按规定将相关支出进行转销处理，已知A研究开发项目累计余额为80 000元。账务处理如下：

借：业务活动费用　　　　　　　　　　　　　　　　　　　　　　　　　80 000
　　贷：研发支出——开发支出　　　　　　　　　　　　　　　　　　　　　80 000

第五节　无形资产的后续计量

政府会计主体无形资产的后续计量包括无形资产的摊销和无形资产的处置。

一、无形资产摊销

（一）无形资产摊销的含义

无形资产摊销是指在无形资产使用年限内，按照确定的方法对应摊销金额进行系统分摊。

（二）无形资产摊销的原则

政府会计主体应当于取得或形成无形资产时合理确定其使用年限。

无形资产的使用年限为有限的，应当估计该使用年限。无法预见无形资产为政府会计主体提供服务潜力或者带来经济利益期限的，应当视为使用年限不确定的无形资产。

政府会计主体应当对使用年限有限的无形资产进行摊销，但已摊销完毕仍继续使用的无形资产和以名义金额计量的无形资产除外。

（三）摊销年限的确定

对于使用年限有限的无形资产，政府会计主体应当按照以下原则确定无形资产的摊销年限：

1. 法律规定了有效年限的，按照法律规定的有效年限作为摊销年限；
2. 法律没有规定有效年限的，按照相关合同或单位申请书中的受益年限作为摊销年限；
3. 法律没有规定有效年限、相关合同或单位申请书也没有规定受益年限的，应当根据无形资产为政府会计主体带来服务潜力或经济利益的实际情况，预计其使用年限；
4. 非大批量购入、单价小于1 000元的无形资产，可以于购买的当期将其成本一次性全部转销。

政府会计主体应当按月对使用年限有限的无形资产进行摊销，并根据用途计入当期费用或者相关资产成本。

（四）无形资产摊销的计提方法

政府会计主体应当采用年限平均法或者工作量法计提无形资产摊销，应摊销金额为其成本，不考虑预计残值。在确定无形资产的摊销方法时，应当考虑与无形资产相关的服务潜力或经济利益的预期实现方式。

因发生后续支出而增加无形资产成本的，对于使用年限有限的无形资产，应当按照重新确定的无形资产成本以及重新确定的摊销年限计算摊销额。

使用年限不确定的无形资产不应摊销。

（五）无形资产摊销的会计核算

为反映政府会计主体使用年限有限的无形资产的累计摊销情况，政府会计主体应当设置"无形资产累计摊销"科目。本科目期末贷方余额，反映政府会计主体计提的无形资产摊销累计数。其主要账务处理如下：

政府会计主体按月计提无形资产摊销时，按照应计提摊销金额，借记"业务活动费用""单位管理费用""在建工程""经营费用"等科目，贷记"无形资产累计摊销"科目。

【例9-17】某科研院所通过计算，本月应计提无形资产累计摊销20 000元，其中业务活动应负担10 000元，管理活动应负担5 000元，经营活动应负担5 000元。账务处理如下：

借：业务活动费用　　　　　　　　　　　　　　　　　　　　　　　　　　　　10 000
　　单位管理费用　　　　　　　　　　　　　　　　　　　　　　　　　　　　　5 000
　　经营费用　　　　　　　　　　　　　　　　　　　　　　　　　　　　　　　5 000
　　贷：无形资产累计摊销　　　　　　　　　　　　　　　　　　　　　　　　　20 000

二、无形资产的后续支出

无形资产的后续支出是指为增加无形资产的使用效能对其进行的升级改造支出、扩展功能支出等。

（一）符合无形资产确认条件的后续支出

为增加无形资产的使用效能对其进行升级改造或扩展其功能时，如需暂停对无形资产进行摊销的，按照无形资产的账面价值，借记"在建工程"科目，按照无形资产已摊销金额，借记"无形资产累计摊销"科目，按照无形资产的账面余额，贷记"无形资产"科目。

无形资产后续支出符合无形资产确认条件的，按照支出的金额，借记"无形资产"科目［无需暂停摊销的］或"在建工程"科目［需暂停摊销的］，贷记"财政拨款收入""零余额账户用款额度""银行存款"等科目。

暂停摊销的无形资产升级改造或扩展功能等完成交付使用时，按照在建工程成本，借记"无形资产"科目，贷记"在建工程"科目。

（二）不符合无形资产确认条件的后续支出

为保证无形资产正常使用发生的日常维护等支出，借记"业务活动费用""单位管理费用"等科目，贷记"财政拨款收入""零余额账户用款额度""银行存款"等科目。

【例9-18】某科研院所决定对一套管理软件系统进行升级换代，增加两个应用模块，升级后系统效能将大大提升。按规定，升级换代需暂停无形资产摊销。

①管理软件账面余额80万元，已计提累计摊销10万元。暂停摊销的会计处理：

借：在建工程　　　　　　　　　　　　　　　　　　　　　　　　　　　　　　700 000
　　无形资产累计摊销　　　　　　　　　　　　　　　　　　　　　　　　　　　100 000
　　贷：无形资产　　　　　　　　　　　　　　　　　　　　　　　　　　　　　800 000

②管理软件升级过程中，发生应付职工薪酬20万元，应负担的固定资产折旧费5 000元，通过财政授权支付其他相关费用5 000元。会计分录如下：

借：在建工程　　　　　　　　　　　　　　　　　　　　　　　　　　　　　　210 000
　　贷：应付职工薪酬　　　　　　　　　　　　　　　　　　　　　　　　　　　200 000
　　　　固定资产累计折旧　　　　　　　　　　　　　　　　　　　　　　　　　　5 000
　　　　零余额账户用款额度　　　　　　　　　　　　　　　　　　　　　　　　　5 000

该业务应按平行记账原则同时进行预算会计账务处理。

③管理软件系统升级完成，转入无形资产。会计分录如下：

借：无形资产　　　　　　　　　　　　　　　　　　　　　　　　　　　　　　910 000
　　贷：在建工程　　　　　　　　　　　　　　　　　　　　　　　　　　　　　910 000

【例9-19】某科研院所决定对一套管理软件系统进行漏洞修补，通过财政授权支付相关费用5 000元。会计分录如下：

借：单位管理费用 5 000
　　贷：零余额账户用款额度 5 000
该业务应按平行记账原则同时进行预算会计账务处理。

三、无形资产的处置

政府会计主体无形资产的处置主要包括：出售、转让、置换、对外捐赠、无偿调出、对外投资、核销等。

当发生无形资产处置业务时，按照规定报经批准后，应分别以下情况进行处理。

（一）无形资产的出售、转让

报经批准出售、转让无形资产，按照被出售、转让无形资产的账面价值，借记"资产处置费用"科目，按照无形资产已计提的摊销，借记"无形资产累计摊销"科目，按照无形资产账面余额，贷记"无形资产"科目；同时，按照收到的价款，借记"银行存款"等科目，按照处置过程中发生的相关费用，贷记"银行存款"等科目，按照其差额，贷记"应缴财政款"（按照规定应上缴无形资产转让净收入的）或"其他收入"（按照规定将无形资产转让收入纳入本单位预算管理的）科目。按照处置收入小于相关处置税费后的差额，借记"资产处置费用"。

【例9-20】某科研院所出售一款自用无形资产，与出售相关的费用共计5 000元。已知无形资产原值15万元，已计提摊销13万元。

①假定出售收入为3万元，出售净收入按规定上缴财政。

无形资产账面价值=150 000-130 000=20 000（元）

无形资产的出售净收入=30 000-5 000=25 000（元）

借：资产处置费用 20 000
　　无形资产累计摊销 130 000
　　贷：无形资产 150 000
借：银行存款 30 000
　　贷：银行存款 5 000
　　　　应缴财政款 25 000

该业务无需进行预算会计账务处理。

②假定出售收入为3 000元。

无形资产账面价值=150 000-130 000=20 000（元）

无形资产的出售净收入=3 000-5 000=-2 000（元）

借：资产处置费用 20 000
　　无形资产累计摊销 130 000
　　贷：无形资产 150 000
借：银行存款 3 000
　　资产处置费用 2 000
　　贷：银行存款 5 000

该业务应按平行记账原则同时进行预算会计账务处理。

（二）无形资产置换

政府会计主体按规定报经批准置换无形资产时，应当将无形资产账面价值转销。

发生资产置换时，按照确定的成本，借记相关资产科目，按照无形资产已计提的摊销，借记"无形资产累计摊销"科目，按照换出资产的账面余额，贷记"无形资产"科目；按照置换过程中发生的其他相关支出，贷记"银行存款"等科目，按照借贷方差额，借记"资产处置费用"科目或贷记"其他收入"科目。涉及补价的，分别以下情况处理：

1.支付补价的，按照确定的成本，借记相关资产科目，按照无形资产已计提的摊销，借记"无形资产累计摊销"科目，按照换出资产的账面余额，贷记"无形资产"科目，按照支付的补价和置换过程中发生的其他相关支出，贷记"银行存款"等科目，按照借贷方差额，借记"资产处置费用"科目或贷记"其他收入"科目。

2. 收到补价的，按照确定的成本，借记相关资产科目，按照无形资产已计提的摊销，借记"无形资产累计摊销"科目，按照收到的补价，借记"银行存款"等科目，按照换出资产的账面余额，贷记"无形资产"科目，按照置换过程中发生的其他相关支出，贷记"银行存款"等科目，按照补价扣减其他相关支出后的净收入，贷记"应缴财政款"科目，按照借贷方差额，借记"资产处置费用"科目或贷记"其他收入"科目。

【例 9-21】某科研院所用无形资产置换某事业单位 20×9 年购入的固定资产，换出无形资产原值 30 万元，已提摊销 3 万元，评估价为 26 万元。换出无形资产过程中发生相关税费 15 000 元，同时收到补价 5 000 元。

换入固定资产的入账价值 = 260 000 - 5 000 + 15 000 = 270 000（元）
补价扣减其他相关支出 = 5 000 - 15 000 = -10 000（元）（净支出）

借：固定资产	270 000
无形资产累计摊销	30 000
银行存款	5 000
资产处置费用	10 000
贷：无形资产	300 000
银行存款	15 000

该业务应按平行记账原则同时进行预算会计账务处理。

【例 9-22】承接【例 9-21】假定上述置换业务中换出无形资产的过程中发生相关税费 5 000 元，同时收到补价 10 000 元，其他条件不变。

换入固定资产的入账价值 = 260 000 - 10 000 + 5 000 = 255 000（元）
补价扣减其他相关支出 = 10 000 - 5 000 = 5 000（元）（净收入）

借：固定资产	255 000
无形资产累计摊销	30 000
银行存款	10 000
资产处置费用	15 000
贷：无形资产	300 000
应缴财政款	5 000
银行存款	5 000

该业务无需进行预算会计账务处理。

（三）无形资产对外捐赠、无偿调出

政府会计主体对外捐赠、无偿调出无形资产，应将无形资产账面价值予以转销。经批准转销时，按照待处置无形资产的账面价值，借记"资产处置费用""无偿调拨净资产"科目，按照已计提摊销，借记"无形资产累计摊销"科目，按照无形资产账面余额，贷记"无形资产"科目。

捐赠、无偿调出资产过程中发生的应由捐赠方或无偿调出方承担的相关税费，借记"资产处置费用"科目，贷记"银行存款"等科目。

【例 9-23】某政府会计主体捐赠一套信息化软件给其他单位，该软件账面原值为 20 万元，累计摊销 5 万元，调出过程中支付相关费用 1 000 元。账务处理如下：

借：资产处置费用	151 000
无形资产累计摊销	50 000
贷：无形资产	200 000
银行存款	1 000

该业务应按平行记账原则同时进行预算会计账务处理。

【例 9-24】某政府会计主体经批准无偿调出一套信息化软件给下属单位，该软件账面原值为 20 万元，累计摊销 5 万元，调出过程中支付相关费用 1 000 元。账务处理如下：

借：无偿调拨净资产	150 000	
无形资产累计摊销	50 000	
贷：无形资产		200 000
借：资产处置费用	1 000	
贷：银行存款		1 000

该业务应按平行记账原则同时进行预算会计账务处理。

（四）无形资产对外投资

政府会计主体按规定报经批准以无形资产对外投资的，应当将该无形资产的账面价值予以转销。经批准转销时，按照待处置无形资产的账面价值，借记"长期股权投资"等科目，按照已计提摊销，借记"无形资产累计摊销"科目，按照无形资产账面余额，贷记"无形资产"科目。将无形资产在对外投资时的评估价值大于账面价值的差额计入当期收入，贷记"其他收入"科目；评估价值小于账面价值的差额计入费用，记入"资产处置费用"科目。对外投资过程中发生的应由投资方承担的相关税费，借记"资产处置费用"科目，贷记"银行存款"等科目，具体会计核算可参见固定资产对外投资的核算。

（五）无形资产核销

无形资产预期不能为政府会计主体带来服务潜力或者经济利益的，应当在报经批准后将该无形资产的账面价值予以转销。

经批准核销时，按照核销无形资产的账面价值，借记"资产处置费用"科目，按照已计提摊销，借记"无形资产累计摊销"科目，按照无形资产的账面余额，贷记"无形资产"科目。

【例9-25】 因信息系统更新换代，某政府会计主体淘汰一套管理信息系统，该系统账面原值20万元，已计提累计摊销15万元。经批准，将残值记入"资产处置费用"科目。账务处理如下：

借：资产处置费用	50 000	
无形资产累计摊销	150 000	
贷：无形资产		200 000

四、无形资产的盘点和清查

政府会计主体应当定期对无形资产进行清查盘点，每年至少盘点一次。清查盘点过程中发现的无形资产盘盈、盘亏或毁损、报废，应当先记入"待处理财产损溢"科目，按照规定报经批准后及时进行后续处理。

（一）盘盈的无形资产

盘盈的无形资产应按以下规定确定其入账价值：

1. 盘盈的无形资产，其成本按照有关凭据注明的金额确定；
2. 没有相关凭据可供取得，按照规定经过资产评估的，其成本按照评估价值确定；
3. 没有相关凭据、也未经过评估的，其成本按照重置成本确定；
4. 如无法采用上述方法确定盘盈无形资产成本金额，按照名义金额（人民币1元）入账。

盘盈的无形资产，按照确定的入账价值，借记"无形资产"科目，贷记"待处理财产损溢"科目。

对于盘盈的无形资产，如属于本年度取得的，按照当年新取得相关资产进行账务处理；如属于以前年度取得的，按照前期差错处理，借记"待处理财产损溢"科目，贷记"以前年度盈余调整"科目。

【例9-26】 某政府会计主体年末财产清查中，盘盈一项信息软件，没有相关凭据，但按照规定经过资产评估，评估价值为10万元。该无形资产系以前年度取得，经相关部门批准后，按前期差错进行处理。会计处理如下：

借：无形资产	100 000	
贷：待处理财产损溢		100 000
借：待处理财产损溢	100 000	
贷：以前年度盈余调整		100 000

（二）盘亏、毁损或报废的无形资产

政府会计主体的无形资产盘亏、毁损或报废，按照待处理无形资产的账面价值，借记"待处理财产损溢"科目，按照已计提摊销，借记"无形资产累计摊销"科目，按照无形资产的账面余额，贷记"无形资产"科目。

【例 9-27】 某政府会计主体年终盘点盘亏一项信息软件，账面余额为 2 万元，累计摊销 1 万元，作会计处理如下：

借：待处理财产损溢　　　　　　　　　　　　　　　　　　　　　　　　　10 000
　　无形资产累计摊销　　　　　　　　　　　　　　　　　　　　　　　　10 000
　　　贷：无形资产　　　　　　　　　　　　　　　　　　　　　　　　　20 000

经相关部门批准处理：

借：资产处置费用　　　　　　　　　　　　　　　　　　　　　　　　　　10 000
　　　贷：待处理财产损溢　　　　　　　　　　　　　　　　　　　　　　10 000

第六节　无形资产的披露

政府会计主体应当按照无形资产的类别在附注中披露与无形资产有关的下列信息：

1. 无形资产账面余额、累计摊销额、账面价值的期初、期末数及其本期变动情况。
2. 自行开发无形资产的名称、数量，以及账面余额和累计摊销额的变动情况。
3. 以名义金额计量的无形资产名称、数量，以及以名义金额计量的理由。
4. 接受捐赠、无偿调入无形资产的名称、数量等情况。
5. 使用年限有限的无形资产，其使用年限的估计情况；使用年限不确定的无形资产，其使用年限不确定的确定依据。
6. 无形资产出售、对外投资等重要资产处置的情况。

第十章 公共基础设施

第一节 公共基础设施概述

一、公共基础设施的含义及内容

公共基础设施是指政府会计主体为满足社会公共需求而控制的,同时具有以下特征的有形资产:
1. 是一个有形资产系统或网络的组成部分;
2. 具有特定用途;
3. 一般不可移动。

公共基础设施主要包括市政基础设施(如城市道路、桥梁、隧道、公交场站、路灯、广场、公园绿地、室外公共健身器材,以及环卫、排水、供水、供电、供气、供热、污水处理、垃圾处理系统等)、交通基础设施(如公路、航道、港口等)、水利基础设施(如大坝、堤防、水闸、泵站、渠道等)和其他公共基础设施。

二、公共基础设施分类

单位应当在对公共基础设施进行分级分类的基础上,按照合适的计量单元将存量公共基础设施分门别类登记入账。国务院有关行业主管部门对公共基础设施已规定分级分类标准的,从其规定;尚无明确规定的,单位在公共基础设施首次入账时可按照现行管理实务进行分级分类,待统一分类规定出台后再进行调整。

单位对公共基础设施至少应当按照市政基础设施、交通基础设施、水利基础设施和其他公共基础设施四个类别进行明细核算,其他明细核算应当遵循政府会计准则制度,并满足编制行政事业性国有资产报告的需要。

三、公共基础设施的管理要求

(一) 公共基础设施财务管理

公共基础设施是社会经济发展的重要基石,是一项重要的政府资产。我国政府公共基础设施规模巨大,为我国经济社会发展提供了强有力的基础。过去,大部分行政事业单位负责管理维护的公共基础设施,并没有纳入单位会计核算,政府投资形成的巨额公共基础设施,在政府会计主体资产负债表中未得到全面反映。使其容易产生盲目购置、形成账外资产、擅自处理、虚列成本和毁损等不真实、不合规、不正确及营私舞弊等现象。财政部制定的《政府会计准则第5号——公共基础设施》结合行政事业单位国有资产管理的实际,对于公共基础设施确立了"谁负责管理维护谁确认"的原则,为强化公共基础设施管理指明了方向和提出了具体管理要求。为加强和规范政府会计主体的公共基础设施管理,防止公共基础设施毁损和流失,政府会计主体应当建立公共基础设施内部控制制度,预决算管理、采购管理、维护管理、处置管理等制度,使公共基础设施管理工作规范化、制度化、科学化,保证公共基础设施的安全、完整，提高公共基础设施使用效率和发挥社会效益。政府会计主体应设置公共基础设施管理专门机构或专人管理，并建立健全各项管理制度。建立健全两账一卡制度，即：财务部门负责总账和一级明细分类账，公共基础设施管理部门负责建卡（台账）。

（二）公共基础设施内部控制管理

公共基础设施内部控制是指政府会计主体为了提高公共基础设施使用效能，保证会计核算的真实可靠，防止公共基础设施流失，促进法律法规的有效遵循，实现政府会计主体对公共基础设施管理目标而制定和实施的一系列内部控制方法、措施和程序。

加强公共基础设施内部控制，有利于保证公共基础设施活动的真实、安全和完整；有利于提高公共基础设施使用寿命；有利于保证公共基础设施的购建合法；有利于保证会计信息的真实完整；有利于提高政府会计主体公共服务的效率和效果。

1. 控制的范围。

公共基础设施控制范围与业务流程紧密相关，其流程分为购建、维护和处置三个阶段。控制范围与固定资产控制范围基本相同，包括购置规划、预算控制、验收控制、维修保养控制、变动处置控制、盘点清查控制等。

2. 控制重点和控制方法。

控制重点：政府会计主体公共基础设施的控制重点应是审批、购建、预算、验收、维护等关键环节控制。还应防止重复建设、违反政府采购办法、质量不达标、虚假维护等。

控制方法：公共基础设施的控制方法主要有不相容职务相互分离、授权审批、预算控制、会计控制、财产保全控制、内部报告控制等。

第二节 公共基础设施的确认

一、公共基础设施确认的条件

公共基础设施同时满足下列条件的，应当予以确认：

1. 与该公共基础设施相关的服务潜力很可能实现或者经济利益很可能流入政府会计主体。

在确认公共基础设施时，需要判断与该公共基础设施相关的服务潜力是否很可能实现。在实务中，主要看政府会计主体是否为满足社会公共需求而购建或接受，服务潜力实现在政府会计主体自身还是社会公众，是界定公共基础设施的重要标志，例如，路灯安装在政府会计主体工作地，只为政府会计主体自己工作需要而安装，那就不是公共基础设施而是单位固定资产。

2. 该公共基础设施的成本或者价值能够可靠地计量。

作为资产的组成部分，要确认公共基础设施，必须能够对其成本或者价值进行可靠的计量。公共基础设施的成本能够可靠地计量必须以取得确凿、可靠的证据为依据，并且具有可验证性。如果公共基础设施成本不能可靠地计量，则不能确认为一项公共基础设施。例如，政府会计主体承诺的公共基础设施购建协议，由于未实际发生，不能可靠确定其成本，因此就不能确认为公共基础设施。

二、公共基础设施确认的主体

通常情况下，符合公共基础设施确认条件的，应当由按规定对其负有管理维护职责的政府会计主体予以确认。

多个政府会计主体共同管理维护的公共基础设施，应当由对该资产负有主要管理维护职责或者承担后续主要支出责任的政府会计主体予以确认。

分为多个组成部分由不同政府会计主体分别管理维护的公共基础设施，应当由各个政府会计主体分别对其负责管理维护的公共基础设施的相应部分予以确认。

负有管理维护公共基础设施职责的政府会计主体通过政府购买服务方式委托企业或其他会计主体代为管理维护公共基础设施的，该公共基础设施应当由委托方予以确认。

对于尚未入账的存量公共基础设施，应根据财政部《关于进一步做好政府会计准则制度新旧衔接和加强行政事业单位资产核算的通知》（财会〔2018〕34号）规定，按照"谁承担管理维护职责、由谁入账"的原则确定公共基础设施的记账主体。由多个政府会计主体共同管理维护的公共基础设施，可暂按现有分管比例各自登记入账。公共基础设施的管理维护职责尚不明确的，由本级政府尽快予以明确。

三、公共基础设施确认的时点

通常情况下，对于自建或外购的公共基础设施，政府会计主体应当在该项公共基础设施验收合格并交付使用时确认；对于无偿调入、接受捐赠的公共基础设施，政府会计主体应当在开始承担该项公共基础设施管理维护职责时确认。

四、公共基础设施确认的原则

1. 政府会计主体应当根据公共基础设施提供公共产品或服务的性质或功能特征对其进行分类确认。公共基础设施的各组成部分具有不同使用年限或者以不同方式提供公共产品或服务，适用不同折旧率或折旧方法且可以分别确定各自原价的，应当分别将各组成部分确认为该类公共基础设施的一个单项公共基础设施。

2. 政府会计主体在购建公共基础设施时，能够分清购建成本中的构筑物部分与土地使用权部分的，应当将其中的构筑物部分和土地使用权部分分别确认为公共基础设施；不能分清购建成本中的构筑物部分与土地使用权部分的，应当整体确认为公共基础设施。

3. 公共基础设施在使用过程中发生的后续支出，符合公共基础设施确认条件的，应当计入公共基础设施成本；不符合公共基础设施确认条件的，应当在发生时计入当期费用。通常情况下，为增加公共基础设施使用效能或延长其使用年限而发生的改建、扩建等后续支出，应当计入公共基础设施成本；为维护公共基础设施的正常使用而发生的日常维修、养护等后续支出，应当计入当期费用。

公共基础设施在确认过程中应注意下列各项适用于其他相关政府会计准则：

（1）独立于公共基础设施、不构成公共基础设施使用不可缺少组成部分的管理维护用房屋建筑物、设备、车辆等，适用《政府会计准则第3号——固定资产》。

（2）属于文物文化资产的公共基础设施，适用其他相关政府会计准则。

（3）采用政府和社会资本合作模式（即PPP模式）形成的公共基础设施的确认和初始计量，适用其他相关政府会计准则。

（4）由于《基本准则》将企业、军队、已纳入企业财务管理体系的单位和执行《民间非营利组织会计制度》的社会团体排除在政府会计主体之外，因此，上述会计主体拥有或控制的公共基础设施不适用《政府会计准则第5号——公共基础设施》，应当按照各会计主体适用的相关会计准则制度进行核算。

（5）对于政府将其特许经营权授予企业的存量公共基础设施，其会计处理按财政部相关规定执行。

第三节　公共基础设施的初始计量

一、公共基础设施初始计量的原则

公共基础设施在取得时应当按照成本进行初始计量，即公共基础设施在取得时，应当按照取得时的实际成本入账。

对于应当确认为公共基础设施，但已确认为固定资产的资产，政府会计主体应当在本准则首次执行日将该资产按其账面价值重分类为公共基础设施。

此外，单位在新旧制度转换时，对于应当确认为公共基础设施，但已确认为固定资产的，应当将该项固定资产按其账面价值重分类为公共基础设施。如果该项固定资产是以名义金额计量的，应当按照以上规定重新确定公共基础设施的入账成本。

对存量公共基础设施初始计量的要求：

（一）存量公共基础设施初始入账成本的确认原则

对于应当确认但尚未入账的存量公共基础设施，政府会计主体应当在本准则首次执行日按照以下原则确定其初始入账成本：

1. 可以取得相关原始凭据的，其成本按照有关原始凭据注明的金额减去应计提的累计折旧后的金额确定；

2. 没有相关凭据可供取得，但按规定经过资产评估的，其成本按照评估价值确定；

3. 没有相关凭据可供取得、也未经资产评估的，其成本按照重置成本确定。本准则首次执行日以后，政府会计主体应当对存量公共基础设施按其在首次执行日确定的成本和剩余折旧年限计提折旧。

（二）存量公共基础设施的入账成本

1. 单位应当首先按照公共基础设施的初始购建成本确定存量公共基础设施的初始入账成本。对于初始购建投入使用后至执行政府会计准则制度前发生的后续支出，无需追溯确认为公共基础设施的初始入账成本；对于执行政府会计准则制度后发生的后续支出，应当按照《政府会计准则第5号——公共基础设施》的规定处理。

单位在确定存量公共基础设施的初始购建成本时，应当以与存量公共基础设施购建及交付使用有关的原始凭据为依据，包括项目竣工财务决算资料、项目移交资料、项目投资预算、项目投资概算及建设成本资料等。单位无法取得与存量公共基础设施初始购建有关的原始凭据的，应当在财务报表附注中对无法取得原始凭据的事实及理由予以披露。

2. 对于无法取得与存量公共基础设施初始购建有关的原始凭据，但已按照有关规定对公共基础设施进行评估，或者按照《中华人民共和国资产评估法》等法律法规和国家有关规定要求对公共基础设施进行评估的，单位应当按照评估价值确定存量公共基础设施的初始入账成本。

以评估价值确定存量公共基础设施的初始入账成本的，应当以评估机构出具的评估报告等作为原始凭据。

3. 对于无法取得与存量公共基础设施初始购建有关的原始凭据且在首次入账前未要求或未进行过资产评估的，单位应当按照重置成本确定存量公共基础设施的初始入账成本。单位在具体确定存量公共基础设施的重置成本时，可参考以下步骤进行：

第一步，对存量公共基础设施进行分级分类。

第二步，确定各项存量公共基础设施的建造或使用时间、具体数量（如里程、面积等）以及各项资产的成新率（即新旧程度系数）。

第三步，确定现行条件下每项公共基础设施的单位资产价值（如单位里程、单位面积等）。通常情况下，单位资产价值的确定应当以行业定额标准或由各地行业主管部门组织确定的定额标准为基础。

第四步，根据第二步和第三步的结果，计算确定每项具体公共基础设施的入账成本。

经履行内部报批程序后，单位可将重置成本计算的依据作为存量公共基础设施初始入账的原始凭据。

负有管理维护公共基础设施的政府会计主体应当设置"公共基础设施"科目，核算单位控制的公共基础设施的原值。本科目应当按照公共基础设施的类别、项目等进行明细核算；单位应当根据行业主管部门对公共基础设施的分类规定，制定适合于本单位管理的公共基础设施目录、分类方法，作为进行公共基础设施核算的依据。本科目期末借方余额，反映公共基础设施的原值。

在实务中，公共基础设施初始成本的确定应按取得方式的不同而有所不同。

二、自行建造的公共基础设施

政府会计主体自行建造的公共基础设施，其成本包括完成批准的建设内容所发生的全部必要支出，包括建筑安装工程投资支出、设备投资支出、待摊投资支出和其他投资支出。

在原有公共基础设施基础上进行改建、扩建等建造活动后的公共基础设施，其成本按照原公共基础设施账面价值加上改建、扩建等建造活动发生的支出，再扣除公共基础设施被替换部分的账面价值后的金额确定。

为建造公共基础设施借入的专门借款的利息，属于建设期间发生的，计入该公共基础设施在建工程成本；不属于建设期间发生的，计入当期费用。

已交付使用但尚未办理竣工决算手续的公共基础设施，应当按照估计价值入账，待办理竣工决算后再按照实际成本调整原来的暂估价值。

自行建造的公共基础设施完工交付使用时，按照在建工程的成本，借记"公共基础设施"科目，贷记"在建工程"科目。

【例10-1】某单位在国库集中支付方式下将修建的A公交场站基建工程发包给一建筑公司，该工程合同金额1 000万元，按照合同约定，先预付工程款的50%，剩余资金工程完工验收合格时一并支付。该单位发生的建设单位工程管理费、可行性研究费、合同公证等待摊投资共180万元，其中，分摊到A公交场站的待摊投资60万元。会计分录如下：

①预付工程款：

借：预付账款——预付工程款	5 000 000
贷：零余额账户用款额度	5 000 000

该业务应按平行记账原则同时进行预算会计账务处理。

②工程完工验收合格时：

借：在建工程——A公交场站	10 000 000
贷：预付账款——预付工程款	5 000 000
零余额账户用款额度	5 000 000

该业务应按平行记账原则同时进行预算会计账务处理。

③支付待摊投资：

借：在建工程——待摊投资	1 800 000
贷：零余额账户用款额度	1 800 000

该业务应按平行记账原则同时进行预算会计账务处理。

④分摊A公交场站待摊投资：

借：在建工程——A公交场站	600 000
贷：在建工程——待摊投资	600 000

⑤A公交场站转公共基础设施：

借：公共基础设施——市政基础设施（A公交场站）	10 600 000
贷：在建工程——A公交场站	10 600 000

三、接受其他单位无偿调入的公共基础设施

政府会计主体接受其他会计主体无偿调入的公共基础设施，其成本按照该项公共基础设施在调出方的账面价值加上归属于调入方的相关费用确定。

1. 接受其他单位无偿调入的公共基础设施，按照确定的成本，借记"公共基础设施"科目，按照发生的归属于调入方的相关费用，贷记"财政拨款收入""零余额账户用款额度""银行存款"等科目，按照其差额，贷记"无偿调拨净资产"科目。

【例10-2】某水利管理单位接受A单位移交的水利设施——泵站，原账面价值100万元。A单位已计提折旧20万元。该水利单位发生运输费2万元，该设备不需要安装，某水利管理单位的账务处理如下：

借：公共基础设施——水利基础设施（泵站）	820 000
贷：无偿调拨净资产	800 000
银行存款	20 000

该业务应按平行记账原则同时进行预算会计账务处理。

2. 无偿调入的公共基础设施成本无法可靠取得的，按照发生的相关税费、运输费等金额，借记"其他费用"科目，贷记"财政拨款收入""零余额账户用款额度""银行存款"等科目。

对于无偿调入公共基础设施成本无法可靠取得的，单位应当设置备查账簿进行登记，待成本能够可靠确定后按照规定及时入账。

四、接受捐赠的公共基础设施

政府会计主体接受捐赠的公共基础设施，其成本按照有关凭据注明的金额加上相关费用确定；没有相关凭据可供取得，但按规定经过资产评估的，其成本按照评估价值加上相关费用确定；没有相关凭据可供取得、也未经资产评估的，其成本比照同类或类似资产的市场价格加上相关费用确定。

如受赠的系旧的公共基础设施，在确定其初始入账成本时应当考虑该项资产的新旧程度。

1. 接受捐赠的公共基础设施，按照确定的成本，借记"公共基础设施"科目，按照发生的相关费用，贷记"财政拨款收入""零余额账户用款额度""银行存款"等科目，按照其差额，贷记"捐赠收入"科目。

【例10-3】某市政管理单位接受某企业捐赠垃圾处理系统一套，已使用5年，用于城市垃圾处理。经评估确认现值200万元，支付评估费5万元。作会计分录如下：

借：公共基础设施——市政基础设施（垃圾处理系统）   2 050 000
    贷：零余额账户用款额度   50 000
        捐赠收入   2 000 000

该业务应按平行记账原则同时进行预算会计账务处理。

2. 接受捐赠的公共基础设施成本无法可靠取得的，按照发生的相关税费等金额，借记"其他费用"科目，贷记"财政拨款收入""零余额账户用款额度""银行存款"等科目。

对于接受捐赠的公共基础设施成本无法可靠取得的，单位应当设置备查账簿进行登记，待成本能够可靠确定后按照规定及时入账。

五、外购的公共基础设施

政府会计主体外购的公共基础设施，其成本包括购买价款、相关税费以及公共基础设施交付使用前所发生的可归属于该项资产的运输费、装卸费、安装费和专业人员服务费等。

对于包括不同组成部分的公共基础设施，其只有总成本、没有单项组成部分成本的，政府会计主体可以按照各单项组成部分同类或类似资产的成本或市场价格比例对总成本进行分配，分别确定公共基础设施中各单项组成部分的成本。

外购的公共基础设施，按照确定的成本，借记"公共基础设施"科目，贷记"财政拨款收入""零余额账户用款额度""应付账款""银行存款"等科目。

【例10-4】某行政单位为满足社会公众需要，购入一套需要安装的室外公共健身器材，设备价款37万元，安装费用1万元，款项通过单位零余额账户支付，设备安装已经完工并交付使用。

①购入时：

借：在建工程——设备投资   370 000
    贷：零余额账户用款额度   370 000

该业务应按平行记账原则同时进行预算会计账务处理。

②支付安装费时：

借：在建工程——设备投资   10 000
    贷：零余额账户用款额度   10 000

该业务应按平行记账原则同时进行预算会计账务处理。

③交付使用时：

借：公共基础设施——市政基础设施（健身专业设备）   380 000

贷：在建工程——设备投资　　　　　　　　　　　　　　　　　　　　　　　　　380 000

【例10-5】某行政单位为满足社会公众需要，购入一套不需要安装的室外群众健身专业设备，设备价值60万元，已经通过验收。根据购买合同，取得该设备时通过单位的零余额账户支付总价款的80%，计48万元。其余款项为扣留的质量保证金，如设备无质量问题在3个月后支付。

①验收合格时：

借：公共基础设施——市政基础设施（专用设备）　　　　　　　　　　　　　　　600 000
　　贷：零余额账户用款额度　　　　　　　　　　　　　　　　　　　　　　　480 000
　　　　其他应付款——某行政单位设备质保金　　　　　　　　　　　　　　　120 000

该业务应按平行记账原则同时进行预算会计账务处理。

②质保期满：

借：其他应付款——某行政单位设备质保金　　　　　　　　　　　　　　　　　120 000
　　贷：零余额账户用款额度　　　　　　　　　　　　　　　　　　　　　　　120 000

该业务应按平行记账原则同时进行预算会计账务处理。

第四节　公共基础设施的后续计量

公共基础设施的后续计量包括公共基础设施的折旧或摊销、公共基础设施在使用过程中发生的后续支出、公共基础设施的处置等。

一、公共基础设施的折旧或摊销

公共基础设施折旧是指在公共基础设施的预计使用年限内，按照确定的方法对应计的折旧额进行系统分摊。

（一）公共基础设施折旧的计提范围

1. 政府会计主体应当对公共基础设施计提折旧，在公共基础设施预计使用年限内系统分摊公共基础设施的成本。但是下列各项公共基础设施不计提折旧：（1）确认为公共基础设施的单独计价入账的土地使用权除外；（2）政府会计主体持续进行良好的维护使得其性能得到永久维持的公共基础设施。

2. 公共基础设施应计提的折旧总额为其成本，计提公共基础设施折旧时不考虑预计净残值。

3. 政府会计主体应当对暂估入账的公共基础设施计提折旧，实际成本确定后不需调整原已计提的折旧额。

【例10-6】某公路管理事业单位自行建造桥梁一座，设计使用年限50年，工程预算150万元。8月份完工交付使用，9月完成竣工验收，竣工决算金额149.2万元。采用年限平均法计提折旧。账务处理如下：

①8月份，桥梁交付使用时，暂估价入账：

借：公共基础设施——交通基础设施（A桥梁）　　　　　　　　　　　　　　1 500 000
　　贷：在建工程——A桥梁　　　　　　　　　　　　　　　　　　　　　　1 500 000

②8月份计提折旧：1 500 000÷50÷12=2 500（元）

借：业务活动费用——公共基础设施累计折旧（摊销）　　　　　　　　　　　　2 500
　　贷：公共基础设施累计折旧——交通基础设施（A桥梁）　　　　　　　　　2 500

③9月份，竣工决算后调整暂估价值1 500 000-1 492 000=8 000（元）

借：公共基础设施——交通基础设施（A桥梁）　　　　　　　　　　　　　　-8 000
　　贷：在建工程——A桥梁　　　　　　　　　　　　　　　　　　　　　　　-8 000

④9月份计提折旧：(1 492 000-2 500)÷(50×12-1)=2 486.64（元）

借：业务活动费用——公共基础设施累计折旧（摊销）　　　　　　　　　　　　2 486.64
　　贷：公共基础设施累计折旧（摊销）——交通基础设施（A桥梁）　　　　　2 486.64

（二）公共基础设施计提折旧年限

政府会计主体应当根据公共基础设施的性质和使用情况，合理确定公共基础设施的折旧年限。公共基础设施的折旧年限一经确定，不得随意变更。

政府会计主体确定公共基础设施折旧年限，应当考虑下列因素：

1. 设计使用年限或设计基准期；
2. 预计实现服务潜力或提供经济利益的期限；
3. 预计有形损耗和无形损耗；
4. 法律或者类似规定对资产使用的限制。

公共基础设施折旧年限确定应注意的问题：

1. 公共基础设施的折旧年限一经确定，不得随意变更，但因改建、扩建等原因而延长公共基础设施使用年限的，应当按照重新确定的公共基础设施的成本和重新确定的折旧年限计算折旧额，不需调整原已计提的折旧额。

2. 对于政府会计主体接受无偿调入、捐赠的公共基础设施，应当考虑该项资产的新旧程度，按照其尚可使用的年限计提折旧。

3. 根据财政部《关于进一步做好政府会计准则制度新旧衔接和加强行政事业单位资产核算的通知》（财会〔2018〕34号）规定，在国务院财政部门对公共基础设施折旧（摊销）年限作出规定之前，单位在公共基础设施首次入账时暂不考虑补提折旧（摊销），初始入账后也暂不计提折旧（摊销）。单位在2019年1月1日之前已经核算公共基础设施且计提折旧（摊销）的，在新旧衔接时以及执行政府会计准则制度后可继续沿用之前的折旧（摊销）政策。

（三）公共基础设施折旧的计提方法及原则

政府会计主体一般应当采用年限平均法或工作量法计提公共基础设施折旧。在确定公共基础设施的折旧方法时，应当考虑与公共基础设施相关的服务潜力或经济利益的预期实现方式。

公共基础设施折旧方法一经确定，不得随意变更。

1. 年限平均法。年限平均法又称直线法，是指将公共基础设施的应计折旧额均衡地分摊到公共基础设施预计使用寿命内的一种方法。计算公式如下：

公共基础设施年折旧额 = 公共基础设施原值 ÷ 预计使用年限

公共基础设施月折旧额 = 公共基础设施年折旧额 ÷ 12

= 公共基础设施原值 × 月折旧率

公共基础设施折旧率 = 公共基础设施年折旧额 ÷ 公共基础设施原值 × 100%

采用这种方法计算的每期折旧额均相等。它假定折旧是由于时间的推移而不是使用的关系，认为服务潜力降低的决定因素是随时间推移所造成的陈旧和破坏，而不是使用所造成的有形磨损。因而假定资产的服务潜力在各个会计期间所使用的服务总成本是相同的，而不管其实际使用程度如何。即指按公共基础设施的使用年限平均计提折旧的一种方法。它是最简单、最普遍的折旧方法。平均年限法适用于各个时期使用情况大致相同的公共基础设施折旧。

【例10-7】某行政单位自行建造公共照明设施完工并交付使用，设施总造价300万元。使用年限50年，计算每月应提折旧额。

300 ÷ 50 ÷ 12 = 0.5（万元/月）

2. 工作量法。工作量法是指按实际工作量计提公共基础设施折旧额的一种方法。计算公式如下：

单位工作量折旧额 = 该项公共基础设施原值 ÷ 预计总工作量

某项公共基础设施月折旧额 = 当月实际工作量 × 单位工作量折旧额

【例10-8】某乡镇建造一台抽水设备，用于农田水利建设，该设备账面额200万元，使用寿命为20万小时，按工作量法计算单位工作量折旧额。

2 000 000 ÷ 200 000 = 10（元/小时）

3. 公共基础设施计提折旧的一般原则。

（1）公共基础设施应当按月计提折旧，并计入当期费用。当月增加的公共基础设施，当月开始计提折旧；当月减少的公共基础设施，当月不再计提折旧。

（2）处于改建、扩建等建造活动期间的公共基础设施，应当暂停计提折旧。因改建、扩建等原因而延长公共基础设施使用年限的，应当按照重新确定的公共基础设施的成本和重新确定的折旧年限计算折旧额，不需调整原已计提的折旧额。

（3）公共基础设施提足折旧后，无论能否继续使用，均不再计提折旧；已提足折旧的公共基础设施，可以继续使用的，应当继续使用，并规范实物管理。提前报废的公共基础设施，不再补提折旧。

（4）对于确认为公共基础设施的单独计价入账的土地使用权，政府会计主体应当按照《政府会计准则第4号——无形资产》的相关规定进行摊销。

（四）公共基础设施折旧或摊销的核算

政府会计主体应当设置"公共基础设施累计折旧（摊销）"科目，核算单位计提的公共基础设施累计折旧和累计摊销。该科目应当按照所对应公共基础设施的明细分类进行明细核算。本科目属于资产备抵科目，借方登记累计折旧（摊销）的减少，贷方登记累计折旧（摊销）的增加，期末贷方余额反映单位提取的公共基础设施折旧和摊销的累计数。

1. 按月计提公共基础设施折旧时，按照应计提折旧金额，借记"业务活动费用"科目，贷记"公共基础设施累计折旧（摊销）"科目。

【例10-9】某事业单位建造给排水设施一处，价值1 600万元，当月计提折旧6万元，会计分录如下：

借：业务活动费用——公共基础设施累计折旧（摊销）　　　　　　　　　60 000
　　贷：公共基础设施累计折旧（摊销）——水利基础设施（给排水设施）　60 000

【例10-10】某水利管理单位月末水利基础设施计算折旧情况如表10-1所示：

表10-1　　　　　　　××水利管理单位×年×月公共基础设施折旧计算表

序号	分类	名称	预计使用年限（月）	已使用年限（月）	原值（元）	本月折旧额（元）	累计折旧额（元）	净值（元）
1	水利基础设施	大坝	600	240	290 000 000.00	483 333.33	116 000 000.00	174 000 000.00
2	水利基础设施	堤防	600	180	300 000 000.00	500 000.00	90 000 000.00	210 000 000.00
3	水利基础设施	水闸	360	40	5 000 000.00	13 888.89	555 555.56	4 444 444.44
4	水利基础设施	泵站	96	20	500 000.00	5 208.33	104 166.67	395 833.33
	合计				595 500 000.00	1 002 430.55	206 659 722.22	388 840 277.78

当月会计分录：

借：业务活动费用——公共基础设施累计折旧（摊销）　　　　　　　1 002 430.55
　　贷：公共基础设施累计折旧（摊销）——水利基础设施（大坝）　　 483 333.33
　　　　　　　　　　　　　　　　　　　——水利基础设施（堤防）　　 500 000.00
　　　　　　　　　　　　　　　　　　　——水利基础设施（水闸）　　　13 888.89
　　　　　　　　　　　　　　　　　　　——水利基础设施（泵站）　　　 5 208.33

2. 按月对确认为公共基础设施的单独计价入账的土地使用权进行摊销时，按照应计提的摊销额，借记"业务活动费用"科目，贷记"公共基础设施累计折旧（摊销）"科目。

【例10-11】某公路管理事业单位对二级公路丹阿线单独计价入账的土地使用权计提摊销额5万元。会计分录如下：

借：业务活动费用——公共基础设施累计折旧（摊销）　　　　　　　　　50 000
　　贷：公共基础设施累计折旧（摊销）——二级公路丹阿线土地　　　　 50 000

3. 处置公共基础设施时，按照所处置公共基础设施的账面价值，借记"资产处置费用""无偿调拨净资产""待处理财产损溢"等科目，按照已提取的折旧和摊销，借记"公共基础设施累计折旧（摊销)"科目。按照公共基础设施账面余额,贷记"公共基础设施"科目。

【例10-12】某行政单位向贫困地区捐赠一批广场健身专业设备,其账面价值80万元,已提折旧30万元,支付相关费用5万元,款项银行存款支付。会计分录如下:

借:资产处置费用　　　　　　　　　　　　　　　　　　　　　　　　　550 000
　　公共基础设施累计折旧(摊销)——健身专业设备　　　　　　　　　300 000
　　贷:公共基础设施——市政基础设施(健身专业设备)　　　　　　　　　　800 000
　　　　银行存款　　　　　　　　　　　　　　　　　　　　　　　　　　　50 000

该业务应按平行记账原则同时进行预算会计账务处理。

二、公共基础设施的后续支出

在原有公共基础设施基础上进行改建、扩建等建造活动后的公共基础设施,其成本按照原公共基础设施账面价值加上改建、扩建等建造活动发生的支出,再扣除公共基础设施被替换部分的账面价值后的金额确定。

1. 将公共基础设施转入改建、扩建时,按照公共基础设施的账面价值,借记"在建工程"科目,按照公共基础设施已计提折旧,借记"公共基础设施累计折旧(摊销)"科目,按公共基础设施的账面余额,贷记"公共基础设施"科目。

2. 为增加公共基础设施效能或延长其使用年限而发生的改、扩建等后续支出,借记"在建工程"科目,贷记"财政拨款收入""零余额账户用款额度""银行存款"等科目。

3. 公共基础设施改建、扩建完成,竣工验收交付使用时,按照在建工程成本,借记"公共基础设施"科目,贷记"在建工程"科目。

【例10-13】某公路管理事业单位改建二级公路黑大线X桥梁一座,该桥梁账面价值1 000万元,已计提折旧200万元;发生改建支出700万元,款项通过零余额账户支付。会计分录如下:

①改建桥梁账面价值转入在建工程:

借:在建工程——二级公路黑大线X桥梁桥　　　　　　　　　　　　　8 000 000
　　公共基础设施累计折旧(摊销)——二级公路黑大线X桥梁桥　　　　2 000 000
　　贷:公共基础设施——交通基础设施(二级公路黑大线X桥梁桥)　　　　10 000 000

②发生改建支出时:

借:在建工程——二级公路黑大线X桥梁桥　　　　　　　　　　　　　7 000 000
　　贷:零余额账户用款额度　　　　　　　　　　　　　　　　　　　　　7 000 000

该业务应按平行记账原则同时进行预算会计账务处理。

③竣工验收交付使用时:

公共基础设施余额 = 1 000 - 200 + 700 = 1 500(万元)

借:公共基础设施——交通基础设施(二级公路黑大线X桥梁桥)　　　15 000 000
　　贷:在建工程——二级公路黑大线X桥梁桥桥梁　　　　　　　　　　　1 5000 000

4. 为保证公共基础设施正常使用发生的日常维修等支出,借记"业务活动费用""单位管理费用"等科目,贷记"财政拨款收入""零余额账户用款额度""银行存款"等科目。

【例10-14】某公路管理事业单位对二级公路丹阿线A桥梁桥面进行维修,发生维修费用5万元,款项通过零余额账户支付。会计分录如下:

借:业务活动费用　　　　　　　　　　　　　　　　　　　　　　　　　　50 000
　　贷:零余额账户用款额度　　　　　　　　　　　　　　　　　　　　　　50 000

该业务应按平行记账原则同时进行预算会计账务处理

三、公共基础设施的处置

公共基础设施处置包括无偿调出、对外捐赠、报废或毁损等。

政府会计主体按规定报经批准无偿调出、对外捐赠公共基础设施的，应当将公共基础设施的账面价值予以转销，无偿调出、对外捐赠中发生的归属于调出方、捐出方的相关费用应当计入当期费用。

公共基础设施报废或遭受重大毁损的，政府会计主体应当在报经批准后将公共基础设施账面价值予以转销，并将报废、毁损过程中取得的残值变价收入扣除相关费用后的差额按规定作应缴款项处理（差额为净收益时）或计入当期费用（差额为净损失时）。

当发生公共基础设施处置业务时，应分别以下情况进行处理。

（一）对外捐赠公共基础设施

报经批准对外捐赠公共基础设施，按照公共基础设施已计提的折旧或摊销，借记"公共基础设施累计折旧（摊销）"科目，按照被处置公共基础设施账面余额，贷记"公共基础设施"科目，按照捐赠过程中发生的归属于捐出方的相关费用，贷记"银行存款"等科目，按照其差额，借记"资产处置费用"科目。

【例10-15】报经批准，某区政府民政部门将其管理的一批账面价值为20万元的健身器材（已提折旧6万元），无偿捐赠给某镇政府的贫困村，某区政府民政部门发生运输费用1万元，款项通过零余额账户支付。会计分录如下：

借：资产处置费用　　　　　　　　　　　　　　　　　　　　　　　150 000
　　公共基础设施累计折旧（摊销）——健身器材　　　　　　　　　 60 000
　　贷：公共基础设施——市政基础设施（健身器材）　　　　　　　　　　200 000
　　　　零余额账户用款额度　　　　　　　　　　　　　　　　　　　　 10 000

该业务应按平行记账原则同时进行预算会计账务处理。

（二）无偿调出公共基础设施

报经批准无偿调出公共基础设施，按照公共基础设施已计提的折旧或摊销，借记"公共基础设施累计折旧（摊销）"科目，按照被处置公共基础设施账面余额，贷记"公共基础设施"科目，按照其差额，借记"无偿调拨净资产"科目；同时，按照无偿调出过程中发生的归属于调出方的相关费用，借记"资产处置费用"科目，贷记"银行存款"等科目。

【例10-16】报经批准，某区政府民政部门将其管理的一批账面价值为20万元的健身器材（已提折旧6万元），无偿调出给某镇政府民政部门，某区政府民政部门发生运输费用1万元，款项通过零余额账户支付。会计分录如下：

借：无偿调拨净资产　　　　　　　　　　　　　　　　　　　　　　140 000
　　公共基础设施累计折旧（摊销）——健身器材　　　　　　　　　 60 000
　　贷：公共基础设施——市政基础设施（健身器材）　　　　　　　　　　200 000
借：资产处置费用　　　　　　　　　　　　　　　　　　　　　　　 10 000
　　贷：零余额账户用款额度　　　　　　　　　　　　　　　　　　　 10 000

该业务应按平行记账原则同时进行预算会计账务处理。

（三）公共基础设施清查盘点

单位应当定期对公共基础设施进行清查盘点。对于发生的盘盈、盘亏、毁损或报废，应当先记入"待处理财产损溢"科目，按照规定报经批准后及时进行后续账务处理。

1. 盘盈的公共基础设施。

盘盈的公共基础设施，其成本按照有关凭据注明的金额确定；没有相关凭据但按照规定经过资产评估的，其成本按照评估价值确定；没有相关凭据也未经过评估的，其成本按照重置成本确定。盘盈的公共基础设施成本无法可靠取得的，单位应当设置备查簿进行登记，待成本确定后按照规定及时入账。

盘盈的公共基础设施，按照确定的入账成本，借记"公共基础设施"科目，贷记"待处理财产损溢"科目。

【例10-17】某政府民政部门，年末对新建成刚投入使用的某健身广场公共基础设施进行清查盘点时，盘盈该广场太空漫步机一台，经查账目，此类器材每台单价8 000元。会计分录如下：

借：公共基础设施——市政基础设施（太空漫步机） 8 000
　　贷：待处理财产损溢 8 000

2. 盘亏、毁损或报废的公共基础设施。

盘亏、毁损或报废的公共基础设施，按照待处置公共基础设施的账面价值，借记"待处理财产损溢"科目，按照已计提折旧或摊销，借记"公共基础设施累计折旧（摊销）"科目，按照公共基础设施的账面余额，贷记"公共基础设施"科目。

【例10-18】某县爆发山洪，刚建设不到一年的县道三级公路一座D桥梁被洪水冲垮，账面价值520万元，该县公路管理部门在洪水退后雇用专业清理公司清理桥体残骸，发生清理费用15万元，款项以银行存款支付；变卖桥杆及旧钢筋等收入3万元存入银行。会计分录如下：

①发生清理费用时：
借：资产处置费用 150 000
　　贷：银行存款 150 000
该业务应按平行记账原则同时进行预算会计账务处理。

②取得变价收入时：
借：银行存款 30 000
　　贷：资产处置费用 30 000
该业务应按平行记账原则同时进行预算会计账务处理。

③批准核销前：
借：待处理财产损溢 5 200 000
　　贷：公共基础设施——交通基础设施（县道三级公路D桥梁） 5 200 000

④批准后：
借：资产处置费用 5 200 000
　　贷：待处理财产损溢 5 200 000

【例10-19】某环卫管理单位占有并直接负责维护管理的污水处理系统发生报废，该系统账面余额500万元，已计提折旧450万元。在报废清理过程发生变价收入8万元，已存入银行；发生清理费用1万元，以银行存款支付。该环卫单位的会计分录如下：

①转入待处理财产损溢时：
借：待处理财产损溢——待处理财产价值 500 000
　　公共基础设施累计折旧（摊销）——污水处理系统 4 500 000
　　贷：公共基础设施——市政基础设施（污水处理系统） 5 000 000

②取得变价收入时：
借：银行存款 80 000
　　贷：待处理财产损溢——处理净收入 80 000
该业务应按平行记账原则同时进行预算会计账务处理。

③支付清理费用时：
借：待处理财产损溢——处理净收入 10 000
　　贷：银行存款 10 000
该业务应按平行记账原则同时进行预算会计账务处理。

④报经批准予以核销时：
借：资产处置费用 500 000
　　贷：待处理财产损溢——待处理财产价值 500 000

⑤处理结清处置净收入时：
借：待处理财产损溢——处理净收入 70 000
　　贷：应缴财政款 70 000

【例10-20】某事业单位经财政部门批准，处置（无残值）A广场无法使用的双联漫步机1台，账面价值3 000元，已计提折旧2 800元。会计分录如下：

①批准前：
借：待处理财产损溢——待处理财产价值　　　　　　　　　　　　　　　　　　　　　　200
　　公共基础设施累计折旧（摊销）——（双联漫步机）　　　　　　　　　　　　　2 800
　　贷：公共基础设施——市政基础设施（A广场双联漫步机）　　　　　　　　　　　　3 000
②批准后：
借：资产处置费用　　　　　　　　　　　　　　　　　　　　　　　　　　　　　　　200
　　贷：待处理财产损溢——待处理财产价值　　　　　　　　　　　　　　　　　　　　200

第五节　公共基础设施的信息披露

一、公共基础设施信息披露的含义

主要指政府会计主体在财务报表附注中披露的与公共基础设施有关的信息，供报表使用人了解和掌握。

二、公共基础设施信息披露的内容

公共基础设施信息披露内容主要包括以下几点：
（1）公共基础设施的分类和折旧方法。
（2）各类公共基础设施的折旧年限及其确定依据。
（3）各类公共基础设施账面余额、累计折旧额（或摊销额）、账面价值的期初、期末数及其本期变动情况。
（4）各类公共基础设施的实物量。
（5）公共基础设施在建工程的期初、期末金额及其增减变动情况。
（6）确认为公共基础设施的单独计价入账的土地使用权的账面余额、累计摊销额及其变动情况。
（7）已提足折旧继续使用的公共基础设施的名称、数量等情况。
（8）暂估入账的公共基础设施账面价值变动情况。
（9）无偿调入、接受捐赠的公共基础设施名称、数量等情况（包括未按照《政府会计准则第5号——公共基础设施》第十二条和第十三条规定计量并确认入账的公共基础设施的具体情况）。
（10）公共基础设施对外捐赠、无偿调出、报废、重大毁损等处置情况。
（11）公共基础设施年度维护费用和其他后续支出情况。

第十一章 政府储备物资

第一节 政府储备物资概述

一、政府储备物资的含义

政府储备物资,是指政府会计主体为满足实施国家安全与发展战略、进行抗灾救灾、应对公共突发事件等特定公共需求而控制的,同时具有下列特征的有形资产:

1. 在应对可能发生的特定事件或情形时动用;
2. 其购入、存储保管、更新(轮换)、动用等由政府及相关部门发布的专门管理制度规范。

政府储备物资主要包括战略及能源物资、抢险抗灾救灾物资、农产品、医药物资和其他重要商品物资,通常情况下由政府会计主体委托承储单位存储。

二、政府储备物资的特征

1. 政府储备物资是政府会计主体为满足特定公共需求而控制的物资。政府储备物资是为社会公众提供的,不只为政府会计主体占有和使用。
2. 政府储备物资是在应对可能发生的特定事件或情形时动用的物资。政府储备物资不是日常可以使用的物资,是为实施国家安全与发展战略、进行抗灾救灾、应对公共突发事件等情况才可以动用的物资。
3. 政府储备物资是由政府及相关部门发布的专门管理制度规范的物资。每类政府储备物资都有专门的管理制度,规范政府储备物资的购入、存储保管、更新(轮换)、动用等条件及程序。
4. 政府储备物资是有形资产。
5. 政府储备物资与存货区别。

一是用途不同。存货是政府会计主体在开展业务活动及其他活动中为耗用或出售而储存的资产,是单位自身占有和使用的资产。政府储备物资是政府会计主体为满足特定公共需求而控制的物资,用于社会各方面的需求。

二是功能作用不同。政府储备物资是政府会计主体为满足特定公共需求而储备的物资,其主要目的是进行"储备"以用于应对可能发生的特定事件或情况,其规模和种类反映政府维护社会经济稳定、确保国家安全、部署发展战略、应对各类突发事件等方面的能力,与政府会计主体在开展日常性活动中为自身耗用或出售而储存的存货具有本质区别。

三是管理方式不同。政府会计主体对于存货一般采取由其自身直接储存的方式进行管理,而我国政府储备物资主要采取委托存储的管理模式,承储单位按照行政管理部门要求进行实际储存和日常管理,行政管理和存储执行相分离。基层代储单位性质也呈现多样化,涉及政府会计主体和企业主体。此外,有些储备物资品种还涉及多个政府会计主体管理以及多级次政府会计主体管理的情况。

四是资金来源不同。存货采购资金来源于部门预算资金,而政府储备物资的收储资金来源更为复杂,除来源于部门预算资金外,还存在来源于银行专项贷款等情况。

五是日常业务流程不同。政府储备物资具有区别于存货的独特业务内容和环节,如政府储备物资需要根据特定文件规定进行采购、存储、保管、轮换、发出等，发出物资收回往往具有经常性和不确定性。

六是物质形态不同。政府储备物资是有形资产，而存货既包括有形资产，又包括无形资产。如对于特殊行业已完成或未完成的测绘、地质勘察、设计成果等都属于存货。

七是资产类别不同。政府储备物资不仅包括材料、产品、包装物、低值易耗品，以及未达到固定资产标准的用具、装具、动植物等，还包括设备、装备等。而存货包括材料、产品、包装物和低值易耗品等，以及未达到固定资产标准的用具、装具、动植物等。

三、管理要求

1. 政府储备物资实行定点储备、专项管理、统一调拨、无偿使用的管理原则。
2. 政府储备物资实行计划管理。一般由行政管理部门（如民政部门、粮食部门等）会同财政部门制定本级政府储备物资总体规划和年度购置计划。
3. 政府储备物资的存储管理严格，要定期盘库，物资要分类存放，码放整齐，留有通道，做到实物、标签、账目相符。
4. 政府储备物资超过储备年限或非人为因素致使破损严重不能继续使用，经质检部门检测无法使用的，由物资储备单位及时向行政管理部门报告，批准后方可进行报废。物资报废处置的残值收入，全部上缴国库。
5. 政府储备物资根据所储物资保质期限和需求预测，制定物资更新计划，做到先进先出、避免浪费。
6. 政府储备物资的调用要履行提出申请、行政主管部门审批的程序。
7. 政府储备物资的使用要做到发放有序、账目清楚、手续完备，并将发放使用情况及时向社会公布。

第二节　政府储备物资的确认

政府储备物资同时满足下列条件的，应当予以确认：
1. 与该政府储备物资相关的服务潜力很可能实现或者经济利益很可能流入政府会计主体。

服务潜力是指政府会计主体利用资产提供公共产品和服务以履行政府职能的潜在能力。经济利益流入表现为现金及现金等价物的流入，或者现金及现金等价物流出的减少。在确认政府储备物资时，需要判断与该政府储备物资相关的服务潜力是否有可能实现。在实务中，主要看政府会计主体是否为满足实施国家安全与发展战略、进行抗灾救灾、应对公共突发事件等特定公共需求而控制的物资。服务潜力实现在特定公共需求，是界定政府储备物资的重要标志，例如，政府会计主体购入的物资是为单位生产经营需要储备还是履行政府职能为应对突发事件而储备，实现前者目的而储备的物资是存货，实现后者目的而储备的物资才是政府储备物资。

2. 该政府储备物资的成本或者价值能够可靠地计量。

作为政府资产的组成部分，要确认政府储备物资，必须能够对其成本或者价值进行可靠地计量。政府储备物资的成本能够可靠地计量必须以取得确凿的、可靠的证据为依据，并且具有可验证性。如果政府储备物资成本不能可靠地计量，则不能确认为一项政府储备物资。例如，政府会计主体承诺的政府储备物资订购合同，由于未实际发生，不能可靠地确定其成本，因此就不能确认为政府储备物资。

通常情况下，符合确认条件的政府储备物资，应当由按规定对其负有行政管理职责的政府会计主体予以确认。行政管理职责主要指提出或拟定收储计划、更新（轮换）计划、动用方案等。相关行政管理职责由不同政府会计主体行使的政府储备物资，由负责提出收储计划的政府会计主体予以确认。对政府储备物资不负有行政管理职责但接受委托具体负责执行其存储保管等工作的政府会计主体，应当将受托代储的政府储备物资作为受托代理资产核算。例如，中央救灾储备物资，民政部提出收储计划，民政部应当对购入的救灾储备物资进行核算；民政部将这些物资委托各省救灾储备物资单位进行存储后，各省救灾储备物资单位应当将受托代储的救灾储备物资作为受托代理资产核算。

政府储备物资确认时还应考虑：

(1) 政府会计主体的存货，适用《政府会计准则第1号——存货》，不适用政府储备物资会计准则。

(2) 由于《基本准则》将企业、军队、已纳入企业财务管理体系的单位和执行《民间非营利组织会计制度》的社会团体排除在政府会计主体之外，因此，上述会计主体拥有或控制的储备物资不适用《政府会计准则第6号——政府储备物资》，应当按照各会计主体适用的相关会计准则制度进行核算。

第三节　政府储备物资的初始计量

政府储备物资在取得时应按照成本进行初始计量。在实务中，政府储备物资的取得方式主要包括外购、委托加工、无偿调入、接受捐赠、盘盈等。初始成本的确定方法因取得方式的不同而不相同。但下列各项不计入政府储备物资成本：(1) 仓储费用；(2) 日常维护费用；(3) 不能归属于使政府储备物资达到目前场所和状态所发生的其他支出。

政府会计主体应当设置"政府储备物资"科目，核算单位控制的政府储备物资的成本。其借方核算政府储备物资的增加额，贷方核算政府储备物资的减少额，期末借方余额反映政府储备物资的成本。对政府储备物资不负有行政管理职责但接受委托具体负责执行其存储保管等工作的单位，其受托代储的政府储备物资应当通过"受托代理资产"科目核算，不通过"政府储备物资"科目核算。

"政府储备物资"科目应当按照政府储备物资的种类、品种、存放地点等进行明细核算。单位可根据需要，在"政府储备物资"科目下设置"在库""发出"等明细科目进行明细核算。

政府储备物资取得时的主要账务处理如下：

一、购入的政府储备物资

政府会计主体购入的政府储备物资，其成本包括购买价款和政府会计主体承担的相关税费、运输费、装卸费、保险费、检测费以及使政府储备物资达到目前场所和状态所发生的归属于政府储备物资成本的其他支出。

购入的政府储备物资验收入库，按照确定的成本，借记"政府储备物资"科目，贷记"财政拨款收入""零余额账户用款额度""银行存款"等科目。

【例11-1】某行政单位为抢险救援物资类应急物资的管理单位。根据物资储备制度的要求，以财政直接支付方式购入抢险救援物资一批，价款共计180 000元。抢险救援物资已经交付，并验收入库。该单位应作如下会计分录：

借：政府储备物资——抢险救援物资　　　　　　　　　　　　　　　　　　180 000
　　贷：财政拨款收入——项目支出拨款　　　　　　　　　　　　　　　　180 000

该业务应按平行记账原则同时进行预算会计账务处理。

二、委托加工的政府储备物资

政府会计主体委托加工的政府储备物资，其成本包括委托加工前物料成本、委托加工的成本（如委托加工费以及按规定应计入委托加工政府储备物资成本的相关税费等）以及政府会计主体承担的使政府储备物资达到目前场所和状态所发生的归属于政府储备物资成本的其他支出。

1. 发给外单位加工的材料等，按照其实际成本，借记"加工物品——委托加工物品"科目，贷记"政府储备物资"科目。

【例11-2】某行政单位根据政府储备物资收储计划，委托某企业用库存的储备物资棉布和棉花加工棉被100套。发给加工单位棉布价值7 500元，棉花价值2 500元。该单位应作如下会计分录：

借：加工物品——委托加工物品（棉被） 10 000
　　贷：政府储备物资——棉花 2 500
　　　　　　　　　　——棉布 7 500

2. 在支付加工费、运输费等费用时，按照实际支付的金额，借记"加工物品——委托加工物品"科目，贷记"财政拨款收入""零余额账户用款额度""银行存款"等科目。

【例11-3】承接【例11-2】，通过零余额账户向加工企业支付加工费2 000元。该单位应作如下会计分录：

借：加工物品——委托加工物品（棉被） 2 000
　　贷：零余额账户用款额度 2 000

该业务应按平行记账原则同时进行预算会计账务处理。

3. 委托加工完成的政府储备物资验收入库时，按照加工前发出材料的成本和加工、运输成本等，借记"政府储备物资"科目，贷记"加工物品——委托加工物品"科目。涉及增值税业务的，相关账务处理参见"应交增值税"部分的内容。

【例11-4】承接【例11-3】，委托加工业务完成，加工企业已向行政单位交付委托加工的棉被，并验收入库。该单位应作如下会计分录：

借：政府储备物资——棉被 12 000
　　贷：加工物品——委托加工物品（棉被） 12 000

三、接受捐赠的政府储备物资

政府会计主体接受捐赠的政府储备物资，其成本按照有关凭据注明的金额加上政府会计主体承担的相关税费、运输费等确定；没有相关凭据可供取得，但按规定经过资产评估的，其成本按照评估价值加上政府会计主体承担的相关税费、运输费等确定；没有相关凭据可供取得、也未经资产评估的，其成本比照同类或类似资产的市场价格加上政府会计主体承担的相关税费、运输费等确定。

接受捐赠的政府储备物资验收入库，按照确定的成本，借记"政府储备物资"科目，按照单位承担的相关税费、运输费等，贷记"零余额账户用款额度""银行存款"等科目，按照其差额，贷记"捐赠收入"科目。

【例11-5】某省民政厅救灾物资管理中心收到某企业捐赠的帐篷200顶，单价2 300元；棉被400条，单价320元；需由物资管理中心自行派车到该企业提货，发生的运输费用3 000元，装卸费用5 000元，以银行存款支付了相关费用，物资管理中心提货后按救灾物资管理入账。该单位应作如下会计分录：

接受捐赠的政府储备物资成本：200×2 300+400×320+3 000+5 000=596 000（元）

借：政府储备物资（明细略） 596 000
　　贷：捐赠收入 588 000
　　　　银行存款 8 000

该业务应按平行记账原则同时进行预算会计账务处理。

四、无偿调入政府储备物资

政府会计主体接受无偿调入的政府储备物资，其成本按照调出方账面价值加上归属于政府会计主体的相关税费、运输费等确定。

接受无偿调入的政府储备物资验收入库，按照确定的成本，借记"政府储备物资"科目，按照单位承担的相关税费、运输费等，贷记"零余额账户用款额度""银行存款"等科目，按照其差额，贷记"无偿调拨净资产"科目。

【例11-6】某省民政部门接受民政部无偿调入的救灾物资C材料（非固定资产），调出方物资的账面价值为10万元，已办妥验收及入库手续，通过单位零余额账户支付相关税费、运输费等金额共5 000元。该单位应作如下会计分录：

借：政府储备物资——C材料　　　　　　　　　　　　　　　　　　　　　　　　　105 000
　　　　贷：零余额账户用款额度　　　　　　　　　　　　　　　　　　　　　　　　　　5 000
　　　　　　无偿调拨净资产　　　　　　　　　　　　　　　　　　　　　　　　　　100 000
该业务应按平行记账原则同时进行预算会计账务处理。

五、盘盈政府储备物资

政府会计主体盘盈的政府储备物资，其成本按照有关凭据注明的金额确定；没有相关凭据，但按规定经过资产评估的，其成本按照评估价值确定；没有相关凭据、也未经资产评估的，其成本按照重置成本确定。

政府会计主体应当定期对政府储备物资进行清查盘点，每年至少盘点一次。对于发生的政府储备物资盘盈，应当按规定报经批准后进行账务处理。对于发生盘盈的政府储备物资，按照确定的入账成本，借记"政府储备物资"科目，贷记"待处理财产损溢"科目。按照规定报经批准后及时进行后续账务处理。

【例11-7】年终某行政单位对管理的政府储备物资进行清查盘点，发现A物资盘盈4件，参照同类产品市场价格950元/件，考虑盘盈A物资为全新物资尚未使用，确定重置成本为3 800元。假设盘盈A物资为当年购入。该单位应作如下会计分录：

　　盘盈时，借：政府储备物资——A物资　　　　　　　　　　　　　　　　　　　　　3 800
　　　　　　贷：待处理财产损溢　　　　　　　　　　　　　　　　　　　　　　　　　3 800
　　财政部门批准后，借：待处理财产损溢　　　　　　　　　　　　　　　　　　　　　3 800
　　　　　　　　　贷：业务活动费用　　　　　　　　　　　　　　　　　　　　　　　3 800

第四节　政府储备物资的后续计量

政府储备物资的后续计量是指政府储备物资的存储保管、更新（轮换）、动用以及报废、毁损、盘亏等情形。

一、政府储备物资发出的计价方法

政府会计主体应当根据实际情况采用先进先出法、加权平均法或者个别计价法确定政府储备物资发出的成本。计价方法一经确定，不得随意变更。对于性质和用途相似的政府储备物资，政府会计主体应当采用相同的成本计价方法确定发出物资的成本。对于不能替代使用的政府储备物资、为特定项目专门购入或加工的政府储备物资，政府会计主体通常应采用个别计价法确定发出物资的成本。

（一）先进先出法

先进先出法是以先购入的政府储备物资应先发出（即用于销售或耗用）这样一种物资实物流转假设为前提，对发出物资进行计价的一种方法。采用这种方法，先购入的物资成本在后购入物资成本之前转出，据此确定发出物资和期末物资的成本。采用这种物资计价方法，在物价持续上升时，期末政府储备物资成本更接近于市价。

（二）加权平均法

加权平均法亦称全月一次加权平均法，是指以当月全部政府储备物资进货数量加上月初政府储备物资结存数量作为权数，去除当月全部政府储备物资进货成本加上月初政府储备物资结存成本，计算出政府储备物资的加权平均单位成本，以此为基础计算当月发出政府储备物资的成本和期末政府储备物资结存成本的一种方法。

政府储备物资的加权平均单位成本 =[月初结存政府储备物资成本 +Σ（本月某批政府储备物资进货的实际单位成本×本月某批政府储备物资进货的数量）]／（月初结存政府储备物资数量+本月购入政府储备物资数量）

月末库存政府储备物资成本=月末库存政府储备物资数量×加权平均单位成本

本期发出政府储备物资的成本=本期发出政府储备物资的数量×加权平均单位成本

（三）个别计价法

个别计价法，亦称个别认定法、具体辨认法、分批实际法，其特征是逐一辨认各批发出政府储备物资和期末政府储备物资所属的购进批别或生产批别，分别按其购入或生产时所确定的单位成本计算各批发出政府储备物资和期末政府储备物资的成本。个别计价法的成本计算准确、符合实际情况，适用于一般不能替代使用的政府储备物资、为特定项目专门购入或制造的政府储备物资。

举例说明：2×19年10月，甲单位某项政府储备物资的购进、发出和结存情况见表11-1。

表11-1　　　　　　　　　　　　　政府储备物资明细表

政府储备物资名称：A物资计量　　　　　　　　　　　　　　　　　　　　单位：元/件

2×19年		摘要	收入			发出			结存		
月	日		数量	单价	金额	数量	单价	金额	数量	单价	金额
10	1	期初结存							200	60	12 000
	5	购进	500	66	33 000				700		
	7	发出				400			300		
	16	购进	600	70	42 000				900		
	18	发出				800			100		
	27	购进	500	68	34 000				600		
	29	发出				300			300		
10	30	期末结存	1 600		109 000	1 500			300		

1. 先进先出法的计算过程：

甲单位采用先进先出法计算的A物资10月发出和期末结存成本如下：

（1）10月7日发出的A商品成本=200×60+200×66=25 200（元）

（2）10月18日发出的A商品成本=300×66+500×70=54 800（元）

（3）10月29日发出的A商品成本=100×70+200×68=20 600（元）

（4）期末结存A商品成本=300×68=20 400（元）

2. 加权平均法的计算过程：

甲单位采用月末一次加权平均法计算的A物资10月发出和期末结存成本如下：

（1）加权平均单位成本=（12 000+109 000）/（200+1 600）=67.22（元/件）

（2）期末结存A物资成本=300×67.22=20 166（元）

（3）本月发出A物资成本=（12 000+109 000）-20 166=100 834（元）

3. 个别计价法的计算过程：

经具体辨认，甲单位10月7日发出的400件A物资中，有100件属于期初结存的物资，有300件属于10月5日第一批购进的物资；10月18日发出的800件A物资中，有100件属于期初结存的物资，有100件属于10月5日第一批购进的物资，其余600件属于10月16日第二批购进的物资；10月29日发出的300件A物资均属于10月27日第三批购进的物资。

甲单位采用个别计价法计算的A物资10月发出和期末结存成本如下：

（1）10月7日发出的A物资成本=100×60+300×66=25 800（元）

（2）10月18日发出的A物资成本=100×60+100×66+600×70=54 600（元）

（3）10月29日发出的A物资成本=300×68=20 400（元）

（4）期末结存A物资成本=100×66+200×68=20 200（元）

二、发出政府储备物资的账务处理

（一）因动用而发出无需收回的政府储备物资

因动用而发出无需收回的政府储备物资，政府会计主体应当在发出物资时将其账面余额予以转销，计入当期费用。

因动用而发出无需收回的政府储备物资，按照发出物资时账面余额，借记"业务活动费用"科目，贷记"政府储备物资"科目。

【例11-8】某民政部门经批准向灾区发出睡袋一批，采用先进先出法确定其成本为65 000元。该单位应作如下会计分录：

借：业务活动费用　　　　　　　　　　　　　　　　　　　　　　　　　　65 000
　　贷：政府储备物资——睡袋　　　　　　　　　　　　　　　　　　　　　　65 000

（二）因动用而发出需要收回或者预期可能收回的政府储备物资

因动用而发出需要收回或者预期可能收回的政府储备物资的，政府会计主体应当在按规定的质量验收标准收回物资时，将未收回物资的账面余额予以转销，计入当期费用。

因动用而发出需要收回或者预期可能收回的政府储备物资，按照发出物资时账面余额，借记"政府储备物资——发出"科目，贷记"政府储备物资——在库"科目，按照规定的质量验收标准收回物资时，按照收回物资的原账面余额，借记"政府储备物资——在库"科目，按照未收回物资的原账面余额，借记"业务活动费用"科目，按照发出物资时登记在政府储备物资所属"发出"明细科目中的余额，贷记"政府储备物资——发出"科目。

【例11-9】某县民政救灾物资管理中心向灾区发出户外帐篷100顶，单价2 300元，预期可收回。由物资管理中心派车送到灾区，发生运输费用2 000元，装卸费用1 000元。该单位应作如下会计分录：

发出物资时，借：政府储备物资——帐篷——发出　　　　　　　　　　　　230 000
　　　　　　　　贷：政府储备物资——帐篷——在库　　　　　　　　　　　　230 000
结算费用时，借：业务活动费用——运输费　　　　　　　　　　　　　　　　2 000
　　　　　　　　　　　　　　　——装卸费　　　　　　　　　　　　　　　　1 000
　　　　　　　　贷：银行存款　　　　　　　　　　　　　　　　　　　　　　3 000

该业务应按平行记账原则同时进行预算会计账务处理。

【例11-10】承接【例11-9】，清理回收帐篷时，按照规定的质量验收标准收回帐篷40顶，原账面余额92 000元，未收回帐篷60顶，原账面余额138 000元。该单位应作如下会计分录：

借：政府储备物资——帐篷——在库　　　　　　　　　　　　　　　　　　　92 000
　　业务活动费用　　　　　　　　　　　　　　　　　　　　　　　　　　　138 000
　　贷：政府储备物资——帐篷——发出　　　　　　　　　　　　　　　　　230 000

（三）因行政管理主体变动等原因而将政府储备物资调拨给其他主体

因行政管理主体变动等原因而将政府储备物资调拨给其他主体的，政府会计主体应当在发出物资时将其账面余额予以转销。

经批准将政府储备物资调拨给其他主体的，按照政府储备物资的账面余额，借记"无偿调拨净资产"科目，贷记"政府储备物资"科目。

【例11-11】经审批，民政部将中央储备物资——照明设备调拨给某省民政厅一批，价值100 000元。民政部应作如下会计分录：

借：无偿调拨净资产——照明设备　　　　　　　　　　　　　　　　　　　100 000
　　贷：政府储备物资——照明设备　　　　　　　　　　　　　　　　　　　100 000

（四）对外销售政府储备物资

政府会计主体对外销售政府储备物资的，应当在发出物资时将其账面余额转销计入当期费用，并按规定确认相关销售收入或将销售取得的价款大于所承担的相关税费后的差额作应缴款项处理。

1. 对外销售政府储备物资并将销售收入纳入单位预算统一管理的，发出物资时，按照发出物资的账面余额，借记"业务活动费用"科目，贷记"政府储备物资"科目；实现销售收入时，按照确认的收入金额，借记"银行存款""应收账款"等科目，贷记"事业收入"等科目。

【例11-12】某民政物资储备中心经批准出售库存政府储备物资——矿泉水，账面余额为9 000元，处置收入8 000元。该单位应作如下会计分录：

发出时：

借：业务活动费用　　　　　　　　　　　　　　　　　　　　　　　9 000
　　贷：政府储备物资——矿泉水　　　　　　　　　　　　　　　　　　　9 000

实现销售收入时：

借：银行存款　　　　　　　　　　　　　　　　　　　　　　　　　8 000
　　贷：事业收入　　　　　　　　　　　　　　　　　　　　　　　　　8 000

该业务应按平行记账原则同时进行预算会计账务处理。

2. 对外销售政府储备物资并按照规定将销售净收入上缴财政的，发出物资时，按照发出物资的账面余额，借记"资产处置费用"科目，贷记"政府储备物资"科目，取得销售价款时，按照实际收到的款项金额，借记"银行存款"等科目，按照发生的相关税费，贷记"银行存款"等科目，按照销售价款大于所承担的相关税费后的差额，贷记"应缴财政款"科目。

【例11-13】某民政物资储备中心经批准出售库存政府储备物资——A材料，账面余额为20 000元，处置收入18 000元，处置费用900元。该单位应作如下会计分录：

发出时：

借：资产处置费用　　　　　　　　　　　　　　　　　　　　　　20 000
　　贷：政府储备物资——A材料　　　　　　　　　　　　　　　　　　　20 000

收到价款时：

借：银行存款　　　　　　　　　　　　　　　　　　　　　　　　18 000
　　贷：银行存款　　　　　　　　　　　　　　　　　　　　　　　　　　900
　　　　应缴财政款　　　　　　　　　　　　　　　　　　　　　　　17 100

该业务应按平行记账原则同时进行预算会计账务处理。

(五) 更新（轮换）政府储备物资

政府会计主体采取销售采购方式对政府储备物资进行更新（轮换）的，应当将物资轮出视为物资销售，在发出物资时将其账面余额转销计入当期费用，并按规定确认相关销售收入或将销售取得的价款大于所承担的相关税费后的差额作应缴款项处理。将物资轮入视为物资采购，其成本包括购买价款和政府会计主体承担的相关税费、运输费、装卸费、保险费、检测费以及使政府储备物资达到目前场所和状态所发生的归属于政府储备物资成本的其他支出。

1. 物资轮出视为物资销售，销售收入纳入单位预算管理并用于购置政府储备物资。

对外销售政府储备物资并将销售收入纳入单位预算统一管理的，发出物资时，按照发出物资的账面余额，借记"业务活动费用"科目，贷记"政府储备物资"科目；实现销售收入时，按照确认的收入金额，借记"银行存款""应收账款"等科目，贷记"事业收入"等科目。

购入的政府储备物资验收入库，按照购买价款和政府会计主体承担的相关税费、运输费、装卸费、保险费、检测费以及使政府储备物资达到目前场所和状态所发生的归属于政府储备物资成本的其他支出确定的成本，借记"政府储备物资"科目，贷记"财政拨款收入""零余额账户用款额度""银行存款""应付账款"等科目。

【例11-14】某民政物资储备中心经批准出售库存政府储备物资——A材料，政府储备物资账面余额为9 000元，处置收入8 000元。该单位应作如下会计分录：

发出时：

借：业务活动费用　　　　　　　　　　　　　　　　　　　　　　　9 000
　　贷：政府储备物资——A材料　　　　　　　　　　　　　　　　　　　9 000

实现销售收入时：

借：银行存款　　　　　　　　　　　　　　　　　　　　　　　　　8 000

贷：事业收入　　　　　　　　　　　　　　　　　　　　　　　　　　　　　　　　　　　8 000

该业务应按平行记账原则同时进行预算会计账务处理。

【例11-15】 承接【例11-14】，该民政物资储备中心经批准用出售库存政府储备物资——A材料取得的价款，重新购置政府储备——A材料，价值7 500元，运费500元。该单位应作如下会计分录：

　　借：政府储备物资——A材料　　　　　　　　　　　　　　　　　　　　　　　　　　　8 000
　　　　贷：银行存款　　　　　　　　　　　　　　　　　　　　　　　　　　　　　　　　　8 000

该业务应按平行记账原则同时进行预算会计账务处理。

2. 物资轮出视为物资销售，销售收入上缴财政，并向财政申请预算采购政府储备物资。

对外销售政府储备物资并按照规定将销售净收入上缴财政的，发出物资时，按照发出物资的账面余额，借记"资产处置费用"科目，贷记"政府储备物资"科目，取得销售价款时，按照实际收到的款项金额，借记"银行存款"等科目，按照发生的相关税费，贷记"银行存款"等科目，按照销售价款大于所承担的相关税费后的差额，贷记"应缴财政款"科目。

购入的政府储备物资验收入库，按照购买价款和政府会计主体承担的相关税费、运输费、装卸费、保险费、检测费以及使政府储备物资达到目前场所和状态所发生的归属于政府储备物资成本的其他支出确定的成本，借记"政府储备物资"科目，贷记"财政拨款收入""零余额账户用款额度""银行存款"等科目。

【例11-16】 某省民政厅经批准出售库存政府储备物资——方便食品，账面余额为6 000元，处置收入5 000元，处置费用500元，销售净收入上缴财政。该单位应作如下会计分录：

发出时：

　　借：资产处置费用　　　　　　　　　　　　　　　　　　　　　　　　　　　　　　　　6 000
　　　　贷：政府储备物资——方便食品　　　　　　　　　　　　　　　　　　　　　　　　　6 000

实现销售收入时：

　　借：银行存款　　　　　　　　　　　　　　　　　　　　　　　　　　　　　　　　　　5 000
　　　　贷：银行存款　　　　　　　　　　　　　　　　　　　　　　　　　　　　　　　　　　500
　　　　　　应缴财政款　　　　　　　　　　　　　　　　　　　　　　　　　　　　　　　　4 500

【例11-17】 承接【例11-16】，省民政厅收到财政资金10 000元，用于购买政府储备物资——方便食品。实际购置方便食品成本9 500元，运费及装卸费500元。该单位应作如下会计分录：

收到财政资金时：

　　借：零余额账户用款额度　　　　　　　　　　　　　　　　　　　　　　　　　　　　　10 000
　　　　贷：财政拨款收入　　　　　　　　　　　　　　　　　　　　　　　　　　　　　　10 000

该业务应按平行记账原则同时进行预算会计账务处理。

购置方便食品时：

　　借：政府储备物资——方便食品　　　　　　　　　　　　　　　　　　　　　　　　　10 000
　　　　贷：零余额账户用款额度　　　　　　　　　　　　　　　　　　　　　　　　　　　10 000

该业务应按平行记账原则同时进行预算会计账务处理。

三、报废、毁损的政府储备物资

政府储备物资报废、毁损的，政府会计主体应当按规定报经批准后将报废、毁损的政府储备物资的账面余额予以转销，确认应收款项（确定追究相关赔偿责任的）或计入当期费用（因储存年限到期报废或非人为因素致使报废、毁损的）；同时，将报废、毁损过程中取得的残值变价收入扣除政府会计主体承担的相关费用后的差额按规定作应缴款项处理（差额为净收益时）或计入当期费用（差额为净损失时）。

对于发生的政府储备物资报废、毁损，应当按照待处理政府储备物资的账面余额，借记"待处理财产损溢"科目，贷记"政府储备物资"科目。经批准后根据报废、毁损的政府储备物资的账面余额，借记"资产处置费用"科目，贷记"待处理财产损溢"科目。残值变价收入，借记"银行存款"科目，贷记"应缴财政款"科目。

【例11-18】某省民政厅救灾物资管理中心仓库因受恶劣天气影响，发生漏雨，救灾物资棉被部分被暴雨浇湿，经盘点有121条棉被无法继续保存，账面价值38 720元。报经主管部门和财政部门批复后，该棉被低价向社会出售，取得款项12 100元。该单位应作如下会计分录：

批复前：
借：待处理财产损溢——棉被　　　　　　　　　　　　　　　　　　　　　38 720
　　贷：政府储备物资——棉被　　　　　　　　　　　　　　　　　　　　　　38 720

批复后转销账面余额：
借：资产处置费用　　　　　　　　　　　　　　　　　　　　　　　　　　　38 720
　　贷：待处理财产损溢——棉被　　　　　　　　　　　　　　　　　　　　　38 720

收到销售收入：
借：银行存款　　　　　　　　　　　　　　　　　　　　　　　　　　　　　12 100
　　贷：应缴财政款　　　　　　　　　　　　　　　　　　　　　　　　　　　12 100

四、盘亏的政府储备物资

政府储备物资盘亏的，政府会计主体应当按规定报经批准后将盘亏的政府储备物资的账面余额予以转销，确定追究相关赔偿责任的，确认应收款项；属于正常耗费或不可抗力因素造成的，计入当期费用。

对于发生的政府储备物资盘亏，应当按照待处理政府储备物资的账面余额，借记"待处理财产损溢"科目，贷记"政府储备物资"科目。经批准后，属于正常耗费或不可抗力因素造成的，计入当期费用，根据盘亏的政府储备物资的账面余额，借记"资产处置费用"科目，贷记"待处理财产损溢"科目。属于确定追究相关赔偿责任的，确认应收款项，借记"其他应收款"科目，贷记"待处理财产损溢"科目。

【例11-19】某行政单位在进行年终政府储备物资盘点时，发现丙物资盘亏30件，其账面余额为4 800元，经查，物资盘亏是由于水灾造成的，报同级财政部门申请核销。该单位应作如下会计分录：

盘亏时：
借：待处理财产损溢——待处理财产价值　　　　　　　　　　　　　　　　　4 800
　　贷：政府储备物资——丙物资　　　　　　　　　　　　　　　　　　　　　4 800

财政批准核销时：
借：资产处置费用　　　　　　　　　　　　　　　　　　　　　　　　　　　4 800
　　贷：待处理财产损溢——待处理财产价值　　　　　　　　　　　　　　　　4 800

【例11-20】某行政单位在进行年终政府储备物资盘点时，发现盘亏照明设备1件，其账面余额为5 000元，经查，物资盘亏是由于管理人员管理不善造成的，单位决定由管理人员赔偿，并报同级财政部门。该单位应作如下会计分录：

盘亏时：
借：待处理财产损溢——待处理财产价值　　　　　　　　　　　　　　　　　5 000
　　贷：政府储备物资——照明设备　　　　　　　　　　　　　　　　　　　　5 000

经批准需责任人赔偿时：
借：其他应收款——管理员　　　　　　　　　　　　　　　　　　　　　　　5 000
　　贷：待处理财产损溢——待处理财产价值　　　　　　　　　　　　　　　　5 000

收到赔偿款，借：银行存款　　　　　　　　　　　　　　　　　　　　　　　5 000
　　　　　　　　　贷：其他应收款——管理员　　　　　　　　　　　　　　　　5 000

该业务应按平行记账原则同时进行预算会计账务处理。

第五节 政府储备物资的信息披露

政府会计主体应当在财务报表附注中披露与政府储备物资有关的下列信息：
1. 各类政府储备物资的期初和期末账面余额。
2. 因动用而发出需要收回或者预期可能收回，但期末尚未收回的政府储备物资的账面余额。
3. 确定发出政府储备物资成本所采用的方法。
4. 其他有关政府储备物资变动的重要信息。

第十二章　保障性住房

第一节　保障性住房概述

一、保障性住房的含义

保障性住房是指政府会计主体在对中低收入家庭实行分类保障过程中所提供的限定供应对象、建设标准、销售价格或租金标准的住房，具有社会保障性质。保障性住房主要包括城镇的廉租住房、城镇的经济适用住房、城镇的公共租赁住房、城镇的限价商品房、城镇廉租住房按份共有产权房等，也包括在一些林区、垦区、煤矿职工的棚户区（危旧房）改造、游牧民定居住房。保障性住房是多形式的，既有出租形式，也有出售形式的，一般按以下情况区分：

1. 城镇廉租住房（以下简称廉租住房）是指政府和单位在住房领域实施社会保障职能，向具有城镇常住居民户口的最低收入家庭提供的租金相对低廉的普通住房。廉租住房保障方式实行货币补贴和实物配租相结合。实施廉租住房保障，廉租住房紧缺的城市，应当通过新建和收购等方式，增加廉租住房实物配租的房源。

2. 城镇经济适用住房（以下简称经济适用房）是指以中低收入家庭住房困难户为供应对象（以下简称保障对象），并按国家住宅建设标准（不含别墅、高级公寓、外销住宅）建设的普通住房。

3. 城镇公共租赁住房（以下简称公租房）是指限定建设标准和租金水平，面向符合规定条件的城镇中等偏下收入住房困难家庭、新就业无房职工和在城镇稳定就业的外来务工人员出租的保障性住房。公租房通过新建、改建、收购、长期租赁等多种方式筹集，可以由政府投资，也可以由政府提供政策支持、社会力量投资。可以是成套住房，也可以是宿舍型住房。

4. 城镇限价商品房（以下简称限价房）是指称限房价、限地价的"两限"商品房，又是一种限价格限套型（面积）的商品房，主要解决中低收入家庭的住房困难，是目前限制高房价的一种临时性举措，并不是经济适用房。限价商品房按照"以房价定地价"的思路，采用政府组织监管、市场化运作的模式。与一般商品房不同的是，限价房在土地挂牌出让时就已被限定房屋价格、建设标准和销售对象，政府对开发建设单位的开发成本和合理利润进行测算后，设定土地出让的价格范围，从源头上对房价进行调控。

5. 城镇廉租住房按份共有产权房（以下简称按份共有产权房），是指地方政府和低收入住房困难家庭（以下简称保障对象）根据出资比例按份共同拥有同一套廉租住房产权，具体出资比例由政府统一确定，廉租住房国有产权由中央财政补助资金和地方财政配套资金形成，由政府会计主体依出资比例取得；私有产权由符合购买条件的保障对象通过购买廉租住房产权取得。政府会计主体和保障对象为廉租住房按份共有人，对廉租住房按其所有份额享有权利，承担义务。廉租住房出售价格实行政府定价，由当地住房保障部门会同价格主管部门，结合当地实际情况，按照高于成本价、低于市场价原则，确定平均出售价格，并向社会公示。

二、保障性住房的基本特征

保障性住房，一般是指政府会计主体为满足社会中低收入住房困难家庭需求而管理控制的有形资产，同时具有以下特征：（1）是一个有形资产；（2）具有特定的居住和经营用途；（3）不可移动。保障性住房既具有固定资产中房屋构筑物的一般属性，又具有社会保障特点，保障性住房是我国城镇住宅建设中较具特殊性的一种类型住房，它通常是指根据国家政策以及法律法规的规定，由政府统一规划、统筹，提供给特定的人群使用，并且对该类住房的建造标准和销售价格或租金标准给予限定，起到社会保障作用。

第二节　保障性住房的确认

一、保障性住房的确认条件

保障性住房同时满足下列条件的，应当予以确认：

1. 保障性住房相关的服务潜力很可能实现或者经济利益很可能流入政府会计主体。

资产最重要的特征是相关的服务潜力很可能实现或者经济利益很可能流入政府会计主体。政府会计主体在确认保障性住房时，需要判断与该项保障性住房相关的服务潜力是否很可能实现或者经济利益很可能流入政府会计主体，如果与该项保障性住房相关的服务潜力很可能实现或者经济利益很可能流入政府会计主体，并同时满足保障性住房确认的其他条件，那么政府会计主体应将其确认为保障性住房，否则不应将其确认为保障性住房。在实务中，主要看政府会计主体是否为满足特定的居住和经营用途而购建或接受该项资产，该项资产的服务潜力是实现在政府会计主体自身还是中低收入家庭等特定群体或个人，是界定保障性住房的重要标志，为满足政府会计主体自身用途而购建或接受的资产，应当确认为固定资产，而不应确认为保障性住房。

2. 保障性住房的成本或者价值能够可靠地计量。

成本或者价值能够可靠计量是资产确认的一项基本条件。作为资产的组成部分，要确认保障性住房，应当能够对其成本或者价值进行可靠地计量。政府会计主体在确定保障性住房成本或者价值时必须取得确凿证据，但是，有时需要根据所获得的最新资料对保障性住房的成本或者价值进行合理的估计。如对于已经达到使用条件但尚未办理竣工决算的保障性住房，应当根据工程预算、工程造价或者工程实际发生的成本等证据资料，按估计价值确定其成本，待保障性住房办理竣工决算后，再按照实际成本调整原来的暂估价值。

二、保障性住房确认应注意的问题

1. 在保障性住房小区配套建设的、保障房屋使用功能的供水、供电、供气、供热、电梯、绿化、道路等共用部位、共用设施设备及构筑物，是构成保障性住房使用不可缺少的组成部分，应当计入保障性住房成本核算，不能独立于保障性住房建设成本进行核算。

2. 管理保障性住房使用的维修维护设备、工具器具、车辆等动产，作为保障性住房管理控制单位的固定资产核算，不通过本科目核算，适用《政府会计准则第3号——固定资产》。

3. 在保障性住房小区配套建设的经营性用房，不通过本科目核算，适用《政府会计准则第3号——固定资产》。

4. 采用政府和企业、其他社会组织、个人合作建设管理的保障性住房的确认和初始计量，按照政府会计主体所占建设成本份额进行成本核算。

5. 由于《政府会计制度》将企业、军队、已纳入企业财务管理体系的单位和执行《民间非营利组织会计制度》的社会团体排除在政府会计主体之外，因此，上述会计主体拥有或控制的保障性住房不适用《政府会计制度》，应当按照各会计主体适用的相关会计准则、制度进行确认。

6. 就保障性住房在建设、管理和维修维护等方面往往涉及多个部门，很多时候还涉及多个政府级次，导致其会计确认主体也不十分明确。结合《基本准则》确立了"谁负责管理维护、谁入账"的原则,即在通常情况下,符合资产确认条件的保障性住房,应当由按规定对其负有管理维护职责的政府会计主体予以确认。多个政府会计主体共同管理维护的保障性住房,应当由对该资产负有主要管理维护职责或者承担后续主要支出责任的政府会计主体予以确认。分为多个组成部分由不同政府会计主体分别管理的保障性住房,应当由各个政府会计主体分别对其负责管理的保障性住房的相应部分予以确认。负有管理职责的政府会计主体通过政府购买服务方式委托企业或其他会计主体代为管理建设的,该保障性住房应当由委托方予以确认。

7. 购建保障性住房用地一般为划拨用地,购建保障性住房的成本中一般不包括土地使用权部分,但应当包括土地整理费用;购建保障性住房用地为出让用地的,不能分清购建成本中的房屋与土地使用权部分的,应当全部确认为保障性住房资产;购建保障性住房用地为出让用地的,能够分清购建成本中的房屋与土地使用权部分的,应当将其中的房屋部分确认为保障性住房资产,将其中的土地使用权部分确认为无形资产。

第三节 保障性住房的初始计量

保障性住房的取得包括自行建造、外购、接受无偿调入、捐赠和融资租赁等多种方式。保障性住房在取得时,应当按照成本进行初始计量。

单位应当设置"保障性住房"科目,本科目核算单位为满足社会公共需求而控制的保障性住房原值。此处的保障性住房,主要指地方政府住房保障主管部门持有的,纳入城镇住房保障规划和年度计划,向符合条件的保障对象提供的住房。本科目应当按照实施保障的类别和项目进行明细核算。

一、外购保障性住房

外购的保障性住房其成本包括购买价款、相关税费以及可归属于该项资产达到预定用途前所发生的其他支出。

外购的保障性住房,按照确定的成本,借记"保障性住房"科目,贷记"财政拨款收入""零余额账户用款额度""银行存款"等科目。

【例12-1】某行政单位购买200套住房作为公租房使用,平均每套房屋55平方米,按4 500元/平方米购买,共支付房款49 500 000元,支付相关税费742 500元,支付其他相关支出16 000元,以银行存款支付。该行政单位的账务处理如下:

借:保障性住房——公租房 50 258 500
　　贷:银行存款 50 258 500

该业务应按平行记账原则同时进行预算会计账务处理。

二、自行建造的保障性住房

自行建造的保障性住房其成本包括完成批准的建设内容所发生的全部必要支出,包括建筑安装工程投资支出、小区共用部位(道路、绿化、景观等)及共用设施设备(电梯、水泵、燃气管道、变压器等)投资支出、待摊投资支出和其他投资支出。为建设房屋借入的专门借款的利息,属于建设期间发生的,计入该房屋在建工程成本;不属于建设期间发生的,应当计入当期费用。

自行建造的保障性住房交付使用时,按照在建工程成本,借记"保障性住房"科目,贷记"在建工程"科目。已交付使用但尚未办理竣工决算手续的保障性住房,按照估计价值入账,待办理竣工决算后再按照实际成本调整原来的暂估价值。

【例12-2】某行政单位自行建设廉租住房1 000套,已完工交付使用但尚未办理竣工决算手续,估计价值为200 000 000元。该行政单位的账务处理如下:

借：保障性住房——廉租房	200 000 000
贷：在建工程	200 000 000

【例12-3】 上述行政单位建设的廉租住房办理了竣工决算手续，实际决算成本为201 500 000元，工程尾款从零余额账户转出。该行政单位的账务处理如下：

借：在建工程	1 500 000
贷：零余额账户用款额度	1 500 000

该业务应按平行记账原则同时进行预算会计账务处理。

借：保障性住房——廉租房	1 500 000
贷：在建工程	1 500 000

三、无偿调入的保障性住房

接受其他单位无偿调入的保障性住房，其成本按照该项资产在调出方的账面价值加上归属于调入方的相关费用确定。无偿调入的保障性住房，按照确定的成本，借记"保障性住房"科目，按照发生的归属于调入方的相关费用，贷记"零余额账户用款额度""银行存款"等科目，按照其差额，贷记"无偿调拨净资产"科目。

【例12-4】 某行政单位接受从A单位无偿调入10套住房作为廉租住房分配给低保家庭使用，这部分住房在A单位账面价值为2 400 000元，归属于该行政单位的调入费用为50 000元，从零余额账户支付。该行政单位的账务处理如下：

借：保障性住房——廉租房	2 450 000
贷：零余额账户用款额度	50 000
无偿调拨净资产	2 400 000

该业务应按平行记账原则同时进行预算会计账务处理。

四、接受捐赠的保障性住房

政府会计主体接受捐赠的保障性住房，其成本按照有关凭据注明的金额加上相关税费确定。按照确定的成本，借记"保障性住房"科目，按照发生的相关税费，贷记"零余额账户用款额度""银行存款"等科目，按照其差额，贷记"捐赠收入"科目。

政府会计主体接受捐赠的保障性住房，没有相关凭据可提供取得，但按规定经过资产评估的，其成本按照评估价值加上相关税费确定。按照确定的成本，借记"保障性住房"科目，按照发生的相关税费，贷记"零余额账户用款额度""银行存款"等科目，按照其差额，贷记"捐赠收入"科目。

政府会计主体接受捐赠的保障性住房，没有相关凭据可供取得，也未经资产评估的，其成本比照同类或类似保障性住房的市场价格加上相关税费确定。按照确定的成本，借记"保障性住房"科目，贷记"捐赠收入"科目。

【例12-5】 某行政单位接受B单位捐赠10套住房作为廉租住房分配给低保家庭使用，这部分住房在B单位账面价值为3 000 000元，该行政单位接受捐赠发生的费用为90 000元，从零余额账户支付。该行政单位的账务处理如下：

借：保障性住房——廉租房	3 090 000
贷：零余额账户用款额度	90 000
捐赠收入	3 000 000

该业务应按平行记账原则同时进行预算会计账务处理。

【例12-6】 某行政单位接受C单位捐赠1套住房作为廉租住房分配给低保家庭使用，这套房屋价值无法通过相关凭据取得，也未经资产评估，其成本比照同地段房屋市场价格为220 000元，发生的相关费用为3 000元，以银行存款支付。该行政单位的账务处理如下：

借：保障性住房——廉租房	223 000
贷：银行存款	3 000

捐赠收入	220 000

该业务应按平行记账原则同时进行预算会计账务处理。

五、融资租赁取得的保障性住房

融资租赁取得的保障性住房，其成本按照租赁协议或者合同确定的租赁价款、相关税费以及房屋交付使用前所发生的费用等确定。按照确定的成本，借记"保障性住房"科目，按照租赁协议或者合同确定的租赁付款额，贷记"长期应付款"科目，按照支付的税费，借记"保障性住房"科目，贷记"财政拨款收入""零余额账户用款额度""银行存款"等科目。定期支付租金时，按照实际支付金额，借记"长期应付款"科目，贷记"财政拨款收入""零余额账户用款额度""银行存款"等科目。

【例12－7】某行政单位从甲单位融资租赁取得2套保障性住房，作为公租住房租赁给低收入家庭使用，双方签订的租赁协议上确定的租赁价款500 000元，办理手续支付的相关税费5 000元，每年支付租金为50 000元，租赁期为10年，从零余额账户支付。该行政单位的账务处理如下：

借：保障性住房——公租房	505 000
贷：长期应付款	500 000
零余额账户用款额度	5 000

每年支付租金：

借：长期应付款	50 000
贷：零余额账户用款额度	50 000

该业务应按平行记账原则同时进行预算会计账务处理。

第四节　保障性住房的后续计量

政府会计主体对其控制管理的保障性住房有关的后续支出计量，主要包括保障性住房的折旧、改建、扩建及修缮、出租、处置和盘点等。

一、保障性住房折旧

（一）保障性住房折旧

保障性住房折旧是指在保障性住房的预计使用年限内，按照确定的方法应计的折旧额。

预计使用年限：保障性住房预计使用年限应参照《政府会计准则第3号——固定资产》及其应用指南的相关规定确定。

保障性住房折旧的计提方法：政府会计主体一般应采用年限平均法计提保障性住房折旧。保障性住房折旧方法一经确定不得随意变更。

年限平均法又称直线法，是指将保障性住房的应计折旧额均衡地分摊到保障性住房预计使用寿命内的一种方法。计算公式：

保障性住房年折旧额 = 保障性住房原值/预计使用年限
       = 保障性住房原值 × 保障性住房年折旧率
保障性住房月折旧额 = 保障性住房年折旧额/12
       = 保障性住房原价 × 月折旧率
保障性住房年折旧率 = 保障性住房年折旧额/保障性住房原价 × 100%

保障性住房应计的折旧额为其成本，计提保障性住房折旧时不考虑预计净残值。

政府会计主体应当按月提取折旧，当月增加的保障性住房，当月计提折旧；当月减少的保障性住房，当月不计提折旧。已提足折旧的保障性住房，无论是否继续使用，均不再计提折旧，提前报废的保障性住房，也不再计提折旧；已提足折旧，可以继续使用的，应当继续使用，规范实物管理。

（二）保障性住房折旧的账务处理

政府会计主体应当对其控制的保障性住房按月计提折旧，设置"保障性住房累计折旧"科目，应当按照对应保障性住房的类别进行明细核算。本科目期末贷方余额，反映单位计提的保障性住房折旧累计数。

保障性住房折旧的主要账务处理如下：

1. 按月计提保障性住房折旧时，按照应计提的折旧额，借记"业务活动费用"科目，贷记"保障性住房累计折旧"科目。

【例12-8】某行政单位控制管理保障性住房（廉租房）价值240 000 000元，计提折旧年限为50年，每月计提折旧400 000元，该行政单位的账务处理如下：

借：业务活动费用——保障性住房折旧费　　　　　　　　　　　　　　　400 000
　　贷：保障性住房累计折旧　　　　　　　　　　　　　　　　　　　　　　400 000

2. 报经批准处置保障性住房时，按照所处置保障性住房的账面价值，借记"资产处置费用""无偿调拨资产""待处理财产损溢"等科目，按照已计提折旧，借记"保障性住房累计折旧"科目，按照保障性住房的账面余额，贷记"保障性住房"科目。

【例12-9】某行政单位控制管理保障性住房（廉租房）账面余额240 000 000元，计提折旧年限为50年，已经计提折旧48 000 000元，经批准处置该批保障性住房，该行政单位的账务处理如下：

借：资产处置费用　　　　　　　　　　　　　　　　　　　　　　　　　192 000 000
　　保障性住房累计折旧　　　　　　　　　　　　　　　　　　　　　　　48 000 000
　　贷：保障性住房——廉租房　　　　　　　　　　　　　　　　　　　　240 000 000

二、保障性住房的后续支出

保障性住房后续支出是保障性住房使用过程中发生的改建、扩建、修缮及日常维修养护等支出。

（一）保障性住房后续支出的处理原则

1. 符合保障性住房确认条件的后续支出，在原有房屋基础上进行改建、扩建、修缮后的保障性住房，其成本按照原保障性住房账面价值加上改建、扩建、修缮等发生的支出，再扣除房屋拆除部分账面价值后的金额确定。

2. 不符合保障性住房确认条件的后续支出，应当在发生时计入当期费用或相关资产成本。

（二）账务处理

1. 资本化的后续支出。符合保障性住房确认条件的后续支出，将保障性住房转入改建、扩建、修缮时，保障性住房的账面价值，借记"在建工程"科目，按照保障性住房已计提折旧，借记"保障性住房累计折旧"科目，按照保障性住房的账面余额，贷记"保障性住房"科目。

为增加保障性住房的使用效能或延长其使用年限而发生的改、扩建等后续支出，借记"在建工程"科目，贷记"财政拨款收入""零余额账户用款额度""银行存款"等科目。

改建、扩建、修缮完成交付使用时，借记"保障性住房"科目，贷记"在建工程"科目。

【例12-10】某行政单位将控制的保障性住房进行改建，保障性住房账面余额8 000 000元，已提折旧4 000 000元，改建发生费用5 000 000元，拆除部分账面价值100 000元。该行政单位的账务处理如下：

借：在建工程　　　　　　　　　　　　　　　　　　　　　　　　　　　4 000 000
　　保障性住房累计折旧　　　　　　　　　　　　　　　　　　　　　　　4 000 000
　　贷：保障性住房　　　　　　　　　　　　　　　　　　　　　　　　　8 000 000
借：资产处置费用　　　　　　　　　　　　　　　　　　　　　　　　　　100 000
　　贷：在建工程　　　　　　　　　　　　　　　　　　　　　　　　　　100 000

支付工程款：

借：在建工程　　　　　　　　　　　　　　　　　　　　　　　　　　　5 000 000
　　贷：银行存款　　　　　　　　　　　　　　　　　　　　　　　　　5 000 000

该业务应按平行记账原则同时进行预算会计账务处理。

完工交付使用：
借：保障性住房　　　　　　　　　　　　　　　　　　　　　　　　　　　8 900 000
　　贷：在建工程　　　　　　　　　　　　　　　　　　　　　　　　　　　　8 900 000

2. 费用化的后续支出。为保证固定资产正常使用发生的日常维修等支出，借记"业务活动费用""单位管理费用"等科目，贷记"财政拨款收入""零余额账户用款额度""银行存款"等科目。

【例12-11】某行政单位将控制的保障性住房维修养护，发生维修费用50 000元。该行政单位的账务处理如下：
借：业务活动费用——商品和服务费用　　　　　　　　　　　　　　　　　50 000
　　贷：银行存款　　　　　　　　　　　　　　　　　　　　　　　　　　　　50 000
该业务应按平行记账原则同时进行预算会计账务处理。

三、保障性住房出租

保障性住房出租是指政府会计主体经批准对控制的保障性住房按照相关政策以低于市场的价格分配租赁给保障对象。

单位应当建立完备的保障性住房租赁资金明细账，要设立租金管理专户，按照房屋类别将收入进行分户核算，收入金额全额及时上缴同级财政部门，专项用于偿还保障性住房建设的政府性债务、保障性住房建设、保障性住房维修维护费等，不得挪作他用。

保障性住房出租的主要账务处理如下：
按照收取的租金金额，借记"银行存款"等科目，贷记"应缴财政款"科目。

【例12-12】某行政单位管理保障性住房2 000套，作为公租房租赁给低收入家庭使用，分别与保障对象签订了租赁协议，每月收取租金为600 000元，并按月上缴同级财政部门。该行政单位的账务处理如下：
借：银行存款　　　　　　　　　　　　　　　　　　　　　　　　　　　　600 000
　　贷：应缴财政款——公租房租金　　　　　　　　　　　　　　　　　　　600 000
上缴时，借：应缴财政款——公租房租金　　　　　　　　　　　　　　　　600 000
　　　　　　贷：银行存款　　　　　　　　　　　　　　　　　　　　　　　600 000

【例12-13】某行政单位管理保障性住房2 000套，作为廉租房分配给低保家庭使用，每年收取租金为480 000元，并按年度上缴同级财政部门。该行政单位的账务处理如下：
借：银行存款　　　　　　　　　　　　　　　　　　　　　　　　　　　　480 000
　　贷：应缴财政款——廉租房租金　　　　　　　　　　　　　　　　　　　480 000
上缴时，借：应缴财政款——廉租房租金　　　　　　　　　　　　　　　　480 000
　　　　　　贷：银行存款　　　　　　　　　　　　　　　　　　　　　　　480 000

四、保障性住房处置

保障性住房处置应当报经相关部门批准，包括出售、无偿调出等。

（一）保障性住房出售

保障性住房出售是指政府会计主体报经批准，按照国家相关政策出售保障性住房部分或全部权属。单位应当设立保障性住房资金管理专户，按照房屋类别将收入进行分户核算，收入金额全额及时上缴同级财政部门，专项用于偿还保障性住房建设的政府性债务、保障性住房建设、保障性住房维修维护费等，不得挪作他用。

保障性住房出售的主要账务处理如下：

1. 政府会计主体对控制的新取得的保障性住房部分或者全部权属以低于市场价格出售给保障对象。按照被出售保障性住房账面价值，借记"资产处置费用"科目，贷记"保障性住房"科目，同时，按照收到的价款，借记"银行存款"等科目，按照出售过程中发生的相关费用，贷记"银行存款"等科目；

按照其差额，贷记"应缴财政款"科目。

【例12-14】某行政单位管理保障性住房10套，该批保障性住房账面价值3 000 000元，未提折旧，经相关部门批准，作为按份共有产权房分配给低保边缘家庭使用，该行政单位持有产权份额60%，被保障对象持有产权份额40%，收取保障对象支付购房款为1 200 000元，出售过程中发生的相关费用20 000元。该行政单位的账务处理如下：

借：资产处置费用　　　　　　　　　　　　　　　　　　　　　　　　1 200 000
　　贷：保障性住房——按份共有产权房　　　　　　　　　　　　　　　　1 200 000
借：银行存款　　　　　　　　　　　　　　　　　　　　　　　　　　　1 200 000
　　贷：应缴财政款　　　　　　　　　　　　　　　　　　　　　　　　　1 180 000
　　　　银行存款　　　　　　　　　　　　　　　　　　　　　　　　　　　20 000

【例12-15】某行政单位管理保障性住房10套，账面价值3 000 000元，未提折旧，经相关部门批准，作为限价房出售给中低收入的保障对象，该行政单位收取保障对象支付房款为4 000 000元，支付出售过程中发生的税费50 000元。该行政单位的账务处理如下：

借：资产处置费用　　　　　　　　　　　　　　　　　　　　　　　　3 000 000
　　贷：保障性住房——限价房　　　　　　　　　　　　　　　　　　　　3 000 000
借：银行存款　　　　　　　　　　　　　　　　　　　　　　　　　　　4 000 000
　　贷：应缴财政款　　　　　　　　　　　　　　　　　　　　　　　　　3 950 000
　　　　银行存款　　　　　　　　　　　　　　　　　　　　　　　　　　　50 000

2. 政府会计主体控制的保障性住房使用一定年限后，以市场价格出售给自然人或单位。按照被出售保障性住房账面价值，借记"资产处置费用"科目，按照保障性住房已计提的折旧，借记"保障性住房累计折旧"科目，按照保障性住房的账面余额，贷记"保障性住房"科目；同时按照收到的价款，借记"银行存款"等科目，按照出售过程中发生的相关费用，贷记"银行存款"等科目，按照其差额，贷记"应缴财政款"科目。

【例12-16】某行政单位管理的公租房5套，账面余额1 200 000元，出租5年后，报经相关部门批准，按照市场价格出售给乙单位，该批保障性住房已提折旧200 000元，收到总售房款2 000 000元，发生的归属该行政单位的相关费用25 000元，以银行存款支付，该行政单位的账务处理如下：

借：保障性住房累计折旧　　　　　　　　　　　　　　　　　　　　　　200 000
　　资产处置费用　　　　　　　　　　　　　　　　　　　　　　　　　1 000 000
　　贷：保障性住房——廉租房　　　　　　　　　　　　　　　　　　　　1 200 000
借：银行存款　　　　　　　　　　　　　　　　　　　　　　　　　　　2 000 000
　　贷：应缴财政款　　　　　　　　　　　　　　　　　　　　　　　　　1 975 000
　　　　银行存款　　　　　　　　　　　　　　　　　　　　　　　　　　　25 000

（二）保障性住房无偿调出

政府会计主体按规定报经批准无偿调出保障性住房，按照保障性住房已计提的折旧，借记"保障性住房累计折旧"科目，按照被处置保障性住房账面余额，贷记"保障性住房"科目，按照其差额，借记"无偿调拨净资产"科目；同时，按照无偿调出过程中发生的归属于调出方的相关费用，借记"资产处置费用"科目，贷记"银行存款"等科目。

【例12-17】某行政单位管理的廉租房1套，账面余额200 000元，报经相关部门批准，无偿调出给乙单位，该保障性住房已提折旧40 000元，发生的归属该行政单位的相关费用5 000元，以银行存款支付，该行政单位的账务处理如下：

借：保障性住房累计折旧　　　　　　　　　　　　　　　　　　　　　　　40 000
　　无偿调拨净资产　　　　　　　　　　　　　　　　　　　　　　　　　160 000
　　贷：保障性住房——廉租房　　　　　　　　　　　　　　　　　　　　　200 000
借：资产处置费用　　　　　　　　　　　　　　　　　　　　　　　　　　　5 000
　　贷：银行存款　　　　　　　　　　　　　　　　　　　　　　　　　　　　5 000

该业务应按平行记账原则同时进行预算会计账务处理。

五、保障性住房清查盘点

政府会计主体应当定期对保障性住房进行清查盘点。对于发生的保障性住房盘盈、盘亏、毁损或灭失等。

（一）盘盈的保障性住房应按以下规定确定其入账价值

1. 盘盈的保障性住房，其成本按照有关凭据注明的金额确定；
2. 没有相关凭据可供取得，按规定经过评估的，其成本按照评估价值确定；
3. 没有相关凭据，也未经过评估的，其成本应当按照重置成本确定。

（二）保障性住房盘点的主要账务处理

1. 盘盈的保障性住房，按照确定的入账价值，借记"保障性住房"科目，贷记"待处理财产损溢"科目。

【例12-18】某行政单位年底对控制管理的保障性住房进行清查，盘盈一套廉租住房，评估价值240 000元，未计提折旧，该行政单位的账务处理如下：

借：保障性住房——廉租房　　　　　　　　　　　　　　　240 000
　　贷：待处理财产损溢　　　　　　　　　　　　　　　　　　240 000

批准处理：

借：待处理财产损溢　　　　　　　　　　　　　　　　　　240 000
　　贷：以前年度盈余调整　　　　　　　　　　　　　　　　240 000

2. 保障性住房盘亏、毁损或灭失造成的损失应当按照规定报经批准后，计入当期的费用。

【例12-19】某行政单位对控制管理的保障性住房进行清查时发现盘亏一套廉租房，账面余额200 000元，该住房已提折旧40 000元，报经相关部门批准，该行政单位的账务处理如下：

借：待处理财产损溢　　　　　　　　　　　　　　　　　　160 000
　　保障性住房累计折旧　　　　　　　　　　　　　　　　　40 000
　　贷：保障性住房——廉租房　　　　　　　　　　　　　　200 000

批准处理：

借：资产处置费用　　　　　　　　　　　　　　　　　　　160 000
　　贷：待处理财产损溢　　　　　　　　　　　　　　　　　160 000

第五节　保障性住房的披露

保障性住房的披露是指政府会计主体应当在财务报表附注中披露的与保障性住房有关的信息。主要包括以下几点：

1. 保障性住房的分类、计量基础、折旧方法。
2. 各类保障性住房的折旧年限及其确定依据。
3. 各类保障性住房的账面余额、累计折旧额、账面价值的期初、期末数及其本期变动情况。
4. 各类保障性住房的实物量。
5. 保障性住房的在建工程的期初、期末金额及其增减变动情况。
6. 确认为保障性住房的单独计价入账的土地使用权的账面余额、累计摊销额及其变动情况。
7. 暂估入账的保障性住房账面价值变动情况。
8. 无偿调入、接受捐赠、融资租赁的保障性住房数量等情况。
9. 对无偿调出、出租、出售等保障性住房经营及处置情况。
10. 保障性住房年度维修维护费用和其他后续支出情况。

第十三章　文物文化资产和受托代理资产

第一节　文物文化资产

一、文物文化资产的含义及分类

文物文化资产是指单位为满足社会公共需求而控制的文物文化资产的成本。

文物文化资产具有社会公益属性，主要用于展览、教育或研究等目的，具体包括以下六大类：

1. 具有历史、艺术、科学价值的古文化遗址、古墓葬、古建筑、石窟寺和石刻、壁画。
2. 与重大历史事件、革命运动或者著名人物有关的以及具有重要纪念意义、教育意义或者史料价值的近代现代重要史迹、实物、代表性建筑。
3. 历史上各时代珍贵的艺术品、工艺美术品。
4. 历史上各时代重要的文献资料以及具有历史、艺术、科学价值的手稿和图书资料等。
5. 反映历史上各时代、各民族社会制度、社会生产、社会生活的代表性实物。
6. 具有科学价值的古脊椎动物化石和古人类化石等。

单位为满足自身开展业务活动或其他活动需要而控制的文物和陈列品，应当通过"固定资产——文物和陈列品"科目核算，不通过本科目核算。

二、文物文化资产的管理

1. 加强文物文化资产保护。坚持"保护为主、抢救第一、合理利用、加强管理"的方针，深入挖掘和系统阐发文物文化资产所蕴含的文化内涵和时代价值，切实做到在保护中发展，在发展中保护。

2. 建立健全文物文化资产登录制度。完善文物文化资产认定标准，规范文物文化资产调查、申报、登记、定级、公布等程序，按照国家文物资源总目录和数据资源库，及时完善有关登录信息，实现文物文化资产动态管理，全面掌握文物文化资产保存状况和保护需求。

3. 实行文物文化资产的分类管理、精准管理。完善文物文化资产记录档案，充分利用文字、音像制品、图画、拓片、摹本、电子文本等形式，有效表现其所载内容。

加强不可移动文物文化资产日常养护巡查和监测保护，对存在重大险情的各级文物文化资产应及时开展抢救性保护。重视岁修，减少大修，规范预算编制，依法实行确保工程质量的招投标方式，防止因维修不当造成破坏。加强历史文化名城、村镇、街区和传统村落整体格局和历史风貌的保护，不得擅自迁移、拆除。因建设工程确需迁移、拆除的，应当严格按照文物保护法律法规的规定办理相关审批手续。

加强可移动文物文化资产保护，实施馆藏文物文化资产修复计划，及时抢救修复濒危珍贵文物文化资产，优先保护材质脆弱珍贵文物文化资产，分类推进珍贵文物文化资产保护修复工程，注重保护修复馆藏革命文物文化资产，实施预防性保护工程。

4. 国有不可移动文物文化资产不得转让、抵押，不得作为单位资产经营，不得将辟为参观游览场所的国有文物文化资产及其管理机构整体交由企业经营管理。

5. 加强文物保护专项资金管理，确保文物文化资产保护专项补助经费专款专用，任何单位或者个人不得侵占、挪用。

6. 国有文物文化资产收藏单位调拨、交换、出借文物文化资产所得的补偿费用，必须用于改善文物文化资产的收藏条件和收集新的文物文化资产，不得挪作他用，任何单位或者个人不得侵占。

7. 坚持文物文化资产的公益属性，合理适度开发利用。任何文物文化资产利用都要以有利于文物文化资产保护为前提，以服务公众为目的，以彰显文物文化资产历史文化价值为导向，以不违背法律和社会公德为底线。

8. 加强文物文化资产的科技支撑管理。发挥科技创新的引领作用，充分运用云计算、大数据、"互联网+"等现代信息技术，推动文物文化资产管理与现代科技融合创新。

9. 加强文物文化资产安全管理。调拨、交换、借用的文物文化资产必须严格保管，不得丢失、损毁。完善文物建筑防火和古遗址、古墓葬、石窟寺、石刻防盗防破坏设施，切实降低文物文化资产保护单位安全风险，同时要为处于地震带的珍贵文物文化资产配置防震保护设备。

10. 建立健全文物文化资产日常管理制度，完善内部控制措施。应当定期或者至少每年实地盘点一次。对盘盈、盘亏的文物文化资产，应当及时查明原因，并根据管理权限，报经批准后进行账务处理。

11. 坚持依法管理文物文化资产。全面依法落实文物文化资产的法定管理职责，健全依法决策机制，强化责任追究，建立健全文物文化资产管理责任终身追究制。

12. 加强文物文化资产的绩效管理。建立健全文物文化资产管理考核评估机制，把文物文化资产管理工作与领导班子和领导干部综合绩效考核评价相结合，把文物文化资产管理绩效指标的完成情况纳入单位整体绩效管理工作指标考核体系。

三、文物文化资产的确认与计量

文物文化资产同时满足下列条件时，应当予以确认：
1. 与该文物文化资产相关的服务潜力很可能实现或者经济利益很可能流入政府会计主体；
2. 该文物文化资产的成本或者价值能够可靠地计量。

文物文化资产应当按照实际发生的成本进行计量，对于成本无法可靠取得的文物文化资产，应当备查登记。

四、文物文化资产的核算

为核算文物文化资产，单位应设置"文物文化资产"会计科目，核算单位实际控制的文物文化资产价值的增减变动。并应按文物文化资产类别、项目等进行明细核算。同时应当设置文物文化资产登记簿和文物文化资产卡片。本科目期末借方余额，反映单位期末文物文化资产的价值。

（一）文物文化资产在取得时，应当按照取得时的实际成本入账

取得时的实际成本包括买价、包装费、运输费、交纳的有关税金等相关费用，以及为使文物文化资产达到预定可使用状态前所发生的必要支出。

1. 外购的文物文化资产，其成本包括购买价款、相关税费以及为使该项文物文化资产达到预定可使用状态前所发生其他支出（如运输费、安装费、装卸费等）。

借记"文物文化资产"，贷记"财政拨款收入""零余额账户用款额度""银行存款"等科目。

如果以一笔款项购入多项没有单独标价的文物文化资产，按照各项文物文化资产公允价值的比例对总成本进行分配，分别确定各项文物文化资产的入账价值。

【例13-1】某博物馆通过文物商店征集到后金时期文物一组，发生文物征集费537 000元。已收到代理银行转来的"财政直接支付入账通知书"及原始凭证，同时开出"财政授权支付凭证"，支付运输安装费用12 000元，并已安装完毕。

借：文物文化资产　　　　　　　　　　　　　　　　　　　　　　　　　　549 000
　　贷：财政拨款收入　　　　　　　　　　　　　　　　　　　　　　　　　537 000
　　　　零余额账户用款额度　　　　　　　　　　　　　　　　　　　　　　 12 000

该业务应按平行记账原则同时进行预算会计处理。

2. 接受其他单位无偿调入的文物文化资产，其成本按照该项资产在调出方的账面价值加上归属于调入方的相关费用确定。

调入的文物文化资产，按照确定的成本，借记"文物文化资产"科目，按照发生的归属于调入方的相关费用，贷记"零余额账户用款额度""银行存款"等科目，按照其差额，贷记"无偿调拨净资产"科目。

无偿调入的文物文化资产成本无法可靠取得的，按照发生的归属于调入方的相关费用，借记"其他费用"科目，贷记"零余额账户用款额度""银行存款"等科目。

【例 13－2】经批准，某县美术馆将账面价值 20 万元的著名美术作品《长白山水》无偿调拨给省美术馆存放，发生运输装帧费用 7 000 元，已通过零余额账户支付完毕。

借：文物文化资产　　　　　　　　　　　　　　　　　　　　　　207 000
　　贷：无偿调拨净资产　　　　　　　　　　　　　　　　　　　　　　200 000
　　　　零余额账户用款额度　　　　　　　　　　　　　　　　　　　　　7 000

该业务应按平行记账原则同时进行预算会计处理。

3. 接受捐赠的文物文化资产，其成本按照有关凭据注明的金额加上相关费用等确定；没有相关凭据可供取得，但按照规定经过资产评估的，其成本按照评估价值加上相关费用确定；没有相关凭据可供取得，也未经评估的，其成本比照同类或类似资产的市场价格加上相关费用确定。

接受捐赠的文物文化资产，按照确定的成本，借记"文物文化资产"，按发生的相关税费、运输费等金额，贷记"财政拨款收入""零余额账户用款额度""银行存款"等科目，按照其差额，贷记"捐赠收入"科目。

接受捐赠的文物文化资产成本无法可靠取得的，按照发生的相关税费、运输费等金额，借记"其他费用"科目，贷记"零余额账户用款额度""银行存款"等科目。

【例 13－3】某博物馆接受某华侨捐赠陶器文物一件，该陶器评估价值 200 万元。应作如下会计分录：

借：文物文化资产　　　　　　　　　　　　　　　　　　　　　　2 000 000
　　贷：捐赠收入　　　　　　　　　　　　　　　　　　　　　　　　2 000 000

4. 对于成本无法可靠取得的文物文化资产，单位应当设置备查簿进行登记，待成本能够可靠确定后按照规定及时入账。

(二) 文物文化资产的后续支出

1. 由于文物文化资产的社会公益属性，虽然属于资产范畴，但不参与单位经营活动，其价值的变化与资产使用关系不大，且还有可能因存世时间延长而增值，所以对文物文化资产，不计提折旧。

2. 对于确认为不可移动文物文化资产的单独计价入账的土地使用权，政府会计主体应当按照《政府会计准则第 49 号——无形资产》的相关规定进行摊销。

3. 为增加文物文化资产使用效能或延长其使用年限而发生的涉及建筑活动的修缮、迁移、重建以及考古发掘等后续支出，借记"在建工程"科目，贷记"财政拨款收入""零余额账户用款额度""银行存款"等科目。

文物文化资产修缮、迁移、重建以及考古发掘等完成，竣工验收交付使用时，按照在建工程成本，借记"文物文化资产"科目，贷记"在建工程"科目。

为保证文物文化资产正常使用发生的日常维护维修等支出，借记"业务活动费用""单位管理费用"等科目，贷记"财政拨款收入""零余额账户用款额度""银行存款"等科目。

【例 13－4】某古墓葬遗址由于漏水等原因，进行防渗漏修缮工程。该遗址账面余额 1 000 万元，发生修缮费用支出 200 万元，并拆除原有防水设施，价值 50 万元。款项已通过银行支付完毕。

借：在建工程　　　　　　　　　　　　　　　　　　　　　　　10 000 000
　　贷：文物文化资产　　　　　　　　　　　　　　　　　　　　　10 000 000
借：待处理财产损溢　　　　　　　　　　　　　　　　　　　　　　500 000
　　贷：在建工程　　　　　　　　　　　　　　　　　　　　　　　　500 000

核销损失：

借：资产处置费用 500 000
　　贷：待处理财产损溢 500 000
支付修缮款：
借：在建工程 2 000 000
　　贷：银行存款 2 000 000
竣工验收交付使用：
文物文化资产余额：10 000 000 + 2 000 000 - 500 000 = 11 500 000（元）
借：文物文化资产 11 500 000
　　贷：在建工程 11 500 000
该业务应按平行记账原则同时进行预算会计处理。

（三）按照规定报经批准处置文物文化资产，应当分别以下情况处理

1. 报经批准对外捐赠文物文化资产，按照被处置文物文化资产账面余额和捐赠过程中发生的归属于捐出方的相关费用合计数，借记"资产处置费用"科目，按照被处置文物文化资产账面余额，贷记"文物文化资产"科目，按照捐赠过程中发生的归属于捐出方的相关费用，贷记"银行存款"等科目。

【例13-5】经批准，某博物馆将收藏的城市浮雕作品无偿捐赠给市政府，安装在该市中心广场，该浮雕作品的账面余额230 000元，博物馆为运送浮雕作品支付运输费6 000元，已通过银行存款支付完毕。

借：资产处置费用 236 000
　　贷：文物文化资产 230 000
　　　　银行存款 6 000

该业务应按平行记账原则同时进行预算会计处理。

2. 报经批准无偿调出文物文化资产，按照被处置文物文化资产账面余额，借记"无偿调拨净资产"科目，贷记"文物文化资产"科目；同时，按照无偿调出过程中发生的归属于调出方的相关费用，借记"资产处置费用"科目，贷记"银行存款"等科目。

【例13-6】承接【例13-2】

县美术馆：
借：无偿调拨净资产 200 000
　　贷：文物文化资产 200 000

（四）文物文化资产的清查核算

对于发生的文物文化资产盘盈、盘亏、毁损或报废，应当先记入"待处理财产损溢"科目，按照规定报经批准后及时进行后续账务处理。

1. 盘盈的文物文化资产，其成本按照有关凭据注明的金额确定；没有相关凭据，但按照规定经过资产评估的，其成本按照评估价值确定；没有相关凭据，也未经过评估的，其成本按照重置成本确定。盘盈的文物文化资产成本无法可靠取得的，单位应当设置备查簿进行登记，待成本确定后按照规定及时入账。

盘盈的文物文化资产，按照确定的入账成本，借记"文物文化资产"科目，贷记"待处理财产损溢"科目。

【例13-7】某博物馆年末对馆藏文物进行清查盘点时，盘盈瓷器一件，评估价值5万元。

借：文物文化资产 50 000
　　贷：待处理财产损溢 50 000

2. 盘亏、毁损或报废的文物文化资产，按照待处置文物文化资产的账面价值，借记"待处理财产损溢"科目，按照文物文化资产的账面余额，贷记"文物文化资产"科目。

报经批准处理时，借记"资产处置费用"科目，贷记"待处理财产损溢"（待处理文物文化资产价值）。

【例13-8】20×7年8月，某市突发洪水，造成市美术馆藏品库被淹，清理藏品时发现一幅书画作品被水浸泡后已无法修复，该作品账面余额20万元，经有关部门批准同意核销。

批准处理前：

借：待处理财产损溢　　　　　　　　　　　　　　　　　　　　　　　200 000
　　　贷：文物文化资产　　　　　　　　　　　　　　　　　　　　　　200 000
批准核销后：
借：资产处置费用　　　　　　　　　　　　　　　　　　　　　　　　200 000
　　　贷：待处理财产损溢　　　　　　　　　　　　　　　　　　　　　200 000

五、文物文化资产的信息披露

1. 文物文化资产的分类和评级情况。
2. 各级、各类文物文化资产的实物量。
3. 各类文物文化资产的账面余额、期初、期末及其本期变动情况。
4. 暂估入账文物文化资产的账面价值及变动情况。
5. 文物征集、无偿调入、接受捐赠的文物文化资产的名称、数量等情况。
6. 文物文化资产的考古发掘、修缮保护、迁移情况。
7. 文物保护资金的投入、支出、结转结余等情况。
8. 文物文化资产展出、出借、交流、对外捐赠、无常调出、毁损及报废等情况。

第二节　受托代理资产

一、受托代理资产的定义

受托代理资产是指单位接受委托方管理的各项资产，包括受托指定转赠的物资、受托储存管理的物资及单位管理的罚没物资等的成本。但不包括受托代理的现金和银行存款。原则上受托代理资产所有权不属于本单位，但本单位有权利和义务对受托代理资产行使管理权限，应视同自有资产加强管理。

二、受托代理资产的确认

受托代理资产同时满足下列条件时，应当予以确认：
1. 在单位收到受托代理的资产并实际产生受托代理义务；
2. 该受托代理资产的成本或者价值能够可靠地计量。
受托代理资产应当按照实际发生的成本进行计量。

三、受托代理资产的核算

对受托代理资产应设置"受托代理资产"科目进行核算。本科目应当按照资产的种类和委托人进行明细核算；属于转赠资产的，还应当按照受赠人进行明细核算。单位管理的罚没物资也应当通过本科目核算。

单位收到的受托代理资产为现金和银行存款的，不通过本科目核算，应当通过"库存现金""银行存款"科目进行核算。

（一）受托转赠物资

1. 接受委托人委托需要转赠给受赠人的物资，其成本按照有关凭据注明的金额确定。接受委托转赠的物资验收入库，按照确定的成本，借记"受托代理资产"，贷记"受托代理负债"科目。

受托协议约定由受托方承担相关税费、运输费等的，还应当按照实际支付的相关税费、运输费等金额，借记"其他费用"科目，贷记"银行存款"等科目。

2. 将受托转赠物资交付受赠人时，按照转赠物资的成本，借记"受托代理负债"科目，贷记"受托代理资产"。

3. 转赠物资的委托人取消了对捐赠物资的转赠要求，且不再收回捐赠物资的，应当将转赠物资转为单位的存货、固定资产，按照转赠物资的成本，借记"受托代理负债"科目，贷记"受托代理资产"；同时，借记"库存物品""固定资产"等科目，贷记"其他收入"科目。

【例13-9】某事业单位收到海外华侨组织委托代管实物资产一批，价值500 000元人民币。根据代管协议，该批财产于次年用于西部扶贫项目。会计部门根据有关凭证，填制记账凭单，编制如下会计分录：

借：受托代理资产　　　　　　　　　　　　　　　　　500 000
　　贷：受托代理负债　　　　　　　　　　　　　　　　500 000

次年，该组织将转出受托代理资产时，编制如下会计分录：

借：受托代理负债　　　　　　　　　　　　　　　　　500 000
　　贷：受托代理资产　　　　　　　　　　　　　　　　500 00

（二）受托存储保管物资

1. 接受委托人委托储存保管的物资，其成本按照有关凭据注明的金额确定。接受委托储存的物资验收入库，按照确定的成本，借记"受托代理资产"，贷记"受托代理负债"科目。

2. 发生由受托单位承担的与受托存储保管的物资相关的运输费、保管费等费用时，按照实际支付的金额，借记"其他费用"科目，贷记"银行存款"等科目。

3. 根据委托人要求交付受托存储保管的物资时，按照发出物资的成本，借记"受托代理负债"科目，贷记"受托代理资产"。

【例13-10】某事业单位年初受托存储保管救灾帐篷一批，价值200万元，已验收入库。10月，由于发生地震灾害，将该批救灾帐篷全部发往灾区，发生运输费用3万元，已通过银行存款支付完毕。

借：受托代理资产　　　　　　　　　　　　　　　　2 000 000
　　贷：受托代理负责　　　　　　　　　　　　　　　2 000 000

10月发出物资时：

借：受托代理负责　　　　　　　　　　　　　　　　2 000 000
　　贷：受托代理资产　　　　　　　　　　　　　　　2 000 000

借：其他费用　　　　　　　　　　　　　　　　　　　　30 000
　　贷：银行存款　　　　　　　　　　　　　　　　　　　30 000

该业务应按平行记账原则同时进行预算会计处理。

（三）罚没物资

1. 取得罚没物资时，其成本按照有关凭据注明的金额确定。罚没物资验收（入库），按照确定的成本，借记"受托代理资产"科目，贷记"受托代理负债"科目。罚没物资成本无法可靠确定的，单位应当设置备查簿进行登记。

2. 按照规定处置或移交罚没物资时，按照罚没物资的成本，借记"受托代理负债"科目，贷记"受托代理资产"科目。处置时取得款项的，按照实际取得的款项金额，借记"银行存款"等科目，贷记"应缴财政款"等科目。

【例13-11】某单位收到罚没走私车辆一台，市场评估价值160万元。经批准，依法对外公开拍卖处理该车辆，拍卖所得120万元，款项已存入银行。

借：受托代理资产　　　　　　　　　　　　　　　　1 600 000
　　贷：受托代理负责　　　　　　　　　　　　　　　1 600 000

拍卖处理时：

借：受托代理负责　　　　　　　　　　　　　　　　1 600 000
　　贷：受托代理资产　　　　　　　　　　　　　　　1 600 000

借：银行存款　　　　　　　　　　　　　　　　　　1 200 000
　　贷：应缴财政款　　　　　　　　　　　　　　　　1 200 000

单位受托代理的其他实物资产，参照有关受托转赠物资、受托存储保管物资的规定进行账务处理。

四、受托代理资产的披露

1. 受托代理资产的分类和各类受托代理资产的数量。
2. 受托代理货币资金的账面余额及本期变动额。
3. 各类受托代理资产的账面余额、期初、期末及其本期变动情况。
4. 暂估入账受托代理资产的账面价值及变动情况。
5. 受托代理资产的处置情况。

第十四章 其他资产

第一节 待摊费用

一、待摊费用的含义

待摊费用是用于核算政府会计主体已经支付，但应当由本期和以后各期分别负担的分摊期在1年以内（含1年）的各项费用，如预付航空保险费、预付租金等。摊销期限在1年以上的租入固定资产改良支出和其他费用，应当通过"长期待摊费用"科目核算，不通过本科目核算。

待摊费用应当在其受益期限内分期平均摊销，如预付航空保险费应在保险期的有效期内、预付租金应在租赁期内分期平均摊销，计入当期费用。

二、待摊费用的账务处理

"待摊费用"科目按照摊销费用的种类进行明细核算。该科目期末借方余额，反映单位各种已支付但尚未摊销的分摊期在1年以内（含1年）的费用。

1. 发生待摊费用时，按照实际预付的金额，借记"待摊费用"科目，贷记"财政拨款收入""零余额账户用款额度""银行存款"等科目。

2. 按照受益期限分期平均摊销时，依据摊销金额，借记"业务活动费用""单位管理费用""经营费用"等科目，贷记"待摊费用"科目。

3. 如果某项待摊费用已经不能使单位受益，应当将其摊余金额一次全部转入当期费用。按照摊销金额，借记"业务活动费用""单位管理费用""经营费用"等科目，贷记"待摊费用"科目。

【例14-1】2×19年5月，某事业单位为开展非独立核算经营业务临时租入设备一台，租赁期为6个月，预付租金48 000元，于当月开始摊销。2×19年8月，因市场需求变化产品升级，原有设备无法满足需要，将设备摊余金额一次全部转入当期费用。

预付租金：
借：待摊费用——设备租赁费　　　　　　　　　　　　　　　　48 000
　　贷：银行存款　　　　　　　　　　　　　　　　　　　　　　　48 000

该业务应按平行记账原则同时进行预算会计账务处理。

各月摊销：
借：经营费用　　　　　　　　　　　　　　　　　　　　　　　　8 000
　　贷：待摊费用——设备租赁费　　　　　　　　　　　　　　　　8 000

8月将摊余金额一次转入当期费用：
借：经营费用　　　　　　　　　　　　　　　　　　　　　　　　24 000
　　贷：待摊费用——设备租赁费　　　　　　　　　　　　　　　　24 000

三、待摊费用的披露

政府会计主体应当在资产负债表"待摊费用"项目中反映单位已经支出,但应当由本期和以后各期负担的分摊期在1年以内(含1年)的各项费用的期末余额。该项目应根据"待摊费用"科目的期末余额填列。

第二节 长期待摊费用

一、长期待摊费用的含义

长期待摊费用于核算单位已经支出,但应由本期和以后各期负担的分摊期限在1年以上(不含1年)的各项费用,如以经营租赁方式租入的固定资产发生的改良支出等。

二、长期待摊费用的账务处理

"长期待摊费用"科目应当按照费用项目进行明细核算,该科目期末借方余额,反映单位尚未摊销完毕的长期待摊费用。

单位在发生长期待摊费用时,按照支出金额,借记"长期待摊费用"科目,贷记"财政拨款收入""零余额账户用款额度""银行存款"等科目;按受益期间摊销长期待摊费用时,按照摊销金额,借记"业务活动费""单位管理费用""经营费用"等科目,贷记"长期待摊费用"科目;如果某项长期待摊费用已经不能使单位受益,应当将其摊余金额一次全部转入当期费用,按照摊销金额,借记"业务活动费用""单位管理费用""经营费用"等科目,贷记"长期待摊费用"科目。

【例14-2】甲事业单位为开展非独立核算经营业务与某公司签订设备租赁合同,以经营租赁方式租入专用设备一台,设备租期为4年,该设备租入后需要进行改良,甲单位以银行存款支付改良支出96 000元。

发生改良支出时:
借:长期待摊费用——租入固定资产改良支出　　　　　　　　　　96 000
　　贷:银行存款　　　　　　　　　　　　　　　　　　　　　　96 000

该业务应按平行记账原则同时进行预算会计账务处理。

在设备在租赁期内,按月进行摊销时:
借:经营费用　　　　　　　　　　　　　　　　　　　　　　　　2 000
　　贷:长期待摊费用——租入固定资产改良支出　　　　　　　　2 000

三、长期待摊费用的披露

政府会计主体应当在资产负债表"长期待摊费用"项目,反映单位期末已经支出,但应由本期和以后各期负担的分摊期限在1年以上(不含1年)的各项费用。本项目应当根据"长期待摊费用"科目的期末余额填列。

第三节 待处理财产损溢

一、待处理财产损溢的含义

待处理财产损溢核算单位在资产清查过程中查明的各种资产盘盈、盘亏和报废、毁损的价值。待处理财产损溢应及时查明原因，按照规定程序报批处理。

二、待处理财产损溢的账务处理

"待处理财产损溢"科目应当按照待处理的资产项目进行明细核算；对于在资产处理过程中取得收入或发生相关费用的项目，还应当设置"待处理财产价值""处理净收入"明细科目，进行明细核算。

单位资产清查中查明的资产盘盈、盘亏、报废和毁损，一般应当先记入本科目，按照规定报经批准后及时进行账务处理。但是，单位经批准处置资产时转销的被处置资产价值不通过"待处理财产损溢"科目核算，应按照处置资产的账面价值记入"资产处置费用"科目。

本科目期末如为借方余额，反映尚未处理完毕的各种资产的净损失；期末如为贷方余额，放映尚未处理完毕的各种资产净溢余。年末，经批准处理后，本科目一般应无余额。

（一）账款核对时发现的库存现金短缺或溢余

1. 每日账款核对中发现现金短缺或溢余，属于现金短缺，按照实际短缺的金额，借记本科目，贷记"库存现金"科目；属于现金溢余，按照实际溢余的金额，借记"库存现金"科目，贷记本科目。

2. 如为现金短缺，属于应由责任人赔偿或向有关人员追回的，借记"其他应收款"科目，贷记本科目；属于无法查明原因的，报经批准核销时，借记"资产处置费用"科目，贷记本科目。

3. 如为现金溢余，属于应支付给有关人员或单位的，借记本科目，贷记"其他应付款"科目；属于无法查明原因的，报经批准后，借记本科目，贷记"其他收入"科目。

【例14-3】2×19年6月10日，某事业单位现金清查时，发现库存现金比账面余额少200元，原因待查。经查，10日现金短缺50元为出纳员责任，已收回，其余150元无法查明原因，经批准确认为资产损失。

（1）清查现金短缺时：

借：待处理财产损溢　　　　　　　　　　　　　　　　　　　　　　　200
　　贷：库存现金　　　　　　　　　　　　　　　　　　　　　　　　　　　200

该业务应按平行记账原理同时进行预算会计账务处理。

（2）经批准确认损失时：

借：库存现金　　　　　　　　　　　　　　　　　　　　　　　　　　　50
　　资产处理费用　　　　　　　　　　　　　　　　　　　　　　　　　150
　　贷：待处理财产损溢　　　　　　　　　　　　　　　　　　　　　　　　200

该业务应按平行记账原理同时进行预算会计账务处理。

【例14-4】2×19年9月10日，某事业单位现金清查时，发现库存现金比账面余额多500元，原因无法查明，30日经批准确认其他收入。

（1）清查现金溢余时：

借：库存现金　　　　　　　　　　　　　　　　　　　　　　　　　　500
　　贷：待处理财产损溢　　　　　　　　　　　　　　　　　　　　　　　　500

该业务应按平行记账原理同时进行预算会计账务处理。

（2）经批准确认收入时：

借：待处理财产损溢　　　　　　　　　　　　　　　　　　　　　　　500
　　贷：其他收入　　　　　　　　　　　　　　　　　　　　　　　　　　　500

（二）资产清查过程中发现的存货、固定资产、无形资产、公共基础设施、政府储备物资、文物文化资产、保障性住房等各类资产盘盈

1. 转入待处理资产时，按照确定的成本，借记"库存物品""固定资产""无形资产""公共基础设施""政府储备物资""文物文化资产""保障性住房"等科目，贷记本科目。

2. 按照规定报经批准后处理时，对于盘盈的流动资产，借记本科目，贷记"单位管理费用"[事业单位]或"业务活动费用"[行政单位]科目。对于盘盈的非流动资产，如属于本年度取得的，按照当年新取得的相关资产进行账务处理；如属于以前年度取得的，按照前期差错处理，借记本科目，贷记"以

前年度盈余调整"科目。

【例 14-5】 2×19 年 7 月 30 日，某事业单位进行资产清查盘点，盘盈一台通用设备和一批物资。该设备和物资市场价格分别为 20 000 元和 10 000 元，均为以前年度取得，经上级主管部门批准，做盘盈处理。

(1) 盘盈设备和物资时：

借：固定资产——通用设备　　　　　　　　　　　　　　　　　　　　　20 000
　　库存物品　　　　　　　　　　　　　　　　　　　　　　　　　　　　10 000
　　　贷：待处理财产损溢——固定资产　　　　　　　　　　　　　　　　　　　20 000
　　　　　　　　　　　　——存货　　　　　　　　　　　　　　　　　　　　　10 000

(2) 批准处理时：

借：待处理财产损溢——固定资产　　　　　　　　　　　　　　　　　　　20 000
　　　　　　　　　——存货　　　　　　　　　　　　　　　　　　　　　10 000
　　　贷：以前年度盈余调整　　　　　　　　　　　　　　　　　　　　　　　　20 000
　　　　　单位管理费用——商品和服务费用　　　　　　　　　　　　　　　　　10 000

(三) 资产清查过程中发现的存货、固定资产、无形资产、公共基础设施、政府储备物资、文物文化资产、保障性住房等各类资产盘亏或毁损、报废

1. 转入待处理资产时，借记本科目（待处理财产价值）[盘亏、毁损、报废固定资产、无形资产、公共基础设施、保障性住房的，还应借记"固定资产累计折旧""无形资产累计摊销""公共基础设施累计折旧（摊销）""保障性住房累计折旧"科目]，贷记"库存物品""固定资产""无形资产""公共基础设施""政府储备物资""文物文化资产""保障性住房""在建工程"等科目。涉及增值税业务的，相关账务处理参见"应交增值税"科目。

报经批准处理时，借记"资产处置费用"科目，贷记本科目（待处理财产价值）。

2. 处理毁损、报废实物资产过程中取得的残值或残值变价收入、保险理赔和过失人赔偿等，借记"库存现金""银行存款""库存物品""其他应收款"等科目，贷记本科目（处理净收入）；处理毁损、报废实物资产过程中发生的相关费用，借记本科目（处理净收入），贷记"库存现金""银行存款"等科目。

3. 处理收支结清，如果处理收入大于相关费用的，按照处理收入减去相关费用后的净收入，借记本科目（处理净收入），贷记"应缴财政款"等科目；如果处理收入小于相关费用的，按照相关费用减去处理收入后的净支出，借记"资产处置费用"科目，贷记本科目（处理净收入）。

【例 14-6】 2×19 年 9 月 30 日，某事业单位拟报废 1 台通用设备，价值共计 500 000 元，已经计提折旧 400 000 元。经过有关部门批准同意报废，处理时发生运费 2 000 元，并收到变卖收入 20 000 元。

(1) 申请报废时：

借：待处理财产损溢——固定资产——待处理财产价值　　　　　　　　　　100 000
　　固定资产累计折旧——通用设备　　　　　　　　　　　　　　　　　　400 000
　　　贷：固定资产——通用设备　　　　　　　　　　　　　　　　　　　　　　500 000

(2) 经批准处置时：

借：资产处置费用　　　　　　　　　　　　　　　　　　　　　　　　　100 000
　　　贷：待处理财产损溢——固定资产——待处理财产价值　　　　　　　　　　100 000

(3) 发生运费时：

借：待处理财产损溢——固定资产——处理净收入　　　　　　　　　　　　　2 000
　　　贷：库存现金　　　　　　　　　　　　　　　　　　　　　　　　　　　　2 000

(4) 取得变卖收入时：

借：银行存款　　　　　　　　　　　　　　　　　　　　　　　　　　　20 000
　　　贷：待处理财产损溢——固定资产——处理净收入　　　　　　　　　　　　20 000

借：待处理财产损溢——固定资产——处理净收入　　　　　　　　　　　　18 000
　　　贷：应缴财政款——应缴国库款　　　　　　　　　　　　　　　　　　　　18 000

第十五章 负 债

第一节 负债概述

一、负债的确认与计量

（一）负债的确认

负债是指政府会计主体过去的经济业务或者事项形成的，预期会导致经济资源流出政府会计主体的现时义务。现时义务是指政府会计主体在现行条件下已承担的义务。包括法定义务和推定义务。法定义务，是指因合同、法律法规或其他司法解释等产生的义务。推定义务，是指根据政府会计主体以往的习惯做法、已公布的政策或者已公开的承诺或声明，政府会计主体向其他方表明其将承担并且其他方也合理预期政府会计主体将履行的相关义务。未来发生的经济业务或者事项形成的义务不属于现时义务，不应当确认为负债。

符合负债定义的义务，在同时满足以下条件时，确认为负债：

（1）履行该义务很可能导致含有服务潜力或者经济利益的经济资源流出政府会计主体。从负债的定义来看，预期会导致经济资源的流出是负债的一个基本特征。在实务中履行经济义务所需流出的经济资源带有不确定性，尤其是与推定义务相关的经济利益需要大量估计，因此负债的确定应当与经济资源的流出的不确定性程度的判断结合起来。如果有确凿证据表明与现实义务有关的经济资源很可能流出政府会计主体，就应当将其作为负债予以确认。反之如果承担了现实义务，但是会导致流出的经济资源可能性很小，就不符合负债的确认条件，不能将其作为负债予以确认。

（2）该义务的金额能够可靠地计量。负债的确认在考虑经济利益流出政府会计主体的同时，对于未来流出的经济资源的金额应当能够可靠计量。对于法定义务流出经济资源的金额，通常可以根据合同或法律规定的金额予以确定。考虑到经济资源的流出通常在未来期间，有时未来期间较长，有关金额的计量需要考虑货币时间价值等因素的影响，对于推定义务有关经济资源流出政府会计主体，政府会计主体应当根据履行义务所需支出的最佳估计数进行估计，并综合考虑货币时间价值、风险等因素的影响。

（二）负债的计量

负债的计量属性主要包括历史成本、现值和公允价值。在历史成本计量下，负债按照因承担现时义务而实际收到的款项或者资产的金额，或者承担现时义务的合同金额，或者按照为偿还负债预期需要支付的现金计量。在现值计量下，负债按照预计期限内需要偿还的未来净现金流出量的折现金额计量。在公允价值计量下，负债按照市场参与者在计量日发生的有序交易中，转移负债所需支付的价格计量。

政府会计主体在对负债进行计量时，一般应当采用历史成本。采用现值、公允价值计量的，应当保证所确定的负债金额能够持续、可靠计量。

二、负债的内容与分类

1. 按照流动性，政府会计主体的负债分为流动负债和非流动负债。

流动负债是指预计在1年内（含1年）偿还的负债，包括短期借款、应付短期政府债券、应付及预收款项、应缴款项等。

非流动负债是指流动负债以外的负债,包括长期借款、长期应付款、应付长期政府债券等。

2. 按偿还时间和金额是否确定,政府会计主体的负债分为偿还时间与金额基本确定的负债和由或有事项形成的预计负债。

3. 按政府会计主体的业务性质及风险程度,偿还时间与金额基本确定的负债分为融资活动形成的举借债务及其应付利息、运营活动形成的应付及预收款项和暂收性负债。

三、负债的财务管理

(一) 加强负债的分类管理,防范财务风险

政府会计主体应当对不同性质的负债进行分类管理,针对不同类别负债的特点,采取相应的管理措施。对于融资活动形成举借债务,是政府会计主体因资金短缺而主动举借的债务,受债务合同或协议的约束,使政府会计主体面临的偿债压力较大;运营活动形成的应付及预收款项是政府会计主体在运营过程中因购买了商品、接受服务或履行公共职能等应付而未付的款项,这类负债需要政府会计主体在未来运用自身的资产或服务来偿还,但其在偿还期限和偿还方式方面,相对于举借债务一般具有更大的弹性,使政府会计主体面临的偿债压力相对较小;运营活动形成的暂收性负债是政府会计主体暂时收到、随后应上缴或者退还、转拨给其他方的款项,这类负债由暂收的款项来偿还,因而使政府会计主体未来面临的偿债压力很小、基本不存在债务风险。因此,政府会计主体应当根据不同类别的负债,综合考虑各类负债的到期期限,加强现金流量管理,针对各类到期负债和运营活动需要,合理安排资金的使用,编制还款计划,保证借款的按期归还,切实防范财务风险。

(二) 防范与负债有关的法律、法规风险

除法律、行政法规另有规定外,行政单位不得举借债务,不得对外提供担保;事业单位不得违反财务制度的规定,为其他单位或个人提供债务担保。

事业单位应当加强举借债务决策、审批管理,重大举借债务行为在进行充分的可行性论证基础上,坚持集体决策、科学决策和民主决策的原则,在按有关规定履行审批手续,切实防范法律、法规风险。

(三) 加强清算的管理

单位发生划转、撤销、合并、分立时应当进行清算。单位清算,应当在主管部门和财政部门的监督指导下,对单位的财产、债权债务等进行全面清理,编制财产目录和债权债务清单,提出财产作价依据和债权债务处理办法,做好资产的移交接收划转和管理工作,并妥善处理各项遗留问题。

四、负债的内部控制

政府会计主体应加强负债的内部控制,防范债务风险。负债内部控制的主要内容包括:

1. 严格按不相容职务相分离原则和管理需要,科学合理设置负债管理岗位,明确各管理岗位的职责权限,不得由一人负责债务业务的全过程。

2. 加强举借债务的决策控制,确保决策、执行、监督相互分离,分别行权。对于借款金额较大、属于重大经济事项的业务,应当进行充分论证,按"三重一大"有关要求由单位领导班子集体研究决定。

3. 加强借款合同控制,加强合同签订业务的授权审批控制、流程控制,重大借款合同应聘请法律顾问出具专业意见。

4. 加强记录控制,正确核算和准确记录各类负债,定期与债权单位核对,及时进行债务清理,防范财务风险。

第二节 举借债务

举借债务是指政府会计主体通过融资活动借入的债务,包括政府举借的债务以及其他政府会计主体

借入的款项。

政府举借的债务包括政府发行的政府债券，向外国政府、国际经济组织等借入的款项，以及向上级政府借入转贷资金形成的借入转贷款。

其他政府会计主体借入的款项是指除政府以外的其他政府会计主体从银行或其他金融机构等借入的款项。

对于举借债务，政府会计主体应当在与债权人签订借款合同或协议并取得举借资金时确认为负债。

举借债务初始确认为负债时，应当按照实际发生额计量。

对于借入款项，初始确认为负债时应当按照借款本金计量；借款本金与取得的借款资金的差额应当计入当期费用。

对于发行的政府债券，初始确认为负债时应当按照债券本金计量；债券本金与发行价款的差额应当计入当期费用。

政府以外部门和单位举借的债务主要包括短期借款、长期借款以及由于举借债务形成的应付利息。本节主要介绍政府以外部门和单位举借债务。

一、短期借款

（一）短期借款的含义

短期借款是指事业单位借入的期限在1年内（含1年）的各种借款。事业单位根据业务活动的需要，从银行或其他金融机构取得短期借款，以弥补经费的不足。短期借款是有偿使用的资金需要按期偿还并支付借款利息。

（二）短期借款的核算

短期借款按照贷款单位和贷款种类进行明细核算。

1. 借入短期借款。

事业单位取得短期借款时，按实际借入金额，借记"银行存款"科目，贷记"短期借款"科目。

2. 银行承兑汇票到期，本单位无力支付票款。

银行承兑汇票到期，本单位无力支付票款的，按照银行承兑汇票的票面金额，借记"应付票据"，贷记"短期借款"。

3. 计提短期借款利息。

资产负债表日，计提短期借款利息时，借记"其他费用"科目，贷记"应付利息"科目。

4. 支付借款利息。

支付短期借款利息时，借记"应付利息"科目，贷记"银行存款"科目。

5. 短期借款到期，归还借款本金。

归还短期借款时，借记"短期借款"科目，贷记"银行存款"科目。

【例15-1】某事业单位（增值税一般纳税人）1月1日向银行借入期限为1年的借款200 000元，借款利率6%，按季支付利息，会计处理如下：

（1）取得借款时：

借：银行存款　　　　　　　　　　　　　　　　　　　　　　　　　　200 000
　　贷：短期借款　　　　　　　　　　　　　　　　　　　　　　　　　　200 000

该业务应按平行记账原则同时进行预算会计账务处理。

（2）月末计提借款利息：

借：其他费用　　　　　　　　　　　　　　　　　　　　　　　　　　1 000
　　贷：应付利息　　　　　　　　　　　　　　　　　　　　　　　　　　1 000

（3）每季度末支付借款利息：

借：应付利息　　　　　　　　　　　　　　　　　　　　　　　　　　3 000
　　贷：银行存款　　　　　　　　　　　　　　　　　　　　　　　　　　3 000

该业务应按平行记账原则同时进行预算会计账务处理。

【例15-2】承接【例15-1】资料，该项短期借款年末到期，用银行存款归还本金。

借：短期借款　　　　　　　　　　　　　　　　　　　　　　　　200 000
　　贷：银行存款　　　　　　　　　　　　　　　　　　　　　　　　　200 000

该业务应按平行记账原则同时进行预算会计账务处理。

【例15-3】某事业单位（增值税一般纳税人）购入材料A一批，价值30 000元，增值税专用发票注明进项税额4 800元，材料已经验收入库。对方代垫运费1 200元，该事业单位开出一张承兑期限3个月的不带息银行承兑汇票。金额36 000元，会计处理如下：

（1）购入材料，验收入库：

借：库存物品——材料A　　　　　　　　　　　　　　　　　　　　31 200
　　应交增值税——应交税金（进项税额）　　　　　　　　　　　　　4 800
　　贷：应付票据　　　　　　　　　　　　　　　　　　　　　　　　　36 000

（2）银行承兑汇票到期偿还应付票据款时：

借：应付票据　　　　　　　　　　　　　　　　　　　　　　　　　36 000
　　贷：银行存款　　　　　　　　　　　　　　　　　　　　　　　　　36 000

该业务应按平行记账原则同时进行预算会计账务处理。

【例15-4】承接【例15-3】资料，上述银行承兑汇票到期后，该事业单位不能如期支付票据款。

借：应付票据　　　　　　　　　　　　　　　　　　　　　　　　　36 000
　　贷：短期借款　　　　　　　　　　　　　　　　　　　　　　　　　36 000

该业务应按平行记账原则同时进行预算会计账务处理。

二、长期借款

（一）长期借款的含义

长期借款是事业单位经批准向银行或其他金融机构借入的偿还期限在1年以上（不含1年）的各项借款。

事业单位长期借款的特点是偿还期限较长、借款数额较大，通常与事业单位战略发展和基本建设项目有关。事业单位通过长期借款筹集到的资金，一般用于事业单位改善基础设施建设，如购建固定资产、开展工程项目和基建项目等。

（二）长期借款的核算

长期借款应当在与债权人签订借款合同并取得举借资金时予以确认，按照借款的实际发生额计量。

事业单位设置"长期借款"科目，核算事业单位经批准向银行或其他金融机构借入的期限超过1年（不含1年）的各种借款。本科目下设"本金"和"应计利息"明细科目，并应当按照贷款单位和贷款种类进行明细核算，对于基建项目借款，还应按具体项目进行明细核算。

1. 借入各项长期借款时，按照实际借入的金额，借记"银行存款"科目，贷记"长期借款——本金"科目。

2. 为购建固定资产发生的专门借款费用分别以下情况处理：

政府以外的其他政府会计主体为购建固定资产等工程项目借入专门借款的，对于发生的专门借款费用，应当按照借款费用减去尚未动用的借款资金产生的利息收入后的金额，属于工程项目建设期间发生的，计入工程成本，按照计算确定的应支付的利息金额，借记"在建工程"科目，贷记"应付利息"科目；属于工程项目完工交付使用后发生的利息，计入当期费用，按照计算确定的应支付的利息金额，借记"其他费用"科目，贷记"应付利息"科目。

工程项目建设期间是指自工程项目开始建造起至交付使用时止的期间。工程项目建设期间发生非正常中断且中断时间连续超过3个月（含3个月）的，政府会计主体应当将非正常中断期间的借款费用计入当期费用。如果中断是使工程项目达到交付使用所必需的程序，则中断期间所发生的借款费用仍应计入工程成本。

借款费用，是指政府会计主体因举借债务而发生的利息及其他相关费用，包括借款利息、辅助费用以及因外币借款而发生的汇兑差额等。其中，辅助费用是指政府会计主体在举借债务过程中发生的手续费、佣金等费用。

3. 按期计提其他长期借款的利息时，按照计算确定的应支付的利息金额，借记"其他费用"科目，贷记"应付利息"科目（分期付息、到期还本借款的利息）或"长期借款——应计利息"科目（到期一次还本付息借款的利息）。

4. 到期归还长期借款本金、利息时，借记"长期借款（本金、应计利息）"科目，贷记"银行存款"科目。

5. "长期借款"科目期末贷方余额，反映事业单位尚未偿还的长期借款本息金额。

【例15-5】某事业单位20×7年1月1日经批准，动工兴建一幢办公楼，工期预计为1年零6个月，工程采用出包方式，该事业单位为建造办公楼于20×7年1月1日取得交通银行专门借款5 000万元，借款期限为3年，年利率为6%。借款利息按年支付。该单位于20×7年1月1日支付预付工程进度款1 500万元、20×7年7月1日支付预付工程进度款2 000万元，20×8年1月1日支付预付工程进度款1 500万元。假设专门借款闲置资金全部存入银行，月存款利率为0.25%。由于地处北方，受气温影响办公楼建设20×7年12月至20×8年3月停工，20×8年6月30日完工交付使用。

(1) 由于该单位使用了专门借款建造办公楼，办公楼建造支出没有超过专门借款金额，且工程停工是由于受气温影响，属于正常停工，在确认借款费用资本化金额时，停工期间借款费用仍然要进行资本化。因此该事业单位为建造办公楼应予资本化期间为20×7年1月1日至20×8年6月30日。

(2) 计算在资本化期间内专门借款实际发生的利息金额。

20×7年借款发生的利息金额 = 5 000 × 6% = 300（万元）

20×7年闲置借款资金存款利息 = 3 500 × 0.25% × 6 + 1 500 × 0.25% × 6 = 75（万元）

由于在资本化期间内，资本化金额应当按照借款费用减去尚未动用的借款资金产生的利息收入后的金额确定，因此：

20×7年借款费用资本化金额 = 300 - 75 = 225（万元）

其中：20×7年1~6月每月应资本化借款利息 = 5 000 × 6%/12 - 3 500 × 0.25% = 16.25（万元）

20×7年1~6月每月存款利息 = 25 - 16.25 = 8.75（万元）

20×7年7~12月每月应资本化借款利息 = 5 000 × 6%/12 - 1 500 × 0.25% = 21.25（万元）

20×7年7~12月每月存款利息 = 25 - 21.25 = 3.75（万元）

会计分录：（假设存款利息当月转入银行账户）

取得专门借款时：

借：银行存款　　　　　　　　　　　　　　　　　　　　　　　　　　　50 000 000

　　贷：长期借款——交通银行　　　　　　　　　　　　　　　　　　　　　50 000 000

该业务应按平行记账原则同时进行预算会计账务处理。

20×7年1月1日支付工程预付款时：

借：预付账款——预付工程款——办公楼　　　　　　　　　　　　　　　15 000 000

　　贷：银行存款　　　　　　　　　　　　　　　　　　　　　　　　　　　15 000 000

该业务应按平行记账原则同时进行预算会计账务处理。

20×7年1~6月：

借：在建工程——借款费用——办公楼　　　　　　　　　　　　　　　　　162 500

　　银行存款　　　　　　　　　　　　　　　　　　　　　　　　　　　　　87 500

　　贷：应付利息　　　　　　　　　　　　　　　　　　　　　　　　　　　250 000

该业务应按平行记账原则同时进行预算会计账务处理。

20×7年7月1日支付工程预付款时：

借：预付账款——预付工程款——办公楼　　　　　　　　　　　　　　　20 000 000

　　贷：银行存款　　　　　　　　　　　　　　　　　　　　　　　　　　　20 000 000

该业务应按平行记账原则同时进行预算会计账务处理。

20×7年7~12月：

借：在建工程——借款费用——办公楼　　　　　　　　　　　　　　212 500
　　银行存款　　　　　　　　　　　　　　　　　　　　　　　　　 37 500
　　贷：应付利息　　　　　　　　　　　　　　　　　　　　　　　　　　　　250 000

该业务应按平行记账原则同时进行预算会计账务处理。20×7年末支付利息：

借：应付利息　　　　　　　　　　　　　　　　　　　　　　　　3 000 000
　　贷：银行存款　　　　　　　　　　　　　　　　　　　　　　　　　　　3 000 000

该业务应按平行记账原则同时进行预算会计账务处理。

20×8年专门借款发生的利息金额 =5 000×6% =300（万元）
20×8年专门借款闲置资金存款取得的利息金额 =0（万元）

20×8年1~6月确认借款费用资本化金额 =5 000×6%×6/12 -0 =150（万元），每月应资本化借款利息 =150/6 =25（万元）。

20×8年6月30日交付使用，20×8年7月至借款到期日，借款利息应计入当期损益。每月月末确认利息费用25万元。

会计分录：

20×8年1月1日支付工程预付款时：

借：预付账款——预付工程款——办公楼　　　　　　　　　　　　15 000 000
　　贷：银行存款　　　　　　　　　　　　　　　　　　　　　　　　　　15 000 000

该业务应按平行记账原则同时进行预算会计账务处理。

20×8年1~6月。

借：在建工程——借款费用——办公楼　　　　　　　　　　　　　　250 000
　　贷：应付利息　　　　　　　　　　　　　　　　　　　　　　　　　　　250 000

20×8年7~12月。

借：其他费用　　　　　　　　　　　　　　　　　　　　　　　　　250 000
　　贷：应付利息　　　　　　　　　　　　　　　　　　　　　　　　　　　250 000

20×8年末支付利息。

借：应付利息　　　　　　　　　　　　　　　　　　　　　　　　3 000 000
　　贷：银行存款　　　　　　　　　　　　　　　　　　　　　　　　　　　3 000 000

该业务应按平行记账原则同时进行预算会计账务处理。

【例15-6】 承接【例15-5】，假设上例工程停工的原因是由于出现安全生产事故，导致工程于20×8年1月至20×8年4月停工4个月，重新开工后工期顺延至20×8年10月30日，其他资料不变。

由于停工原因为非正常停工，且发生非正常中断且中断时间连续超过3个月，该事业单位应将非正常中断期间的借款费用计入当期费用，因此，为建造办公楼应予资本化期间为20×7年1月1日至20×7年12月31日和20×8年5月1日至20×8年10月30日。

会计分录：

20×7年账务处理同【例15-5】。

20×8年1月1日支付工程预付款时：

借：预付账款——预付工程款——办公楼　　　　　　　　　　　　15 000 000
　　贷：银行存款　　　　　　　　　　　　　　　　　　　　　　　　　　15 000 000

该业务应按平行记账原则同时进行预算会计账务处理。

20×8年1~4月会计分录：

借：其他费用　　　　　　　　　　　　　　　　　　　　　　　　　250 000
　　贷：应付利息　　　　　　　　　　　　　　　　　　　　　　　　　　　250 000

20×8年5~10月会计分录：

借：在建工程——借款费用——办公楼　　　　　　　　　　　　　　250 000
　　贷：应付利息　　　　　　　　　　　　　　　　　　　　　　　　　　　250 000

20×8年11~12月。
借：其他费用　　　　　　　　　　　　　　　　　　　　　　　　　　250 000
　　贷：应付利息　　　　　　　　　　　　　　　　　　　　　　　　　　　250 000
20×8年末支付利息。
借：应付利息　　　　　　　　　　　　　　　　　　　　　　　　　　3 000 000
　　贷：银行存款　　　　　　　　　　　　　　　　　　　　　　　　　　3 000 000
该业务应按平行记账原则同时进行预算会计账务处理。

【例15-7】承接【例15-6】资料，上述专门借款到期后，该事业单位偿还借款本金5 000万元。
借：长期借款　　　　　　　　　　　　　　　　　　　　　　　　　　50 000 000
　　贷：银行存款　　　　　　　　　　　　　　　　　　　　　　　　　　50 000 000
该业务应按平行记账原则同时进行预算会计账务处理。

三、应付利息

应付利息是事业单位按照合同约定应支付的借款利息。

事业单位设置"应付利息"科目，核算事业单位按照合同约定应支付的借款利息，包括短期借款、分期付息到期还本的长期借款等应支付的利息。该科目应当按照债权人等进行明细核算，期末贷方余额，反映事业单位应付未付的利息金额。

事业单位应当按照借款本金和合同或协议约定的利率按期计提举借债务的利息。对于属于流动负债的举借债务以及属于非流动负债的分期付息、一次还本的举借债务，应当将计算确定的应付未付利息确认为流动负债，计入应付利息；对于其他举借债务，应当将计算确定的应付未付利息确认为非流动负债，计入相关非流动负债的账面余额。

应付利息的主要账务处理如下：

1. 为建造固定资产、公共基础设施等借入的专门借款的利息，属于建设期间发生的，按期计提利息费用时，按照计算确定的金额，借记"在建工程"科目，贷记"应付利息"科目；不属于建设期间发生的，按期计提利息费用时，按照计算确定的金额，借记"其他费用"科目，贷记"应付利息"科目。

2. 对于其他借款，按期计提利息费用时，按照计算确定的金额，借记"其他费用"科目，贷记"应付利息"科目。

3. 实际支付应付利息时，按照支付的金额，借记"应付利息"科目，贷记"银行存款"等科目。

【例15-8】某事业单位经批准于2019年1月1日从银行取得期限两年的长期借款1 200 000元，借款利率为5%，每月利息额为5 000元，该款项用于构建固定资产，每年付息一次，按月计息，工程建设期为1年。

(1) 借入款项时：
借：银行存款　　　　　　　　　　　　　　　　　　　　　　　　　　1 200 000
　　贷：长期借款　　　　　　　　　　　　　　　　　　　　　　　　　　1 200 000
该业务应按平行记账原则同时进行预算会计账务处理。

(2) 2019年1~12月按月计提借款利息：
借：在建工程　　　　　　　　　　　　　　　　　　　　　　　　　　　　5 000
　　贷：应付利息　　　　　　　　　　　　　　　　　　　　　　　　　　　　5 000

(3) 2019年末支付借款利息：
借：应付利息　　　　　　　　　　　　　　　　　　　　　　　　　　　　60 000
　　贷：银行存款　　　　　　　　　　　　　　　　　　　　　　　　　　　60 000
该业务应按平行记账原则同时进行预算会计账务处理。

(4) 2020年1~12月按月计提借款利息：
借：其他费用　　　　　　　　　　　　　　　　　　　　　　　　　　　　5 000
　　贷：应付利息　　　　　　　　　　　　　　　　　　　　　　　　　　　　5 000

(5) 2020年末支付借款利息：

借：应付利息　　　　　　　　　　　　　　　　　　　　　　　　60 000
　　贷：银行存款　　　　　　　　　　　　　　　　　　　　　　　　　60 000

该业务应按平行记账原则同时进行预算会计账务处理。

第三节　应付及预收款项

应付及预收款项，是指政府会计主体在运营活动中形成的应当支付而尚未支付的款项及预先收到但尚未实现收入的款项，包括应付职工薪酬、应付账款、预收款项、应交税费、应付国库集中支付结余（政府财政部门）和其他应付未付款项。

应付及预收款项会计核算涉及的会计科目主要有"应交增值税""其他应交税费""应付职工薪酬""应付票据""应付账款""预收账款""应付政府补贴款""预提费用""长期应付款"。

一、应交增值税

增值税是以商品（含应税劳务）在流转过程中产生的增值额作为计税依据而征收的一种流转税。从计税原理上说，增值税是对商品生产、流通、劳务服务中多个环节的新增价值或商品的附加值征收的一种流转税。增值税是对销售货物或者提供加工、修理修配劳务（以下简称提供应税劳务）、销售服务、无形资产及不动产（以下简称应税行为），以及进口货物的单位和个人就其实现的增值额征收的一个税种。

（一）应交增值税明细科目设置

"应交增值税"科目核算单位按照税法规定计算应交纳的增值税。属于增值税一般纳税人的单位，应当在本科目下设置"应交税金""未交税金""预交税金""待抵扣进项税额""待认证进项税额""待转销项税额""简易计税""转让金融商品应交增值税""代扣代交增值税"等明细科目。

1. "应交税金"明细账内应当设置"进项税额""已交税金""转出未交增值税""减免税款""销项税额""进项税额转出""转出多交增值税"等专栏。其中：

（1）"进项税额"专栏，记录单位购进货物、加工修理修配劳务、服务、无形资产或不动产而支付或负担的、准予从当期销项税额中抵扣的增值税额；

（2）"已交税金"专栏，记录单位当月已交纳的应交增值税额；

（3）"转出未交增值税"和"转出多交增值税"专栏，分别记录一般纳税人月度终了转出当月应交未交或多交的增值税额；

（4）"减免税款"专栏，记录单位按照现行增值税制度规定准予减免的增值税额；

（5）"销项税额"专栏，记录单位销售货物、加工修理修配劳务、服务、无形资产或不动产应收取的增值税额；

（6）"进项税额转出"专栏，记录单位购进货物、加工修理修配劳务、服务、无形资产或不动产等发生非正常损失以及其他原因而不应从销项税额中抵扣、按照规定转出的进项税额。

2. "未交税金"明细科目，核算单位月度终了从"应交税金"或"预交税金"明细科目转入当月应交未交、多交或预缴的增值税额，以及当月交纳以前期间未交的增值税额。

3. "预交税金"明细科目，核算单位转让不动产、提供不动产经营租赁服务等，以及其他按照现行增值税制度规定应预缴的增值税额。

4. "待抵扣进项税额"明细科目，核算单位已取得增值税扣税凭证并经税务机关认证，按照现行增值税制度规定准予以后期间从销项税额中抵扣的进项税额。

5. "待认证进项税额"明细科目，核算单位由于未经税务机关认证而不得从当期销项税额中抵扣的进项税额。包括：一般纳税人已取得增值税扣税凭证并按规定准予从销项税额中抵扣，但尚未经税务机关认证的进项税额；一般纳税人已申请稽核但尚未取得稽核相符结果的海关缴款书进项税额。

6. "待转销项税额"明细科目，核算单位销售货物、加工修理修配劳务、服务、无形资产或不动产，已确认相关收入（或利得）但尚未发生增值税纳税义务而需于以后期间确认为销项税额的增值税额。

7. "简易计税"明细科目，核算单位采用简易计税方法发生的增值税计提、扣减、预缴、缴纳等业务。

8. "转让金融商品应交增值税"明细科目，核算单位转让金融商品发生的增值税额。

9. "代扣代交增值税"明细科目，核算单位购进在境内未设经营机构的境外单位或个人在境内的应税行为代扣代缴的增值税。

属于增值税小规模纳税人的单位只需在本科目下设置"转让金融商品应交增值税""代扣代交增值税"明细科目。

（二）应交增值税的主要账务处理

对于应交增值税，单位应当在发生应税事项导致承担纳税义务时，按照税法等规定计算的应交税费金额予以确认。

1. 单位取得资产或接受劳务等业务。

（1）采购等业务进项税额允许抵扣。单位购买用于增值税应税项目的资产或服务等时，按照应计入相关成本费用或资产的金额，借记"业务活动费用""在途物品""库存物品""工程物资""在建工程""固定资产""无形资产"等科目，按照当月已认证的可抵扣增值税额，借记"应交增值税——应交税金（进项税额）"，按照当月未认证的可抵扣增值税额，借记"应交增值税——待认证进项税额"，按照应付或实际支付的金额，贷记"应付账款""应付票据""银行存款""零余额账户用款额度"等科目。发生退货的，如原增值税专用发票已做认证，应根据税务机关开具的红字增值税专用发票做相反的会计分录；如原增值税专用发票未做认证，应将发票退回并做相反的会计分录。

小规模纳税人购买资产或服务等时不能抵扣增值税，发生的增值税计入资产成本或相关成本费用。

（2）采购等业务进项税额不得抵扣。单位购进资产或服务等，用于简易计税方法计税项目、免征增值税项目、集体福利或个人消费等，其进项税额按照现行增值税制度规定不得从销项税额中抵扣的，取得增值税专用发票时，应按照增值税发票注明的金额，借记相关成本费用或资产科目，按照待认证的增值税进项税额，借记"应交增值税——待认证进项税额"，按照实际支付或应付的金额，贷记"银行存款""应付账款""零余额账户用款额度"等科目。经税务机关认证为不可抵扣进项税时，借记"应交增值税——应交税金（进项税额）"，贷记"应交增值税——待认证进项税额"，同时，将进项税额转出，借记相关成本费用科目，贷记"应交增值税——应交税金（进项税额转出）"。

（3）购进不动产或不动产在建工程按照规定进项税额分年抵扣。单位取得应税项目为不动产或者不动产在建工程，其进项税额按照现行增值税制度规定自取得之日起分2年从销项税额中抵扣的，应当按照取得成本，借记"固定资产""在建工程"等科目，按照当期可抵扣的增值税额，借记"应交增值税——应交税金（进项税额）"，按照以后期间可抵扣的增值税额，借记"应交增值税——待抵扣进项税额"，按照应付或实际支付的金额，贷记"应付账款""应付票据""银行存款""零余额账户用款额度"等科目。尚未抵扣的进项税额待以后期间允许抵扣时，按照允许抵扣的金额，借记"应交增值税——应交税金（进项税额）"，贷记"应交增值税——待抵扣进项税额"。

（4）进项税额抵扣情况发生改变。单位因发生非正常损失或改变用途等，原已计入进项税额、待抵扣进项税额或待认证进项税额，但按照现行增值税制度规定不得从销项税额中抵扣的，借记"待处理财产损溢""固定资产""无形资产"等科目，贷记"应交增值税——应交税金（进项税额转出）""应交增值税——待抵扣进项税额"或"应交增值税——待认证进项税额"；原不得抵扣且未抵扣进项税额的固定资产、无形资产等，因改变用途等用于允许抵扣进项税额的应税项目的，应按照允许抵扣的进项税额，借记"应交增值税——应交税金（进项税额）"，贷记"固定资产""无形资产"等科目。固定资产、无形资产等经上述调整后，应按照调整后的账面价值在剩余尚可使用年限内计提折旧或摊销。

单位购进时已全额计入进项税额的货物或服务等转用于不动产在建工程的，对于结转以后期间的进项税额，应借记"应交增值税——待抵扣进项税额"，贷记"应交增值税——应交税金（进项税额转出）"。

（5）购买方作为扣缴义务人。按照现行增值税制度规定，境外单位或个人在境内发生应税行为，在境内未设有经营机构的，以购买方为增值税扣缴义务人。境内一般纳税人购进服务或资产时，按照应计入相关成本费用或资产的金额，借记"业务活动费用""在途物品""库存物品""工程物资""在建工程""固定资产""无形资产"等科目，按照可抵扣的增值税额，借记"应交增值税——应交税金（进项税额）"[小规模纳税人应借记相关成本费用或资产科目]，按照应付或实际支付的金额，贷记"银行存款""应付账款"等科目，按照应代扣代缴的增值税额，贷记"应交增值税——代扣代交增值税"。实际缴纳代扣代缴增值税时，按照代扣代缴的增值税额，借记"应交增值税——代扣代交增值税"，贷记"银行存款""零余额账户用款额度"等科目。

2. 单位销售资产或提供服务等业务。

（1）销售资产或提供服务业务。单位销售货物或提供服务，应当按照应收或已收的金额，借记"应收账款""应收票据""银行存款"等科目，按照确认的收入金额，贷记"经营收入""事业收入"等科目，按照现行增值税制度规定计算的销项税额（或采用简易计税方法计算的应纳增值税额），贷记"应交增值税——应交税金（销项税额）""应交增值税——简易计税"（一般纳税人采用简易计税方式）"应交增值税"（小规模纳税人）。发生销售退回的，应根据按照规定开具的红字增值税专用发票做相反的会计分录。

按照政府会计制度及相关政府会计准则确认收入的时点早于按照增值税制度确认增值税纳税义务发生时点的，应将相关销项税额记入"应交增值税——待转销项税额"，待实际发生纳税义务时再转入"应交增值税——应交税金（销项税额）"或"应交增值税——简易计税"。

按照增值税制度确认增值税纳税义务发生时点早于按照本制度及相关政府会计准则确认收入时点的，应按照应纳增值税额，借记"应收账款"科目，贷记"应交增值税——应交税金（销项税额）"或"应交增值税——简易计税"。

（2）金融商品转让按照规定以盈亏相抵后的余额作为销售额。金融商品实际转让月末，如产生转让收益，则按照应纳税额，借记"投资收益"科目，贷记"应交增值税——转让金融商品应交增值税"；如产生转让损失，则按照可结转下月抵扣税额，借记"应交增值税——转让金融商品应交增值税"，贷记"投资收益"科目。交纳增值税时，应借记"应交增值税——转让金融商品应交增值税"，贷记"银行存款"等科目。年末，"应交增值税——转让金融商品应交增值税"如有借方余额，则借记"投资收益"科目，贷记"应交增值税——转让金融商品应交增值税"。

3. 月末转出多交增值税和未交增值税。

月度终了，单位应当将当月应交未交或多交的增值税自"应交税金"明细科目转入"未交税金"明细科目。对于当月应交未交的增值税，借记"应交增值税——应交税金（转出未交增值税）"，贷记"应交增值税——未交税金"；对于当月多交的增值税，借记"应交增值税——未交税金"，贷记"应交增值税——应交税金（转出多交增值税）"。

4. 交纳增值税。

（1）交纳当月应交增值税。单位交纳当月应交的增值税，借记"应交增值税——应交税金（已交税金）"；小规模纳税人借记"应交增值税"，贷记"银行存款"等科目。

（2）交纳以前期间未交增值税。单位交纳以前期间未交的增值税，借记"应交增值税——未交税金"；小规模纳税人借记"应交增值税"科目，贷记"银行存款"等科目。

（3）预交增值税。单位预交增值税时，借记"应交增值税——（预交税金）"，贷记"银行存款"等科目。月末，单位应将"预交税金"明细科目余额转入"未交税金"明细科目，借记"应交增值税——未交税金"，贷记"应交增值税——预交税金"。

（4）减免增值税。对于当期直接减免的增值税，借记"应交增值税——应交税金（减免税款）"，贷记"业务活动费用""经营费用"等科目。

按照现行增值税制度规定，单位初次购买增值税税控系统专用设备支付的费用以及缴纳的技术维护费允许在增值税应纳税额中全额抵减的，按照规定抵减的增值税应纳税额，借记"应交增值税——应交税金（减免税款）"（小规模纳税人借记"应交增值税"），贷记"业务活动费用""经营费用"等科目。

5. 本科目期末贷方余额，反映单位应交未交的增值税；期末如为借方余额，反映单位尚未抵扣或多交的增值税。

【例 15-9】 某事业单位（增值税一般纳税人）2019 年 6 月购进材料一批，取得增值税专用发票，发票上注明金额 100 万元，税额 16 万元，并于当月在增值税发票查询平台对该发票进行了认证。材料验收入库时会计处理如下：

借：库存物品　　　　　　　　　　　　　　　　　　　　　　　　　　1 000 000
　　应交增值税——应交税金（进项税额）　　　　　　　　　　　　　　　160 000
　　贷：银行存款　　　　　　　　　　　　　　　　　　　　　　　　　　1 160 000

该业务应按平行记账原则同时进行预算会计账务处理。

【例 15-10】 某事业单位（增值税一般纳税人）2019 年 6 月缴纳当月增值税 6 000 元。会计处理如下：

借：应交增值税——应交税金（已交税金）　　　　　　　　　　　　　　　16 000
　　贷：银行存款　　　　　　　　　　　　　　　　　　　　　　　　　　　16 000

该业务应按平行记账原则同时进行预算会计账务处理。

【例 15-11】 月份终了，某事业单位将当月应交未交增值税额 5 000 元转入"应交增值税——未交税金"科目。

借：应交增值税——应交税金（转出未交增值税）　　　　　　　　　　　　 5 000
　　贷：应交增值税——未交税金　　　　　　　　　　　　　　　　　　　　 5 000

【例 15-12】 月份终了，某事业单位将当月多交的增值税额 5 000 元转入"应交增值税——未交税金"科目。

借：应交增值税——未交税金　　　　　　　　　　　　　　　　　　　　　 5 000
　　贷：应交增值税——应交税金（转出多交增值税）　　　　　　　　　　　 5 000

【例 15-13】 某事业单位（增值税一般纳税人）购入增值税税控系统专用设备，以银行存款支付设备采购款 23 万元（价税合计）。按规定可以全额享受减免增值税。作如下账务处理：

借：固定资产　　　　　　　　　　　　　　　　　　　　　　　　　　　230 000
　　贷：银行存款　　　　　　　　　　　　　　　　　　　　　　　　　　230 000

该业务应按平行记账原则同时进行预算会计账务处理。

按规定抵减的增值税应纳税额：

借：应交增值税——应交税金（减免税款）　　　　　　　　　　　　　　　230 000
　　贷：单位管理费用　　　　　　　　　　　　　　　　　　　　　　　　　230 000

【例 15-14】 某事业单位（增值税一般纳税人）2019 年 6 月销售货物一批，开具增值税专用发票，发票上注明货款金额 200 万元，销项税额 32 万元，款项均已收到，会计处理如下：

借：银行存款　　　　　　　　　　　　　　　　　　　　　　　　　　2 320 000
　　贷：经营收入　　　　　　　　　　　　　　　　　　　　　　　　　2 000 000
　　　　应交增值税——应交税金（销项税额）　　　　　　　　　　　　　320 000

该业务应按平行记账原则同时进行预算会计账务处理。

【例 15-15】 某事业单位（增值税一般纳税人）本月购入物品 10 000 元，取得增值专用发票，进项税额 1 600 元，该单位将所购物品用于职工集体福利。会计处理为：

验收入库时：

借：库存物品　　　　　　　　　　　　　　　　　　　　　　　　　　　　10 000
　　应交增值税——待认证进项税额　　　　　　　　　　　　　　　　　　　1 600
　　贷：银行存款　　　　　　　　　　　　　　　　　　　　　　　　　　　11 600

该业务应按平行记账原则同时进行预算会计账务处理。

经税务机关认证不可抵扣进项税额时：

借：应交增值税——应交税金（进项税额）　　　　　　　　　　　　　　　　1 600
　　贷：应交增值税——待认证进项税额　　　　　　　　　　　　　　　　　1 600

同时：

借：库存物品　　　　　　　　　　　　　　　　　　　　　　　　　　　　 1 600

贷：应交增值税——应交税金（进项税额转出） 1 600

【例15-16】 月份终了，将当月预缴的增值税额3 000元转入未交税金科目。

借：应交增值税——未交税金 3 000
　　贷：应交增值税——预交税金 3 000

【例15-17】 当月交纳以前期间未交的增值税额4 500元。

借：应交增值税——未交税金 4 500
　　贷：银行存款 4 500

该业务应按平行记账原则同时进行预算会计账务处理。

【例15-18】 2019年6月10日，某事业单位（增值税一般纳税人）购进办公大楼一栋用于单位办公，计入固定资产，并于当月开始计提折旧。6月20日，该纳税人取得该大楼的增值税专用发票并认证相符，专用发票注明的金额为1 000万元，增值税税额为100万元，按照现行增值税制度规定自取得之日起分2年从销项税额中抵扣，第一年抵扣60%，第二年于取得扣税凭证的当月起第13个月抵扣40%。

借：固定资产——办公楼 10 000 000
　　应交增值税——应交税金（进项税额） 600 000
　　　　　　　——待抵扣进项税额 400 000
　　贷：银行存款 11 000 000

该业务应按平行记账原则同时进行预算会计账务处理。

剩余的40%于取得扣税凭证的当月起第13个月（2021年6月）抵扣时的处理：

借：应交增值税——应交税金（进项税额） 400 000
　　贷：应交增值税——待抵扣进项税额 400 000

【例15-19】 某事业单位（增值税一般纳税人）2019年6月购入设备一台，取得增值税专用发票，发票上注明金额100万元，税额16万元，未在当月在增值税发票查询平台对该发票进行勾选确认。会计处理如下：

借：固定资产 1 000 000
　　应交增值税——待认证进项税额 160 000
　　贷：银行存款 1 160 000

该业务应按平行记账原则同时进行预算会计账务处理。

【例15-20】 2019年1月1日，某事业单位（增值税一般纳税人）经批准与甲公司签订房产出租合同，合同约定租期三年，租金360万元（不含税），承租方应在每一年的期末支付租金和税款合计132万元，该事业单位于收到款项时开具增值税专用发票。

2019年1~12月每月确认租金收入：

借：应收账款 110 000
　　贷：应交增值税——待转销项税额 10 000
　　　　租金收入 100 000

【例15-21】 承接【例15-20】资料，2019年末，该事业单位收到甲公司转来当年租金及税款132万元，款项已收到。该事业单位开具了增值税专用发票。

借：银行存款 1 320 000
　　贷：应收账款 1 320 000

该业务应按平行记账原则同时进行预算会计账务处理。

借：应交增值税——待转销项税额 120 000
　　贷：应交增值税——应交税金（销项税额） 120 000

【例15-22】 某事业单位属于增值税小规模纳税人，经营业务为销售商品。销售商品含税价格为9 270元，该事业单位适用3%的征收率。销售款项已经收到并存入银行账户。

计算不含税销售额 = 9270 ÷ (1 + 3%) = 9000（元）
计算销项税额 = 9000 × 3% = 270（元）

借：银行存款 9 270

	贷：经营收入	9 000
	应交增值税	270

缴纳增值税：

　　借：应交增值税　　　　　　　　　　　　　　　　　　　　　　　　　　　　270
　　　　贷：银行存款　　　　　　　　　　　　　　　　　　　　　　　　　　　270

该业务应按平行记账原则同时进行预算会计账务处理。

二、其他应交税费

其他应交税费是指单位按照税法等规定计算应交纳的除增值税以外的各种税费，包括城市维护建设税、教育费附加、地方教育附加、车船税、房产税、城镇土地使用税和企业所得税等。

对于其他应交税费，单位应当在发生应税事项导致承担纳税义务时，按照税法等规定计算的应交税费金额予以确认。

单位应当设置"其他应交税费"科目核算城市维护建设税、教育费附加、地方教育附加、车船税、房产税、城镇土地使用税和企业所得税等。"其他应交税费"科目期末如果是贷方余额，反映单位应交未交的除增值税以外的税费金额；期末如为借方余额，反映单位多交纳的除增值税以外的税费金额。

增值税一般纳税人应在"其他应交税费"明细账内设置"城市维护建设税""教育费附加""地方教育附加""车船税""房产税""城镇土地使用税""代扣代缴个人所得税""单位应交所得税"等明细科目。

单位代扣代缴的个人所得税，也通过"其他应交税费"科目核算。

单位应交纳的印花税不需要预提应交税费，直接通过"业务活动费用""单位管理费用""经营费用"等科目核算，不通过"其他应交税费"科目核算。

其他应交税费的主要账务处理如下：

1. 单位发生城市维护建设税、教育费附加、地方教育附加、车船税、房产税、城镇土地使用税等纳税义务的，按照税法规定计算的应缴税费金额，借记"业务活动费用""单位管理费用""经营费用"等科目，贷记"其他应交税费（应交城市维护建设税、应交教育费附加、应交地方教育附加、应交车船税、应交房产税、应交城镇土地使用税等）"科目。

2. 单位按照税法规定计算应代扣代缴职工（含长期聘用人员）的个人所得税，借记"应付职工薪酬"科目，贷记"其他应交税费（应交个人所得税）"科目。

按照税法规定计算应代扣代缴支付给职工（含长期聘用人员）以外人员劳务费的个人所得税，借记"业务活动费用""单位管理费用"等科目，贷记"其他应交税费（应交个人所得税）"科目。

3. 单位发生企业所得税纳税义务的，按照税法规定计算的应交所得税额，借记"所得税费用"科目，贷记"其他应交税费"科目（单位应交所得税）。

4. 单位实际交纳上述各种税费时，借记"其他应交税费（应交城市维护建设税、应交教育费附加、应交地方教育附加、应交车船税、应交房产税、应交城镇土地使用税、应交个人所得税、单位应交所得税等）"科目，贷记"财政拨款收入""零余额账户用款额度""银行存款"等科目。

【例15-23】某事业单位（增值税一般纳税人）本月按照税法规定计算的应缴税费金额：城市维护建设税700元、教育费附加300元、地方教育附加200元、车船税1 000元、房产税30 000元、城镇土地使用税10 000元，账务处理如下：

	借：单位管理费用	42 200
	贷：其他应交税费——应交城市维护建设税	700
	——应交教育费附加	300
	——应交地方教育附加	200
	——应交车船税	1 000
	——应交房产税	30 000
	——应交城镇土地使用税	10 000

实际缴纳时：

借：其他应交税费——应交城市维护建设税　　　　　　　　　　　700
　　　　　　　　——应交教育费附加　　　　　　　　　　　　　300
　　　　　　　　——应交地方教育附加　　　　　　　　　　　　200
　　　　　　　　——应交车船税　　　　　　　　　　　　　　1 000
　　　　　　　　——应交房产税　　　　　　　　　　　　　 30 000
　　　　　　　　——应交城镇土地使用税　　　　　　　　　 10 000
　　贷：银行存款　　　　　　　　　　　　　　　　　　　　 42 200

该业务应按平行记账原则同时进行预算会计账务处理。

【例15-24】某事业单位（增值税一般纳税人）本月计算应代扣代缴职工的个人所得税金额2 640元，其中本单位职工2 000元，短期外聘后勤人员640元。账务处理如下：

借：应付职工薪酬（职工）　　　　　　　　　　　　　　　　 2 000
　　单位管理费用等（非职工人员）　　　　　　　　　　　　　 640
　　贷：其他应交税费——应交个人所得税　　　　　　　　　 2 640

通过零余额账户实际缴纳代扣代缴个人所得税时：

借：其他应交税费——应交个人所得税　　　　　　　　　　　 2 640
　　贷：零余额账户用款额度　　　　　　　　　　　　　　　 2 640

该业务应按平行记账原则同时进行预算会计账务处理。

【例15-25】某事业单位（增值税一般纳税人）本月按照税法规定计算的应缴所得税860元，账务处理如下：

借：所得税费用　　　　　　　　　　　　　　　　　　　　　　 860
　　贷：其他应交税费——单位应交所得税　　　　　　　　　　 860

实际缴纳时：

借：其他应交税费——单位应交所得税　　　　　　　　　　　　 860
　　贷：银行存款　　　　　　　　　　　　　　　　　　　　　 860

该业务应按平行记账原则同时进行预算会计账务处理。

三、应付职工薪酬

应付职工薪酬是指政府会计主体为获得职工（含长期聘用人员）提供的服务而给予各种形式的报酬或因辞退等原因而给予职工补偿所形成的负债。包括基本工资、国家统一规定的津贴补贴、规范津贴补贴（绩效工资）、改革性补贴、社会保险费（如职工基本养老保险费、职业年金、基本医疗保险费等）、住房公积金等。

除因辞退等原因给予职工的补偿外，政府会计主体应当在职工为其提供服务的会计期间，将应支付的职工薪酬确认为负债，并计入当期费用。

政府会计主体因辞退等原因给予职工的补偿，应当于相关补偿金额报经批准时确认为负债，并计入当期费用。

单位应当设置"应付职工薪酬"科目核算应付给职工（含长期聘用人员）及为职工支付的各种薪酬，"应付职工薪酬"科目应当根据国家有关规定按照"基本工资（含离退休费）""国家统一规定的津贴补贴""规范津贴补贴（绩效工资）""改革性补贴""社会保险费""住房公积金""其他个人收入"等进行明细核算。其中，"社会保险费""住房公积金"明细科目核算内容包括单位从职工工资中代扣代缴的社会保险费、住房公积金，以及单位为职工计算缴纳的社会保险费、住房公积金。"应付职工薪酬"科目期末贷方余额，反映单位应付未付的职工薪酬。

应付职工薪酬的主要账务处理如下：

1. 单位计算确认当期应付职工薪酬（含单位为职工计算缴纳的社会保险费、住房公积金）。

（1）计提从事专业及其辅助活动人员的职工薪酬，借记"业务活动费用""单位管理费用"科目，贷记"应付职工薪酬"科目。

（2）计提应由在建工程、加工物品、自行研发无形资产负担的职工薪酬，借记"在建工程""加工物品""研发支出"等科目，贷记"应付职工薪酬"科目。

（3）计提从事专业及其辅助活动之外的经营活动人员的职工薪酬，借记"经营费用"科目，贷记"应付职工薪酬"科目。

（4）因解除与职工的劳动关系而给予的补偿，借记"单位管理费用"等科目，贷记"应付职工薪酬"科目。

2. 向职工支付工资、津贴补贴等薪酬时，按照实际支付的金额，借记"应付职工薪酬"科目，贷记"财政拨款收入""零余额账户用款额度""银行存款"等科目。

3. 按照税法规定代扣职工个人所得税时，借记"应付职工薪酬"科目（基本工资），贷记"其他应交税费——应交个人所得税"科目。

从应付职工薪酬中代扣为职工垫付的水电费、房租等费用时，按照实际扣除的金额，借记"应付职工薪酬"科目（基本工资），贷记"其他应收款"等科目。

从应付职工薪酬中代扣社会保险费和住房公积金，按照代扣的金额，借记"应付职工薪酬"科目（基本工资），贷记"应付职工薪酬（社会保险费、住房公积金）"科目。

4. 按照国家有关规定缴纳职工社会保险费和住房公积金时，按照实际支付的金额，借记"应付职工薪酬"科目（社会保险费、住房公积金），贷记"财政拨款收入""零余额账户用款额度""银行存款"等科目。

5. 从应付职工薪酬中支付的其他款项，借记"应付职工薪酬"科目，贷记"零余额账户用款额度""银行存款"等科目。

【例15-26】某事业单位计算本月应付在职事业编制人员的职工薪酬，基本工资1 680 000元（其中：专业业务活动人员工资为1 120 000元，管理人员工资560 000元），津贴补贴980 000元（其中：专业业务活动人员650 000元，管理人员330 000元），应付社会保险费588 000元（单位承担部分，其中专业业务活动人员390 000元，管理人员198 000元），应付住房公积金266 000元（单位承担部分，其中专业业务活动人员166 000元，管理人员100 000元）。

借：单位管理费用——工资福利费用　　　　　　　　　　　　　　　　1 188 000
　　业务活动费用——工资福利费用　　　　　　　　　　　　　　　　2 326 000
　　贷：应付职工薪酬——基本工资　　　　　　　　　　　　　　　　　1 680 000
　　　　　　　　　　——规范津贴补贴　　　　　　　　　　　　　　　　980 000
　　　　　　　　　　——社会保险费　　　　　　　　　　　　　　　　　588 000
　　　　　　　　　　——住房公积金　　　　　　　　　　　　　　　　　266 000

【例15-27】该事业单位代扣应由职工个人承担的社会保险费116 000元，住房公积金266 000元，代缴个人所得税215 000元。

借：应付职工薪酬——基本工资　　　　　　　　　　　　　　　　　　　597 000
　　贷：应付职工薪酬——社会保险费　　　　　　　　　　　　　　　　　116 000
　　　　　　　　　　——住房公积金　　　　　　　　　　　　　　　　　266 000
　　　　其他应交税费——应交个人所得税　　　　　　　　　　　　　　　215 000

【例15-28】该事业单位从零余额账户发放本月工资。

实发金额＝1 680 000＋980 000－597 000＝2 063 000（元）

借：应付职工薪酬　　　　　　　　　　　　　　　　　　　　　　　　2 063 000
　　贷：零余额账户用款额度　　　　　　　　　　　　　　　　　　　　2 063 000

该业务应按平行记账原则同时进行预算会计账务处理。

【例15-29】该事业单位缴纳当月社会保险费704 000元（其中：单位部分588 000元，个人部分116 000元），住房公积金532 000元（其中单位部分266 000元，个人部分266 000元）。

借：应付职工薪酬——社会保险费　　　　　　　　　　　　　　　　　　704 000
　　　　　　　　——住房公积金　　　　　　　　　　　　　　　　　　　532 000

贷：零余额账户用款额度　　　　　　　　　　　　　　　　　　　　　　　　　　　1 236 000
该业务应按平行记账原则同时进行预算会计账务处理。

【例15-30】某事业单位通过零余额账户，代缴本月职工个人所得税215 000元。
　　借：其他应交税费——应交个人所得税　　　　　　　　　　　　　　　　　　　　　215 000
　　贷：零余额账户用款额度　　　　　　　　　　　　　　　　　　　　　　　　　　　215 000
该业务应按平行记账原则同时进行预算会计账务处理。

四、应付票据

应付票据，是指在商品购销活动中采用商业汇票结算方式而发生的，由出票人出票，委托付款人在指定日期无条件支付确定的金额给收款人或者票据的持票人的票据。

商业汇票按照不同的承兑人可以分为商业承兑汇票和银行承兑汇票两种。由银行承兑的汇票为银行承兑汇票，由银行以外的事业单位承兑的汇票为商业承兑汇票。

在我国，商业汇票的付款期限最长为6个月，因而应付票据即短期应付票据。应付票据按是否带息分为带息应付票据和不带息应付票据两种。

事业单位应设置"应付票据"科目，核算事业单位因购买材料、物资等而开出、承兑的商业汇票。"应付票据"科目应当按照债权单位进行明细核算。科目期末贷方余额，反映事业单位开出、承兑的尚未到期的应付票据金额。

事业单位应当设置"应付票据备查簿"详细登记每一应付票据的种类号数、出票日期、到期日、票面金额、交易合同号、收款人姓名或单位名称，以及付款日期和金额等资料。应付票据到期结清票款后，应当在备查簿内逐笔注销。

应付票据的主要账务处理如下：

1. 开出、承兑商业汇票时，借记"库存物品""固定资产"等科目，贷记"应付票据"科目。涉及增值税业务的，相关账务处理参见"应交增值税"科目。

以商业汇票抵付应付账款时，借记"应付账款"科目，贷记"应付票据"科目。

2. 支付银行承兑汇票的手续费时，借记"业务活动费用""经营费用"等科目，贷记"银行存款""零余额账户用款额度"等科目。

3. 商业汇票到期时，应当分别以下情况处理：

（1）收到银行支付到期票据的付款通知时，借记"应付票据"科目，贷记"银行存款"科目。

（2）银行承兑汇票到期，单位无力支付票款的，按照应付票据账面余额，借记"应付票据"科目，贷记"短期借款"科目。

（3）商业承兑汇票到期，单位无力支付票款的，按照应付票据账面余额，借记"应付票据"科目，贷记"应付账款"科目。

【例15-31】某事业单位（小规模纳税人）购买A材料一批，取得增值税专用发票注明材料价款5 000元，进项税额800元。开出一张不带息商业承兑汇票面额为5 800元，期限3个月。材料已经入库。
　　借：库存物品——A材料　　　　　　　　　　　　　　　　　　　　　　　　　　　5 800
　　贷：应付票据——某供应商　　　　　　　　　　　　　　　　　　　　　　　　　　5 800

【例15-32】承接【例15-31】，该事业单位上述商业汇票已经到期，收到银行通知，兑付票据款5 800元。
　　借：应付票据——某供应商　　　　　　　　　　　　　　　　　　　　　　　　　　5 800
　　贷：银行存款　　　　　　　　　　　　　　　　　　　　　　　　　　　　　　　　5 800
该业务应按平行记账原则同时进行预算会计账务处理。

【例15-33】承接【例15-31】，假设上述商业汇票到期后，该事业单位因资金紧张，无力承兑。
　　借：应付票据　　　　　　　　　　　　　　　　　　　　　　　　　　　　　　　　5 800
　　贷：应付账款　　　　　　　　　　　　　　　　　　　　　　　　　　　　　　　　5 800

【例15-34】某事业单位本月有一张不带息银行承兑汇票到期，票面金额为300 000元。因该单位暂时的资金周转问题，不能承兑，转为短期借款。

借：应付票据　　　　　　　　　　　　　　　　　　　　　　　　300 000
　　贷：短期借款　　　　　　　　　　　　　　　　　　　　　　　　300 000

该业务应按平行记账原则同时进行预算会计账务处理。

五、应付账款

应付账款是指政府会计主体因取得资产、接受劳务、开展工程建设等而形成的负债。

政府会计主体应当在取得资产、接受劳务，或外包工程完成规定进度时，按照应付未付款项的金额予以确认。单位因购买材料、物资或接受劳务供应而应付给供应单位的款项。

单位设置"应付账款"科目，核算因购买物资、接受服务、开展工程建设等而应付的偿还期限在1年以内（含1年）的款项。该科目应当按照债权人进行明细核算。对于建设项目，还应设置"应付器材款""应付工程款"等明细科目，并按照具体项目进行明细核算。"应付账款"科目期末贷方余额，反映单位尚未支付的应付账款金额。

应付账款的主要财务处理如下：

1. 收到所购材料、物资、设备或服务以及确认完成工程进度但尚未付款时，根据发票及账单等有关凭证，按照应付未付款项的金额，借记"库存物品""固定资产""在建工程"等科目，贷记"应付账款"科目。涉及增值税业务的，相关账务处理参见"应交增值税"科目。

2. 偿付应付账款时，按照实际支付的金额，借记"应付账款"科目，贷记"财政拨款收入""零余额账户用款额度""银行存款"等科目。

3. 开出、承兑商业汇票抵付应付账款时，借记"应付账款"科目，贷记"应付票据"科目。

4. 无法偿付或债权人豁免偿还的应付账款，应当按照规定报经批准后进行账务处理。经批准核销时，借记"应付账款"科目，贷记"其他收入"科目。核销的应付账款应在备查簿中保留登记。

【例15-35】某事业单位（一般纳税人）向某供应商购买自用材料一批，用于办公，专用发票注明不含增值税价格为4 000元，增值税640元，材料已经入库，款项未付。

借：库存物品——材料　　　　　　　　　　　　　　　　　　　　　4 000
　　应交增值税——待认证进项税额　　　　　　　　　　　　　　　　640
　　　贷：应付账款——某供应商　　　　　　　　　　　　　　　　　　4 640

经税务机关认证不可抵扣时：

借：应交增值税——应交税金（进项税额）　　　　　　　　　　　　640
　　贷：应交增值税——待认证进项税额　　　　　　　　　　　　　　640

借：库存物品——材料　　　　　　　　　　　　　　　　　　　　　640
　　贷：应交增值税——应交税金（进项税额转出）　　　　　　　　　640

【例15-36】该事业单位以银行存款支付上述购买材料所欠款项4 640元。

借：应付账款——某供应商　　　　　　　　　　　　　　　　　　　4 640
　　贷：银行存款　　　　　　　　　　　　　　　　　　　　　　　　4 640

该业务应按平行记账原则同时进行预算会计账务处理。

【例15-37】某事业单位开具商业承兑汇票一张，金额50 000元，用于抵付前欠A公司应付账款。

借：应付账款——A公司　　　　　　　　　　　　　　　　　　　　50 000
　　贷：应付票据　　　　　　　　　　　　　　　　　　　　　　　　50 000

【例15-38】某事业单位的一项应付账款账面余额为1 700元，因债权人豁免偿还予以核销。

借：应付账款——某供应商　　　　　　　　　　　　　　　　　　　1 700
　　贷：其他收入——无法偿付的款项　　　　　　　　　　　　　　　1 700

六、预收账款

预收账款是指政府会计主体按照货物、服务合同或协议或者相关规定,向接受货物或服务的主体预先收款而形成的负债。一般包括预收的货款、预收购货定金、预收的科研课题款项等。

对于预收账款,政府会计主体应当在收到预收款项时,按照实际收到款项的金额予以确认。

事业单位设置"预收账款"科目核算事业单位预先收取但尚未结算的款项。该科目应当按照债权人进行明细核算。期末贷方余额,反映事业单位预收但尚未结算的款项金额。

预收账款的主要账务处理如下:

1. 从付款方预收款项时,按照实际预收的金额,借记"银行存款"等科目,贷记本科目。

2. 确认有关收入时,按照预收账款账面余额,借记本科目,按照应确认的收入金额,贷记"事业收入""经营收入"等科目,按照付款方补付或退回付款方的金额,借记或贷记"银行存款"等科目。涉及增值税业务的,相关账务处理参见"应交增值税"科目。

3. 无法偿付或债权人豁免偿还的预收账款,应当按照规定报经批准后进行账务处理。经批准核销时,借记本科目,贷记"其他收入"科目。核销的预收账款应在备查簿中保留登记。

4. 科学事业单位从非同级政府财政部门取得的,需要与其他单位合作完成的科技项目(课题)款项:

(1)从付款方预收款项时按照收到的款项金额,借记"银行存款"等科目,贷记"预收账款"科目。

(2)按照合同规定将合作项目款转拨合作单位时,按照实际转拨的金额,借记"预收账款"科目,贷记"银行存款"等科目。

(3)按照合同完成进度确认本单位科研收入时,按照计算确认收入的金额,借记"预收账款"科目,贷记"事业收入"科目。

(4)发生因科技项目(课题)终止等情形,需按照规定将项目剩余资金退回项目(课题)立项部门时,对本单位承担项目使用的剩余资金,按照实际退回的金额,借记"预收账款"科目[尚未确认收入]或"事业收入"科目[已经确认收入],贷记"银行存款"等科目。

【例15-39】某事业单位按合同规定,预先向某单位收取非独立核算经营业务服务款项30 000元,款项已经收到并存入单位的银行账户。

借:银行存款　　　　　　　　　　　　　　　　　　　　　　　　　　　　30 000
　　贷:预收账款——某单位　　　　　　　　　　　　　　　　　　　　　30 000

该业务应按平行记账原则同时进行预算会计账务处理。

该事业单位提供了相关服务,确定服务价格共计36 000元。差额6 000元对方已经通过银行转账补付。

借:银行存款　　　　　　　　　　　　　　　　　　　　　　　　　　　　6 000
　　预收账款——某单位　　　　　　　　　　　　　　　　　　　　　　30 000
　　贷:经营收入　　　　　　　　　　　　　　　　　　　　　　　　　　36 000

该业务应按平行记账原则同时进行预算会计账务处理。

【例15-40】A研究所为某省科学技术厅下属科学研究事业单位。2019年2月1日,A研究所收到该省教育厅拨入科研项目经费100万元,按项目任务书规划,该项目由A研究所与B单位合作完成。2019年2月10日,A研究所按照项目任务书规定转拨给B合作单位科研项目经费50万元。A研究所根据实际测定完工进度确认事业收入。2019年末,A研究所经测算,已完成合同工作量的50%。

(1)A研究所收到项目拨款时:

借:银行存款　　　　　　　　　　　　　　　　　　　　　　　　　　　　1 000 000
　　贷:预收账款——省教育厅　　　　　　　　　　　　　　　　　　　　1 000 000

该业务应按平行记账原则同时进行预算会计账务处理。

(2)A研究所转拨给B单位合作款:

借:预收账款——省教育厅　　　　　　　　　　　　　　　　　　　　　　500 000
　　贷:银行存款　　　　　　　　　　　　　　　　　　　　　　　　　　500 00

该业务应按平行记账原则同时进行预算会计账务处理。

（3）A研究所年底按完工进度确认收入：

借：预收账款——省教育厅 250 000
　　贷：事业收入——科研收入——非同级财政拨款收入——省教育厅 250 000

【例15-41】承接【例15-40】，假设上述项目2020年1月因故终止，项目余款250 000元尚未确认为收入，转回给拨款单位。

借：预收账款——省教育厅 250 000
　　贷：银行存款 250 000

【例15-42】202×年×月×日，某医改试点地区，某乡镇卫生院医保收单病种医保预付保险费5万元，该单位应编制如下会计分录：

借：银行存款 50 000
　　贷：预收账款 50 000

该业务应按平行记账原则同时进行预算会计账务处理。

【例15-43】202×年×月×日，承接【例15-42】，某乡镇卫生院出院结算24 200元，医保支付2万元，发生结算差额-1 000元。患者预收押金3 000元，补付现金200元，该单位应编制如下会计分录：

借：预收账款——预收医疗款——预收医保款（明细略） 20 000
　　　　　　　　　　　　——住院预收款 3 000
　　事业收入结算差额——住院结算差额 1 000
　　库存现金 200
　　贷：应收账款——应收在院病人医疗款 24 200

该业务应按平行记账原则同时进行预算会计账务处理。

【例15-44】202×年×月×日，承接【例15-43】，收住院患者预交押金2 000元，该单位应编制如下会计分录：

借：银行存款 2 000
　　贷：预收账款——预收医疗款——住院预收款 2 000

该业务应按平行记账原则同时进行预算会计账务处理。

【例15-45】202×年×月×日，出院结算5 000元，其中患者自付1 800元，医保支付3 700元，结算差额500元，现金退回住院押金200元，该单位应编制如下会计分录：

借：预收账款——预收医疗款——预收医保款（明细略） 3 700
　　　　　　　　　　　　——住院预收款 2 000
　　贷：应收账款——应收在院病人医疗款 5 000
　　　　库存现金 200
　　　　事业收入结算差额——住院结算差额 500

该业务应按平行记账原则同时进行预算会计账务处理。

七、应付政府补贴款

应付政府补贴是指负责发放政府补贴的行政单位，按照规定应当支付给政府补贴接受者的各种政府补贴款。例如，民政部门应当向优抚对象发放的抚恤金和生活补助、住建部门应当向低收入或新就业人群发放的住房租赁补贴等。

行政单位设置"应付政府补贴款"科目核算按照规定应当支付给政府补贴接受者的各种政府补贴款。该科目应当按照应支付的政府补贴种类进行明细核算；还应当根据需要按照补贴接受者进行明细核算，或者建立备查簿对补贴接受者予以登记。该科目期末贷方余额，反映行政单位应付未付的政府补贴金额。

应付政府补贴款的主要账务处理如下：

对于因补贴支付义务引起的负债，行政单位应在政策规定发放政府补贴时点并且能够确定发放对象和应付金额时，确认为应付政府补贴款。

1. 发生应付政府补贴时，按照依规定计算确定的应付政府补贴金额，借记"业务活动费用"科目，贷记本科目。

2. 支付应付政府补贴款时，按照支付金额，借记本科目，贷记"零余额账户用款额度""银行存款"等科目。

【例15-46】某行政单位2019年6月发生应付政府补贴业务，按照规定计算本月应发放给低收入和新就业人群住房补贴款15 620元，会计处理如下：

  借：业务活动费用   15 620
    贷：应付政府补贴款——住房补贴   15 620

【例15-47】某行政单位2019年6月通过零余额账户支付前期确认的应付政府补贴款15 620元，会计处理如下：

  借：应付政府补贴款——住房补贴   15 620
    贷：零余额账户用款额度   15 620

该业务应按平行记账原则同时进行预算会计账务处理。

八、预提费用

预提费用是指单位按规定预先提取但尚未实际支付的各项费用。预提费用的特点是受益、预提在前，支付在后。

单位设置"预提费用"科目，核算单位预先提取的已经发生但尚未支付的费用，如预提租金费用等。事业单位按规定从科研项目收入中提取的项目间接费用或管理费，也通过本科目核算。

事业单位计提的借款利息费用，通过"应付利息""长期借款"科目核算，不通过本科目核算。

"预提费用"科目应当按照预提费用的种类进行明细核算。对于提取的项目间接费用或管理费，应当在本科目下设置"项目间接费用或管理费"明细科目，并按项目进行明细核算。该科目期末贷方余额，反映单位已预提但尚未支付的各项费用。

预提费用的主要账务处理如下：

（一）项目间接费用或管理费

通常情况下，单位按规定从科研项目收入中提取项目间接费用或管理费时，按照提取的金额，借记"单位管理费用"科目，贷记"预提费用"科目（项目间接费用或管理费）；高等学校、科学事业单位和医院除按制度规定借记"单位管理费用"科目外，也可根据实际情况借记"业务活动费用"等科目，贷记"预提费用"科目（项目间接费用或管理费）。

实际使用计提的项目间接费用或管理费时，按照实际支付的金额，借记"预提费用"科目（项目间接费用或管理费），贷记"银行存款""库存现金"等科目。

高等学校、科学事业单位和医院使用计提的项目间接费用或管理费购买固定资产、无形资产的，借记"固定资产""无形资产"科目，贷记"银行存款"等科目，同时，借记"预提费用"科目（项目间接费用或管理费），贷记"累计盈余"科目。

（二）其他预提费用

按期预提租金等费用时，按照预提的金额，借记"业务活动费用""单位管理费用""经营费用"等科目，贷记本科目。

实际支付款项时，按照支付金额，借记本科目，贷记"零余额账户用款额度""银行存款"等科目。

【例15-48】某事业单位2019年1月1日预提第一季度库房租金金额12 000元。2017年4月1日支付第一季度租金。

  借：单位管理费用   12 000
    贷：预提费用   12 000

支付租金：

  借：预提费用   12 000
    贷：银行存款   12 000

该业务应按平行记账原则同时进行预算会计账务处理。

【例15-49】某研究所2019年5月2日从科研项目收入中提取项目管理费用10 000元。2019年6月2日从预提的管理费用中购买办公用品2 000元，购买电脑设备5 000元，以上款项从零余额账户用款额度支付。

（1）提取项目管理费：

借：单位管理费用　　　　　　　　　　　　　　　　　　　　　　　　　　　10 000
　　贷：预提费用——项目间接费用或管理费　　　　　　　　　　　　　　　　10 000

该业务应按平行记账原则同时进行预算会计账务处理。

（2）支付办公用品费用时：

借：预提费用——项目间接费用或管理费　　　　　　　　　　　　　　　　　2 000
　　贷：零余额账户用款额度　　　　　　　　　　　　　　　　　　　　　　　2 000

该业务应按平行记账原则同时进行预算会计账务处理。

（3）支付电脑设备款时：

借：固定资产　　　　　　　　　　　　　　　　　　　　　　　　　　　　　5 000
　　贷：零余额账户用款额度　　　　　　　　　　　　　　　　　　　　　　　5 000

该业务应按平行记账原则同时进行预算会计账务处理。

借：预提费用——项目间接费用或管理费　　　　　　　　　　　　　　　　　5 000
　　贷：累计盈余　　　　　　　　　　　　　　　　　　　　　　　　　　　　5 000

九、长期应付款

长期应付款是指单位发生的偿还期限在1年以上（不含1年）的应付款项。与长期借款不同的是，长期应付款通常与大型资产购买和租赁业务有关，主要包括以融资租赁方式租入固定资产的租赁费和跨年度分期付款购入固定资产的价款。

对于长期应付款，政府会计主体应当在取得相应资产时，按照应付未付款项的金额予以确认。

单位设置"长期应付款"科目核算单位发生的偿还期限超过1年（不含1年）的应付款项，如以融资租赁方式取得的固定资产的租赁费等。该科目应当按照长期应付款的类别以及债权人进行明细核算。"长期应付款"科目期末贷方余额，反映单位尚未支付的长期应付款。

长期应付款的主要账务处理：

1. 单位以融资租赁方式租入固定资产或以跨年度分期付款购入固定资产时，不需要安装的固定资产按照确定的成本，借记"固定资产"科目，需要安装的借记"在建工程"等科目，贷记"长期应付款"科目。

【例15-50】某医院以分期付款方式购入大型检测设备一台，价款1 200万元，合同约定设备款分2年支付，每年支付设备款600万元。该设备不需要安装，支付设备运费1 000元。

借：固定资产　　　　　　　　　　　　　　　　　　　　　　　　　　　12 001 000
　　贷：长期应付款——检测设备款　　　　　　　　　　　　　　　　　　12 000 000
　　　　银行存款　　　　　　　　　　　　　　　　　　　　　　　　　　　　1 000

支付运费业务应按平行记账原则同时进行预算会计账务处理。

2. 支付长期应付款时，按照实际支付的金额，借记"长期应付款"科目，贷记"财政拨款收入""零余额账户用款额度""银行存款"科目。涉及增值税业务的，应按"应缴增值税"科目核算要求进行相应的账务处理。

【例15-51】承接【例15-50】，按合同约定，该医院支付当年应支付的上述医疗检测设备款600万元。

借：长期应付款——检测设备款　　　　　　　　　　　　　　　　　　　　6 000 000
　　贷：银行存款　　　　　　　　　　　　　　　　　　　　　　　　　　　6 000 000

该业务应按平行记账原则同时进行预算会计账务处理。

3. 无法偿付或债权人豁免偿还的长期应付款，应当按照规定报经批准后进行账务处理。经批准核销时，借记"长期应付款"科目，贷记"其他收入"等科目。已核销的长期应付款应在备查簿中保留登记。

4. 购入固定资产涉及质保金形成长期应付款的，应当在取得固定资产时，按取得固定资产的成本，借记"固定资产"科目（不需安装）或"在建工程"科目（需要安装），按照实际支付的金额，贷记"零余额账户用款额度"或"银行存款"等科目，按照质量保证金额贷记"长期应付款"科目。质保期满支付质量保证金时，借记"长期应付款"科目，贷记"零余额账户用款额度"或"银行存款"等科目。

【例15-52】某高校根据教学业务需要，拟自筹资金组建无线校园网。经政府采购招标，与某网络施工单位签订了校园无线网络施工合同。合同约定价款300万元，为了保证工程质量，该高校扣留20%工程价款作为质量保证金，约定在工程完工验收合格后两年内支付。

借：固定资产　　　　　　　　　　　　　　　　　　　　　　　　　3 000 000
　　贷：银行存款　　　　　　　　　　　　　　　　　　　　　　　　　2 400 000
　　　　长期应付款——校园网质保金　　　　　　　　　　　　　　　　　600 000

支付工程款2 400 000元业务应按平行记账原则同时进行预算会计核算。

【例15-53】承接【例15-52】，上述校园网交付使用两年，使用中未发现质量问题，两年质保期到期后支付施工单位质保金60万元。

借：长期应付款　　　　　　　　　　　　　　　　　　　　　　　　　600 000
　　贷：银行存款　　　　　　　　　　　　　　　　　　　　　　　　　600 000

该业务应按平行记账原则同时进行预算会计账务处理。

第四节　暂收性负债

暂收性负债是指政府会计主体暂时收取，随后应做上缴、退回、转拨等处理的款项。暂收性负债主要包括应缴财政款和其他暂收款项。

其他暂收款项，是指除应缴财政款以外的其他暂收性负债，包括政府会计主体暂时收取，随后应退还给其他方的押金或保证金、随后应转付给其他方的转拨款等款项。

一、应缴财政款

应缴财政款，是指政府会计主体暂时收取、按规定应当上缴国库或财政专户的款项而形成的负债。包括应缴国库的款项和应缴财政专户的款项。

对于应缴财政款，政府会计主体通常应当在实际收到相关款项时，按照相关规定计算确定的上缴金额予以确认。

为核算单位取得或应收的按照规定应当上缴财政的款项，单位应设置"应缴财政款"科目。该科目应当按照应缴财政款项的类别进行明细核算，期末贷方余额，反映单位应当上缴财政但尚未缴纳的款项。年终清缴后，本科目一般应无余额。

应缴财政款的主要账务处理如下：

1. 单位取得或应收按照规定应缴财政的款项时，借记"银行存款""应收账款"等科目，贷记本科目。

2. 单位处置资产取得的应上缴财政的处置净收入的账务处理，参见"待处理财产损溢"等科目。

3. 单位上缴应缴财政的款项时，按照实际上缴的金额，借记本科目，贷记"银行存款"科目。

【例15-54】2019年9月1日，某高校收取新生学费4 500 000元，次日全额上缴财政专户。

（1）收到学费时：

借：银行存款　　　　　　　　　　　　　　　　　　　　　　　　　4 500 000

　　　　贷：应缴财政款——学费收入　　　　　　　　　　　　　　　　　　　　　4 500 000
　（2）上缴财政专户管理时：
　　　借：应缴财政款——学费收入　　　　　　　　　　　　　　　　　　　　　4 500 000
　　　　贷：银行存款　　　　　　　　　　　　　　　　　　　　　　　　　　　4 500 000

【例15-55】 2019年3月，某事业单位经批准提前报废复印机一台，账面余额36 000元，已提折34 500元，取得变价收入3 000元存入开户行，从银行账户支付清理费用500元。该事业单位按规定将处置净收入上缴财政。

（1）注销处置资产账面价值：
　　　借：待处理财产损溢——待处理资产价值　　　　　　　　　　　　　　　　　1 500
　　　　　固定资产累计折旧　　　　　　　　　　　　　　　　　　　　　　　　34 500
　　　　贷：固定资产——复印机　　　　　　　　　　　　　　　　　　　　　　36 000
（2）收到处置收入：
　　　借：银行存款　　　　　　　　　　　　　　　　　　　　　　　　　　　　3 000
　　　　贷：待处理财产损溢——处理净收入　　　　　　　　　　　　　　　　　　3 000
（3）支付清理费用：
　　　借：待处理财产损溢——处理净收入　　　　　　　　　　　　　　　　　　　　500
　　　　贷：银行存款　　　　　　　　　　　　　　　　　　　　　　　　　　　　　500
（4）处置净收入上缴财政：

$$处置净收入 = 3\,000 - 500 = 2\,500（元）$$

　　　借：待处理财产损溢——处理净收入　　　　　　　　　　　　　　　　　　　2 500
　　　　贷：应缴财政款——资产处置净收入　　　　　　　　　　　　　　　　　　2 500
（5）转销固定资产账面价值：
　　　借：资产处置费用　　　　　　　　　　　　　　　　　　　　　　　　　　1 500
　　　　贷：待处理财产损溢——待处理资产价值　　　　　　　　　　　　　　　　1 500

二、其他应付款

其他应付款，是指除应缴财政款以外的其他暂收性负债，包括政府会计主体暂时收取、随后应退还给其他方的押金或保证金、随后应转付给其他方的转拨款等款项。

单位设置"其他应付款"科目，核算单位除应缴财政款以外，其他各项偿还期限在1年内（含1年）的应付及暂收款项，如收取的押金、存入保证金、已经报销但尚未偿还银行的本单位公务卡欠款等。

同级政府财政部门预拨的下期预算款和没有纳入预算的暂付款项，以及采用实拨资金方式通过本单位转拨给下属单位的财政拨款，也通过本科目核算。

"其他应付款"科目应当按照其他应付款的类别以及债权人等进行明细核算，期末贷方余额，反映单位尚未支付的其他应付款金额。

其他应付款的主要账务处理如下：

1. 发生其他应付及暂收款项时，借记"银行存款"等科目，贷记本科目。支付（或退回）其他应付及暂收款项时，借记本科目，贷记"银行存款"等科目。将暂收款项转为收入时，借记本科目，贷记"事业收入"等科目。

2. 收到同级政府财政部门预拨的下期预算款和没有纳入预算的暂付款项，按照实际收到的金额，借记"银行存款"等科目，贷记本科目；待到下一预算期或批准纳入预算时，借记本科目，贷记"财政拨款收入"科目。

采用实拨资金方式通过本单位转拨给下属单位的财政拨款，按照实际收到的金额，借记"银行存款"科目，贷记本科目；向下属单位转拨财政拨款时，按照转拨的金额，借记本科目，贷记"银行存款"科目。

【例15-56】 2×19年9月，某单位收到同级财政部门预拨的第四季度预算款5 000 000元。该单位的账务处理如下：

借：银行存款　　　　　　　　　　　　　　　　　　　　　　　　　　　5 000 000
　　贷：其他应付款　　　　　　　　　　　　　　　　　　　　　　　　　　5 000 000

【例 15-57】 2×19 年 10 月，【例 15-56】的 5 000 000 元预拨款项纳入预算，该单位的账务处理如下：

借：其他应付款　　　　　　　　　　　　　　　　　　　　　　　　　　5 000 000
　　贷：财政拨款收入　　　　　　　　　　　　　　　　　　　　　　　　　5 000 000

3. 本单位公务卡持卡人报销时，按照审核报销的金额，借记"业务活动费用""单位管理费用"等科目，贷记本科目；偿还公务卡欠款时，借记本科目，贷记"零余额账户用款额度"等科目。

4. 涉及质保金形成其他应付款的，相关账务处理参见"固定资产"科目。

5. 无法偿付或债权人豁免偿还的其他应付款项，应当按照规定报经批准后进行账务处理。经批准核销时，借记本科目，贷记"其他收入"科目。核销的其他应付款应在备查簿中保留登记。

【例 15-58】 某事业单位 2019 年 5 月 1 日与 A 公司签订货物购销合同，为了保证合同如期履行，双方约定，A 公司须向该事业单位存入履约保证金 35 000 元，如 A 公司在 2019 年 6 月 15 日前如期供货，该事业单位应全额退还保证金 35 000 元。2019 年 5 月 1 日该事业单位收到 A 公司存入的保证金 35 000 元。

借：银行存款　　　　　　　　　　　　　　　　　　　　　　　　　　　　　35 000
　　贷：其他应付款——履约保证金——A 公司　　　　　　　　　　　　　　　35 000

【例 15-59】 承接【例 15-56】资料，2019 年 6 月 10 日，A 公司如期交货，该事业单位返还 A 公司履约保证金，以银行存款支付 35 000 元。

借：其他应付款——履约保证金——A 公司　　　　　　　　　　　　　　　　35 000
　　贷：银行存款　　　　　　　　　　　　　　　　　　　　　　　　　　　　35 000

第五节　预计负债

一、预计负债的含义和特点

预计负债是指因或有事项产生的现时义务而确认的负债。或有事项，是指由过去的经济业务或者事项形成的，其结果须由某些未来事项的发生或不发生才能决定的不确定事项。未来事项是否发生不在政府会计主体控制范围内。

政府会计主体常见的或有事项主要包括：未决诉讼或未决仲裁、对外国政府或国际经济组织的贷款担保、承诺（补贴、代偿）、自然灾害或公共事件的救助等。

或有事项具有以下特征：

首先，或有事项是由过去的经济业务或事项形成的。是过去的经济业务或事项引起的客观存在。如未决诉讼是单位因过去的经济行为导致的被其他单位起诉或起诉其他单位，是现在的一种状况，而不是未来将要发生的事项。

其次，或有事项的结果具有不确定性。如未决诉讼，被起诉的一方是否败诉，在案件的审理过程中是不确定的。

最后，或有事项的结果须由未来事项决定。如单位为其他单位提供担保，是否承担连带责任是由被担保单位未来能否如期履约来决定的。

二、预计负债的确认和计量

（一）预计负债的确认

与或有事项有关的现时义务应当在同时满足三个条件时才能确认为预计负债：（1）该义务是政府会

计主体承担的现时义务,即这种义务是政府会计主体在当前条件下已承担的义务,没有其他现实的选择,只能履行该现时义务;(2)履行该义务很可能导致含有服务潜力或者经济利益的经济资源流出政府会计主体,即履行该义务导致服务潜力或经济资源流出政府会计主体的可能性超过50%,但尚未达到基本确定的程度;(3)该义务的金额能够可靠地计量,即这种现时义务的金额能够合理地估计。

(二)预计负债的计量

预计负债应当按照履行相关现时义务所需支出的最佳估计数进行初始计量。

所需支出存在一个连续范围,且该范围内各种结果发生的可能性相同的,最佳估计数应当按照该范围内的中间值确定。

在其他情形下,最佳估计数应当分别下列情况确定:

1. 或有事项涉及单个项目的,按照最可能发生金额确定。
2. 或有事项涉及多个项目的,按照各种可能结果及相关概率计算确定。

政府会计主体在确定最佳估计数时,一般应当综合考虑与或有事项有关的风险、不确定性等因素。

政府会计主体清偿预计负债所需支出预期全部或部分由第三方补偿的,补偿金额只有在基本确定能够收到时才能作为资产单独确认。确认的补偿金额不应当超过预计负债的账面余额。

政府会计主体应当在报告日对预计负债的账面余额进行复核。有确凿证据表明该账面余额不能真实反映当前最佳估计数的,应当按照当前最佳估计数对该账面余额进行调整。履行该预计负债的相关义务不是很可能导致经济资源流出政府会计主体时,应当将该预计负债的账面余额予以转销。

政府会计主体不应当将下列与或有事项相关的义务确认为负债,但应当按照相关规定对该类义务进行披露:

1. 过去的经济业务或者事项形成的潜在义务,其存在须通过未来不确定事项的发生或不发生予以证实,未来事项是否能发生不在政府会计主体控制范围内。潜在义务是指结果取决于不确定未来事项的可能义务。
2. 过去的经济业务或者事项形成的现时义务,履行该义务不是很可能导致经济资源流出政府会计主体或者该义务的金额不能可靠计量。

【例15-60】某医院2016年涉及一起医疗事故诉讼案,截止到2016年12月31日,该医院尚未收到法院判决。经咨询医院法律顾问后,胜诉的可能性为30%,败诉的可能性为70%,如败诉,医院须赔偿100 000元。则该医院应按最可能发生的金额100 000元确认预计负债。

【例15-61】2016年11月1日,某事业单位因合同违约被丙公司起诉。截至12月31日,该事业单位尚未接到法院的判决。经咨询法律顾问,该事业单位认为最终的法律判决很可能对本单位不利。假定该事业单位预计将要支付的赔偿金额为300 000元至350 000元之间的某一金额,而且这个区间内每个金额的可能性都大致相同。

该事业单位应确认的预计负债金额 = (300 000 + 350 000)/2 = 325 000(元)

三、预计负债的核算

(一)科目设置

各单位设置"预计负债"科目核算单位对因或有事项所产生的现时义务而确认的负债,如未决诉讼等确认的负债。该科目应按照预计负债的项目进行明细核算。

(二)预计负债的主要账务处理

1. 确认预计负债时,按照应确定的金额,借记"业务活动费用""其他费用""经营费用"等科目,贷记"预计负债"科目。
2. 实际清偿预计负债时,按偿付的金额,借记"预计负债"科目,贷记"银行存款""零余额账户用款额度"等科目。
3. 根据确凿证据需要对已确认的预计负债账面余额进行调整的,按照调整增加的金额,借记有关科目,贷记"预计负债"科目;按照调整减少的金额,借记"预计负债"科目,贷记有关科目。
4. 本科目期末贷方余额,反映单位已确认但尚未支付的预计负债金额。

【例15-62】承接【例15-60】资料,该医院2016年末确认预计负债100 000元。

借:单位管理费用——诉讼赔偿 100 000
　　贷:预计负债——未决诉讼 100 000

【例15-63】承接【例15-60】资料,2017年2月,该医院收到法院判决书,法院判决该医院赔偿原告赔偿金90 000元,同时支付诉讼费5 000元。

借:预计负债——未决诉讼 90 000
　　贷:银行存款 90 000

该业务应按平行记账原则同时进行预算会计账务处理。

借:预计负债——未决诉讼 10 000
　　贷:以前年度盈余调整——单位管理费用——诉讼赔偿 10 000
借:以前年度盈余调整——单位管理费用——诉讼赔偿 10 000
　　贷:累计盈余 10 000
借:单位管理费用——诉讼费 5 000
　　贷:银行存款 5 000

该业务应按平行记账原则同时进行预算会计账务处理。

第六节　受托代理负债

受托代理负债是指各单位因接受委托,在取得受托代理资产时形成的负债。受托代理资产包括受托指定转赠的物资、受托存储保管的物资和罚没物资等。单位对受托代理资产不拥有控制权,因此"受托代理资产"并不符合《政府会计准则——基本准则》所规定的资产的定义及其确认标准。与受托代理资产相对应,单位的受托代理负债,包括因接受转赠资产形成的受托代理负债和因接受代储物资形成的受托代理负债等。

受托代理负债因单位接受受托代理资产而产生,在确认一项受托代理资产的同时确认相应的受托代理负债,按照相对应的受托代理资产的金额予以确认和计量。

单位设置"受托代理负债"科目,核算单位接受委托,取得受托管理资产时形成的负债。该科目应按委托人等进行明细核算;属于指定转赠物资和资金的,还应当按照指定受赠人进行明细核算。本科目期末贷方余额,反映单位尚未清偿的受托代理负债。

受托代理负债的账务处理如下:

(一) 收到受托代理资产

单位接受委托人的委托,收到需要转赠他人的物资、现款或储存管理的物资时,借记"受托代理资产""库存现金""银行存款"等科目,贷记"受托代理负债"科目。

(二) 交付受托代理资产

单位根据委托人要求交付受托管理的资产时,借记"受托代理负债"科目,贷记"受托代理资产""库存现金""银行存款"等科目。

【例15-64】某行政单位接受委托,将一批价值100 000元的计算机设备和现金50 000元转赠贫困地区某中学,用于帮助其改善基础办学条件。

(1) 收到教学设备和现款时:

借:受托代理资产——计算机设备 100 000
　　银行存款——受托代理存款 50 000
　　贷:受托代理负债 150 000

(2) 转赠教学设备和现款时:

借:受托代理负债 150 000
　　贷:受托代理资产——计算机设备 100 000

| 银行存款——受托代理存款 | 50 000 |

第七节　负债的披露

一、政府会计主体应当在附注中披露与举借债务、应付及预收款项、暂收性负债和预计负债有关的下列信息

1. 各类负债的债权人、偿还期限、期初余额和期末余额。
2. 逾期借款或者违约政府债券的债权人、借款（债券）金额、逾期时间、利率、逾期未偿还（违约）原因和预计还款时间等。
3. 借款的担保方、担保方式、抵押物等。
4. 预计负债的形成原因以及经济资源可能流出的时间、经济资源流出的时间和金额不确定的说明，预计负债有关的预期补偿金额和本期已确认的补偿金额。

二、对于下列或有事项

1. 过去的经济业务或者事项形成的潜在义务，其存在须通过未来不确定事项的发生或不发生予以证实，未来事项是否能发生不在政府会计主体控制范围内。潜在义务是指结果取决于不确定未来事项的可能义务。
2. 过去的经济业务或者事项形成的现时义务，履行该义务不是很可能导致经济资源流出政府会计主体或者该义务的金额不能可靠计量。

由于上述或有事项不符合负债的确认原则，不应当确认为政府会计主体的负债，但应披露或有事项相关义务的以下信息：

（1）或有事项相关义务的种类及其形成原因。
（2）经济资源流出时间和金额不确定的说明。
（3）或有事项相关义务预计产生的财务影响，以及获得补偿的可能性；无法预计的，应当说明原因。

第十六章 净资产

第一节 净资产概述

一、净资产的含义与内容

净资产是指政府会计主体资产扣除负债后的净额,其金额取决于资产和负债的计量,体现政府会计主体所拥有的资产净值。包括累计盈余、专用基金、权益法调整、本期盈余、本年盈余分配、无偿调拨净资产和以前年度盈余调整。

净资产是政府会计主体无偿占有和使用以及控制的经济资源,国家拥有政府会计主体净资产的所有权。因此,净资产既体现了国家所有者的权益,又体现了政府会计主体占有或使用者以及管理者的权益。

二、净资产的财务管理

政府会计主体净资产的财务管理,主要是对累计盈余、专用基金和权益法调整等的管理。政府会计主体的净资产,使用时有的被指定专门用途,如专用基金以及累计盈余中的财政拨款结转、财政拨款结余、非财政拨款结转等;有的没有设定专门用途,如累计盈余中的经营结余分配后的剩余净资产和非财政拨款结余分配后的剩余净资产等,单位可根据管理要求和业务灵活使用。

1. 累计盈余的管理。

要根据预算会计核算,严格区分财政拨款结转结余和非财政拨款结转结余以及经营结余。财政拨款结转结余资金应当按照同级财政部门的规定执行,财政拨款结余不参与事业单位的结余分配,财政拨款结转的具体项目与金额在预算会计预算结余类科目记载,单位要按照相应的管理规定合理使用。事业单位非财政拨款结余资金应按照国家有关规定提取专用基金,剩余部分转入累计盈余用于弥补以后年度单位收支差额,国家另有规定的,从其规定。

政府会计主体应当加强预算控制,科学编制预算,严格执行预算,加快预算执行进度,避免期末盈余过大,造成财政资金闲置浪费。对不能用或不需用的资金,要及早缴回同级财政部门,减少单位结余结转资金。

2. 专用基金的管理。

专用基金是事业单位滚存的具有限定性用途的资金,有专门的用途和使用范围。除财务制度规定允许合并使用外,各项资金之间不得相互挤占、挪用。事业单位应当按规定设立或提取专用基金。各项基金的提取比例和管理办法,国家有统一规定的,按照统一规定执行;没有统一规定的,由主管部门会同同级财政部门确定。专用基金管理应当遵循先提后用、收支平衡、专款专用、量入为出的原则,支出不得超出基金规模。

3. 权益法调整的管理。

权益法调整是事业单位采用权益法核算长期股权投资时,对被投资单位除净损益和利润分配以外的所有者权益变动累积享有(或分担)的份额计入净资产的金额。因其不属于已经实现的利润或亏损,不能确认为当期投资收益或损失。该项长期股权投资处置时,应当将原计入权益法调整的相应部分转入当期投资收益或损失。

三、净资产的内部控制

政府会计主体净资产的内部控制主要依赖于对资产、负债、收入和费用业务的控制。就净资产本身而言，一是运用会计控制方法，确保新增净资产依法合规；二是加强单位层面的控制和支出业务控制，确保净资产资金使用依法合规；三是对以前年度盈余调整要注意以下主要风险点：会计准则中没有对以前年度盈余调整事项详尽列举，需要会计人员按照以前年度盈余调整事项的判断原则来确定以前年度盈余调整事项，存在判断片面性风险。单位需要建立集体决策制度，并不断完善、细化以前年度盈余调整事项的判断原则，优化以前年度盈余调整事项的处理流程和规则。

四、净资产的确认与计量

净资产是政府会计主体某一时点的资产净额，是政府会计主体会计期末资产总额与负债总额相减后的差额，净资产的确认依赖于资产、负债及其他会计要素的确认。通常情况下，政府会计主体在调整以前年度盈余事项和无偿调拨资产事项发生时，确认以前年度盈余调整和无偿调拨净资产；期末确认收入与费用相抵后形成的本期盈余；年末按规定提取专用基金、确认权益法调整、将本年盈余分配余额和无偿调拨净资产余额转入累计盈余。以前年度盈余调整在确认的同时即转入累计盈余。

政府会计主体净资产的金额取决于资产和负债的计量。当含有经济利益或服务潜力的经济资源流入政府会计主体时，使得政府会计主体的资产增加或负债减少，从而导致当期净资产的增加，如取得各项收入。反之，当含有经济利益或服务潜力的经济资源流出政府会计主体时，使政府会计主体的资产减少或负债增加，从而导致当期净资产的减少，如发生的各项费用。基本关系式如下：

$$净资产 = 资产 - 负债$$

五、本年盈余与本年预算结余的关系

政府会计主体会计核算具备财务会计与预算会计双重功能，实现了财务会计与预算会计适度分离并相互衔接，能够全面、清晰地反映单位财务信息和预算执行信息。财务会计核算实行权责发生制，预算会计核算实行收付实现制，国务院另有规定的，依照其规定。

本年盈余是指政府会计主体在进行财务会计核算时，本年收入扣除本年费用后的余额。本年预算结余是指政府会计主体在进行预算会计核算时，预算年度内预算收入扣除预算支出后的资金余额，预算结余包括结余资金和结转资金。政府会计主体财务会计和预算会计因核算基础和核算范围不同，本年盈余数与本年预算结余数之间存在差异。具体表现在：

（一）因核算基础不同产生的差异

由于财务会计与预算会计的核算基础不同，即财务会计核算实行权责发生制，预算会计核算实行收付实现制，致使财务会计和预算会计对部分业务的收入和预算收入、费用与预算支出的确认时间不一致，导致本年盈余数与本年预算结余数之间存在差异。主要存在四方面的差异：一是当期财务会计确认为收入但预算会计没有确认为预算收入。如，某事业单位出售商品，买方开出银行承兑汇票。财务会计核算是在收到银行承兑汇票时确认收入；因为没有收到款项，预算会计不核算，即不确认事业预算收入。二是当期预算会计确认为预算收入但财务会计没有确认为收入。如，某事业单位收到预收账款，预算会计核算是在收到款项时确认为事业预算收入；财务会计核算是在收到款项时确认为预收账款，再按照业务的完成进度，分期确认为收入。三是当期财务会计确认为费用但预算会计没有确认为预算支出。如，某事业单位零星购入办公用品，款未付。财务会计核算是在收到办公用品时确认费用；因为没有支付款项，预算会计不核算，即不确认事业支出。四是当期预算会计确认为预算支出但财务会计没有确认为费用。如，某事业单位用银行存款购入存货。财务会计核算是在收到存货时确认为库存物品，发出存货时再确认为费用；预算会计核算是在支付款项时即确认为事业支出。

（二）因核算范围不同产生的差异

由于财务会计与预算会计的核算范围不同，即单位对于纳入部门预算管理的现金收支业务，在采用财务会计核算的同时进行预算会计核算；对于其他业务，仅需进行财务会计核算。核算范围不一致，导致本年盈余数与本年预算结余数之间存在差异。主要存在四个方面的差异：一是当期财务会计确认为收入但预算会计没有确认为预算收入。如，某事业单位接受捐赠一台打印机。财务会计核算是在收到打印机时确认捐赠收入；因为不是现金收支业务，预算会计不核算，即不确认捐赠预算收入。二是当期预算会计确认为预算收入但财务会计没有确认为收入。如，某事业单位收到银行借款，预算会计核算是在收到款项时确认为债务预算收入；财务会计核算是在收到款项时确认为短期借款，不确认为收入。三是当期财务会计确认为费用但预算会计没有确认为预算支出。如，某事业单位捐出电脑一台。财务会计核算是在捐出时确认资产处置费用；因为不是现金收支业务，预算会计不核算，即不确认事业支出。四是当期预算会计确认为预算支出但财务会计没有确认为费用。如，某事业单位偿还银行借款。财务会计核算是在还款时确认短期借款减少，不确认为费用；预算会计核算是在支付款项时即确认为债务还本支出。

为了反映单位财务会计和预算会计因核算基础和核算范围不同所产生的本年盈余数与本年预算结余数之间的差异，单位应当按照重要性原则，对本年度发生的各类影响收入（预算收入）和费用（预算支出）的业务进行适度归并和分析，披露将年度预算收入支出表中"本年预算收支差额"调节为年度收入费用表中"本期盈余"的信息。有关披露格式如下：

项目	金额
一、本年预算结余（本年预算收支差额）	
二、差异调节	—
（一）重要事项的差异	
加：1. 当期确认为收入但没有确认为预算收入	
（1）应收款项、预收账款确认的收入	
（2）接受非货币性资产捐赠确认的收入	
2. 当期确认为预算支出但没有确认为费用	
（1）支付应付款项、预付账款的支出	
（2）为取得存货、政府储备物资等计入物资成本的支出	
（3）为购建固定资产等的资本性支出	
（4）偿还借款本息支出	
减：1. 当期确认为预算收入但没有确认为收入	
（1）收到应收款项、预收账款确认的预算收入	
（2）取得借款确认的预算收入	
2. 当期确认为费用但没有确认为预算支出	
（1）发出存货、政府储备物资等确认的费用	
（2）计提的折旧费用和摊销费用	
（3）确认的资产处置费用（处置资产价值）	
（4）应付款项、预付账款确认的费用	
（二）其他事项差异	
三、本年盈余（本年收入与费用的差额）	

第二节 累计盈余

一、累计盈余的含义与内容

累计盈余是指政府会计主体拥有的、历年实现的净资产扣除专用基金和权益法调整后的余额。主要来源有五个：一是单位历年实现的盈余扣除盈余分配后滚存的金额；二是无偿调入、调出资产产生的净资产变动金额；三是按照规定上缴、缴回、单位间调剂结转结余资金产生的净资产变动金额；四是对以前年度盈余的调整金额；五是使用专用基金购置固定资产、无形资产时，从"专用基金"科目转入的金额。

二、累计盈余的账务处理

(一) 科目设置

政府会计主体应设置"累计盈余"科目，核算单位历年实现的盈余扣除盈余分配后滚存的金额，因无偿调入调出资产产生的净资产变动额，按照规定上缴、缴回、单位间调剂结转结余资金产生的净资产变动额，以及对以前年度盈余的调整金额等。

"累计盈余"科目期末余额，反映单位未分配盈余（或未弥补亏损）的累计数以及截至上年末无偿调拨净资产变动的累计数。年末余额，反映单位未分配盈余（或未弥补亏损）以及无偿调拨净资产变动的累计数。

(二) 主要账务处理

1. 年末，将"本年盈余分配"科目的余额转入累计盈余，借记或贷记"本年盈余分配"科目，贷记或借记"累计盈余"科目。

【例16-1】某事业单位年末"本年盈余分配"科目贷方余额20 000元。该单位应编制如下会计分录：

结转本年盈余分配科目余额：

借：本年盈余分配　　　　　　　　　　　　　　　　　　　　　　　　　　　　　　　20 000
　　贷：累计盈余　　　　　　　　　　　　　　　　　　　　　　　　　　　　　　　　20 000

2. 年末，将"无偿调拨净资产"科目的余额转入累计盈余，借记或贷记"无偿调拨净资产"科目，贷记或借记"累计盈余"科目。

【例16-2】某事业单位年末"无偿调拨净资产"科目借方余额120 000元。该单位应编制如下会计分录：

结转无偿调拨净资产科目余额：

借：累计盈余　　　　　　　　　　　　　　　　　　　　　　　　　　　　　　　　　120 000
　　贷：无偿调拨净资产　　　　　　　　　　　　　　　　　　　　　　　　　　　　　120 000

3. 按照规定上缴财政拨款结转结余资金、缴回非财政拨款结转资金、向其他单位调出财政拨款结转资金时，按照实际上缴、缴回、调出金额，借记"累计盈余"科目，贷记"财政应返还额度""零余额账户用款额度""银行存款"等科目。同时，在预算会计中进行核算。

按照规定从其他单位调入财政拨款结转资金时，按照实际调入金额，借记"零余额账户用款额度""银行存款"等科目，贷记"累计盈余"科目。同时，在预算会计中进行核算。

【例16-3】某事业单位上年财政拨款结存20 000元，按规定于本年初缴回财政。缴回款项时，该单位应编制如下会计分录：

若该单位为财政直接支付单位：

借：累计盈余　　　　　　　　　　　　　　　　　　　　　　　　　　　　　　　　　20 000
　　贷：财政应返还额度　　　　　　　　　　　　　　　　　　　　　　　　　　　　　20 000

该业务应按平行记账原则同时进行预算会计账务处理。

若该单位为财政授权支付单位：

借：累计盈余　　　　　　　　　　　　　　　　　　　　　　　　　　　　　　　　　20 000
　　贷：零余额账户用款额度　　　　　　　　　　　　　　　　　　　　　　　　　　　20 000

该业务应按平行记账原则同时进行预算会计账务处理。

【例16-4】甲事业单位，上年结转科研项目经费220 000元，资金来源为同级财政拨款，资金拨付方式为财政授权支付。由于单位职能和人员发生变动，经主管部门和财政部门批准，该科研项目调整为由乙事业单位承担，甲事业单位将上年结转科研项目经费220 000元拨付乙事业单位。应编制如下会计分录：

甲事业单位：

借：累计盈余　　　　　　　　　　　　　　　　　　　　　　　　　　　　　　　　　220 000
　　贷：零余额账户用款额度　　　　　　　　　　　　　　　　　　　　　　　　　　　220 000

该业务应按平行记账原则同时进行预算会计账务处理。

乙事业单位：

借：银行存款 220 000
　　贷：累计盈余 220 000

该业务应按平行记账原则同时进行预算会计账务处理。

【例16-5】 甲事业单位为A企业修建厂区道路，收到款项500 000元，实际支出480 000元，剩余款项20 000元。按照合同约定，剩余款项应缴回A企业。甲事业单位将剩余款项缴回时，应编制如下会计分录：

甲事业单位：

借：累计盈余 20 000
　　贷：银行存款 20 000

该业务应按平行记账原则同时进行预算会计账务处理。

4. 将"以前年度盈余调整"科目的余额转入"累计盈余"科目，借记或贷记"以前年度盈余调整"科目，贷记或借记"累计盈余"科目。

【例16-6】 某事业单位进行财产清查，盘盈以前年度取得的复印机一台，凭据金额8 000元，经财政批准入账。该单位应编制如下会计分录：

盘盈时：

借：固定资产——复印机 8 000
　　贷：待处理财产损溢 8 000

财政批准后：

借：待处理财产损溢 8 000
　　贷：以前年度盈余调整 8 000

同时：

借：以前年度盈余调整 8 000
　　贷：累计盈余 8 000

5. 按照规定使用专用基金购置固定资产、无形资产的，按照固定资产、无形资产成本金额，借记"固定资产""无形资产"科目，贷记"银行存款"等科目；同时，按照专用基金使用金额，借记"专用基金"科目，贷记"累计盈余"科目，并在预算会计中进行核算。

【例16-7】 某事业单位使用专用基金购置健身软件一套，金额15 000元。该单位应编制如下会计分录：

付款：

借：无形资产——健身软件 15 000
　　贷：银行存款 15 000

同时：

借：专用基金——职工福利基金 15 000
　　贷：累计盈余 15 000

该业务应按平行记账原则同时进行预算会计账务处理。

6. 科学事业单位使用计提的项目间接费用或管理费购买固定资产、无形资产的，在财务会计下，按照固定资产、无形资产的成本金额，借记"固定资产""无形资产"科目，贷记"银行存款"等科目；同时，按照相同的金额，借记"预提费用——项目间接费用或管理费"科目，贷记"累计盈余"科目。并在预算会计中进行核算。

【例16-8】 某科研事业单位使用计提的项目间接费用或管理费购买手提电脑，金额12 000元。该单位应编制如下会计分录：

付款：

借：固定资产——手提电脑 12 000
　　贷：银行存款 12 000

同时：

借：预提费用——项目间接费用或管理费 12 000
　　贷：累计盈余 12 000

该业务应按平行记账原则同时进行预算会计账务处理。

第三节 专用基金

一、专用基金的含义与内容

（一）含义与内容

专用基金是指事业单位按照规定提取或者设置的有专门用途的资金。目前，事业单位设立的专用基金主要包括职工福利基金、科技成果转化基金、医疗风险基金、学生奖助基金、奖助学基金、彩票兑奖周转金、森林恢复基金、住宅专项维修资金、留本基金和其他基金等。

1. 职工福利基金，是指事业单位按照非财政拨款结余的一定比例（国家规定40%以内）提取以及按照其他规定提取转入，用于单位职工的集体福利设施、集体福利待遇等的资金。

但医院和基层医疗卫生机构是根据有关规定，按照财务会计下医疗盈余等相关数据计算提取职工福利基金。

2. 科技成果转化基金，是指科学事业单位按照事业收入的一定比例提取，以及在经营收支结余中提取转入，用于科技成果转化的资金。

3. 医疗风险基金，是指医院和基层医疗卫生机构根据有关规定，按照财务会计下相关数据计算提取并列入费用的，专门用于支付医院购买医疗风险保险发生的支出，或实际发生医疗事故赔偿的资金。累计计提比例不超过当年医疗收入的 $1‰\sim 3‰$。

4. 学生奖助基金是指高等学校根据国家有关规定，按照事业收入的一定比例提取，用于学费减免、勤工助学、校内无息借款、校内奖助学金和特殊困难补助等的资金。

5. 奖助学基金，是指中小学校接受社会捐赠和按照规定从事业收入中提取转入，用于奖励、资助学生的资金。

6. 彩票兑奖周转金，是指从彩票机构业务费中计提，专项用于彩票游戏奖池、当期返奖奖金、调节基金不足以兑付或弥补彩票中奖者奖金时的垫支周转资金。

7. 森林恢复基金，是指林场按林木产品销售收入的10%比例提取全额留归林场，用于森林资源的培育、保护和管理的专项资金。破坏山林的赔偿款、征占用林地的林木赔偿款，以及上级林业主管部门拨入的造林资金补助应纳入森林恢复基金管理。

8. 住宅专项维修资金，是指专项用于住宅共用部位、共用设施设备保修期满后的维修和更新、改造的资金。

9. 留本基金，是指高等学校使用捐赠资金建立的具有永久性保留本金或在一定时期内保留本金的限定性基金。

10. 其他基金，是指事业单位按照国家有关规定，根据事业发展需要提取或者设置的其他专用资金。

（二）管理要求

1. 专用基金是事业单位滚存的具有专门用途和使用范围的资金，除财务制度规定允许合并使用外，各项资金之间不得相互挤占、挪用。

2. 专用基金的管理应当遵循先提后用、收支平衡、专款专用的原则，支出不得超出基金规模。

3. 专用基金的提取比例和管理办法，国家有统一规定的，按照统一规定执行；没有统一规定的，由主管部门会同同级财政部门确定。

二、专用基金的账务处理

（一）科目设置

事业单位应设置"专用基金"科目，核算事业单位按照规定提取或设置的具有专门用途的净资产，主要包括职工福利基金、科技成果转化基金、留本基金等。"专用基金"科目按照专用基金的类别进行明细核算。高等学校如有两个以上留本基金,应当按照每个留本基金设置明细科目进行核算。在每个留本基金明细科目下还应当设置"本金"和"收益"明细科目;在"本金"明细科目下,还应当设置"已投资"和"未投资"两个明细科目。高等学校还应当在"其他应收款"科目下设置"留本基金委托投资"明细科目,核算高等学校将留本基金委托给基金会进行的投资。

"专用基金"科目年末贷方余额,反映事业单位累计提取或设置的尚未使用的专用基金。

（二）主要账务处理

1. 年末,根据有关规定从本年度非财政拨款结余或经营结余中提取专用基金的,按照预算会计下计算的提取金额,借记"本年盈余分配"科目,贷记"专用基金"科目。同时,在预算会计中进行核算。

【例 16-9】某事业单位年末本期盈余科目贷方余额 150 000 元,根据预算会计核算得知：其他结余科目贷方余额 20 000 元,经营结余科目贷方余额 100 000 元,非财政拨款结转科目贷方余额 30 000 元。单位按照 40% 提取职工福利基金。该单位应编制如下会计分录：

职工福利基金提取金额 =（20 000 + 100 000）× 40% = 48 000（元）

借：本年盈余分配　　　　　　　　　　　　　　　　　　　　　　　　　　　48 000
　　贷：专用基金——职工福利基金　　　　　　　　　　　　　　　　　　　　　　48 000

该业务应按平行记账原则同时进行预算会计账务处理。

2. 年末,医院及基层医疗单位根据有关规定从本年度非财政拨款结余或经营结余中提取专用基金的,按照财务会计下计算的提取金额,借记"本年盈余分配"科目,贷记"专用基金"科目。同时,在预算会计中进行核算。

【例 16-10】某医院年末本期盈余科目贷方余额 120 000 元,根据财务会计明细核算得知：医疗盈余科目贷方余额 100 000 元,财政基本拨款形成的盈余 20 000 元。医院按照 20% 提取职工福利基金。该单位应编制如下会计分录：

职工福利基金提取金额 = 100 000 × 20% = 20 000（元）

借：本年盈余分配　　　　　　　　　　　　　　　　　　　　　　　　　　　20 000
　　贷：专用基金——职工福利基金　　　　　　　　　　　　　　　　　　　　　　20 000

该业务应按平行记账原则同时进行预算会计账务处理。

3. 根据有关规定从收入中提取专用基金并计入费用的,一般按照预算会计下基于预算收入计算提取的金额,借记"业务活动费用"等科目,贷记"专用基金"科目。国家另有规定的,从其规定。

【例 16-11】某医院实现医疗收入 10 000 000 元,按照医疗收入的千分之一提取医疗风险基金 10 000 元。该单位应编制如下会计分录：

借：业务活动费用——计提专用基金　　　　　　　　　　　　　　　　　　　　10 000
　　贷：专用基金——医疗风险基金　　　　　　　　　　　　　　　　　　　　　　10 000

4. 根据有关规定设置的其他专用基金,按照实际收到的基金金额,借记"银行存款"等科目,贷记"专用基金"科目。

【例 16-12】某小学接受企业家捐赠资金 50 000 元,专项用于奖励或资助贫困学生。该单位应编制如下会计分录：

借：银行存款　　　　　　　　　　　　　　　　　　　　　　　　　　　　　50 000
　　贷：专用基金——奖助学基金　　　　　　　　　　　　　　　　　　　　　　　50 000

5. 按照规定使用提取的专用基金时,借记"专用基金"科目,贷记"银行存款"等科目。使用提取的专用基金购置固定资产、无形资产的,按照固定资产、无形资产成本金额,借记"固定资产""无形资产"科目,贷记"银行存款"等科目;同时,按照专用基金使用金额,借记"专用基金"科目,贷记"累计盈余"科目,并在预算会计中进行核算。

【例 16-13】某事业单位用职工福利基金购置文体用品,金额 200 元。该单位应编制如下会计分录：

借：专用基金——职工福利基金　　　　　　　　　　　　　　　　　　　　　　200
　　贷：银行存款　　　　　　　　　　　　　　　　　　　　　　　　　　　　　　200

该业务应按平行记账原则同时进行预算会计账务处理。

【例16-14】某医院根据法院判决，用医疗风险基金支付医疗纠纷赔偿款20 000元。该单位应编制如下会计分录：

借：专用基金——医疗风险基金　　　　　　　　　　　　　　　　　　　　　20 000
　　贷：银行存款　　　　　　　　　　　　　　　　　　　　　　　　　　　　　　20 000

该业务应按平行记账原则同时进行预算会计账务处理。

【例16-15】某事业单位用职工福利基金购置跑步机1台，价值2 000元。该单位应编制如下会计分录：

借：固定资产——跑步机　　　　　　　　　　　　　　　　　　　　　　　　　2 000
　　贷：银行存款　　　　　　　　　　　　　　　　　　　　　　　　　　　　　　2 000
借：专用基金——职工福利基金　　　　　　　　　　　　　　　　　　　　　　2 000
　　贷：累计盈余　　　　　　　　　　　　　　　　　　　　　　　　　　　　　　2 000

该业务应按平行记账原则同时进行预算会计账务处理。

6. 高等学校留本基金的账务处理。

（1）高等学校形成留本基金时，根据取得的留本基金数额，借记"银行存款"科目，贷记"专用基金——留本基金——本金——未投资"科目。

【例16-16】某高等学校接受校友捐赠10 000 000元设立A企业教育基金，专项用于奖励出国学习交流的优秀学生，该基金为留本基金。该高等学校应编制如下会计分录：

借：银行存款　　　　　　　　　　　　　　　　　　　　　　　　　　　10 000 000
　　贷：专用基金——留本基金——A企业教育基金——本金——未投资　　　10 000 000

（2）高等学校委托基金会进行投资。

①投资时，按照转给基金会的留本基金数额，借记"其他应收款——留本基金委托投资"科目，贷记"银行存款"科目；同时，按照相同的金额，借记"专用基金——留本基金——本金——未投资"科目，贷记"专用基金——留本基金——本金——已投资"科目。

【例16-17】承接【例16-16】资料，该高等学校将A企业教育基金7 000 000元委托教育基金会进行投资。该高等学校应编制如下会计分录：

借：其他应收款——教育基金会——留本基金委托投资　　　　　　　　　7 000 000
　　贷：银行存款　　　　　　　　　　　　　　　　　　　　　　　　　　7 000 000

同时：

借：专用基金——留本基金——A企业教育基金——本金——未投资　　　7 000 000
　　贷：专用基金——留本基金——A企业教育基金——本金——已投资　　7 000 000

②收到基金会交回的投资收益，按照实际收到的金额，借记"银行存款"科目，贷记"专用基金——留本基金——收益"科目。

【例16-18】承接【例16-17】资料，该高等学校第一年收到教育基金会交回投资收益210 000元。该高等学校应编制如下会计分录：

借：银行存款　　　　　　　　　　　　　　　　　　　　　　　　　　　　210 000
　　贷：专用基金——留本基金——收益　　　　　　　　　　　　　　　　　210 000

③从基金会收回使用留本基金委托的投资，按照收回的金额，借记"银行存款"科目，按照收回的留本基金本金金额，贷记"其他应收款——留本基金委托投资"科目，按照两者的差额，贷记或借记"专用基金——留本基金——收益"科目。同时，按照收回的留本基金本金金额，借记"专用基金——留本基金——本金——已投资"科目，贷记"专用基金——留本基金——本金——未投资"科目。

【例16-19】承接【例16-18】资料，该高等学校第三年将A企业教育基金收回，收回资金7 105 000元。该高等学校应编制如下会计分录：

借：银行存款　　　　　　　　　　　　　　　　　　　　　　　　　　　7 105 000
　　贷：其他应收款——教育基金会——留本基金委托投资　　　　　　　　7 000 000
　　　　专用基金——留本基金——A企业教育基金——收益　　　　　　　　105 000

同时，

借：专用基金——留本基金——A企业教育基金——本金——已投资　　　　7 000 000
　　贷：专用基金——留本基金——A企业教育基金——本金——未投资　　　　7 000 000

（3）高等学校直接使用留本基金进行投资。

①投资时，按照动用留本基金投资的数额，借记"短期投资""长期债券投资"等科目，贷记"银行存款"科目；同时，按照相同的金额，借记"专用基金——留本基金——本金——未投资"科目，贷记"专用基金——留本基金——本金——已投资"科目。

【例16-20】承接【例16-19】，该高等学校将A企业教育基金3 000 000元购买三年期国债，年利率4%。该高等学校应编制如下会计分录：

借：长期债券投资——国债——成本　　　　3 000 000
　　贷：银行存款　　　　3 000 000

同时：

借：专用基金——留本基金——A企业教育基金——本金——未投资　　　　3 000 000
　　贷：专用基金——留本基金——A企业教育基金——本金——已投资　　　　3 000 000

②期末，对持有的留本基金投资确认应计利息收入时，按照确认的应计利息，借记"应收利息""长期债券投资"科目，贷记"专用基金——留本基金——收益"科目。

【例16-21】承接【例16-20】，该高等学校按月计算国债利息收入。每月末，该高等学校应编制如下会计分录：

利息收入 = 3 000 000 × 4% × 1/12 = 10 000（元）

借：长期债券投资——国债——应计利息　　　　10 000
　　贷：专用基金——留本基金——A企业教育基金——收益　　　　10 000

③收回留本基金投资时，按照收回的金额，借记"银行存款"科目，按照收回的投资本金及相关利息金额，贷记"短期投资""长期债券投资"等科目，按照两者的差额，贷记或借记"专用基金——留本基金——收益"科目。同时，按照收回的留本基金本金金额，借记"专用基金——留本基金——本金——已投资"科目，贷记"专用基金——留本基金——本金——未投资"科目。

【例16-22】承接【例16-21】，国债到期，该高等学校收到国债本息3 360 000元。该高等学校应编制如下会计分录：

长期债券投资——国债——应计利息账面余额 3 000 000 × 4% × 35/12 = 350 000（元）

借：银行存款　　　　3 360 000
　　贷：长期债券投资——国债——成本　　　　3 000 000
　　　　　　　　　　　　　　——应计利息　　　　350 000
　　　　专用基金——留本基金——A企业教育基金——收益　　　　10 000

同时：

借：专用基金——留本基金——A企业教育基金——本金——已投资　　　　3 000 000
　　贷：专用基金——留本基金——A企业教育基金——本金——未投资　　　　3 000 000

④收到留本基金投资获得的利息时，按照实际收到的金额，借记"银行存款"科目，贷记"应收利息"科目。

【例16-23】承接【例16-22】，假设该国债为分期付息，到期还本的国债。每月计算利息时，该高等学校应编制如下会计分录：

借：应收利息——国债　　　　10 000
　　贷：专用基金——留本基金——A企业教育基金——收益　　　　10 000

收到利息时：

借：银行存款　　　　10 000
　　贷：应收利息——国债　　　　10 000

（4）高等学校按照协议将留本基金收益转增本金时，按照转增的金额，借记"专用基金——留本基金——收益"科目，贷记"专用基金——留本基金——本金——未投资"科目。

【例16-24】承接【例16-23】，按照捐赠协议，该高校可将第一年取得的收益转增本金，第一年取得收益220 000元。该高等学校应编制如下会计分录：

借：专用基金——留本基金——A企业教育基金——收益　　　　　220 000
　　贷：专用基金——留本基金——A企业教育基金——本金——未投资　220 000

（5）高等学校按照协议可以使用留本基金取得的收益时，按照可以使用的金额，借记"专用基金——留本基金——收益"科目，贷记"捐赠收入"科目；同时，按照相同的金额，预算会计借记"资金结存——货币资金"科目，贷记"捐赠预算收入"科目。使用留本基金收益时，按照使用的金额，借记"业务活动费用"等科目，贷记"银行存款"等科目；同时，借记"事业支出——教育支出"等科目，贷记"资金结存——货币资金"科目。

【例16-25】承接【例16-24】，按照捐赠协议和基金管理办法，自第2年开始，该高等学校留本基金取得的收益可以使用。第2年该高等学校取得收益220 000元，并使用该资金奖励出国留学优秀学生。该高等学校应编制如下会计分录：

借：专用基金——留本基金——A企业教育基金——收益　　　　　220 000
　　贷：捐赠收入　　　　　　　　　　　　　　　　　　　　　　220 000

该业务应按平行记账原则同时进行预算会计账务处理。

支付时：

借：业务活动费用　　　　　　　　　　　　　　　　　　　　　　220 000
　　贷：银行存款　　　　　　　　　　　　　　　　　　　　　　　220 000

该业务应按平行记账原则同时进行预算会计账务处理。

（6）按照协议规定的留本基金限定期限到期，高等学校将留本基金转为可以使用的资金，按照转为可以使用的资金数额，借记"专用基金——留本基金——本金——未投资"科目，贷记"捐赠收入"科目；同时按照相同的金额，借记"资金结存——货币资金"科目，贷记"捐赠预算收入"科目。

【例16-26】承接【例16-25】，按照捐赠协议，A企业教育基金本金保留的限定期限为10年，到期后，该高等学校将本金转作可以使用的资金。该高等学校应编制如下会计分录：

借：专用基金——留本基金——A企业教育基金——本金——未投资　10 000 000
　　贷：捐赠收入　　　　　　　　　　　　　　　　　　　　　　10 000 000

该业务应按平行记账原则同时进行预算会计账务处理。

第四节　权益法调整

一、权益法调整的含义与内容

（一）含义

权益法调整是指事业单位取得长期股权投资后，采用权益法核算时，根据被投资单位除净损益和利润分配以外的所有者权益变动份额，对长期股权投资账面价值进行的调整。权益法调整的内容包括被投资单位可供出售金融资产的公允价值变动导致所有者权益变动；计入其他资本公积的现金流量套期工具利得或损失中属于有效套期的部分以及其后续的转出导致所有者权益变动；境外经营外币报表折算差额的增加或减少导致所有者权益变动；自用房地产或存货转换为采用公允价值模式计量的投资性房地产，转换当日的公允价值大于原账面价值，其差额计入所有者权益导致的其他资本公积的增加及处置时的转出导致所有者权益变动等。

（二）管理要求

权益法调整反映事业单位在被投资单位除净损益和利润分配以外的所有者权益变动中累积享有（或分担）的份额。长期股权投资的确认要科学合理。

1. 事业单位在确认应享有被投资单位实现的净损益的份额时，应当以取得投资时被投资单位各项可辨认资产等的公允价值为基础，对被投资单位的净利润进行调整后确认。

2. 政府会计主体确认被投资单位发生的净亏损，应当以长期股权投资的账面余额减记至零为限，政府会计主体负有承担额外损失义务的除外。被投资单位发生净亏损，但以后年度又实现净利润的，政府会计主体应当在其收益分享额弥补未确认的亏损分担额等后，恢复确认投资收益。

3. 政府会计主体因处置部分长期股权投资等原因无权再决定被投资单位的财务和经营政策或者参与被投资单位的财务和经营政策决策的，应当对处置后的剩余股权投资改按成本法核算，并以该剩余股权投资在权益法下的账面余额作为按照成本法核算的初始投资成本。其后，被投资单位宣告分派现金股利或利润时，属于已计入投资账面余额的部分，作为成本法下长期股权投资成本的收回，冲减长期股权投资的账面余额。

4. 政府会计主体因追加投资等原因对长期股权投资的核算从成本法改为权益法的，应当自有权决定被投资单位的财务和经营政策或者参与被投资单位的财务和经营政策决策时，按成本法下长期股权投资的账面余额加上追加投资的成本作为按照权益法核算的初始投资成本。

5. 采用权益法核算的长期股权投资，因被投资单位除净损益和利润分配以外的所有者权益变动而将应享有的份额计入净资产的，处置该项投资时，还应当将原计入净资产的相应部分转入当期投资损益。

6. 长期股权投资在持有期间，通常应当采用权益法进行核算。政府会计主体无权决定被投资单位的财务和经营政策或无权参与被投资单位的财务和经营政策决策的，应当采用成本法进行核算。

二、权益法调整的账务处理

（一）科目设置

事业单位应设置"权益法调整"科目，核算事业单位持有的长期股权投资采用权益法核算时，按照被投资单位除净损益和利润分配以外的所有者权益变动份额调整长期股权投资账面余额而计入净资产的金额。"权益法调整"科目应当按照被投资单位进行明细核算。

"权益法调整"科目期末余额，反映事业单位在被投资单位除净损益和利润分配以外的所有者权益变动中累积享有（或分担）的份额。

（二）主要账务处理

1. 年末，按照被投资单位除净损益和利润分配以外的所有者权益变动应享有（或应分担）的份额，借记或贷记"长期股权投资——其他权益变动"科目，贷记或借记"权益法调整"科目。

【例16-27】2019年3月，某事业单位经批准以价值500 000元的材料对外投资，占A公司30%股权。2019年12月31日，A公司可供出售金融资产的公允价值变动导致资本公积增加80 000元。实现净利润300 000元。该事业单位应编制如下会计分录：

2019年3月对外投资：

借：长期股权投资——成本——A公司　　　　　　　　　　　　　500 000
　　贷：库存物品——材料　　　　　　　　　　　　　　　　　　　　　　500 000

2019年12月31日：

可供出售金融资产的公允价值变动应享有份额80 000×30% = 24 000（元）

借：长期股权投资——其他权益变动——A公司　　　　　　　　　24 000
　　贷：权益法调整——A公司　　　　　　　　　　　　　　　　　　　　24 000

A公司实现净利润应享有份额300 000×30% = 90 000（元）

借：长期股权投资——损益调整——A公司　　　　　　　　　　　90 000
　　贷：投资收益——A公司　　　　　　　　　　　　　　　　　　　　　90 000

2. 采用权益法核算的长期股权投资，因被投资单位除净损益和利润分配以外的所有者权益变动而将应享有（或应分担）的份额计入单位净资产的，处置该项投资时，按照原计入净资产的相应部分金额，借记或贷记"权益法调整"科目，贷记或借记"投资收益"科目。

【例16-28】承接【例16-27】，2020年5月，该事业单位经财政部门批准处置长期股权投资，处置金额600 000元缴国库。该事业单位应编制如下会计分录：

转销长期股权投资账面价值：
借：资产处置费用　　　　　　　　　　　　　　　　　　614 000
　　贷：长期股权投资——成本——A公司　　　　　　　　　　　500 000
　　　　　　　　　——其他权益变动——A公司　　　　　　　　24 000
　　　　　　　　　——损益调整——A公司　　　　　　　　　　90 000
收到款项时：
借：银行存款　　　　　　　　　　　　　　　　　　　　600 000
　　贷：应缴财政款　　　　　　　　　　　　　　　　　　　600 000
结转权益法调整账面余额：
借：权益法调整——A公司　　　　　　　　　　　　　　24 000
　　贷：投资收益——A公司　　　　　　　　　　　　　　　　24 000

第五节　本期盈余

一、本期盈余的含义与内容

（一）含义

本期盈余是政府会计主体一定期间各项收入、费用相抵后的余额，反映单位各项业务的收支平衡情况和成果。

政府会计主体一定期间发生的收入与费用，一般在期末进行结转。收入包括财政拨款收入、事业收入、上级补助收入、附属单位上缴收入、非同级财政拨款收入、经营收入、投资收益、捐赠收入、利息收入、租金收入、其他收入等。费用包括业务活动费用、单位管理费用、经营费用、所得税费用、资产处置费用、上缴上级费用、对附属单位补助费用、其他费用等。

（二）确认要求

本期盈余是计算政府会计主体净资产的重要环节，也是对净资产分类的重要依据。本期盈余数额取决于本期的各项收入和发生的费用金额。

二、本期盈余的账务处理

（一）科目设置

政府会计主体应设置"本期盈余"科目，核算单位本期各项收入、费用相抵后的余额。

期末"本期盈余"科目如为贷方余额，反映单位自年初至当期期末累计实现的盈余；如为借方余额，反映单位自年初至当期期末累计发生的亏损。年末结账后，"本期盈余"科目应无余额。

（二）主要账务处理

1. 期末，将各类收入科目的本期发生额转入本期盈余，借记"财政拨款收入""事业收入""上级补助收入""附属单位上缴收入""经营收入""非同级财政拨款收入""投资收益""捐赠收入""利息收入""租金收入""其他收入"科目，贷记"本期盈余"科目；将各类费用科目本期发生额转入本期盈余，借记"本期盈余"科目，贷记"业务活动费用""单位管理费用""经营费用""所得税费用""资产处置费用""上缴上级费用""对附属单位补助费用""其他费用"科目。

【例16-29】某事业单位各类收入、费用科目本期发生额如表16-1所示。

表16-1

序号	科目名称	本期发生额（元）
1	财政拨款收入	200 000（贷方）
2	事业收入	50 000（贷方）

续表

序号	科目名称	本期发生额（元）
3	经营收入	40 000（贷方）
4	其他收入	2 000（贷方）
5	业务活动费用	150 000（借方）
6	单位管理费用	60 000（借方）
7	经营费用	35 000（借方）
8	其他费用	2 000（借方）

期末，该单位应编制如下会计分录：

借：财政拨款收入　　　　　　　　　　　　　　　　　　　　200 000
　　事业收入　　　　　　　　　　　　　　　　　　　　　　 50 000
　　经营收入　　　　　　　　　　　　　　　　　　　　　　 40 000
　　其他收入　　　　　　　　　　　　　　　　　　　　　　　2 000
　　贷：本期盈余　　　　　　　　　　　　　　　　　　　　292 000
借：本期盈余　　　　　　　　　　　　　　　　　　　　　　247 000
　　贷：业务活动费用　　　　　　　　　　　　　　　　　　150 000
　　　　单位管理费用　　　　　　　　　　　　　　　　　　 60 000
　　　　经营费用　　　　　　　　　　　　　　　　　　　　 35 000
　　　　其他费用　　　　　　　　　　　　　　　　　　　　　2 000

2. 年末，完成上述结转后，将"本期盈余"科目余额转入"本年盈余分配"科目，借记或贷记"本期盈余"科目，贷记或借记"本年盈余分配"科目。

【例16-30】承接【例16-29】资料，年末，某事业单位"本期盈余"科目贷方余额45 000元。该单位应编制如下会计分录：

借：本期盈余　　　　　　　　　　　　　　　　　　　　　　45 000
　　贷：本年盈余分配　　　　　　　　　　　　　　　　　　 45 000

第六节　本年盈余分配

一、本年盈余分配的含义与内容

本年盈余分配反映事业单位本年度盈余的分配情况和结果。

本年盈余分配是计算事业单位净资产的重要环节，也是对净资产分类的重要依据。按照财务制度规定，事业单位可以对非财政拨款结余（含经营结余）进行分配，即按照有关规定提取专用基金。单位要正确结转各项收入和支出，避免混淆财政拨款结余和非财政拨款结余，合规分配净资产。

二、本年盈余分配的账务处理

（一）科目设置

事业单位应设置"本年盈余分配"科目，核算单位本年度盈余分配的情况和结果。

年末结账后，"本年盈余分配"科目应无余额。

（二）主要账务处理

1. 年末，将"本期盈余"科目余额转入"本年盈余分配"科目，借记或贷记"本期盈余"科目，贷记或借记"本年盈余分配"科目。

【例16-31】年末，某科学事业单位"本期盈余"科目贷方余额130 000元。该单位进行本年结转处理应编制如下会计分录：

结转本期盈余：
借：本期盈余　　　　　　　　　　　　　　　　　　　　　　　　　　130 000
　　贷：本年盈余分配　　　　　　　　　　　　　　　　　　　　　　　　130 000

2. 年末，根据有关规定从本年度非财政拨款结余或经营结余中提取专用基金的，医院和基层医疗单位按照财务会计下的相关数据计算提取金额，其他单位按照预算会计下的核算数据计算提取金额，借记"本年盈余分配"科目，贷记"专用基金"科目。

【例16-32】 承接【例16-31】资料，从该事业单位预算会计核算得知，年末经营结余20 000元，财政拨款结余10 000元，非财政拨款结转45 000元，其他结余30 000元，财政拨款结转25 000元。该单位按照40%计提专用基金，应编制如下会计分录：

按照40%比例，从经营结余和其他结余中计提专用基金（20 000 + 30 000）×40% = 20 000（元）
借：本年盈余分配　　　　　　　　　　　　　　　　　　　　　　　　　20 000
　　贷：专用基金——职工福利基金　　　　　　　　　　　　　　　　　　20 000

该业务应按平行记账原则同时进行预算会计账务处理。

3. 年末，按照规定完成上述（一）、（二）处理后，将"本年盈余分配"科目余额转入累计盈余，借记或贷记"本年盈余分配"科目，贷记或借记"累计盈余"科目。

【例16-33】 承接【例16-32】资料，年末，该事业单位"本年盈余分配"科目贷方余额110 000元。应编制如下会计分录：

借：本年盈余分配　　　　　　　　　　　　　　　　　　　　　　　　　110 000
　　贷：累计盈余　　　　　　　　　　　　　　　　　　　　　　　　　　110 000

第七节　无偿调拨净资产

一、无偿调拨净资产的含义与内容

（一）含义

无偿调拨净资产反映政府会计主体本年度无偿调入或调出非现金资产的情况和结果。无偿调拨的资产包括存货、长期股权投资、固定资产、无形资产、公共基础设施、政府储备物资、文物文化资产和保障性住房等。

（二）管理要求

1. 按照行政事业单位国有资产管理的相关规定，各级财政部门是政府负责行政事业单位国有资产管理的职能部门，对行政事业单位的国有资产实施综合管理。财政部门对行政事业单位要求配置的资产，能通过调剂解决的，原则上不重新购置。经财政部门批准，政府会计主体之间可以无偿调拨资产。对于行政事业单位长期闲置、低效运转或者超标准配置的资产，原则上由主管部门进行调剂，并报同级财政部门备案；跨部门、跨地区的资产调剂应当报同级或者共同上一级的财政部门批准。法律、行政法规另有规定的，依照其规定。

2. 无偿调拨资产属于政府会计主体之间净资产的变化，调出方与调入方不确认收入和费用。无偿调拨非现金资产，由于不涉及现金业务，不需要进行预算会计核算；但如果发生以现金支付的运输费、搬运费等相关费用，则需要进行预算会计核算。

3. 行政事业单位无偿调拨资产要符合国有资产管理的相关规定，履行相关审批程序，并做好单位国有资产变动登记等相关工作。政府会计主体应当按照国有资产管理信息化的要求，及时将资产变动信息录入管理信息系统，对本单位资产实行动态管理。在此基础上做好国有资产统计、信息报告工作以及国有资产产权变动登记工作，并按照财政部门规定的单位财务会计报告的格式、内容及要求，对占有、使用和控制的国有资产状况定期做出报告。国有资产占有、使用和控制状况，是主管部门、财政部门编制和安排行政事业单位预算的重要参考依据。

二、无偿调拨净资产的账务处理

（一）科目设置

政府会计主体应设置"无偿调拨净资产"科目，核算单位无偿调入或调出非现金资产所引起的净资产变动金额。

年末结账后，"无偿调拨净资产"科目应无余额。

（二）主要账务处理

1. 按照规定取得无偿调入的存货、长期股权投资、固定资产、无形资产、公共基础设施、政府储备物资、文物文化资产、保障性住房等，按照调出方账面价值加上调入过程中发生的归属于调入方的税费、运输费等相关费用确定的成本，借记"库存物品""长期股权投资""固定资产""无形资产""公共基础设施""政府储备物资""文物文化资产""保障性住房"等科目，按照调入过程中发生的归属于调入方的相关费用，贷记"零余额账户用款额度""银行存款"等科目，按照其差额，贷记"无偿调拨净资产"科目。同时，对调入过程中发生的归属于调入方的相关费用进行预算会计核算。

【例16-34】甲事业单位经财政部门批准，将一台闲置的专用设备无偿调拨给乙事业单位。该设备在甲事业单位账面价值120 000元。调拨过程中发生运输费用1 000元，安装费800元，由乙事业单位承担。不考虑其他相关税费，根据有关凭证，乙事业单位应编制如下会计分录：

借：固定资产——专用设备　　　　　　　　　　　　　　　　　　　　　　121 800
　　贷：无偿调拨净资产　　　　　　　　　　　　　　　　　　　　　　　　120 000
　　　　零余额账户用款额度　　　　　　　　　　　　　　　　　　　　　　　1 800

该业务应按平行记账原则同时进行预算会计账务处理。

2. 按照规定经批准无偿调出存货、长期股权投资、固定资产、无形资产、公共基础设施、政府储备物资、文物文化资产、保障性住房等，按照调出资产的账面余额或账面价值，借记"无偿调拨净资产"科目，按照固定资产累计折旧、无形资产累计摊销、公共基础设施累计折旧或摊销、保障性住房累计折旧的金额，借记"固定资产累计折旧""无形资产累计摊销""公共基础设施累计折旧（摊销）""保障性住房累计折旧"科目，按照调出资产的账面余额，贷记"库存物品""长期股权投资""固定资产""无形资产""公共基础设施""政府储备物资""文物文化资产""保障性住房"等科目；同时，按照调出过程中发生的归属于调出方的相关费用，借记"资产处置费用"科目，贷记"零余额账户用款额度""银行存款"等科目。同时，对调出过程中发生的归属于调出方的相关费用进行预算会计核算。

【例16-35】甲事业单位经财政部门批准，将一台闲置的专用设备无偿调拨给乙事业单位。该设备在甲事业单位账面原值200 000元，累计折旧80 000元，账面价值120 000元，发生拆卸费用500元，由甲事业单位承担。不考虑其他相关税费，根据有关凭证，甲事业单位应编制如下会计分录：

转销调出资产账面价值：

借：无偿调拨净资产　　　　　　　　　　　　　　　　　　　　　　　　　120 000
　　固定资产累计折旧　　　　　　　　　　　　　　　　　　　　　　　　　 80 000
　　贷：固定资产——专用设备　　　　　　　　　　　　　　　　　　　　　200 000

支付费用：

借：资产处置费用　　　　　　　　　　　　　　　　　　　　　　　　　　　　500
　　贷：零余额账户用款额度　　　　　　　　　　　　　　　　　　　　　　　　500

该业务应按平行记账原则同时进行预算会计账务处理。

3. 年末，将"无偿调拨净资产"科目余额转入累计盈余，借记或贷记"无偿调拨净资产"科目，贷记或借记"累计盈余"科目。

【例16-36】假定【例16-35】中甲、乙事业单位年度内只发生一个无偿调拨资产事项，年末，甲事业单位"无偿调拨净资产"科目借方余额120 000元；乙事业单位"无偿调拨净资产"科目贷方余额120 000元。

年末转账，甲事业单位应编制如下会计分录：

借：累计盈余	120 000	
贷：无偿调拨净资产		120 000

年末转账，乙事业单位应编制如下会计分录：

借：无偿调拨净资产	120 000	
贷：累计盈余		120 000

第八节　以前年度盈余调整

一、以前年度盈余调整的含义与内容

（一）含义

以前年度盈余调整是指为准确反映政府会计主体信息，对单位因按照国家法律、行政法规和会计制度的要求，或者因特定情况下按照会计制度规定对单位原采用的会计政策、会计估计，以及发现的会计差错等所作的调整。

以前年度盈余调整事项通常包括：国家法律、法规、会计制度、会计政策等管理要求变更，需要对以前年度盈余进行调整的事项；确认、计量、记录等方面出现错误，需要对以前年度盈余进行调整的事项和盘盈非流动资产等需要对以前年度盈余进行调整的事项。

（二）管理要求

以前年度盈余调整的目的是为保证政府会计主体提供的信息更加准确、全面地反映单位的财务状况、经营成果和现金流量等，便于报告使用者作出经济决策。以前年度盈余调整事项是会计调整的对象。要求对调整事项进行认真分析，正确确定调整事项。

1. 以前年度盈余调整事项是指发生的对政府会计主体财务状况、经营成果有一定影响的事项。如果事项发生对政府会计主体没有任何影响，该事项不属于以前年度盈余调整事项。

2. 以前年度盈余调整事项是指对已经存在的情况提供了进一步的证据，能够证实该情况的存在或者确切结果的事项，或者证据表明的情况与原来的判断不完全一致，需要对原来的会计处理进行调整的事项。

二、以前年度盈余调整的账务处理

（一）科目设置

政府会计主体应设置"以前年度盈余调整"科目，核算单位本年度发生的调整以前年度盈余的事项，包括本年度发生的重要前期差错更正涉及调整以前年度盈余的事项。

为满足编制比较会计报表的需要，"以前年度盈余调整"科目应按照所调整的收入、费用类别设置二级科目，即设置财政拨款收入、事业收入、上级补助收入、附属单位上缴收入、经营收入、非同级财政拨款收入、投资收益、捐赠收入、利息收入、租金收入、其他收入、业务活动费用、单位管理费用、经营费用、资产处置费用、上缴上级费用、对附属单位补助费用、所得税费用和其他费用进行明细核算。在"业务活动费用""单位管理费用""经营费用"二级科目下，需根据经济分类设置"工资福利费用""商品和服务费用""其他费用"等三级科目。

年末结转后，"以前年度盈余调整"科目应无余额。

（二）主要账务处理

1. 调整增加以前年度收入时，按照调整增加的金额，借记有关科目，贷记"以前年度盈余调整"科目。调整减少的，做相反会计分录。

【例16-37】某事业单位开展专项业务活动，为A公司提供技术咨询服务。合同生效后该事业单位收到A公司预付款30 000元。第二年财产清查时发现：该项业务上年已完成，该事业单位未将预收账款

30 000元转为事业收入。该单位应编制如下会计调整分录：

借：预收账款——A公司　　　　　　　　　　　　　　　　　　　30 000
　　贷：以前年度盈余调整——事业收入　　　　　　　　　　　　　　　30 000

同时：

借：以前年度盈余调整——事业收入　　　　　　　　　　　　　　　30 000
　　贷：累计盈余　　　　　　　　　　　　　　　　　　　　　　　　30 000

【例16-38】某事业单位财产清查时发现：该单位"车辆通行费资金专户"上年12月产生利息收入108 000元应当记入"应缴财政款"科目，实际记入了"其他收入"科目。该单位应编制如下会计调整分录：

借：以前年度盈余调整——其他收入　　　　　　　　　　　　　　　108 000
　　贷：应缴财政款　　　　　　　　　　　　　　　　　　　　　　　108 000

同时：

借：累计盈余　　　　　　　　　　　　　　　　　　　　　　　　　108 000
　　贷：以前年度盈余调整——其他收入　　　　　　　　　　　　　　　108 000

该业务应按平行记账原则同时进行预算会计账务处理。

2. 调整增加以前年度费用时，按照调整增加的金额，借记"以前年度盈余调整"科目，贷记有关科目。调整减少的，做相反会计分录。

【例16-39】某事业单位退回上年末零星购买的办公用品，收到退款金额700元。该单位应编制如下会计调整分录：

借：银行存款　　　　　　　　　　　　　　　　　　　　　　　　　700
　　贷：以前年度盈余调整——单位管理费用　　　　　　　　　　　　　700

同时：

借：以前年度盈余调整——单位管理费用　　　　　　　　　　　　　700
　　贷：累计盈余　　　　　　　　　　　　　　　　　　　　　　　　700

该业务应按平行记账原则同时进行预算会计账务处理。

【例16-40】审计部门对某事业单位进行审计，发现该单位业务部门使用的专项设备上年未计提折旧，应补提折旧15万元，占该单位固定资产折旧额的11%。该单位应编制如下会计调整分录：

由于未计提折旧金额占该单位固定资产折旧额的10%以上，属于与前期相关的重大会计差错，应当调整发现当期期初的相关净资产项目或者预算结转结余。

借：以前年度盈余调整——业务活动费用　　　　　　　　　　　　　150 000
　　贷：固定资产累计折旧　　　　　　　　　　　　　　　　　　　　150 000

同时：

借：累计盈余　　　　　　　　　　　　　　　　　　　　　　　　　150 000
　　贷：以前年度盈余调整——业务活动费用　　　　　　　　　　　　　150 000

3. 盘盈的各种非流动资产，报经批准后处理时，借记"待处理财产损溢"科目，贷记"以前年度盈余调整"科目。

【例16-41】某小学开展财产清查工作，盘盈计算机1台，价值12 000元，该计算机为上年末接受企业捐赠所得。报经财政部门批准后，该单位应编制如下会计分录：

盘盈时：

借：固定资产——计算机　　　　　　　　　　　　　　　　　　　　12 000
　　贷：待处理财产损溢——计算机　　　　　　　　　　　　　　　　　12 000

收到财政部门批准文件时：

借：待处理财产损溢——计算机　　　　　　　　　　　　　　　　　12 000
　　贷：以前年度盈余调整——捐赠收入　　　　　　　　　　　　　　　12 000

同时：

借：以前年度盈余调整——捐赠收入　　　　　　　　　　　　　　　12 000
　　贷：累计盈余　　　　　　　　　　　　　　　　　　　　　　　　12 000

4. 单位对相关事项进行调整后，应及时将"以前年度盈余调整"科目的余额转入累计盈余，借记或贷记"累计盈余"科目，贷记或借记"以前年度盈余调整"科目。

【例16-42】某事业单位开展非独立核算经营活动，因质量问题支付上年售出商品退货款10 000元。该单位应编制如下会计调整分录：

借：以前年度盈余调整——经营收入　　　　　　　　　　　　　　10 000
　　贷：银行存款　　　　　　　　　　　　　　　　　　　　　　10 000
同时：
借：累计盈余　　　　　　　　　　　　　　　　　　　　　　　　10 000
　　贷：以前年度盈余调整——经营收入　　　　　　　　　　　　10 000

该业务应按平行记账原则同时进行预算会计账务处理。

第十七章 收 入

第一节 收入概述

一、收入的含义与内容

收入是指报告期内导致政府会计主体净资产增加的、含有服务潜力或者经济利益的经济资源的流入。

收入包括财政拨款收入、事业收入、上级补助收入、附属单位上缴收入、经营收入、非同级财政拨款收入、投资收益、捐赠收入、利息收入、租金收入和其他收入等。

二、收入的特点

（一）收入是指政府会计主体经济资源的流入

经济资源是指反映政府会计主体依法履职和开展业务活动取得的经济资源。经济资源既包括未来提供服务的潜力，也包括已经提供服务的经济利益。如果不属于服务潜力或经济利益的经济资源流入，例如代国家收取的增值税等不构成政府会计主体的收入。

（二）收入必然能导致政府会计主体净资产的增加

收入形成的经济利益总流入的形式多种多样，既可能表现为资产的增加，如增加银行存款、应收账款；也可能表现为负债的减少，如减少预收账款；还可能表现为两者的组合，如收入实现时，部分冲减预收账款，部分增加银行存款。收入形成的经济利益总流入能增加资产或减少负债或两者兼而有之，根据"资产－负债＝所有者权益"的会计等式，收入一定能增加政府会计主体的净资产。

三、收入的确认与计量

1. 收入的确认应当同时满足以下条件：
（1）与收入相关的含有服务潜力或者经济利益的经济资源很可能流入政府会计主体；
（2）含有服务潜力或者经济利益的经济资源流入会导致政府会计主体资产增加或者负债减少；
（3）流入金额能够可靠地计量。
2. 收入应当在收到时一次性确认，或按合同约定条件分期确认，并按照确定的金额进行计量。

四、收入的管理

（一）收入的财务管理

加强收入的管理对于提高财政资金的使用效益，保护社会公众的基本权益，促进单位规范、健康、可持续发展，根据《事业单位财务规则》和《行政单位财务规则》的要求，收入财务管理的内容主要包括：

1. 对收入取得的过程及其去向进行正确、系统、完整、及时的记录、反映和监督。

2. 单位取得各项收入，应当符合国家规定。

3. 事业单位对按照规定上缴国库或者财政专户的资金，应当按照国库集中收缴的有关规定及时足额上缴，不得隐瞒、滞留、截留、挪用和坐支。

4. 收入分类要科学管理。

（二）科学分类管理

收入的内部控制属于业务层面内部控制。根据《行政事业单位内部控制规范（试行）》的规定，应当建立健全收入内部管理制度。收入内部控制的主要内容包括：

1. 岗位分离。

应当合理设置岗位，明确相关岗位的职责权限，确保收款、会计核算等不相容岗位相互分离。

2. 归口管理。

各项收入应当由财会部门归口管理并进行会计核算，严禁设立账外账。财会部门应当定期检查收入金额是否与各项业务合同约定相符，对应收未收项目应当查明情况，明确责任主体，落实催收责任。

3. 非税收入管理。

有政府非税收入收缴职能的行政事业单位，应当按照规定项目和标准征收政府非税收入，按照规定开具财政票据，做到收缴分离、票款一致，并及时足额上缴国库或财政专户，不得以任何形式截留、挪用或者私分。

4. 票据管理。

行政事业单位应当建立健全票据管理制度，财政票据、发票等各类票据的申领、启用、核销、销毁均应履行规定手续。行政事业单位应当按照规定设置票据专管员，做好票据的保管和序时登记工作。行政事业单位不得违反规定转让、出借、代开、买卖财政票据、发票等票据，不得擅自扩大票据适用范围。

第二节　财政拨款收入

一、财政拨款收入的确认

（一）财政拨款收入的概念

财政拨款收入是指行政事业单位从同级财政部门取得的各类财政拨款。按照拨款的来源，财政拨款收入分为一般公共预算财政拨款和政府性基金预算拨款。财政拨款是行政事业单位最主要的收入来源，也是行政事业单位开展业务活动的基本保证。

（二）财政拨款收入的管理

财政拨款收入作为行政事业单位开展业务活动的基本保证，其管理必须遵循以下要求：

1. 按照核定预算和用款计划申请取得。行政事业单位应根据核定的预算编制分月用款计划，经同级财政部门或上级单位核定后分月取得财政拨款收入。

2. 按规定用途申请取得。行政事业单位应按核定的预算用途使用财政拨款收入，未经同级财政部门批准，不得擅自改变用途。

3. 按预算级次申请取得。行政事业单位应按规定的预算级次和经费领报关系向上级单位或同级财政部门申请取得财政拨款预算收入。

4. 按规定的财政资金支付方式申请取得。行政事业单位在确定年度预算和分月用款计划时，同时也确定了财政资金的支付方式及支付金额。实行国库集中支付制度改革的行政事业单位通过财政直接支付方式和财政授权支付方式取得财政拨款收入；尚未实行国库集中支付改革的行政事业单位，通过财政实拨资金的方式取得财政拨款收入。

（三）财政拨款收入的确认

1. 在财政直接支付方式下，单位在收到国库支付执行机构委托代理银行转来的"财政直接支付入账通知书"及相关原始凭证时确认财政拨款收入。

年末，根据本年度财政直接支付预算指标数与当年财政直接支付实际支出数的差额确认财政拨款收入。

2. 在授权支付方式下，单位在收到代理银行转来的"授权支付到账通知书"时，即可确认财政拨款收入。

年末，单位本年度财政授权支付预算指标数大于零余额账户用款额度下达数的，按照两者差额确认财政拨款收入。

3. 其他支付方式下，单位收到开户银行转来的"到账通知书"，款项已经到账时，即可按照通知书上所列的收款金额确认财政拨款收入。

二、财政拨款收入的核算

（一）财政拨款收入的账户设置

为了核算单位从同级财政部门取得的各类财政拨款，行政事业单位应当设置"财政拨款收入"科目。同级政府财政部门预拨的下期预算款和没有纳入预算的暂付款项，以及采用实拨资金方式通过本单位转拨给下属单位的财政拨款，通过"其他应付款"科目核算，不通过本科目核算。

本科目可按照一般公共预算财政拨款、政府性基金预算财政拨款等拨款种类进行明细核算。期末结转后，本科目应无余额。

（二）财政拨款收入的账务处理

财政拨款收入需要分别按照财政直接支付、财政授权支付和其他方式进行不同的账务处理。

1. 财政直接支付方式下。

行政事业单位根据财政国库支付执行机构委托代理银行转来的"财政直接支付入账通知书"及相关原始凭证，按照通知书中的直接支付入账金额，借记"库存物品""固定资产""业务活动费用""单位管理费用""应付职工薪酬"等科目，贷记"财政拨款收入"科目。涉及增值税业务的，相关账务处理参见"应交增值税"科目。

年末，根据本年度财政直接支付预算指标数与当年财政直接支付实际支付数的差额，借记"财政应返还额度——财政直接支付"科目，贷记本科目。

【例17-1】某事业单位收到国库支付执行机构委托代理银行转来的"财政直接支付入账通知书"及原始凭证，该单位开展业务支付一笔办公费用600元。该单位的账务处理如下：

借：业务活动费用——商品和服务费用　　　　　　　　　　　　　　600
　　贷：财政拨款收入　　　　　　　　　　　　　　　　　　　　　　　600

该业务应按平行记账原则同时进行预算会计账务处理。

【例17-2】某行政单位收到国库支付执行机构委托代理银行转来的"财政直接支付入账通知书"及原始凭证，单位管理部门发生一笔培训费5 000元已经完成支付，资金性质为公共财政预算资金。该单位的账务处理如下：

借：单位管理费用——商品和服务费用　　　　　　　　　　　　　5 000
　　贷：财政拨款收入　　　　　　　　　　　　　　　　　　　　　　　5 000

该业务应按平行记账原则同时进行预算会计账务处理。

【例17-3】某事业单位收到国库支付执行机构委托代理银行转来的"财政直接支付入账通知书"及原始凭证，单位科研项目组购置一批材料价款2 000元，资金性质为公共财政预算资金。该单位的账务处理如下：

借：库存物品　　　　　　　　　　　　　　　　　　　　　　　　　2 000
　　贷：财政拨款收入　　　　　　　　　　　　　　　　　　　　　　　2 000

该业务应按平行记账原则同时进行预算会计账务处理。

【例17-4】某单位收到国库支付执行机构委托代理银行转来的"财政直接支付入账通知书"及原始凭证，该单位通过财政直接支付方式购买科研仪器价值300 000元，已调试安装验收入库，不需要支付安装费。该单位的账务处理如下：

借：固定资产——专用设备 300 000
　　贷：财政拨款收入 300 000

该业务应按平行记账原则同时进行预算会计账务处理。

2. 财政授权支付方式下。

行政事业单位根据代理银行转来的财政授权支付额度到账通知书，按照通知书中的授权支付额度，借记"零余额账户用款额度"科目，贷记本科目。

年度终了，本年度财政授权支付预算指标数大于零余额账户用款额度下达数的，根据未下达的用款额度，借记"财政应返还额度——财政授权支付"科目，贷记本科目。

【例17-5】某行政单位收到代理银行转来的"授权支付到账通知书"，本月事业单位财政授权支付额度为200 000元已经下达到代理银行。该单位的账务处理如下：

借：零余额账户用款额度 200 000
　　贷：财政拨款收入 200 000

该业务应按平行记账原则同时进行预算会计账务处理。

【例17-6】某事业单位收到代理银行转来的"授权支付到账通知书"，本月事业单位财政授权支付额度为100 000元，已经下达到代理银行，其中基本支出拨款80 000元，项目支出拨款20 000元。该单位的账务处理如下：

借：零余额账户用款额度 100 000
　　贷：财政拨款收入——基本支出 80 000
　　　　　　　　　　　——项目支出 20 000

该业务应按平行记账原则同时进行预算会计账务处理。

【例17-7】某事业单位收到代理银行转来的"授权支付到账通知书"，本月事业单位财政授权支付额度为150 000元已经下达到代理银行，其中基本支出补助（人员经费）100 000元，项目支出补助50 000元。该单位的账务处理如下：

借：零余额账户用款额度 150 000
　　贷：财政拨款收入——工资福利支出 100 000
　　　　　　　　　　　——××项目 50 000

该业务应按平行记账原则同时进行预算会计账务处理。

3. 其他方式下。

其他方式下收到财政拨款收入时，按照实际收到的金额，借记"银行存款"等科目，贷记本科目。

【例17-8】某事业单位收到开户银行转来的"到账通知书"，财政部门拨入的项目经费150 000元已经到账。该单位的账务处理如下：

借：银行存款 150 000
　　贷：财政拨款收入——××项目 150 000

该业务应按平行记账原则同时进行预算会计账务处理。

4. 因差错更正或购货退回等发生国库直接支付款项退回的，属于以前年度支付的款项，按照退回金额，借记"财政应返还额度——财政直接支付"科目，贷记"以前年度盈余调整""库存物品"等有关科目；属于本年度支付的款项，按照退回金额，借记本科目，贷记"业务活动费用""库存物品"等科目。

【例17-9】某单位退回本年4月采购的材料一批价值2 800元，购买材料款项是国库直接支付。该单位的账务处理如下：

借：财政拨款收入 2 800
　　贷：库存物品——××材料 2 800

该业务应按平行记账原则同时进行预算会计账务处理。

5. 期末，将本科目本期发生额转入本期盈余科目，借记本科目，贷记"本期盈余"科目。

【例17-10】期末，某事业单位"财政拨款收入"科目贷方余额10 000 00元，办理期末结转。该单位的账务处理如下：

借：财政拨款收入 10 000 00

贷：本期盈余　　　　　　　　　　　　　　　　　　　　　　　　　　10 000 00

第三节　事业收入

一、事业收入的确认

（一）事业收入的概念

事业收入是事业单位开展专业业务活动及其辅助活动所实现的收入。包括因开展专业业务活动及其辅助活动取得的非同级财政拨款收入，不包括从同级政府财政部门取得的各类财政拨款。

所谓专业业务，是指事业单位根据本单位专业特点所从事或开展的主要业务活动，也可以叫做"主营业务"。如文化事业单位的演出活动、教育事业单位的教学活动、卫生事业单位的医疗保健活动、农业事业单位的技术推广活动、水利事业单位的排灌和抗旱活动等。辅助活动是指与专业业务活动相关、直接为专业业务活动服务的单位行政管理活动、后勤服务活动及其他有关活动。通过开展上述活动取得的收入，均作为事业收入处理。此外，按规定应上缴财政的资金不计入事业收入；从财政专户返还的资金和部分经财政部门核准不上缴财政专户管理的资金，计入事业收入。

（二）事业收入的分类

按管理方式的不同，事业收入分为财政专户返还收入和其他事业收入两种类型。

1. 财政专户返还收入，是采用财政专户返还方式管理的事业收入。在财政专户返还方式管理方式下，事业单位取得的各项事业性收费不能立即安排支出，需要上缴同级财政部门设立的财政资金专户，支出时由同级财政部门按资金收支计划从财政专户中拨付。

2. 部分事业单位的业务活动具有公益属性，提供的公益性服务不应以营利为目的，但是在国家政策的允许下，可以通过事业收费维持正常运转，按照成本补偿的原则制定价格并收取服务费用，其事业收费不需要纳入财政专户管理。

（三）事业收入的确认

1. 采用财政专户返还方式管理的事业收入，事业单位经过审批取得从财政专户返还的款项时，可确认事业收入。

2. 未采用财政专户返还方式管理的事业收入，按照权责发生制的原则，在满足收入确认条件时予以确认，具体确认方法包括：

（1）采用预收方式确认的，按照合同完成进度确认事业收入。

（2）采用应收方式确认的，根据合同完成进度计算本期应收的款项确认事业收入。

单位以合同完成进度确认事业收入时，应当根据业务实质，选择累计实际发生的合同成本占合同预计总成本的比例、已经完成的合同工作量占合同预计总工作量的比例、已经完成的时间占合同期限的比例、实际测定的完工进度等方法，合理确定合同完成进度。

二、事业收入的核算

（一）事业收入的账户设置

为反映事业单位事业收入的情况，单位应当设置"事业收入"科目，本科目应当按照事业收入的类别、来源等进行明细核算。对于因开展专业业务活动及其辅助活动从非同级政府财政部门取得的经费拨款，应当在本科目下单设"非同级财政拨款"明细科目进行核算。

"事业收入"科目应当按照事业收入类别、来源等进行明细核算。按照财务报表附注披露要求，事业收入还需要分为"来自财政专户管理资金""本部门内部单位""本部门以外同级政府部门""其他"四种进行明细账或辅助账核算。期末结账后，本科目应无余额。

特殊行业事业单位"事业收入"科目，应当按照下列补充规定进行明细核算：

1. 高等学校。

高等学校应当在新制度规定的"4101 事业收入"科目下设置"410101 教育事业收入"和"410102 科研事业收入"明细科目。其中：

（1）"410101 教育事业预算收入"科目核算高等学校开展教学活动及其辅助活动实现的收入。

（2）"410102 科研事业预算收入"科目核算高等学校开展科研活动及其辅助活动实现的收入。

2. 科学事业单位。

科学事业单位应当在新制度规定的"4101 事业收入"科目下设置"410101 科研收入""410102 非科研收入"明细科目。

（1）"410101 科研收入"明细科目核算科学事业单位开展科研活动及其辅助活动实现的收入。

（2）"410102 非科研收入"明细科目核算科学事业单位开展科研活动以外的其他业务活动及其辅助活动实现的收入，包括技术活动收入、学术活动收入、科普活动收入、试制产品活动收入、教学活动收入等。

技术活动收入是指科学事业单位对外提供技术咨询、技术服务等活动实现的收入。

学术活动收入是指科学事业单位开展学术交流、学术期刊出版等活动实现的收入。

科普活动收入是指科学事业单位开展科学知识宣传、讲座和科技展览等活动实现的收入。

试制产品活动收入是指科学事业单位试制中间试验产品等活动实现的收入。

教学活动收入是指科学事业单位开展教学活动实现的收入。

3. 医院。

医院应当在新制度规定的"4101 事业收入"科目下设置如下明细科目：

（1）"410101 医疗收入"科目，核算医院开展医疗活动实现的收入。医院应当在"410101 医疗收入"科目下设置"41010101 门急诊收入""41010102 住院收入明细科目""41010103 结算差额科目"。

（2）"410102 科教预算收入"科目，核算医院开展科研教学活动实现的收入。医院应当在"410102 科教预算收入"科目下设置"41010201 科研项目收入""41010202 教学项目收入"明细科目。

4. 基层医疗卫生机构。

基层医疗卫生机构应当在新制度规定的"4101 事业收入"科目下设置如下明细科目：

（1）"410101 医疗收入"科目，核算基层医疗卫生机构开展医疗活动实现的收入。基层医疗卫生机构应当在"410101 医疗收入"科目下设置"41010101 门急诊收入""41010102 住院收入"明细科目。

（2）"410102 公共卫生收入"科目，核算基层医疗卫生机构开展公共卫生活动实现的收入。

（3）"410103 科教收入"科目，核算基层医疗卫生机构开展科研教学活动实现的收入。基层医疗卫生机构应当在"410103 科教收入"科目下设置"41010301 科研项目收入""41010302 教学项目收入"明细科目。

（二）事业收入的账务处理

1. 采用财政专户返还方式管理的事业收入。

（1）实现应上缴财政专户的事业收入时，按照实际收到的或应收的款项金额，借记"银行存款""应收账款"等科目，贷记"应缴财政款"科目。

（2）向财政专户上缴款项时，按照实际上缴的款项金额，借记"应缴财政款"科目，贷记"银行存款"等科目。

【例 17-11】某事业单位开展专业业务活动收到事业服务费 10 000 元款项已经存入银行账户，此款项纳入财政专户管理，按规定需要全额上缴财政专户。该单位的账务处理如下：

借：银行存款　　　　　　　　　　　　　　　　　　　　　　　　　　10 000
　　贷：应缴财政款　　　　　　　　　　　　　　　　　　　　　　　　　10 000

（3）收到从财政专户返还的事业收入时，按照实际收到的返还金额，借记"银行存款"等科目，贷记"事业收入"科目。

【例 17-12】某事业单位将开展专业业务活动收到的应缴财政专户款 10 000 元通过银行账户上缴财政专户。该单位的账务处理如下：

借：应缴财政款　　　　　　　　　　　　　　　　　　　　　　　　　　10 000

贷：银行存款　　　　　　　　　　　　　　　　　　　　　　　　　　　　　　　　10 000

【例17-13】某事业单位收到开户银行通知，申请财政专户核拨的基本经费9 000元已经到账。此款项是事业单位上缴的检测服务收费。该单位的账务处理如下：

　　借：银行存款　　　　　　　　　　　　　　　　　　　　　　　　　　　　　　　　9 000
　　　　贷：事业收入——检测业务——××收费项目　　　　　　　　　　　　　　　　9 000

该业务应按平行记账原则同时进行预算会计账务处理。

【例17-14】某事业单位收到代理银行转来的"授权支付到账通知书"，财政部门通过授权支付方式核拨的财政专户管理资金50 000元已经下达。此款项是事业单位上缴的检测服务收费，限定用于支付课题经费。该单位的账务处理如下：

　　借：零余额账户用款额度　　　　　　　　　　　　　　　　　　　　　　　　　　50 000
　　　　贷：事业收入——检验业务——××收费项目　　　　　　　　　　　　　　　　50 000

该业务应按平行记账原则同时进行预算会计账务处理。

【例17-15】某社区卫生服务中心为"收支两条线"管理单位，202×年×月×日，该单位根据门诊报来收入，日报表，现金收入8 000元，医保负担2 000元。其中挂号收入200元，诊察收入900元，检查收入1 200元，化验收入800元，治疗收入1 100元，手术收入400元，卫生材料收入900元，药品收入4 500元，其中西药1 500元（疫苗600元），中成药1 200元，中药饮片1 800，该单位应编制如下会计分录：

（1）结算：

　　借：库存现金　　　　　　　　　　　　　　　　　　　　　　　　　　　　　　　　8 000
　　　　应收账款——应收医疗款——应收医保款　　　　　　　　　　　　　　　　　　2 000
　　　　贷：待结算医疗款——门急诊收费——挂号收费　　　　　　　　　　　　　　　　200
　　　　　　　　　　　　　　　　　　　——诊察收费　　　　　　　　　　　　　　　　900
　　　　　　　　　　　　　　　　　　　——检查收费　　　　　　　　　　　　　　　1 200
　　　　　　　　　　　　　　　　　　　——化验收费　　　　　　　　　　　　　　　　800
　　　　　　　　　　　　　　　　　　　——治疗收费　　　　　　　　　　　　　　　1 100
　　　　　　　　　　　　　　　　　　　——手术收费　　　　　　　　　　　　　　　　400
　　　　　　　　　　　　　　　　　　　——卫生材料收费　　　　　　　　　　　　　　900
　　　　　　　　　　　　　　　　　　　——药品收费——西药——西药　　　　　　　　900
　　　　　　　　　　　　　　　　　　　——药品收费——西药——疫苗　　　　　　　　600
　　　　　　　　　　　　　　　　　　　——药品收费——中成药　　　　　　　　　　1 200
　　　　　　　　　　　　　　　　　　　——药品收费——中药饮片　　　　　　　　　1 800

（2）收医保返款2 000元：

　　借：银行存款　　　　　　　　　　　　　　　　　　　　　　　　　　　　　　　　2 000
　　　　贷：应收账款——应收医疗款——应收医保款　　　　　　　　　　　　　　　　2 000

（3）按规定上缴财政：

　　借：待结算医疗款——门急诊收费——挂号收费　　　　　　　　　　　　　　　　　　200
　　　　　　　　　　　　　　　　　——诊察收费　　　　　　　　　　　　　　　　　　900
　　　　　　　　　　　　　　　　　——检查收费　　　　　　　　　　　　　　　　　1 200
　　　　　　　　　　　　　　　　　——化验收费　　　　　　　　　　　　　　　　　　800
　　　　　　　　　　　　　　　　　——治疗收费　　　　　　　　　　　　　　　　　1 100
　　　　　　　　　　　　　　　　　——手术收费　　　　　　　　　　　　　　　　　　400
　　　　　　　　　　　　　　　　　——卫生材料收费　　　　　　　　　　　　　　　　900
　　　　　　　　　　　　　　　　　——药品收费——西药——西药　　　　　　　　　　900
　　　　　　　　　　　　　　　　　——药品收费——西药——疫苗　　　　　　　　　　600
　　　　　　　　　　　　　　　　　——药品收费——中成药　　　　　　　　　　　　1 200
　　　　　　　　　　　　　　　　　——药品收费——中药饮片　　　　　　　　　　　1 800

　　　　贷：银行存款　　　　　　　　　　　　　　　　　　　　　　　　　　　　　　　　　10 000
（4）财政返还事业收入：
借：银行存款　　　　　　　　　　　　　　　　　　　　　　　　　　　　　　　　　10 000
　　　　贷：事业收入——医疗收入——门急诊收入　　　　　　　　　　　　　　　　　　　10 000
该业务应按平行记账原则同时进行预算会计账务处理。
（5）如按规定，全部（或部分）收费直接留用基层医疗卫生机构，则
借：待结算医疗款——门急诊收费——挂号收费　　　　　　　　　　　　　　　　　　　200
　　　　　　　　　　　　　　　　——诊察收费　　　　　　　　　　　　　　　　　　　900
　　　　　　　　　　　　　　　　——检查收费　　　　　　　　　　　　　　　　　　1 200
　　　　　　　　　　　　　　　　——化验收费　　　　　　　　　　　　　　　　　　　800
　　　　　　　　　　　　　　　　——治疗收费　　　　　　　　　　　　　　　　　　1 100
　　　　　　　　　　　　　　　　——手术收费　　　　　　　　　　　　　　　　　　　400
　　　　　　　　　　　　　　　　——卫生材料收费　　　　　　　　　　　　　　　　　900
　　　　　　　　　　　　　　　　——药品收费——西药——西药　　　　　　　　　　　900
　　　　　　　　　　　　　　　　——药品收费——西药——疫苗　　　　　　　　　　　600
　　　　　　　　　　　　　　　　——药品收费——中成药　　　　　　　　　　　　　1 200
　　　　　　　　　　　　　　　　——药品收费——中药饮片　　　　　　　　　　　　1 800
　　　　贷：事业收入——医疗收入——门急诊收入——挂号收入　　　　　　　　　　　　　200
　　　　　　　　　　　　　　　　　　　　　　——诊察收入　　　　　　　　　　　　　900
　　　　　　　　　　　　　　　　　　　　　　——检查收入　　　　　　　　　　　　1 200
　　　　　　　　　　　　　　　　　　　　　　——化验收入　　　　　　　　　　　　　800
　　　　　　　　　　　　　　　　　　　　　　——治疗收入　　　　　　　　　　　　1 100
　　　　　　　　　　　　　　　　　　　　　　——手术收入　　　　　　　　　　　　　400
　　　　　　　　　　　　　　　　　　　　　　——卫生材料收入　　　　　　　　　　　900
　　　　　　　　　　　　　　　　　　　　　　——药品收入——西药——西药　　　　　900
　　　　　　　　　　　　　　　　　　　　　　——药品收入——西药——疫苗　　　　　600
　　　　　　　　　　　　　　　　　　　　　　——药品收入——中成药　　　　　　　1 200
　　　　　　　　　　　　　　　　　　　　　　——药品收入——中药饮片　　　　　　1 800

【例17-16】某乡镇卫生院为"收支两条线"管理单位，202×年×月×日，该单位根据住院处住院收入日报表，患者赵某当日根据病历结算，费用合计3 000元。该患者参加新型农村合作医疗，入院时预交住院押金500元，医保承担2 400元，出院补付现金100元。各项费用明细如下：床位收入80元，诊察收入200元，检查收入220元，化验收入180元，治疗收入720元，手术收入400元，卫生材料收入170元，护理收入130元，药品收入1 100元，其中西药700元，中成药200元，该单位应编制如下会计分录：
（1）结算赵某住院收入：
借：应收账款——应收在院病人医疗款——赵某　　　　　　　　　　　　　　　　　3 000
　　　　贷：待结算医疗款——住院收费——床位收费　　　　　　　　　　　　　　　　　80
　　　　　　　　　　　　　　　　——诊察收费　　　　　　　　　　　　　　　　　　　200
　　　　　　　　　　　　　　　　——检查收费　　　　　　　　　　　　　　　　　　　220
　　　　　　　　　　　　　　　　——化验收费　　　　　　　　　　　　　　　　　　　180
　　　　　　　　　　　　　　　　——治疗收费　　　　　　　　　　　　　　　　　　　720
　　　　　　　　　　　　　　　　——手术收费　　　　　　　　　　　　　　　　　　　400
　　　　　　　　　　　　　　　　——卫生材料收费　　　　　　　　　　　　　　　　　170
　　　　　　　　　　　　　　　　——护理收费　　　　　　　　　　　　　　　　　　　130
　　　　　　　　　　　　　　　　——药品收费——西药——西药　　　　　　　　　　　700
　　　　　　　　　　　　　　　　——药品收费——中成药　　　　　　　　　　　　　　200

(2) 赵某出院结算：

借：预收账款——预收医疗款——住院预收款——赵某　　　　　　　　　　　500
　　应收账款——应收医疗款——应收医保款——新农合　　　　　　　　　2 400
　　库存现金　　　　　　　　　　　　　　　　　　　　　　　　　　　　　100
　　贷：应收账款——应收在院病人医疗款——赵某　　　　　　　　　　　3 000

(3) 收医保返款：

借：银行存款　　　　　　　　　　　　　　　　　　　　　　　　　　　2 400
　　贷：应收账款——应收医疗款——应收医保款　　　　　　　　　　　2 400

(4) 按规定上缴财政：

借：待结算医疗款——住院收费——床位收费　　　　　　　　　　　　　　80
　　　　　　　　　　　　　　——诊察收费　　　　　　　　　　　　　　200
　　　　　　　　　　　　　　——检查收费　　　　　　　　　　　　　　220
　　　　　　　　　　　　　　——化验收费　　　　　　　　　　　　　　180
　　　　　　　　　　　　　　——治疗收费　　　　　　　　　　　　　　720
　　　　　　　　　　　　　　——手术收费　　　　　　　　　　　　　　400
　　　　　　　　　　　　　　——卫生材料收费　　　　　　　　　　　　170
　　　　　　　　　　　　　　——护理收费　　　　　　　　　　　　　　130
　　　　　　　　　　　　　　——药品收费——西药——西药　　　　　　700
　　　　　　　　　　　　　　——药品收费——中成药　　　　　　　　　200
　　贷：银行存款　　　　　　　　　　　　　　　　　　　　　　　　　3 000

(5) 按规定全部（或部分）留用基层医疗卫生机构，则：

借：待结算医疗款——住院收费——床位收费　　　　　　　　　　　　　　80
　　　　　　　　　　　　　　——诊察收费　　　　　　　　　　　　　　200
　　　　　　　　　　　　　　——检查收费　　　　　　　　　　　　　　220
　　　　　　　　　　　　　　——化验收费　　　　　　　　　　　　　　180
　　　　　　　　　　　　　　——治疗收费　　　　　　　　　　　　　　720
　　　　　　　　　　　　　　——手术收费　　　　　　　　　　　　　　400
　　　　　　　　　　　　　　——卫生材料收费　　　　　　　　　　　　170
　　　　　　　　　　　　　　——护理收费　　　　　　　　　　　　　　130
　　　　　　　　　　　　　　——药品收费——西药——西药　　　　　　700
　　　　　　　　　　　　　　——药品收费——中成药　　　　　　　　　200
　　贷：事业收入——医疗收入——住院收入——床位收入　　　　　　　　　80
　　　　　　　　　　　　　　　　　　　　——诊察收入　　　　　　　　200
　　　　　　　　　　　　　　　　　　　　——检查收入　　　　　　　　220
　　　　　　　　　　　　　　　　　　　　——化验收入　　　　　　　　180
　　　　　　　　　　　　　　　　　　　　——治疗收入　　　　　　　　720
　　　　　　　　　　　　　　　　　　　　——手术收入　　　　　　　　400
　　　　　　　　　　　　　　　　　　　　——卫生材料收入　　　　　　170
　　　　　　　　　　　　　　　　　　　　——护理收入　　　　　　　　130
　　　　　　　　　　　　　　　　　　　　——药品收入——西药——西药　700
　　　　　　　　　　　　　　　　　　　　——药品收入——中成药　　　200

2. 采用预收款方式确认的事业收入。

(1) 实际收到预收款项时，按照收到的款项金额，借记"银行存款"等科目，贷记"预收账款"科目。

(2) 以合同完成进度或发生的合同成本比例确认事业收入时，按照计算的金额，借记"预收账款"科目，贷记本科目。

3. 采用应收款方式确认的事业收入。

(1) 根据合同完成进度计算本期应收的款项，借记"应收账款"科目，贷记本科目。

(2) 实际收到款项时，借记"银行存款"等科目，贷记"应收账款"科目。

【例17-17】某事业单位为培训中心，为某企业举办两期业务培训班，产生的培训收费总计32 000元。现收到第一期培训费16 000元，款项已经存入银行。该单位的账务处理如下：

借：银行存款	16 000
应收账款	16 000
贷：事业收入——培训业务——学费收入	32 000

该业务应按平行记账原则同时进行预算会计账务处理。

【例17-18】202×年×月×日，某社区卫生服务中心根据门诊报来收入日报表，现金收入8 000元，医保负担2 000元。其中挂号收入200元，诊察收入900元，检查收入1 200元，化验收入800元，治疗收入1 100元，手术收入400元，卫生材料收入900元，药品收入4 500元，其中西药1 500元（疫苗600元），中成药1 200元，中药饮片1 800，该单位应编制如下会计分录：

借：库存现金	8 000
应收账款——应收医疗款——应收医保款	2 000
贷：事业收入——医疗收入——门急诊收入——挂号收入	200
——诊察收入	900
——检查收入	1 200
——化验收入	800
——治疗收入	1 100
——手术收入	400
——卫生材料收入	900
——药品收入——西药——西药	900
——药品收入——西药——疫苗	600
——药品收入——中成药	1 200
——药品收入——中药饮片	1 800

该业务应按平行记账原则同时进行相应预算会计账务处理。

【例17-19】202×年×月×日，某乡镇卫生院根据住院处住院收入日报表，患者赵某当日根据病历结算，费用合计3 000元。该患者参加新型农村合作医疗，入院时预交住院押金500元，医保承担2 400元，出院补付现金100元。各项费用明细如下：床位收入80元，诊察收入200元，检查收入220元，化验收入180元，治疗收入720元，手术收入400元，卫生材料收入170元，护理收入130元，药品收入1 100元，其中西药700元，中成药200元，该单位应编制如下会计分录：

（1）结算赵某住院收入：

借：应收账款——应收在院病人医疗款——赵某	3 000
贷：事业收入——医疗收入——住院收入——床位收入	80
——诊察收入	200
——检查收入	220
——化验收入	180
——治疗收入	720
——手术收入	400
——卫生材料收入	170
——护理收入	130
——药品收入——西药——西药	700
——药品收入——中成药	200

（2）赵某出院结算：

借：预收账款——预收医疗款——住院预收款——赵某	500
应收账款——应收医疗款——应收医保款——新农合	2 400
库存现金	100

贷：应收账款——应收在院病人医疗款——赵某　　　　　　　　　　　　　　　　　　　　　　3 000
　　该业务应按平行记账原则同时进行相应预算会计账务处理。

　　4. 其他方式确认的事业收入，按照实际收到的金额，借记"银行存款""库存现金"等科目，贷记"事业收入"科目。

　　上述 2 至 4 中涉及增值税业务的，相关账务处理参见"应交增值税"科目。

【例 17-20】某事业单位为博物馆的专业业务活动为文化艺术品展览，某日展览活动取得门票收入 7 000 元，款项已经存入银行。该单位的账务处理如下：

　　借：银行存款　　　　　　　　　　　　　　　　　　　　　　　　　　　　　　　　　　　　7 000
　　　贷：事业收入——展览业务门票收入　　　　　　　　　　　　　　　　　　　　　　　　　7 000

该业务应按平行记账原则同时进行预算会计账务处理。

　　5. 期末，将本科目本期发生额转入本期盈余科目，借记本科目，贷记"本期盈余"科目。

【例 17-21】期末，某事业单位"事业收入"科目贷方余额为 32 000 元，办理期末结转。该单位的账务处理如下：

　　借：事业收入　　　　　　　　　　　　　　　　　　　　　　　　　　　　　　　　　　　32 000
　　　贷：本期盈余　　　　　　　　　　　　　　　　　　　　　　　　　　　　　　　　　　32000

三、特殊业务事业收入的账务处理

　　根据《关于科学事业单位执行〈政府会计制度——行政事业单位会计科目和报表〉的补充规定》（财会 2018 [23] 号），合作项目款是指科学事业单位从非同级政府财政部门取得的，需要与其他单位合作完成的科技项目（课题）款项。科学事业单位对合作项目款核算的账务处理如下：

　　（1）从付款方预收款项时，在财务会计下，按照收到的款项金额，借记"银行存款"等科目，贷记"预收账款"科目；

　　（2）按照合同规定将合作项目款转拨合作单位时，在财务会计下，按照实际转拨的金额，借记"预收账款"科目，贷记"银行存款"等科目；

　　（3）按照合同完成进度确认本单位科研收入时，按照计算确认收入的金额，借记"预收账款"科目，贷记"事业收入"科目。

　　（4）发生因科技项目（课题）终止等情形，需按照规定将项目剩余资金退回项目（课题）立项部门时，对本单位承担项目使用的剩余资金，在财务会计下，按照实际退回的金额，借记"预收账款"科目[尚未确认收入]或"事业收入"科目[已经确认收入]，贷记"银行存款"等科目。

　　对合作单位承担项目使用的剩余资金，于收回时按照收回的金额，借记"银行存款"等科目，贷记"其他应付款"科目；转退回给项目（课题）立项部门时，借记"其他应付款"科目，贷记"银行存款"等科目。

【例 17-22】某省级科研院所 2019 年取得国家重点研发科技项目，根据项目任务合同书总金额为 500 万元，项目任务期为 2 年，其中项目合作单位 A 企业 200 万元。1 月 15 日该科研院所实有账户收到项目经费 500 万元，根据任务书约定 1 月 30 日转拨给 A 企业 200 万元项目合作款。2019 年 12 月 30 日，该科研院所本项目实际发生费用为 100 万元，该单位事业收入按照支出合同成本确认收入为 100 万元。2020 年 12 月 30 日项目全部按照任务合同完成，2020 年科研院所该项目支出金额为 195 万元，该项目在科研院所结余资金 5 万元，在 A 企业结余资金 4 万元，2021 年 1 月 15 日通过结题验收。根据规定科研院所结余资金 5 万元留本单位使用，A 企业 4 万元原渠道上缴财政，并于 1 月 20 日收到 A 企业转来的 4 万元，1 月 30 日按原渠道上缴。该科研院所的财务处理如下：

　　（1）2019 年 1 月 15 日：
　　借：银行存款　　　　　　　　　　　　　　　　　　　　　　　　　　　　　　　　　5 000 000
　　　贷：预收账款——××项目　　　　　　　　　　　　　　　　　　　　　　　　　　5 000 000

该业务应按平行记账原则同时进行预算会计账务处理。

　　（2）2019 年 1 月 30 日：
　　借：预收账款——××项目　　　　　　　　　　　　　　　　　　　　　　　　　　　2 000 000

　　　　贷：银行存款　　　　　　　　　　　　　　　　　　　　　　　　　　　　2 000 000
该业务应按平行记账原则同时进行预算会计账务处理。
（3）2019年12月30日：
　　借：预收账款——××项目　　　　　　　　　　　　　　　　　　　　　1 000 000
　　　　贷：事业收入——非同级财政拨款——其他——××项目　　　　　　1 000 000
（4）2020年12月30日：
　　借：预收账款——××项目　　　　　　　　　　　　　　　　　　　　　1 950 000
　　　　贷：事业收入——非同级财政拨款——其他——××项目　　　　　　1 950 000
（5）2021年1月20日：
　　借：银行存款　　　　　　　　　　　　　　　　　　　　　　　　　　　　40 000
　　　　贷：其他应付款——××部门　　　　　　　　　　　　　　　　　　　　40 000
（6）2021年1月30日：
　　借：其他应付款——××部门　　　　　　　　　　　　　　　　　　　　　40 000
　　　　贷：银行存款　　　　　　　　　　　　　　　　　　　　　　　　　　　40 000

第四节　上级补助收入

一、上级补助收入的确认

（一）上级补助收入的概念

上级补助收入是核算事业单位收到主管部门或上级单位取得的非财政补助收入。主管部门或上级单位可以利用非财政补助收入，对所属事业单位给予补助。

（二）上级补助收入的确认

事业单位依据权责发生制原则，按照应收或实际收到款项时确认上级补助收入。

二、上级补助收入的核算

（一）上级补助收入的账户设置

为了核算事业单位从主管部门或上级单位取得非财政拨款收入情况，事业单位应当设置"上级补助收入"科目。本科目应当按照发放补助单位、补助项目等进行明细核算。期末结转后，本科目应无余额。

（二）上级补助收入的账务处理

1. 确认上级补助收入时，按照应收或实际收到的金额，借记"其他应收款""银行存款"等科目，贷记本科目。实际收到应收的上级补助收入时，按照实际收到的金额，借记"银行存款"等科目，贷记"其他应收款"科目。

2. 期末，将本科目本期发生额转入本期盈余科目，借记本科目，贷记"本期盈余"科目。

【例17-23】某事业单位收到主管部门拨来的补助款100 000元，款项已经到账。此款项是上级单位用其所集中的款项，对附属单位基本支出进行的调剂。该单位的账务处理如下：

　　借：银行存款　　　　　　　　　　　　　　　　　　　　　　　　　　　100 000
　　　　贷：上级补助收入——主管部门　　　　　　　　　　　　　　　　　　100 000

该业务应按平行记账原则同时进行预算会计账务处理，会计分录略。

【例17-24】某事业单位收到上级单位发来的经费拨款单，注明拨付该事业单位补助款80 000元，经查50 000元已经到账，30 000元尚未收到。此款项用于资助事业单位所开展的一项课题研究。该单位的账务处理如下：

借：银行存款　　　　　　　　　　　　　　　　　　　　　　　　　　　　　　　　　50 000
　　其他应收款　　　　　　　　　　　　　　　　　　　　　　　　　　　　　　　　30 000
　　　贷：上级补助收入——上级单位——××课题研究　　　　　　　　　　　　　　　80 000

该业务应按平行记账原则同时进行预算会计账务处理，会计分录略。

【例17-25】期末，某事业单位"上级补助收入"贷方余额为180 000元，办理期末结转。该单位的账务处理如下：

借：上级补助收入　　　　　　　　　　　　　　　　　　　　　　　　　　　　　　180 000
　　　贷：本期盈余　　　　　　　　　　　　　　　　　　　　　　　　　　　　　　180 000

第五节　附属单位上缴收入

一、附属单位上缴收入的确认

（一）附属单位上缴收入的概念

附属单位上缴收入是指事业单位取得的附属独立核算单位按照有关规定上缴的收入。

事业单位的附属独立核算单位可以是事业单位，也可以是企业。事业单位的附属独立核算单位通常按照规定的标准或比例，向事业单位上缴款项，从而形成事业单位的附属单位上缴收入。事业单位附属单位上缴收入，包括附属单位上缴的收入和利润。附属单位补偿事业单位在支出中垫付的各种费用，应当冲减相应的费用，而不能作为附属单位上缴收入处理。

（二）附属单位上缴收入的确认

附属单位上缴收入依据权责发生制原则，按照应收或收到款项时确认。

二、附属单位上缴收入的核算

（一）附属单位上缴收入的账户设置

为了核算事业单位取得的附属独立核算按照有关规定上缴的收入情况，事业单位应当设置"附属单位上缴收入"科目。本科目应当按照附属单位、缴款项目等进行明细核算。期末结转后，本科目应无余额。

（二）附属单位上缴收入的账务处理

1. 确认附属单位上缴收入时，按照收到或应收金额，借记"银行存款""其他应收款"等科目，贷记"附属单位上缴收入"科目。实际收到附属单位上缴款时，按照实际收到金额，借记"银行存款"等科目，贷记"其他应收款"科目。

【例17-26】某事业单位下属的招待所为独立核算的附属单位。按事业单位与招待所签订的收入分配办法规定，20×9年招待所应交纳分成款100 000元，事业单位已收到招待所上缴的款项50 000元。该单位的账务处理如下：

借：银行存款　　　　　　　　　　　　　　　　　　　　　　　　　　　　　　　　50 000
　　其他应收款　　　　　　　　　　　　　　　　　　　　　　　　　　　　　　　　50 000
　　　贷：附属单位上缴收入——招待所——20×9年分成款　　　　　　　　　　　　100 000

该业务应按平行记账原则同时进行预算会计账务处理，会计分录略。

2. 期末，将本科目本期发生额转入本期盈余科目，借记本科目，贷记"本期盈余"科目。

【例17-27】期末，某事业单位"附属单位上缴收入"科目余额为100 000元，办理期末结转。该单位的账务处理如下：

借：附属单位上缴收入　　　　　　　　　　　　　　　　　　　　　　　　　　　　100 000
　　　贷：本期盈余　　　　　　　　　　　　　　　　　　　　　　　　　　　　　　100 000

第六节 经营收入

一、经营收入的确认

（一）经营收入的概念

经营收入是事业单位在专业活动及其辅助活动之外开展非独立核算经营活动取得的收入。事业单位的经营收入，一般必须同时具备以下两个特征：

1. 经营收入是经营活动所取得的收入，而不是专业业务活动及其辅助活动所取得的收入。
2. 经营收入是非独立核算的经营活动取得的收入，而不是独立核算的经营活动取得的收入。

（二）经营收入的分类

1. 服务收入：事业单位非独立核算部门对外提供经营服务取得的收入。
2. 销售收入：销售收入是事业单位非独立核算部门开展商品生产、加工对外销售商品取得的收入。
3. 其他经营收入：除上述收入以外的各项经营类业务收入。

（三）经营收入的确认

事业单位的经营收入，依据权责发生制原则，应当在提供服务或发出存货，同时收讫价款或者取得索取价款的凭据时，按照实际收到或应收的金额予以确认。对于长期项目的收入，应当根据年度完成进度予以合理确认。

需要指出的是，事业单位取得经营收入时，需先确定计入经营收入的数额。属于小规模纳税人单位的收入，按实收和应收价款计入经营收入；属于一般纳税人的单位，按实收或应收价款扣除增值税销项税额，计入经营收入。

二、经营收入的核算

（一）经营收入的账户设置

为了反映核算事业单位在专业业务活动及其辅助活动之外开展非独立核算经营活动取得的收入情况，事业单位应设置"经营收入"科目。本科目应当按照经营活动的类别、项目和收入来源等进行明细核算。

（二）经营收入的账务处理

1. 已经收讫价款。

在提供服务或发出存货的同时收讫价款，按照实际收到的金额确认经营收入，借记"库存现金""银行存款"等科目，贷记"经营收入"科目。

【例17-28】某档案管理事业单位，下设复印服务部为客户服务（没有实行独立核算）收到复印费收入680元款项已经存入银行。该单位的账务处理如下：

借：银行存款　　　　　　　　　　　　　　　　　　　　　　　　　　　680
　　贷：经营收入——复印费　　　　　　　　　　　　　　　　　　　　　680

该业务应按平行记账原则同时进行预算会计账务处理。

2. 尚未收讫价款，但取得了索取价款的凭据。

经营收入按权责发生制基础确认，如果事业单位在提供服务或发出存货时没有收讫价款，但取得了索取价款的凭据，应当按照应收取的金额确认经营收入，借记"应收账款""应收票据"等科目，贷记"经营收入"科目。

【例17-29】某环境保护事业单位，下设检测服务部向社会公众提供家庭装修污染检测服务（没有实行独立核算）。本日应收检测服务费3 200元，实际收到2 600元，款项已经存入银行。该单位的账务处理如下：

借：银行存款　　　　　　　　　　　　　　　　　　　　　　　　　　2 600

           应收账款   600
      贷：经营收入——检测业务——检测费   3 200
   该业务应按平行记账原则同时进行预算会计账务处理。
   3. 涉及增值税经营业务，相关账务处理参见"应交增值税"科目。
   4. 期末，将本科目本期发生额转入本期盈余，借记本科目，贷记"本期盈余"科目。期末结转后，本科目应无余额。

   【例 17-30】期末，某事业单位"经营收入"科目贷方余额为 5 000 元，办理期末结转。该单位的账务处理如下：
   借：经营收入   5 000
      贷：本期盈余   5 000

第七节　非同级财政拨款收入

一、非同级财政拨款收入的确认

（一）非同级财政拨款收入的概念

非同级财政拨款收入是行政事业单位从非同级政府财政部门取得的经费拨款。

（二）非同级财政拨款收入的分类

单位取得的非同级财政拨款收入包括两大类，一类是从同级财政以外的同级政府部门取得的横向转拨财政款，另一类是从上级或下级政府（包括政府财政和政府部门）取得的各类财政款。

（三）非同级财政拨款收入的确认

非同级财政拨款收入依据权责发生制原则，按照应收或实际收到的金额确认。

二、非同级财政拨款收入的核算

（一）非同级财政拨款收入的账户设置

为了核算非同级财政拨款收入情况，行政事业单位应设置"非同级财政拨款收入"科目。事业单位对于因开展专业业务活动及其辅助活动取得的非同级财政拨款收入，应当通过"事业收入——非同级财政拨款"科目核算；对于其他非同级财政拨款收入，应当通过"非同级财政拨款收入"科目核算。本科目应当按照本级横向转拨财政款和非本级财政拨款进行明细核算，并按照收入来源进行明细核算。按照财务报表附注披露要求，收入来源需要分为"本部门以外同级政府单位""本部门以外非同级政府单位"进行明细账或辅助账核算。

（二）非同级财政拨款收入的账务处理

1. 收到非同级财政拨款收入时，按照实际收到或应收的金额，借记"银行存款""其他应收款"等科目，贷记本科目。

【例 17-31】某行政单位为市财政预算单位，现收到省财政部门拨来的补助款项 15 000 元，用于完成一项指定的甲项目。行政单位收到开户银行转来的"到账通知书"，款项已经到账。该单位的账务处理如下：
   借：银行存款   15 000
      贷：非同级财政拨款收入——非本级财政拨款——甲项目   15 000
   该业务应按平行记账原则同时进行预算会计账务处理。

2. 期末，将本科目本期发生额转入本期盈余科目，借记本科目，贷记"本期盈余"科目。期末结转后，本科目应无余额。

【例 17-32】期末，某事业单位"非同级财政拨款收入"科目贷方余额为 15 000 元，办理期末结转。该单位的账务处理如下：

借：非同级财政拨款收入　　　　　　　　　　　　　　　　　　　　　　　　　15 000
　　贷：本期盈余　　　　　　　　　　　　　　　　　　　　　　　　　　　　　　　15 000

第八节　投资收益

一、投资收益的确认

（一）投资收益的概念

投资收益是事业单位股权投资和债券投资所实现的收益或发生的损失。

（二）投资收益的种类

投资收益可以按照短期投资和长期投资分类，也可以按照股权投资和债权投资分类。

（三）投资收益的确认

事业单位投资收益依据权责发生制原则，按照实际收到或应该发生的利益或损失确认。其中短期投资利息收入在实际取得收入时确认收益。

二、投资收益的核算

（一）投资收益的账户设置

为了核算投资收益情况，事业单位应设置"投资收益"科目。本科目应当按照投资的种类等进行明细核算。期末结转后，本科目应无余额。

（二）投资收益的账务处理

1. 收到短期投资持有期间的利息，按照实际收到的金额，借记"银行存款"科目，贷记本科目。

2. 出售或到期收回短期债券本息，按照实际收到的金额借记"银行存款"科目，按照出售或收回短期投资的成本贷记"短期投资"科目，按照其差额，借记或贷记本科目。涉及增值税业务的，相关账务处理参见"应交增值税"科目。

3. 持有的分期付息、一次还本的长期债券投资，按期确认利息收入时，按照计算确定的应收未收利息，借记"应收利息"科目，贷记本科目；持有的一次还本付息的债券投资，按期确认利息收入时，按照计算确定的应收未收利息，借记"长期债券投资——应计利息"科目，贷记本科目。

4. 出售长期债券投资或到期收回长期债券投资本息，按照实际收到的金额，借记"银行存款"等科目，按照债券初始投资成本和已计未收利息金额，贷记"长期债券投资——成本、应计利息"科目［到期一次还本付息债券］，或"长期债券投资""应收利息"科目［分期付息债券］，按照其差额，贷记或借记本科目。涉及增值税业务的，相关账务处理参见"应交增值税"科目。

5. 采用成本法核算的长期股权投资持有期间，被投资单位宣告分派现金股利或利润时，按照宣告分派的现金股利或利润中属于单位应享有的份额，借记"应收股利"科目，贷记本科目。

采用权益法核算的长期股权投资持有期间，按照应享有或应分担的被投资单位实现的净损益的份额，借记或贷记"长期股权投资——损益调整"科目，贷记或借记本科目；被投资单位发生净亏损，但以后年度又实现净利润的，单位在其收益分享额弥补未确认的亏损分担额后，恢复确认投资收益，借记"长期股权投资——损益调整"科目，贷记本科目。

6. 按规定处置长期股权投资时，有关投资收益的账务处理，参见"长期股权投资"科目。

7. 期末，将本科目本年发生额转入本期盈余科目，借记或贷记本科目，贷记或借记"本期盈余"科目。

【例17-33】某事业单位的一项长期股权投资分配利润，按投资份额计算该事业单位应取得投资收益82 000元。款项已经收到，存入事业单位的银行。该单位的账务处理如下：

借：银行存款　　　　　　　　　　　　　　　　　　　　　　　　　　　　　　　82 000

贷：投资收益 82 000

该业务应按平行记账原则同时进行预算会计账务处理。

【例17-34】某事业单位的一项短期国债投资到期兑付，收回国债投资本息82 910元，其中短期投资成本80 000元，利息2 910元。该单位的账务处理如下：

借：银行存款 82 910
　　贷：短期投资 80 000
　　　　投资收益 2 910

该业务应按平行记账原则同时进行预算会计账务处理。

【例17-35】期末，某事业单位"投资收益"账户贷方余额为100 000元，办理期末结转。该单位的账务处理如下：

借：投资收益 100 000
　　贷：本期盈余 100 000

第九节　捐赠收入和利息收入

一、捐赠收入

（一）捐赠收入的概念

捐赠收入是单位接受其他单位或者个人捐赠取得的收入。

（二）捐赠收入的种类

捐赠收入一般包括现金捐赠、存货捐赠、固定资产和无形资产捐赠等，也可以按照捐赠来源进行分类。

（三）捐赠收入确认

捐赠收入的确认依据权责发生制原则，但是接受捐赠的货币资金按照实际收到金额时确认。

1. 接受捐赠的货币按照实际收到的金额确认计量。
2. 接受捐赠的资产按确定的成本确认计量。
3. 接受捐赠的资产没有确定成本的按照名义金额确认计量。

（四）捐赠收入的核算

1. 捐赠收入的账户设置。

为了核算捐赠收入情况，行政事业单位应设置"捐赠收入"科目。本科目应当按照捐赠资产的用途和捐赠单位等进行明细核算。期末结转后，本科目应无余额。

2. 捐赠收入的账务处理。

（1）接受捐赠的货币资金，按照实际收到的金额，借记"银行存款""库存现金"等科目，贷记本科目。

（2）接受捐赠的存货、固定资产等非现金资产，按照确定的成本，借记"库存物品""固定资产"等科目，按照发生的相关税费、运输费等，贷记"银行存款"等科目，按照其差额，贷记本科目。

（3）接受捐赠的资产按照名义金额入账的，按照名义金额，借记"库存物品""固定资产"等科目，贷记本科目，按照发生的相关税费、运输费等，借记"其他费用"科目，贷记"银行存款"等科目。

（4）期末，将本科目本年发生额转入本期盈余科目，借记本科目，贷记"本期盈余"科目。

【例17-36】某事业单位接受社会组织捐赠的款项共计128 000元，存入单位的银行账户，收到捐赠的材料用品一批，已经验收入库。根据所附凭据其价值为135 000元。捐赠人未对所捐赠的款项物资提出限制条件。该单位的账务处理如下：

借：银行存款 128 000
　　库存物品——××材料 135 000
　　贷：捐赠收入 263 000

该业务应按平行记账原则同时进行预算会计账务处理。

【例 17-37】 某事业单位收到社会捐赠的款项 8 200 元，根据捐赠人的意愿，此款项限定用于事业单位所开展的一项公益项目（专项资金收入）。该单位的账务处理如下：

借：银行存款　　　　　　　　　　　　　　　　　　　　　　　　　　　　　　　　8 200
　　贷：捐赠收入——××公益项目　　　　　　　　　　　　　　　　　　　　　　　　8 200

该业务应按平行记账原则同时进行预算会计账务处理。

【例 17-38】 某单位接受捐赠一台设备价值 80 000 元，该设备支付运输费、安装调试费合计 3 000 元，零余额账户支付。该单位的账务处理如下：

借：固定资产　　　　　　　　　　　　　　　　　　　　　　　　　　　　　　　　83 000
　　贷：零余额账户用款额度　　　　　　　　　　　　　　　　　　　　　　　　　　3 000
　　　　捐赠收入　　　　　　　　　　　　　　　　　　　　　　　　　　　　　　　80 000

该业务应按平行记账原则同时进行预算会计账务处理。

【例 17-39】 期末，某行政单位"捐赠收入"科目贷方余额为 200 000 元，办理期末结转。该单位的账务处理如下：

借：捐赠收入　　　　　　　　　　　　　　　　　　　　　　　　　　　　　　　　200 000
　　贷：本期盈余　　　　　　　　　　　　　　　　　　　　　　　　　　　　　　　200 000

二、利息收入

（一）利息收入的概念

利息收入是单位取得的银行存款利息收入。

（二）利息收入的确认

利息收入按照实际收到利息时确认。

（三）利息收入的核算

1. 利息收入的账户设置。

为了核算利息收入情况，行政事业单位应设置"利息收入"科目。期末结转后，本科目应无余额。

2. 利息收入的账务处理。

（1）取得银行存款利息时，按照实际收到的金额，借记"银行存款"科目，贷记本科目。

（2）期末，将本科目本期发生额转入本期盈余科目，借记本科目，贷记"本期盈余"科目。

【例 17-40】 某单位 2017 年 3 月 21 日收到开户行银行存款利息单据 3 014.63 元。该单位的账务处理如下：

借：银行存款　　　　　　　　　　　　　　　　　　　　　　　　　　　　　　　　3 014.63
　　贷：利息收入　　　　　　　　　　　　　　　　　　　　　　　　　　　　　　　3 014.63

该业务应按平行记账原则同时进行预算会计账务处理。

【例 17-41】 期末，某事业单位"利息收入"贷方余额为 50 000 元，办理期末结转。该单位的账务处理如下：

借：利息收入　　　　　　　　　　　　　　　　　　　　　　　　　　　　　　　　50 000
　　贷：本期盈余　　　　　　　　　　　　　　　　　　　　　　　　　　　　　　　50 000

第十节　租金收入和其他收入

一、租金收入

（一）租金收入的概念

租金收入是单位经批准利用国有资产出租获得并按照规定纳入本单位预算管理的收入。

（二）租金收入的确认

租金收入要依据权责发生制原则，在租赁期内各个所属期间按照直线法确认。

（三）租金收入的核算

1. 租金收入的账户设置。

为了核算租金收入情况，行政事业单位应设置"租金收入"科目。本科目应当按照出租国有资产类别和收入来源进行明细核算。期末结转后，本科目应无余额。

2. 租金收入的账务处理。

（1）采用预收租金方式的，预收租金时，按照收到的金额，借记"银行存款"等科目，贷记"预收账款"科目；分期确认租金收入时，按照各期租金金额，借记"预收账款"科目，贷记本科目。

（2）采用后付租金方式的，每期确认租金收入时，按照各期租金金额，借记"应收账款"科目，贷记本科目。收到租金时，按照实际收到的金额，借记"银行存款"等科目，贷记"应收账款"科目。

（3）采用分期收取租金方式的，每期收取租金时，按照租金金额，借记"银行存款"等科目，贷记本科目。

涉及增值税业务的，相关账务处理参照"应交增值税"科目。

（4）期末，将本科目本期发生额转入本期盈余科目，借记本科目，贷记"本期盈余"科目。

【例17-42】某事业单位将闲置的房子对外出租给A公司，每年租金12 000元，该事业单位1月收到A公司两年房租收入24 000元。该单位的账务处理如下：

（1）1月收到租金时：

借：银行存款　　　　　　　　　　　　　　　　　　　　　　　　　　　24 000
　　贷：预收账款——A公司　　　　　　　　　　　　　　　　　　　　　　　24 000

该业务应按平行记账原则同时进行预算会计账务处理。

（2）每月确认收入时：

借：预收账款　　　　　　　　　　　　　　　　　　　　　　　　　　　　1 000
　　贷：租金收入——A公司　　　　　　　　　　　　　　　　　　　　　　　1 000

【例17-43】期末，某事业单位租金收入贷方余额为100 000元，办理期末结转。该单位的账务处理如下：

借：租金收入　　　　　　　　　　　　　　　　　　　　　　　　　　　100 000
　　贷：本期盈余　　　　　　　　　　　　　　　　　　　　　　　　　　　100 000

二、其他收入

（一）其他收入的概念及分类

其他收入指各单位取得的除财政拨款收入、事业收入、上级补助收入、附属单位上缴收入、经营收入、非同级财政拨款收入、投资收益、捐赠收入、利息收入、租金收入以外的各项收入，包括现金盘盈收入、按照规定纳入单位预算管理的科技成果转化收入、行政单位收回已核销的其他应收款、无法偿付的应付及预收款项、资产置换中的估价增值等。

（二）其他收入的确认

其他收入的确认应当依据权责发生制原则，如有需要报批的业务按照批准下达时确认。

（三）其他收入的核算

1. 其他收入的账户设置。

为了核算其他收入情况，行政事业单位应设置"其他收入"科目。本科目应当按照其他收入的类别、来源等进行明细核算；按照财务报表附注披露要求，收入来源需要分为"本部门内部单位""本部门以外同级政府部门""本部门以外非同级政府部门""其他"四类进行明细账或辅助账核算。

2. 其他收入的账务处理。

（1）现金盘盈收入，每日现金账款核对中如发现现金溢余，属于无法查明原因的部分，报经批准后，借记"待处理财产损溢"科目，贷记本科目。

（2）科技成果转化收入，单位科技成果转化取得的收入，按规定留归本单位的，按照所取得收入扣除相关费用之后的净收益，借记"银行存款"等科目，贷记本科目。

（3）收回已核销的其他应收款，行政单位已核销的其他应收款在以后期间收回的，按照实际收回的金额，借记"银行存款"等科目，贷记本科目。

（4）无法偿付的应付及预收款项，无法偿付或债权人豁免偿还的应付账款、预收账款、其他应付款及长期应付款，借记"应付账款""预收账款""其他应付款""长期应付款"等科目，贷记本科目。

（5）置换换出资产估价增值，资产置换过程中，换出资产评估增值的，按照评估价值高于资产账面价值或账面余额的金额，借记有关科目，贷记本科目。具体账务处理参见"库存物品"等科目。

（6）确认（1）至（5）以外的其他收入时，按照应收或实际收到的金额，借记"其他应收款""银行存款""库存现金"等科目，贷记本科目。涉及增值税业务的，相关账务处理参见"应交增值税"科目。

（7）期末，将本科目本期发生额转入本期盈余科目，借记本科目，贷记"本期盈余"科目。

【例17-44】某事业单位实现科技成果转化收入100 000元，经上级主管部门同意留归本单位使用，款项已经到账。该单位的账务处理如下：

借：银行存款 100 000
　　贷：其他收入——科技成果转化收入 100 000

该业务应按平行记账原则同时进行预算会计账务处理。

【例17-45】某事业单位2019年2月从A公司购入材料一批价值20 000元，由于质量达不到合同要求，款项尚未支付。2020年12月清理往来款项发现A公司已经注销工商登记，该款项无法支付。

借：应付账款——A公司 20 000
　　贷：其他收入——无法支付的应付款 20 000

【例17-46】某单位2019年2月1日清点现金时发现长款500元，原因不明。报经领导批准后做盘盈处理。

借：待处理财产损溢——货币现金 500
　　贷：其他收入——现金盘盈收入 500

【例17-47】期末，某事业单位"其他收入"科目贷方余额为150 000元，办理期末结转。该单位的账务处理如下：

借：其他收入 150 000
　　贷：本期盈余 150 000

第十八章 费 用

第一节 费用概述

一、费用的含义与内容

费用是指报告期内导致政府会计主体净资产减少的、含有服务潜力或者经济利益的经济资源的流出。

费用的实质是经济利益的流出或服务能力的损耗。费用是政府会计主体的资金耗费和损失,资金耗费是政府会计实体在履行其职能的过程中所正常消耗的各种财产,如支付货币、领用材料、设备折旧等;资金损失是政府会计主体因故造成的财产毁损与损失,如资产盘亏、报废、损失等。

费用包括业务活动费用、单位管理费用、经营费用、资产处置费用、上缴上级费用、对所属单位补助费用、所得税费用、其他费用等。

二、费用的特点

1. 费用是政府会计主体日常活动中发生的经济利益的流出。政府会计主体为保障机构正常运转和完成工作任务在日常活动中发生的含有服务潜力或者经济利益的经济资源的流出。

2. 费用是资产减少、负债增加或兼而有之的变动结果。费用可能表现为资产的减少,或负债的增加,或二者兼而有之。费用的发生形式多种多样,既可能表现为资产的减少,如减少银行存款、库存商品等;也可能表现为负债的增加,如增加应付职工薪酬、应负担长期借款利息等,还可能是二者的组合,如购买材料款项部分支付货币资金,剩余部分形成负债。

3. 费用最终会导致净资产的减少。费用的增加会减少净资产,但是净资产减少也不一定都列入费用,如偿债性支出,显然减少了净资产,但不能归入费用。

三、费用的确认与计量

费用是指报告期内导致政府会计主体净资产减少的、含有服务潜力或者经济利益的经济资源的流出。

费用应该按照权责发生制和配比确认,凡是应属于本期发生的费用,不论其款项是否支付,均确认为本期费用;反之,不属于本期发生的费用,即使其款项在本期支付,也不确认为本期费用。

费用的确认应当同时满足以下三个条件:

1. 与费用相关的含有服务潜力或者经济利益的经济资源很可能流出政府会计主体。

费用最重要的是预期会给政府会计主体带来经济效益或产生社会效益,政府会计主体在确定费用时,需要判断与该项费用有关的经济利益是否很有可能流入会计主体,如果与该项费用有关的经济利益很有可能流入会计主体,并同时满足费用确认的其他条件,那么,政府会计主体应将其确认为费用。否则,就不应将其确认为费用。

2. 含有服务潜力或者经济利益的经济资源流出会导致政府会计主体资产减少或者负债增加。

费用的发生会导致行政事业单位资产的减少或负债的增加。服务潜力是指政府会计主体利用资产提供公共产品和服务以履行政府职能的潜在能力；经济利益流出表现为现金及现金等价物流出的减少。

3. 流出金额能够可靠地计量。

政府会计主体在确定费用时必须取得确凿可靠证据，当经济利益或者服务潜力的流出额能够可靠计量时才能予以确认。即费用的支出应当在其发生时予以确认，并按照实际发生额进行计量。

符合费用定义和费用确认条件的项目，应当列入收入费用表。

四、费用的管理要求

（一）费用的财务管理

1. 加强费用的预算管理。

行政事业单位要建立健全预算管理制度，严格执行批准的费用预算，不得自行变更预算，不得无预算、超预算安排支出。

2. 加强费用的规范性管理。

行政事业单位的费用应当严格执行国家有关财务规章制度规定的开支范围及开支标准；国家有关财务规章制度没有统一规定的，单位要结合本单位的实际情况，建立健全单位内部各项费用的管理规章制度，完善相应的费用管理体系，加强对各项费用的管理。

3. 加强专项资金管理。

行政事业单位从财政部门或上级主管部门取得的有指定项目和用途的专项资金应当专款专用，单独核算，并按照规定向同级财政部门或者上级主管部门报告资金使用情况。项目完成后，应当报送专项资金决算和使用效果的书面报告，接受财政部门或者主管部门的检查、验收。对于不同来源的项目资金，应当按照国家有关规定或者合同要求进行管理，不得截留挤占挪用和违反规定转拨资金，不得虚列费用，不得以任何形式牟取私利。

4. 加强国库集中支付和政府采购管理。

行政事业单位应当严格执行国库集中支付制度和政府采购制度等规定，实行国库集中支付制度和政府采购制度是财政支出改革的重要内容，单位应当结合本单位的实际情况制定切实可行的具体措施，严格执行国库集中支付制度和政府采购制度的有关规定和要求。政府采购是指各级政府及其所属机构为满足开展日常政务活动或提供公共服务活动的需要，在财政的监督下，以法定的方式、方法和程序，购买货物、工程或劳务的行为。单位应当按照《政府采购法》、《政府采购非招标采购方式管理办法》（财政部令第18号）、《政府采购货物和服务招标投标管理办法》（财政部令第74号）等相关制度的规定组织政府采购活动。

5. 加强票据管理。

行政事业单位应当依法加强各类票据管理，确保票据来源合法、内容真实、使用正确，不得使用虚假票据，提高会计信息质量。

6. 加强费用的绩效管理。

行政事业单位应当加强费用的绩效管理，提高资金使用的有效性。预算绩效管理是政府绩效管理的重要组成部分，是财政科学化、精细化、精准化管理的重要内容和结果要求。加强预算绩效管理的根本目的是改进预算支出管理、优化财政资源配置，提高公共产品和服务的质量。要树立"讲绩效、重绩效、用绩效"的绩效管理理念，建立预算绩效管理机制，完善预算绩效管理制度体系和预算绩效评价体系。

7. 加强经营费用的管理。

事业单位应当严格区分事业支出和经营费用的界限，并分别独立核算。事业单位应按照经营费用的性质，明确内部审批、审核、核算和归档等费用各关键岗位的职责权限。通过经营费用关键控制点和风险点的梳理，实现对经营费用的内部管控。

8. 加强所得税费用的管理。

负有企业所得税纳税义务的事业单位应严格执行《中华人民共和国企业所得税法》的相关规定，按时进行季度企业所得税预缴和企业所得税的汇算清缴工作，税务会计应做好企业所得税的纳税筹划。

9. 加强资产处置费用的管理。

资产处置费用的财务管理主要参照资产管理。资产是行政事业单位占有或使用的资产属于国有资产，根据国有资产管理办法财务规则的要求，资产财务管理的主要内容包括：

（1）完善的资产管理制度。行政事业单位应当建立健全单位资产管理制度，加强和规范资产配置、使用和处置管理、维护资产安全完整、保障事业健康发展。单位负责对本单位占有、使用的国有资产实施具体管理。根据本单位的特点，建立完善的资产管理制度，包括资产购置制度、资产验收制度、资产保管制度、资产使用制度、资产处置审批制度等。完善的资产管理制度是资产管理工作的基础，可以保证资产管理工作的规范化、系统化，确保资产的安全和完整，防止国有资产流失。

（2）加强资产配置管理。行政事业单位国有资产配置应当严格执行法律、法规和有关规章制度，与单位履行职能需要相适应，科学合理，优化资产结构，勤俭节约，从严控制。对有规定配备标准的资产，应当按照标准进行配备，并按规定的程序报批；对没有规定配备标准的应当从实际需要出发，以满足本单位履行职能的需要为原则，报主管部门、财政部门审批。对于单位长期闲置、低效运转的资产，应按照国家有关规定实行资产共享、共用，由主管部门进行调剂。

（3）加强资产的使用管理。加强对资产的日常管理工作，做好资产建账、核算和登记工作，定期或者不定期进行清查盘点，保证账账相符，账实相符；加强应收及暂付款项的管理，严格控制应收及暂付款项的规模，并及时进行清理，不得长期挂账；加强资产账务处理，行政单位的资产增加时应当及时登记入账，减少时应当按照资产处置规定办理报批手续进行账务处理；严格限制对外投资、举借债务等行为，不得以任何形式用占有使用的国有资产对外投资或者举办经济实体，除法律、行政法规另有规定外，单位不得举借债务，不得对外提供担保；规范资产出租、出借行为，未经同级财政部门批准，单位不得将占有、使用的国有资产对外出租、出借。

（4）合法处置资产。资产处置是指单位资产产权的转移及核销，包括资产的无偿调出、出售、捐赠、置换、盘亏、毁损、报废等。资产处置应当遵循公开、公平、公正和竞争、择优的原则，严格履行相关审批程序，未经批准不得自行处置。对资产的出售应当采取拍卖、招投标等方式。

（二）费用的内部控制管理

行政事业单位费用的内部控制属于业务层面内部控制。根据财政部《行政事业单位内部控制规范（试行）》的规定，行政事业单位应当建立健全费用的支出内部管理制度。行政事业单位支出内部控制的主要内容包括：

1. 完善费用的内部管理制度。

行政事业单位应当建立健全费用的支出内部管理制度，确定单位经济活动的各项费用的支出标准，明确费用的支出报销流程，按照规定办理支出事项。行政事业单位应当合理设置岗位，明确相关岗位的职责权限，确保费用的支出申请和内部审批、付款审批和付款执行、业务经办和会计核算等不相容岗位相互分离。

2. 加强费用的审批控制。

明确费用的内部审批权限、程序、责任和相关控制措施。审批人应当在授权范围内审批，不得越权审批。

3. 加强费用的审核控制。

全面审核各类单据。重点审核单据来源是否合法，内容是否真实、完整，使用是否准确，是否符合预算，审批手续是否齐全。费用的支出凭证应当附反映支出明细内容的原始单据，并由经办人员签字或盖章，超出规定标准的费用事项应由经办人员说明原因并附审批依据，确保与经济业务事项相符。

4. 加强费用的支付控制。

明确报销业务流程，按照规定办理资金支付手续。签发的支付凭证应当进行登记。使用公务卡结算的，应当按照公务卡使用和管理有关规定办理业务。

5. 加强费用的核算和归档控制。

由财会部门根据费用的支出凭证及时准确登记账簿，与支出业务相关的合同等材料应当提交财会部门作为账务处理的依据。

6. 加强资产处置费用的内控管理。

资产处置费用的内控管理主要是对资产的内控管理。根据《行政事业单位内部控制规范（试行）》的规定，单位应当对资产实行分类管理，建立健全资产内部管理制度；在业务层面上，单位资产内部控制的主要内容包括：

（1）加强资产的日常控制。单位应当加强对实物资产和无形资产的管理，明确相关部门和岗位的指责权限，强化对配置、使用和处置等关键环节的管控。对资产实施归口管理，明确资产使用和保管责任人，落实资产使用人在资产管理中的责任。按照国有资产管理相关规定，明确资产的调剂、租借、对外投资、处置的程序、审批权限和责任。建立资产台账，加强资产的实物管理。建立资产信息管理系统，做好资产的统计、报告、分析工作，实现对资产的动态管理。

资产日常管理还应当强化对下列关键方面或者关键环节的控制，以防止或减少资产损失：

①要建立定期盘查制度，明确资产分类及管理目的，在分类上要严格按照国家相关规定对资产进行有效划分，避免管理资源浪费和管理目的不明确等制约管理质量提升的问题发生。

②资产取得、验收、使用、维护、处置和转移等环节的控制流程应当清晰严密。

在资产购置审批环节，要严格执行核查、复查制度，认真分析购置需求的科学性与合理性，避免部门间盲目攀比和重复建设，杜绝资金浪费与资产无效购置。在购置环节，对于大宗项目或昂贵资产要实行政府采购招投标制度，重视招投标过程的公开化与透明度，杜绝采购人员与供应商之间的"暗箱操作"。

在完成资产购置后的中途运输环节，应该加强风险控制意识，避免运输过程中因为人为或非人为原因导致资产损失而给单位带来的直接经济损失。在入库管理环节，要推行复查制度，对所购置资产的数量、规格、价格、性能等进行再次核查，并实行运输方、管理方、经办人的三方会签制度，确定责任归属。

在资产申领及使用环节，同样要推行管理者问责制度，对于昂贵设备或大型资产更要推行终身问责，强化责任人的责任履行自觉性与主动性，避免资产在使用过程中的随意和浪费。在报废回收环节，必须经过资产管理部门核查审批，必须切实做出报废批准后再交由专门人员进行善后处理，要严格杜绝部门私自进行资产处理的行为，违者应受到严肃处理。

③会计核算、账簿记录和资产转移的文件手续应当健全。

（2）加强对外投资的控制。单位应当根据国家有关规定加强对对外投资的管理。合理设置岗位，明确相关岗位的职责权限，确保对外投资可行性研究与评估、对外投资决策与执行、对外投资处置的审批与执行等不相容岗位相互分离。单位对外投资，应当由单位领导班子集体研究决定。加强对投资项目的追踪管理，及时、全面、准确地记录对外投资的价值变动和投资收益情况。建立责任追究制度，对在对外投资中出现重大决策失误、未履行集体决策程序和不按规定执行对外投资业务的部门及人员，应当追究相应的责任。

（3）加强建设项目的控制。单位应当建立健全建设项目内部管理制度，明确内部相关部门和岗位的职责权限，建立与建设项目相关的议事决策机制、审核机制。事业单位应当依据国家有关规定组织建设项目招标工作并接受有关部门的监督。事业单位应当按照审批单位下达的投资计划和预算对建设项目资金实行专款专用，严禁截留、挪用和超批复内容使用资金。建设项目竣工后，单位应当按照规定的时限及时办理竣工决算，组织竣工决算审计，并根据批复的竣工决算和有关规定办理建设项目档案和资产移交等工作。

第二节　业务活动费用

一、业务活动费用的确认

业务活动费用是指单位为实现其职能目标，依法履职或开展专业业务活动及其辅助活动所发生的各项费用。

业务活动费用的确认应采用权责发生制，凡是应属于本期发生的业务活动费用，不论其款项是否支付,均确认为本期费用;反之,不属于本期发生的业务活动费用,即使其款项在本期支付,也不确认为本期费用。

二、业务活动费用的计量

"业务活动费用"科目的核算应当按照项目、服务或者业务类别、支付对象等进行明细核算。为了满足成本核算需要,本科目下还可按照"工资福利费用""商品和服务费用""对个人和家庭的补助费用""对企业补助费用""固定资产折旧费""无形资产摊销费""公共基础设施折旧(摊销)费""保障性住房折旧费""计提专用基金"等成本项目设置明细科目,归集能够直接计入业务活动或采用一定方法计算后计入业务活动的费用。年终结账后,本科目应无余额。

特殊行业事业单位"业务活动费用"科目,应按照下列补充规定进行明细核算:

1. 高等学校。

高等学校应当在新制度规定的"5001 业务活动费用"科目下设置"500101 教育费用""500102 科研费用"明细科目。其中:

(1)"500101 教育费用"科目核算高等学校开展教学及其辅助活动、学生事务等活动所发生的,能够直接计入或采用一定方法计算后计入的各项费用。

(2)"500102 科研费用"科目核算高等学校开展科研及其辅助活动所发生的,能够直接计入或采用一定方法计算后计入的各项费用。

【例 18-1】某高校 5 月为开展教学及其辅助活动发生电费 253 200 元,为开展某项科研项目应负担的电费为 800 元,银行存款支付,会计分录如下:

借:业务活动费用——教育费用　　　　　　　　　　　　　　　253 200
　　　　　　　　——科研费用　　　　　　　　　　　　　　　　　　800
　　贷:银行存款　　　　　　　　　　　　　　　　　　　　　　254 000

该笔业务应按平行记账原则同时进行预算会计账务处理。

2. 科学事业单位。

科学事业单位应当在新制度规定的"5001 业务活动费用"科目下设置"500101 科研活动费用""500102 非科研活动费用"明细科目。

(1)"500101 科研活动费用"明细科目核算科学事业单位开展科研活动及其辅助活动发生的各项费用。

(2)"500102 非科研活动费用"明细科目核算科学事业单位开展科研活动以外的其他业务活动及其辅助活动发生的各项费用,包括技术活动费用、学术活动费用、科普活动费用、试制产品活动费用和教学活动费用等。

技术活动费用是指科学事业单位对外提供技术咨询、技术服务等活动发生的各项费用。

学术活动费用是指科学事业单位开展学术交流、学术期刊出版等活动发生的各项费用。

科普活动费用是指科学事业单位开展科学知识宣传、讲座和科技展览等活动发生的各项费用。

试制产品活动费用是指科学事业单位试制中间试验产品等活动发生的各项费用。

教学活动费用是指科学事业单位开展教学活动发生的各项费用。

【例 18-2】某科学事业单位 6 月为开展某项科研项目发生会议费 18 000 元,为开展科普活动,印刷科学知识宣传手册费用 15 000 元,零余额账户支付,会计分录如下:

借:业务活动费用——科研活动费用　　　　　　　　　　　　　　18 000
　　　　　　　　——非科研活动费用——科普活动费用　　　　　　15 000
　　贷:零余额账户用款额度　　　　　　　　　　　　　　　　　　33 000

该笔业务应按平行记账原则同时进行预算会计账务处理。

3. 医院。

医院应当在新制度规定的"5001 业务活动费用"科目下按照经费性质(财政基本拨款经费、财政项目拨款经费、科教经费、其他经费)进行明细核算,并对政府指令性任务进行明细核算。此外,医院除遵循新制度规定外，还可根据管理要求，参照《政府收支分类科目》中"部门预算支出经济分类科目"对业务活动费用进行明细核算，在新制度规定的"商品和服务费用"明细科目下设置"专用材料费"明细科目，并按照"卫生材料费""药品费"进行明细核算。

4. 基层医疗卫生机构。

基层医疗卫生机构应当在新制度规定的"5001 业务活动费用"科目下设置"500101 医疗费用""500102 公共卫生费用"和"500103 科教费用"明细科目。

（1）"500101 医疗费用"科目，核算基层医疗卫生机构开展医疗活动发生的各项费用。基层医疗卫生机构应当在"500101 医疗费用"科目下设置"人员费用""药品费""专用材料费""维修费""计提专用基金""固定资产折旧""无形资产摊销""其他医疗费用"等明细科目；在"人员费用"明细科目下设置"工资福利费用""对个人和家庭的补助费用"明细科目；在"药品费"明细科目下设置"西药""中成药""中药饮片"明细科目，在"西药"明细科目下设置"西药""疫苗"明细科目；在"专用材料费"明细科目下设置"卫生材料费""低值易耗品""其他材料费"明细科目，在"卫生材料费"明细科目下设置"血库材料""医用气体""影像材料""化验材料"和"其他卫生材料"明细科目。

【例18-3】202×年×月×日，某社区卫生服务中心基本医疗业务结转领用药品成本10万元，卫生材料成本3万元，其他材料成本1万元，领用低值易耗品2万元，该单位应编制如下会计分录：

借：业务活动费用——医疗费用　　　　　　　　　　　　　　　　160 000
　　贷：库存物品——药品（明细略）　　　　　　　　　　　　　100 000
　　　　　　　　——低值易耗品（明细略）　　　　　　　　　　　20 000
　　　　　　　　——卫生材料（明细略）　　　　　　　　　　　　30 000
　　　　　　　　——其他材料（明细略）　　　　　　　　　　　　10 000

（2）"500102 公共卫生费用"科目，核算基层医疗卫生机构开展公共卫生活动发生的各项费用。基层医疗卫生机构应当在"500102 公共卫生费用"科目下设置"人员费用""药品费""专用材料费""维修费""其他公共卫生费用"等明细科目；在"人员费用"明细科目下设置"工资福利费用""对个人和家庭的补助费用"明细科目；在"药品费"明细科目下设置"西药""中成药""中药饮片"明细科目，在"西药"明细科目下设置"西药""疫苗"明细科目；在"专用材料费"明细科目下设置"卫生材料费""低值易耗品""其他材料费"明细科目，在"卫生材料费"明细科目下设置"血库材料""医用气体""影像材料""化验材料"和"其他卫生材料"明细科目。

【例18-4】202×年×月×日，某社区卫生服务中心基本公共卫生服务业务当月结转领用药品5万元，低值易耗品1万元，卫生材料2万元，其他材料1万元，该单位应编制如下会计分录：

借：业务活动费用——公共卫生费用　　　　　　　　　　　　　　90 000
　　贷：库存物品——药品（明细略）　　　　　　　　　　　　　 50 000
　　　　　　　　——低值易耗品（明细略）　　　　　　　　　　　10 000
　　　　　　　　——卫生材料（明细略）　　　　　　　　　　　　20 000
　　　　　　　　——其他材料（明细略）　　　　　　　　　　　　10 000

【例18-5】202×年×月×日，某乡镇卫生院交纳当月医疗废弃物运输费1万元，按工作量分摊，其中基本医疗承担6 000元，基本公共卫生承担4 000元，该单位应编制如下会计分录：

借：业务活动费用——医疗费用　　　　　　　　　　　　　　　　 6 000
　　　　　　　　——公共卫生费用　　　　　　　　　　　　　　　 4 000
　　贷：银行存款　　　　　　　　　　　　　　　　　　　　　　 10 000

该业务应按平行记账原则同时进行相应预算会计账务处理。

（3）"500103 科教费用"科目，核算基层医疗卫生机构开展科研教学活动发生的各项费用。基层医疗卫生机构应当在"500103 科教费用"科目下设置"科研费用""教学费用"明细科目。

【例18-6】202×年×月×日，某社区卫生服务中心结转当月科研成本5万元，其中固定资产折旧2万元，领用药品2万元，工资1万元，该单位应编制如下会计分录：

借：业务活动费用——科教费用——科研费用（明细略）　　　　　 50 000
　　贷：库存物品——药品（明细略）　　　　　　　　　　　　　 20 000

　　　　固定资产累计折旧　　　　　　　　　　　　　　　　　　　　　　　　　　　　20 000
　　　　应付职工薪酬（明细略）　　　　　　　　　　　　　　　　　　　　　　　　10 000
　业务活动费用的主要账务处理如下：
　（一）为履职或开展业务活动人员计提的薪酬，按照计算确定的金额，借记本科目，贷记"应付职工薪酬"科目。

【例18-7】某单位为开展某项业务活动支付5月应付职工薪酬565 150元，实际支付给职工536 892.50元，代扣并支付个人所得税28 257.50元，会计分录如下：

①借：业务活动费用——××项目——工资福利费用　　　　　　　　　　　　565 150
　　　贷：应付职工薪酬　　　　　　　　　　　　　　　　　　　　　　　　　565 150
②借：应付职工薪酬　　　　　　　　　　　　　　　　　　　　　　　　　　　565 150
　　　贷：零余额账户用款额度　　　　　　　　　　　　　　　　　　　　　536 892.50
　　　　　其他应缴税费——应缴个人所得税　　　　　　　　　　　　　　　 28 257.50
③借：其他应缴税费——应缴个人所得税　　　　　　　　　　　　　　　　　28 257.50
　　　贷：零余额账户用款额度　　　　　　　　　　　　　　　　　　　　　 28 257.50

第2、3笔业务应按平行记账原则同时进行预算会计账务处理。

　（二）为履职或开展业务活动发生的外部人员劳务费，按照计算确定的金额，借记本科目，按照代扣代缴个人所得税的金额，贷记"其他应交税费——应交个人所得税"科目，按照扣税后应付或实际支付的金额，贷记"其他应付款""财政拨款收入""零余额账户用款额度""银行存款"等科目。

【例18-8】某单位为开展某项业务活动应支付外部人员劳务费80 000元，实际支付劳务费72 000元，代扣并支付个人所得税8 000元，会计分录如下：

①借：业务活动费用——××项目——商品和服务费用　　　　　　　　　　　80 000
　　　贷：其他应付款——劳务费　　　　　　　　　　　　　　　　　　　　　80 000
②借：其他应付款——劳务费　　　　　　　　　　　　　　　　　　　　　　　80 000
　　　贷：银行存款　　　　　　　　　　　　　　　　　　　　　　　　　　　72 000
　　　　　其他应缴税费——应缴个人所得税　　　　　　　　　　　　　　　　 8 000
③借：其他应缴税费——应缴个人所得税　　　　　　　　　　　　　　　　　 8 000
　　　贷：银行存款　　　　　　　　　　　　　　　　　　　　　　　　　　　 8 000

第2、3笔业务应按平行记账原则同时进行预算会计账务处理。

　（三）为履职或开展业务活动领用库存物品，以及动用发出相关政府储备物资，按照领用库存物品或发出相关政府储备物资的账面余额，借记本科目，贷记"库存物品""政府储备物资"科目。

【例18-9】某单位为开展某项业务活动领用××专用材料5 000元，动用政府储备物资（钢材）150 000元，会计分录如下：

借：业务活动费用——××项目——商品和服务费用　　　　　　　　　　　　155 000
　　贷：库存物品——××专用材料　　　　　　　　　　　　　　　　　　　　 5 000
　　　　政府储备物资——钢材　　　　　　　　　　　　　　　　　　　　　 150 000

　（四）为履职或开展业务活动所使用的固定资产、无形资产以及为所控制的公共基础设施、保障性住房计提的折旧、摊销，按照计提金额，借记本科目，贷记"固定资产累计折旧""无形资产累计摊销""公共基础设施累计折旧（摊销）""保障性住房累计折旧"科目。

【例18-10】某单位某月按项目预算应由某项目承担固定资产折旧费15 000元，无形资产摊销26 000元，会计分录如下：

①借：业务活动费用——××项目——固定资产折旧费　　　　　　　　　　　 15 000
　　　贷：固定资产累计折旧　　　　　　　　　　　　　　　　　　　　　　　 15 000
②借：业务活动费用——××项目——无形资产摊销费　　　　　　　　　　　 26 000
　　　贷：无形资产累计摊销　　　　　　　　　　　　　　　　　　　　　　　 26 000

　（五）为履职或开展业务活动发生的城市维护建设税、教育费附加、地方教育附加、车船税、房产税、城镇土地使用税等，按照计算确定应交纳的金额，借记本科目，贷记"其他应交税费"等科目。

【例18-11】某单位为开展某项业务活动发生应负担的房产税7 000元,并上交税务局,会计分录如下:
① 借:业务活动费用——××项目——商品和服务费用　　　　　　　　　　7 000
　　　贷:其他应缴税费——应交房产税　　　　　　　　　　　　　　　　　　　7 000
② 借:其他应缴税费——应交房产税　　　　　　　　　　　　　　　　　　　　7 000
　　　贷:银行存款　　　　　　　　　　　　　　　　　　　　　　　　　　　　　7 000
第2笔业务应按平行记账原则同时进行预算会计账务处理。

(六) 为履职或开展业务活动发生其他各项费用时,按照费用确认金额,借记本科目,贷记"财政拨款收入""零余额账户用款额度""银行存款""应付账款""其他应付款""其他应收款"等科目。

【例18-12】某单位为开展某项业务活动发生电费3 200元,发生旅差费5 600元(其中个人补助600元),会计分录如下:
① 借:业务活动费用——××项目——商品和服务费用　　　　　　　　　　3 200
　　　贷:零余额账户用款额度　　　　　　　　　　　　　　　　　　　　　　　3 200
② 借:业务活动费用——××项目——商品和服务费用　　　　　　　　　　5 600
　　　贷:零余额账户用款额度　　　　　　　　　　　　　　　　　　　　　　　5 000
　　　　　库存现金　　　　　　　　　　　　　　　　　　　　　　　　　　　　　　600
该2笔业务均应按平行记账原则同时进行预算会计账务处理。

(七) 按照规定从收入中提取专用基金并计入费用的,一般按照预算会计下基于预算收入计算提取的金额,借记本科目,贷记"专用基金"科目。国家另有规定的,从其规定。

【例18-13】某医院根据规定从医疗收入中计提医疗风险基金20 000元并计入业务活动费用科目下医疗费用明细科目,会计分录如下:
借:业务活动费用——医疗费用　　　　　　　　　　　　　　　　　　　　20 000
　　贷:专用基金——医疗风险基金　　　　　　　　　　　　　　　　　　　　20 000

(八) 发生当年购货退回等业务,对于已计入本年业务活动费用的,按照收回或应收的金额,借记"财政拨款收入""零余额账户用款额度""银行存款""其他应收款"等科目,贷记本科目。

【例18-14】某单位在开展某项业务活动中当年购入的××材料,因质量原因当年退回45 000元,领用该材料也退回5 000元,会计分录如下:
① 借:零余额账户用款额度　　　　　　　　　　　　　　　　　　　　　　　45 000
　　　贷:库存物品——××材料　　　　　　　　　　　　　　　　　　　　　　45 000
② 借:库存物品——××材料　　　　　　　　　　　　　　　　　　　　　　　5 000
　　　贷:业务活动费用——××项目——商品和服务费用　　　　　　　　　　5 000
第1笔业务应按平行记账原则同时进行预算会计账务处理。

(九) 期末,将本科目本期发生额转入本期盈余,借记"本期盈余"科目,贷记本科目。

【例18-15】期末,某单位在开展某项业务活动将"业务活动费用"科目本期发生额5 687 859.50元进行期末结账,会计分录如下:
借:本期盈余　　　　　　　　　　　　　　　　　　　　　　　　　　　5 687 859.50
　　贷:业务活动费用——××项目　　　　　　　　　　　　　　　　　　5 687 859.50

第三节　单位管理费用

一、单位管理费用的确认

单位管理费用是指事业单位本级行政及后勤管理部门开展管理活动发生的各项费用,包括单位行政及后勤管理部门发生的人员经费、公用经费、资产折旧(摊销)等费用,以及由单位统一负担的离退休人员经费、工会经费、诉讼费、中介费等。

按照上述规定，行政单位不使用"单位管理费用"科目，为实现其职能目标、依法履职发生的各项费用均计入"业务活动费用"科目；事业单位应当同时使用"业务活动费用"和"单位管理费用"科目，其开展专业业务活动及其辅助活动的各业务部门发生的各项费用记入"业务活动费用"科目，其本级行政及后勤管理部门发生的各项费用以及由单位统一负担的费用记入"单位管理费用"科目。

因事业单位规模较小或业务单一等原因难以拆分业务活动费用和单位管理费用的，可以不单独设置"单位管理费用"科目，"单位管理费用"科目所规定的核算内容一并在"业务活动费用"科目核算。

单位管理费用的确认应采用权责发生制，凡是应属于本期发生的单位管理费用，不论其款项是否支付，均确认为本期费用；反之，不属于本期发生的单位管理费用，即使其款项在本期支付，也不确认为本期费用。

二、单位管理费用的计量

"单位管理费用"科目的核算应当按照项目、费用类别、支付对象等进行明细核算。为了满足成本核算需要，本科目下还可按照"工资福利费用""商品和服务费用""对个人和家庭的补助费用""固定资产折旧费""无形资产摊销费"等成本项目设置明细科目，归集能够直接计入单位管理活动或采用一定方法计算后计入单位管理活动的费用。年终结账后，本科目应无余额。

特殊行业事业单位"单位管理费用"科目，应按照下列补充规定进行明细核算：

1. 高等学校。

高等学校应当在新制度规定的"5101 单位管理费用"科目下设置"510101 行政管理费用""510102 后勤保障费用""510103 离退休费用"和"510109 单位统一负担的其他管理费用"明细科目。

（1）"510101 行政管理费用"科目核算高等学校开展单位的行政管理活动所发生的各项费用。

（2）"510102 后勤保障费用"科目核算高等学校统一负担的开展后勤保障活动所发生的各项费用。

（3）"510103 离退休费用"科目核算高等学校统一负担的离退休人员工资、补助、活动经费等各项费用。

（4）"510109 单位统一负担的其他管理费用"科目核算由高等学校统一负担的除行政管理费用、后勤保障费用、离退休费用之外的其他各项管理费用，如工会经费、诉讼费、中介费等。

2. 医院。

医院应当在新制度规定的"5101 单位管理费用"科目下按照经费性质（财政基本拨款经费、财政项目拨款经费、科教经费、其他经费）进行明细核算。医院可根据管理要求，参照《政府收支分类科目》中"部门预算支出经济分类科目"进行明细核算，在新制度规定的"商品和服务费用"明细科目下设置"专用材料费"明细科目，并按照"卫生材料费""药品费"进行明细核算。

3. 基层医疗卫生机构。

基层医疗卫生机构应当在新制度规定的"5101 单位管理费用"科目下设置"人员费用""商品和服务费用""固定资产折旧""无形资产摊销"等明细科目；在"人员费用"明细科目下设置"工资福利费用""对个人和家庭的补助费用"明细科目。

【例 18-16】202×年×月×日，某社区卫生服务中心计提当月固定资产折旧费 25 万元，其中业务计提 18 万元，行政后勤 7 万元，该单位应编制如下会计分录：

借：业务活动费用——医疗费用　　　　　　　　　　　　　　　　　　　　180 000
　　单位管理费用　　　　　　　　　　　　　　　　　　　　　　　　　　　70 000
　　贷：固定资产累计折旧　　　　　　　　　　　　　　　　　　　　　　250 000

单位管理费用的主要账务处理如下：

（1）为管理活动人员计提的薪酬，按照计算确定的金额，借记本科目，贷记"应付职工薪酬"科目。

【例 18-17】某事业单位为管理活动人员支付 6 月份应付职工薪酬 365 850 元，实际支付给在职职工 354 874.50 元，代扣并支付个人所得税 10 975.50 元。会计分录如下：

①借：单位管理费用——工资福利费用　　　　　　　　　　　　　　　　　365 850
　　　贷：应付职工薪酬　　　　　　　　　　　　　　　　　　　　　　　365 850

②借：应付职工薪酬　　　　　　　　　　　　　　　　　　　　　　　　365 850
　　贷：零余额账户用款额度　　　　　　　　　　　　　　　　　　　　　354 874.50
　　　　其他应交税费——应缴个人所得税　　　　　　　　　　　　　　　10 975.50
③借：其他应交税费——应缴个人所得税　　　　　　　　　　　　　　　10 975.50
　　贷：零余额账户用款额度　　　　　　　　　　　　　　　　　　　　　10 975.50

第2、3笔业务应按平行记账原则同时进行预算会计账务处理。

（2）为开展管理活动发生的外部人员劳务费，按照计算确定的费用金额，借记本科目，按照代扣代缴个人所得税的金额，贷记"其他应交税费——应交个人所得税"科目，按照扣税后应付或实际支付的金额，贷记"其他应付款""财政拨款收入""零余额账户用款额度""银行存款"等科目。

【例18-18】某事业单位为开展管理活动临时聘用人员支付本月劳务费用，经计算，应付临时聘用人员的劳务费用总额为30 000元，代扣代缴个人所得税的金额为3 000元。该已经通过开户银行将实付款项27 000元转入临时聘用人员的工资卡中，所用资金为非财政资金。会计分录如下：

①借：单位管理费用——商品和服务费用　　　　　　　　　　　　　　　30 000
　　贷：其他应付款——劳务费　　　　　　　　　　　　　　　　　　　　30 000
②借：其他应付款——劳务费　　　　　　　　　　　　　　　　　　　　30 000
　　贷：银行存款　　　　　　　　　　　　　　　　　　　　　　　　　　27 000
　　　　其他应交税费——应缴个人所得税　　　　　　　　　　　　　　　3 000
③借：其他应交税费——应缴个人所得税　　　　　　　　　　　　　　　3 000
　　贷：零余额账户用款额度　　　　　　　　　　　　　　　　　　　　　3 000

第2、3笔业务应按平行记账原则同时进行预算会计账务处理。

（3）开展管理活动内部领用库存物品，按照领用物品实际成本，借记本科目，贷记"库存物品"科目。

【例18-19】某事业单位为开展管理活动购入××材料36 000元，购买后内部领用××材料6 000元，会计分录如下：

①借：库存物品——××材料　　　　　　　　　　　　　　　　　　　　36 000
　　贷：零余额账户用款额度　　　　　　　　　　　　　　　　　　　　　36 000
②借：单位管理费用——商品和服务费用　　　　　　　　　　　　　　　6 000
　　贷：库存物品——××材料　　　　　　　　　　　　　　　　　　　　6 000

第1笔业务应按平行记账原则同时进行预算会计账务处理。

（4）为管理活动所使用固定资产、无形资产计提的折旧、摊销，按照应提折旧、摊销额，借记本科目，贷记"固定资产累计折旧""无形资产累计摊销"科目。

【例18-20】某事业单位为开展管理活动中因使用固定资产计提的折旧12 000元，使用无形资产摊销35 000元，会计分录如下：

①借：单位管理费用——固定资产折旧费　　　　　　　　　　　　　　　12 000
　　贷：固定资产累计折旧　　　　　　　　　　　　　　　　　　　　　　12 000
②借：单位管理费用——无形资产摊销费　　　　　　　　　　　　　　　35 000
　　贷：无形资产累计摊销　　　　　　　　　　　　　　　　　　　　　　35 000

（5）为开展管理活动发生城市维护建设税、教育费附加、地方教育附加、车船税、房产税、城镇土地使用税等，按照计算确定应交纳的金额，借记本科目，贷记"其他应交税费"等科目。

【例18-21】某事业单位为开展管理活动发生应负担的车船税3 350元，会计分录如下：

借：单位管理费用——商品和服务支出　　　　　　　　　　　　　　　　3 350
　　贷：其他应交税费——应交车船税　　　　　　　　　　　　　　　　　3 350

（6）为开展管理活动发生的其他各项费用，按照费用确认金额，借记本科目，贷记"财政拨款收入""零余额账户用款额度""银行存款""其他应付款""其他应收款"等科目。

【例18-22】某事业单位为开展管理活动发生车辆维修费13 500元并支付，会计分录如下：

借：单位管理费用——商品和服务费用　　　　　　　　　　　　　　　　13 500

　　　　贷：零余额账户用款额度　　　　　　　　　　　　　　　　　　　　　　　　　　13 500

该笔业务均应按平行记账原则同时进行预算会计账务处理。

（7）发生当年购货退回等业务，对于已计入本年单位管理费用的，按照收回或应收的金额，借记"财政拨款收入""零余额账户用款额度""银行存款""其他应收款"等科目，贷记本科目。

【例18-23】 某事业单位在开展管理活动中当年购入的××材料，因质量原因当年退回36 000元，领用该材料也退回6 000元，会计分录如下：

①借：零余额账户用款额度　　　　　　　　　　　　　　　　　　　　　　　　　36 000
　　贷：库存物品——××材料　　　　　　　　　　　　　　　　　　　　　　　36 000
②借：库存物品——××材料　　　　　　　　　　　　　　　　　　　　　　　　6 000
　　贷：单位管理费用——商品和服务费用　　　　　　　　　　　　　　　　　　6 000

第1笔业务应按平行记账原则同时进行预算会计账务处理。

（8）期末，将本科目本期发生额转入本期盈余，借记"本期盈余"科目，贷记本科目。

【例18-24】 期末，某事业单位将"单位管理费用"科目本期发生额3 895 786.50元进行期末结账，会计分录如下：

借：本期盈余　　　　　　　　　　　　　　　　　　　　　　　　　　　　　　3 895 786.50
　贷：单位管理费用　　　　　　　　　　　　　　　　　　　　　　　　　　　3 895 786.50

第四节　经营费用

一、经营费用的确认

经营费用是指事业单位在专业业务活动及辅助活动之外开展非独立核算营利性活动所发生的各项费用，行政单位会计没有此会计科目。

事业单位经营发生的所有业务费用均通过"经营费用"核算，包括材料费用、人工费用及相关税费。

事业单位在开展非独立核算经营活动，应当正确归集实际发生的各项费用，不能归集的，应当按照规定的方法合理分摊。

经营费用核算采用权责发生制，经营费用确认应当同时满足两个条件：

第一，所发生的各项费用必须是由事业单位非专业服务和辅助服务活动引起的；

第二，所发生的各项费用必须是非独立核算事业单位发生的费用。

二、经营费用的计量

为反映事业单位经营活动发生的各项费用情况，事业单位应当设置"经营费用"科目。同时，按照经营活动类别、项目、支付对象等进行明细核算。

为了满足成本核算需要，本科目项下还可以按照"工资福利费用""商品服务费用""对家庭和个人补助费用""固定资产折旧费""无形资产摊销费"等成本项目设置明细科目，归集能够直接计入单位经营活动或采用一定方法计算后计入单位经营活动的费用。

年末结账后，本科目无余额。其主要账务处理如下：

以下举例均以某研究所（事业单位）为例，研究所为增值税小规模纳税人。

（1）为开展非独立核算经营活动发生的人员薪酬、福利等，借记"经营费用"，贷记"应付职工薪酬"。

【例18-25】 本月开发A产品，发生经营人员工资40 000元（含800元个税）。会计分录如下：

①借：经营费用——产品研发——劳务费　　　　　　　　　　　　　　　　　　40 000
　　贷：应付职工薪酬　　　　　　　　　　　　　　　　　　　　　　　　　　40 000

②借：应付职工薪酬　　　　　　　　　　　　　　　　　　　　　　　　　　40 000
　　　贷：银行存款　　　　　　　　　　　　　　　　　　　　　　　　　　　　39 200
　　　　　其他应交税费——应交个人所得税　　　　　　　　　　　　　　　　　　800
③借：其他应交税费——应交个人所得税　　　　　　　　　　　　　　　　　　　800
　　　贷：银行存款　　　　　　　　　　　　　　　　　　　　　　　　　　　　　800

第2、3笔业务应按平行记账原则同时进行预算会计核算。

（2）为开展非独立核算经营活动领用、发出的原材料、库存物资等存货，通常采用先进先出法，确认实际成本，借记"经营费用"科目，贷记"库存物品"科目。

【例18-26】为生产A产品领用价值20 000元的库存材料一批。
　　借：经营费用——产品研发——库存材料　　　　　　　　　　　　　　　　20 000
　　　　贷：库存物品　　　　　　　　　　　　　　　　　　　　　　　　　　　20 000

（3）为开展非独立核算经营活动所使用固定资产、无形资产计提的折旧、摊销，按照应提折旧、摊销额，借记"经营费用"，贷记"固定资产累计折旧""无形资产累计摊销"科目。

【例18-27】研究所根据固定资产折旧计算表和无形资产摊销表计算，当月应计提固定资产折旧额、无形资产摊销额分别为2 000元、600元。会计分录如下：
　　借：经营费用——产品研发——固定资产累计折旧　　　　　　　　　　　　2 000
　　　　　　　　　　　　　　——累计摊销　　　　　　　　　　　　　　　　　600
　　　　贷：固定资产累计折旧　　　　　　　　　　　　　　　　　　　　　　2 000
　　　　　　无形资产累计摊销　　　　　　　　　　　　　　　　　　　　　　　600

（4）为开展非独立核算经营活动发生的各项税费及附加，包括：城建税、资源税、土地增值税、教育费附加及地方教育附加、车船税、房产税、城镇土地使用税、印花税等，增值税、企业所得税除外，按实际缴纳金额，借记"经营费用"科目，贷记"其他应交税费"科目。事业单位经营活动缴纳的增值税通过"应交增值税"科目核算，企业所得税通过"所得税费用"科目核算。值得说明的是，事业单位缴纳的印花税，通常情况下不需要预提，直接通过"银行存款"或"库存现金"支付并核算。

【例18-28】研究所经计算，本季应当缴纳城建税及教育费附加320.39元，企业所得税230元，计算缴纳印花税50元，其他税费忽略不计。
　　①借：经营费用——产品研发——税费　　　　　　　　　　　　　　　　　320.39
　　　　　贷：其他应交税费——应交城建税及教育费附加　　　　　　　　　　　320.39
　　②借：所得税费用——预缴所得税　　　　　　　　　　　　　　　　　　　　230
　　　　　贷：其他应交税费——应交企业所得税　　　　　　　　　　　　　　　　230
　　③借：经营费用——产品研发——税费　　　　　　　　　　　　　　　　　　50
　　　　　贷：银行存款（或库存现金）　　　　　　　　　　　　　　　　　　　　50

第3笔业务应按平行记账原则同时进行预算会计账务处理。

（5）为开展非独立核算经营活动发生与经营活动相关的其他各项费用时，按照费用确认金额，借记"经营费用"科目，贷记"银行存款""其他应付款""其他应收款"等科目。涉及增值税业务的，相关账务处理参见"应交增值税"科目。

【例18-29】研究所本月生产A产品应负担的水电费金额为500元。会计分录如下：
　　借：经营费用——产品研发——水电费　　　　　　　　　　　　　　　　　　500
　　　　贷：银行存款　　　　　　　　　　　　　　　　　　　　　　　　　　　　500

该业务应按平行记账原则同时进行预算会计账务处理。

（6）开展非独立核算经营活动发生的预付或应收款项，在取得相关发票、合同等应进行费用确认的依据时，借记"经营费用"，贷记"预付账款"或"其他应收款"。

【例18-30】生产A产品采购辅助材料一批，总金额900元，按合同约定预付货款750元，货到验收后结算，补付余款150元。会计分录如下：
①预付货款时：
　　借：预付账款　　　　　　　　　　　　　　　　　　　　　　　　　　　　　750

贷：银行存款　　　　　　　　　　　　　　　　　　　　　　　　　　　750
②实际结算时：
借：经营费用　　　　　　　　　　　　　　　　　　　　　　　　　　　　900
　　贷：预付账款　　　　　　　　　　　　　　　　　　　　　　　　　　750
　　　　银行存款　　　　　　　　　　　　　　　　　　　　　　　　　　150
该1、2笔业务应按平行记账原则同时进行预算会计账务处理。

（7）事业单位当年发生的购货退回等应冲减经营费用的事项，按照收回或应当收回的金额，借记"财政拨款收入""零余额账户用款额度""银行存款""其他应收款"等科目。属于以前年度的购货退回等事项，通过"以前年度盈余调整"科目核算，不通过"经营费用"科目核算。

【例18-31】本月研究所盘点存货时，发现有批库存物品与合同不符，遂与供应商协商退货。其中一批库存物品3 000元，系采用财政授权支付购入；另一批库存物品1 000元，系采用银行转账支付。另外，有三块上年购置移动硬盘1 000元，与合同约定型号不符，且在"三包期内"，协议退款。会计分录如下：
借：零余额账户用款额度　　　　　　　　　　　　　　　　　　　　　3 000
　　银行存款（或其他应收款）　　　　　　　　　　　　　　　　　　1 000
　　贷：经营费用　　　　　　　　　　　　　　　　　　　　　　　　4 000
该业务应按平行记账原则同时进行预算会计账务处理。
注意：事业单位使用用友财务软件进行会计核算时，如果对于费用类科目只能通过借方核算，那么发生退货等特殊事项时，应以借方负数金额录入。
借：银行存款　　　　　　　　　　　　　　　　　　　　　　　　　　1 000
　　贷：以前年度盈余调整——经营费用　　　　　　　　　　　　　　1 000
该业务应按平行记账原则同时进行预算会计账务处理。

（8）期末，将经营费用科目本期发生额转入本期盈余，借记"本期盈余"科目，贷记本科目。年度结账后，本科目无余额。

【例18-32】期末，结转研究所经营费用本期发生额68 170元。会计分录如下：
借：本期盈余——经营盈余　　　　　　　　　　　　　　　　　　　68 170
　　贷：经营费用　　　　　　　　　　　　　　　　　　　　　　　　63 170

第五节　资产处置费用

一、资产处置费用的确认

资产处置费用是指单位经批准处置资产时发生的费用。

资产处置费用包括转销的被处置资产价值，以及在处置过程中发生的相关费用或者处置收入小于相关费用形成的净支出。资产处置的形式按照规定包括无偿调拨、出售、出让、转让、置换、对外捐赠、报废、毁损以及货币性资产损失核销等。

资产处置费用的确认包括具有法律效力的外部证据和特定事项的单位内部证据。

具有法律效力的外部证据，是指司法机关、行政机关、专业技术鉴定部门等依法出具的与本单位资产处置相关的具有法律效力的书面文件。

特定事项的单位内部证据，是指会计核算制度健全、内部控制制度完善的单位，对各项资产发生毁损、报废、盘亏、死亡、变质等内部证明或承担责任的声明。

二、资产处置费用的计量

"资产处置费用"科目的核算应当按照处置资产的类别、资产处置的形式等进行明细核算。单位在资产清查中查明的资产盘亏、毁损以及资产报废等，应当先通过"待处理财产损溢"科目进行核算，再将处理资产价值和处理净支出计入本科目。短期投资、长期股权投资、长期债券投资的处置，按照相关资产科目的规定进行账务处理。年末结账后，本科目应无余额。其主要账务处理如下：

（一）不通过"待处理财产损溢"科目核算的资产处置

1. 按照规定报经批准处置资产时，按照处置资产的账面价值，借记本科目［处置固定资产、无形资产、公共基础设施、保障性住房的，还应借记"固定资产累计折旧""无形资产累计摊销""公共基础设施累计折旧（摊销）""保障性住房累计折旧"科目］，按照处置资产的账面余额，贷记"库存物品""固定资产""无形资产""公共基础设施""政府储备物资""文物文化资产""保障性住房""其他应收款""在建工程"等科目。

2. 处置资产过程中仅发生相关费用的，按照实际发生金额，借记本科目，贷记"银行存款""库存现金"等科目。

3. 处置资产过程中取得收入的，按照取得的价款，借记"库存现金""银行存款"等科目，按照处置资产过程中发生的相关费用，贷记"银行存款""库存现金"等科目，按照其差额，借记本科目或贷记"应缴财政款"等科目。

涉及增值税业务的，相关账务处理参见"应交增值税"科目。

【例18-33】某单位经批准后对办公楼进行处置，办公楼账面价值1 960 000元，累计折旧392 000元，根据相关规定对办公楼价值进行了资产评估，并按其评估价值1 650 000元取得收入存入银行，处置过程中发生的相关税费120 000元通过银行转账支付。会计分录如下：

①转销被处置资产账面价值：

借：资产处置费用——处置固定资产　　　　　　　　　　　　　　　1 568 000
　　固定资产累计折旧——办公楼　　　　　　　　　　　　　　　　　392 000
　　贷：固定资产——办公楼　　　　　　　　　　　　　　　　　　　　1 960 000

②资产处置过程中取得的收入：

借：银行存款　　　　　　　　　　　　　　　　　　　　　　　　　1 650 000
　　贷：银行存款　　　　　　　　　　　　　　　　　　　　　　　　　120 000
　　　　应缴财政款　　　　　　　　　　　　　　　　　　　　　　　1 530 000

第2笔业务应按平行记账原则同时进行预算会计账务处理。

（二）通过"待处理财产损溢"科目核算的资产处置

1. 单位账款核对中发现的现金短缺，属于无法查明原因的，报经批准核销时，借记本科目，贷记"待处理财产损溢"科目。

2. 单位资产清查过程中盘亏或者毁损、报废的存货、固定资产、无形资产、公共基础设施、政府储备物资、文物文化资产、保障性住房等，报经批准处理时，按照处理资产价值，借记本科目，贷记"待处理财产损溢——待处理财产价值"科目。处理收支结清时，处理过程中所取得收入小于所发生相关费用的，按照相关费用减去处理收入后的净支出，借记本科目，贷记"待处理财产损溢——处理净收入"科目。

【例18-34】某单位当日现金账款核对中发现短缺100元，无法查明原因，报经批准予以核销。会计分录如下：

借：资产处置费用——现金盘亏损失　　　　　　　　　　　　　　　　　100
　　贷：待处理财产损溢——现金盘亏损失　　　　　　　　　　　　　　　100

【例18-35】某单位经财政批准处置一批报废办公设备，其残值收入3 000元处置，处置过程中发生的运输搬运费用和税费3 500元，收支结清后净损失500元。会计分录如下：

①借：银行存款　　　　　　　　　　　　　　　　　　　　　　　　　3 000
　　贷：待处理财产损溢——处理净收入　　　　　　　　　　　　　　　3 000

②借：待处理财产损溢——处理净收入　　　　　　　　　　　　　　　　3 500
　　贷：银行存款　　　　　　　　　　　　　　　　　　　　　　　　　3 500

③借：资产处置费用——处置固定资产　　　　　　　　　　　　　　　　　500
　　贷：待处理财产损溢——处理净收入　　　　　　　　　　　　　　　　500

（三）期末，将本科目本期发生额转入本期盈余，借记"本期盈余"科目，贷记本科目

【例 18-36】期末，将"资产处置费用"科目本期发生额 15 700 元进行期末结账，会计分录如下：

借：本期盈余　　　　　　　　　　　　　　　　　　　　　　　　　　　　　15 700
　　贷：资产处置费用　　　　　　　　　　　　　　　　　　　　　　　　　　　　15 700

第六节　上缴上级费用

一、上缴上级费用的确认

上缴上级支出是指事业单位按照财政部门和主管部门的规定上缴上级单位的支出。根据本单位与上级之间的体制安排，事业单位取得的各项收入应当按规定的标准或比例上缴上级单位，形成事业单位的上缴上级支出。

上缴上级支出属于非财政性资金支出，事业单位需要上缴上级单位的款项通常是事业单位的事业收入、经营收入和其他收入。

上缴上级支出费用按权责发生制确认，单位发生上缴上级支出的，按照实际上缴的金额或者按照规定计算出应当上缴上级单位的金额确认。

二、上缴上级费用的计量

"上缴上级费用"科目是核算是事业单位按照财政部门和主管部门的规定上缴上级单位款项发生的费用。应当按照收缴款项单位、缴款项目等进行明细核算。期末结转后，本科目应无余额。其主要账务处理如下：

（1）单位发生上缴上级支出的，按照实际上缴的金额或者按照规定计算出应当上缴上级单位的金额，借记本科目，贷记"银行存款""其他应付款"等科目。

【例 18-37】某事业单位 11 月末按照规定计算应上缴上级费用 50 000 元，12 月初上缴上级单位。会计分录如下：

①借：上缴上级费用——××缴款项目　　　　　　　　　　　　　　　　　　　50 000
　　贷：其他应付款——××单位　　　　　　　　　　　　　　　　　　　　　　　50 000
②借：其他应付款——××单位　　　　　　　　　　　　　　　　　　　　　　50 000
　　贷：银行存款　　　　　　　　　　　　　　　　　　　　　　　　　　　　　　50 000

（2）期末，将本科目本期发生额转入本期盈余，借记"本期盈余"科目，贷记本科目。

【例 18-38】某事业单位期末，将"上缴上级费用"科目本期发生额 100 000 元进行期末结账，会计分录如下：

借：本期盈余　　　　　　　　　　　　　　　　　　　　　　　　　　　　　100 000
　　贷：上缴上级费用　　　　　　　　　　　　　　　　　　　　　　　　　　　　100 000

第七节　对附属单位补助费用

一、对附属单位补助费用的确认

对附属单位补助费用是指事业单位用财政拨款收入之外的收入对附属单位补助发生的费用。

对附属单位补助费用属于非财政性资金支出，事业单位不能用财政补助收入对附属单位进行补助，

可以使用事业收入、经营收入其他收入等非财政性资金对附属单位给予补助。

对附属单位补助费用按权责发生制确认，按照实际补助的金额或者按照规定计算出应当对附属单位补助的金额确认。

二、对附属单位补助费用的计量

"对附属单位补助费用"科目的核算应当按照接受补助单位、补助项目等进行明细核算。期末结转后，本科目应无余额。其主要账务处理如下：

（1）单位发生对附属单位补助支出的，按照实际补助的金额或者按照规定计算出应当对附属单位补助的金额，借记本科目，贷记"银行存款""其他应付款"等科目。

【例18-39】某事业单位用自有资金对所属独立核算A单位补助100 000元，以银行存款支付。会计分录如下：

借：对附属单位补助费用——A单位　　　　　　　　　　　　100 000
　　贷：银行存款　　　　　　　　　　　　　　　　　　　　　　　100 000

该笔业务应按平行记账原则同时进行预算会计账务处理。

（2）期末，将本科目本期发生额转入本期盈余，借记"本期盈余"科目，贷记本科目。

【例18-40】某事业单位期末，将"对附属单位补助费用"科目本期发生额200 000元进行期末结账，会计分录如下：

借：本期盈余　　　　　　　　　　　　　　　　　　　　　　200 000
　　贷：对附属单位补助费用　　　　　　　　　　　　　　　　　　200 000

第八节　所得税费用

一、所得税费用的确认

所得税费用是指负有企业所得税纳税义务的事业单位从事经营活动依据税法应当缴纳的企业所得税。

企业所得税是对我国境内企业和其他取得收入的组织，就其生产经营所得和其他所得征收的一种税，其计税依据是应纳税所得额，其基本税率是25%。

所得税费用的计算：

所得税费用 = 应纳税所得额 × 25%

应纳税所得额 = 经营盈余 + 纳税调增项目 − 纳税调减项目 − 免税收入及加计扣除

负有企业所得税纳税义务的事业单位纳税调增项目通常包括：业务招待费、广告宣传费、公益性捐赠、工资薪金及三项经费、固定资产折旧或无形资产累计摊销税务与会计负差等。

负有企业所得税纳税义务的事业单位纳税调增减项目通常包括：固定资产折旧或无形资产累计摊销税务与会计正差。

负有企业所得税纳税义务的事业单位免税收入、加计扣除项目通常包括：

县级以上地方人民政府财政部门确定用途的拨款收入、研发费用的加计扣除。

2017年4月19日，国务院常务会议决定，自2017年1月1日至2019年12月31日，小型微利企业年应纳税所得额在50万元以下的，减半计算应纳税所得额，并按20%率缴纳企业所得税，即税率为10%。

【例18-41】2017年科技厅下属某科研院所进行软件开发，全年经营收入300万元，经营费用200万元，发生对外公益性捐赠10万元（扣除限额12%），研发支出100万元（其中形成无形资产的部分金额为80万元，本年与该无形资产相关的累计摊销是4万元；未形成资产部分为20万元），固定资产折旧中有一台2015年购入的科研设备原值300万元，税法年限8年，会计年限10年。假定科研院所符合小微企业认定标准，且无其他纳税调整事项。备注：科技型中小企业开展研发活动中实际发生的研发费用，未形成无形资产计入当期损益的,在按规定据实扣除的基础上,在 2017 年 1 月 1 日至 2019 年 12 月 31 日期间,再按照实际发生额的 75% 在税前加计扣除;形成无形资产的,在上述期间按照无形资产成本的 175% 在税前摊销。

经营盈余 = 300 - 200 = 100(万元)

公益捐赠扣除限额 = 100 × 12% = 12 > 10,准予全额扣除。

固定资产折旧纳税调减 = 300 ÷ 8 - 300 ÷ 10 = 7.5(万元)

研发支出中未形成资产的部分加计扣除 = 20 × 75% = 15(万元)

研发支出中未形成资产的部分加计扣除 = 4 × 75% = 3(万元)

应纳税所得额 = 100 - 7.5 - 15 - 3 = 74.5 > 50,适用税率 25%。

应纳所得税额 = 74.5 × 25 = 18.625(万元)

二、所得税费用的计量

为反映负有企业所得税纳税义务的事业单位所得税的情况,事业单位应当设置"所得税费用"科目。年末结账后,本科目无余额。其主要账务处理如下:

1. 负有企业所得税纳税义务的事业单位发生企业纳税义务时,按照税法规定计处应缴纳的企业所得税数额,借记"所得税费用"科目,贷记"其他应交税费——应交企业所得税"科目。实际缴纳企业所得税时,借记"其他应交税费——应交企业所得税"科目,贷记"银行存款"等科目。年末应将"所得税费用"科目余额结转至"本期盈余"科目,结转后本科目无余额。

【例 18-42】2019 年科技厅下属某科研院所进行软件开发,经计算 2019 年应缴纳企业所得税为 186 250 元。会计分录如下:

①计算应纳企业所得税时:

借:所得税费用　　　　　　　　　　　　　　　　　　　　　　　　　　　　　186 250
　　贷:其他应交税费——应交企业所得税　　　　　　　　　　　　　　　　　　　　　　186 250

②实际缴纳企业所得税时:

借:其他应交税费——应交企业所得税　　　　　　　　　　　　　　　　　　　186 250
　　贷:银行存款　　　　　　　　　　　　　　　　　　　　　　　　　　　　　　　　　186 250

第 2 笔业务应按平行记账原则同时进行预算会计账务处理。

2. 年末,将本科目本年发生额转入本年盈余科目,借记"本期盈余——经营盈余",贷记"所得税费用"科目。

【例 18-43】2019 年科技厅下属某科研院所年末"企业所得税"科目余额为 186 250 元进行年终结账,会计分录如下:

借:本期盈余——经营盈余　　　　　　　　　　　　　　　　　　　　　　　　186 250
　　贷:所得税费用　　　　　　　　　　　　　　　　　　　　　　　　　　　　　　　　186 250

第九节　其他费用

一、其他费用的确认

其他费用是指单位发生的除业务活动费用、单位管理费用、经营费用、资产处置费用、上缴上级费用、附属单位补助费用、所得税费用以外的各项费用,包括利息费用、坏账损失、罚没支出、现金资产捐赠支出以及相关税费、运输费等,或反映单位本期发生的无法归属到上述费用以外的各项费用。

其他费用的确认应采用权责发生制,凡是应属于本期发生的单位其他费用,不论其款项是否支付,均确认为本期费用;反之,不属于本期发生的其他费用,即使其款项在本期支付,也不确认为本期费用。

二、其他费用的计量

"其他费用"科目的核算应当按照利息费用(单位发生的利息费用较多的,可以单独设置"5701 利息费用"科目核算)、坏账损失、罚没支出、现金资产捐赠支出以及其他相关费用等类别进行明细核算,年末结账后,本科目应无余额。

特殊行业事业单位"其他费用"科目,应按照下列补充规定进行明细核算:

医院应当在新制度规定的"5901 其他费用"科目下对政府指令性任务进行明细核算。

其他费用的主要账务处理如下:

(一)利息费用

按期计算确认借款利息费用时,按照计算确定的金额,借记"在建工程"科目或本科目,贷记"应付利息""长期借款——应计利息"科目。

【例18-44】某单位因专项业务发展的需要,从银行借入了一笔5年期的长期借款,该项目已完工,按规定计提非建设期间借款利息32 400元,到期按照计提的金额支付本期借款利息,会计分录如下:

① 借:其他费用——应计利息　　　　　　　　　　　　　　　　　　　　32 400
　　　贷:应付利息　　　　　　　　　　　　　　　　　　　　　　　　　32 400
② 借:应付利息　　　　　　　　　　　　　　　　　　　　　　　　　　32 400
　　　贷:银行存款　　　　　　　　　　　　　　　　　　　　　　　　　32 400

第2笔业务应按平行记账原则同时进行预算会计账务处理。

(二)坏账损失

年末,事业单位按照规定对收回后不需上缴财政的应收账款和其他应收款计提坏账准备时,按照计提金额,借记本科目,贷记"坏账准备"科目;冲减多提的坏账准备时,按照冲减金额,借记"坏账准备"科目,贷记本科目。

【例18-45】计提坏账准备:某事业单位按照规定对收回后不需上缴财政的应收账款和其他应收款余额为1 500 000元,坏账准备提取比例为0.6%,计提坏账准备9 000元(1 500 000.00×0.6%)。

借:其他费用——坏账损失　　　　　　　　　　　　　　　　　　　　9 000
　　贷:坏账准备——计提坏账准备　　　　　　　　　　　　　　　　　9 000

【例18-46】冲减多计提的坏账准备:年末,该事业单位坏账准备余额9 000元,往来款余额1 000 000元,则需冲回多提坏账准备3 000元(1 000 000×0.6%-9 000)。

借:坏账准备——坏账损失　　　　　　　　　　　　　　　　　　　　3 000
　　贷:其他费用——坏账损失　　　　　　　　　　　　　　　　　　　3 000

(三)罚没支出

单位发生罚没支出的,按照实际缴纳或应当缴纳的金额,借记本科目,贷记"银行存款""库存现金""其他应付款"等科目。

【例18-47】某单位接到财政处罚通知,需上缴财政处罚款30 000元。会计分录如下:

借:其他费用——罚没支出　　　　　　　　　　　　　　　　　　　　30 000
　　贷:银行存款　　　　　　　　　　　　　　　　　　　　　　　　　30 000

该笔业务应按平行记账原则同时进行预算会计账务处理。

(四)现金资产捐赠

单位对外捐赠现金资产的,按照实际捐赠的金额,借记本科目,贷记"银行存款""库存现金"等科目。

【例18-48】某单位为支持社会公益事业发展,向某慈善机构捐赠现款20 000元。会计分录如下:

借:其他费用——现金资产捐赠　　　　　　　　　　　　　　　　　　20 000
　　贷:银行存款　　　　　　　　　　　　　　　　　　　　　　　　　20 000

该笔业务应按平行记账原则同时进行预算会计账务处理。

(五)其他相关费用

单位接受捐赠(或无偿调入)以名义金额计量的存货、固定资产、无形资产,以及成本无法可靠取得的公共基础设施、文物文化资产等发生的相关税费、运输费等，按照实际支付的金额，借记本科目，贷记"财政拨款收入""零余额账户用款额度""银行存款""库存现金"等科目。

单位发生的与受托代理资产相关的税费、运输费、保管费等，按照实际支付或应付的金额，借记本科目，贷记"零余额账户用款额度""银行存款""库存现金""其他应付款"等科目。

【例18-49】某单位接受B单位捐赠的一台设备，按规定应当缴纳税费3 850元，并缴税务局。会计分录如下：

借：其他费用——其他相关费用　　　　　　　　　　　　　　　　　　3 850
　　贷：银行存款　　　　　　　　　　　　　　　　　　　　　　　　　　　3 850

该笔业务应按平行记账原则同时进行预算会计账务处理。

（六）期末，将本科目本期发生额转入本期盈余，借记"本期盈余"科目，贷记本科目。

【例18-50】期末，将"其他费用"科目本期发生额93 250元进行期末结账，会计分录如下：

借：本期盈余　　　　　　　　　　　　　　　　　　　　　　　　　　　93 250
　　贷：其他费用　　　　　　　　　　　　　　　　　　　　　　　　　　　93 250

第十九章 财务会计报告

第一节 财务报告概述

一、财务报告的含义与作用

(一) 财务报告的含义

政府财务报告是反映政府会计主体某一特定日期的财务状况和某一会计期间的运行情况（含运行成本，下同）和现金流量等信息的文件。政府会计主体需要编制财务报告，向财务报告使用者提供与政府会计主体整体财务状况、运行情况和现金流量等有关的会计信息。

(二) 财务报告的作用

财务报告集中反映了政府会计主体财务活动及结果，其作用主要体现在以下几个方面：

1. 有利于加强单位内部的财务管理。作为财务报告的使用者，政府会计主体的管理人员可以了解单位的财务状况，通过对报告的内容和数据的分析，发现单位财务管理中存在的问题，有针对性地提出加强财务管理的措施。

2. 有利于加强财政部门和主管单位对政府会计主体的管理。作为财务报告的使用者，财政部门和主管单位可以通过财务报告了解政府会计主体的资产负债状况、某一会计期间的运行情况和现金流量情况。

3. 有利于反映政府会计主体受托责任的履行情况。根据政府信息公开的有关要求，政府会计主体应当向社会公开单位的财务信息。政府审计部门应当对政府会计主体的财务收支的真实性、合法性及效益进行审查，并向社会公布。社会公众可以通过财务报告了解政府会计主体财务状况、运行情况和现金流量等有关信息，反映政府会计主体公共受托责任履行情况，有助于财务报告使用者作出决策或者进行监督和管理。

二、财务报告的内容

政府会计主体的财务报告以权责发生制为基础，主要反映政府整体财务状况、运行情况和现金流量等信息，政府财务报告应当包括财务报表和其他应当在财务报告中披露的相关信息和资料。

财务报表是对政府会计主体财务状况、运行情况和现金流量等信息的结构性表述，是财务报告的重要组成部分。财务报表至少包括下列组成部分：

1. 资产负债表；
2. 收入费用表；
3. 附注。

政府会计主体可以根据实际情况自行选择编制现金流量表。

会计报表附注是对在资产负债表、收入费用表、现金流量表等报表中列示项目所作的进一步说明，以及对未能在这些报表中列示项目的说明。例如对会计报表涵盖的主体范围、重要会计政策和会计估计、会计报表中的重要项目、或有和承诺事项及未在报表中列示的重大项目等作进一步解释说明。

行政事业单位个别财务报表的编制和列报，应遵循《政府会计制度——行政事业单位会计科目和报表》的规定;其他政府会计主体个别财务报表的编制和列报,还应遵循其他相关会计制度。其他政府会计准则有特殊列报要求的,从其规定。

三、财务报表的编报要求

(一)总体要求

政府会计准则对政府会计主体财务报表的编制提出了总体的要求,主要内容如下:

1. 编制基础。

除现金流量表以收付实现制为基础编制外,政府会计主体应当以权责发生制为基础编制财务报表。

政府会计主体应当以持续运行为前提,根据实际发生的经济业务或事项,按照政府会计准则制度的规定对相关会计要素进行确认和计量,在此基础上编制财务报表。政府会计主体不应以附注披露代替确认和计量,也不能通过充分披露相关会计政策而纠正不恰当的确认和计量。如果按照政府会计准则制度规定披露的信息不足以让财务报表使用者了解特定经济业务或事项对政府会计主体财务状况和运行情况的影响时,政府会计主体还应当披露其他必要的相关信息。

2. 一致性。

财务报表项目的列报应当在各个会计期间保持一致,不得随意变更,但政府会计准则制度和财政部发布的其他有关规定(以下简称政府会计准则制度等)要求变更财务报表项目的除外。

3. 重要性。

性质或功能不同的项目,应当在财务报表中单独列报,但不具有重要性的项目除外。性质或功能类似的项目,其所属类别具有重要性的,应当按其类别在财务报表中单独列报。某些项目的重要性程度不足以在资产负债表、收入费用表等报表中单独列示,但对理解报表具有重要性的,应当在附注中单独披露。

财务报表某些项目的省略、错报等,能够合理预期将影响报表主要使用者据此作出决策的,该项目具有重要性。重要性应当根据政府会计主体所处的具体环境,从项目的性质和金额两方面予以判断。关于各项目重要性的判断标准一经确定,不得随意变更。判断项目性质的重要性,应当考虑该项目在性质上是否显著影响政府会计主体的财务状况和运行情况等因素;判断项目金额的重要性,应当考虑该项目金额占资产总额、负债总额、净资产总额、收入总额、费用总额、盈余总额等直接相关项目金额的比重或所属报表单列项目金额的比重。

4. 流动性。

资产负债表中的资产和负债,应当分别按流动资产和非流动资产、流动负债和非流动负债列示。

5. 完整性。

财务报表中的资产项目和负债项目的金额、收入项目和费用项目的金额不得相互抵销,但其他政府会计准则制度另有规定的除外。资产或负债项目按扣除备抵项目后的净额列示,不属于抵销。

6. 会计期间。

政府会计主体至少应当按年编制财务报表。年度财务报表涵盖的期间短于一年的,应当披露年度财务报表的涵盖期间、短于一年的原因以及报表数据不具可比性的事实。

7. 列示内容。

当期财务报表的列报,至少应当提供所有列报项目上一个可比会计期间的比较数据,以及与理解当期财务报表相关的说明,但其他政府会计准则制度等另有规定的除外。政府会计主体应当至少在财务报表的显著位置披露下列各项:

(1)编报主体的名称;

(2)报告日或财务报表涵盖的会计期间;

(3)人民币金额单位。

(二)财务报表的编制期

按编报期间划分,政府会计主体的财务报表分为年度财务报表和中期财务报表。以短于一个完整的会计年度的期间(如季度和月度)编制的财务报表称为中期财务报表。年度财务报表是以整个会计年度的会计事项为基础编制的财务报表。政府会计主体财务报表的名称、编号、编制期见表19-1。

表19-1　　　　　　　　　　　　　　政府会计主体的财务报表

编号	名称	编制期
会政财01表	资产负债表	月度、年度
会政财02表	收入费用表	月度、年度
会政财03表	净资产变动表	年度
会政财04表	现金流量表	年度
	附注	年度

第二节　资产负债表

资产负债表是反映政府会计主体财务状况的报表。本节依据《政府会计制度——行政事业单位会计科目和报表》和《政府会计准则第9号——财务报表编制和列报》，阐述资产负债表的含义、内容，讲解资产负债表的编制方法。

一、资产负债表的含义

资产负债表是反映政府会计主体某一特定日期财务状况的报表，反映政府会计主体在某一特定日期的全部资产、负债和净资产的情况。

资产负债表是会计报表的重要组成部分，可以提供反映会计期末政府会计主体占有或使用的资源、承担的债务和形成的净资产情况的会计信息。政府会计主体应当定期编制资产负债表，披露政府会计主体在会计期末的财务状况。

二、资产负债表编制说明

（一）资产负债表的格式

资产负债表反映单位在某一特定日期全部资产、负债和净资产的情况。

资产负债表的格式如表19-2所示。

表19-2　　　　　　　　　　　　　　　　资产负债表　　　　　　　　　　　　　　　　会政财01表

编制单位：＿＿＿＿＿＿　　　　　　　　　　　　　　　年＿＿月＿＿日　　　　　　　　　　　　　　　单位：元

资产	期末余额	年初余额	负债和净资产	期末余额	年初余额
流动资产：			流动负债：		
货币资金			短期借款		
短期投资			应交增值税		
财政应返还额度			其他应交税费		
应收票据			应缴财政款		
应收账款净额			应付职工薪酬		
预付账款			应付票据		
应收股利			应付账款		
应收利息			应付政府补贴款		
其他应收款净额			应付利息		
存货			预收账款		
待摊费用			其他应付款		
一年内到期的非流动资产			预提费用		
其他流动资产			一年内到期的非流动负债		
流动资产合计			其他流动负债		
非流动资产：			**流动负债合计**		
长期股权投资			非流动负债：		

续表

资产	期末余额	年初余额	负债和净资产	期末余额	年初余额
长期债券投资			长期借款		
固定资产原值			长期应付款		
减：固定资产累计折旧			预计负债		
固定资产净值			其他非流动负债		
工程物资			**非流动负债合计**		
在建工程			受托代理负债		
无形资产原值			**负债合计**		
减：无形资产累计摊销					
无形资产净值					
研发支出					
公共基础设施原值					
减：公共基础设施累计折旧（摊销）					
公共基础设施净值					
政府储备物资					
文物文化资产					
保障性住房原值					
减：保障性住房累计折旧			净资产：		
保障性住房净值			累计盈余		
长期待摊费用			专用基金		
待处理财产损溢			权益法调整		
其他非流动资产			无偿调拨净资产＊		
非流动资产合计			本期盈余＊		
受托代理资产			**净资产合计**		
资产总计			**负债和净资产总计**		

注："＊"标识为月报项目，年报中不需列示。

（二）资产负债表中年初余额栏的填列方法

资产负债表"年初余额"栏内各项数字，应当根据上年年末资产负债表"期末余额"栏内数字填列。如果本年度资产负债表规定的各个项目的名称和内容同上年度不相一致，应对上年年末资产负债表各项目的名称和数字按照本年度的规定进行调整，填入本表"年初余额"栏内。

如果本年度单位发生了因前期差错更正、会计政策变更等调整以前年度盈余的事项，还应当对"年初余额"栏中的有关项目金额进行相应调整。

资产负债表中"资产总计"项目期末（年初）余额应当与"负债和净资产总计"项目期末（年初）余额相等。

（三）资产负债表中期末余额栏各项目的内容与填列方法

1. 资产类项目。

（1）"货币资金"项目，反映单位期末库存现金、银行存款、零余额账户用款额度、其他货币资金的合计数。本项目应当根据"库存现金""银行存款""零余额账户用款额度""其他货币资金"科目的期末余额的合计数填列；若单位存在通过"库存现金""银行存款"科目核算的受托代理资产还应当按照前述合计数扣减"库存现金""银行存款"科目下"受托代理资产"明细科目的期末余额后的金额填列。

（2）"短期投资"项目，反映事业单位期末持有的短期投资账面余额。本项目应当根据"短期投资"科目的期末余额填列。

（3）"财政应返还额度"项目，反映单位期末财政应返还额度的金额。本项目应当根据"财政应返还额度"科目的期末余额填列。

（4）"应收票据"项目，反映单位期末持有的应收票据的票面金额。本项目应当根据"应收票据"科目的期末余额填列。

（5）"应收账款净额"项目，反映单位期末尚未收回的应收账款减去已计提的坏账准备后的净额。本项目应当根据"应收账款"科目的期末余额，减去"坏账准备"科目中对应收账款计提的坏账准备的期末余额后的金额填列。

（6）"预付账款"项目，反映单位期末预付给商品或者劳务供应单位的款项。本项目应当根据"预付账款"科目的期末余额填列。

(7)"应收股利"项目,反映事业单位期末因股权投资而应收取的现金股利或应当分得的利润。本项目应当根据"应收股利"科目的期末余额填列。

(8)"应收利息"项目,反映事业单位期末因债券投资等而应收取的利息。事业单位购入的到期一次还本付息的长期债券投资持有期间应收的利息,不包括在本项目内。本项目应当根据"应收利息"科目的期末余额填列。

(9)"其他应收款净额"项目,反映单位期末尚未收回的其他应收款减去已计提的坏账准备后的净额。本项目应当根据"其他应收款"科目的期末余额减去"坏账准备"科目中对其他应收款计提的坏账准备的期末余额后的金额填列。

(10)"存货"项目,反映单位期末存储的存货的实际成本。本项目应当根据"在途物品""库存物品""加工物品"科目的期末余额的合计数填列。

(11)"待摊费用"项目,反映单位期末已经支出,但应当由本期和以后各期分别负担的分摊期在1年以内(含1年)的各项费用。本项目应当根据"待摊费用"科目的期末余额填列。

(12)"一年内到期的非流动资产"项目,反映单位期末非流动资产项目中将在1年内(含1年)到期的金额,如事业单位将在1年内(含1年)到期的长期债券投资金额。本项目应当根据"长期债券投资"等科目的明细科目的期末余额分析填列。

(13)"其他流动资产"项目,反映单位期末除本表中上述各项之外的其他流动资产的合计金额。本项目应当根据有关科目期末余额的合计数填列。

(14)"流动资产合计"项目,反映单位期末流动资产的合计数。本项目应当根据本表中"货币资金""短期投资""财政应返还额度""应收票据""应收账款净额""预付账款""应收股利""应收利息""其他应收款净额""存货""待摊费用""一年内到期的非流动资产""其他流动资产"项目金额的合计数填列。

(15)"长期股权投资"项目,反映事业单位期末持有的长期股权投资的账面余额。本项目应当根据"长期股权投资"科目的期末余额填列。

(16)"长期债券投资"项目,反映事业单位期末持有的长期债券投资的账面余额。本项目应当根据"长期债券投资"科目的期末余额减去其中将于1年内(含1年)到期的长期债券投资余额后的金额填列。

(17)"固定资产原值"项目,反映单位期末固定资产的原值。本项目应当根据"固定资产"科目的期末余额填列。

"固定资产累计折旧"项目,反映单位期末固定资产已计提的累计折旧金额。本项目应当根据"固定资产累计折旧"科目的期末余额填列。

"固定资产净值"项目,反映单位期末固定资产的账面价值。本项目应当根据"固定资产"科目期末余额减去"固定资产累计折旧"科目期末余额后的金额填列。

(18)"工程物资"项目,反映单位期末为在建工程准备的各种物资的实际成本。本项目应当根据"工程物资"科目的期末余额填列。

(19)"在建工程"项目,反映单位期末所有的建设项目工程的实际成本。本项目应当根据"在建工程"科目的期末余额填列。

(20)"无形资产原值"项目,反映单位期末无形资产的原值。本项目应当根据"无形资产"科目的期末余额填列。

"无形资产累计摊销"项目,反映单位期末无形资产已计提的累计摊销金额。本项目应当根据"无形资产累计摊销"科目的期末余额填列。

"无形资产净值"项目,反映单位期末无形资产的账面价值。本项目应当根据"无形资产"科目期末余额减去"无形资产累计摊销"科目期末余额后的金额填列。

(21)"研发支出"项目,反映单位期末正在进行的无形资产开发项目开发阶段发生的累计支出数。本项目应当根据"研发支出"科目的期末余额填列。

(22)"公共基础设施原值"项目,反映单位期末控制的公共基础设施的原值。本项目应当根据"公共基础设施"科目的期末余额填列。

"公共基础设施累计折旧（摊销）"项目，反映单位期末控制的公共基础设施已计提的累计折旧和累计摊销金额。本项目应当根据"公共基础设施累计折旧（摊销）"科目的期末余额填列。

"公共基础设施净值"项目，反映单位期末控制的公共基础设施的账面价值。本项目应当根据"公共基础设施"科目期末余额减去"公共基础设施累计折旧（摊销）"科目期末余额后的金额填列。

（23）"政府储备物资"项目，反映单位期末控制的政府储备物资的实际成本。本项目应当根据"政府储备物资"科目的期末余额填列。

（24）"文物文化资产"项目，反映单位期末控制的各项文物文化资产的成本。本项目应当根据"文物文化资产"科目的期末余额填列。

（25）"保障性住房原值"项目，反映单位期末控制的保障性住房的原值。本项目应当根据"保障性住房"科目的期末余额填列。

"保障性住房累计折旧"项目，反映单位期末控制的保障性住房已计提的累计折旧金额。本项目应当根据"保障性住房累计折旧"科目的期末余额填列。

"保障性住房净值"项目，反映单位期末控制的保障性住房的账面价值。本项目应当根据"保障性住房"科目期末余额减去"保障性住房累计折旧"科目期末余额后的金额填列。

（26）"长期待摊费用"项目，反映单位期末已经支出，但应由本期和以后各期负担的分摊期限在1年以上（不含1年）的各项费用。本项目应当根据"长期待摊费用"科目的期末余额填列。

（27）"待处理财产损溢"项目，反映单位期末尚未处理完毕的各种资产的净损失或净溢余。本项目应当根据"待处理财产损溢"科目的期末借方余额填列；如"待处理财产损溢"科目期末为贷方余额，以"-"号填列。

（28）"其他非流动资产"项目，反映单位期末除本表中上述各项之外的其他非流动资产的合计数。本项目应当根据有关科目的期末余额合计数填列。

（29）"非流动资产合计"项目，反映单位期末非流动资产的合计数。本项目应当根据本表中"长期股权投资""长期债券投资""固定资产净值""工程物资""在建工程""无形资产净值""研发支出""公共基础设施净值""政府储备物资""文物文化资产""保障性住房净值""长期待摊费用""待处理财产损溢""其他非流动资产"项目金额的合计数填列。

（30）"受托代理资产"项目，反映单位期末受托代理资产的价值。本项目应当根据"受托代理资产"科目的期末余额与"库存现金""银行存款"科目下"受托代理资产"明细科目的期末余额的合计数填列。

（31）"资产总计"项目，反映单位期末资产的合计数。本项目应当根据本表中"流动资产合计""非流动资产合计""受托代理资产"项目金额的合计数填列。

2. 负债类项目。

（1）"短期借款"项目，反映事业单位期末短期借款的余额。本项目应当根据"短期借款"科目的期末余额填列。

（2）"应交增值税"项目，反映单位期末应缴未缴的增值税税额。本项目应当根据"应交增值税"科目的期末余额填列；如"应交增值税"科目期末为借方余额，以"-"号填列。

（3）"其他应交税费"项目，反映单位期末应缴未缴的除增值税以外的税费金额。本项目应当根据"其他应交税费"科目的期末余额填列；如"其他应交税费"科目期末为借方余额，以"-"号填列。

（4）"应缴财政款"项目，反映单位期末应当上缴财政但尚未缴纳的款项。本项目应当根据"应缴财政款"科目的期末余额填列。

（5）"应付职工薪酬"项目，反映单位期末按有关规定应付给职工及为职工支付的各种薪酬。本项目应当根据"应付职工薪酬"科目的期末余额填列。

（6）"应付票据"项目，反映事业单位期末应付票据的金额。本项目应当根据"应付票据"科目的期末余额填列。

（7）"应付账款"项目，反映单位期末应当支付但尚未支付的偿还期限在1年以内（含1年）的应付账款的金额。本项目应当根据"应付账款"科目的期末余额填列。

（8）"应付政府补贴款"项目，反映负责发放政府补贴的行政单位期末按照规定应当支付给政府补贴接受者的各种政府补贴款余额。本项目应当根据"应付政府补贴款"科目的期末余额填列。

（9）"应付利息"项目，反映事业单位期末按照合同约定应支付的借款利息。事业单位到期一次还本付息的长期借款利息不包括在本项目内。本项目应当根据"应付利息"科目的期末余额填列。

（10）"预收账款"项目，反映事业单位期末预先收取但尚未确认收入和实际结算的款项余额。本项目应当根据"预收账款"科目的期末余额填列。

（11）"其他应付款"项目，反映单位期末其他各项偿还期限在1年内（含1年）的应付及暂收款项余额。本项目应当根据"其他应付款"科目的期末余额填列。

（12）"预提费用"项目，反映单位期末已预先提取的已经发生但尚未支付的各项费用。本项目应当根据"预提费用"科目的期末余额填列。

（13）"一年内到期的非流动负债"项目，反映单位期末将于1年内（含1年）偿还的非流动负债的余额。本项目应当根据"长期应付款""长期借款"等科目的明细科目的期末余额分析填列。

（14）"其他流动负债"项目，反映单位期末除本表中上述各项之外的其他流动负债的合计数。本项目应当根据有关科目的期末余额的合计数填列。

（15）"流动负债合计"项目，反映单位期末流动负债合计数。本项目应当根据本表"短期借款""应交增值税""其他应交税费""应缴财政款""应付职工薪酬""应付票据""应付账款""应付政府补贴款""应付利息""预收账款""其他应付款""预提费用""一年内到期的非流动负债""其他流动负债"项目金额的合计数填列。

（16）"长期借款"项目，反映事业单位期末长期借款的余额。本项目应当根据"长期借款"科目的期末余额减去其中将于1年内（含1年）到期的长期借款余额后的金额填列。

（17）"长期应付款"项目，反映单位期末长期应付款的余额。本项目应当根据"长期应付款"科目的期末余额减去其中将于1年内（含1年）到期的长期应付款余额后的金额填列。

（18）"预计负债"项目，反映单位期末已确认但尚未偿付的预计负债的余额。本项目应当根据"预计负债"科目的期末余额填列。

（19）"其他非流动负债"项目，反映单位期末除本表中上述各项之外的其他非流动负债的合计数。本项目应当根据有关科目的期末余额合计数填列。

（20）"非流动负债合计"项目，反映单位期末非流动负债合计数。本项目应当根据本表中"长期借款""长期应付款""预计负债""其他非流动负债"项目金额的合计数填列。

（21）"受托代理负债"项目，反映单位期末受托代理负债的金额。本项目应当根据"受托代理负债"科目的期末余额填列。

（22）"负债合计"项目，反映单位期末负债的合计数。本项目应当根据本表中"流动负债合计""非流动负债合计""受托代理负债"项目金额的合计数填列。

3. 净资产类项目。

（1）"累计盈余"项目，反映单位期末未分配盈余（或未弥补亏损）以及无偿调拨净资产变动的累计数。本项目应当根据"累计盈余"科目的期末余额填列。

（2）"专用基金"项目，反映事业单位期末累计提取或设置但尚未使用的专用基金余额。本项目应当根据"专用基金"科目的期末余额填列。

（3）"权益法调整"项目，反映事业单位期末在被投资单位除净损益和利润分配以外的所有者权益变动中累积享有的份额。本项目应当根据"权益法调整"科目的期末余额填列。如"权益法调整"科目期末为借方余额，以"-"号填列。

（4）"无偿调拨净资产"项目，反映单位本年度截至报告期期末无偿调入的非现金资产价值扣减无偿调出的非现金资产价值后的净值。本项目仅在月度报表中列示，年度报表中不列示。月度报表中本项目应当根据"无偿调拨净资产"科目的期末余额填列；"无偿调拨净资产"科目期末为借方余额时，以"-"号填列。

（5）"本期盈余"项目，反映单位本年度截至报告期期末实现的累计盈余或亏损。本项目仅在月度报表中列示，年度报表中不列示。月度报表中本项目应当根据"本期盈余"科目的期末余额填列；"本期盈余"科目期末为借方余额时，以"-"号填列。

(6)"净资产合计"项目，反映单位期末净资产合计数。本项目应当根据本表中"累计盈余""专用基金""权益法调整""无偿调拨净资产"［月度报表］"本期盈余"［月度报表］项目金额的合计数填列。

(7)"负债和净资产总计"项目，应当按照本表中"负债合计""净资产合计"项目金额的合计数填列。

【例19-1】某政府会计主体20×9年12月31日结账后各资产、负债和净资产类会计科目如表19-3所示。据此，编制该政府会计主体的资产负债表。

表19-3 会计科目余额表

20×9年12月31日 单位：元

资产	借方余额	负债与净资产	贷方余额
库存现金	3 500	短期借款	120 000
银行存款	161 500	应交增值税	0
零余额账户用款额度	0	其他应交税费	0
财政应返还额度	36 000	应缴财政款	0
短期投资	22 500	应付职工薪酬	0
应收票据	12 000	应付票据	0
应收账款	40 000	应付账款	8 000
预付账款	13 000	预收账款	1 000
其他应收款	4 500	其他应付款	2 000
库存物品	331 000	长期借款	320 000
长期股权投资	161 000	长期应付款	0
固定资产	1 957 500	累计盈余	65 000
固定资产累计折旧	-507 500	专用基金	60 000
在建工程	86 000	无偿调拨净资产	100 000
无形资产	266 000	权益法调整	1 909 000
无形资产累计摊销	-53 000		
待处理财产损溢	51 000		
合计	2 585 000	合计	2 585 000

12月31日编制的资产负债表为年末资产负债表时，"年初余额"栏内各项数字，应当根据上年年末资产负债表"期末余额"栏内数字填列。"期末余额"栏内各项数字根据各账户的期末余额直接填列、合并填列或分析填列。主要项目的填列说明如下：

(1)货币资金项目。货币资金的数额为库存现金、银行存款和零余额账户用款额度的合计数。

货币资金 = 3 500 + 161 500 + 0 = 165 000（元）

(2)固定资产、无形资产项目。固定资产、无形资产按扣除固定资产累计折旧、无形资产累计摊销的数额填列。

固定资产 = 1 957 500 - 507 500 = 1 450 000（元）

无形资产 = 266 000 - 53 000 = 213 000（元）

(3)其他项目。其他各项目均可根据各账户的期末余额直接填列。资产总计、负债合计、净资产合计等项目的数额按其内容汇总后填列。编制完成的年度资产负债表如表19-4所示。

表19-4 资产负债表

编制单位：某政府会计主体 20×9年12月31日 会政财01表 单位：元

资产	期末余额	年初余额	负债和净资产	期末余额	年初余额
流动资产：			流动负债：		
货币资金	165 000	142 000	短期借款	120 000	100 000

续表

资产	期末余额	年初余额	负债和净资产	期末余额	年初余额
短期投资	22 500	19 500	应交增值税	0	0
财政应返还额度	36 000	21 000	其他应交税费	0	0
应收票据	12 000	10 000	应缴财政款	0	0
应收账款净额	40 000	60 000	应付职工薪酬	0	0
预付账款	13 000	6 000	应付票据	0	1 000
应收股利			应付账款	8 000	5 000
应收利息			应付政府补贴款		
其他应收款净额	4 500	3 000	应付利息		
存货	331 000	323 500	预收账款	1 000	0
待摊费用			其他应付款	2 000	3 000
一年内到期的非流动资产			预提费用		
其他流动资产			一年内到期的非流动负债		
流动资产合计	624 000	585 000	其他流动负债		
非流动资产:			流动负债合计	131 000	109 000
长期股权投资	161 000	100 000	非流动负债:		
长期债券投资			长期借款	320 000	270 000
工程物资			长期应付款	0	0
在建工程	86 000	150 000	预计负债		
固定资产原值	1 957 500	1 512 000	其他非流动负债		
减:固定资产累计折旧	507 500	392 000	非流动负债合计	320 000	270 000
固定资产净值	1 450 000	1 120 000	受托代理负债		
无形资产原值	266 000	287 500	负债合计	451 000	379 000
减:无形资产累计摊销	53 000	57 500			
无形资产净值	213 000	230 000			
研发支出					
公共基础设施原值					
减:公共基础设施累计折旧					
公共基础设施净值					
政府储备物资			净资产:		
文物文化资产			累计盈余	65 000	76 000
长期待摊费用			专用基金	60 000	50 000
待处理财产损溢	51 000	0	权益法调整	1 909 000	1 600 000
其他非流动资产			无偿调拨净资产	100 000	80 000
非流动资产合计	1 961 000	1 600 000	本期盈余		
受托代理资产			净资产合计	2 134 000	1 806 000
资产总计	2 585 000	2 185 000	负债和净资产总计	2 585 000	2 185 000

第三节 收入费用表

收入费用表是反映政府会计主体运行情况的报表。本节依据《政府会计制度——行政事业单位会计科目和报表》和《政府会计准则第9号——财务报表编制和列报》，阐述收入费用表的含义、内容，讲解收入费用表的编制方法。

一、收入费用表的含义

收入费用表是反映政府会计主体在某一会计期间内全部收入、费用及当期盈余情况的会计报表。

收入费用表是政府会计主体会计报表的重要组成部分，可以提供一定时期收入总额及构成情况、费用总额及构成情况，以及当期盈余情况内容的会计信息。政府会计主体应当定期编制收入费用表，披露政府会计主体在一定会计期间的业务活动成果。

二、收入费用表的编制说明

（一）收入费用表的格式

收入费用表的格式如表19-5所示。

表19-5　　　　　　　　　　　　　　收入费用表

编制单位：_____　　　　　　　____年___月　　　　　　　　　　　会政财02表
单位：元

项目	本月数	本年累计数
一、本期收入		
（一）财政拨款收入		
其中：政府性基金收入		
（二）事业收入		
（三）上级补助收入		
（四）附属单位上缴收入		
（五）经营收入		
（六）非同级财政拨款收入		
（七）投资收益		
（八）捐赠收入		
（九）利息收入		
（十）租金收入		
（十一）其他收入		
二、本期费用		
（一）业务活动费用		
（二）单位管理费用		
（三）经营费用		
（四）资产处置费用		
（五）上缴上级费用		
（六）对附属单位补助费用		
（七）所得税费用		
（八）其他费用		
三、本期盈余		

（二）收入费用表中本年累计数栏的填列方法

收入费用表"本年累计数"栏反映各项目自年初至报告期期末的累计实际发生数。编制年度收入费用表时，应当将本栏改为"上年数"，反映上年度各项目的实际发生数，"上年数"栏应当根据上年年度收入费用表中"本年数"栏内所列数字填列。

如果本年度收入费用表规定的项目的名称和内容同上年度不一致，应当对上年度收入费用表项目的名称和数字按照本年度的规定进行调整，将调整后的金额填入本年度收入费用表的"上年数"栏内。

如果本年度单位发生了因前期差错更正、会计政策变更等调整以前年度盈余的事项，还应当对年度收入费用表中"上年数"栏中的有关项目金额进行相应调整。

（三）收入费用表"本月数"栏各项目的内容和填列方法

收入费用表"本月数"栏反映各项目的本月实际发生数。编制年度收入费用表时，应当将本栏改为"本年数"，反映本年度各项目的实际发生数。

1. 本期收入。

（1）"本期收入"项目，反映单位本期收入总额。本项目应当根据本表中"财政拨款收入""事业收入""上级补助收入""附属单位上缴收入""经营收入""非同级财政拨款收入""投资收益""捐赠收入""利息收入""租金收入""其他收入"项目金额的合计数填列。

（2）"财政拨款收入"项目，反映单位本期从同级政府财政部门取得的各类财政拨款。本项目应当根据"财政拨款收入"科目的本期发生额填列。

"政府性基金收入"项目，反映单位本期取得的财政拨款收入中属于政府性基金预算拨款的金额。本项目应当根据"财政拨款收入"相关明细科目的本期发生额填列。

（3）"事业收入"项目，反映事业单位本期开展专业业务活动及其辅助活动实现的收入。本项目应当根据"事业收入"科目的本期发生额填列。

（4）"上级补助收入"项目，反映事业单位本期从主管部门和上级单位收到或应收的非财政拨款收入。本项目应当根据"上级补助收入"科目的本期发生额填列。

（5）"附属单位上缴收入"项目，反映事业单位本期收到或应收的独立核算的附属单位按照有关规定上缴的收入。本项目应当根据"附属单位上缴收入"科目的本期发生额填列。

（6）"经营收入"项目，反映事业单位本期在专业业务活动及其辅助活动之外开展非独立核算经营活动实现的收入。本项目应当根据"经营收入"科目的本期发生额填列。

（7）"非同级财政拨款收入"项目，反映单位本期从非同级政府财政部门取得的财政拨款，不包括事业单位因开展科研及其辅助活动从非同级财政部门取得的经费拨款。本项目应当根据"非同级财政拨款收入"科目的本期发生额填列。

（8）"投资收益"项目，反映事业单位本期股权投资和债券投资所实现的收益或发生的损失。本项目应当根据"投资收益"科目的本期发生额填列；如为投资净损失，以"-"号填列。

（9）"捐赠收入"项目，反映单位本期接受捐赠取得的收入。本项目应当根据"捐赠收入"科目的本期发生额填列。

（10）"利息收入"项目，反映单位本期取得的银行存款利息收入。本项目应当根据"利息收入"科目的本期发生额填列。

（11）"租金收入"项目，反映单位本期经批准利用国有资产出租取得并按规定纳入本单位预算管理的租金收入。本项目应当根据"租金收入"科目的本期发生额填列。

（12）"其他收入"项目，反映单位本期取得的除以上收入项目外的其他收入的总额。本项目应当根据"其他收入"科目的本期发生额填列。

2. 本期费用。

（1）"本期费用"项目，反映单位本期费用总额。本项目应当根据本表中"业务活动费用""单位管理费用""经营费用""资产处置费用""上缴上级费用""对附属单位补助费用""所得税费用"和"其他费用"项目金额的合计数填列。

（2）"业务活动费用"项目，反映单位本期为实现其职能目标，依法履职或开展专业业务活动及其辅助活动所发生的各项费用。本项目应当根据"业务活动费用"科目本期发生额填列。

（3）"单位管理费用"项目，反映事业单位本期本级行政及后勤管理部门开展管理活动发生的各项费用，以及由单位统一负担的离退休人员经费、工会经费、诉讼费、中介费等。本项目应当根据"单位管理费用"科目的本期发生额填列。

（4）"经营费用"项目，反映事业单位本期在专业业务活动及其辅助活动之外开展非独立核算经营活动发生的各项费用。本项目应当根据"经营费用"科目的本期发生额填列。

（5）"资产处置费用"项目，反映单位本期经批准处置资产时转销的资产价值以及在处置过程中发生的相关费用或者处置收入小于处置费用形成的净支出。本项目应当根据"资产处置费用"科目的本期发生额填列。

（6）"上缴上级费用"项目，反映事业单位按照规定上缴上级单位款项发生的费用。本项目应当根据"上缴上级费用"科目的本期发生额填列。

（7）"对附属单位补助费用"项目，反映事业单位用财政拨款收入之外的收入对附属单位补助发生的费用。本项目应当根据"对附属单位补助费用"科目的本期发生额填列。

（8）"所得税费用"项目，反映有企业所得税缴纳义务的事业单位本期计算应交纳的企业所得税。本项目应当根据"所得税费用"科目的本期发生额填列。

(9)"其他费用"项目,反映单位本期发生的除以上费用项目外的其他费用的总额。本项目应当根据"其他费用"科目的本期发生额填列。

3. 本期盈余。

"本期盈余"项目,反映单位本期收入扣除本期费用后的净额。本项目应当根据本表中"本期收入"项目金额减去"本期费用"项目金额后的金额填列;如为负数,以"-"号填列。

第四节 净资产变动表

一、净资产变动表的含义

净资产变动表反映单位在某一会计年度内净资产项目的变动情况。

二、净资产变动表编制说明

(一)净资产变动表的格式

净资产变动表的格式如表19-6所示。

表19-6　　　　　　　　　　　　净资产变动表

会政财03表

编制单位:　　　　　　　　　　　　　　年　　　　　　　　　　　　　　单位:元

项目	本年数				上年数			
	累计盈余	专用基金	权益法调整	净资产合计	累计盈余	专用基金	权益法调整	净资产合计
一、上年年末余额								
二、以前年度盈余调整(减少以"-"号填列)			—				—	
三、本年年初余额								
四、本年变动金额(减少以"-"号填列)								
(一)本年盈余		—	—			—	—	
(二)无偿调拨净资产		—	—			—	—	
(三)归集调整预算结转结余		—	—			—	—	
(四)提取或设置专用基金			—				—	
其中:从预算收入中提取	—		—		—		—	
从预算结余中提取			—				—	
设置的专用基金			—				—	
(五)使用专用基金			—				—	
(六)权益法调整	—	—			—	—		
五、本年年末余额								

注:"—"标识单元格不需填列。

(二)净资产变动表上年数栏的填列方法

净资产变动表"上年数"栏反映上年度各项目的实际变动数,应当根据上年度净资产变动表中"本年数"栏内所列数字填列。

如果上年度净资产变动表规定的项目的名称和内容与本年度不一致,应对上年度净资产变动表项目的名称和数字按照本年度的规定进行调整,将调整后金额填入本年度净资产变动表"上年数"栏内。

(三)净资产变动表各项目的填列方法

净资产变动表"本年数"栏反映本年度各项目的实际变动数。

1. "上年年末余额"行，反映单位净资产各项目上年年末的余额。本行各项目应当根据"累计盈余""专用基金""权益法调整"科目上年年末余额填列。

2. "以前年度盈余调整"行，反映单位本年度调整以前年度盈余的事项对累计盈余进行调整的金额。本行"累计盈余"项目应当根据本年度"以前年度盈余调整"科目转入"累计盈余"科目的金额填列；如调整减少累计盈余，以"－"号填列。

3. "本年年初余额"行，反映经过以前年度盈余调整后，单位净资产各项目的本年年初余额。本行"累计盈余""专用基金""权益法调整"项目应当根据其各自在"上年年末余额"和"以前年度盈余调整"行对应项目金额的合计数填列。

4. "本年变动金额"行，反映单位净资产各项目本年变动总金额。本行"累计盈余""专用基金""权益法调整"项目应当根据其各自在"本年盈余""无偿调拨净资产""归集调整预算结转结余""提取或设置专用基金""使用专用基金""权益法调整"行对应项目金额的合计数填列。

5. "本年盈余"行，反映单位本年发生的收入、费用对净资产的影响。本行"累计盈余"项目应当根据年末由"本期盈余"科目转入"本年盈余分配"科目的金额填列；如转入时借记"本年盈余分配"科目，则以"－"号填列。

6. "无偿调拨净资产"行，反映单位本年无偿调入、调出非现金资产事项对净资产的影响。本行"累计盈余"项目应当根据年末由"无偿调拨净资产"科目转入"累计盈余"科目的金额填列；如转入时借记"累计盈余"科目，则以"－"号填列。

7. "归集调整预算结转结余"行，反映单位本年财政拨款结转结余资金归集调入、归集上缴或调出，以及非财政拨款结转资金缴回对净资产的影响。本行"累计盈余"项目应当根据"累计盈余"科目明细账记录分析填列；如归集调整减少预算结转结余，则以"－"号填列。

8. "提取或设置专用基金"行，反映单位本年提取或设置专用基金对净资产的影响。本行"累计盈余"项目应当根据"从预算结余中提取"行"累计盈余"项目的金额填列。本行"专用基金"项目应当根据"从预算收入中提取""从预算结余中提取""设置的专用基金"行"专用基金"项目金额的合计数填列。

"从预算收入中提取"行，反映单位本年从预算收入中提取专用基金对净资产的影响。本行"专用基金"项目应当通过对"专用基金"科目明细账记录的分析，根据本年按有关规定从预算收入中提取基金的金额填列。

"从预算结余中提取"行，反映单位本年根据有关规定从本年度非财政拨款结余或经营结余中提取专用基金对净资产的影响。本行"累计盈余""专用基金"项目应当通过对"专用基金"科目明细账记录的分析，根据本年按有关规定从本年度非财政拨款结余或经营结余中提取专用基金的金额填列；本行"累计盈余"项目以"－"号填列。

"设置的专用基金"行，反映单位本年根据有关规定设置的其他专用基金对净资产的影响。本行"专用基金"项目应当通过对"专用基金"科目明细账记录的分析，根据本年按有关规定设置的其他专用基金的金额填列。

9. "使用专用基金"行，反映单位本年按规定使用专用基金对净资产的影响。本行"累计盈余""专用基金"项目应当通过对"专用基金"科目明细账记录的分析，根据本年按规定使用专用基金的金额填列；本行"专用基金"项目以"－"号填列。

10. "权益法调整"行，反映单位本年按照被投资单位除净损益和利润分配以外的所有者权益变动份额而调整长期股权投资账面余额对净资产的影响。本行"权益法调整"项目应当根据"权益法调整"科目本年发生额填列；若本年净发生额为借方时，以"－"号填列。

11. "本年年末余额"行，反映单位本年各净资产项目的年末余额。本行"累计盈余""专用基金""权益法调整"项目应当根据其各自在"本年年初余额""本年变动金额"行对应项目金额的合计数填列。

12. 本表各行"净资产合计"项目，应当根据所在行"累计盈余""专用基金""权益法调整"项目金额的合计数填列。

第五节 现金流量表

一、现金流量表的含义

现金流量表反映单位在某一会计年度内现金流入和流出的信息。所指的现金流量,是指现金的流入和流出。

现金流量表所指的现金,是指单位的库存现金以及其他可以随时用于支付的款项,包括库存现金、可以随时用于支付的银行存款、其他货币资金、零余额账户用款额度、财政应返还额度,以及通过财政直接支付方式支付的款项。

现金流量表应当按照日常活动、投资活动、筹资活动的现金流量分别反映。现金流量表的现金流量,是指现金的流入和流出。

二、现金流量表编制说明

（一）现金流量表的格式

现金流量表的格式如表19-7所示。

表 19-7　　　　　　　　　　　　　现金流量表

编制单位：　　　　　　　　　　　　　　　　　年　　　　　　　　　　　　　　　　　会政财04表
　　单位：元

项目	本年金额	上年金额
一、日常活动产生的现金流量：		
财政基本支出拨款收到的现金		
财政非资本性项目拨款收到的现金		
事业活动收到的除财政拨款以外的现金		
收到的其他与日常活动有关的现金		
日常活动的现金流入小计		
购买商品、接受劳务支付的现金		
支付给职工以及为职工支付的现金		
支付的各项税费		
支付的其他与日常活动有关的现金		
日常活动的现金流出小计		
日常活动产生的现金流量净额		
二、投资活动产生的现金流量：		
收回投资收到的现金		
取得投资收益收到的现金		
处置固定资产、无形资产、公共基础设施等收回的现金净额		
收到的其他与投资活动有关的现金		
投资活动的现金流入小计		
购建固定资产、无形资产、公共基础设施等支付的现金		
对外投资支付的现金		
上缴处置固定资产、无形资产、公共基础设施等净收入支付的现金		
支付的其他与投资活动有关的现金		
投资活动的现金流出小计		
投资活动产生的现金流量净额		
三、筹资活动产生的现金流量：		
财政资本性项目拨款收到的现金		
取得借款收到的现金		
收到的其他与筹资活动有关的现金		
筹资活动的现金流入小计		
偿还借款支付的现金		

续表

项目	本年金额	上年金额
偿还利息支付的现金		
支付的其他与筹资活动有关的现金		
筹资活动的现金流出小计		
筹资活动产生的现金流量净额		
四、汇率变动对现金的影响额		
五、现金净增加额		

（二）现金流量表中上年金额栏的填列方法

本表"上年金额"栏反映各项目的上年实际发生数，应当根据上年现金流量表中"本年金额"栏内所列数字填列。

（三）现金流量表各项目的填列方法

1. 日常活动产生的现金流量。

现金流量表"本年金额"栏反映各项目的本年实际发生数。单位应当采用直接法编制现金流量表。

（1）"财政基本支出拨款收到的现金"项目，反映单位本年接受财政基本支出拨款取得的现金。本项目应当根据"零余额账户用款额度""财政拨款收入""银行存款"等科目及其所属明细科目的记录分析填列。

（2）"财政非资本性项目拨款收到的现金"项目，反映单位本年接受除用于购建固定资产、无形资产、公共基础设施等资本性项目以外的财政项目拨款取得的现金。本项目应当根据"银行存款""零余额账户用款额度""财政拨款收入"等科目及其所属明细科目的记录分析填列。

（3）"事业活动收到的除财政拨款以外的现金"项目，反映事业单位本年开展专业业务活动及其辅助活动取得的除财政拨款以外的现金。本项目应当根据"库存现金""银行存款""其他货币资金""应收账款""应收票据""预收账款""事业收入"等科目及其所属明细科目的记录分析填列。

（4）"收到的其他与日常活动有关的现金"项目，反映单位本年收到的除以上项目之外的与日常活动有关的现金。本项目应当根据"库存现金""银行存款""其他货币资金""上级补助收入""附属单位上缴收入""经营收入""非同级财政拨款收入""捐赠收入""利息收入""租金收入""其他收入"等科目及其所属明细科目的记录分析填列。

（5）"日常活动的现金流入小计"项目，反映单位本年日常活动产生的现金流入的合计数。本项目应当根据本表中"财政基本支出拨款收到的现金""财政非资本性项目拨款收到的现金""事业活动收到的除财政拨款以外的现金""收到的其他与日常活动有关的现金"项目金额的合计数填列。

（6）"购买商品、接受劳务支付的现金"项目，反映单位本年在日常活动中用于购买商品、接受劳务支付的现金。本项目应当根据"库存现金""银行存款""财政拨款收入""零余额账户用款额度""预付账款""在途物品""库存物品""应付账款""应付票据""业务活动费用""单位管理费用""经营费用"等科目及其所属明细科目的记录分析填列。

（7）"支付给职工以及为职工支付的现金"项目，反映单位本年支付给职工以及为职工支付的现金。本项目应当根据"库存现金""银行存款""零余额账户用款额度""财政拨款收入""应付职工薪酬""业务活动费用""单位管理费用""经营费用"等科目及其所属明细科目的记录分析填列。

（8）"支付的各项税费"项目，反映单位本年用于缴纳日常活动相关税费而支付的现金。本项目应当根据"库存现金""银行存款""零余额账户用款额度""应交增值税""其他应交税费""业务活动费用""单位管理费用""经营费用""所得税费用"等科目及其所属明细科目的记录分析填列。

（9）"支付的其他与日常活动有关的现金"项目，反映单位本年支付的除上述项目之外与日常活动有关的现金。本项目应当根据"库存现金""银行存款""零余额账户用款额度""财政拨款收入""其他应付款""业务活动费用""单位管理费用""经营费用""其他费用"等科目及其所属明细科目的记录分析填列。

（10）"日常活动的现金流出小计"项目，反映单位本年日常活动产生的现金流出的合计数。本项目应当根据本表中"购买商品、接受劳务支付的现金""支付给职工以及为职工支付的现金""支付的各项税费""支付的其他与日常活动有关的现金"项目金额的合计数填列。

（11）"日常活动产生的现金流量净额"项目，应当按照本表中"日常活动的现金流入小计"项目金额减去"日常活动的现金流出小计"项目金额后的金额填列；如为负数，以"-"号填列。

2. 投资活动产生的现金流量。

（1）"收回投资收到的现金"项目，反映单位本年出售、转让或者收回投资收到的现金。本项目应该根据"库存现金""银行存款""短期投资""长期股权投资""长期债券投资"等科目的记录分析填列。

（2）"取得投资收益收到的现金"项目，反映单位本年因对外投资而收到被投资单位分配的股利或利润，以及收到投资利息而取得的现金。本项目应当根据"库存现金""银行存款""应收股利""应收利息""投资收益"等科目的记录分析填列。

（3）"处置固定资产、无形资产、公共基础设施等收回的现金净额"项目，反映单位本年处置固定资产、无形资产、公共基础设施等非流动资产所取得的现金，减去为处置这些资产而支付的有关费用之后的净额。由于自然灾害所造成的固定资产等长期资产损失而收到的保险赔款收入，也在本项目反映。本项目应当根据"库存现金""银行存款""待处理财产损溢"等科目的记录分析填列。

（4）"收到的其他与投资活动有关的现金"项目，反映单位本年收到的除上述项目之外与投资活动有关的现金。对于金额较大的现金流入，应当单列项目反映。本项目应当根据"库存现金""银行存款"等有关科目的记录分析填列。

（5）"投资活动的现金流入小计"项目，反映单位本年投资活动产生的现金流入的合计数。本项目应当根据本表中"收回投资收到的现金""取得投资收益收到的现金""处置固定资产、无形资产、公共基础设施等收回的现金净额""收到的其他与投资活动有关的现金"项目金额的合计数填列。

（6）"购建固定资产、无形资产、公共基础设施等支付的现金"项目，反映单位本年购买和建造固定资产、无形资产、公共基础设施等非流动资产所支付的现金；融资租入固定资产支付的租赁费不在本项目反映，在筹资活动的现金流量中反映。本项目应当根据"库存现金""银行存款""固定资产""工程物资""在建工程""无形资产""研发支出""公共基础设施""保障性住房"等科目的记录分析填列。

（7）"对外投资支付的现金"项目，反映单位本年为取得短期投资、长期股权投资、长期债券投资而支付的现金。本项目应当根据"库存现金""银行存款""短期投资""长期股权投资""长期债券投资"等科目的记录分析填列。

（8）"上缴处置固定资产、无形资产、公共基础设施等净收入支付的现金"项目，反映本年单位将处置固定资产、无形资产、公共基础设施等非流动资产所收回的现金净额予以上缴财政所支付的现金。本项目应当根据"库存现金""银行存款""应缴财政款"等科目的记录分析填列。

（9）"支付的其他与投资活动有关的现金"项目，反映单位本年支付的除上述项目之外与投资活动有关的现金。对于金额较大的现金流出，应当单列项目反映。本项目应当根据"库存现金""银行存款"等有关科目的记录分析填列。

（10）"投资活动的现金流出小计"项目，反映单位本年投资活动产生的现金流出的合计数。本项目应当根据本表中"购建固定资产、无形资产、公共基础设施等支付的现金""对外投资支付的现金""上缴处置固定资产、无形资产、公共基础设施等净收入支付的现金""支付的其他与投资活动有关的现金"项目金额的合计数填列。

（11）"投资活动产生的现金流量净额"项目，应当按照本表中"投资活动的现金流入小计"项目金额减去"投资活动的现金流出小计"项目金额后的金额填列；如为负数，以"-"号填列。

3. 筹资活动产生的现金流量。

（1）"财政资本性项目拨款收到的现金"项目，反映单位本年接受用于购建固定资产、无形资产、公共基础设施等资本性项目的财政项目拨款取得的现金。本项目应当根据"银行存款""零余额账户用款额度""财政拨款收入"等科目及其所属明细科目的记录分析填列。

（2）"取得借款收到的现金"项目，反映事业单位本年举借短期、长期借款所收到的现金。本项目应当根据"库存现金""银行存款""短期借款""长期借款"等科目记录分析填列。

（3）"收到的其他与筹资活动有关的现金"项目，反映单位本年收到的除上述项目之外与筹资活动有关的现金。对于金额较大的现金流入，应当单列项目反映。本项目应当根据"库存现金""银行存款"等有关科目的记录分析填列。

（4）"筹资活动的现金流入小计"项目，反映单位本年筹资活动产生的现金流入的合计数。本项目应当根据本表中"财政资本性项目拨款收到的现金""取得借款收到的现金""收到的其他与筹资活动有关的现金"项目金额的合计数填列。

（5）"偿还借款支付的现金"项目，反映事业单位本年偿还借款本金所支付的现金。本项目应当根据"库存现金""银行存款""短期借款""长期借款"等科目的记录分析填列。

（6）"偿付利息支付的现金"项目，反映事业单位本年支付的借款利息等。本项目应当根据"库存现金""银行存款""应付利息""长期借款"等科目的记录分析填列。

（7）"支付的其他与筹资活动有关的现金"项目，反映单位本年支付的除上述项目之外与筹资活动有关的现金，如融资租入固定资产所支付的租赁费。本项目应当根据"库存现金""银行存款""长期应付款"等科目的记录分析填列。

（8）"筹资活动的现金流出小计"项目，反映单位本年筹资活动产生的现金流出的合计数。本项目应当根据本表中"偿还借款支付的现金""偿付利息支付的现金""支付的其他与筹资活动有关的现金"项目金额的合计数填列。

（9）"筹资活动产生的现金流量净额"项目，应当按照本表中"筹资活动的现金流入小计"项目金额减去"筹资活动的现金流出小计"金额后的金额填列；如为负数，以"－"号填列。

4."汇率变动对现金的影响额"项目。

反映单位本年外币现金流量折算为人民币时，所采用的现金流量发生日的汇率折算的人民币金额与外币现金流量净额按期末汇率折算的人民币金额之间的差额。

5."现金净增加额"项目。

反映单位本年现金变动的金额。本项目应当根据本表中"日常活动产生的现金流量净额""投资活动产生的现金流量净额""筹资活动产生的现金流量净额"和"汇率变动对现金的影响额"项目金额的合计数填列；如为负数，以"－"号填列。

第六节　财务报表附注

一、附注的含义

附注是对在会计报表中列示的项目所作的进一步说明，以及对未能在会计报表中列示项目的说明。附注是财务报表的重要组成部分。凡对报表使用者的决策有重要影响的会计信息，不论制度是否有明确规定，单位均应当充分披露。

二、附注的编制说明

附注主要包括下列内容：
（一）单位的基本情况
单位应当简要披露其基本情况，包括单位主要职能、主要业务活动、所在地、预算管理关系等。
（二）会计报表编制基础
（三）遵循政府会计准则、制度的声明
（四）重要会计政策和会计估计
单位应当采用与其业务特点相适应的具体会计政策，并充分披露报告期内采用的重要会计政策和会计估计。
主要包括以下内容：
1. 会计期间。
2. 记账本位币，外币折算汇率。

3. 坏账准备的计提方法。

4. 存货类别、发出存货的计价方法、存货的盘存制度，以及低值易耗品和包装物的摊销方法。

5. 长期股权投资的核算方法。

6. 固定资产分类、折旧方法、折旧年限和年折旧率；融资租入固定资产的计价和折旧方法。

7. 无形资产的计价方法；使用寿命有限的无形资产，其使用寿命估计情况；使用寿命不确定的无形资产，其使用寿命不确定的判断依据；单位内部研究开发项目划分研究阶段和开发阶段的具体标准。

8. 公共基础设施的分类、折旧（摊销）方法、折旧（摊销）年限，以及其确定依据。

9. 政府储备物资分类，以及确定其发出成本所采用的方法。

10. 保障性住房的分类、折旧方法、折旧年限。

11. 其他重要的会计政策和会计估计。

12. 本期发生重要会计政策和会计估计变更的，变更的内容和原因、受其重要影响的报表项目名称和金额、相关审批程序，以及会计估计变更开始适用的时点。

（五）会计报表重要项目说明

单位应当按照资产负债表和收入费用表项目列示顺序，采用文字和数据描述相结合的方式披露重要项目的明细信息。报表重要项目的明细金额合计，应当与报表项目金额相衔接。报表重要项目说明应包括但不限于下列内容：

1. 货币资金的披露格式如表19-8所示。

表19-8

项目	期末余额	年初余额
库存现金		
银行存款		
其他货币资金		
合计		

2. 应收账款按照债务人类别披露的格式如表19-9所示。

表19-9

债务人类别	期末余额	年初余额
政府会计主体：		
部门内部单位		
单位1		
……		
部门外部单位		
单位1		
……		
其他：		
单位1		
……		
合计		

注：1. "部门内部单位"是指纳入单位所属部门财务报告合并范围的单位（下同）。
2. 有应收票据、预付账款、其他应收款的，可比照应收账款进行披露。

3. 存货的披露格式如表19-10所示。

表19-10

存货种类	期末余额	年初余额
1.		
……		
合计		

4. 其他流动资产的披露格式如表19-11所示。

表19-11

项目	期末余额	年初余额
1.		
……		
合计		

注：有长期待摊费用、其他非流动资产的，可比照其他流动资产进行披露。

5. 长期投资。

（1）长期债券投资的披露格式如表19-12所示。

表19-12

债券发行主体	年初余额	本期增加额	本期减少额	期末余额
1.				
……				
合计				

注：有短期投资的，可比照长期债券投资进行披露。

（2）长期股权投资的披露格式如表19-13所示。

表19-13

被投资单位	核算方法	年初余额	本期增加额	本期减少额	期末余额
1.					
……					
合计					

（3）当期发生的重大投资净损益项目、金额及原因。

6. 固定资产。

（1）固定资产的披露格式如表19-14所示。

表19-14

项目	年初余额	本期增加额	本期减少额	期末余额
一、原值合计				
其中：房屋及构筑物				
通用设备				
专用设备				
文物和陈列品				
图书、档案				
家具、用具、装具及动植物				
二、累计折旧合计				
其中：房屋及构筑物				
通用设备				
专用设备				
家具、用具、装具				
三、账面价值合计				
其中：房屋及构筑物				
通用设备				
专用设备				
文物和陈列品				
图书、档案				
家具、用具、装具及动植物				

（2）已提足折旧的固定资产名称、数量等情况。

（3）出租、出借固定资产以及固定资产对外投资等情况。

7. 在建工程的披露格式如表 19-15 所示。

表 19-15

项目	年初余额	本期增加额	本期减少额	期末余额
1.				
……				
合计				

8. 无形资产。

（1）各类无形资产的披露格式如表 19-16 所示。

表 19-16

项目	年初余额	本期增加额	本期减少额	期末余额
一、原值合计				
1.				
……				
二、累计摊销合计				
1.				
……				
三、账面价值合计				
1.				
……				

（2）计入当期损益的研发支出金额、确认为无形资产的研发支出金额。

（3）无形资产出售、对外投资等处置情况。

9. 公共基础设施。

（1）公共基础设施的披露格式如表 19-17 所示。

表 19-17

项目	年初余额	本期增加额	本期减少额	期末余额
原值合计				
市政基础设施				
1.				
……				
交通基础设施				
1.				
……				
水利基础设施				
1.				
……				
其他				
……				
累计折旧合计				
市政基础设施				
1.				
……				
交通基础设施				
1.				
……				
水利基础设施				
1.				
……				
其他				
……				
账面价值合计				

续表

项目	年初余额	本期增加额	本期减少额	期末余额
市政基础设施				
1.				
……				
交通基础设施				
1.				
……				
水利基础设施				
1.				
……				
其他				
……				

（2）确认为公共基础设施的单独计价入账的土地使用权的账面余额、累计摊销额及变动情况。

（3）已提取折旧继续使用的公共基础设施的名称、数量等。

10. 政府储备物资的披露格式如表 19-18 所示。

表 19-18

物资类别	年初余额	本期增加额	本期减少额	期末余额
1.				
……				
合计				

注：如单位有因动用而发出需要收回或者预期可能收回，但期末尚未收回的政府储备物资，应当单独披露其期末账面余额。

11. 受托代理资产的披露格式如表 19-19 所示。

表 19-19

资产类别	年初余额	本期增加额	本期减少额	期末余额
货币资金				
受托转赠物资				
受托存储保管物资				
罚没物资				
其他				
合计				

12. 应付账款按照债权人类别披露的格式如表 19-20 所示。

表 19-20

债权人类别	期末余额	年初余额
政府会计主体：		
部门内部单位		
单位1		
……		
部门外部单位		
单位1		
……		
其他：		
单位1		
……		
合计		

注：有应付票据、预收账款、其他应付款、长期应付款的，可比照应付账款进行披露。

13. 其他流动负债的披露格式如表19-21所示。

表19-21

项目	期末余额	年初余额
1.		
……		
合计		

注：有预计负债、其他非流动负债的，可比照其他流动负债进行披露。

14. 长期借款

（1）长期借款按照债权人披露的格式如表19-22所示。

表19-22

债权人	期末余额	年初余额
1.		
……		
合计		

注：有短期借款的，可比照长期借款进行披露。

（2）单位有基建借款的，应当分基建项目披露长期借款年初数、本年变动数、年末数及到期期限。

15. 事业收入按照收入来源的披露格式如表19-23所示。

表19-23

收入来源	本期发生额	上期发生额
来自财政专户管理资金		
本部门内部单位		
单位1		
……		
本部门以外同级政府单位		
单位1		
……		
其他		
单位1		
……		
合计		

16. 非同级财政拨款收入按收入来源的披露格式如表19-24所示。

表19-24

收入来源	本期发生额	上期发生额
本部门以外同级政府单位		
单位1		
……		
本部门以外非同级政府单位		
单位1		
……		
合计		

17. 其他收入按照收入来源的披露格式如表19-25所示。

表19-25

收入来源	本期发生额	上期发生额
本部门内部单位		
单位1		
……		
本部门以外同级政府单位		

续表

收入来源	本期发生额	上期发生额
单位1		
……		
本部门以外非同级政府单位		
单位1		
……		
其他		
单位1		
……		
合计		

18. 业务活动费用。

(1) 按经济分类的披露格式如表19-26所示。

表19-26

项目	本期发生额	上期发生额
工资福利费用		
商品和服务费用		
对个人和家庭的补助费用		
对企业补助费用		
固定资产折旧费		
无形资产摊销费		
公共基础设施折旧（摊销）费		
保障性住房折旧费		
计提专用基金		
……		
合计		

注：有单位管理费用、经营费用的，可比照（业务活动费用）此表进行披露。

(2) 按支付对象的披露格式如表19-27所示。

表19-27

支付对象	本期发生额	上期发生额
本部门内部单位		
单位1		
……		
本部门以外同级政府单位		
单位1		
……		
其他		
单位1		
……		
合计		

注：有单位管理费用、经营费用的，可比照（业务活动费用）此表进行披露。

19. 其他费用按照类别披露的格式如表19-28所示。

表19-28

费用类别	本期发生额	上期发生额
利息费用		
坏账损失		
罚没支出		
……		
合计		

20. 本期费用按照经济分类的披露格式如表 19 - 29 所示。

表 19 - 29

项目	本年数	上年数
工资福利费用		
商品和服务费用		
对个人和家庭的补助费用		
对企业补助费用		
固定资产折旧费		
无形资产摊销费		
公共基础设施折旧（摊销）费		
保障性住房折旧费		
计提专用基金		
所得税费用		
资产处置费用		
上缴上级费用		
对附属单位补助费用		
其他费用		
本期费用合计		

注：单位在按照本制度规定编制收入费用表的基础上，可以根据需要按照此表披露的内容编制收入费用表。

（六）本年盈余与预算结余的差异情况说明

为了反映单位财务会计和预算会计因核算基础和核算范围不同所产生的本年盈余数与本年预算结余数之间的差异，单位应当按照重要性原则，对本年度发生的各类影响收入（预算收入）和费用（预算支出）的业务进行适度归并和分析，披露将年度预算收入支出表中"本年预算收支差额"调节为年度收入费用表中"本期盈余"的信息。有关披露格式如表 19 - 30 所示。

表 19 - 30

项目	金额
一、本年预算结余（本年预算收支差额）	
二、差异调节	——
（一）重要事项的差异	
加：1. 当期确认为收入但没有确认为预算收入	
（1）应收款项、预收账款确认的收入	
（2）接受非货币性资产捐赠确认的收入	
2. 当期确认为预算支出但没有确认为费用	
（1）支付应付款项、预付账款的支出	
（2）为取得存货、政府储备物资等计入物资成本的支出	
（3）为购建固定资产等的资本性支出	
（4）偿还借款本息支出	
减：1. 当期确认为预算收入但没有确认为收入	
（1）收到应收款项、预收账款确认的预算收入	
（2）取得借款确认的预算收入	
2. 当期确认为费用但没有确认为预算支出	
（1）发出存货、政府储备物资等确认的费用	
（2）计提的折旧费用和摊销费用	
（3）确认的资产处置费用（处置资产价值）	
（4）应付款项、预付账款确认的费用	
（二）其他事项差异	
三、本年盈余（本年收入与费用的差额）	

（七）其他重要事项说明

1. 资产负债表日存在的重要或有事项说明。没有重要或有事项的，也应说明。
2. 以名义金额计量的资产名称、数量等情况，以及以名义金额计量理由的说明。
3. 通过债务资金形成的固定资产、公共基础设施、保障性住房等资产的账面价值、使用情况、收益情况及与此相关的债务偿还情况等的说明。

4. 重要资产置换、无偿调入（出）、捐入（出）、报废、重大毁损等情况的说明。

5. 事业单位将单位内部独立核算单位的会计信息纳入本单位财务报表情况的说明。

6. 政府会计具体准则中要求附注披露的其他内容。

7. 有助于理解和分析单位财务报表需要说明的其他事项。

第七节 部门（单位）合并财务报表

一、合并财务报表概述

（一）合并财务报表的定义

合并财务报表，是指反映合并主体和其全部被合并主体形成的报告主体整体财务状况与运行情况的财务报表。

合并主体，是指有一个或一个以上被合并主体的政府会计主体。合并主体通常也是合并财务报表的编制主体。合并主体除编制本单位会计报表外，应对与被合并主体及被合并主体相互之间发生的经济业务或事项进行抵销，逐级对单位会计报表数据进行合并，编制合并会计报表。

被合并主体，是指符合《政府会计准则第9号——财务报表编制与列报》规定的纳入合并主体合并范围的会计主体。

合并财务报表按照合并级次分为部门（单位）合并财务报表、本级政府合并财务报表和行政区政府合并财务报表。本节主要介绍部门（单位）合并财务报表相关内容。

部门（单位）合并财务报表，是指以政府部门（单位）本级作为合并主体，将部门（单位）本级及其合并范围内全部被合并主体的财务报表进行合并后形成的，反映部门（单位）整体财务状况与运行情况的财务报表。部门（单位）合并财务报表是政府部门财务报告的主要组成部分。

部门（单位）合并财务报表由部门（单位）负责编制。

（二）部门（单位）合并财务报表的构成

部门（单位）合并财务报表至少包括合并资产负债表、合并收入费用表和附注。他们分别从不同的方面反映合并主体和其全部被合并主体形成的报告主体整体财务状况与运行情况，构成一个完整的合并财务报表系统。

1. 合并资产负债表，是反映合并主体和其全部被合并主体形成的报告主体某一特定日期财务状况的报告。

部门（单位）合并资产负债表中的资产类至少应当单独列示反映下列信息的项目：

(1) 货币资金；

(2) 短期投资；

(3) 财政应返还额度；

(4) 应收票据；

(5) 应收账款净额；

(6) 预付账款；

(7) 应收股利；

(8) 应收利息；

(9) 其他应收款净额；

(10) 存货；

(11) 待摊费用；

(12) 一年内到期的非流动资产；

(13) 长期股权投资；

（14）长期债券投资；
（15）固定资产净值；
（16）工程物资；
（17）在建工程；
（18）无形资产净值；
（19）研发支出；
（20）公共基础设施净值；
（21）政府储备物资；
（22）文化文物资产；
（23）保障性住房净值；
（24）长期待摊费用；
（25）待处理财产损溢；
（26）受托代理资产。

部门（单位）合并资产负债表中的资产类应当包括流动资产、非流动资产的合计项目。

部门（单位）合并资产负债表中的负债类至少应当单独列示反映下列信息的项目：

（1）短期借款；
（2）应交增值税；
（3）其他应交税费；
（4）应缴财政款；
（5）应付职工薪酬；
（6）应付票据；
（7）应付账款；
（8）应付政府补贴款；
（9）应付利息；
（10）预收款项；
（11）其他应付款；
（12）预提费用；
（13）一年内到期的非流动负债；
（14）长期借款；
（15）长期应付款；
（16）预计负债；
（17）受托代理负债。

部门（单位）合并资产负债表中的负债类应当包括流动负债、非流动负债和负债的合计项目。

部门（单位）合并资产负债表中的净资产类至少应当单独列示反映下列信息的项目：

（1）累计盈余；
（2）专用基金；
（3）权益法调整。

部门（单位）合并资产负债表中的净资产类应当包括净资产的合计项目。

部门（单位）合并资产负债表应当列示资产总计项目、负债和净资产总计项目。

2. 合并收入费用表，是反映合并主体和其全部被合并主体形成的报告主体一定期间内运行情况的报告。

部门（单位）合并收入费用表应当以部门（单位）本级和其被合并主体符合财务报表编制和列报准则要求的个别收入费用表或合并收入费用表为基础，在抵销内部业务或事项对合并收入费用表的影响后，由部门（单位）本级合并编制。

编制部门（单位）合并收入费用表时，需要抵销的内部业务或事项包括部门（单位）本级和其被合并主体之间、被合并主体相互之间的收入、费用项目。部门（单位）合并收入费用表中的收入，应当按照收入来源进行分类列示。部门（单位）合并收入费用表中的费用，应当按照费用的性质进行分类列示。

部门（单位）合并收入费用表中的收入类至少应当单独列示反映下列信息的项目：

（1）财政拨款收入；

（2）事业收入；

（3）经营收入；

（4）非同级财政拨款收入；

（5）投资收益；

（6）捐赠收入；

（7）利息收入；

（8）租金收入。

部门（单位）合并收入费用表中的收入类应当包括收入的合计项目。

部门（单位）合并收入费用表中的费用类至少应当单独列示反映下列信息的项目：

（1）工资福利费用；

（2）商品和服务费用；

（3）对个人和家庭补助费用；

（4）对企事业单位补贴费用；

（5）固定资产折旧费用；

（6）无形资产摊销费用；

（7）公共基础设施折旧（摊销）费用；

（8）保障性住房折旧费用；

（9）计提专用基金；

（10）所得税费用；

（11）资产处置费用。

部门（单位）合并收入费用表中的费用类应当包括费用的合计项目。

部门（单位）合并收入费用表应当列示本期盈余项目。本期盈余，是指部门（单位）某一会计期间收入合计金额减去费用合计金额后的差额。

3. 附注，是对在合并资产负债表、合并收入费用表中列示项目的文字描述或明细资料，以及对未能在这些报表在列示项目的说明等。

（三）部门（单位）合并财务报表的范围

部门（单位）合并财务报表的合并范围一般应当以财政预算拨款关系为基础予以确定。有下级预算单位的部门（单位）为合并主体，其下级预算单位为被合并主体。合并主体应当将其全部被合并主体纳入合并财务报表的合并范围。

部门（单位）所属的企业不纳入部门（单位）合并财务报表的合并范围。

二、部门（单位）合并财务报表编制原则、前期准备事项及程序

（一）编制原则

部门（单位）合并财务报表作为财务报表，必须符合财务报表编制和列报的基本要求。与个别财务报表相比，部门（单位）合并财务报表又具有下列特点：一是反映的对象是由合并主体和其全部被合并主体形成的报告主体；二是编制者是合并主体，但所对应的会计主体是合并主体和其全部被合并主体形成的报告主体；三是合并财务报表是站在合并财务报表主体的立场上，以纳入合并范围的部门单位个别财务报表为基础，根据其他有关资料，抵销合并主体与被合并主体、被合并主体相互之间发生的内部交易，考虑了特殊交易事项对合并财务报表的影响后编制的，旨在反映合并财务报表主体作为一个整体的财务状况、运行情况。因此，部门（单位）合并财务报表的编制除在遵循财务报表编制的基本要求外，还应当遵循以下原则和要求：

1. 以个别财务报表为基础编制。

合并财务报表并不是直接根据合并主体和被合并主体的账簿编制，而是利用合并主体和被合并主体编制的反映各自财务状况和运行情况的财务报表提供的数据，通过合并财务报表的特有方法进行编制。以纳入合并范围的个别财务报表为基础，可以说是客观性原则在合并财务报表编制时的具体体现。

2. 一体性原则。

合并财务报表反映的是合并主体和其全部被合并主体形成的报告主体的财务状况和运行情况，反映的是由多个单位组成的一个会计主体的财务状况和运行情况，在编制合并财务报表时应当将合并主体和被合并主体作为整体来看待，视为一个会计主体，合并主体和被合并主体发生的运行活动都应当从合并主体和其全部被合并主体形成的报告主体的角度进行考虑。因此，在编制合并财务报表时，对于合并主体与被合并主体、被合并主体相互之间发生的经济业务或事项，应当视同同一会计主体内部业务处理。

3. 重要性原则。

与个别财务报表相比，合并财务报表涉及多个被合并主体，涉及的活动的范围很广，合并主体与被合并主体活动有的会跨越不同行业界限，有时合并主体与被合并主体运行活动甚至相差很大。这样，合并财务报表要综合反映这样的会计主体的财务状况和运行情况，必然要涉及重要性的判断问题。特别是在拥有众多被合并主体的情况下，更是如此。在编制合并财务报表时，特别强调重要性原则的运用。如对一些项目在合并主体和其全部被合并主体形成的报告主体中的某一被合并主体具有重要性，但对于整个合并主体则不一定具有重要性，在这种情况下根据重要性的要求对财务报表项目进行取舍，则具有重要的意义。此外，合并主体与被合并主体、被合并主体相互之间发生的经济业务或事项，对整个合并主体财务状况和运行情况影响不大时，为简化合并手续也应根据重要性原则进行取舍，可以不编制抵销分录而直接编制合并财务报表。

（二）前期准备事项

合并财务报表的编制涉及多个被合并主体，有的合并财务报表的合并范围甚至包括数十个被合并主体。为了使编制的合并财务报表准确、全面反映整个合并主体真实情况，必须做好一系列的前期准备事项。这些前期准备事项主要有：

1. 统一核算基础和会计政策。

合并财务报表应当以权责发生制为基础编制。合并主体和其合并范围内被合并主体个别财务报表应当采用权责发生制基础编制，按规定未采用权责发生制基础编制的，应当先调整为权责发生制基础的财务报表，再由合并主体进行合并。

会计政策是指政府会计主体在会计核算时所遵循的特定原则、基础以及所采用的具体会计处理方法，是编制财务报表的基础，统一合并主体和被合并主体的会计政策是保证合并主体与被合并主体财务报表各项目反映内容一致的基础。为此，在编制财务报表前，应当尽可能统一合并主体与被合并主体的会计政策，统一要求被合并主体所采用的会计政策与合并主体保持一致。

2. 收集编制合并财务报表的相关资料。

合并财务报表以合并主体和被合并主体的财务报表以及其他有关资料为依据，由合并主体合并有关项目的数额编制。在编制合并财务报表时，被合并主体除了应当向合并主体提供财务报表外，还应当提供下列有关资料：

（1）采用的与政府会计准则制度规定的统一的会计政策不一致的会计政策及其影响金额；

（2）其与合并主体、其他被合并主体之间发生的所有内部业务或事项的相关资料；

（3）编制合并财务报表所需要的其他资料。

（三）编制程序

合并财务报表的编制是一项极为复杂的工作，不仅涉及合并主体的业务或事项及财务报表，而且还涉及纳入合并范围的被合并主体的会计业务或事项及财务报表。为了使合并财务报表的编制工作有条不紊，必须按照一定的程序有步骤地进行。合并财务报表编制程序大致如下：

1. 设置合并工作底稿。合并工作底稿的作用是为合并财务报表的编制提供基础。在合并工作底稿中，对合并主体和纳入合并范围的被合并主体的个别财务报表各项目的数额进行。汇总和抵销处理，最终计算得出合并财务报表各项目的合并数。合并工作底稿的基本格式如表19-31所示。

表 19-31　　　　　　　　　　　　　　　　合并工作底稿

20×9__年__月__日

会政财 01 表
单位：元

项目	A 部门	A1	A2	合计	抵销分录 借方	抵销分录 贷方	合并数
资产负债表							
流动资产：							
货币资金	165 000	142 000	85 000	392 000			392 000
短期投资		19 500		19 500			19 500
财政应返还额度	36 000	21 000	5 000	62 000			62 000
应收票据		10 000		10 000			10 000
应收账款净额	452 000	760 000	1 030 000	2 242 000	④50 000	①200 000 ③300 000	1 792 000
预付账款	13 000	6 000	20 000	39 000			39 000
应收股利							
应收利息							
其他应收款净额	194 500	3 000	107 000	304 500		②100 000	204 500
存货	2 253 500	323 500	1 665 000	4 242 000		⑤300 000	3 942 000
待摊费用							
一年内到期的非流动资产							
其他流动资产	40 000			40 000			40 000
流动资产合计	3 154 000	1 285 000	2 912 000	7 351 000	50 000	900 000	6 501 000
非流动资产：							
长期股权投资		100 000	25 000	125 000			125 000
长期债券投资							
固定资产原值	2 087 500	1 512 000	170 000	3 769 500			3 769 500
减：固定资产累计折旧	516 500	392 000	50 000	958 500			958 500
固定资产净值	1 571 000	1 120 000	120 000	2 811 000			2 811 000
工程物资							
在建工程	86 000	150 000	117 000	353 000			353 000
无形资产原值	266 000	287 000	120 000	673 000			673 000
减：无形资产累计摊销	53 000	57 000	12 000	122 000			122 000
无形资产净值	213 000	230 000	108 000	551 000			551 000
研发支出							
公共基础设施原值							
减：公共基础设施累计折旧（摊销）							
公共基础设施净值							
政府储备物资							
文物文化资产							
保障性住房原值							
减：保障性住房累计折旧							
保障性住房净值							

续表

项目	A部门	A1	A2	合计	抵销分录 借方	抵销分录 贷方	合并数
长期待摊费用							
待处理财产损溢	51 000			51 000			51 000
其他非流动资产							
非流动资产合计	1 921 000	1 600 000	370 000	3 891 000			3 891 000
受托代理资产							
资产合计	5 075 000	2 885 000	3 282 000	11 242 000	50 000	900 000	10 392 000
负债和净资产							
流动负债:							
短期借款		100 000	20 000	120 000			120 000
应交增值税							
其他应交税费			5 000	5 000			5 000
应缴财政款							
应付职工薪酬	500 000		120 000	620 000			620 000
应付票据		1 000		1 000			1 000
应付账款	2 128 000	505 000	650 000	3 283 000	①200 000 ③300 000		2 783 000
应付政府补贴款							
应付利息							
预收账款	1 000			1 000			1 000
其他应付款	492 000	203 000	105 000	800 000	②100 000		700 000
预提费用							
一年内到期的非流动负债							
其他流动负债	85 000			85 000			85 000
流动负债合计	3 206 000	809 000	900 000	4 915 000	600 000		4 315 000
非流动负债:							
长期借款		270 000	60 000	330 000			330 000
长期应付款	235 000			235 000			235 000
预计负债							
其他非流动负债							
非流动负债合计	235 000	270 000	60 000	565 000			565 000
受托代理负债							
负债合计	3 441 000	1 079 000	960 000	5 480 000	600 000		4 880 000
净资产:							
累计盈余	1 974 000	1 756 000	1 910 000	5 640 000	⑤1 600 000 ⑤1 300 000	④50 000	5 390 000
专用基金	60 000	50 000	12 000	122 000			122 000
权益法调整							
无偿调拨净资产*							
本期盈余*							

续表

项目	A部门	A1	A2	合计	抵销分录 借方	抵销分录 贷方	合并数
净资产合计	2 034 000	1 806 000	1 922 000	5 762 000	1 600 000	1 350 000	5 512 000
负债和净资产合计	5 075 000	2 885 000	3 282 000	11 242 000	2 200 000	1 350 000	10 392 000
收入费用表							
一、本期收入	18 700 000	9 862 000	8 000 000	36 562 000	4 612 000		31 950 000
（一）财政拨款收入	16 180 000	3 500 000	5 458 000	25 138 000			25 138 000
（二）事业收入		3 000 000	2 000 000	5 000 000	⑧1 200 000		3 800 000
其中：非同级财政拨款收入							
（三）上级补助收入	1 824 000	1 512 000		3 336 000	⑥1 512 000		1 824 000
（四）附属单位上缴收入	300 000			300 000	⑦300 000		
（五）经营收入	252 000	1 800 000	200 000	2 252 000	⑤1 600 000		652 000
（六）非同级财政拨款收入							
（七）投资收益							
（八）捐赠收入	75 000			75 000			75 000
（九）利息收入							
（十）租金收入			312 000	312 000			312 000
（十一）其他收入	69 000	50 000	30 000	149 000			149 000
二、本期费用	17 750 000	9 050 000	7 550 000	34 350 000		4 362 000	29 988 000
（一）工资福利费用	3 000 000	1 300 000	1 200 000	5 500 000			5 500 000
（二）商品和服务费用	11 966 000	7 310 000	6 293 000	25 569 000		⑤1 300 000 ⑧1 200 000	23 069 000
（三）对个人和家庭的补助费用	100 000	50 000	40 000	190 000			190 000
（四）对企业补助费用							
（五）固定资产折旧费	100 000	30 000	10 000	140 000			140 000
（六）无形资产摊销费	20 000	8 000	5 000	33 000			33 000
（七）公共基础设施折旧（摊销）费							
（八）保障性住房折旧费							
（九）计提专用基金	10 000	2 000	1 500	13 500			13 500
（十）所得税费用							
（十一）资产处置费用	10 000		500	10 500			10 500
（十二）上缴上级费用	972 000	300 000		1 272 000		⑦300 000	972 000
（十三）对附属单位补助费用	1 512 000			1 512 000		⑥1 512 000	
（十四）其他费用	60 000	50 000		110 000		④50 000	60 000
三、本期盈余	950 000	812 000	450 000	2 212 000	4 612 000	4 362 000	1 962 000

2. 调整个别财务报表。合并财务报表应当以权责发生制为基础编制。合并主体和其合并范围内被合并主体个别财务报表应当采用权责发生制基础编制，按规定未采用权责发生制基础编制的，应当先调整为权责发生制基础的财务报表，再由合并主体进行合并。编制合并财务报表时，应当将合并主体和其全部被合并主体视为一个会计主体，遵循政府会计准则制度规定的统一的会计政策。合并范围内合并主体、被合并主体个别财务报表未遵循政府会计准则制度规定的统一会计政策的，应当先调整为遵循政府会计

准则制度规定的统一会计政策的财务报表，再由合并主体进行合并。对需要进行调整的个别财务报表进行调整，以调整后的个别财务报表作为编制合并财务报表的基础，其目的在于将因会计计量基础的差异而对个别财务报表的影响进行调整。

3. 将合并主体、纳入合并范围的被合并主体个别资产负债表、收入费用表各项目的数据过入合并工作底稿，并在合并工作底稿中对合并主体和被合并主体个别财务报表各项目的数据进行加总，计算得出个别资产负债表、个别收入费用表各项目合计数额。

4. 编制抵销分录，将合并主体与被合并主体、被合并主体相互之间发生的经济业务或事项对个别财务报表有关项目的影响进行抵销处理。编制抵销分录，进行抵销处理是合并财务报表编制的关键和主要内容，其目的在于将个别财务报表各项目的加总数据中重复的因素等予以抵销。

5. 计算合并财务报表各项目的合并数额。即在合并主体和纳入合并范围的被合并主体个别财务报表各项目加总数额的基础上，分别计算财务报表中的资产项目、负债项目，收入费用表中的收入项目和费用项目的合并数。其计算方法如下：

（1）资产类项目，其合并数根据该项目加总的数额，加上该项目抵销分录的借方发生额，减去该项目抵销分录的贷方发生额计算确定。

（2）负债类项目和净资产类项目，其合并数根据该项目加总的数额，减去该项目抵销分录的借方发生额，加上该项目抵销分录的贷方发生额计算确定。

（3）有关收入类项目，其合并数根据该项目加总的数额，减去该项目抵销分录的借方发生额，加上该项目抵销分录的贷方发生额计算确定。

（4）有关费用类项目，其合并数根据该项目加总的数额，加上该项目抵销分录的借方发生额，减去该项目抵销分录的贷方发生额计算确定。

6. 填列合并财务报表。即根据合并工作底稿中计算出的资产、负债、净资产、收入、费用类各项目的合并数，填列正式的合并财务报表。

三、编制部门（单位）合并财务报表需要调整抵销的项目

（一）编制部门（单位）合并资产负债表需要调整抵销的项目

合并资产负债表是以合并主体和纳入合并范围的全部被合并主体的个别资产负债表为基础编制的。个别资产负债表则是以单个合并主体和被合并主体为会计主体进行会计核算的结果，它从合并主体本身或从被合并主体本身的角度对自身的财务状况进行反映。对于合并主体与被合并主体之间及被合并主体之间发生的内部经济业务或者事项，从发生内部经济业务或者事项的单位来看，发生经济业务或者事项的两方都在其个别资产负债表中进行了反映。例如，部门内部单位之间发生的赊销业务，对于赊销单位来说，一方面，确认经营收入、结转经营费用、计算本期盈余，并在其个别资产负债表中反映为应收账款；而对于赊购单位来说，在内部购入的存货未消耗的情况下，则在其个别资产负债表中反映为存货和应付账款。在这种情况下，资产、负债和净资产类各项目的加总数额中，必然包含有重复计算的因素。作为反映部门整体财务状况的合并资产负债表，必须将这些重复计算的因素予以扣除，对这些重复的因素进行抵销处理。这些需要扣除的重复因素，就是合并财务编制时需要进行抵销处理的项目。

编制部门（单位）合并资产负债表时，需要抵销的内部业务或事项包括：

1. 部门（单位）本级和其被合并主体之间、被合并主体相互之间的债权（含应收款项坏账准备，下同）、债务项目；

2. 部门（单位）本级和其被合并主体之间、被合并主体相互之间其他业务或事项对部门（单位）合并资产负债表的影响。

（二）编制部门（单位）合并收入费用表需要调整抵销的项目

合并收入费用表是以合并主体和纳入合并范围的被合并主体的个别收入费用表为基础编制的。收入费用表作为以单个部门单位为会计主体进行会计核算的结果，它从部门单位本身反映某一会计期间内发生的收入、费用及当期盈余情况。在以其个别收入费用表为基础计算的收入和费用等项目的加总数额中，

也必然包含有重复计算的因素。在编制合并收入费用表时,也需要将这些重复的因素予以扣除。编制部门(单位)合并收入费用表时,需要抵销的内部业务或事项包括部门(单位)本级和其被合并主体之间、被合并主体相互之间的收入、费用项目。主要有如下项目:

1. 部门内部所属单位之间的收入费用事项,如部门内部单位之间发生的上级补助收入与对附属单位补助费用、上缴上级费用与附属单位上缴收入,以及支付给部门内部单位的商品与服务费用和来自部门内部单位的事业收入、其他收入等。

2. 资产减值损失项目,即与内部交易相关的内部应收账款的资产减值损失。

四、部门(单位)合并资产负债表和合并收入费用表的编制

部门(单位)合并资产负债表和合并收入费用表的编制主要包括汇总部门(单位)资产负债表和收入费用表、编制抵销分录、生成部门(单位)合并财务报表三个步骤。

1. 汇总部门(单位)资产负债表和收入费用表。

合并主体对合并主体及被合并主体上报的资产负债表和收入费用表进行分项加总,得出汇总的资产负债表和收入费用表。

【例19-2】A部门作为上级单位,有A1、A2两个所属事业单位。A部门将自身及A1单位和A2单位提供的个别资产负债表、收入费用表相关项目数据填列到合并工作底稿(表19-31),并进行了加总。

2. 编制抵销分录。

合并主体与被合并主体之间、被合并主体之间发生的经济业务或事项,应在确认后予以抵销,并编制抵销分录和抵销工作底稿。合并主体应当对合并主体及被合并主体资产负债表、收入费用表及明细表进行分析,确认应当抵销的事项和金额。合并抵销事项包括内部债权债务抵销事项、坏账准备抵销事项、内部收入费用抵销事项。

(1) 内部债权债务的合并处理。内部债权债务抵销事项是指合并主体与被合并主体、被合并主体相互之间的应收账款与应付账款、预付账款和预收账款等项目,对经确认的内部债权债务事项,在合并时应当予以抵销。对于发生在合并主体与被合并主体以及被合并主体相互之间的这些项目,一方面形成一项负债,另一方面同时形成一项资产。发生的这些内部债权债务,从合并主体和其全部被合并主体形成的报告主体整体角度来看,它只是内部资金运动,既不增加资产,也不增加负债。为此,在编制合并财务报表时也应当将内部债权债务项目予以抵销。对经确认的内部债权债务事项,应编制抵销分录:借记"应付账款""长期应付款""预收账款""其他应付款",贷记"应收账款""预付账款""其他应收款"。

【例19-3】承接【例19-2】。A部门与A1单位存在内部往来业务事项。A部门资产负债表"应付账款"明细信息显示,A部门应付A1单位款项20万元。A1单位资产负债表"应收账款"明细信息显示,A1单位应收A部门款项20万元。A部门经与A1单位确认无误后,在编制合并资产负债表时,抵销分录如下(将相关数据填列到合并工作底稿[表19-31]中,下同):

①借:应付账款——A1单位   200 000
  贷:应收账款——A部门   200 000

【例19-4】承接【例19-2】。A部门与A2单位存在内部往来业务事项。A部门资产负债表"其他应收款"明细信息显示,A部门应收A2单位款项10万元。A2单位资产负债表"其他应付款"明细信息显示,A2单位应付A部门款项10万元。A部门经与A2单位确认无误后,在编制合并资产负债表时,抵销分录如下:

②借:其他应付款——A部门   100 000
  贷:其他应收款——A2单位   100 000

(2) 内部应收应付款项及其坏账准备的合并处理。按照政府会计制度规定,事业单位应当于每年年末对收回后不上缴财政的应收账款和其他应收款进行全面检查,分析其可收回性,对预计可能产生的坏账损失计提坏账准备、确认坏账损失。这里的应收账款和其他应收款也包括合并主体与被合并主体及被合并主体相互之间的应收账款和其他应收账款。合并主体在对被合并主体应收账款和其他应收款计提坏

账准备的情况下，在编制合并资产负债表时，随着内部应收款项的抵销，与此相联系也须将该内部应收款项计提的坏账准备予以抵销。将内部债权债务抵销时，按内部债权债务的金额，借记"应付账款""其他应付款"等项目，贷记"应收账款""其他应收款"等项目；同时，将内部债权原计提的坏账准备予以抵销，按应抵销金额，借记"应收账款""其他应收款"项目，贷记"其他费用"项目。

【例 19-5】 承接【例 19-2】。A 部门作为上级单位，其所属单位 A1、A2 存在内部往来业务事项。A1 单位资产负债表"应付账款"显示，A1 单位应付 A2 单位款项 30 万元。A2 单位资产负债表"应收账款"显示，A2 单位应收 A1 单位款项净额 25 万元，该应收账款账面余额为 30 万元，当年提坏账准备 5 万元。A 部门经与 A1、A2 两单位确认无误后，在编制合并财务表时，抵销分录如下：

③借：应付账款——A2 单位　　　　　　　　　　　　　　　　　　　　　　300 000
　　贷：应收账款——A1 单位　　　　　　　　　　　　　　　　　　　　　　　　300 000

坏账准备与其他费用抵销：

④借：应收账款——A1 单位　　　　　　　　　　　　　　　　　　　　　　 50 000
　　贷：其他费用　　　　　　　　　　　　　　　　　　　　　　　　　　　　　　 50 000

（3）内部销售的合并处理。在内部购进商品未消耗的情况下，从销售方来说，同样按照一般的销售业务确认经营收入、结转经营费用（商品和服务费用）、计算本期盈余，并在其收入费用报表中列示。该业务从合并主体和其全部被合并主体形成的报告主体来看，实际上只是商品存放地点发生变动，并不是真正实现对外销售，不应确认经营收入、结转经营费用（商品和服务费用）、计算盈余。因此，对于该内部购销业务，在编制合并报表时，应当将销售方由此确认的内部经营收入和内部经营费用（商品和服务费用）予以抵销。对于该经济业务或事项，从购买方来说，则以支付的购货价款作为存货成本入账，并在其个别资产负债表中作为资产列示。这样，购买方的个别资产负债表中存货的价值在就包含有销售方实现的销售盈余。在内部购进商品未消耗的情况下，购进存货价值包括两部分内容：一部分为真正的存货成本［即销售方转入经营费用（商品和服务费用）的销售商品的成本］，另一部分为销售方的销售盈余（即其经营收入减去经营费用的差额）。因为从合并主体和其全部被合并主体形成的报告主体来看，合并主体与被合并主体及被合并主体相互之间的商品购销活动实际上相当于单位之间内部物资调拨活动，既不会实现盈余，也不会增加商品的价值。如果合并资产负债报表将合并主体和其全部被合并主体个别资产负债表中的存货简单相加，则会虚增存货成本。因此，在编制合并资产负债表时，应当将存货价值中的未实现内部销售盈余予以抵销。抵销分录为：借记"经营收入"科目，贷记"商品和服务费用""存货"。

【例 19-6】 承接【例 19-2】。A1 单位本期个别收入费用表中有经营收入 160 万元，系向 A2 单位销售商品实现的经营收入，其结转的经营费用（商品和服务费用）130 万元。A2 单位本期从 A1 单位购入的商品在本期未消耗，A2 单位本期个别资产负债表期末存货中包含有 160 万元从 A1 单位购进的商品，包含在该存货中的未实现内部销售盈余为 30 万元。在编制合并财务报表时，抵销分录如下：

⑤借：经营收入　　　　　　　　　　　　　　　　　　　　　　　　　　　1 600 000
　　贷：商品和服务费用　　　　　　　　　　　　　　　　　　　　　　　　　1 300 000
　　　　存货　　　　　　　　　　　　　　　　　　　　　　　　　　　　　　　 300 000

（4）内部收入费用的合并处理。内部收入费用抵销事项是指合并主体与被合并主体、被合并主体相互之间发生的收入和费用，对经确认的内部收入费用事项，在合并时应当予以抵销。内部收入费用抵销事项主要包括以下三种情况：

一是"上级补助收入"与"对附属单位补助费用"之间存在抵销关系。对于发生在合并主体与被合并主体、被合并主体相互之间的这一事项，从支付补助费用方来说，在收入费用表中表现为一项对附属单位补助费用；而从接受补助方来说，在收入费用表中表现为一项上级补助收入。发生的这种内部补助业务，从合并主体和其全部被合并主体形成的报告主体整体角度来看，它只是内部资金运动，既不增加收入，也不增加费用。为此，在编制合并收入费用报表时应当将内部补助项目予以抵销。抵销分录为：借记"上级补助收入"科目，贷记"对附属单位补助费用"科目。

【例 19-7】 承接【例 19-2】。A 部门与 A1 单位存在内部补助事项。A 部门收入费用表"对附属单位补助费用"的明细信息显示，A 部门对 A1 单位支付补助款项 151.2 万元。A1 单位收入费用表"上级补助收入"明细信息显示，A1单位收到上级A部门补助款项151.2万元。A部门经与A1单位确认无误后，在编制合并收入费用表时，编制抵销分录如下：

⑥借：上级补助收入——A部门　　　　　　　　　　　　　　　　　　　　　1 512 000
　　贷：对附属单位补助费用——A1单位　　　　　　　　　　　　　　　　　　1 512 000

二是"附属单位上缴收入"与"上缴上级费用"之间存在抵销关系。对于发生在合并主体与被合并主体、被合并主体相互之间的这一事项，从上缴费用方来说，在收入费用表中表现为一项上缴上级费用；而从接受上缴收入方来说，在收入费用表中表现为一项附属单位上缴收入。发生的这种内部缴款业务，从合并主体和其全部被合并主体形成的报告主体整体角度来看，它只是合并主体和其全部被合并主体形成的报告主体内部资金运动，既不增加合并主体和其全部被合并主体形成的报告主体的收入，也不增加费用。为此，在编制合并收入费用报表时也应当将内部缴收款项目予以抵销。抵销分录为：借记"附属单位上缴收入"，贷记"上缴上级费用"。

【例19-8】承接【例19-2】。A部门与A1单位存在内部上缴费用事项。A部门收入费用表"附属单位上缴收入"的明细信息显示，A1单位向A部门上缴费用30万元。A1单位收入费用表"上缴上级费用"明细信息显示，A部门收到A1单位上缴费用30万元。A部门经与A1单位确认无误后，在编制合并收入费用表时，编制抵销分录如下：

⑦借：附属单位上缴收入——A1单位　　　　　　　　　　　　　　　　　　　　300 000
　　贷：上缴上级费用——A部门　　　　　　　　　　　　　　　　　　　　　　300 000

三是"事业收入""其他收入"中属于来自本部门内部单位的部分与"商品和服务费用"中属于支付给本部门内部单位的部分存在抵销关系。对于发生在合并主体与被合并主体、被合并主体相互之间的这一事项，从取得收入方来说，在其个别收入费用表中表现为一项事业收入或其他收入；而从接受商品和服务方来说，在其个别收入费用表中表现为一项商品和服务费用。发生的这种内部商品和服务业务，从合并主体和其全部被合并主体形成的报告主体整体角度来看，它只是内部资金运动，既不增加收入，也不增加费用。为此，在编制合并收入费用报表时应当将内部商品和服务费用项目予以抵销。抵销分录为：借记"事业收入""其他收入"，贷记"商品和服务费用"。

【例19-9】承接【例19-2】。A1单位收入费用表"事业收入"明细信息显示，A1单位来自A2单位款项为120万元，A2单位收入费用表"商品和服务费用"明细信息显示，A2单位支付给A1单位款项120万元。A部门经与A1、A2两单位确认无误后，在编制合并收入费用表时，编制抵销分录如下：

⑧借：事业收入——A2单位　　　　　　　　　　　　　　　　　　　　　　　1 200 000
　　贷：商品和服务费用——A1单位　　　　　　　　　　　　　　　　　　　　1 200 000

3. 生成部门（单位）合并财务报表。

将抵销分录中相关数据填入抵销工作底表。根据抵销工作底表"合计"栏数据，对汇总后的资产负债表、收入费用表相关项目进行抵销，生成部门（单位）合并资产负债表和部门（单位）收入费用表。部门（单位）合并会计报表的各项目金额应当试算平衡。将合并工作底稿（表19-31）中相关数据填入部门（单位）合并资产负债表（表19-32）和部门（单位）收入费用表（表19-33）中。

表19-32　　　　　　　　　　　　　　部门（单位）合并资产负债表

编制单位：＿＿＿＿　　　　　　　　　　　　＿＿＿年＿＿＿月＿＿＿日　　　　　　　　　　　　　　　　　单位：元

资产	期末余额	年初余额	负债和净资产	期末余额	年初余额
流动资产：		（略）	流动负债：		（略）
货币资金	392 000		短期借款	120 000	
短期投资	19 500		应交增值税		
财政应返还额度	62 000		其他应交税费	5 000	
应收票据	10 000		应缴财政款		
应收账款净额	1 792 000		应付职工薪酬	620 000	
预付账款	39 000		应付票据	1 000	
应收股利			应付账款	2 783 000	

续表

资产	期末余额	年初余额	负债和净资产	期末余额	年初余额
应收利息			应付政府补贴款		
其他应收款净额	104 500		应付利息		
存货	4 042 000		预收款项	1 000	
待摊费用			其他应付款	700 000	
一年内到期的非流动资产			预提费用		
其他流动资产	40 000		一年内到期的非流动负债		
流动资产合计	6 501 000		其他流动负债	85 000	
非流动资产：			流动负债合计	4 315 000	
长期股权投资	125 000		非流动负债：		
长期债券投资			长期借款	330 000	
固定资产原值	3 769 500		长期应付款	235 000	
减：固定资产累计折旧	958 500		预计负债		
固定资产净值	2 811 000		其他非流动负债		
工程物资			非流动负债合计	565 000	
在建工程	353 000		受托代理负债		
无形资产原值	673 000		**负债合计**	4 880 000	
减：无形资产累计摊销	122 000				
无形资产净值	551 000				
研发支出					
公共基础设施原值					
减：公共基础设施累计折旧（摊销）					
公共基础设施净值					
政府储备物资					
文物文化资产					
保障性住房原值					
减：保障性住房累计折旧			净资产：		
保障性住房净值			累计盈余	5 390 000	
长期待摊费用			专用基金	122 000	
待处理财产损溢	51 000		权益法调整		
其他非流动资产			无偿调拨净资产*		
非流动资产合计	3 891 000		本期盈余*		
受托代理资产			**净资产合计**	5 512 000	
资产总计	10 392 000		**负债和净资产总计**	10 392 000	

表 19-33　　　　　　　　　　　部门（单位）合并收入费用表

编制单位：_____　　　　　　　____年__月　　　　　　　　　　单位：元

项目	本年数	上年数
一、本期收入	31 950 000	（略）
（一）财政拨款收入	25 138 000	
（二）事业收入	3 800 000	
其中：非同级财政拨款收入		
（三）上级补助收入*	1 824 000	
（四）附属单位上缴收入*		
（五）经营收入	652 000	
（六）非同级财政拨款收入		
（七）投资收益		
（八）捐赠收入	75 000	
（九）利息收入		
（十）租金收入	312 000	

续表

项目	本年数	上年数
（十一）其他收入	149 000	
二、本期费用	29 988 000	
（一）工资福利费用	5 500 000	
（二）商品和服务费用	23 069 000	
（三）对个人和家庭补助费用	190 000	
（四）对企事业单位补贴费用		
（五）固定资产折旧费用	140 000	
（六）无形资产摊销费用	33 000	
（七）公共基础设施折旧（摊销）费用		
（八）保障性住房折旧费用		
（九）计提专用基金	13 500	
（十）所得税费用		
（十一）资产处置费用	10 500	
（十二）上缴上级费用*	972 000	
（十三）对附属单位补助费用*		
（十四）其他费用	60 000	
三、本期盈余	1 962 000	

注：1. 本表中"本期费用"各项目应当根据个别财务报表附注中"本期费用按经济分类的披露格式"所提供的信息合并填列。

2. 编制部门（单位）合并收入费用表时，标*项目原则上应抵销完毕，金额为零。

第三篇 预算会计

第二十章　政府预算会计概述

政府会计按照会计功能不同分为财务会计和预算会计两种。但是，政府预算会计和政府财务会计并不是两个不同的核算系统，而是两个需要相互协调和相互补充的同一会计系统中的两个相对独立的会计核算体系。它们有各自的核算特点及不同的核算方法。

第一节　政府预算会计的概念和特点

一、政府预算会计的概念

政府预算会计，是指以收付实现制为基础对政府会计主体预算执行过程中发生的全部收入和全部支出进行会计核算，主要反映和监督预算收支执行情况的会计。

政府预算会计是政府会计的重要组成部分。

二、政府预算会计的特点

与政府财务会计相比较，政府预算会计无论其会计核算基础、会计核算内容以及会计核算方法和会计核算目标上都有其特殊性。具体表现在以下几方面：

1. 政府预算会计以收付实现制为会计核算基础。

《基本准则》第三条第二款规定，预算会计实行收付实现制，国务院另有规定的，依照其规定。财务会计则实行权责发生制。

2. 政府预算会计以政府会计主体预算执行过程中发生的全部收入和全部支出为反映和监督的内容。

政府预算会计核算和监督内容是政府会计主体预算执行过程中发生的全部收入和全部支出，主要反映和监督预算收支执行情况。

3. 政府预算会计核算方法的特殊性。

（1）政府预算会计要素包括预算收入、预算支出和预算结余三大类，其会计等式为预算收入－预算支出＝预算结余；而政府财务会计要素分为资产、负债、净资产、收入和费用五大类，会计等式包括，资产＝负债＋净资产和收入－费用＝本期盈余。

（2）为了保证政府预算会计复式记账借贷平衡，体现收付实现制下预算资金流入、流出和结存情况，达到政府预算会计核算系统的独立循环，在预算结余类会计要素中设置了"资金结存"会计科目。该科目的记账方向与其他预算结余科目记账方向不同，借方记增加、贷方记减少，余额在借方。

（3）预算收入和预算支出相比政府财务会计要更加详细。

与政府财务会计的功能不同，政府预算会计主要反映和监督政府的预算收支执行情况，目的是满足政府预算管理的要求。因此，与财务会计的收入和费用相比，政府预算收支核算要按照部门预算的管理要求，详细核算支出功能分类情况和支出经济分类情况。具体说，预算收入类科目除了其他明细核算要求之外，要按照支出功能分类详细核算预算收入的职能属性，而预算支出类科目，则除了其他明细核算要求之外，既要按照支出功能分类详细核算预算支出的职能属性，更要按照支出经济分类详细核算政府会计主体的各项支出的具体用途，便于政府决算的公开透明。而政府财务会计则主要反映和监督政府会计主体财务状况、运行情况和现金流量，无需按照部门预算管理要求核算支出功能分类内容。

（4）部分核算采用权责发生制会计基础，如当年未使用财政直接支付指标数、银行承兑汇票到期以及本单位无力支付票款等几项资金的会计核算。

4. 政府预算会计的核算目标是编制决算报告。

政府预算会计与政府财务会计核算目标不同，政府预算会计的核算目标是编制决算报告，政府财务会计核算目标是编制财务报告。

《政府会计准则——基本准则》第五条规定，政府会计主体应当编制决算报告和财务报告。

第二节 政府预算会计科目

根据会计要素划分，预算会计科目分为三类，即预算收入类、预算支出类和预算结余类科目。

一、预算收入类科目

预算收入类科目主要核算政府会计主体在预算年度内依法取得的并纳入预算管理的现金流入。

预算收入类科目包括：财政拨款预算收入、事业预算收入、上级补助预算收入、附属单位上缴预算收入、经营预算收入、债务预算收入、非同级财政拨款预算收入、投资预算收益和其他预算收入（其明细科目捐赠预算收入、利息预算收入、租金预算收入根据具体情况可以单独列示）。

二、预算支出类科目

预算支出类科目主要核算政府会计主体在预算年度内依法发生并纳入预算管理的现金流出。

预算支出类科目包括：行政支出、事业支出、经营支出、上缴上级支出、对附属单位补助支出、投资支出、其他支出。

三、预算结余类科目

预算结余类科目主要核算政府会计主体预算年度内预算收入扣除预算支出后的资金余额，以及历年滚存的资金余额。

预算结余包括结余资金和结转资金。

结余资金是指年度预算执行终了，预算收入实际完成数扣除预算支出和结转资金后剩余的资金。

结转资金是指预算安排项目的支出年终前尚未执行完毕或者因故未执行，且下年需要按原用途继续使用的资金。

政府会计中的预算结余类科目包括：资金结存、财政拨款结转、财政拨款结余、非财政拨款结转、非财政拨款结余、专用结余、其他结余、经营结余和非财政拨款结余分配。

上述三个预算会计要素中，预算收入、预算支出、预算结余三个要素中的收入和支出属于动态要素，构成政府单位预算收入支出表。各会计要素之间相互联系、不可分割。

按照政府会计中的预算会计要素的划分，预算会计科目的设置包括三大类，26 个一级科目（见表 20-1）。

表 20－1		预算会计科目	
		预算收入类	
1	6001		财政拨款预算收入
2	6101		事业预算收入
3	6201		上级补助预算收入
4	6301		附属单位上缴预算收入
5	6401		经营预算收入
6	6501		债务预算收入
7	6601		非同级财政拨款预算收入
8	6602		投资预算收益
9	6609		其他预算收入
		预算支出类	
10	7101		行政支出
11	7201		事业支出
12	7401		经营支出
13	7501		上缴上级支出
14	7501		对附属单位补助支出
15	7601		投资支出
16	7701		债务还本支出
17	7901		其他支出
		预算结余类	
18	8001		资金结存
19	8101		财政拨款结转
20	8102		财政拨款结余
21	8201		非财政拨款结转
22	8202		非财政拨款结余
23	8301		专用结余
24	8401		经营结余
25	8501		其他结余
26	8601		非财政拨款结余分配

按核算层次，预算会计科目可分为总账科目和明细账科目两类。总账科目是对会计对象具体内容进行总括分类的科目。总账科目一般都是一级科目，是在会计要素下直接开设的，反映相应会计要素中有关内容的总括信息，在不影响会计处理和编制报表的前提下，单位可以根据工作实际情况自行增设或减少某些会计科目。明细账科目是对总账科目核算的具体内容进行详细分类的会计科目，在总账科目下开设，反映总账科目的明细信息，是对总账科目的补充，对总账科目起到补充和支撑分析作用，明细科目可由各会计主体结合工作实际需要酌情考虑设置内容和级次。

第二十一章 预算收入

第一节 预算收入概述

一、预算收入的含义与内容

预算收入是指政府会计主体在预算年度内依法取得的并纳入预算管理的现金流入。

行政事业单位预算收入按照不同的来源渠道和资金性质包括财政拨款预算收入、事业预算收入、上级补助预算收入、附属单位上缴预算收入、经营预算收入、债务预算收入、非同级财政拨款预算收入、投资预算收益及其他预算收入等，不包括行政事业单位依法取得的应当上缴财政的罚没收入、行政事业性收费、政府性基金以及按照国家有关规定应当上缴国库或者财政专户的资金。

二、预算收入的确认与计量

预算收入一般在实际收到时予以确认，以实际收到的金额计量。

第二节 财政拨款预算收入

一、财政拨款预算收入的含义及分类

财政拨款预算收入是指行政事业单位从同级财政部门取得的各类财政拨款。

按照部门预算管理的要求，财政拨款预算收入分为基本支出拨款和项目支出拨款，基本支出拨款是指行政事业单位为了保障其正常运转、完成日常工作任务而从同级财政部门取得的拨款，包括人员经费拨款和日常公用经费拨款。项目支出拨款是指行政事业单位为了完成特定工作任务和事业发展目标，在基本支出拨款之外从同级财政部门取得的拨款。

二、财政拨款预算收入的确认和计量

（一）财政拨款预算收入的确认

1. 财政直接支付方式下，单位根据收到的"财政直接支付入账通知书"及相关原始凭证确认财政拨款预算收入。

年末，根据本年度财政直接支付预算指标数与当年财政直接支付实际支出数的差额确认财政拨款预算收入。

2. 财政授权支付方式下，单位根据收到的"财政授权支付额度到账通知书"确认财政拨款预算收入。

年末，单位本年度财政授权支付预算指标数大于零余额账户用款额度下达数的，按照两者差额确认财政拨款预算收入。

3. 其他支付方式下，单位根据开户银行转来的收款通知确认财政拨款预算收入；单位收到同级政府财政部门预拨的下期预算款时，不做预算会计处理，待到下一预算期或批准纳入预算时，按照预收的金额确认财政拨款预算收入。

(二) 财政拨款预算收入的计量

为了核算单位从同级政府财政部门取得的各类财政拨款，行政事业单位应设置"财政拨款预算收入"科目。本科目应当设置"基本支出"和"项目支出"两个明细科目，并按照《政府收支分类科目》中"支出功能分类科目"的项级科目进行明细核算；同时，在"基本支出"明细科目下按照"人员经费"和"日常公用经费"进行明细核算，在"项目支出"明细科目下按照具体项目进行明细核算。

有一般公共预算财政拨款、政府性基金预算拨款等两种或两种以上财政拨款的单位，还应当按照财政拨款的种类分别进行明细核算，年末结账后，本科目应无余额。

财政拨款预算收入的主要账务处理如下：

1. 财政直接支付方式下，单位根据收到的"财政直接支付入账通知书"及相关原始凭证，按照通知书中的直接支付金额，借记"行政支出""事业支出"等科目，贷记"财政拨款预算收入"科目。年末，根据本年度财政直接支付预算指标数与当年财政直接支付实际支出数的差额，借记"资金结存——财政应返还额度"科目，贷记"财政拨款预算收入"科目。

(1) 行政单位。

【例21-1】2×19年3月9日，某行政单位根据经过批准的部门预算和用款计划，向同级财政部门申请支付水费80 000元。3月18日，财政部门经审核后，以财政直接支付方式支付该笔水费。3月23日，该行政单位收到了"财政直接支付入账通知书"。该行政单位的账务处理如下：

借：行政支出　　　　　　　　　　　　　　　　　　　　　　　　　　　　80 000
　　贷：财政拨款预算收入——基本支出——支出功能分类项级科目——日常公用经费　80 000

该业务须按平行记账原则进行财务会计账务处理。

【例21-2】2×19年年末，【例21-1】中的行政单位通过对账确认本年度财政直接支付预算指标数为2 000 000元，当年财政直接支付实际支出数为1 800 000元，本年度财政直接支付预算指标数与当年财政直接支付实际支出数的差额为200 000元，该差额全部为日常公用经费。该行政单位的账务处理如下：

借：资金结存——财政应返还额度（财政直接支付）　　　　　　　　　　　　　200 000
　　贷：财政拨款预算收入——基本支出——支出功能分类项级科目——日常公用经费　200 000

该业务须按平行记账原则进行财务会计账务处理。

(2) 事业单位。

【例21-3】2×19年4月7日，某事业单位根据经过批准的部门预算和用款计划，向同级财政部门申请采购可直接投入使用的技术设备需支付100 000元。4月11日，财政部门经审核后，以财政直接支付方式支付采购费用100 000元。4月18日，该事业单位收到了"财政直接支付入账通知书"。该事业单位的账务处理如下：

借：事业支出　　　　　　　　　　　　　　　　　　　　　　　　　　　　100 000
　　贷：财政拨款预算收入——基本支出——支出功能分类项级科目——日常公用经费　100 000

该业务须按平行记账原则进行财务会计账务处理。

【例21-4】2×19年年末，某事业单位通过对账确认本年度财政直接支付预算指标数为1 700 000元，当年财政直接支付实际支出数为1 300 000元，本年度财政直接支付预算指标数与当年财政直接支付实际支出数的差额为400 000元，该差额全部为日常公用经费。该事业单位的账务处理如下：

借：资金结存——财政应返还额度（财政直接支付）　　　　　　　　　　　　　400 000
　　贷：财政拨款预算收入——基本支出——支出功能分类项级科目——日常公用经费　400 000

该业务须按平行记账原则进行财务会计账务处理。

2. 财政授权支付方式下，单位根据收到的"财政授权支付额度到账通知书"，按照通知书中的授权支付额度，借记"资金结存——零余额账户用款额度"科目，贷记"财政拨款预算收入"科目。年末，单位本年度财政授权支付预算指标数大于零余额账户用款额度下达数的，根据两者差额，借记"资金结存——财政应返还额度"科目，贷记"财政拨款预算收入"科目。

【例21-5】 2×19年1月，某单位根据经过批准的部门预算和用款计划，向同级财政部门申请财政授权支付用款额度500 000元。2月13日，财政部门经审核后，以财政授权支付方式下达了500 000元用款额度，其中，基本支出200 000元，项目支出300 000元。2月17日，该单位收到了代理银行转来的"授权支付到账通知书"。该单位的账务处理如下：

借：资金结存——零余额账户用款额度　　　　　　　　　　　　　　500 000
　　贷：财政拨款预算收入——基本支出——支出功能分类项级科目——日常公用经费　200 000
　　　　　　　　　　　　　——项目支出——支出功能分类项级科目——日常公用经费　300 000

该业务须按平行记账原则进行财务会计账务处理。

【例21-6】 2×19年年末，【例21-5】中的单位通过对账确认本年度财政授权支付预算指标数为3 000 000元，当年零余额账户用款额度下达数为2 900 000元，本年度零余额账户用款额度未下达数为100 000元。该差额全部为项目支出拨款。该行政单位的账务处理如下：

借：资金结存——财政应返还额度（财政授权支付）　　　　　　　　100 000
　　贷：财政拨款预算收入——项目支出——支出功能分类项级科目　　　100 000

该业务须按平行记账原则进行财务会计账务处理。

3. 其他支付方式下，单位按照本期预算收到财政拨款预算收入时，按照实际收到的金额，借记"资金结存——货币资金"科目，贷记"财政拨款预算收入"科目。

单位收到同级政府财政部门预拨的下期预算款时，不做预算会计处理，待到下一预算期或批准纳入预算时，按照预收的金额，借记"资金结存——货币资金"科目，贷记"财政拨款预算收入"科目。

【例21-7】 2×19年9月，某单位收到同级财政部门预拨的第四季度预算款5 000 000元。2×19年10月，预拨款项纳入预算。

9月份不做预算会计账务处理。

10月份的账务处理如下：

借：资金结存——货币资金　　　　　　　　　　　　　　　　　　5 000 000
　　贷：财政拨款预算收入　　　　　　　　　　　　　　　　　　　　5 000 000

4. 因差错更正、购货退回等发生国库直接支付款项退回的，属于本年度支付的款项，按照退回金额，借记"财政拨款预算收入"科目，贷记"行政支出""事业支出"等科目。

5. 年末，将"财政拨款预算收入"科目本年发生额转入财政拨款结转，借记"财政拨款预算收入"科目，贷记"财政拨款结转——本年收支结转"科目。

【例21-8】 2×19年年末，某单位"财政拨款预算收入"科目贷方余额600 000元，有关明细科目贷方余额为："基本支出"500 000元、"项目支出"100 000元。年终结账时，该单位的账务处理如下：

借：财政拨款预算收入——基本支出　　　　　　　　　　　　　　500 000
　　　　　　　　　　——项目支出　　　　　　　　　　　　　　100 000
　　贷：财政拨款结转——本年收支结转　　　　　　　　　　　　　　600 000

第三节　事业预算收入

一、事业预算收入的含义及分类

事业预算收入是指事业单位开展专业业务活动及其辅助活动取得的现金流入。

按照管理方式分类，事业预算收入分为财政专户返还的事业预算收入和其他事业预算收入。财政专户返还的事业预算收入，是指采用财政专户返还方式管理的事业预算收入，如按照国家有关规定，事业单位按规定收取的教育收费（包括高中以上学费、住宿费，高校委托培养费，教育考试考务费，函大、电大、夜大及短训班培训费，中央党校收取的函授学院办学收费研究生收费，短期培训进修费等）作为其事业预算收入纳入财政专户管理。在这种管理方式下，事业单位收到教育收费时按照规定缴存财政专户；支出时财政部门根据预算、教育收费上缴财政专户情况和用款申请，按照财政国库管理制度有关规定从财政专户中核拨，事业单位收到从财政专户返还的教育收费时，方可确认事业预算收入。其他事业预算收入，是指不采用财政专户返还方式管理的事业预算收入，是事业单位开展自身专业活动及辅助活动向社会提供服务时，按国家规定标准向服务对象收取的除了应缴国库款和应缴财政专户款以外的费用。其他事业预算收入在收到时即可确认事业预算收入。

按照使用要求不同，事业预算收入分为专项资金收入和非专项资金收入。专项资金收入是事业单位安排用于完成特定工作任务的事业预算收入。该部分事业预算收入的使用必须坚持专款专用、单独核算、专项结报的原则。非专项资金收入是事业单位用于保障其正常运转、完成日常工作任务的事业预算收入，其使用无限定性用途。

二、事业预算收入的确认和计量

（一）事业预算收入的确认

1. 采用财政专户返还方式管理的事业预算收入，收到从财政专户返还的事业预算收入时确认事业预算收入。

2. 收到其他事业预算收入时，按照实际收到的款项金额时确认事业预算收入。

3. 事业单位从付款方预收款项时，按照收到的款项金额确认事业预算收入。

（二）事业预算收入的计量

为了核算事业预算收入情况，事业单位应设置"事业预算收入"科目。本科目应当按照事业预算收入类别、项目、来源、《政府收支分类科目》中"支出功能分类科目"项级科目等进行明细核算。对于因开展专业业务活动及其辅助活动取得的非同级财政拨款收入，应当通过"事业收入——非同级财政拨款"科目核算；对于其他非同级财政拨款收入，应当通过"非同级财政拨款收入"科目核算。年末结转后，本科目应无余额。

特殊行业事业单位"事业预算收入"科目，应当按照下列补充规定进行明细核算：

1. 高等学校：

高等学校应当在新制度规定的"事业预算收入"科目下设置"教育事业预算收入"和"科研事业预算收入"明细科目。其中：

（1）"教育事业预算收入"科目核算高等学校开展教学活动及其辅助活动取得的现金流入。

（2）"科研事业预算收入"科目核算高等学校开展科研活动及其辅助活动取得的现金流入。

2. 科学事业单位：

科学事业单位应当在新制度规定的"事业预算收入"科目下设置"科研预算收入""非科研预算收入"明细科目。

（1）"科研预算收入"明细科目核算科学事业单位开展科研活动及其辅助活动取得的现金流入。

（2）"非科研预算收入"明细科目核算科学事业单位开展科研活动以外的其他业务活动及其辅助活动取得的现金流入，包括技术活动预算收入、学术活动预算收入、科普活动预算收入、试制产品活动预算收入、教学活动预算收入等。

技术活动预算收入是指科学事业单位对外提供技术咨询、技术服务等活动取得的现金流入。

学术活动预算收入是指科学事业单位开展学术交流、学术期刊出版等活动取得的现金流入。

科普活动预算收入是指科学事业单位开展科学知识宣传、讲座和科技展览等活动取得的现金流入。

试制产品活动预算收入是指科学事业单位试制中间试验产品等活动取得的现金流入。

教学活动预算收入是指科学事业单位开展教学活动取得的现金流入。

3. 医院：

医院应当在新制度规定的"事业预算收入"科目下设置如下明细科目：

（1）"医疗预算收入"科目，核算医院开展医疗活动取得的现金流入。医院应当在"医疗预算收入"

科目下设置"门急诊预算收入""住院预算收入"明细科目。

（2）"科教预算收入"科目，核算医院开展科研教学活动取得的现金流入。医院应当在"科教预算收入"科目下设置"科研项目预算收入""教学项目预算收入"明细科目，并单设"非同级财政拨款"明细科目进行核算。

4. 基层医疗卫生机构：

基层医疗卫生机构应当在新制度规定的"事业预算收入"科目下设置如下明细科目：

（1）"医疗预算收入"科目，核算基层医疗卫生机构开展医疗活动取得的现金流入。基层医疗卫生机构应当在"医疗预算收入"科目下设置"门急诊预算收入""住院预算收入"明细科目。

（2）"公共卫生预算收入"科目，核算基层医疗卫生机构开展公共卫生活动取得的现金流入。

（3）"科教预算收入"科目，核算基层医疗卫生机构开展科研教学活动取得的现金流入。基层医疗卫生机构应当在"科教预算收入"科目下设置"科研项目预算收入""教学项目预算收入"明细科目，并单设"非同级财政拨款"明细科目进行核算。

事业预算收入的主要账务处理如下：

（1）采用财政专户返还方式管理的事业预算收入，收到从财政专户返还的事业预算收入时，按照实际收到的返还金额，借记"资金结存——货币资金"科目，贷记"事业预算收入"科目。

【例21-9】某事业单位的部分事业收入采用财政专户返还的方式管理，20×9年3月10日，该单位收到从财政专户返还的800 000元，存入银行。该单位的账务处理如下：

借：资金结存——货币资金　　　　　　　　　　　　　　　　　　　　800 000
　　贷：事业预算收入——财政专户返还收入　　　　　　　　　　　　　　　800 000

该业务须按平行记账原则进行财务会计账务处理。

（2）收到其他"事业预算收入"时，按照实际收到的款项金额，借记"资金结存——货币资金"科目，贷记"事业预算收入"科目。

【例21-10】2×19年4月20日，【例21-9】中的事业单位因开展科研活动，收到财政部拨来的科研经费160 000元，款项存入银行。该单位的账务处理如下：

借：资金结存——货币资金　　　　　　　　　　　　　　　　　　　　160 000
　　贷：事业预算收入——非同级财政拨款　　　　　　　　　　　　　　　　160 000

该业务须按平行记账原则进行财务会计账务处理。

（3）年末，将事业预算收入科目本年发生额中的专项资金收入转入非财政拨款结转，借记事业预算收入科目下各专项资金收入明细科目，贷记"非财政拨款结转——本年收支结转"科目；将事业预算收入科目本年发生额中的非专项资金收入转入其他结余，借记事业预算收入科目下各非专项资金收入明细科目，贷记"其他结余"科目。

【例21-11】2×19年年终结账时，某事业单位本年各项收入本期发生额中的专项资金收入如下："事业预算收入——专项资金收入"23 000元，"事业预算收入——非专项资金收入"3 600元。对该收入进行结转的账务处理如下：

借：事业预算收入——专项资金收入　　　　　　　　　　　　　　　　23 000
　　　　　　　　——非专项资金收入　　　　　　　　　　　　　　　　3 600
　　贷：非财政拨款结转——本年收支结转　　　　　　　　　　　　　　　23 000
　　　　其他结余　　　　　　　　　　　　　　　　　　　　　　　　　3 600

（4）特殊业务事业预算收入——科学事业单位合作项目款的账务处理。

根据《关于科学事业单位执行〈政府会计制度——行政事业单位会计科目和报表〉》的补充规定（财会2018【23】号），合作项目款是指科学事业单位从非同级政府财政部门取得的，需要与其他单位合作完成的科技项目（课题）款项。科学事业单位对合作项目款核算的账务处理如下：

①从付款方预收款项时，科学事业单位应按照收到的款项金额，借记"资金结存——货币资金"科目，贷记"事业预算收入"科目。

②按照合同规定将合作项目款转拨合作单位时，按照实际转拨的金额，借记"事业预算收入"科目[转拨当年收到的合作项目款]或"非财政拨款结转"科目[转拨以前年度收到的合作项目款]，贷记

"资金结存——货币资金"科目。

③发生因科技项目（课题）终止等情形，需按照规定将项目剩余资金退回项目（课题）立项部门时，对本单位承担项目使用的剩余资金，按照实际退回的金额，借记"事业预算收入"科目［本年度取得的合作项目款］或"非财政拨款结转"科目［以前年度取得的合作项目款］，贷记"资金结存——货币资金"科目。

【例 21-12】承接【例 21-11】资料，某省级科研院所 2019 年取得国家重点研发科技项目，根据项目任务合同书总金额为 500 万元，项目任务期为 2 年，其中项目合作单位 A 企业 200 万元。1 月 15 日该科研院所实有账户收到项目经费 500 万元，根据任务书约定 1 月 30 日转拨给 A 企业 200 万元项目合作款。2019 年 12 月 30 日，该科研院所本项目实际发生费用为 100 万元，该单位事业收入按照支出合同成本确认收入为 100 万元。2020 年 12 月 30 日项目全部按照任务合同完成，2020 年科研院所该项目支出金额为 195 万元，该项目在科研院所结余资金 5 万元，在 A 企业结余资金 4 万元，2021 年 1 月 15 日通过结题验收。根据规定科研院所结余资金 5 万元留本单位使用，A 企业 4 万元原渠道上缴财政，并于 1 月 20 日收到 A 企业转来的 4 万元，1 月 30 日按原渠道上缴。该科研院所预算会计账务处理如下：

（1）2019 年 1 月 15 日：

借：资金结存——货币资金　　　　　　　　　　　　　　　　　　　　　　　　　5 000 000
　　贷：事业预算收入——科研预算收入——×项目——×单位　　　　　　　　　　　　5 000 000

该业务应按平行记账原则同时进行财务会计账务处理。

（2）2019 年 1 月 30 日：

借：事业预算收入——科研预算收入——×项目——×单位　　　　　　　　　　　　2 000 000
　　贷：资金结存——货币资金　　　　　　　　　　　　　　　　　　　　　　　　　2 000 000

该业务应按平行记账原则同时进行财务会计账务处理。

（3）2019 年 12 月 30 日、2020 年 12 月 30 日按合同完成进度确认事业收入业务不进行预算会计账务处理。

（4）2020 年年末，结转项目结余资金：

借：非财政拨款结转——累计结转——×项目　　　　　　　　　　　　　　　　　　50 000
　　贷：非财政拨款结余——结转转入——×项目　　　　　　　　　　　　　　　　　　50 000
借：非财政拨款结余——结转转入——×项目　　　　　　　　　　　　　　　　　　50 000
　　贷：非财政拨款结余——累计结余——×项目　　　　　　　　　　　　　　　　　　50 000

（5）2021 年 1 月 20 日收到 A 企业转来结余款 4 万元和 1 月 30 日上缴结余款 4 万元预算会计不作账务处理。

（5）特殊业务事业预算收入——医院和基层医疗卫生机构事业预算收入的账务处理。

医院和基层医疗卫生机构事业预算收入的账务处理应按相关制度规定要求进行二级和三级明细核算。

医院二级明细核算要按"医疗预算收入"和"科教预算收入"进行核算，其中："医疗预算收入"要按"门急诊预算收入""住院预算收入"进行明细科目；"科教预算收入"要按"科研项目预算收入""教学项目预算收入"明细科目，并单设"非同级财政拨款"明细科目进行核算。

基层医疗卫生机构要按"医疗预算收入""公共卫生预算收入""科教预算收入"组织二级科目核算。并在"医疗预算收入"科目下设置"门急诊预算收入""住院预算收入"进行三级明细核算。在"科教预算收入"科目下设置"科研项目预算收入""教学项目预算收入"明细科目。并单设"非同级财政拨款"明细科目进行明细核算。

【例 21-13】202×年×月×日，某乡镇卫生院门诊收费处报来收费日报表，收入 58 000 元，该单位应编制如下会计分录：

借：资金结存——货币资金　　　　　　　　　　　　　　　　　　　　　　　　　58 000
　　贷：事业预算收入——医疗预算收入——门急诊预算收入　　　　　　　　　　　　58 000

该业务应按平行记账原则同时进行财务会计账务处理。

【例 21-14】202×年×月×日，某乡镇卫生院收到住院处报来住院预收押金款 20 000 元，该单位应编制如下会计分录：

借：资金结存——货币资金 20 000
　　贷：事业预算收入——医疗预算收入——住院预算收入 20 000

该业务应按平行记账原则同时进行财务会计账务处理。

【例21-15】 202×年×月×日，某社区卫生服务中心收到某医院转来科研项目款5万元，该单位应编制如下会计分录：

借：资金结存——货币资金 50 000
　　贷：事业预算收入——科教预算收入——科教项目预算收入 50 000

该业务应按平行记账原则同时进行财务会计账务处理。

【例21-16】 某乡镇卫生院出院结算30 000元，其中医保结算25 000元，患者住院押金结算3 000元，患者补付现金1 000元，欠费1 000元，该单位应编制如下会计分录：

借：资金结存——货币资金 1 000
　　贷：事业预算收入——医疗预算收入——住院预算收入 1 000

该业务应按平行记账原则同时进行财务会计账务处理。

【例21-17】 202×年×月×日，某乡镇卫生院收新农合医保结算款150 000元，其中门急收入100 000元，住院收入50 000元，该单位应编制如下会计分录：

借：资金结存——货币资金 150 000
　　贷：事业预算收入——医疗预算收入——门急诊预算收入 100 000
　　　　　　　　　　　　　　　　　　——住院预算收入 50 000

该业务应按平行记账原则同时进行财务会计账务处理。

【例21-18】 202×年×月×日，某社区卫生服务中心根据门诊报来收入日报表，现金收入8 000元，医保负担2 000元。其中挂号收入200元，诊察收入900元，检查收入1 200元，化验收入800元，治疗收入1 100元，手术收入400元，卫生材料收入900元，药品收入4 500元，其中西药1 500元（疫苗600元），中成药1 200元，中药饮片1 800，该单位应编制如下会计分录：

借：资金结存——货币资金 8 000
　　贷：事业预算收入——医疗预算收入——住院预算收入 8 000

该业务应按平行记账原则同时进行财务会计账务处理。

【例21-19】 某社区卫生服务中心为"收支两条线"管理机构，202×年×月×日，该单位收到财政返还待结算医疗款10万元，其中门急诊收入6万元，住院收入4万元，该单位应编制如下会计分录：

借：资金结存——货币资金 100 000
　　贷：事业预算收入——医疗预算收入——门急诊预算收入 60 000
　　　　　　　　　　　　　　　　　　——住院预算收入 40 000

该业务应按平行记账原则同时进行财务会计账务处理。

第四节　上级补助预算收入

一、上级补助预算收入的含义及分类

上级补助预算收入是指事业单位从主管部门和上级单位取得的非财政补助现金流入。

主管部门或上级单位可以利用自身的收入或集中的收入，对所属事业单位给予补助，以调剂事业单位的资金余缺。上级补助预算收入不同于财政补助预算收入，上级补助预算收入并非来源于同级财政部门，也不是同级财政部门安排的财政预算资金，而是由主管部门或上级单位拨入的非财政性资金。上级补助预算收入并不是事业单位的常规性收入，主管部门或上级单位一般根据自身的资金情况和事业单位的需要进行拨付。

上级补助预算收入是事业单位的非财政补助资金，需要按照主管部门或上级单位的要求来进行管理，

按规定的用途安排使用。按照使用要求的不同,上级补助预算收入分为专项资金收入和非专项资金收入。

(1) 专项资金收入,是主管部门或上级单位拨入的用于完成特定任务的款项。专项资金收入应当专款专用、单独核算,并按照规定向主管部门或上级单位报送专项资金使用情况;项目完成后,应当报送专项资金支出决算和使用效果的书面报告,接受主管部门或上级单位的检查验收,当年未完成的项目结转到下年继续使用。已经完成项目结余的资金,按规定缴回原拨款单位,或留归事业单位转入"非财政拨款结余(累计结余)"。

(2) 非专项资金收入,是主管部门或上级单位拨入用于维持正常运行和完成日常工作任务的款项。非专项资金收入无限定的用途,年度结余的资金可以转入"非财政拨款结余分配"并进行分配。

二、上级补助预算收入的确认和计量

上级补助预算收入在实际收到时予以确认,以实际收到的金额计量。

为了核算上级补助预算收入情况,事业单位应设置"上级补助预算收入"科目。本科目应当按照发放补助单位、补助项目、《政府收支分类科目》中"支出功能分类科目"的项级科目等进行明细核算。上级补助预算收入中如有专项资金收入,还应按具体项目进行明细核算。年末结转后,本科目应无余额。

上级补助预算收入的主要账务处理如下:

(1) 收到上级补助预算收入时,按照实际收到的金额,借记"资金结存——货币资金"科目,贷记"上级补助预算收入"科目。

【例21-20】2×19年3月8日,某事业单位收到主管部门拨来的补助款100 000元,款项已经到账。此款项是上级单位用其所集中的款项,对附属单位基本支出进行的调剂。该单位的账务处理如下:

借:资金结存——货币资金　　　　　　　　　　　　　　　　　　　　100 000
　　贷:上级补助预算收入——非专项资金收入　　　　　　　　　　　　　　100 000

该业务须按平行记账原则进行财务会计账务处理。

【例21-21】2×19年1月13日,某事业单位收到上级单位拨来的补助款5 000元,款项已经到账。此款项用来资助该单位所开展的一项课题研究。该单位的账务处理如下:

借:资金结存——货币资金　　　　　　　　　　　　　　　　　　　　5 000
　　贷:上级补助预算收入——专项资金收入——课题研究　　　　　　　　　5 000

该业务须按平行记账原则进行财务会计账务处理。

(2) 年末,将上级补助预算收入科目本年发生额中的专项资金收入转入非财政拨款结转,借记上级补助预算收入科目下各专项资金收入明细科目,贷记"非财政拨款结转——本年收支结转"科目;将上级补助预算收入科目本年发生额中的非专项资金收入转入其他结余,借记上级补助预算收入科目下各非专项资金收入明细科目,贷记"其他结余"科目。

【例21-22】2×19年年终结账时,某事业单位本年各项收入本期发生额中的专项资金收入如下:"上级补助预算收入——专项资金收入"300 000元,"上级补助预算收入——非专项资金收入"90 000元。对该收入进行结转的账务处理如下:

借:上级补助预算收入——专项资金收入　　　　　　　　　　　　　　300 000
　　　　　　　　　　——非专项资金收入　　　　　　　　　　　　　　90 000
　　贷:非财政拨款结转——本年收支结转　　　　　　　　　　　　　　　300 000
　　　　其他结余　　　　　　　　　　　　　　　　　　　　　　　　　90 000

第五节　附属单位上缴预算收入

一、附属单位上缴预算收入的含义

附属单位上缴预算收入是指事业单位取得附属独立核算单位根据有关规定上缴的现金流入。

二、附属单位上缴预算收入的确认和计量

附属单位上缴预算收入在实际收到时予以确认,以实际收到的金额计量。

为了核算附属单位上缴预算收入情况,事业单位应设置"附属单位上缴预算收入"科目。"附属单位上缴预算收入"科目应当按照附属单位、缴款项目、《政府收支分类科目》中"支出功能分类科目"的项级科目等进行明细核算。附属单位上缴预算收入中如有专项资金收入,还应按照具体项目进行明细核算。年末结转后,"附属单位上缴预算收入"科目应无余额。

附属单位上缴预算收入的主要账务处理如下:

(1) 收到附属单位缴来款项时,按照实际收到金额,借记"资金结存——货币资金"科目,贷记"附属单位上缴预算收入"科目。

【例21-23】某事业单位下属的招待所为独立核算的附属单位。按该单位与招待所签订的收入分配办法规定,2×19年招待所应缴纳分成款100 000元,单位已收到招待所上缴的款项。该单位的账务处理如下:

借:资金结存——货币资金　　　　　　　　　　　　　　　　　　　100 000
　　贷:附属单位上缴预算收入——招待所——非专项资金收入　　　　　100 000

该业务须按平行记账原则进行财务会计账务处理。

(2) 年末,将"附属单位上缴预算收入"科目本年发生额中的专项资金收入转入非财政拨款结转,借记"附属单位上缴预算收入"科目下各专项资金收入明细科目,贷记"非财政拨款结转——本年收支结转"科目;将"附属单位上缴预算收入"科目本年发生额中的非专项资金收入转入其他结余,借记"附属单位上缴预算收入"科目下各非专项资金收入明细科目,贷记"其他结余"科目。

【例21-24】2×19年年终结账时,某事业单位"附属单位上缴预算收入"科目贷方余额100 000元,上缴单位为A单位。其中专项资金收入60 000元,非专项资金收入40 000元。对该收入进行结转的账务处理如下:

借:附属单位上缴预算收入——专项资金收入　　　　　　　　　　　60 000
　　　　　　　　　　　　——非专项资金收入　　　　　　　　　　40 000
　　贷:非财政拨款结转——本年收支结转　　　　　　　　　　　　　60 000
　　　　其他结余　　　　　　　　　　　　　　　　　　　　　　　　40 000

第六节　经营预算收入

一、经营预算收入的含义及分类

经营预算收入是指事业单位在专业业务活动及其辅助活动之外开展非独立核算经营活动取得的现金流入。

经营预算收入是一种有偿收入,以提供各项服务或商品为前提,是事业单位在经营活动中通过收费等方式取得的。事业单位的主要业务活动是专业业务活动,在专业业务活动及其辅助活动以外开展的各项业务活动即为经营活动。事业单位开展经营活动的目的是通过经营活动获取一定的收入,来弥补事业经费的不足。

经营预算收入按经营业务类型的不同分为服务收入、销售收入、租赁收入和其他经营预算收入。服务收入是事业单位非独立核算部门对外提供经营服务取得的收入。销售收入是事业单位非独立核算部门开展商品生产、加工、对外销售商品取得的收入。租赁收入是事业单位对外出租房屋、场地和设备等取得的收入。其他经营预算收入是除上述收入以外的各项经营类业务收入。

二、经营预算收入的确认和计量

经营预算收入在取得收入时予以确认,按照实际收到的金额进行计量。

为了核算经营预算收入情况,事业单位应设置"经营预算收入"科目。本科目应当按照经营活动的类别、项目、《政府收支分类科目》中"支出功能分类"的项级科目等进行明细核算。年末结转后,本科目应无余额。

经营预算收入的主要账务处理如下:

(1) 收到经营预算收入时,按照实际收到的金额,借记"资金结存——货币资金"科目,贷记"经营预算收入"科目。

【例21-25】某事业单位为科学事业单位,20×9年1月10日,该单位利用其技术条件对外销售一批商品,价值232 000元(含税),款项已收到。该单位的账务处理如下:

借:资金结存——货币资金　　　　　　　　　　　　　　　　　　　　　　232 000
　　贷:经营预算收入——销售收入　　　　　　　　　　　　　　　　　　　232 000

该业务须按平行记账原则进行财务会计账务处理。

(2) 年末,将"经营预算收入"科目本年发生额转入经营结余,借记"经营预算收入"科目,贷记"经营结余"科目。年末结转后,"经营预算收入"科目应无余额。

【例21-26】2×19年年终结账时,某事业单位本年"经营预算收入"科目贷方发生额为30 000 000元。对该收入进行结转的账务处理如下:

借:经营预算收入　　　　　　　　　　　　　　　　　　　　　　　　　　30 000 000
　　贷:经营结余　　　　　　　　　　　　　　　　　　　　　　　　　　　30 000 000

第七节　债务预算收入

一、债务预算收入的含义

债务预算收入是指事业单位按照规定从银行和其他金融机构等借入的、纳入部门预算管理的、不以财政资金作为偿还来源的债务本金。

二、债务预算收入的确认和计量

债务预算收入在取得借款时予以确认,按照实际借入的金额进行计量。

为了核算债务预算收入情况,事业单位应设置"债务预算收入"科目。本科目应当按照贷款单位、贷款种类、《政府收支分类科目》中"支出功能分类科目"的项级科目等进行明细核算。债务预算收入中如有专项资金收入,还应按照具体项目进行明细核算。年末结转后,本科目应无余额。

债务预算收入的主要账务处理如下:

(1) 借入各项短期或长期借款时,按照实际借入的金额,借记"资金结存——货币资金"科目,贷记"债务预算收入"科目。

【例21-27】某事业单位为发展其专业业务,需要从银行借入一笔款项用于支持业务发展,2×19年3月2日,该单位从A银行借入了一笔3年期的长期借款,金额为50 000元。该单位的账务处理如下:

借:资金结存——货币资金　　　　　　　　　　　　　　　　　　　　　　50 000
　　贷:债务预算收入——A银行——3年期业务贷款——非专项资金收入　　50 000

该业务须按平行记账原则进行财务会计账务处理。

(2) 年末，将"债务预算收入"科目本年发生额中的专项资金收入转入非财政拨款结转，借记"债务预算收入"科目下各专项资金收入明细科目，贷记"非财政拨款结转——本年收支结转"科目；将"债务预算收入"科目本年发生额中的非专项资金收入转入其他结余，借记"债务预算收入"科目下各非专项资金收入明细科目，贷记"其他结余"科目。

【例21－28】 2×19年年终结账时，某事业单位"债务预算收入"本年发生额为50 000元。其中专项资金收入40 000元，非专项资金收入10 000元。对该收入进行结转的账务处理如下：

借：债务预算收入——专项资金收入　　　　　　　　　　　40 000
　　　　　　　　——非专项资金收入　　　　　　　　　　10 000
　　贷：非财政拨款结转——本年收支结转　　　　　　　　　　40 000
　　　　其他结余　　　　　　　　　　　　　　　　　　　　10 000

第八节　非同级财政拨款预算收入

一、非同级财政拨款预算收入的含义及分类

非同级财政拨款收入是指单位从非同级政府财政部门取得的财政拨款，包括两大类：一类是从同级财政以外的同级政府部门取得的横向转拨财政款，另一类是从上级或下级政府（包括政府财政和政府部门）取得的各类财政款。

对于因开展专业业务活动及辅助活动从非同级政府财政部门取得的经费拨款，应当通过"事业预算收入——非同级财政拨款"科目进行核算，不通过本科目核算。

二、非同级财政拨款预算收入的确认和计量

非同级财政拨款预算收入在取得时予以确认，按照实际收到的金额进行计量。

为了核算非同级财政拨款预算收入情况，单位应设置"非同级财政拨款预算收入"科目。事业单位对于因开展专业业务活动及其辅助活动取得的非同级财政拨款收入，应当通过"事业预算收入——非同级财政拨款"科目核算；对于其他非同级财政拨款收入，应当通过"非同级财政拨款预算收入"科目核算。

"非同级财政拨款预算收入"科目应当按照非同级财政拨款预算收入的类别、来源、《政府收支分类科目》中"支出功能分类"的项级科目等进行明细核算。非同级财政拨款预算收入中如有专项资金收入，还应按具体项目进行明细核算。年末结转后，该科目应无余额。

非同级财政拨款预算收入的主要账务处理如下：

(1) 取得非同级财政拨款预算收入时，按照实际取得的金额，借记"资金结存——货币资金"科目，贷记本科目。

【例21－29】 2×19年2月6日，某省属的行政单位收到长春市财政局拨款200 000元。该单位的账务处理如下：

借：资金结存——货币资金　　　　　　　　　　　　　　　200 000
　　贷：非同级财政拨款预算收入　　　　　　　　　　　　　　200 000

该业务须按平行记账原则进行财务会计账务处理。

(2) 年末，将"非同级财政拨款预算收入"科目本年发生额中的专项资金收入转入非财政拨款结转，借记"非同级财政拨款预算收入"科目下各专项资金收入明细科目，贷记"非财政拨款结转——本年收支结转"科目；将"非同级财政拨款预算收入"科目本年发生额中的非专项资金收入转入其他结余，借记"非同级财政拨款预算收入"科目下各非专项资金收入明细科目，贷记"其他结余"科目。

【例21-30】2×19年年终结账时，某单位"非同级财政拨款预算收入——专项资金收入"科目本期发生额8 000元，"非同级财政拨款预算收入——非专项资金收入"科目本期发生额6 800元。对该收入进行结转的账务处理如下：

借：非同级财政拨款预算收入——专项资金收入　　　　　　　　　　　　8 000
　　　　　　　　　　　　　　——非专项资金收入　　　　　　　　　　6 800
　　贷：非财政拨款结转——本年收支结转　　　　　　　　　　　　　　8 000
　　　　其他结余　　　　　　　　　　　　　　　　　　　　　　　　　6 800

第九节　投资预算收益

一、投资预算收益的含义

投资预算收益是指事业单位取得的按照规定纳入部门预算管理的属于投资收益性质的现金流入，包括股权投资收益，出售或收回债券投资所取得的收益和债券投资利息收入。

二、投资预算收益的确认和计量

投资预算收益在实际收到时予以确认，以实际收到的金额计量。

为了核算投资预算收益情况，事业单位应设置"投资预算收益"科目。本科目应当按照《政府收支分类科目》中"支出功能分类科目"的项级科目等进行明细核算。年末结转后，本科目应无余额。

投资预算收益的主要账务处理如下：

（1）出售或到期收回本年度取得的短期、长期债券，按照实际取得的价款或实际收到的本息金额，借记"资金结存——货币资金"科目，按照取得债券时"投资支出"科目的发生额，贷记"投资支出"科目，按照其差额，贷记或借记"投资预算收益"科目。

出售或到期收回以前年度取得的短期、长期债券，按照实际取得的价款或实际收到的本息金额，借记"资金结存——货币资金"科目，按照取得债券时"投资支出"科目的发生额，贷记"其他结余"科目，按照其差额，贷记或借记"投资预算收益"科目。

出售、转让以货币取得的长期股权投资的，其账务处理参照出售或到期收回债券投资。

【例21-31】2×19年3月7日，某事业单位的一项短期国债投资到期兑付，收回国债投资本息82 800元。其中短期投资成本80 000元，利息2 800元。该单位的账务处理如下：

借：资金结存——货币资金　　　　　　　　　　　　　　　　　　　　82 800
　　贷：投资支出　　　　　　　　　　　　　　　　　　　　　　　　80 000
　　　　投资预算收益　　　　　　　　　　　　　　　　　　　　　　　2 800

该业务须按平行记账原则进行财务会计账务处理。

（2）持有的短期投资以及分期付息、一次还本的长期债券投资收到利息时，按实际收到的金额，借记"资金结存——货币资金"科目，贷记"投资预算收益"科目。

【例21-32】2×19年12月31日，某事业单位持有的一项短期国债年末收到债券利息4 000元，存入银行。该单位的账务处理如下：

借：资金结存——货币资金　　　　　　　　　　　　　　　　　　　　　4 000
　　贷：投资预算收益　　　　　　　　　　　　　　　　　　　　　　　4 000

该业务须按平行记账原则进行财务会计账务处理。

(3) 持有长期股权投资取得被投资单位分派的现金股利或利润时，按照实际取得的数额，借记"资金结存——货币资金"科目，贷记"投资预算收益"科目。

【例21-33】2×19年12月31日，H公司年末进行分红，本单位收到分配股利6 000元，存入银行。该单位的账务处理如下：

借：资金结存——货币资金　　　　　　　　　　　　　　　　　6 000
　　贷：投资预算收益　　　　　　　　　　　　　　　　　　　　　　　6 000

该业务须按平行记账原则进行财务会计账务处理。

(4) 出售、转让以非货币性资产取得的长期股权投资时，按照实际取得的价款扣减支付的相关费用和应缴财政后的余额（按照规定纳入单位预算管理的），借记"资金结存——货币资金"科目，贷记"投资预算收益"科目。

【例21-34】2×19年4月10日，单位转让当初以固定资产对M企业投资形成的长期股权投资，账面投资额100 000元，实际转让价格为122 000元。款项已收到并纳入本单位预算管理。该单位的账务处理如下：

借：资金结存——货币资金　　　　　　　　　　　　　　　　　122 000
　　贷：投资预算收益　　　　　　　　　　　　　　　　　　　　　　　122 000

该业务须按平行记账原则进行财务会计账务处理。

(5) 年末，将"投资预算收益"科目本年发生额转入其他结余，借记或贷记"投资预算收益"科目，贷记或借记"其他结余"科目。

【例21-35】2×19年年终结账时，本年投资预算收益发生额为1 000元，对该收入进行结转的账务处理如下：

借：投资预算收益　　　　　　　　　　　　　　　　　　　　　1 000
　　贷：其他结余　　　　　　　　　　　　　　　　　　　　　　　　　1 000

第十节　其他预算收入

一、其他预算收入的含义及内容

其他预算收入是指除财政拨款预算收入、事业预算收入、上级补助预算收入、附属单位上缴预算收入、经营预算收入、债务预算收入、非同级财政拨款预算收入、投资预算收益之外的纳入部门预算管理的现金流入，包括捐赠预算收入、利息预算收入、租金预算收入、现金盘盈收入等。

二、其他预算收入的确认和计量

其他预算收入在实际收到时予以确认，以实际收到的金额计量。

为了核算其他预算收入情况，单位应设置"其他预算收入"科目。本科目应当按照其他收入类别、《政府收支分类科目》中"支出功能分类"的项级科目等进行明细核算。其他预算收入中如有专项资金收入，还应按具体项目进行明细核算。

单位发生的捐赠预算收入、利息预算收入、租金预算收入金额较大或业务较多的，可单独设置"捐赠预算收入""利息预算收入""租金预算收入"等科目。

年末结账后，"其他预算收入"科目应无余额。

其他预算收入的主要账务处理如下：

(1) 接受捐赠现金资产、收到银行存款利息、收到资产承租人支付的租金时，按照实际收到的金额，借记"资金结存——货币资金"科目，贷记"其他预算收入"科目。

【例21-36】2×19年1月10日，某事业单位收到捐赠人捐赠现金10 000元，并存入银行。该单位的账务处理如下：

借：资金结存——货币资金　　　　　　　　　　　　　　　　　　　　　　10 000
　　贷：其他预算收入——捐赠收入　　　　　　　　　　　　　　　　　　　　　10 000

该业务须按平行记账原则进行财务会计账务处理。

【例21-37】2×19年2月26日，某事业单位收到银行转入的银行存款利息3 000元。该单位的账务处理如下：

借：资金结存——货币资金　　　　　　　　　　　　　　　　　　　　　　3 000
　　贷：其他预算收入——利息收入　　　　　　　　　　　　　　　　　　　　　3 000

该业务须按平行记账原则进行财务会计账务处理。

【例21-38】2×19年4月17日，某事业单位收到固定资产租金收入50 000元，款项已存入银行。该单位的账务处理如下：

借：资金结存——货币资金　　　　　　　　　　　　　　　　　　　　　　50 000
　　贷：其他预算收入——租金收入　　　　　　　　　　　　　　　　　　　　　50 000

该业务须按平行记账原则进行财务会计账务处理。

（2）每日现金账款核对中如发现现金溢余，按照溢余的现金金额，借记"资金结存——货币资金"科目，贷记"其他预算收入"科目。经核实，属于应支付给有关个人和单位的部分，按照实际支付的金额，借记"其他预算收入"科目，贷记"资金结存——货币资金"科目。

【例21-39】2×19年4月6日，某单位核对现金账款，发现现金溢余200元，无法查明原因。报经批准后该单位的账务处理如下：

借：资金结存——货币资金　　　　　　　　　　　　　　　　　　　　　　200
　　贷：其他预算收入——现金盘盈收入　　　　　　　　　　　　　　　　　　　200

该业务须按平行记账原则进行财务会计账务处理。

（3）收到其他预算收入时，按照收到的金额，借记"资金结存——货币资金"科目，贷记"其他预算收入"科目。

（4）年终结账时，将"其他预算收入"科目本年发生额中的专项资金收入转入非财政拨款结转，借记"其他预算收入"科目下各专项资金收入明细科目，贷记"非财政拨款结转——本年收支结转"科目；将"其他预算收入"科目本年发生额中的非专项资金收入转入其他结余，借记"其他预算收入"科目下各非专项资金收入明细科目，贷记"其他结余"科目。

【例21-40】2×19年年末，某事业单位将"其他预算收入"科目的本期发生额95 000元，其中，专项资金收入50 000元，非专项资金收入45 000元。对该收入进行结转的账务处理如下：

借：其他预算收入——专项资金收入　　　　　　　　　　　　　　　　　　50 000
　　　　　　　　——非专项资金收入　　　　　　　　　　　　　　　　　　45 000
　　贷：非财政拨款结转——本年收支结转　　　　　　　　　　　　　　　　　　50 000
　　　　其他结余　　　　　　　　　　　　　　　　　　　　　　　　　　　　45 000

第二十二章 预算支出

第一节 预算支出概述

一、预算支出的含义与内容

预算支出是指政府会计主体在预算年度内依法发生并纳入预算管理的现金流出，包括行政支出、事业支出、经营支出、上缴上级支出、对附属单位补助支出、投资支出、债务还本支出和其他支出等。

二、预算支出的特点

1. 预算支出是政府会计主体为保障机构正常运转和完成工作任务所发生的。保障机构正常运转支出是政府会计主体为履行其职能，保证机构运行、完成日常工作而发生的基本支出，包括人员支出和公用支出。完成工作任务支出是政府会计主体在基本支出以外为完成特定的工作任务而发生的项目支出。

2. 预算支出是政府会计主体的资金耗费和损失。资金耗费是政府会计主体在履行其职能的过程中所消耗的各种财产。资金损失是政府会计主体因故造成的财产毁损与灭失。

第二节 行政支出

一、行政支出的含义及分类

行政支出是指行政单位履行其职责实际发生的各项现金流出。

按资金的性质，行政支出分为财政拨款支出和其他资金支出。财政拨款支出是行政单位用财政拨款资金安排的经费支出。其他资金支出是行政单位使用除财政拨款收入以外的资金安排的经费支出，主要是行政单位用其他收入安排的经费支出。

根据政府收支分类科目，行政支出按照一般公共预算支出功能分类和部门预算支出经济分类分别进行核算，一般公共预算支出功能分类主要反映行政单位的职能，设置类、款、项三级预算科目，包括：201一般公共服务支出、204公共安全支出、205教育支出、206科学技术支出、207文化旅游体育与传媒支出、208社会保障和就业支出、210卫生健康支出、211节能环保支出、221住房保障支出等；部门预算支出经济分类，主要反映行政单位支出的经济性质和具体用途，包括：工资福利支出、商品和服务支出、对个人和家庭的补助、债务利息及费用支出、资本性支出（基本建设）、资本性支出、对企业补助、对社会保障基金补助、其他支出。

工资福利支出是指单位开支的在职职工和编制外长期聘用人员的各类劳动报酬，以及为上述人员缴纳的各项社会保险费等。项级科目包括基本工资、津贴补贴、奖金、伙食补助费、绩效工资、机关事业单位基本养老保险缴费、职业年金缴费、职工基本医疗保险缴费、公务员医疗补助缴费、其他社会保障缴费、住房公积金、医疗费、其他工资福利支出。

商品和服务支出是指单位购买商品和服务的支出，不包括用于购置固定资产、战略性和应急性物资储备等资本性支出。项级科目包括办公费、印刷费、咨询费、手续费、水费、电费、邮电费、取暖费、物业管理费、差旅费、因公出国（境）费用、维修（护）费、租赁费、会议费、培训费、公务接待费、专用材料费、被装购置费、专用燃料费、劳务费、委托业务费、工会经费、公务用车运行维护费、其他交通费用、税金及附加费用、其他商品和服务支出。

对个人和家庭的补助是指政府用于对个人和家庭的补助支出。项级科目包括离休费、退休费、退职（役）费、抚恤金、生活补助、救济费、医疗费补助、助学金、奖励金、个人农业生产补贴、其他对个人和家庭的补助。

债务利息及费用支出是指单位的债务利息及费用支出。项级科目包括国内债务付息、国外债务付息、国内债务发行费用、国外债务发行费用。

资本性支出（基本建设）是指切块由发展改革部门安排的基本建设支出。项级科目包括房屋建筑物购建、办公设备购置、专用设备购置、基础设施建设、大型修缮、信息网络及软件购置更新、物资储备、公务用车购置、其他交通工具购置、文物和陈列品购置、无形资产购置、其他基本建设支出。

资本性支出是指各单位安排的资本性支出。项级科目包括房屋建筑物购建、办公设备购置、专用设备购置、基础设施建设、大型修缮、信息网络及软件购置更新、物资储备、土地补偿、安置补助、地上附着物和青苗补偿、拆迁补偿、公务用车购置、其他交通工具购置、文物和陈列品购置、无形资产购置、其他资本性支出。

对企业补助（基本建设）是指切块由发展改革部门安排的基本建设支出中对企业补助。项级科目包括资本金注入、其他对企业补助。

对企业补助是指政府对各类企业的补助支出。项级科目包括资本金注入、政府投资基金股权投资、费用补贴、利息补贴、其他对企业补助。

对社会保障基金补助是指政府对社会保险基金的补助以及补充全国社会保障基金的支出。项级科目包括对社会保险基金补助、补充全国社会保障基金。

其他支出是指不能划分到上述经济分类科目的其他支出。项级科目包括赠与、国家赔偿费用支出、对民间非营利组织和群众、其他支出。

按照部门预算管理要求，行政支出分为基本支出和项目支出。基本支出是指行政单位为保障其正常运转、完成日常工作任务而发生的支出，包括人员经费和日常公用经费。其中人员经费是指用于行政单位人员方面的支出，主要是"工资福利支出"和"对个人和家庭的补助"。日常公用经费是指用于行政单位日常公务活动的支出，主要是"商品和服务支出""基本建设支出""其他资本性支出"。项目支出是行政单位为了完成特定的行政工作任务，在基本支出之外所发生的支出，包括专项业务费、专项会议费、专项修缮费、专项设备购置费等。

二、行政支出的确认和计量

行政支出的会计核算基础采用收付实现制，在实际支付时予以确认。

1. 财政直接支付方式下，在收到财政国库支付执行机构委托代理银行转来的"财政直接支付入账通知书"及原始凭证时确认。
2. 财政授权支付方式下，行政单位在开出"财政授权支付凭证"使用授权额度时确认。
3. 其他方式下，在实际支付时按支付单据金额确认。

为了核算行政单位为履行其职责实际发生的各项支出情况，行政单位应设置"行政支出"科目。本科目分别按照"财政拨款支出""非财政专项资金支出""其他资金支出"，"基本支出"和"项目支出"等进行明细核算，并按照《政府收支分类科目》中"支出功能分类科目"的项级科目进行明细核算；同时，在"基本支出"和"项目支出"明细科目下应当按照《政府收支分类科目》中"部门预算支出经济分类科目"的款级科目进行明细核算，同时在"项目支出"明细科目下按照具体项目进行明细核算。有一般公共预算财政拨款、政府性基金预算财政拨款等两种或两种以上财政拨款的行政单位，还应当在"财政拨款支出"明细科目下按照财政拨款的种类分别进行明细核算。对于预付款项，可通过在本科目下设置"待处理"明细科目进行核算，待确认具体支出项目后再转入本科目下相关明细科目。年末结账前，应将本科目"待处理"明细科目余额全部转入本科目下相关明细科目。

（1）支付单位职工薪酬。向单位职工个人支付薪酬时，按照实际支付的金额，借记本科目，贷记"财政拨款预算收入""资金结存"科目。按规定代扣代缴个人所得税以及代扣代缴或为职工缴纳职工社会保险费、住房公积金时，按照实际缴纳的金额，借记本科目，贷记"财政拨款预算收入""资金结存"科目。

【例22-1】某行政单位收到财政国库支付执行机构委托代理银行转来的"财政直接支付入账通知书"，实际支付在职人员工资110 800元，其中：基本工资96 700元、津贴补贴14 100元。同时向代理银行开出"财政授权支付凭证"，支付上月计提的代扣代缴个人所得税9 320元。该单位的账务处理如下：

借：行政支出——财政拨款支出——基本支出——工资福利支出（基本工资）　　96 700
　　　　　　——工资福利支出（津贴补贴）　　14 100
　贷：财政拨款预算收入　　110 800
借：行政支出——财政拨款支出——基本支出——工资福利支出　　9 320
　贷：资金结存——零余额账户用款额度　　9 320

该业务须按平行记账原则同时进行财务会计账务处理。

（2）支付外部人员劳务费。按照实际支付给外部人员个人的金额，借记本科目，贷记"财政拨款预算收入""资金结存"等科目。按规定代扣代缴个人所得税时，按照实际缴纳的金额，借记本科目，贷记"财政拨款预算收入""资金结存"等科目。

【例22-2】某行政单位本月应支付临时聘用人员劳务费78 000元，实际支付临时聘用人员劳务费68 740元，代扣代缴个人所得税9 260元，已使用非财政拨款资金将实付工资转入临时聘用人员工资卡里。该单位的账务处理如下：

借：行政支出——其他资金支出　　68 740
　贷：资金结存——货币资金　　68 740

该业务须按平行记账原则同时进行财务会计账务处理。

（3）为购买存货、固定资产、无形资产等以及在建工程支付相关款项时，按照实际支付的金额，借记本科目，贷记"财政拨款预算收入""资金结存"科目。

【例22-3】某行政单位收到国库支付执行机构委托代理银行转来的"财政直接支付入账通知书"及原始凭证，支付为新招聘人员政府采购的电脑款37 000元，并开出"财政授权支付凭证"；为新招聘人员购买办公用品580元，并已直接领用。该单位的账务处理如下：

借：行政支出——财政拨款支出——基本支出——其他资本性支出（办公设备）　　37 000
　　　　　　——商品和服务支出（办公费）　　580
　贷：财政拨款预算收入——基本支出　　37 000
　　资金结存——零余额账户用款额度　　580

该业务须按平行记账原则同时进行财务会计账务处理。

（4）发生预付账款时，按照实际支付的金额，借记本科目（待处理），贷记"财政拨款预算收入""资金结存"等科目。对于暂付款项，在支出款项时可不作预算会计处理（如未纳入部门预算管理的应上缴、应转拨或应退回的非财政资金），待结算或报销时，按照结算或报销的金额，借记本科目，贷记"资金结存"科目；但属于本年度部门预算管理的非财政资金，因尚未结算或报销而难以确定支出类型及相关明细科目的，在支付款项时，借记"其他支出——待处理支出"科目，贷记"资金结存"科目。年末结转时，将"其他支出——待处理支出"科目发生额转入"非财政拨款结转——待处理支出"科目。待下年度预算支出类型及相关明细科目明确后，及时将"非财政拨款结转——待处理支出"科目余额转入"非财政拨款结转"或"非财政拨款结余"科目的相关明细科目。

【例22-4】某行政单位召开全系统工作布置会议，按照合同要求预先支付50 000元。已开出"财政授权支付凭证"，所用资金为本年基本预算资金。会议结束后，经过结算又支付了2 000元会议费。该单位的账务处理如下：

借：行政支出（待处理） 50 000
　　贷：资金结存——零余额账户用款额度 50 000
借：行政支出——财政拨款支出——基本支出——商品和服务支出（会议费） 52 000
　　贷：行政支出（待处理） 50 000
　　　　资金结存——零余额账户用款额度 2 000

该业务须按平行记账原则同时进行财务会计账务处理。

（5）发生其他各项支出时，按照实际支付的金额，借记本科目，贷记"财政拨款预算收入""资金结存"等科目。

【例22-5】某行政单位收到代理银行转来的"财政直接支付入账通知书"及原始凭证，支付新录用职工培训费16 000元，已直接支付给培训机构，所用资金为基本公共财政预算拨款。该单位的账务处理如下：

借：行政支出——财政拨款支出——基本支出——商品和服务支出（培训费） 16 000
　　贷：财政拨款预算收入——基本支出 16 000

该业务须按平行记账原则同时进行财务会计账务处理。

（6）因购货退回等发生款项退回的，或者发生差错更正时，属于当年支出收回的，借记"财政拨款预算收入""资金结存"等科目，贷记本科目。属于以前年度的，通过"财政拨款结转""财政拨款结余""非财政拨款结转""非财政拨款结余"科目核算，不通过本科目核算。

【例22-6】某行政单位当年购买的课题研究专用材料一批，因为质量原因无法使用已退回给供应商，并收到供应商退回的购货款23 000元。购买时使用的是上级主管部门拨入的课题研究项目资金。该单位的账务处理如下：

借：资金结存——货币资金 23 000
　　贷：行政支出——非财政专项拨款支出——××项目（材料费） 23 000

该业务须按平行记账原则同时进行财务会计账务处理。

（7）年末，将本科目本年发生额中的财政拨款支出结转入财政拨款结转，借记"财政拨款结转——本年收支结转"科目，贷记本科目下各财政资金支出明细科目；将本科目本年发生额中的非财政专项资金支出结转入非财政拨款结转，借记"非财政拨款结转——本年收支结转"科目，贷记本科目下各专项资金支出明细科目；将本科目本年发生额中的非财政非专项资金支出结转入其他结余，借记"其他结余"科目，贷记本科目下其他资金支出明细科目。

【例22-7】承接【例22-1】、【例22-2】、【例22-3】、【例22-4】、【例22-5】资料，年末结转以上各项支出。

借：财政拨款结转——本年收支结转 216 380
　　贷：行政支出——财政拨款支出——基本支出——工资福利支出 110 800
　　　　　　　　　　　　　　　　　　　　——商品和服务支出 68 580
　　　　　　　　　　　　　　　　　　　　——其他资本性支出 37 000
借：非财政拨款结转——本年收支结转 68 740
　　贷：行政支出——其他资金支出 68 740

第三节　事业支出

一、事业支出的含义及分类

事业支出是指事业单位开展专业业务活动及其辅助活动实际发生的各项现金流出。

按资金的性质，事业支出分为财政补助支出、非财政专项资金支出和其他资金支出，财政补助支出是事业单位用财政补助收入款项安排的事业支出。财政补助支出按部门预算管理的要求应当区分基本支出和项目支出。非财政专项资金支出是事业单位使用除财政补助以外的专项款项安排的事业支出。其他资金支出是事业单位使用除财政补助以外的专项款项安排的事业支出。

根据政府收支分类科目，事业支出按照一般公共预算支出功能分类和部门预算支出经济分类分别进行核算，一般公共预算支出功能分类主要反映事业单位的职能，设置类、款、项三级预算科目，包括：201一般公共服务支出、204公共安全支出、205教育支出、206科学技术支出、207文化旅游体育与传媒支出、208社会保障和就业支出、210卫生健康支出、211节能环保支出、221住房保障支出等；部门预算支出经济分类，主要反映事业单位支出的经济性质和具体用途，包括：工资福利支出、商品和服务支出、对个人和家庭的补助、债务利息及费用支出、资本性支出（基本建设）、资本性支出、对企业补助、对社会保障基金补助、其他支出。

工资福利支出是指单位开支的在职职工和编制外长期聘用人员的各类劳动报酬，以及为上述人员缴纳的各项社会保险费等。项级科目包括基本工资、津贴补贴、奖金、伙食补助费、绩效工资、机关事业单位基本养老保险缴费、职业年金缴费、职工基本医疗保险缴费、公务员医疗补助缴费、其他社会保障缴费、住房公积金、医疗费、其他工资福利支出。

商品和服务支出是指单位购买商品和服务的支出，不包括用于购置固定资产、战略性和应急性物资储备等资本性支出。项级科目包括办公费、印刷费、咨询费、手续费、水费、电费、邮电费、取暖费、物业管理费、差旅费、因公出国（境）费用、维修（护）费、租赁费、会议费、培训费、公务接待费、专用材料费、被装购置费、专用燃料费、劳务费、委托业务费、工会经费、公务用车运行维护费、其他交通费用、税金及附加费用、其他商品和服务支出。

对个人和家庭的补助是指政府用于对个人和家庭的补助支出。项级科目包括离休费、退休费、退职（役）费、抚恤金、生活补助、救济费、医疗费补助、助学金、奖励金、个人农业生产补贴、其他对个人和家庭的补助。

债务利息及费用支出是指单位的债务利息及费用支出。项级科目包括国内债务付息、国外债务付息、国内债务发行费用、国外债务发行费用。

资本性支出（基本建设）是指切块由发展改革部门安排的基本建设支出。项级科目包括房屋建筑物购建、办公设备购置、专用设备购置、基础设施建设、大型修缮、信息网络及软件购置更新、物资储备、公务用车购置、其他交通工具购置、文物和陈列品购置、无形资产购置、其他基本建设支出。

资本性支出是指各单位安排的资本性支出。项级科目包括房屋建筑物购建、办公设备购置、专用设备购置、基础设施建设、大型修缮、信息网络及软件购置更新、物资储备、土地补偿、安置补助、地上附着物和青苗补偿、拆迁补偿、公务用车购置、其他交通工具购置、文物和陈列品购置、无形资产购置、其他资本性支出。

对企业补助（基本建设）是指切块由发展改革部门安排的基本建设支出中对企业补助。项级科目包括资本金注入、其他对企业补助。

对企业补助是指政府对各类企业的补助支出。项级科目包括资本金注入、政府投资基金股权投资、费用补贴、利息补贴、其他对企业补助。

对社会保障基金补助是指政府对社会保险基金的补助以及补充全国社会保障基金的支出。项级科目包括对社会保险基金补助、补充全国社会保障基金。

其他支出是指不能划分到上述经济分类科目的其他支出。项级科目包括赠与、国家赔偿费用支出、对民间非营利组织和群众、其他支出。

按部门预算管理的要求，事业支出分为基本支出和项目支出。基本支出是事业单位为了保障其正常运转、完成日常工作任务而发生的支出，包括人员经费支出和日常公用经费支出。人员经费支出是指用于事业单位人员方面的支出，主要是《政府收支分类科目》中的"工资福利支出"和"对个人和家庭的补助"类别的具体款项。日常公用经费支出是用于事业单位日常公务活动的经费支出，主要是《政府收支分类科目》中的"商品和服务支出""基本建设支出""其他资本性支出"类别的具体款项。项目支出是事业单位为了完成特定工作任务和事业发展目标，在基本支出之外所发生的支出。

二、事业支出的确认和计量

事业支出按收付实现制基础确认,在实际支付时予以确认,并以实际发生的数额计量。

1. 财政直接支付方式下,在收到财政国库支付执行机构委托代理银行转来的"财政直接支付入账通知书"及原始凭证时确认。
2. 财政授权支付方式下,在事业单位开出"财政授权支付凭证"使用授权额度时确认。
3. 其他方式下,在实际支付时按支付单据金额确认。

为了核算事业单位开展专业业务活动及其辅助活动实际发生的各项现金流出,事业单位应设置"事业支出"科目,单位发生教育、科研、医疗、行政管理、后勤保障等活动的,可在本科目下设置相应的明细科目进行核算,或单独设置"7201 教育支出""7202 科研支出""7204 医疗支出""7204 行政管理支出""7205 后勤保障支出"等一级会计科目进行核算。应当分别按照"财政拨款支出""非财政专项资金支出"和"其他资金支出","基本支出"和"项目支出"等进行明细核算;并按照《政府收支分类科目》中"支出功能分类科目"的项级科目进行明细核算;"基本支出"和"项目支出"明细科目下应当按照《政府收支分类科目》中"部门预算支出经济分类科目"的款级科目进行明细核算,同时在"项目支出"明细科目下按照具体项目进行明细核算。

有一般公共预算财政拨款、政府性基金预算财政拨款等两种或两种以上财政拨款的事业单位,还应在"财政拨款支出"明细科目下按照财政拨款的种类进行明细核算。

对于预付款项,可通过在本科目下设置"待处理"明细科目进行明细核算,待确认具体支出项目后再转入本科目下相关明细科目。年末结账前,应将本科目"待处理"明细科目余额全部转入本科目下相关明细科目。

特殊行业事业单位"事业支出"科目,应按照下列补充规定进行明细核算:

1. 高等学校。

应当在新制度规定的"7201 事业支出"科目下设置"720101 教育支出""720102 科研支出""720103 行政管理支出""720104 后勤保障支出""720105 离退休支出""720109 其他事业支出"明细科目。

(1)"720101 教育支出"科目核算高等学校开展教学及其辅助活动、学生事务等活动实际发生的各项现金流出。

(2)"720102 科研支出"科目核算高等学校开展科研及其辅助活动实际发生的各项现金流出。

(3)"720103 行政管理支出"科目核算高等学校开展单位的行政管理活动实际发生的各项现金流出。

(4)"720104 后勤保障支出"科目核算高等学校开展后勤保障活动实际发生的各项现金流出。

(5)"720105 离退休支出"科目核算高等学校实际发生的用于离退休人员的各项现金流出。

(6)"720109 其他事业支出"科目核算高等学校发生的除教学、科研、后勤保障、行政管理、离退休支出之外的其他各项事业支出。

2. 科学事业单位。

应当在新制度规定的"7201 事业支出"科目下设置"720101 科研支出""720102 非科研支出""720103 管理支出"明细科目。

(1)"720101 科研支出"明细科目核算科学事业单位开展科研活动及其辅助活动发生的各项现金流出。

(2)"720102 非科研支出"明细科目核算科学事业单位开展科研活动以外的其他业务活动及其辅助活动发生的各项现金流出,包括技术活动支出、学术活动支出、科普活动支出、试制产品活动支出和教学活动支出等。

技术活动支出是指科学事业单位对外提供技术咨询、技术服务等活动发生的各项现金流出。

学术活动支出是指科学事业单位开展学术交流、学术期刊出版等活动发生的各项现金流出。

科普活动支出是指科学事业单位开展科学知识宣传、讲座和科技展览等活动发生的各项现金流出。

试制产品活动支出是指科学事业单位试制中间试验产品等活动发生的各项现金流出。

教学活动支出是指科学事业单位开展教学活动发生的各项现金流出。

(3)"720103 管理支出"明细科目核算科学事业单位行政及后勤管理部门开展管理活动发生的各项现金流出,包括单位行政及后勤管理部门发生的人员经费、公用经费,以及由单位统一负担的离退休人员经费、工会经费、诉讼费、中介费等现金流出。

①支付单位职工（经营部门职工除外）薪酬。

向单位职工个人支付薪酬时，按照实际支付的数额，借记本科目，贷记"财政拨款预算收入""资金结存"等科目。按规定代扣代缴个人所得税以及代扣代缴或为职工缴纳职工社会保险费、住房公积金时，按照实际缴纳的金额，借记本科目，贷记"财政拨款预算收入""资金结存"等科目。

【例22-8】某事业单位收到代理银行转来的"财政直接支付入账通知书"及原始凭证，支付本月职工工资126 300元、社会保险费12 420元。该单位的账务处理如下：

借：事业支出——财政拨款支出——基本支出——工资福利支出（基本工资）　　126 300
　　　　　　　　　　　　　　　　　　——工资福利支出（社会保障缴费）　　12 420
　　贷：财政拨款预算收入——基本支出　　　　　　　　　　　　　　　　　138 720

该业务须按平行记账原则同时进行财务会计账务处理。

②为专业业务活动及其辅助活动支付外部人员劳务费。

按照实际支付给外部人员个人的金额，借记本科目，贷记"财政拨款预算收入""资金结存"科目。按照规定代扣代缴个人所得税时，按照实际缴纳的金额，借记本科目，贷记"财政拨款预算收入""资金结存"等科目。

【例22-9】某事业单位支付本月临时聘用人员工资21 000元，缴纳了上个月代扣代缴临时工的个人所得税360元，均使用非财政拨款资金支付。该单位的账务处理如下：

借：事业支出——其他资金支出　　　　　　　　　　　　　　　　　　　　21 360
　　贷：资金结存——货币资金　　　　　　　　　　　　　　　　　　　　21 360

该业务须按平行记账原则同时进行财务会计账务处理。

③开展专业业务活动及其辅助活动过程中为购买存货、固定资产、无形资产以及在建工程支付相关款项时，按照实际支付的金额，借记本科目，贷记"财政拨款预算收入""资金结存"科目。

【例22-10】某事业单位购入一套办公自动化系统软件，单价80 000元，已开出"财政授权支付凭证"并已支付完成。所用款项为财政专项资金。该单位的账务处理如下：

借：事业支出——财政拨款支出——项目支出——其他资本性支出　　　　　80 000
　　贷：资金结存——零余额账户用款额度　　　　　　　　　　　　　　　80 000

该业务须按平行记账原则同时进行财务会计账务处理。

【例22-11】202×年×月×日，某卫生院基本医疗服务业务购入药品10万元。其中西药4万元，中成药2万元，疫苗1万元，中药饮片3万元，该单位应编制如下会计分录：

借：事业支出——其他资金支出——基本医疗费用支出（明细略）　　　　　100 000
　　贷：资金结存——货币资金　　　　　　　　　　　　　　　　　　　　100 000

该业务应按平行记账原则同时进行财务会计账务处理。

【例22-12】202×年×月×日，某卫生院基本医疗服务业务分别向供应商购入卫生材料12万元。其中血库材料5万元，影像2万元，化验试剂3万元，其他卫生材料2万元，只有血库材料付款5万元，其他款项尚未支付，该单位应编制如下会计分录：

借：事业支出——其他资金支出——基本医疗费用支出（明细略）　　　　　50 000
　　贷：资金结存——货币资金　　　　　　　　　　　　　　　　　　　　50 000

该业务应按平行记账原则同时进行财务会计账务处理。

④开展专业业务活动及其辅助活动过程中发生预付款项时，按照实际支付的金额，借记本科目，贷记"财政拨款预算收入""资金结存"科目。

对于暂付款项，在支出款项时可不作预算会计处理（如未纳入部门预算管理的应上缴、应转拨或应退回的非财政资金），待结算或报销时，按照结算或报销的金额，借记本科目，贷记"资金结存"科目。但属于本年度部门预算管理的非财政资金，因尚未结算或报销而难以确定支出类型及相关明细科目的，在支付款项时，借记"其他支出——待处理支出"科目，贷记"资金结存"科目。年末结转时，将"其他支出——待处理支出"科目发生额转入"非财政拨款结转——待处理支出"科目。待下年度预算支出类型及相关明细科目明确后，及时将"非财政拨款结转——待处理支出"科目余额转入"非财政拨款结转"或"非财政拨款结余"科目的相关明细科目。

【例22-13】某事业单位委托一家专业培训机构对新聘用人员进行业务培训，按照协议预付培训费20 000元，已通过零余额账户支付完毕。培训结束后又支付了培训费6 000元。资金均为财政预算资金。该单位的账务处理如下：

借：事业支出（待处理） 20 000
　　贷：资金结存——零余额账户用款额度 20 000
借：事业支出——财政拨款支出——基本支出——商品和服务支出（培训费） 26 000
　　贷：事业支出（待处理） 20 000
　　　　资金结存——零余额账户用款额度 6 000

该业务须按平行记账原则同时进行财务会计账务处理。

⑤开展专业业务活动及其辅助活动过程中缴纳的相关税费以及发生的其他各项支出，按照实际支付的金额，借记本科目，贷记"财政拨款预算收入""资金结存"科目。

【例22-14】某事业单位用财政预算资金支付当月电费7 900元，已通过零余额账户支付完毕。该单位的账务处理如下：

借：事业支出——财政拨款支出——基本支出——商品和服务支出（电费） 7 900
　　贷：资金结存——零余额账户用款额度 7 900

该业务须按平行记账原则同时进行财务会计账务处理。

【例22-15】202×年×月×日，某社区卫生服务中心基本公共卫生服务业务购入西药8万元，款未付，药品已入库，另支付运输费用1 000元，该单位应编制如下会计分录：

借：事业支出——其他资金支出——公共卫生费用支出（明细略） 1 000
　　贷：资金结存——货币资金 1 000

该业务应按平行记账原则同时进行财务会计账务处理。

⑥开展专业业务活动及其辅助活动过程中因购货退回等发生款项退回的，或者发生差错更正的，属于当年支出收回的，借记"财政拨款预算收入""资金结存"科目，贷记本科目。

【例22-16】某事业单位月末对账时，发现重复记一笔咨询费支出6 000元，资金为财政预算资金。该单位的账务处理如下：

借：资金结存——零余额账户用款额度 6 000
　　贷：事业支出——财政拨款支出——基本支出——商品和服务支出（咨询费） 6 000

该业务须按平行记账原则同时进行财务会计账务处理。

【例22-17】202×年×月×日，某卫生院结算住院收入30 000元，其中医保结算26 000元，患者住院押金结算5 000元，退回现金1 000元，该单位应编制如下会计分录：

借：事业支出——其他资金支出——基本医疗费用支出（明细略） 1 000
　　贷：资金结存——货币资金 1 000

该业务应按平行记账原则同时进行财务会计账务处理。

⑦年末，将本科目本年发生额中的财政拨款支出转入财政拨款结转，借记"财政拨款结转——本年收支结转"科目，贷记本科目下各财政资金支出明细科目；将本科目本年发生额中的非财政专项资金支出转入非财政拨款结转，借记"非财政拨款结转——本年收支结转"科目，贷记本科目下各非专项资金支出明细科目；将本科目本年发生额中的其他资金支出（非财政非专项资金支出）转入其他资金结余，借记"其他结余"科目，贷记本科目下各其他资金支出明细科目。

【例22-18】对以上支出金额进行年末结转。某事业单位承接【例22-8】、【例22-9】、【例22-10】、【例22-13】、【例22-14】资料。

借：财政拨款结转——本年收支结转（基本支出） 172 620
　　　　　　　　——本年收支结转（项目支出） 80 000
　　贷：事业支出——财政拨款支出——基本支出——工资福利支出 138 720

	——商品和服务支出	33 900
事业支出——财政拨款支出——项目支出——其他资本性支出		80 000
借：其他资金结余		21 360
贷：事业支出——其他资金支出		21 360

某社区卫生服务中心承接【例22-15】。

借：其他资金结余	1 000
贷：事业支出——其他资金支出——公共卫生费用支出	1 000

某卫生院承接【例22-11】、【例22-12】、【例22-17】。

借：其他资金结余	151 000
贷：事业支出——其他资金支出——基本医疗费用支出	151 000

第四节 经 营 支 出

一、经营支出的含义及分类

经营支出是指事业单位在专业业务活动及其辅助活动之外开展非独立核算经营活动实际发生的各项现金流出。

事业单位的经营业务，可以实行内部成本核算和不实行内部成本核算。对于不实行内部成本核算的经营业务发生的所有业务支出均通过"经营支出"核算，包括材料费用、人工费用及相关税费。对于实行内部成本核算的经营业务，应当对发生的业务费用进行归集分配，准确计算产品的生产成本，在结转已销存货实际成本时确认经营支出。

二、经营支出的确认和计量

事业单位的经营支出在实际支付且同时满足以下两个条件时确认，并以实际支付的数额计量：

1. 必须是事业单位在其专业服务和辅助服务活动之外所发生的支出；
2. 必须是非独立核算单位发生的支出。

为反映事业单位的经营活动，应当设置"经营支出"科目。本科目应当按照经营活动类别、项目，以及《政府收支分类科目》中"支出功能分类科目"的项级科目和"部门预算支出经济分类科目"的款级科目等进行明细核算。对于预付款项，可通过在本科目下设置"待处理"明细科目进行明细核算，待确认具体支出项目后再转入本科目下相关明细科目。年末结账前，应将本科目"待处理"明细科目余额全部转入本科目下相关明细科目。

（1）支付经营部门职工薪酬。向职工个人支付薪酬时，按照实际的金额，借记本科目，贷记"资金结存"科目。按照规定代扣代缴个人所得税以及代扣代缴或为职工缴纳职工社会保险费、住房公积金时，按照实际缴纳的金额，借记本科目，贷记"资金结存"科目。

【例22-19】某事业单位下设非独立核算印刷厂为客户服务，该印刷厂未实行成本核算。使用经营收入支付本月职工工资35 000元，并缴纳代扣代缴个人所得税630元。该单位的账务处理如下：

借：经营支出——印刷业务（工资）	35 000
——个人所得税	630
贷：资金结存——货币资金	35 630

该业务须按平行记账原则同时进行财务会计账务处理。

（2）为经营活动支付外部人员劳务费。按照实际支付给外部人员个人的金额，借记本科目，贷记"资金结存"科目。按照规定代扣代缴个人所得税时，按照实际缴纳的金额，借记本科目，贷记"资金结存"科目。

【例22-20】某事业单位下设非独立核算复印社为客户服务，该复印社未实行内部成本核算。使用经营收入支付本月临时聘用人员劳务费16 000元，并缴纳代扣代缴个人所得税350元。该单位的账务处理如下：

借：经营支出——复印业务（劳务费） 16 000
　　　　　　——个人所得税 350
　　贷：资金结存——货币资金 16 350

该业务须按平行记账原则同时进行财务会计账务处理。

（3）开展经营活动过程中为购买存货、固定资产、无形资产等以及在建工程支付相关款项时，按照实际支付的金额，借记本科目，贷记"资金结存"科目。

【例22-21】某事业单位下设非独立核算印刷厂为客户服务，该印刷厂未实行内部成本核算。本月购入纸张一批，价税合计60 000元，已通过基本户支付完毕。该单位的账务处理如下：

借：经营支出——印刷业务 60 000
　　贷：资金结存——货币资金 60 000

该业务须按平行记账原则同时进行财务会计账务处理。

（4）开展经营活动过程中发生预付款项时，按照实际支付的金额，借记本科目，贷记"资金结存"科目。对于暂付款项，属于本年度部门预算资金的，因尚未结算或报销而难以确定支出类型及相关明细科目的，在支付款项时，借记"其他支出——待处理支出"科目，贷记"资金结存"科目。年末结转时，将"其他支出——待处理支出"科目发生额转入"非财政拨款结转——待处理支出"。待下年度预算支出类型及相关明细科目明确后，及时将"非财政拨款结转——待处理支出"科目余额转入"非财政拨款结转"或"非财政拨款结余"科目的相关明细科目；未纳入部门预算管理的（如应上缴、应转拨或应退回的资金），在支付款项时仅作财务会计处理，不作预算会计处理，待结算或报销时，按照结算或报销的金额，借记本科目，贷记"资金结存"科目。

【例22-22】某事业单位下设非独立核算杂志社，该杂志社未实行内部成本核算。根据协议规定，预付印刷厂封皮设计及印刷费20 000元。印刷完成后补付印刷费3 000元，款项已通过基本户支付完毕。该单位的账务处理如下：

借：经营支出 20 000
　　贷：资金结存——货币资金 20 000
借：经营支出——出版业务（印刷费） 23 000
　　贷：经营支出 20 000
　　　　资金结存——货币资金 3 000

该业务须按平行记账原则同时进行财务会计账务处理。

（5）因开展经营活动缴纳的相关税费以及发生的其他各项支出，按照实际支付的金额，借记本科目，贷记"资金结存"科目。

【例22-23】某事业单位下设非独立核算杂志社，该杂志社未实行内部成本核算。缴纳本年房产税260元，款项已通过基本户支付完毕。该单位的账务处理如下：

借：经营支出——出版业务（房产税） 260
　　贷：资金结存——货币资金 260

该业务须按平行记账原则同时进行财务会计账务处理。

（6）开展经营活动中因购货退回等发生款项退回的，或者发生差错更正时，属于当年支出收回的，按照收回或更正金额，借记"资金结存"科目，贷记本科目。

【例22-24】某事业单位下设非独立核算印刷厂为客户服务，该印刷厂未实行内部成本核算。由于质量原因，已退回上月购入纸张，价税合计60 000元，货款已收到。该单位的账务处理如下：

借：资金结存——货币资金 60 000
　　贷：经营支出——印刷业务 60 000

该业务须按平行记账原则同时进行财务会计账务处理。

（7）年末，将本科目本年发生额转入经营结余，借记"经营结余"科目，贷记本科目。

【例22-25】年末结转以上经营支出。

借：经营结余 75 240

贷：经营支出——印刷业务		35 630
——复印业务		16 350
——出版业务		23 260

第五节 上缴上级支出

一、上缴上级支出的含义

上缴上级支出是指事业单位按照财政部门和主管部门的规定上缴上级单位款项发生的现金流出。

二、上缴上级支出的确认和计量

上缴上级支出的会计核算基础是收付实现制，在实际上缴时予以确认，按照实际上缴数额计量。

事业单位为了核算按照财政部门和主管部门的规定上缴上级单位的支出情况，应当设置"上缴上级支出"科目。本科目按照上缴款单位、缴款项目、《政府收支分类科目》中"支出功能分类科目"的项级科目和"部门预算支出经济分类科目"的款级科目等进行明细核算。年末结账后，本科目应无余额。

1. 按规定将款项上缴上级单位的，按照实际上缴的金额，借记本科目，贷记"资金结存"科目。

【例22-26】某附属事业单位根据体制安排每年须按照收入的一定比例向上级单位上缴收入，本年应上缴上级单位资金300 000元。已通过基本账户支付完毕。该单位的账务处理如下：

借：上缴上级支出　　　　　　　　　　　　　　　　　　　300 000
　　贷：资金结存——货币资金　　　　　　　　　　　　　　300 000

该业务须按平行记账原则同时进行财务会计账务处理。

2. 年末，将本科目本年发生额转入其他结余，借记"其他结余"科目，贷记本科目。

【例22-27】承接【例22-26】资料，年末结转上缴上级支出。

借：其他结余　　　　　　　　　　　　　　　　　　　　　300 000
　　贷：上缴上级支出　　　　　　　　　　　　　　　　　　300 000

第六节 对附属单位补助支出

一、对附属单位补助支出的含义

对附属单位补助支出是指事业单位用财政拨款预算收入之外的收入对附属单位补助发生的现金流出。

二、对附属单位补助支出的确认和计量

对附属单位补助支出的会计核算基础是收付实现制，在实际支付时予以确认，按照实际补助数额计量。

事业单位为了核算对附属单位补助支出情况，应当设置"对附属单位补助支出"科目。本科目按照接受补助单位、补助项目、《政府收支分类科目》中"支出功能分类科目"的项级科目和"部门预算支出经济分类科目"的款级科目等进行明细核算。年末结账后，本科目应无余额。

1. 发生对附属单位补助支出的，按照实际补助的金额，借记本科目，贷记"资金结存"科目。

【例22-28】某事业单位使用自有资金，拨付给所属独立核算印刷厂补助经费50 000元，已通过基

本户支付完毕。该单位的账务处理如下：

借：对附属单位补助支出——印刷厂　　　　　　　　　　　　　　　　　50 000
　　贷：资金结存——货币资金　　　　　　　　　　　　　　　　　　　　　　50 000

该业务须按平行记账原则同时进行财务会计账务处理。

2. 年末，将本科目本年发生额转入其他结余，借记"其他结余"科目，贷记本科目。

【例22-29】承接【例22-28】，年末结转对附属单位补助支出。

借：其他结余　　　　　　　　　　　　　　　　　　　　　　　　　　　50 000
　　贷：对附属单位补助支出——印刷厂　　　　　　　　　　　　　　　　　50 000

第七节　投 资 支 出

一、投资支出的含义

投资支出是指事业单位以货币资金对外投资发生的现金流出。

二、投资支出的确认和计量

投资支出的会计核算基础是收付实现制，在实际支付时予以确认，按照实际投资金额计量。

事业单位为了核算以货币资金对外投资情况，应当设置"投资支出"科目。本科目按照投资类型、投资对象、《政府收支分类科目》中"支出功能分类科目"的项级科目和"部门预算支出经济分类科目"的款级科目等进行明细核算。年末结账后，本科目应无余额。

1. 以货币资金对外投资时，按照投资金额和所支出的相关税费金额的合计数，借记本科目，贷记"资金结存"科目。

【例22-30】某事业单位经批准使用自有资金购买国债500 000元，已通过单位基本账户支付完毕。该单位的账务处理如下：

借：投资支出（国债）　　　　　　　　　　　　　　　　　　　　　　500 000
　　贷：资金结存——货币资金　　　　　　　　　　　　　　　　　　　　　500 000

该业务须按平行记账原则同时进行财务会计账务处理。

2. 出售、对外转让或到期收回本年度以货币资金取得的对外投资的，如果按规定将投资收益纳入单位预算，按照实际收到的金额，借记"资金结存"科目，按照取得投资时"投资支出"科目的发生额，贷记本科目，按照其差额，贷记或借记"投资预算收益"科目；如果按规定将投资收益上缴财政的，按照取得投资时"投资支出"科目的发生额，借记"资金结存"科目，贷记本科目。

出售、对外转让或到期收回以前年度以货币资金取得的对外投资，如果按规定将投资收益纳入单位预算，按照实际收到的金额，借记"资金结存"科目，按照取得投资时"投资支出"科目的发生额，贷记"其他结余"科目，按照其差额，贷记或借记"投资预算收益"科目；如果按规定将投资收益上缴财政的，按照取得投资时"投资支出"科目的发生额，借记"资金结存"科目，贷记"其他结余"科目。

【例22-31】根据有关规定要求，某事业单位半年后以520 000元价格对外转让所持有的国债，基本账户已收到该笔资金。该单位的账务处理如下：

借：资金结存——货币资金　　　　　　　　　　　　　　　　　　　　520 000
　　贷：投资支出（国债）　　　　　　　　　　　　　　　　　　　　　　　500 000
　　　　投资预算收益　　　　　　　　　　　　　　　　　　　　　　　　　 20 000

该业务须按平行记账原则同时进行财务会计账务处理。

3. 年末，将本科目本年发生额转入其他结余，借记"其他结余"科目，贷记本科目。

【例22-32】承接【例22-31】资料，对上述投资活动进行年末结转。

借：投资预算收益　　　　　　　　　　　　　　　　　　　　　　　　20 000
　　贷：其他结余　　　　　　　　　　　　　　　　　　　　　　　　　　20 000

第八节　债务还本支出

一、债务还本支出的含义

债务还本支出是指事业单位偿还自身承担的纳入预算管理的从金融机构举债的债务本金的现金流出。

二、债务还本支出的确认和计量

债务还本支出的会计核算基础是收付实现制，在实际支付时予以确认，按照实际偿还金额计量。

为了核算事业单位债务还本支出情况，应当设置"债务还本支出"科目。本科目按照贷款单位、贷款种类、《政府收支分类科目》中"支出功能分类科目"的项级科目和"部门预算支出经济分类科目"的款级科目等进行明细核算。年末结转后，本科目无余额。

1. 偿还各项短期或长期借款时，按照偿还的借款本金，借记本科目，贷记"资金结存"科目。

【例22-33】某事业单位使用自有资金偿还上半年借款本金600 000元，已通过基本账户支付完毕。该单位的账务处理如下：

借：债务还本支出——短期借款　　　　　　　　　　　　　　　　　600 000
　　贷：资金结存——货币资金　　　　　　　　　　　　　　　　　　　600 000

该业务须按平行记账原则同时进行财务会计账务处理。

2. 年末，将本科目本年发生额转入其他结余，借记"其他结余"科目，贷记本科目。

【例22-34】承接【例22-33】资料，对上述偿还借款进行年末结转。

借：其他结余　　　　　　　　　　　　　　　　　　　　　　　　　600 000
　　贷：债务还本支出——短期借款　　　　　　　　　　　　　　　　　600 000

第九节　其 他 支 出

一、其他支出的含义及分类

其他支出是指事业单位除行政支出、事业支出、经营支出、上缴上级支出、对附属单位补助支出、投资支出、债务还本支出以外的各项现金流出。包括利息支出、对外捐赠现金支出、现金盘亏损失、接受捐赠（调入）非流动资产发生的税费支出、资产置换过程中发生额相关税费支出、罚没支出等。

二、其他支出的确认和计量

其他支出的会计核算基础是收付实现制，在实际支付时予以确认，按照实际支付金额计量。

为了核算事业单位其他支出情况，应当设置"其他支出"科目。本科目按照其他支出的类别，"财政拨款支出""非财政专项资金支出""其他资金支出"，《政府收支分类科目》中"支出功能分类科目"的项级科目和"部门预算支出经济分类科目"的款级科目等进行明细核算。其他支出中如有专项资金支出，还应按具体项目进行明细核算。

有一般公共预算财政拨款、政府性基金预算财政拨款等两种或两种以上财政拨款的事业单位，还应当在"财政拨款支出"明细科目下按照财政拨款的种类进行明细核算。

单位发生利息支出、捐赠支出等其他支出金额较大或业务较多的，可单独设置"7902 利息支出""7903 捐赠支出"等科目。

年末结账后，本科目应无余额。

1. 利息支出。

支付银行借款利息时，按照实际支付的金额，借记本科目，贷记"资金结存"科目。

【例22-35】某事业单位因业务发展的需要，向建设银行借入了一笔长期借款，5年期。按协议规定本期应支付借款利息13 500元，已经通过基本账户支付完毕。该单位的账务处理如下：

借：其他支出——利息支出　　　　　　　　　　　　　　　　　　　　　　　　13 500
　　贷：资金结存——货币资金　　　　　　　　　　　　　　　　　　　　　　　　13 500

该业务须按平行记账原则同时进行财务会计账务处理。

2. 对外捐赠现金资产。

对外捐赠现金资产时，按照捐赠金额，借记本科目，贷记"资金结存——货币资金"科目。

【例22-36】某事业单位为帮助地震灾区恢复生产，通过省慈善机构向地震灾区捐赠现金100 000元，已通过基本账户支付完毕。该单位的账务处理如下：

借：其他支出——捐赠支出　　　　　　　　　　　　　　　　　　　　　　　　100 000
　　贷：资金结存——货币资金　　　　　　　　　　　　　　　　　　　　　　　　100 000

该业务须按平行记账原则同时进行财务会计账务处理。

3. 现金盘亏损失。

每日现金账款核对中如发现现金短缺，按照短缺的现金金额，借记本科目，贷记"资金结存——货币资金"科目。经核实，属于应当由有关人员赔偿的，按照收到的赔偿金额，借记"资金结存——货币资金"科目，贷记本科目。

【例22-37】某事业单位当日现金盘点时发现缺少5元，无法查明原因。经批准予以核销。该单位的账务处理如下：

借：其他支出——现金盘亏支出　　　　　　　　　　　　　　　　　　　　　　　5
　　贷：资金结存——货币资金　　　　　　　　　　　　　　　　　　　　　　　　5

该业务须按平行记账原则同时进行财务会计账务处理。

4. 接受捐赠（无偿调入）和对外捐赠（无偿调出）非现金资产发生的税费支出。

接受捐赠（无偿调入）非现金资产发生的归属于捐入方（调入方）的相关税费、运输费等，以及对外捐赠（无偿调出）非现金资产发生的归属于捐出方（调出方）的相关税费、运输费等，按照实际支付金额，借记本科目，贷记"资金结存"科目。

【例22-38】某事业单位接受某表演艺术家捐赠的舞台车一辆，按相关规定发生税费支出13 650元，已通过基本账户缴纳完毕。该单位的账务处理如下：

借：其他支出——接受捐赠支出　　　　　　　　　　　　　　　　　　　　　　13 650
　　贷：资金结存——货币资金　　　　　　　　　　　　　　　　　　　　　　　　13 650

该业务须按平行记账原则同时进行财务会计账务处理。

5. 资产置换过程中发生的相关税费支出。

资产置换过程中发生的相关税费，按照实际支付金额，借记本科目，贷记"资金结存"科目。

【例22-39】某事业单位使用闲置机器设备置换急需的仪器设备，该项置换行为已取得有关部门批准，并发生与该置换相关税费支出6 030元，已通过基本账户缴纳完毕。该单位的账务处理如下：

借：其他支出——置换支出　　　　　　　　　　　　　　　　　　　　　　　　6 030
　　贷：资金结存——货币资金　　　　　　　　　　　　　　　　　　　　　　　　6 030

该业务须按平行记账原则同时进行财务会计账务处理。

6. 其他支出。

发生罚没等其他支出时，按照实际支出金额，借记本科目，贷记"资金结存"科目。

【例22-40】某事业单位因行政违法受到有关管理部门处罚，发生罚款支出36 200元，已通过基本账户缴纳完毕。该单位的账务处理如下：

借：其他支出——罚没支出　　　　　　　　　　　　　　　　　　　36 200
　　贷：资金结存——货币资金　　　　　　　　　　　　　　　　　　36 200

该业务须按平行记账原则同时进行财务会计账务处理。

7. 年末，将本科目本年发生额中的财政拨款支出转入财政拨款结转，借记"财政拨款结转——本年收支结转"科目，贷记本科目下各财政拨款支出明细科目；将本科目本年发生额中的非财政专项资金支出结转入非财政拨款结转，借记"非财政拨款结转——本年收支结转"科目，贷记本科目下各非财政专项资金支出明细科目；将本科目本年发生额中的其他资金支出（非财政非专项资金支出）转入其他结余，借记"其他结余"科目，贷记本科目下各其他资金支出明细科目。年末结转后，本科目应无余额。

【例22-41】承接【例22-35】、【例22-36】、【例22-37】、【例22-38】、【例22-39】、【例22-40】资料，对以上经济行为进行年末结转。

借：其他结余　　　　　　　　　　　　　　　　　　　　　　　　　169 385
　　贷：其他支出——利息支出　　　　　　　　　　　　　　　　　　13 500
　　　　　　　　——捐赠支出　　　　　　　　　　　　　　　　　　100 000
　　　　　　　　——现金盘亏支出　　　　　　　　　　　　　　　　　　　5
　　　　　　　　——接受捐赠支出　　　　　　　　　　　　　　　　13 650
　　　　　　　　——罚没支出　　　　　　　　　　　　　　　　　　36 200
　　　　　　　　——置换支出　　　　　　　　　　　　　　　　　　 6 030

第二十三章 预算结余

第一节 预算结余概述

一、预算结余的含义与内容

预算结余是指政府会计主体按照财政部门批复的预算,在年度预算执行结束时,未列支出的一般公共预算和政府性基金预算资金。

预算结余分为预算结转资金和预算结余资金。预算结转资金是指预算未全部执行或未执行,下年需按原用途继续使用的预算资金。预算结余资金是指项目实施周期已结束、项目目标完成或项目提前终止,尚未列支的项目支出预算资金;因项目实施计划调整,不需要继续支出的预算资金。

按照资金性质的不同,行政单位结余资金包括财政拨款结转、财政拨款结余和非财政拨款结转、非财政拨款结余;事业单位预算结转结余包括财政拨款结转、财政拨款结余、非财政拨款结转、非财政拨款结余、其他结余、经营结余。与行政单位不同,事业单位非财政拨款中非专项资金形成的结余可以按相关规定进行分配。

二、预算结余的管理

政府会计主体应加强预算结余的管理。财务部门要加强会计基础核算工作,按资金来源和项目正确区分与核算财政拨款结转结余、非财政拨款结转结余和经营结余。

财政拨款结转结余资金的管理,应当按照同级财政部门的有关规定执行。通常情况下,基本支出结转资金可以转入下期,用于维持单位的正常运转,但是基本支出结转资金中的日常公用经费不得用于人员经费支出;项目支出结转资金由于项目尚未完成,可转入下期继续按原用途使用;项目结余资金形成的财政拨款结余资金按财政部门规定上缴或注销,并向财政部门或者主管部门报送项目资金支出决算和使用效果的书面报告,接受财政部门或者主管部门的检查、验收。事业单位的财政拨款结余资金不得参与结余分配。

非财政拨款结转资金按照规定结转下一年度继续使用。事业单位本期非财政拨款中的非专项结余应转入结余分配。

事业单位的经营结余应当单独反映。如果本期经营业务有结余,应当转入结余分配;如果本期经营业务发生亏损,应留待用以后期间的经营结余弥补。

政府会计主体预算结余的内部控制很大程度上依赖于对预算收入和预算支出的内部控制。就结转和结余本身来说,加强内部控制应关注岗位分工是否明确,职责权限是否明晰,应重点加强记录控制,按资金性质和项目客观反映各类结转和结余资金的收入、支出和滚存情况。

三、预算结余的确认和计量

预算结余的确认依赖于预算收入和预算支出的确认,政府会计主体一般在会计期末进行预算收入、预算支出的结转，确认本期的预算结余。以前年度结转（余）调整、变动事项在发生时确认。

政府会计主体会计期末预算结转和结余的金额取决于预算收入和预算支出的计量结果。即：

$$预算结余 = 预算收入 - 预算支出$$

第二节 资金结存

一、资金结存的含义与内容

资金结存反映政府会计主体纳入部门预算管理的资金流入、流出、调整和滚存等情况。当本期预算资金流入时，相应资金结存数额增加，当本期预算资金流出时，相应减少资金结存。

$$资金结存 = 流入资金 - 流出资金$$

二、资金结存的确认与计量

在收付实现制下，政府会计主体对纳入部门预算管理的现金收支业务，在收到预算资金拨款凭证或取得货币资金收入证明单据时按实际收到的金额确认资金流入，增加资金结存；在实际支付款项取得支付凭据时按实际支付的金额确认资金流出，减少资金结存。

为了核算纳入部门预算管理的资金流入、流出、调整和滚存等情况，各单位应设置"资金结存"预算科目。该科目应设置以下明细科目：

"零余额账户用款额度"，核算实行国库集中支付的单位根据财政部门批复的用款计划收到和支用的零余额账户用款额度。

"货币资金"，核算单位取得的以库存现金、银行存款、其他货币资金形态存在的资金。

"财政应返还额度"，核算实行国库集中支付的单位应收财政返还的资金额度，可设置"财政直接支付""财政授权支付"两个明细科目进行明细核算。

年终结账后，"零余额账户用款额度"明细科目应无余额；"货币资金"明细科目年末借方余额，反映尚未使用的货币资金；"财政应返还额度"明细科目年末借方余额，反映应收财政返还的资金额度。

"资金结存"科目年末借方余额，反映单位取得预算资金的累计滚存情况。

"资金结存"科目的主要账务处理涉及预算资金流入业务、预算资金流出业务和"资金结存"明细科目之间发生的业务。具体业务处理如下：

1. 取得预算收入时：在财政授权支付方式下，单位依据代理银行转来的财政授权支付额度到账通知书，按照通知书中的授权支付额度，根据实际收到的金额，借记"资金结存（零余额账户用款额度）"，贷记"财政拨款预算收入"科目；在国库集中支付以外的其他支付方式下：实际收到预算收入时，借记"资金结存（货币资金）"科目，贷记"财政拨款预算收入""事业预算收入""上级补助预算收入""附属单位上缴预算收入""经营预算收入""债务预算收入""非同级财政拨款预算收入""投资预算收益""其他预算收入"等科目。

【例23-1】2×19年12月某事业单位收到代理银行转来的"财政授权支付额度到账通知书"显示当月授权额度3 000 000元，其中：人员经费1 000 000元，日常公用经费2 000 000元；收到财政专户核拨的事业收入3 500 000元；收到上级主管部门省教育厅以自有资金拨入的补助经费258 000元。该单位的账务处理如下：

收到代理银行转来"财政授权支付额度到账通知书"时：

借：资金结存——零余额账户用款额度　　　　　　　　　　　　　　　3 000 000
　　贷：财政拨款预算收入——一般公共预算拨款——事业运行——基本支出——人员经费
　　　　　　　　　　　　　　　　　　　　　　　　　　　　　　　　1 000 000

　　　　　财政拨款预算收入——一般公共预算拨款——事业运行——基本支出——日常公用经费
　　2 000 000
收到财政专户核拨的事业收入时：
　　借：资金结存——货币资金　　　　　　　　　　　　　　　　　　　　　　　3 500 000
　　　　贷：事业预算收入——学费收入　　　　　　　　　　　　　　　　　　　　3 500 000
收到上级主管部门拨款时：
　　借：资金结存——货币资金　　　　　　　　　　　　　　　　　　　　　　　　258 000
　　　　贷：上级补助预算收入——省教育厅　　　　　　　　　　　　　　　　　　　258 000
该业务须按平行记账原则进行财务会计账务处理。

【例23-2】 2×19年5月，某事业单位收到A股份有限公司公配的2×18年股权投资收益13 000 000元。收到银行账户存款利息7 850元。该单位的账务处理如下：
　　借：资金结存——货币资金　　　　　　　　　　　　　　　　　　　　　　 13 000 000
　　　　贷：投资预算收益——A股份有限公司　　　　　　　　　　　　　　　　 13 000 000
　　借：资金结存——货币资金　　　　　　　　　　　　　　　　　　　　　　　　　7 850
　　　　贷：其他预算收入——利息预算收入　　　　　　　　　　　　　　　　　　　　7 850
该业务须按平行记账原则同时进行财务会计账务处理。

2. 发生预算支出时：在财政授权支付方式下，根据实际支付的款项金额，借记"行政支出"或"事业支出"等科目，贷记"资金结存（零余额账户用款额度）"科目；在国库集中支付以外的其他方式下，根据实际支付的金额，借记"事业支出""经营支出"等科目，贷记"资金结存（货币资金）"；使用以前年度财政直接支付额度情况下，借记"行政支出"或"事业支出"科目，贷记"资金结存（财政应返还额度）"科目。

【例23-3】 2×19年12月，某行政单位通过零余额账户支付当月水费25 000元。该单位的账务处理如下：
　　借：行政支出——财政拨款支出——行政运行——基本支出——商品和服务支出——水费
　　　　　　　　　　　　　　　　　　　　　　　　　　　　　　　　　　　　　　 25 000
　　　　贷：资金结存——零余额账户用款额度　　　　　　　　　　　　　　　　　 25 000
该业务须按平行记账原则同时进行财务会计账务处理。

【例23-4】 2×19年12月，某事业单位采购国家级教师培训项目培训用品一批，以银行存款支付贷款3 000元。该单位的账务处理如下：
　　借：事业支出——其他资金支出——事业运行——项目支出——商品和服务支出——培训费
　　　　　　　　　　　　　　　　　　　　　　　　　　　　　　　　　　　　　　　3 000
　　　　贷：资金结存——货币资金　　　　　　　　　　　　　　　　　　　　　　　3 000
该业务须按平行记账原则同时进行财务会计账务处理。

【例23-5】 某行政单位使用以前年度财政直接支付额度购买打印纸一批，价款4 500元。该单位的账务处理如下：
　　借：行政支出——财政拨款支出——行政运行——基本支出——商品和服务支出——办公费
　　　　　　　　　　　　　　　　　　　　　　　　　　　　　　　　　　　　　　　4 500
　　　　贷：资金结存——财政应返还额度　　　　　　　　　　　　　　　　　　　　4 500
该业务须按平行记账原则同时进行财务会计账务处理。

3. 经批准从零余额账户提取现金时，借记"资金结存（货币资金）"，贷记"资金结存（零余额账户用款额度）"；退回现金时，作相反分录。

【例23-6】 某事业单位为满足零星开支需要，经批准从零余额账户提取现金2 000元。该单位的账务处理如下：
　　借：资金结存——货币资金　　　　　　　　　　　　　　　　　　　　　　　　　2 000
　　　　贷：资金结存——零余额账户用款额度　　　　　　　　　　　　　　　　　　2 000
该业务须按平行记账原则同时进行财务会计账务处理。

4. 按照规定使用专用基金时，按照实际支付金额，借记"专用结余"科目（从非财政拨款结余中提取的专用基金）或"事业支出"等科目（从预算收入中计提的专用基金），贷记"资金结存（货币资金）"科目。

【例23-7】某事业单位用职工福利基金支付职工体检费30 000元。该单位的账务处理如下：

借：专用结余——职工福利基金　　　　　　　　　　　　　　　　　　　30 000
　　贷：资金结存——货币资金　　　　　　　　　　　　　　　　　　　　　　30 000

该业务须按平行记账原则同时进行财务会计账务处理。

【例23-8】某事业单位使用从学费收入中提取的学生困难补助基金支付困难学生补助5 000元。该单位的账务处理如下：

借：事业支出——其他资金支出——对个人和家庭补助支出——助学金　　　5 000
　　贷：资金结存——货币资金　　　　　　　　　　　　　　　　　　　　　　5 000

该业务须按平行记账原则同时进行财务会计账务处理。

5. 按规定上缴财政拨款结转资金或注销财政拨款结转额度的，按照实际上缴资金数额或注销的资金额度数额，借记"财政拨款结转——归集上缴"或"财政拨款结余——归集上缴"科目，贷记"资金结存（财政应返还额度/零余额账户用款额度/货币资金）"科目。

按规定缴回非财政拨款结转资金或非财政拨款结余资金的，按照实际上缴资金数额，借记"非财政拨款结转——缴回资金"或"非财政拨款结余——缴回资金"科目，贷记"资金结存（货币资金）"科目。

【例23-9】某事业单位承担省级教师培训项目，培训经费由省级财政部门通过主管部门直接拨入该单位基本账户。按财政部门要求，对超过两年未执行的项目和项目执行完毕后的结余资金予以收回。2×19年，该单位按省级财政部门要求，对本单位培训项目的预算收支执行情况进行清理。经清理，应上缴培训项目结余资金153 200元，应上缴未执行的预算资金460 000元。该单位的账务处理如下：

借：财政拨款结余——归集上缴　　　　　　　　　　　　　　　　　　　153 200
　　财政拨款结转——归集上缴　　　　　　　　　　　　　　　　　　　460 000
　　贷：资金结存——货币资金　　　　　　　　　　　　　　　　　　　　　613 200

该业务须按平行记账原则同时进行财务会计账务处理。

【例23-10】2×19年9月，某事业单位受某出版社委托，对新版教材的使用进行培训，该单位收到出版社转来培训费300 000元。2×19年末培训结束后，按实际参培人数结算，培训经费结余12 000元，2×20年初，出版社予以收回。该单位的账务处理如下：

2×20年初缴回资金时：

借：非财政拨款结余——缴回资金——培训费　　　　　　　　　　　　　12 000
　　贷：资金结存——货币资金　　　　　　　　　　　　　　　　　　　　　　12 000

该业务须按平行记账原则同时进行财务会计账务处理。

6. 因购货退回、发生差错更正等退回国库直接支付、授权支付款项，或者收回货币资金的，属于本年度支付的，借记"财政拨款预算收入"科目或"资金结存（零余额账户用款额度、货币资金）"科目，贷记"行政支出/事业支出"科目；属于以前年度支付的，借记"资金结存（财政应返还额度/零余额账户用款额度/货币资金）"科目，贷记"财政拨款结转/财政拨款结余/非财政拨款结转/非财政拨款结余（年初余额调整）"科目。

【例23-11】某事业单位2×19年1月5日，收到代理银行转来授权支付退款通知书，因对方账户信息错误，退回上年12月末采购办公用品购货款3 200元；因购货质量问题，退回当月购买打印机硒鼓货款1 030元。该单位的账务处理如下：

借：资金结存——零余额账户用款额度　　　　　　　　　　　　　　　　　4 230
　　贷：财政拨款结转——年初余额调整　　　　　　　　　　　　　　　　　　3 200
　　　　事业支出——财政拨款支出——基本支出——商品和服务支出　　　　1 030

该业务须按平行记账原则同时进行财务会计账务处理。

7. 有企业所得税缴纳义务的事业单位实际缴纳企业所得税时，借记"非财政拨款结余（累计结余）"科目，贷记"资金结存（货币资金）"科目。

【例23-12】某事业单位开展非独立核算经营活动，2×19年末上缴当年应缴纳的企业所得税15 000元。该单位的账务处理如下：

借：非财政拨款结余——累计结余 15 000
　　贷：资金结存——货币资金 15 000

该业务须按平行记账原则同时进行财务会计账务处理。

8. 年度终了，各单位核对当年预算指标数与实际拨款数，在财政直接支付方式下，根据本年度财政直接支付预算指标数与当年财政直接支付实际支出数的差额，借记"资金结存（财政应返还额度）"科目，贷记"财政拨款预算收入"科目。

【例23-13】2×19年末，某行政单位经与财政部门核对，本年度财政直接支付预算指标数1 500 000元，当年财政直接支付实际支出数1 450 000元，尚有50 000元需结转到下年度继续使用。2×20年初收到财政部门恢复直接支付额度通知后，该单位购买办公用品支付5 000元。该单位的账务处理如下：

年末核对后，增加当年财政拨款预算收入：

借：资金结存——财政应返还额度——财政直接支付 50 000
　　贷：财政拨款预算收入——基本支出拨款 50 000

下年初恢复财政直接支付额度不作账务处理，支付办公用品采购款时：

借：行政支出——财政拨款支出——行政运行——基本支出——商品和服务支出——办公费
 5 000
　　贷：资金结存——财政应返还额度——财政直接支付 5 000

该业务须按平行记账原则同时进行财务会计账务处理。

9. 年度终了，单位依据代理银行提供的对账单作注销额度的相关账务处理，借记"资金结存（财政应返还额度）"科目，贷记"资金结存（零余额账户用款额度）"科目；本年度财政授权支付预算指标数大于零余额账户用款额度下达数的，根据未下达的用款额度，借记"资金结存（财政应返还额度）"科目，贷记"财政拨款预算收入"科目。

下年初，单位依据代理银行提供的额度恢复到账通知书作恢复额度的相关账务处理，借记"资金结存（零余额账户用款额度）"科目，贷记"资金结存（财政应返还额度）"科目。单位收到财政部门批复的上年末未下达零余额账户用款额度的，借记"资金结存（零余额账户用款额度）"科目，贷记"资金结存（财政应返还额度）"科目。

【例23-14】某事业单位为财政全额拨款事业单位，2×19年末与代理银行提供的对账单核对，单位零余额账户余额300 000元；经与财政部门核对，本年度财政授权支付预算指标数38 000 000元，零余额账户用款额度下达数37 000 000元。该单位的账务处理如下：

年末注销零余额账户用款额度；确认未下达的用款额度：

借：资金结存——财政应返还额度——财政授权支付 1 300 000
　　贷：资金结存——零余额账户用款额度 300 000
　　　　财政拨款预算收入——基本支出拨款 1 000 000

下年初恢复零余额账户用款额度：

2×20年初，收到代理银行提供的恢复零余额账户用款额度通知，恢复上年注销的零余额账户用款额度300 000元。收到财政部门批复的上年末未下达零余额账户用款额度1 000 000元。

借：资金结存——零余额账户用款额度 1 300 000
　　贷：资金结存——财政应返还额度——财政授权支付 1 300 000

第三节　财政拨款结转结余

一、财政拨款结转结余

（一）财政拨款结转结余的含义和分类

财政拨款结转结余是指政府会计主体在年度预算执行结束时，未列支出的财政拨款预算资金，包括财政拨款结转资金和财政拨款结余资金。

1. 财政拨款结转资金。

财政拨款结转资金是指未全部执行或未执行，下年需按原用途继续使用的财政拨款预算资金。财政拨款结转包括基本支出结转和项目支出结转。

基本支出结转是指单位基本支出拨款与基本支出相抵后余额的累计，是下一年度需要继续用于维持单位正常运行和完成日常工作任务的财政拨款滚存资金。基本支出结转资金原则上结转到下一预算年度，用于人员经费支出和日常公用经费支出。

项目支出结转是指单位项目支出拨款与项目支出相抵后余额的累计，是下一年度需要继续用于完成特定任务的财政拨款滚存资金。项目支出结转原则上不得调整用途，限定用于规定的项目支出。按照形成的时间不同，结转资金分为当年结转资金和累计结转资金。当年结转资金是单位本预算年度财政拨款收入与其支出相抵后形成的结转资金；累计结转资金是单位截止到期末形成的历年累计财政拨款结转资金。

2. 财政拨款结余资金。

财政拨款结余资金是指项目实施周期已结束、项目目标完成或项目提前终止，尚未列支的财政拨款预算资金以及因项目实施计划调整，不需要继续支出的预算资金。按照部门预算管理的要求，预算年度基本经费收支相抵后的余额全部结转至下一年度继续使用，用于维持正常运行和完成日常工作任务，全额列入财政拨款结转不会形成基本支出结余。所以，财政拨款结余即是项目支出结余。

项目支出结余是单位已经完成项目或因故终止项目剩余的滚存资金。项目支出结余资金应统筹用于编制以后年度部门预算，或按照同级财政部门的规定在预算单位内部部门之间调剂使用，年末，政府会计主体应当对财政拨款项目的执行情况进行分析，将符合财政拨款结余资金性质的数额从"财政拨款结转——累计结转"转到"财政拨款结余——结转转入"科目，形成当年的财政拨款结余资金。

按照形成的时间不同，结余资金分为当年结余资金和累计结余资金。当年结余资金是单位本预算年度财政拨款收入与其支出相抵后形成的结余资金；累计结余资金是单位截止到期末形成的历年累计财政拨款结余资金。

（二）财政拨款结转结余的管理

财政拨款结转结余是政府会计主体基本经费和项目经费的收支差额，各单位应加强会计基础核算工作，正确核算财政基本经费拨款、基本支出和财政项目拨款、项目支出。年末，应对基本支出和项目支出进行结转，对项目的执行情况进行分析，对符合财政拨款结余性质的结转资金要转入财政拨款结余。

财政拨款结余应当按财政部门有关管理规定进行处理，或按规定上缴，或注销资金额度，或经批准转作其他用途，不得参与结余分配。

二、财政拨款结转的确认和计量

政府会计主体会计期末财政拨款结转金额取决于预算收入和预算支出的计量结果。政府会计主体一般在会计期末对本期财政拨款预算收入、财政拨款预算支出进行结转，确认本期的财政拨款结转资金；以前年度结转调整、变动事项在发生时确认。

为了核算财政拨款结转情况，应设置"财政拨款结转"科目核算单位取得的同级财政拨款结转资金的调整、结转和滚存情况。该科目应设置以下明细科目：

1. 与会计差错更正、以前年度支出收回相关的明细科目：

"年初余额调整"。本明细科目核算因发生差错更正、以前年度支出收回等原因，需要调整财政拨款结转的金额。年终结账后，本明细科目应无余额。

2. 与财政拨款调拨业务相关的明细科目：

（1）"归集调入"。本明细科目核算按照规定从其他单位调入财政拨款结转资金时，实际调增的额度数额或调入的资金数额。年末结账后，本明细科目应无余额。

（2）"归集调出"。本明细科目核算按照规定向其他单位调出财政拨款结转资金时，实际调减的额度数额或调出的资金数额。年末结账后，本明细科目应无余额。

（3）"归集上缴"。本明细科目核算按照规定上缴财政拨款结转资金时，实际核销的额度数额或上缴的资金数额。年末结账后，本明细科目应无余额。

（4）"单位内部调剂"。本明细科目核算经财政部门批准对财政拨款结余资金改变用途，调整用于本单位其他未完成项目等的调整金额。年末结账后，本明细科目应无余额。

3. 与年末财政拨款结转业务相关的明细科目：

（1）"本年收支结转"。本明细科目核算单位本年度财政拨款收支相抵后的余额。年末结账后，本明细科目应无余额。

（2）"累计结转"。本明细科目核算单位滚存的财政拨款结转资金。本明细科目年末贷方余额，反映单位财政拨款滚存的结转资金数额。

"财政拨款结转"科目还应当设置"基本支出结转""项目支出结转"两个明细科目，并在"基本支出结转"明细科目下按照"人员经费""日常公用经费"进行明细核算，在"项目支出结转"明细科目下按照具体项目进行明细核算；同时，本科目还应按照《政府收支分类科目》中"支出功能分类科目"的相关科目进行明细核算。

有一般公共预算财政拨款、政府性基金预算财政拨款等两种或两种以上财政拨款的，还应当在"财政拨款结转"科目下按照财政拨款的种类进行明细核算。

财政拨款结转的主要账务处理如下：

1. 与会计差错更正、以前年度支出收回相关的账务处理。

（1）因发生会计差错更正退回以前年度国库直接支付、授权支付款项或财政性货币资金，或者因发生会计差错更正增加以前年度国库直接支付、授权支付支出或财政性货币资金支出，属于以前年度财政拨款结转资金的，借记或贷记"资金结存——财政应返还额度/零余额账户用款额度/货币资金"科目，贷记或借记"财政拨款结转（年初余额调整）"科目。

（2）因购货退回、预付款项收回等发生以前年度支出又收回国库直接支付、授权支付款项或收回财政性货币资金，属于以前年度财政拨款结转资金的，借记"资金结存——财政应返还额度/零余额账户用款额度/货币资金"科目，贷记"财政拨款结转（年初余额调整）"科目。

业务举例见【例23-11】。

2. 与财政拨款结转结余资金调整业务相关的账务处理。

（1）按照规定从其他单位调入财政拨款结转资金的，按照实际调增的额度数额或调入的资金数额，借记"资金结存——财政应返还额度/零余额账户用款额度/货币资金"科目，贷记"财政拨款结转（归集调入）"科目。

（2）按照规定向其他单位调出财政拨款结转资金的，按照实际调减的额度数额或调出的资金数额，借记"财政拨款结转（归集调出）"科目，贷记"资金结存——财政应返还额度/零余额账户用款额度/货币资金"科目。

（3）按照规定上缴财政拨款结转资金或注销财政拨款结转资金额度的，按照实际上缴资金数额或注销的资金额度数额，借记"财政拨款结转（归集上缴）"科目，贷记"资金结存——财政应返还额度/零余额账户用款额度/货币资金"科目。

（4）经财政部门批准对财政拨款结余资金改变用途，调整用于本单位基本支出或其他未完成项目支出的，按照批准调剂的金额，借记"财政拨款结余——单位内部调剂"科目，贷记"财政拨款结转（单位内部调剂）"。

【例23-15】某事业单位A项目专项拨款经费缺口70 000元，经财政部门批准将本单位B项目结余资金50 000元用于A项目，同时财政部门将同级某事业单位中止实施的C项目结转经费20 000元调配给该单位A项目使用。该单位的账务处理如下：

借：财政拨款结余——单位内部调剂——B项目　　50 000
　　贷：财政拨款结转——单位内部调剂——A项目　　50 000
借：资金结存——零余额账户用款额度　　20 000
　　贷：财政拨款结转——归集调入——A项目　　20 000

该业务须按平行记账原则同时进行财务会计账务处理。

【例23-16】某行政单位实行财政直接支付方式，2×19年末D项目由于尚未完工，年末结转后形成结转资金50 000元。2×20年初，由于项目实施条件发生变化，项目中止实施，项目结转经费由财政部门直接收回。该单位的账务处理如下：

借：财政拨款结转——归集上缴——D项目　　　　　　　　　　　　　　　　50 000
　　贷：资金结存——财政应返还额度　　　　　　　　　　　　　　　　　　　　50 000

该业务须按平行记账原则同时进行财务会计账务处理。

3. 与年末财政拨款结转和结余业务相关的账务处理。

（1）年末，将财政拨款预算收入本年发生额转入"财政拨款结转"科目，借记"财政拨款预算收入"科目，贷记"财政拨款结转（本年收支结转）"科目；将各项支出中财政拨款支出本年发生额转入"财政拨款结转"科目，借记"财政拨款结转（本年收支结转）"科目，贷记各项支出（财政拨款支出）科目。

（2）年末冲销有关明细科目余额。将"财政拨款结转（本年收支结转、年初余额调整、归集调入、归集调出、归集上缴、单位内部调剂）"科目余额转入"财政拨款结转（累计结转）"科目。结转后，"财政拨款结转"科目除"累计结转"明细科目外，其他明细科目应无余额。

（3）年末完成上述结转后，应当对财政拨款结转各明细项目执行情况进行分析，按照有关规定将符合财政拨款结余性质的项目余额转入财政拨款结余，借记"财政拨款结转（累计结转）"科目，贷记"财政拨款结余——结转转入"科目。

"财政拨款结转"科目年末贷方余额，反映单位滚存的财政拨款结转资金数额。

【例23-17】某事业单位年末"财政拨款预算收入——基本支出拨款"贷方累计发生额30 000 000元，"财政拨款预算收入——项目支出拨款"贷方累计发生额8 000 000元，"事业支出——财政拨款支出——基本支出"借方累计发生额29 880 000元，"事业支出——财政拨款支出——专项支出"借方累计发生额6 900 000元。本年收支结转账务处理：

本年基本支出结转：

借：财政拨款预算收入——基本支出拨款　　　　　　　　　　　　　　　　30 000 000
　　贷：财政拨款结转——本年收支结转——基本支出结转　　　　　　　　　　30 000 000
借：财政拨款结转——本年收支结转——基本支出结转　　　　　　　　　　29 880 000
　　贷：事业支出——财政拨款支出——基本支出　　　　　　　　　　　　　　29 880 000

本年项目支出结转：

借：财政拨款预算收入——项目支出拨款　　　　　　　　　　　　　　　　8 000 000
　　贷：财政拨款结转——本年收支结转——项目支出结转　　　　　　　　　　8 000 000
借：财政拨款结转——本年收支结转——项目支出结转　　　　　　　　　　6 900 000
　　贷：事业支出——财政拨款支出——项目支出　　　　　　　　　　　　　　6 900 000

【例23-18】某事业单位年末结转财政拨款结转各明细科目余额，其中："财政拨款结转——年初余额调整"贷方余额3200元（基本支出结转），"财政拨款结转——单位内部调剂"贷方余额50 000元，"财政拨款结转——归集调入"贷方余额20 000元，"财政拨款结转——归集上缴"借方余额50 000元，"财政拨款结转——本年收支结转——基本支出结转"贷方余额120 000元，"财政拨款结转——本年收支结转——项目支出结转"贷方余额1 100 000元，年末账务处理：

借：财政拨款结转——年初余额调整　　　　　　　　　　　　　　　　　　3 200
　　　　　　　　——本年收支结转——基本支出结转　　　　　　　　　　120 000
　　贷：财政拨款结转——累计结转——基本支出结转　　　　　　　　　　　　123 200
借：财政拨款结转——单位内部调剂　　　　　　　　　　　　　　　　　　50 000
　　　　　　　　——归集调入　　　　　　　　　　　　　　　　　　　　　20 000
　　　　　　　　——本年收支结转——项目支出结转　　　　　　　　　　1 100 000
　　贷：财政拨款结转——累计结转——项目支出结转　　　　　　　　　　　　1 120 000
　　　　　　　　　　——归集上缴　　　　　　　　　　　　　　　　　　　50 000

结转后除"财政拨款结转——累计结转"明细科目外，其他明细科目应无余额。结转后财政拨款结转各明细科目余额情况如表23-1所示。

表 23-1　　　　　　　　　　　　　财政拨款结转各明细科目余额表

财政拨款结转明细科目名称	年末结转前余额		年末结转后余额	
	借方	贷方	借方	贷方
年初余额调整（基本支出）		3 200		
单位内部调剂		50 000		
归集调入		20 000		
归集上缴	50 000			
本年收支结转				
其中：基本支出结转		120 000		
项目支出结转		1 100 000		
累计结转				1 243 200
其中：基本支出结转				123 200
项目支出结转				1 120 000
合计	50 000	1 293 200		1 243 200

其中：项目支出结转应分析项目的执行情况，如项目已完成，应将结转资金转入结余科目。

【例23-19】承接【例23-18】资料，年末，该事业单位分析项目执行情况，A项目已完成，项目结余资金20 000元转入财政拨款结余。该单位的账务处理如下：

借：财政拨款结转——累计结转——项目支出结转——A项目　　20 000
　　贷：财政拨款结余——结转转入　　　　　　　　　　　　　　　　　20 000

三、财政拨款结余的确认和计量

政府会计主体一般在会计期末对同级财政拨款项目的本期财政拨款预算收入、财政拨款预算支出进行结转，确认本期的财政拨款结转资金；对结转资金中已经完成项目形成的结转资金确认为财政拨款结余；以前年度结余调整、变动事项在发生时确认。

为了核算同级财政拨款项目支出结余资金的调整、结转和滚存情况，各单位应设置"财政拨款结余"科目。本科目设置如下明细科目：

与会计差错更正、以前年度支出收回相关的明细科目"年初余额调整"：本明细科目核算因发生会计差错更正、以前年度支出收回等原因，需要调整财政拨款结余的金额。年末结账后，本明细科目应无余额。

与财政拨款结余资金调整业务相关的明细科目：（1）"归集上缴"。本明细科目核算按照规定上缴财政拨款结余资金时，实际核销的额度数额或上缴的资金数额。年末结账后，本明细科目应无余额。（2）"单位内部调剂"。本明细科目核算经财政部门批准对财政拨款结余资金改变用途，调整用于本单位其他未完成项目等的调整金额。年末结账后，本明细科目应无余额。

与年末财政拨款结余业务相关的明细科目：（1）"结转转入"。本明细科目核算单位按照规定转入财政拨款结余的财政拨款结转资金。年末结账后，本明细科目应无余额。（2）"累计结余"。本明细科目核算单位滚存的财政拨款结余资金。本明细科目年末贷方余额，反映单位财政拨款滚存的结余资金数额。

"财政拨款结余"科目还应当按照具体项目、《政府收支分类科目》中"支出功能分类科目"的相关科目等进行明细核算。有一般公共预算财政拨款、政府性基金预算财政拨款等两种或两种以上财政拨款的，还应当在本科目下按照财政拨款的种类进行明细核算。

财政拨款结余的主要账务处理如下：

1. 与会计差错更正、以前年度支出收回相关的账务处理。

（1）因发生会计差错更正退回以前年度国库直接支付、授权支付款项或财政性货币资金，或者因发生会计差错更正增加以前年度国库直接支付、授权支付支出或财政性货币资金支出，属于以前年度财政拨款结余资金的，借记或贷记"资金结存——财政应返还额度/零余额账户用款额度/货币资金"科目，贷记或借记"财政拨款结余（年初余额调整）"科目。

（2）因购货退回、预付款项收回等发生以前年度支出又收回国库直接支付、授权支付款项或收回财政性货币资金，属于以前年度财政拨款结余资金的，借记"资金结存——财政应返还额度/零余额账户用款额度/货币资金"科目,贷记"财政拨款结余(年初余额调整)"科目。

【例23-20】某行政单位财政拨款A项目2×19年度已经结项,项目结余资金已作转入结余账务处理。2×20年该单位接受项目审计时发现,误将一笔应在基本支出列支的会议费计入了A项目,金额13 000元。根据审计意见,应予调整账务。该单位的账务处理如下:

借:财政拨款结转——年初余额调整　　　　　　　　　　　　　　　　13 000
　　贷:财政拨款结余——年初余额调整——A项目　　　　　　　　　　　　13 000

2. 与财政拨款结余资金调整业务相关的账务处理。

(1) 经财政部门批准对财政拨款结余资金改变用途,调整用于本单位基本支出或其他未完成项目支出的,按照批准调剂的金额,借记"财政拨款结余(单位内部调剂)"科目,贷记"财政拨款结转——单位内部调剂"科目。

(2) 按照规定上缴财政拨款结余资金或注销财政拨款结余资金额度的,按照实际上缴资金数额或注销的资金额度数额,借记"财政拨款结余(归集上缴)"科目,贷记"资金结存——财政应返还额度/零余额账户用款额度/货币资金"科目。

【例23-21】某行政单位经财政部门批准将A专项项目结余经费50 000元调剂给本单位正在实施的B项目使用。该单位的账务处理如下:

借:财政拨款结余——单位内部调剂　　　　　　　　　　　　　　　　50 000
　　贷:财政拨款结转——单位内部调剂　　　　　　　　　　　　　　　　50 000

【例23-22】某事业单位通过零余额账户,按规定归集上缴省级财政部门B项目结余资金7 600元。该单位的账务处理如下:

借:财政拨款结余——归集上缴——D项目　　　　　　　　　　　　　　7 600
　　贷:资金结存——零余额账户用款额度　　　　　　　　　　　　　　　7 600

该业务须按平行记账原则同时进行财务会计账务处理。

3. 与年末财政拨款结转和结余业务相关的账务处理。

(1) 年末,对财政拨款结转各明细项目执行情况进行分析,按照有关规定将符合财政拨款结余性质的项目余额转入财政拨款结余,借记"财政拨款结转——累计结转"科目,贷记"财政拨款结余(结转转入)"科目。

(2) 年末冲销有关明细科目余额。将本科目(年初余额调整、归集上缴、单位内部调剂、结转转入)余额转入"财政拨款结余(累计结余)"科目。结转后,"财政拨款结余"科目除"累计结余"明细科目外,其他明细科目应无余额。

"财政拨款结余"科目年末贷方余额,反映单位滚存的财政拨款结余资金数额。

【例23-23】年末,某事业单位进行年末结转财务处理后,"财政拨款结转——累计结转"科目贷方余额1 170 000元。经对项目执行情况进行分析,其中D、E两个项目已执行完毕,D项目结余资金9 800元,E项目结余资金15 200元,其他项目需在下年度继续执行,项目结转资金1 145 000元。该单位的账务处理如下:

借:财政拨款结转——累计结转——项目支出结转——D项目　　　　　9 800
　　贷:财政拨款结余——结转转入　　　　　　　　　　　　　　　　　9 800
借:财政拨款结转——累计结转——项目支出结转——E项目　　　　　15 200
　　贷:财政拨款结余——结转转入　　　　　　　　　　　　　　　　　15 200

【例23-24】某事业单位年末结账前"财政拨款结余"各明细科目余额:"财政拨款结余——年初余额调整"贷方余额13 000元;"财政拨款结余——归集上缴"借方余额7 600元;"财政拨款结余——单位内部调剂"借方余额50 000元,"财政拨款结余——结转转入"贷方余额25 000元,"财政拨款结余——累计结余"贷方余额300 000元。年末作财政拨款结余明细科目余额的冲销处理。该单位的账务处理如下:

借:财政拨款结余——年初余额调整　　　　　　　　　　　　　　　　13 000
　　　　　　　　——结转转入　　　　　　　　　　　　　　　　　　25 000
　　贷:财政拨款结余——累计结余　　　　　　　　　　　　　　　　　38 000

借：财政拨款结余——累计结余　　　　　　　　　　　　　　　　　　　　57 600
　　贷：财政拨款结余——归集上缴　　　　　　　　　　　　　　　　　　　　7 600
　　　　　　　　　　——单位内部调剂　　　　　　　　　　　　　　　　　50 000

结转后，除"财政拨款结余——累计结余"科目有余额外，其他明细科目均无余额。结转后财政拨款结余各明细科目余额情况如表23-2所示。

表23-2　　　　　　　　　　　　　财政拨款结余各明细科目余额表

财政拨款结余明细科目名称	年末结转前余额		年末结转后余额	
	借方	贷方	借方	贷方
年初余额调整		13 000		
单位内部调剂	50 000			
结转转入		25 000		
归集上缴	7 600			
累计结余		300 000		280 400
合计	57 600	338 000		280 400

第四节　非财政拨款结转结余

一、非财政拨款结转结余的含义和内容

非财政拨款结转结余是指政府会计主体除财政拨款收支和经营收支以外的各项收入与各项支出相抵后余额滚存的资金，包括非财政拨款结转和非财政拨款结余。

非财政拨款结转，是指政府会计主体除财政拨款收支和经营收支以外的各非同级财政拨款专项资金收入与其相关支出相抵后剩余滚存的、须按规定用途使用的结转资金。包括非同级财政拨款专项经费收支结转和非财政拨款专项收支结转。非财政拨款结转资金按照规定结转下一年度继续使用。

非财政拨款结余，是指政府会计主体历年滚存的非限定用途的非同级财政拨款结余资金。其主要来源：一是按规定由非财政拨款结转资金转入的非财政拨款专项资金结余；二是由行政单位非同级财政拨款、非专项经费收支相抵后转入的结余资金或由事业单位"非同级财政拨款结余分配"科目分配后转入的结余资金。

二、非财政拨款结转结余的管理

政府会计主体应加强非财政补助结转结余基础核算的管理，准确核算和区分基本支出和项目支出，正确结转非财政拨款结转资金和结余资金。

政府会计主体应加强非财政拨款结转资金使用的管理，严格按有关规定，合法、合规使用非财政拨款结转资金，保证项目资金的专款专用。

政府会计主体应加强非财政拨款结余资金的管理，行政单位的非财政拨款非专项资金形成的结余一般不进行结余分配，直接由"其他结余"转入"非财政拨款结余——累计结余"；事业单位非财政拨款、非专项资金形成的结余，先按有关规定进行结余分配，剩余部分转入"非财政拨款结余——累计结余"。

事业单位经营结余应单独计算和反映，本期经营业务有结余，应转入结余分配，如发生亏损，不予结转应用以后期间经营结余弥补，不得用非财政拨款结余弥补经营亏损。

三、非财政拨款结转的确认和计量

政府会计主体一般在会计期末对本期除财政拨款预算收入、经营预算收入和财政拨款预算支出、经营支出以外的专项预算收支进行结转，确认本期的非财政拨款结转资金；以前年度结转调整、变动事项

在发生时确认。

为了核算非财政拨款结转情况，各单位设置"非财政拨款结转"科目，核算单位除财政拨款收支、经营收支以外各非同级财政拨款专项资金的调整、结转和滚存情况。本科目应设置如下明细科目：

"年初余额调整"：本明细科目核算因发生会计差错更正、以前年度支出收回等原因，需要调整非财政拨款结转的资金。年末结账后，本明细科目应无余额。

"缴回资金"：本明细科目核算按照规定缴回非财政拨款结转资金时，实际缴回的资金数额。年末结账后，本明细科目应无余额。

"项目间接费用或管理费"：本明细科目核算单位取得的科研项目预算收入中，按照规定计提项目间接费用或管理费的数额。年末结账后，本明细科目应无余额。

"本年收支结转"：本明细科目核算单位本年度非同级财政拨款专项收支相抵后的余额。年末结账后，本明细科目应无余额。

"累计结转"：本明细科目核算单位滚存的非同级财政拨款专项结转资金。本明细科目年末贷方余额，反映单位非同级财政拨款滚存的专项结转资金数额。本科目还应当按照具体项目、《政府收支分类科目》中"支出功能分类科目"的相关科目等进行明细核算。

"待处理收入"核算年末结转时，由"其他预算收入——待处理收入"科目发生额转入的待处理预算收入。

"待处理支出"核算年末结转时，由"其他支出——待处理支出"科目发生额转入的待处理预算支出。

非财政拨款结转的主要账务处理如下：

1. 按照规定从科研项目预算收入中提取项目管理费或间接费时，按照提取金额，借记"非财政拨款结转（项目间接费用或管理费）"科目，贷记"非财政拨款结余——项目间接费用或管理费"科目。

【例23-25】某高校承担省科委科研规划课题B项目，当年收到科研经费800 000元，按有关规定，该高校按8%的比例计提科研项目管理费64 000元。该单位的账务处理如下：

借：非财政拨款结转——项目间接费用或管理费——B项目　　　　　　　　64 000
　　贷：非财政拨款结余——项目间接费用或管理费——B项目　　　　　　64 000

该业务须按平行记账原则同时进行财务会计账务处理。

2. 因会计差错更正收到或支出非同级财政拨款货币资金，属于非财政拨款结转资金的，按照收到或支出的金额，借记或贷记"资金结存——货币资金"科目，贷记或借记"非财政拨款结转（年初余额调整）"科目。

因收回以前年度支出等收到非同级财政拨款货币资金，属于非财政拨款结转资金的，按照收到的金额，借记"资金结存——货币资金"科目，贷记"非财政拨款结转（年初余额调整）"科目。

【例23-26】某事业单位在账务清理时发现，上年度误将从非同级财政部门取得的A项目专项拨款60 000元误记为"同级财政拨款预算收入"科目，应进行账务调整。该单位的账务处理如下：

借：财政拨款结转——年初余额调整——A项目　　　　　　　　　　　　60 000
　　贷：非财政拨款结转——年初余额调整——A项目　　　　　　　　　60 000

3. 按照规定缴回非财政拨款结转资金的，按照实际缴回资金数额，借记"非财政拨款结转（缴回资金）"科目，贷记"资金结存——货币资金"科目。

【例23-27】某事业单位非财政拨款M项目因故终止，结转资金20 000元按规定返还给拨款单位。该单位款项已支付。该单位的账务处理如下：

借：非财政拨款结转——缴回资金——M项目　　　　　　　　　　　　　20 000
　　贷：资金结存——货币资金　　　　　　　　　　　　　　　　　　　20 000

该业务须按平行记账原则同时进行财务会计账务处理。

4. 年末，将事业预算收入、上级补助预算收入、附属单位上缴预算收入、非同级财政拨款预算收入、债务预算收入、其他预算收入本年发生额中的专项资金收入转入"非财政拨款结转"科目，借记"事业预算收入""上级补助预算收入""附属单位上缴预算收入""非同级财政拨款预算收入""债务预算收入""其他预算收入"科目下各专项资金收入明细科目，贷记"非财政拨款结转（本年收支结转）"科目;将行政支出、事业支出、其他支出本年发生额中的非财政拨款专项资金支出转入"非财政拨款结转"科目,借记"非财政拨款结转(本年收支结转)"科目,贷记"行政支出""事业支出""其他支出"科目下各非财政拨款专项资金支出明细科目。

【例23-28】某事业单位年末"事业预算收入——专项收入"贷方累计发生额800 000元,"上级补助预算收入——专项收入"贷方累计发生额200 000元,"非同级财政拨款预算收入——专项收入"贷方累计发生额500 000元,"其他预算收入——专项收入"贷方累计发生额50 000元,"事业支出——非财政专项资金支出——专项支出"借方累计发生额1 200 000元,"其他支出——专项支出"借方累计发生额40 000元。年末结转账务处理:

借:事业预算收入——专项收入　　　　　　　　　　　　　　800 000
　　上级补助预算收入——专项收入　　　　　　　　　　　　200 000
　　非同级财政拨款预算收入——专项收入　　　　　　　　　500 000
　　其他预算收入——专项收入　　　　　　　　　　　　　　 50 000
　　贷:非财政拨款结转——本年收支结转　　　　　　　　1 550 000
借:非财政拨款结转——本年收支结转　　　　　　　　　　1 240 000
　　贷:事业支出——非财政专项资金支出——专项支出　　1 200 000
　　　　其他支出——专项支出　　　　　　　　　　　　　　40 000

5. 年末冲销有关明细科目余额。将非财政拨款结转科目(年初余额调整、项目间接费用或管理费、缴回资金、本年收支结转)等科目余额转入"非财政拨款结转(累计结转)"科目。结转后,"非财政拨款结转"科目除"累计结转"明细科目外,其他明细科目应无余额。

【例23-29】承接上述资料,年末,结转"非财政补助结转"明细科目余额。

借:非财政拨款结转——年初余额调整　　　　　　　　　　 60 000
　　　　　　　　　——本年收支结转　　　　　　　　　　310 000
　　贷:非财政拨款结转——项目间接费用或管理费　　　　 64 000
　　　　　　　　　　——缴回资金——M项目　　　　　　 20 000
　　　　　　　　　　——累计结转　　　　　　　　　　 286 000

6. 年末完成上述结转后,应当对非财政拨款专项结转资金各项目情况进行分析,将留归本单位使用的非财政拨款专项(项目已完成)剩余资金转入非财政拨款结余,借记"非财政拨款结转(累计结转)"科目,贷记"非财政拨款结余——结转转入"科目。

【例23-30】年末结转后,某事业单位"非财政拨款结转——累计结转"贷方余额286 000元,经对项目执行情况进行分析,N项目已结项,项目结余资金10 000元留归本单位使用。该单位的账务处理如下:

借:非财政拨款结转——累计结转——N项目　　　　　　　　10 000
　　贷:非财政拨款结余——结转转入——N项目　　　　　　 10 000

7. 年末结转后,"非财政拨款结转"科目年末贷方余额,反映单位滚存的非同级财政拨款专项结转资金数额。

8. 对于年末发生的暂收、暂付的非财政预算资金,分别以下情况进行会计处理:

(1) 年末暂收的款项属于本年度非财政预算资金,但因内部管理等原因难以确定预算收入类型及相关明细科目的,在收到款项时借记"资金结存"科目,贷记"其他预算收入——待处理收入"科目。年末结转时,将"其他预算收入——待处理收入"科目发生额转入"非财政拨款结转——待处理收入"科目。待下年度预算收入类型及相关明细科目明确后,及时将"非财政拨款结转——待处理收入"科目余额转入"非财政拨款结转"或"非财政拨款结余"科目的相关明细科目。

(2) 年末暂付的款项属于本年度预算资金,但因尚未结算或报销而难以确定支出类型及相关明细科目的,在支付款项时,借记"其他支出——待处理支出"科目,贷记"资金结存"科目。年末结转时,将"其他支出——待处理支出"科目发生额转入"非财政拨款结转——待处理支出"科目。待下年度预算支出类型及相关明细科目明确后,及时将"非财政拨款结转——待处理支出"科目余额转入"非财政拨款结转"或"非财政拨款结余"科目的相关明细科目。

对于年末前已经发生但尚未进行财务会计和预算会计完整处理的年末暂收、暂付款项,应当比照上述（1）、（2）规定进行会计处理。

【例23-31】某成人高校2×19年12月28日收到开户银行转来进账单，金额50 000元，可确认属于非财政预算资金，但由于进账单所列信息不够具体，难以确定预算收入类型，截至2×19年12月31日该单位进行年末结转时仍未能确认。

(1) 2×19年12月28日收到款项时：

借：资金结存——货币资金　　　　　　　　　　　　　　　　　　　　　　　50 000
　　贷：其他预算收入——待处理收入　　　　　　　　　　　　　　　　　　　　50 000

该业务须按平行记账原则同时进行财务会计账务处理。

(2) 2×19年12月31年末结转时：

借：其他预算收入——待处理收入　　　　　　　　　　　　　　　　　　　　　50 000
　　贷：非财政拨款结转——待处理收入　　　　　　　　　　　　　　　　　　　50 000

【例23-32】承接【例23-31】资料，2×20年1月15日，经确认上述款项为该高校上级主管部以购买服务方式支付的国家级教师培训项目经费进度款，目前，项目正在实施，尚未完成。

借：非财政拨款结转——待处理收入　　　　　　　　　　　　　　　　　　　　50 000
　　贷：非财政拨款结转——累计结转——国家级教师培训项目　　　　　　　　　50 000

【例23-33】某事业单位2×19年12月26日在某文化用品店采购办公用品和省级教师培训学员备品一批，该单位以银行存款支付货款2 300元。由于对方单位原因，付款时未能取得购货发票。截至2×19年12月31日年末结转时该项付款仍未能取得发票，无法确定支出类型和相关明细科目。

(1) 2×19年12月26日付款时：

借：其他支出——待处理支出　　　　　　　　　　　　　　　　　　　　　　　2 300
　　贷：资金结存——货币资金　　　　　　　　　　　　　　　　　　　　　　　2 300

(2) 2×19年12月31年末结转时：

借：非财政拨款结转——待处理支出　　　　　　　　　　　　　　　　　　　　2 300
　　贷：其他支出——待处理支出　　　　　　　　　　　　　　　　　　　　　　2 300

【例23-34】承接【例23-33】资料。2×20年1月5日，该事业单位取得购货发票，经计算，采购办公用品金额800元，省级学员培训用品金额1500元。

借：非财政拨款结转——累计结转——省级教师培训　　　　　　　　　　　　　1 500
　　非财政拨款结余——累计结余　　　　　　　　　　　　　　　　　　　　　　800
　　贷：非财政拨款结转——待处理支出　　　　　　　　　　　　　　　　　　　2 300

四、非财政拨款结余的确认和计量

政府会计主体在会计期末对本期除财政拨款预算收入、经营预算收入和财政拨款预算支出、经营支出以外的非财政拨款专项预算收支进行结转，确认本期的非财政拨款结转资金，将结转资金中已完成项目的结转资金确认为非财政拨款结余资金；政府会计主体在会计期末对本期除财政拨款预算收入、经营预算收入和财政拨款预算支出、经营支出以外的非财政、非专项预算收支进行结转，确认其他结余，其中：行政单位其他结余不得进行分配，直接全额确认并转入非财政拨款结余，事业单位的其他结余转入"非财政拨款结余分配"按相关规定分配后的余额确认并转入非财政拨款结余。以前年度结余调整、变动事项在发生时确认。

为了核算非财政拨款结余情况，各单位设置"非财政拨款结余"科目，核算单位历年滚存的非限定用途的非同级财政拨款结余资金，主要为非财政拨款结余扣除结余分配后滚存的金额。本科目应当设置如下明细科目：

"年初余额调整"：本明细科目核算因发生会计差错更正、以前年度支出收回等原因，需要调整非财政拨款结余的资金。年末结账后，本明细科目应无余额。

"项目间接费用或管理费"：本明细科目核算单位取得的科研项目预算收入中，按照规定计提的项目间接费用或管理费数额。年末结账后，本明细科目应无余额。

"结转转入"：本明细科目核算按照规定留归单位使用，由单位统筹调配，纳入单位非财政拨款结余的非同级财政拨款专项剩余资金。年末结账后，本明细科目应无余额。

"累计结余"：本明细科目核算单位历年滚存的非同级财政拨款、非专项结余资金。本明细科目年末贷方余额，反映单位非同级财政拨款滚存的非专项结余资金数额。

"非财政拨款结余"科目还应当按照《政府收支分类科目》中"支出功能分类科目"的相关科目进行明细核算。

非财政拨款结余的主要账务处理如下：

1. 按照规定从科研项目预算收入中提取项目管理费或间接费时，借记"非财政拨款结转——项目间接费用或管理费"科目，贷记"非财政拨款结余（项目间接费用或管理费）"科目。

业务举例见【例23-25】。

2. 有企业所得税缴纳义务的事业单位实际缴纳企业所得税时，按照缴纳金额，借记"非财政拨款结余（累计结余）"科目，贷记"资金结存——货币资金"科目。

业务举例见【例23-12】。

3. 因会计差错更正收到或支出非同级财政拨款货币资金，属于非财政拨款结余资金的，按照收到或支出的金额，借记或贷记"资金结存——货币资金"科目，贷记或借记"非财政拨款结余（年初余额调整）"科目。

因收回以前年度支出等收到非同级财政拨款货币资金，属于非财政拨款结余资金的，按照收到的金额，借记"资金结存——货币资金"科目，贷记"非财政拨款结余（年初余额调整）"科目。

业务举例见【例23-26】。

4. 年末，将留归本单位使用的非财政拨款专项（项目已完成）剩余资金转入"非财政拨款结余"科目，借记"非财政拨款结转——累计结转"科目，贷记"非财政拨款结余（结转转入）"科目。

【例23-35】某事业单位承担的某出版集团教材培训业务。项目结束后，经费结余30 000元留给该事业单位使用。

借：非财政拨款结转——累计结转　　　　　　　　　　　　　　　　　　　30 000
　　贷：非财政拨款结余——结转转入　　　　　　　　　　　　　　　　　　30 000

5. 年末冲销有关明细科目余额。将非财政拨款结余（年初余额调整、项目间接费用或管理费、结转转入）等明细科目余额结转入"非财政拨款结余（累计结余）"科目。结转后，"非财政拨款结余"科目除"累计结余"明细科目外，其他明细科目应无余额。

【例23-36】某事业单位年末"非财政拨款结余——项目间接费用或管理费"科目贷方余额64 000元，"非财政拨款结余——结转转入"科目贷方余额10 000元。该单位的账务处理如下：

借：非财政拨款结余——项目间接费用或管理费　　　　　　　　　　　　　64 000
　　　　　　　　　——结转转入　　　　　　　　　　　　　　　　　　　10 000
　　贷：非财政拨款结余——累计结余　　　　　　　　　　　　　　　　　　74 000

6. 年末，事业单位将"非财政拨款结余分配"科目余额转入非财政拨款结余。"非财政拨款结余分配"科目为借方余额的，借记"非财政拨款结余（累计结余）"科目，贷记"非财政拨款结余分配"科目；"非财政拨款结余分配"科目为贷方余额的，借记"非财政拨款结余分配"科目，贷记"非财政拨款结余（累计结余）"。

年末，行政单位将"其他结余"科目余额转入非财政拨款结余。"其他结余"科目为借方余额的，借记"非财政拨款结余（累计结余）"科目，贷记"其他结余"科目；"其他结余"科目为贷方余额的，借记"其他结余"科目，贷记"非财政拨款结余（累计结余）"科目。

【例23-37】某事业单位年终结转，按有关规定提取职工福利基金后，"非财政拨款结余分配"贷方余额252 000元转入非财政拨款结余。该单位的账务处理如下：

借：非财政拨款结余分配　　　　　　　　　　　　　　　　　　　　　　　252 000
　　贷：非财政拨款结余——累计结余　　　　　　　　　　　　　　　　　　252 000

【例23-38】某行政单位年末结转后"其他结余"科目贷方余额36 000元，转入非财政拨款结余——累计结余。该单位的账务处理如下：

借：其他结余 36 000
　　贷：非财政拨款结余——累计结余 36 000

7. 年末结转后，"非财政拨款结余（累计结余）"年末贷方余额，反映单位非同级财政拨款结余资金的累计滚存数额。

第五节 专用结余

一、专用结余的含义

专用结余是指事业单位按照规定从非财政拨款结余或经营结余中提取的具有专门用途的结余资金。

需要说明的是：按现行政府会计制度规定，事业单位从收入中提取并列入费用的专用基金，在提取时预算会计不作账务处理，在使用时预算会计直接列支为事业支出。因此，专用结余仅指从非财政拨款结余或经营结余中提取的专用基金。

二、专用结余的确认和计量

事业单位从非财政拨款结余或经营结余中提取专用结余或使用专用结余时，按提取金额或使用金额进行确认和计量。

为了核算专用结余情况，事业单位设置"专用结余"科目核算事业单位按照规定从非财政拨款结余中提取的具有专门用途的资金的变动和滚存情况。该科目应按专用结余的类别设置明细科目进行明细核算，年末贷方余额，反映事业单位从非同级财政拨款结余中提取的专用结余的累计滚存数额。

专用结余的主要账务处理如下：

1. 根据有关规定从本年度非财政拨款结余或经营结余中提取基金的，按照提取金额，借记"非财政拨款结余分配"科目，贷记"专用结余"科目。

【例23-39】年末，某事业单位结余分配前"非财政拨款结余分配"科目贷方余额360 000元，按30%比例提取职工福利基金108 000元。该单位的账务处理如下：

借：非财政拨款结余分配——提取职工福利基金 108 000
　　贷：专用结余——职工福利基金 108 000

该业务须按平行记账原则同时进行财务会计账务处理。

2. 根据规定使用从非财政拨款结余或经营结余中提取的专用基金时，按照使用金额，借记"专用结余"科目，贷记"资金结存——货币资金"科目。

【例23-40】某事业单位用职工福利基金支付职工体检费30 000元。该单位的账务处理如下：

借：专用结余——职工福利基金 30 000
　　贷：资金结存——货币资金 30 000

该业务须按平行记账原则同时进行财务会计账务处理。

【例23-41】2×19年末，某社区卫生服务中心根据有关规定，从非财政拨款结余分配中计提本年职工福利基金2万元，职工奖励基金5万元，该单位应编制如下会计分录：

借：非财政拨款结余分配——提取职工福利基金 20 000
　　　　　　　　　　　　——提取奖励基金 50 000
　　贷：专用结余——职工福利基金 20 000
　　　　　　　　——奖励基金 50 000

【例23-42】2×20年×月×日，某社区卫生服务中心发放奖励性绩效2万元，该单位应编制如下会计分录：

借：专用结余——奖励基金　　　　　　　　　　　　　　　　　　　　　　　20 000
　　贷：资金结存——货币资金　　　　　　　　　　　　　　　　　　　　　　　　20 000
该业务须按平行记账原则进行财务会计账务处理。

第六节　经营结余和其他结余

一、经营结余和其他结余的含义

经营结余是指事业单位一定期间内经营活动收支相抵后，弥补以前年度经营亏损后的余额。

其他结余是指政府会计主体本年度除财政拨款收支、非同级财政专项资金收支和经营收支以外各项收支相抵后的余额。

二、经营结余的确认和计量

政府会计主体一般在会计期末对本期经营预算收入和经营预算支出进行结转，确认本期的经营结余。

为了核算经营结余情况，事业单位设置"经营结余"科目，核算事业单位经营活动收支相抵，弥补以前年度经营亏损后的余额。该科目应按照经营活动类别设置明细科目。

经营结余的主要账务处理如下：

1. 年末，将"经营预算收入"科目本年发生额转入"经营结余"科目，借记"经营预算收入"科目，贷记"经营结余"科目；将经营支出本年发生额转入"经营结余"科目，借记"经营结余"科目，贷记"经营支出"科目。

2. 年末，完成上述结转后，如"经营结余"科目为贷方余额，将该科目贷方余额转入"非财政拨款结余分配"科目，借记"经营结余"科目，贷记"非财政拨款结余分配"科目；如该科目为借方余额，为经营亏损，不予结转。

3. 年末结账后，"经营结余"科目一般无余额；如为借方余额，反映事业单位累计发生的经营亏损。

【例23-43】 某事业单位年度经营预算收入贷方累计发生额760 000元，经营支出借方累计发生额520 000元。"经营结余——年末结余"借方余额40 000元。经营收支结转账务处理：

结转本年经营收支：
借：经营预算收入　　　　　　　　　　　　　　　　　　　　　　　　　　760 000
　　贷：经营结余　　　　　　　　　　　　　　　　　　　　　　　　　　　　760 000
借：经营结余　　　　　　　　　　　　　　　　　　　　　　　　　　　　520 000
　　贷：经营支出　　　　　　　　　　　　　　　　　　　　　　　　　　　　520 000

弥补以前年度亏损后，将"经营结余"贷方余额200 000元转入"非财政拨款结余分配"科目。

借：经营结余——年末结余　　　　　　　　　　　　　　　　　　　　　　200 000
　　贷：非财政拨款结余分配　　　　　　　　　　　　　　　　　　　　　　　200 000

三、其他结余的确认和计量

政府会计主体在会计期末对本期除财政拨款预算收入、经营预算收入和财政拨款预算支出经营支出以外的非专项预算收支进行结转，确认其他结余。

为了核算其他结余情况，各单位设置"其他结余"科目，核算单位本年度除财政拨款收支、非同级财政专项资金收支和经营收支以外各项收支相抵后的余额。

其他结余的主要账务处理如下：

1. 年末，将事业预算收入、上级补助预算收入、附属单位上缴预算收入、非同级财政拨款预算收入、债务预算收入、其他预算收入本年发生额中的非专项资金收入以及投资预算收益本年发生额转入"其他结余"科目，借记"事业预算收入""上级补助预算收入""附属单位上缴预算收入""非同级财政拨款预算收入""债务预算收入""其他预算收入"科目下各非专项资金收入明细科目和"投资预算收益"科目，贷记"其他结余"科目（"投资预算收益"科目本年发生额为借方金额时，借记"其他结余"科目，贷记"投资预算收益"科目）；将行政支出、事业支出、其他支出本年发生额中的非同级财政、非专项资金支出，以及上缴上级支出、对附属单位补助支出、投资支出、债务还本支出本年发生额转入"其他结余"科目，借记"其他结余"科目，贷记"行政支出""事业支出""其他支出"科目下各非同级财政、非专项资金支出明细科目和"上缴上级支出""对附属单位补助支出""投资支出""债务还本支出"科目。

2. 年末，完成上述结转后，行政单位将"其他结余"科目余额转入"非财政拨款结余——累计结余"科目；事业单位将"其他结余"科目余额转入"非财政拨款结余分配"科目。当"其他结余"科目为贷方余额时，借记"其他结余"科目，贷记"非财政拨款结余——累计结余"（行政单位）或"非财政拨款结余分配"科目（事业单位）；当本科目为借方余额时，借记"非财政拨款结余——累计结余"科目（行政单位）或"非财政拨款结余分配"科目（事业单位），贷记"其他结余"科目。

3. 年末结账后，其他结余科目应无余额。

【例23-44】某事业单位年末"事业预算收入——非专项收入"贷方累计发生额3 800 000元，"上级补助预算收入——非专项收入"贷方累计发生额100 000元，"非同级财政拨款预算收入——非专项收入"贷方累计发生额1 500 000元，"其他预算收入——利息收入"贷方累计发生额35 000元，"其他预算收入——租金收入"贷方累计发生额200 000元，"事业支出——其他资金支出——基本支出"借方累计发生额3 200 000元，"其他支出——其他资金支出——基本支出"借方累计发生额430 000元。年末其他结余结转账务处理：

结转各项非财政非专项预算收入：

借：事业预算收入——非专项收入	3 800 000
上级补助预算收入——非专项收入	100 000
非同级财政拨款预算收入——非专项收入	1 500 000
其他预算收入——利息预算收入	35 000
——租金预算收入	200 000
贷：其他结余	5 635 000

结转各项非财政非专项支出：

借：其他结余	3 630 000
贷：事业支出——其他资金支出——基本支出	3 200 000
其他支出——其他资金支出——基本支出	430 000

结转"其他结余"科目余额至"非财政拨款结余分配"科目：

借：其他结余	2 005 000
贷：非财政拨款结余分配	2 005 000

结转后，"其他结余"科目无余额。

【例23-45】某行政单位年末"非同级财政拨款预算收入——非专项收入"贷方累计发生额100 000元，"其他预算收入——利息收入"贷方累计发生额8 000元，"行政支出——其他资金支出——基本支出"借方累计发生额48 000元，"其他支出——其他资金支出——基本支出"借方累计发生额24 000元。年末其他结余结转账务处理：

结转本年各项非财政非专项预算收入：

借：非同级财政拨款预算收入——非专项收入	100 000
其他预算收入——利息收入	8 000
贷：其他结余	108 000

结转本年各项基本支出：

借：其他结余	72 000
贷：行政支出——其他资金支出——基本支出	48 000

其他支出——其他资金支出——基本支出	24 000

结转"其他结余"科目余额至"非财政拨款结余——累计结余"科目：

借：其他结余	36 000
贷：非财政拨款结余——累计结余	36 000

第七节　非财政拨款结余分配

一、非财政拨款结余分配的含义和内容

年末，事业单位的非财政拨款、非专项结余资金和经营结余资金应转入"非财政拨款结余分配"账户。事业单位可分配的结余资金主要包括非财政拨款结余中非专项收支结余部分和经营收支结余。

事业单位非财政拨款结余分配的内容为：

1. 按规定从非财政拨款结余中提取职工福利基金；
2. 可分配结余扣除提取的职工福利基金后，余额转入"非财政拨款结余——累计结余"科目。

二、非财政拨款结余分配的管理

事业单位应加强非财政拨款结余分配的管理。一是要正确核算非财政拨款结余和经营结余，不得将财政拨款收支结余转入非财政拨款结余分配；二是要严格按有关规定计提专用结余，不得随意计提和设置专用结余，做到依法、依规进行分配。

三、非财政拨款结余分配的确认和计量

年末，事业单位将"其他结余"和"经营结余"科目余额转入"非财政拨款结余分配"确认非财政拨款结余分配。

事业单位设置"非财政拨款结余分配"科目核算事业单位本年度非财政拨款结余分配的情况和结果。

非财政拨款结余分配的主要账务处理如下：

1. 年末，将"其他结余"科目余额转入"非财政拨款结余分配"科目，当"其他结余"科目为贷方余额时，借记"其他结余"科目，贷记"非财政拨款结余分配"科目；当"其他结余"科目为借方余额时，借记"非财政拨款结余分配"科目，贷记"其他结余"科目。

2. 年末，将"经营结余"科目贷方余额转入"非财政拨款结余分配"科目，借记"经营结余"科目，贷记"非财政拨款结余分配"科目。

3. 根据有关规定提取专用结余的，按照提取的金额，借记"非财政拨款结余分配"科目，贷记"专用结余"科目。

4. 年末，按照规定完成上述处理后，将"非财政拨款结余分配"科目余额转入"非财政拨款结余（累计结余）"科目。当"非财政拨款结余分配"科目为借方余额时，借记"非财政拨款结余——累计结余"科目，贷记"非财政拨款结余分配"科目；当"非财政拨款结余分配"科目为贷方余额时，借记"非财政拨款结余分配"科目，贷记"非财政拨款结余——累计结余"科目。

5. 年末结账后，"非财政拨款结余分配"科目应无余额。

【例23-46】某事业单位年末结转后，"其他结余"科目贷方余额1 305 000元，"经营结余——年末结余"科目贷方余额200 000元，全部转入"非财政拨款结余分配"科目。该单位的账务处理如下：

借：其他结余	1 305 000
贷：非财政拨款结余分配	1 305 000
借：经营结余	200 000

贷：非财政拨款结余分配　　　　　　　　　　　　　　　　　　　　　　　　　　　　200 000

【例23-47】根据规定，该事业单位按30%比例提取职工福利基金。该单位的账务处理如下：

$$提取职工福利基金 = (1\,305\,000 + 200\,000) \times 30\% = 451\,500（元）$$

借：非财政拨款结余分配　　　　　　　　　　　　　　　　　　　　　　　　　　　　　451 500
　　贷：专用结余——职工福利基金　　　　　　　　　　　　　　　　　　　　　　　　451 500

【例23-48】将"非财政拨款结余分配"科目余额转入"非财政拨款结余——累计结余"。该单位的账务处理如下：

借：非财政拨款结余分配　　　　　　　　　　　　　　　　　　　　　　　　　　　　1 053 500
　　贷：非财政拨款结余——累计结余　　　　　　　　　　　　　　　　　　　　　　1 053 500

第二十四章 决算报告

第一节 决算报告概述

一、决算报告的含义

决算报告是综合反映政府会计主体年度预算收支执行结果的文件。

决算报告是政府会计主体某一特定日期的预算执行情况等会计信息的总结性书面文件,为决算报告使用者合理配置资源、进行社会及经济决策提供服务,是宏观或微观经济控制的重要手段,也是社会主义市场经济中不可缺少的重要组成部分。决算是国家经济活动在财政上的集中反映,是财政预算管理中必不可少的一个环节,是系统地整理和积累财政预算统计资料的依据,编制决算可以为做好下年度预算管理工作奠定基础。

二、决算报告的目标

决算报告的目标是向决算报告使用者提供与政府预算执行情况有关的信息,综合反映政府会计主体预算收支的年度执行结果,有助于决算报告使用者进行监督和管理,并为编制后续年度预算提供参考和依据。决算报告使用者包括各级人民代表大会及其常务委员会、各级政府及其有关部门、政府会计主体自身、社会公众和其他利益相关者。

三、决算报告的内容

决算报告包括决算报表和其他应当在决算报告中反映的相关信息和资料。决算报告的编制主要以收付实现制为基础,以预算会计核算生成的数据为准。

(一)决算报表

决算报表是以表格形式反映政府单位的预算执行情况,是决算报告的重要组成部分。政府单位的决算报表包括预算收入支出表、预算结转结余变动表和财政拨款预算收入支出表(见表24-1)。

表24-1　　　　　　　　　　　　政府单位预算会计报表

编号	报表名称	编制期
会政预01表	预算收入支出表	年度
会政预02表	预算结转结余变动表	年度
会政预03表	财政拨款预算收入支出表	年度

1. 预算收入支出表是反映单位在某一会计年度内各项预算收入、预算支出和预算结转结余情况,以及年末非财政拨款结余的分配情况的报表。

2. 预算结转结余变动表是反映单位在某一会计年度内预算结转结余的变动情况的报表。

3. 财政拨款预算收入支出表是反映单位本年财政拨款预算资金归集调配占用情况及年末的结余结转情况的报表。

（二）部门决算说明与分析

政府单位的决算说明是以文字形式对决算报表的基础数据所做的说明，包括政府单位基本情况、报表数据审核情况、年度主要收支指标增减变动情况，以及因重大事项或特殊事项影响决算数据的情况说明等。政府单位的决算分析是对单位年度预算执行情况的分析，总结存在的问题，进行预算绩效考评与评价，为下一期的预算管理工作奠定基础。

第二节　预算收入支出表

预算收入支出表是反映政府会计主体某一会计年度总体收支余情况的表。本节阐述预算收入支出表的含义、内容，讲解预算收入支出表的编制方法。

一、预算收入支出表的含义

预算收入支出表是反映单位在某一会计年度内各项预算收入、预算支出和预算收支差额情况的报表，并同时反映上年度的相应情况。

预算收入支出表是决算报表的重要组成部分，可以全面反映单位某一会计年度内收支差额总体情况及其构成，并可以结合上年度的相应数据对比分析单位年度间的收支变化情况，借以分析单位各项预算收入来源、支出途径的年度间变化，据以分析单位收支的总体情况。其具体格式如表24-2所示。

表24-2　　　　　　　　　　　　　预算收入支出表

会政预01表

编制单位：　　　　　　　　　年　　　　　　　　　　　　　　　　　　　　　　　　　单位：元

项目	本年数	上年数
一、本年预算收入		
（一）财政拨款预算收入		
其中：政府性基金收入		
（二）事业预算收入		
（三）上级补助预算收入		
（四）附属单位上缴预算收入		
（五）经营预算收入		
（六）债务预算收入		
（七）非同级财政拨款预算收入		
（八）投资预算收益		
（九）其他预算收入		
其中：利息预算收入		
捐赠预算收入		
租金预算收入		
二、本年预算支出		
（一）行政支出		
（二）事业支出		
（三）经营支出		
（四）上缴上级支出		
（五）对附属单位补助支出		
（六）投资支出		
（七）债务还本支出		
（八）其他支出		
其中：利息支出		
捐赠支出		
三、本期预算收支差额		

二、预算收入支出表的内容

政府会计主体的预算收入支出表由表首标题和报表主体构成。报表主体部分包括编报项目、栏目及金额。

（一）表首标题

预算收入支出表的表首标题包括报表名称、编号（会政预01表）、编制单位、编表时间和金额单位等内容，是一张年度报表，体现年度间各项目数据的增减变化情况。

（二）编报项目

预算收入支出表应当按照预算收入、预算支出的构成内容分项列示，并列示年度预算收支差额。

（三）栏目及金额

预算收入支出表由"本年数"和"上年数"组成。本年数根据本年度收入、支出账户的实际发生数填列，"上年数"栏反映各项目上年度的实际发生数，应当根据上年度预算收入支出表"本年数"栏内所列数字填列。

如果本年度预算收入支出表规定的项目名称和内容同上年度不一致，应当对上年度预算收入支出表项目的名称和数字按照本年度的规定进行调整，将调整后金额填入本年度预算收入支出表的"上年数"栏。

三、预算收入支出表"本年数"栏各项目的内容和填列方法

（一）本年预算收入

1. "本年预算收入"项目，反映单位本年预算收入总额。本项目应当根据本表中"财政拨款预算收入""事业预算收入""上级补助预算收入""附属单位上缴预算收入""经营预算收入""债务预算收入""非同级财政预算拨款收入""投资预算收益""其他预算收入"项目金额的合计数填列。

2. "财政拨款预算收入"项目，反映单位本年从同级政府财政部门取得的各类财政拨款。本项目应当根据"财政拨款预算收入"科目的本期发生额填列。

"政府性基金收入"项目，反映单位本年取得的财政拨款收入中属于政府性基金预算拨款的金额。本项目应当根据"财政拨款预算收入"相关明细科目的本年发生额填列。

3. "事业预算收入"项目，反映事业单位本期开展专业业务活动及其辅助活动取得的预算收入。本项目应当根据"事业预算收入"科目的本期发生额填列。

4. "上级补助预算收入"项目，反映事业单位本年从主管部门和上级单位取得的非财政补助预算收入。本项目应当根据"上级补助预算收入"科目的本年发生额填列。

5. "附属单位上缴预算收入"项目，反映事业单位本年收到的独立核算的附属单位按照有关规定上缴的预算收入。本项目应当根据"附属单位上缴预算收入"科目的本年发生额填列。

6. "经营预算收入"项目，反映事业单位本年在专业业务活动及其辅助活动之外开展非独立核算经营活动取得的预算收入。本项目应当根据"经营预算收入"科目的本年发生额填列。

7. "债务预算收入"项目，反映事业单位本年按照规定从金融机构等借入的、纳入部门预算管理的债务预算收入。本项目应当根据"债务预算收入"的本年发生额填列。

8. "非同级财政拨款预算收入"项目，反映单位本年从非同级财政部门取得的财政拨款。本项目应当根据"非同级财政拨款预算收入"科目的本年发生额填列。

9. "投资预算收益"项目，反映事业单位本年取得的按规定纳入单位预算管理的投资收益。本项目应当根据"投资预算收益"科目的本年发生额填列。

10. "其他预算收入"项目，反映单位本年取得的除上述收入以外的纳入单位预算管理各项预算收入。本项目应当根据"其他预算收入"科目的本年发生额填列。

"利息预算收入"项目，反映单位本年取得的利息预算收入。本项目应当根据"其他预算收入"科目的明细记录分析填列。单位单设"利息预算收入"科目的，应当根据"利息预算收入"科目的本年发生

额填列。

"捐赠预算收入"项目，反映单位本年取得的捐赠预算收入。本项目应当根据"其他预算收入"科目的明细记录分析填列。单位单设"捐赠预算收入"科目的，应当根据"捐赠预算收入"科目的本年发生额填列。

"租金预算收入"项目，反映事业单位本年取得的租金预算收入。本项目应当根据"其他预算收入"科目的明细记录分析填列。单位单设"租金预算收入"科目的，应当根据"租金预算收入"科目的本年发生额填列。

（二）本年预算支出

1. "本年预算支出"项目，反映单位本期预算支出总额。本项目应当根据本表中"行政支出""事业支出""经营支出""上缴上级支出""对附属单位补助支出""投资支出""债务还本支出""其他支出"项目金额的合计数填列。

2. "行政支出"项目，反映行政单位本年履行职责实际发生的支出。本项目应当根据"行政支出"科目的本年发生额填列。

3. "事业支出"项目，反映事业单位本年开展专业业务活动及其辅助活动发生的支出。本项目应当根据"事业支出"科目的本年发生额填列。

4. "经营支出"项目，反映事业单位本年在专业业务活动及其辅助活动之外开展非独立核算经营活动发生的支出。本项目应当根据"经营支出"科目的本年发生额填列。

5. "上缴上级支出"项目，反映事业单位本年按照财政部门和主管部门的规定上缴上级单位的支出。本项目应当根据"上缴上级支出"科目的本年发生额填列。

6. "对附属单位补助支出"项目，反映事业单位本年用财政拨款收入之外的收入对附属单位补助发生的支出。本项目应当根据"对附属单位补助支出"科目的本年发生额填列。

7. "投资支出"项目，反映事业单位本年以货币资金对外投资发生的支出。本项目应当根据"投资支出"科目的本年发生额填列。

8. "债务还本支出"项目，反映事业单位本年偿还自身承担的纳入预算管理的从金融机构举借的债务本金的支出。本项目应当根据"债务还本支出"科目的本年发生额填列。

9. "其他支出"项目，反映单位本年除以上支出以外的各项支出。本项目应当根据"其他支出"科目的本年发生额填列。

"利息支出"项目，反映单位本年发生的利息支出。本项目应当根据"其他支出"科目明细账记录分析填列。单位单设"利息支出"科目的，应当根据"利息支出"科目的本年发生额填列。

"捐赠支出"项目，反映单位本年发生的捐赠支出。本项目应当根据"其他支出"科目明细账记录分析填列。单位单设"捐赠支出"科目的，应当根据"捐赠支出"科目的本年发生额填列。

（三）本年预算收支差额

"本年预算收支差额"项目，反映单位本年本期各项预算收支相抵后的差额。本项目应当根据本表中"本年预算收入"项目金额减去"本年预算支出"项目金额后的余额填列；如相减后金额为负数，以"－"号填列。

第三节 预算结转结余变动表

预算结转结余变动表是反映政府会计主体某一会计年度预算结余变动情况的表。本节阐述预算结转结余表的含义、内容，讲解报表的编制方法。

一、预算收入支出表的含义

预算结转结余变动表是反映单位在某一会计年度内预算结转结余的变动情况。

预算结转结余表是以单位的各项结转结余为主线，全面反映政府会计主体在一个会计年度内各项预算结转结余资金的总体变化情况。其具体格式如表 24-3 所示。

表 24-3　　　　　　　　　　　　　　　　预算结转结余变动表

会政预 02 表

编制单位：　　　　　年　　　　　　　　　　　　　　　　　　　　　　　　　　　　单位：元

项目	本年数	上年数
一、年初预算结转结余		
（一）财政拨款结转结余		
（二）其他资金结转结余		
二、年初余额调整（减少以"-"号填列）		
（一）财政拨款结转结余		
（二）其他资金结转结余		
三、本年变化金额（减少以"-"号填列）		
（一）财政拨款结转		
1. 本年收支差额		
2. 归集调入		
3. 归集上缴或调出		
（二）其他资金结转结余		
1. 本年收支差额		
2. 缴回资金		
3. 使用专用结余		
4. 支付所得税		
四、年末预算结转结余		
（一）财政拨款结转结余		
1. 财政拨款结转		
2. 财政拨款结转		
（二）其他资金结转结余		
1. 非财政拨款结转		
2. 非财政拨款结转		
3. 专用结余		
4. 经营结余（如有余额，以"-"号填列）		

二、预算结转结余变动表的内容

预算结转结余变动表由表首标题和报表主体构成。报表主体部分包括编报项目、栏目及金额。

（一）表首标题

预算结转结余变动表的表首标题包括报表名称、编号（会政预 02 表）、编制单位、编表时间和金额单位等内容，是一张年度报表，体现年度间各项目数据的增减变化情况。

（二）编报项目

预算结转结余变动表应当按照年初预算结转结余、年初余额调整、本年变化金额、年末预算结转结余分项列示，并按各项目的核算内容分层次排列。

（三）栏目及金额

预算结转结余变动表由"本年数"和"上年数"组成。"本年数"根据各项目的本年实际发生数填列，"上年数"栏反映各项目上年度的实际发生数，应当根据上年度预算结转结余变动表中"本年数"栏内所列数字填列。

如果本年度预算结转结余变动表规定的项目名称和内容同上年度不一致，应当对上年度预算结转结余变动表项目的名称和数字按照本年度的规定进行调整，将调整后金额填入本年度预算结转结余变动表的"上年数"栏。

三、预算结余结转变动表"本年数"栏各项目的内容和填列方法

1."年初预算结转结余"项目,反映单位本年预算结转结余的年初余额。本项目应当根据该项目下的"财政拨款结转结余""其他资金结转结余"项目金额的合计数填列。

(1)"财政拨款结转结余"项目,反映单位本年财政拨款结转结余资金的年初余额。本项目应当根据"财政拨款结转""财政拨款结余"科目本年年初余额合计数填列。

(2)"其他资金结转结余"项目,反映单位本年其他资金结转结余的年初余额。本项目应当根据"非财政拨款结转""非财政拨款结余""专用结余""经营结余"科目本年年初余额的合计数填列。

2."年初余额调整"项目,反映单位本年预算结转结余的年初余额调整的金额。本项目应当根据本项目下"财政拨款结转结余""其他资金结转结余"项目金额的合计数填列。

(1)"财政拨款结转结余"项目,反映单位本年财政拨款结转结余资金的年初余额调整金额。本项目应当根据"财政拨款结转""财政拨款结余"科目下"年初余额调整"明细科目的本年发生额的合计数填列;如调整减少年初财政拨款结转结余,以"-"号填列。

(2)"其他资金结转结余"项目,反映单位本年其他资金结转结余的年初余额调整金额。本项目应当根据"非财政拨款结转""非财政拨款结余"科目下"年初余额调整"明细科目的本年发生额的合计数填列;如调整减少年初其他资金结转结余,以"-"号填列。

3."本年变动金额"项目,反映单位本年预算结转结余变动的金额。本项目应当根据该项目下"财政拨款结转结余""其他资金结转结余"项目金额的合计数填列。

(1)"财政拨款结转结余"项目,反映单位本年财政拨款结转结余资金的变动。本项目应当根据项目下"本年收支差额""归集调入""归集上缴或调出"项目金额的合计数填列。

①"本年收支差额"项目,反映单位本年财政拨款资金收支相抵后的差额。本项目应当根据"财政拨款结转"科目下"本年收支结转"明细科目本年转入的预算收入与预算支出的差额填列;差额为负数的,以"-"号填列。

②"归集调入"项目,反映单位本年按照规定从其他单位归集调入的财政拨款结转资金。本项目应当根据"财政拨款结转"科目下"归集调入"明细科目的本年发生额填列。

③"归集上缴或调出"项目,反映单位本年按照规定上缴的财政拨款结转结余资金及按照规定向其他单位调出的财政拨款结转资金。本项目应当根据"财政拨款结转""财政拨款结余"科目下"归集调出"明细科目本年发生额的合计数填列,以"-"号填列。

(2)"其他资金结转结余"项目,反映单位本年其他资金结转结余的变动。本项目应当根据项目下"本年收支差额""缴回资金""使用专用结余""支付所得税"项目金额的合计数填列。

①"本年收支差额"项目,反映单位本年除财政拨款外的其他资金收支相抵后的差额。本项目应当根据"非财政拨款结转"科目下"本年收支结转"明细科目、"其他结转"科目、"经营结余"科目本年转入的预算收入与预算支出的差额的合计数填列;如果差额为负数的,以"-"号填列。

②"缴回资金"项目,反映单位本年按照规定缴回的非财政拨款结转资金。本项目应当根据"非财政拨款结转"科目下"缴回资金"明细科目的本年发生额的合计数填列,以"-"号填列。

③"使用专用结余"项目,反映本年事业单位根据使用从非财政拨款结余或经营结余中提取的专用基金的金额。本项目应当根据"专用结余"科目明细账中本年使用专用结余业务的发生额填列,以"-"号填列。

④"支付所得税",反映有企业所得税缴纳义务的事业单位本年实际缴纳的企业所得税金额。本项目应当根据"非财政拨款结余"明细账中本年实际缴纳企业所得税业务的发生额填列,以"-"号填列。

4."本年预算结转结余"项目,反映单位本年预算结转结余的年末余额。本项目应当根据本项目下"财政拨款结转结余""其他资金结转结余"项目金额的合计数填列。

(1)"财政拨款结转结余"项目,反映单位本年财政拨款结转结余资金的年末余额。本项目应当根据项目下的"财政拨款结转""财政拨款结余"项目金额的合计数填列。

本项目下"财政拨款结转""财政拨款结余"项目,应当分别根据"财政拨款结转""财政拨款结

余"科目的本年年末余额填列。

(2) "其他资金结转结余"项目,反映单位本年其他资金结转结余的年末余额。本项目应当根据项目下"非财政拨款结转""非财政拨款结余""专用结余""经营结余"项目金额的合计数填列。

本项目下"非财政拨款结转""非财政拨款结余""专用结余""经营结余"项目,应当分别根据"非财政拨款结转""非财政拨款结余""专用结余""经营结余"科目的本年年末余额填列。

第四节 财政拨款预算收入支出表

一、财政拨款预算收入支出表的含义

财政拨款预算收入支出表是反映单位在某一会计年度内,财政拨款形成的包括公共财政预算资金和政府性基金预算资金在内的预算收入增减变化和调整、调剂以及结余结转情况的报表。

财政拨款预算收入支出表以单位的财政拨款为主线,全面反映预算单位在一个会计年度内一般公共预算财政拨款和政府性基金预算财政拨款收入、支出、调剂、归集或上缴,以及结转结余的总体变化情况。其具体格式如表24-4所示。

表24-4　　　　　　　　　　　　财政拨款预算收入支出表

会政预03表
编制单位：　　　　年　　　　　　　　　　　　　　　　　　　　　　　　　　　　　　　　　单位：元

项目	年初财政拨款结转结余		调整年初财政拨款结转结余	本年归集调入	本年归集上缴或调出	本年财政拨款收入	本年财政拨款支出	年末财政拨款结转结余	
	结转	结余						结转	结余
一、一般公共预算财政拨款									
(一) 基本支出									
1. 人员经费									
2. 日常公用经费									
(二) 项目支出									
1. ××项目									
2. ××项目									
……									
(三) 项目支出									
二、政府性基金预算财政拨款									
(一) 基本支出									
1. 人员经费									
2. 日常公用经费									
(二) 项目支出									
1. ××项目									
2. ××项目									
……									
总计									

二、财政拨款预算收入支出表的内容

政府会计主体的财政拨款预算收入支出表由表首标题和报表主体构成。报表主体部分包括编报项目、栏目及金额。

(一) 表首标题

财政拨款预算收入支出表的表首标题包括报表名称、编号（会政预03表）、编制单位、编表时间和金额单位等内容。本表年度报表,体现年度间各项目数据的增减变化情况。

(二) 编报项目

财政拨款预算收入支出表应当按照年初数、本年内对年初结余结转资金的调整和调剂,年度内的收

入支出情况，以及年末的结余结转情况分项列示。根据财政拨款预算收入的来源，包括一般公共财政预算资金和政府性基金预算财政拨款两部分，以及资金的具体使用用途分为基本支出和项目支出，并对基本支出按经济分类科目进行细分，对项目资金按项目分层次填列。

（三）栏目及金额

财政拨款预算收入支出表由"年初财政拨款结转结余""调整年初财政拨款结转结余""本年归集调入""本年归集上缴或调出""单位内部调剂""本年财政拨款收入""本年财政拨款支出"和"年末财政拨款结转结余"八栏组成。各栏数据根据年末财政拨款预算收入的具体项目和经济分类科目的收入、支出、调整等相关数据填写。

本表"项目"栏内各项目，应当根据单位取得的财政拨款种类分项设置。其中"项目支出"项目下，根据每个项目设置；单位取得除一般公共财政预算拨款和政府性基金预算拨款以外的其他财政拨款的，应当按照财政拨款种类增加相应的资金项目及其明细项目。

三、财政拨款预算收入支出表各项目的内容和填列方法

1．"年初财政拨款结转结余"栏中各项目，反映单位年初各项财政拨款结转结余的金额。各项目应当根据"财政拨款结转""财政拨款结余"及其明细科目的年初余额填列。本栏目中各项目的数额应当与上年度财政拨款预算收入支出表中"年末财政拨款结转结余"栏中各项目的数额相等。

2．"调整年初财政拨款结转结余"栏中各项目，反映单位对年初财政拨款结转结余的调整金额。各项目应当根据"财政拨款结转""财政拨款结余"科目中"年初余额调整"明细科目及其所属明细科目的本年发生额填列；如调整减少年初财政拨款结转结余，以"－"号填列。

3．"本年归集调入"栏中各项目，反映单位本年按规定从其他单位调入的财政拨款结转资金金额。各项目应当根据"财政拨款结转"科目下"归集调入"明细科目及其所属明细科目的本年发生额填列。

4．"本年归集上缴或调出"栏中各项目，反映单位本年按规定向其他单位调出的财政拨款结转资金金额。各项目应当根据"财政拨款结转""财政拨款结余"科目下"归集上缴"和"财政拨款结转"科目下"归集调出"明细科目，及其所属明细科目的本年发生额填列，以"－"号填列。

5．"单位内部调剂"栏中各项目，反映单位本年财政拨款结转结余资金在单位内部不同项目等之间的调剂金额。各项目应当根据"财政拨款结转"和"财政拨款结余"科目下的"单位内部调剂"明细科目及其所属明细科目的本年发生额填列；对单位内部调剂减少的财政拨款结余金额，以"－"号填列。

6．"本年财政拨款收入"栏中各项目，反映单位本年从同级财政部门取得的各类财政预算拨款金额。各项目应当根据"财政拨款预算收入"科目及其所属明细科目的本年发生额填列。

7．"本年财政拨款支出"栏中各项目，反映单位本年发生的财政拨款支出金额。各项目应当根据"行政支出""事业支出"等科目及其所属明细科目本年发生额中的财政拨款支出数的合计数填列。

8．"年末财政拨款结转结余"栏中各项目，反映单位年末财政拨款结转结余的金额。各项目应当根据"财政拨款结转""财政拨款结余"科目及其所属明细科目的年末余额填列。

第四篇 平行记账
会计调整与新旧会计制度衔接

第二十五章 政府财务会计与预算会计平行记账

第一节 政府财务会计与预算会计平行记账概述

一、政府会计核算模式

政府会计由预算会计和财务会计构成。政府会计核算应当实现预算会计与财务会计适度分离并相互衔接,全面、清晰反映政府预算执行信息和财务信息,为开展政府信用评级、加强资产负债管理、改进政府绩效监督考核、防范财政风险等提供支持,促进政府财务管理水平提高和财政经济可持续发展。

(一)政府预算会计和财务会计的"适度分离"

政府预算会计和财务会计的"适度分离"体现为:

1."双功能"。政府会计应当实现预算会计和财务会计双重功能。预算会计应准确完整反映政府预算收入、预算支出和预算结余等预算执行信息,财务会计应全面准确反映政府的资产、负债、净资产、收入、费用等财务信息。

2."双基础"。预算会计实行收付实现制,国务院另有规定的,从其规定;财务会计实行权责发生制。

3."双报告"。政府会计主体应当编制决算报告和财务报告。政府决算报告的编制,主要以收付实现制为基础,以预算会计核算生成的数据为准;政府财务报告的编制主要以权责发生制为基础,以财务会计核算生成的数据为准。

(二)政府预算会计和财务会计的"相互衔接"

政府预算会计和财务会计"适度分离",并不是要求政府会计主体分别建立预算会计和财务会计两套账,对同一笔经济业务或事项进行会计核算。而是要求政府预算会计要素和财务会计要素相互协调,决算报告和财务报告相互补充,共同反映政府会计主体的预算执行信息和财务信息。主要体现在:

1.对纳入部门预算管理的现金收支进行"平行记账"。对于纳入部门预算管理的现金收支业务,在进行财务会计核算的同时也应当进行预算会计核算。对于其他业务,仅需要进行财务会计核算。

2.编制"本年盈余与预算结余差异情况说明"。财务报表与预算会计报表之间存在一定的勾稽关系。通过编制"本年盈余与预算结余差异情况说明",反映单位财务会计和预算会计因核算基础和核算范围不同所产生的本年盈余数与本年预算结余数之间的差异,从而揭示财务会计和预算会计的内在联系。

通过这种适度分离又相互衔接的政府会计核算模式,使公共资金管理中预算管理、财务管理和绩效管理相互联结、融合,全面提高管理水平和资金使用效率,对于规范政府会计行为、夯实政府会计主体预算和财务管理基础、强化政府绩效管理具有深远的影响。

二、政府财务会计与预算会计平行记账

(一)"平行记账"的基本含义

为了满足单位在一个会计信息系统中同时进行财务会计和预算会计核算的需要,《政府会计制度——行政事业单位会计科目和报表》要求对行政事业单位会计核算进行"平行记账"。

"平行记账"是指单位对于纳入部门预算管理的现金收支业务，在采用财务会计核算的同时应当进行预算会计核算；对于其他业务，仅需要进行财务会计核算。此处的"现金"指现金及现金等价物，包括国库直接支付的财政拨款资金、国库授权支付的零余额账户用款额度、财政应返还额度、银行存款、库存现金及其他货币资金。一般情况下，对于财务会计下"财政拨款收入""零额账户用款额度""财政应返还额度""库存现金""银行存款""其他货币资金"科目发生增减变动时，在预算会计下应同时进行会计处理。

"平行记账"是政府财务会计和预算会计功能适度分离又相互衔接核算模式的典型特征，相对于原有行政事业单位会计制度中的"双分录"核算模式，更能全面准确地反映行政事业单位的财务信息和预算执行信息。

（二）平行记账的特点

1. 在同一个会计核算系统中，财务会计按权责发生制进行核算，预算会计按收付实现制进行核算。

2. 在同一个会计核算系统中，基于两套会计要素、两类会计恒等式。财务会计通过资产、负债、净资产、收入、费用五个要素进行核算，预算会计通过预算收入、预算支出和预算结余三个要素进行核算。财务会计有两个恒等式：资产－负债＝净资产；本期收入－本期费用＝本期盈余。预算会计有一个恒等式：预算收入－预算支出＝预算结余。

3. 在同一个会计核算系统中，基于同一原始凭证、相同的金额，两个记账凭证、两类账簿。对纳入部门预算管理的现金收支业务，依据同一个原始凭证、相同的业务发生金额，分别编制财务会计记账凭证和预算会计记账凭证，分别登记财务会计和预算会计两类账。

4. 在一个会计核算系统中，基于两个结转时点。财务会计中收入费用在期末进行结转，本期盈余、本年盈余分配、无偿调拨净资产在年末进行结转；预算会计中的预算收入、预算支出、预算结转结余是在年末进行结转。

5. 在一个会计核算系统中，核算形成的结果是"双报告"。通过财务会计核算生成财务报告，通过预算会计核算生成决算报告。通过编制"本期盈余与预算结余差异调节表"，揭示财务会计与预算会计之间的勾稽关系。

（三）"平行记账"的范围界定

政府财务会计与预算会计平行记账范围，包括政府会计主体纳入部门预算管理的现金收支业务。

1. 行政事业单位的业务或事项类型。

行政事业单位的经济业务或事项，按照是否属于现金收支业务可分为以下四种类型：

第一种：现金收支业务。行政事业单位的现金收支业务，是指纳入部门预算管理的现金收支业务，如财政直接支付、授权支付方式取得的财政拨款收入及发生的相关费用业务；银行存款、库存现金、其他货币资金方式取得的事业收入等各项收入业务；以银行存款、库存现金、其他货币资金方式发生的各项费用业务。

第二种：现金非收支业务。行政事业单位的现金非收支包括纳入部门预算管理的现金非收支业务和不纳入部门预算管理的现金非收支业务等。其中纳入部门预算管理的现金非收支业务，如提现、存现业务以及从零余额账户提现、存现等相关业务。不纳入部门预算管理的现金非收支业务，如应当上缴财政的款项、应当转拨其他单位的款项、受托代理的款项等业务。

第三种：收支非现金业务。行政事业单位的收支非现金业务是指纳入部门预算管理的收支非现金业务。如各项应收、应付汇票款项；各项应收、应付账款；各项应收、应付利息、股利等款项；计算确认当期应付职工薪酬及代扣各种款项等业务。

第四种：其他特殊业务。行政事业单位的其他特殊业务包括以前年度收支调整等业务（非直接收支业务）和财务会计各科目之间与预算会计各科目之间结转业务。以前年度收支调整等业务（非直接收支业务），如按照规定从其他单位调入财政拨款结转资金、年末按照规定从本年度非财政拨款结余或经营结余中提取专用基金、以前年度盈余调整等。财务会计各科目之间结转业务，如年末将"本年盈余分配""无偿调拨净资产""以前年度盈余调整"转入累计盈余业务；预算会计各科目之间结转业务，如单位内部调剂财政拨款结余资金、年末冲销财政拨款结转结余、非财政拨款结转结余等科目有关明细科目余额、经营预算收支年末结转及分配等业务。

2. 行政事业单位平行记账范围的界定。

根据是否为现金收支的四种分类，行政事业单位平行记账范围，包括纳入部门预算的现金收支业务，从零余额账户提现、存现的现金非收支业务以及以前年度收支调整等（非直接收支业务）等其他特殊业务。其余情况仅做财务会计或仅做预算会计核算。

行政事业单位现金收支业务类型及平行记账范围，如表25-1所示：

表25-1　　　　　　　　　　行政事业单位现金收支业务类型及平行记账范围

种类	业务及事项类别		业务及事项内容	是否平行记账
第一种	现金收支业务	纳入部门预算的	如：(1) 财政直接支付、授权支付方式取得的财政拨款收入和发生的相关各项费用开支； (2) 银行存款、库存现金、其他货币资金方式取得的事业收入等10项收入；(一级科目) (3) 银行存款、库存现金、其他货币资金方式发生的业务活动费用等8项费用。(一级科目)	是
第二种	现金非收支业务	纳入部门预算的	如：提现、存现	否
			如：从零余额账户提现、存现	是（调整明细）
		不纳入部门预算的	如：(1) 应当上缴财政的款项；(2) 应当转拨其他单位的款项；(3) 受托代理的款项等	否
第三种	收支非现金业务	纳入部门预算的	如：(1) 各项应收、应付汇票款项；(2) 各项应收、应付账款；(3) 各项应收、应付利息、股利等款项；(4) 计算确认当期应付职工薪酬及代扣各种款项等	否
第四种	其他特殊业务	以前年度收支调整等业务（非直接收支业务）	如：按照规定从其他单位调入财政拨款结转资金、年末按照规定从本年度非财政拨款结余或经营结余中提取专用基金、以前年度盈余调整等	是
		财务会计各科目之间与预算会计各科目之间结转业务	财务会计各科目之间结转业务：如：年末，将"本年盈余分配""无偿调拨净资产""以前年度盈余调整"转入累计盈余等	否
			预算会计各科目之间结转业务：如：(1) 单位内部调剂财政拨款结转资金；(2) 年末冲销财政拨款结转、非财政拨款结转结余等有关明细科目；(3) 经营预算收支年末结转及分配等	否（仅预算会计核算）

（四）平行记账与双分录

1. 平行记账与双分录的相同点。

（1）两者都是在一个会计系统中采用收付实现制形成的。在"双分录"会计核算模式下，收入和支出需要采用收付实现制进行核算，但很多资产负债项目都不能得到有效反映，使用"双分录"会计核算模式可以在保持收入支出按照收付实现制核算的前提下，通过辅助登记，尽可能全面地反映资产负债项目。在"平行记账"会计核算模式下单位财务会计核算实行权责发生制，预算会计核算一般实行收付实现制。通过财务会计核算形成财务报告，通过预算会计核算形成决算报告，全面、清晰反映单位财务信息和预算执行信息。

（2）两者都是在一个会计系统中进行的，依据同一张原始账凭证编制记账凭证，进行会计处理。

2. 平行记账与双分录的区别。

（1）概念不同。"双分录"的会计核算模式，是指一个会计分录记录款项的收支，另外一个会计分录记录有关资产、负债和净资产的增减。"平行记账"的会计核算模式，是指单位对于纳入部门预算管理的现金收支业务，在采用财务会计核算的同时应当进行预算会计核算；对于其他业务，仅需要进行财务会计核算。

（2）会计要素不同。"双分录"会计核算模式基于资产、负债、净资产、收入、支出同一套会计要素、同一个会计恒等式，进行会计核算；"平行记账"基于两套会计要素、两类会计恒等式，进行会计核算。财务会计通过资产、负债、净资产、收入、费用五个要素进行核算，预算会计通过预算收入、预算支出和预算结余三个要素进行核算。财务会计和预算会计有各自的会计恒等式。

（3）核算范围不同。"双分录"会计核算模式针对特定的资产负债会计科目。根据原《行政单位会计制度》，预付账款、存货、固定资产、在建工程、无形资产、政府储备物资、公共基础设施、应付账款、长期应付款等非货币性资产和部分负债采用"双分录"会计核算。原《事业单位会计制度》，长期投资、固定资产、在建工程、无形资产采用"双分录"会计核算。"平行记账"会计核算模式针对所有纳入部门预算管理的现金收支业务在采用财务会计核算的同时应当进行预算会计核算。相对于原行政事业单位会计制度中"双分录"核算模式，平行记账更能全面准确反映行政事业单位的财务信息和预算执行信息。

（五）政府会计平行记账方法举例

1. 财政拨款收入业务举例。

财政授权支付方式下，收到财政拨款时：

财务会计	预算会计
借：零余额账户用款额度 　贷：财政拨款收入	借：资金结存——零余额账户用款额度 　贷：财政拨款预算收入

【例25-1】某行政/事业单位收到"财政授权支付额度到账通知书"，列明本月一般公共预算财政拨款授权支付额度为500 000元，其中基本支出200 000元（人员经费支出80 000元、日常公用经费120 000元）、甲项目支出300 000元（假设该单位既有一般公共预算财政拨款又有政府性基金预算拨款）。该单位应编制如下平行记账会计分录：

- 财务会计：

借：零余额账户用款额度　　　　　　　　　　　　　　　　　　　　　　　　500 000
　贷：财政拨款收入　　　　　　　　　　　　　　　　　　　　　　　　　　500 000

- 预算会计：

借：资金结存——零余额账户用款额度　　　　　　　　　　　　　　　　　　500 000
　贷：财政拨款预算收入——基本支出——"功能"项——人员经费　　　　　80 000
　　　　　　　　　　　　　　　　　　　　　　　　——日常公用经费　　　120 000
　　　　　　　　　　　　——项目支出——"功能"项——甲项目　　　　　300 000

2. 应缴财政款业务举例。

取得或应收按照规定应缴财政款时：

财务会计	预算会计
借：银行存款等/应收账款等 　贷：应缴财政款	不需要处理

【例25-2】3月17日，某行政/事业单位收到丙单位上缴的某项收费款800元（由本单位汇缴）。该单位应编制如下会计分录：

- 财务会计：

借：银行存款　　　　　　　　　　　　　　　　　　　　　　　　　　　　　800
　贷：应缴国库款——行政性收费　　　　　　　　　　　　　　　　　　　　800

- 预算会计：

不需要处理。

3. 本年盈余分配业务举例。

年末，按照有关规定提取专用基金时，按照预算会计下计算的提取金额：

财务会计	预算会计
借：本年盈余分配 　贷：专用基金	借：非财政拨款结余分配 　贷：专用结余

【例25-3】年末，某行政/事业单位按照规定计算出本年应提取的专用基金为6 875元。该单位应编制如下平行记账会计分录：

- 财务会计：
  借：本年盈余分配　　　　　　　　　　　　　　　　　　　　　　　　6 875
  　　贷：专用基金　　　　　　　　　　　　　　　　　　　　　　　　　　　6 875
- 预算会计：
  借：非财政结余分配　　　　　　　　　　　　　　　　　　　　　　　　6 875
  　　贷：专用结余　　　　　　　　　　　　　　　　　　　　　　　　　　　6 875

第二节　资产业务的平行记账

按照平行记账的原理，资产业务凡涉及纳入部门预算管理的现金收支的业务，在进行财务会计核算的同时进行预算会计核算。不涉及纳入预算管理现金收支的资产业务只需进行财务会计核算。

在资产业务平行记账中，可参照下列"资产类会计科目与预算会计相关科目对照表"（见表25–2）进行账务处理。

表25–2　　　　　　　　　　　　资产类会计科目与预算会计相关科目对照表

财务会计			预算会计			科目对应说明
科目编号	科目名称	适用范围	科目编号	科目名称	适用范围	
1001	库存现金		8001	资金结存——货币资金		
1002	银行存款					
1011	零余额账户用款额度			资金结存——零余额账户用款额度		
1021	其他货币资金			资金结存——货币资金		
1101	短期投资	事业	7601	投资支出	事业	取得短期投资、出售或到期收回短期投资本金时
1201	财政应返还额度		8001	资金结存——财政应返还额度		
1211	应收票据	事业	6401/8001	经营预算收入等/资金结存（货币资金）	事业	持未到期的商业汇票（不附追索权）向银行贴现和商业汇票到期收回应收票据时、将持有的商业汇票背书转让以取得所需物资时
1212	应收账款		6101/6401/6609/8202	事业预算收入/经营预算收入/其他预算收入/非财政拨款结余		应收账款收回后不需要上缴财政时、已核销不需要上缴财政的应收账款在以后期间收回时
1214	预付账款		7101/7201	行政支出/事业支出等		发生预付账款时
			6001/8001	财政拨款预算收入/资金结存		收到所购物资或劳务、结算工程价款时
			8101/8102	财政拨款结转——年初余额调整/财政拨款结余——年初余额调整等		以前年度预付账款退回时
1215	应收股利	事业	7601/6602	投资支出等/投资预算收益	事业	取得股权投资、持有股权期间收到现金股利或利润时
1216	应收利息	事业	7601/6602	投资支出等/投资预算收益	事业	取得债券投资、持有股权期间实际收到利息时
1218	其他应收款		8001/6201/6301/6609	资金结存/上级补助预算收入/附属单位上缴预算收入/其他预算收入等		报销暂付款项、收到应收账款、已核销的在以后期间又收回时
1219	坏账准备	事业		——		
1301	在途物资		7101/7201/7301	行政支出/事业支出/经营支出等		购入在途物资时

续表

财务会计			预算会计			科目对应说明
科目编号	科目名称	适用范围	科目编号	科目名称	适用范围	
1302	库存物品		7101/7201/7301/7901	行政支出/事业支出/经营支出/其他支出		外购价款、相关税费发生时
1303	加工物品		7201/7301/7101	事业支出/经营支出/行政支出等		事业单位自制物品、单位委托加工物品费用发生时
1401	待摊费用		7101/7201	行政支出/事业支出等		发生待摊费用时
1501	长期股权投资	事业	7601/7901	投资支出/其他支出	事业	以现金取得投资、发生相关税费、追加投资成本法改为权益法支付资金等业务发生时
1502	长期债券投资	事业	7601	投资支出	事业	取得、到期收回、对外出售长期债券投资等业务发生时
1601	固定资产		7101/7201/7301	行政支出/事业支出/经营支出等		取得资产、发生后续支出、处置相关税费发生时
1602	固定资产累计折旧			——		
1611	工程物资		7101/7201/7301	行政支出/事业支出/经营支出等		购入工程物资时
1613	在建工程		7101/7201/7301/6609	行政支出/事业支出/经营支出/其他预算收入		发包工程预付工程款、按照进度结算工程款、购入设备、待摊投资发生费用时、试生产等产生收入时
1701	无形资产		7101/7201/7301/6609	行政支出/事业支出/经营支出/其他预算收入等		取得资产、后续支出、处置相关费用发生时、转让收入纳入本单位预算时
1702	无形资产累计摊销			——		
1703	研发支出		7101/7301	事业支出/经营支出等		自行研究开发项目,研究阶段和开发阶段实际支付款项时
1801	公共基础设施		7101/7201/7901	行政支出/事业支出/其他支出		外购、后续支出及相关处置费用发生时
1802	公共基础设施累计折旧			——		
1811	政府储备物资		7101/7201/7901	行政支出/事业支出/其他支出		购入及相关费用发生时
1821	文物文化资产		7101/7201/7901	行政支出/事业支出/其他支出		取得和处置资产支付相关费用时
1831	保障性住房		7101/7201/7901	行政支出/事业支出/其他支出		支付外购价款和无偿调入、无偿调出相关费用发生时
1832	保障性住房累计折旧			——		
1891	受托代理资产		7901	其他支出		受托转增和储存保管物资实际支付相关税费时
1901	长期待摊费用		7101/7201	行政支出/事业支出等		发生长期待摊费用时
1902	待处理财产损溢		7901	其他支出		盘亏或毁损、报废非现金资产处理收入小于相关费用时

一、货币资金业务的平行记账

财务会计中，货币资金包括库存现金、银行存款、零余额账户用款额度以及其他货币资金等。

(一) 库存现金

库存现金业务的平行记账内容包括差旅费、其他涉及现金的业务、现金溢余及现金短缺等业务。库存现金提现、存现业务及受托代理、代管现金等业务不需要进行平行记账。财务会计"库存现金"科目与预算会计的"资金结存——货币资金"科目相对应。

1. 提现、存现。

(1) 提现。从银行等金融机构提取现金时，按照实际提取的金额：

财务会计	预算会计
借：库存现金 　　贷：银行存款等	不需要处理

(2) 存现。将现金存入银行等金融机构时，按照实际存入金额：

财务会计	预算会计
借：银行存款等 　　贷：库存现金	不需要处理

2. 差旅费。

(1) 职工出差等借出现金时，按照实际借出的现金金额：

财务会计	预算会计
借：其他应收款 　　贷：库存现金	不需要处理

(2) 出差人员报销差旅费时，按照实际报销的金额：

财务会计	预算会计
借：业务活动费用/单位管理费用等 [实际报销金额] 　　库存现金 [实际报销金额小于借款金额的差额] 　　贷：其他应收款 或： 借：业务活动费用/单位管理费用等 [实际报销金额] 　　贷：其他应收款 　　　库存现金 [实际报销金额大于借款金额的差额]	借：行政支出/事业支出等 [实际报销金额] 　　贷：资金结存——货币资金

3. 其他涉及现金的业务。

(1) 因开展业务等其他事项收到现金，按照实际收到的金额：

财务会计	预算会计
借：库存现金 　　贷：事业收入/应收账款等	借：资金结存——货币资金 　　贷：事业预算收入等

(2) 因购买服务、商品或其他事项支出现金，按照实际支付的金额：

财务会计	预算会计
借：业务活动费用/单位管理费用/其他费用/应付账款等 　　贷：库存现金	借：行政支出/事业支出/其他支出等 　　贷：资金结存——货币资金

(3) 以库存现金对外捐赠，按照实际捐出的金额：

财务会计	预算会计
借：其他费用 　　贷：库存现金	借：其他支出 　　贷：资金结存——货币资金

4. 受托代理、代管现金。

（1）收到时，按照实际收到的金额：

财务会计	预算会计
借：库存现金——受托代理资产 　　贷：受托代理负债	不需要处理

（2）支付时，按照实际支付的金额：

财务会计	预算会计
借：受托代理负债 　　贷：库存现金——受托代理资产	不需要处理

5. 现金溢余。

（1）属于现金溢余，应当按照实际溢余的金额：

财务会计	预算会计
借：库存现金 　　贷：待处理财产损溢	借：资金结存——货币资金 　　贷：其他预算收入

（2）属于应支付给有关人员或单位的部分：

财务会计	预算会计
借：待处理财产损溢 　　贷：其他应付款 借：其他应付款 　　贷：库存现金	不需要处理 借：其他预算收入 　　贷：资金结存——货币资金

（3）属于无法查明原因的部分，报经批准后：

财务会计	预算会计
借：待处理财产损溢 　　贷：其他收入	不需要处理

6. 现金短缺。

（1）属于现金短缺，应当按照实际短缺的金额：

财务会计	预算会计
借：待处理财产损溢 　　贷：库存现金	借：其他支出 　　贷：资金结存——货币资金

（2）属于应由责任人赔偿的部分：

财务会计	预算会计
借：其他应收款 　　贷：待处理财产损溢 借：库存现金 　　贷：其他应收款	 借：资金结存——货币资金 　　贷：其他支出

（3）属于无法查明原因的部分，报经批准核销时：

财务会计	预算会计
借：资产处置费用 　　贷：待处理财产损溢	不需要处理

（二）银行存款

银行存款业务的行记账内容包括将款项存入银行或其他金融机构、支付款项、收到银行存款利息、支付银行手续费、外币业务等。提现、受托代理、代管银行存款等业务不需要进行平行记账。财务会计"银行存款"科目与预算会计的"资金结存——货币资金"科目相对应。

1. 将款项存入银行或其他金融机构，按照实际存入的金额：

财务会计	预算会计
借：银行存款 　　贷：库存现金/事业收入/其他收入等	借：资金结存——货币资金 　　贷：事业预算收入/其他预算收入等

2. 从银行等金融机构提取现金，按照实际提取的金额：

财务会计	预算会计
借：库存现金 　　贷：银行存款	不需要处理

3. 以银行存款支付相关费用，按照实际支付的金额：

财务会计	预算会计
借：业务活动费用/单位管理费用/其他费用等 　　贷：银行存款	借：行政支出/事业支出/其他支出等 　　贷：资金结存——货币资金

4. 以银行存款对外捐赠，按照实际捐出的金额：

财务会计	预算会计
借：其他费用 　　贷：银行存款	借：其他支出 　　贷：资金结存——货币资金

5. 银行存款账户。

（1）收到银行存款利息，按照实际收到的金额：

财务会计	预算会计
借：银行存款 　　贷：利息收入	借：资金结存——货币资金 　　贷：其他预算收入

（2）支付银行手续费等，按照实际支付的金额：

财务会计	预算会计
借：其他费用 　　贷：银行存款	借：其他支出 　　贷：资金结存——货币资金

6. 受托代理、代管银行存款。

（1）收到受托代理、代管的银行存款，按照实际收到的金额：

财务会计	预算会计
借：银行存款——受托代理资产 　　贷：受托代理负债	不需要处理

（2）支付受托代理、代管的银行存款，按照实际支付的金额：

财务会计	预算会计
借：受托代理负债 　　贷：银行存款——受托代理资产	不需要处理

7. 外币业务。

（1）以外币购买物资、设备等，按照购入当日的即期汇率将支付的外币或应支付的外币折算为人民币金额：

财务会计	预算会计
借：在途物资/库存物品等 　　贷：银行存款［外币账户］/应付账款等［外币账户］	借：事业支出等 　　贷：资金结存——货币资金

（2）销售物品、提供服务以外币收取相关款项等，按照收入确认当日的即期汇率将收取的外币或应收取的外币折算为人民币金额：

财务会计	预算会计
借：银行存款［外币账户］ 　　贷：事业收入等	借：资金结存——货币资金

（3）期末，根据各外币账户按期末的即期汇率调整后的人民币余额与原账面人民币余额的差额，作为汇兑损益：

财务会计	预算会计
借：银行存款/应收账款/应付账款等 　　贷：业务活动费用/单位管理费用等［汇兑收益］ 借：业务活动费用/单位管理费用等［汇兑损失］ 　　贷：银行存款/应收账款/应付账款等	借：资金结存——货币资金 　　贷：行政支出/事业支出等［汇兑收益］ 借：行政支出/事业支出等［汇兑损失］ 　　贷：资金结存——货币资金

（三）零余额账户用款额度

零余额账户用款额度业务的平行记账内容包括收到额度、按照规定支用额度、提现、因购货退回等发生国库授权支付额度退回、年终注销额度及下年初恢复额度等业务。财务会计"零余额账户用款额度"科目与预算会计的"资金结存——货币资金"科目相对应。

1. 收到额度。单位收到"财政授权支付到账通知书"时，根据通知书所列金额：

财务会计	预算会计
借：零余额账户用款额度 　　贷：财政拨款收入	借：资金结存——零余额账户用款额度 　　贷：财政拨款预算收入

2. 按规定支用额度。

（1）支付日常活动费用时，按照支付的金额：

财务会计	预算会计
借：业务活动费用/单位管理费用等 　　贷：零余额账户用款额度	借：行政支出/事业支出等 　　贷：资金结存——零余额账户用款额度

（2）购买库存物品或购建固定资产，按照实际发生的成本：

财务会计	预算会计
借：库存物品/固定资产/在建工程等 　　贷：零余额账户用款额度	借：行政支出/事业支出等 　　贷：资金结存——零余额账户用款额度

3. 提现。

（1）从零余额账户提取现金时，按照实际提取的金额：

财务会计	预算会计
借：库存现金 　　贷：零余额账户用款额度	借：资金结存——货币资金 　　贷：资金结存——零余额账户用款额度

（2）将现金退回单位零余额账户：

财务会计	预算会计
借：零余额账户用款额度 　　贷：库存现金	借：资金结存——零余额账户用款额度 　　贷：资金结存——货币资金

4. 因购货退回等发生国库授权支付额度退回。

（1）本年度授权支付额度的款项，按照退回的金额：

财务会计	预算会计
借：零余额账户用款额度 　　贷：库存物品等	借：资金结存——零余额账户用款额度 　　贷：行政支出/事业支出等

（2）以前年度授权支付额度的款项，按照退回的金额：

财务会计	预算会计
借：零余额账户用款额度 　　贷：库存物品/以前年度盈余调整等	借：资金结存——零余额账户用款额度 　　贷：财政拨款结转——年初余额调整/财政拨款结余 　　　　——年初余额调整等

5. 年末注销额度。

（1）根据代理银行提供的对账单作注销额度的相关账务处理时：

财务会计	预算会计
借：财政应返还额度——财政授权支付 　　贷：零余额账户用款额度	借：资金结存——财政应返还额度 　　贷：资金结存——零余额账户用款额度

（2）本年度财政授权支付预算指标数大于零余额账户额度下达数的，根据未下达的用款额度：

财务会计	预算会计
借：财政应返还额度——财政授权支付 　　贷：财政拨款收入	借：资金结存——财政应返还额度 　　贷：财政拨款预算收入

6. 下年初，恢复额度。

（1）依据代理银行提供的额度恢复到账通知书恢复财政授权支付额度时：

财务会计	预算会计
借：零余额账户用款额度 　　贷：财政应返还额度——财政授权支付	借：资金结存——零余额账户用款额度 　　贷：资金结存——财政应返还额度

（2）收到财政部门批复的上年末未下达零余额账户用款额度时：

财务会计	预算会计
借：零余额账户用款额度 　　贷：财政应返还额度——财政授权支付	借：资金结存——零余额账户用款额度 　　贷：资金结存——财政应返还额度

（四）其他货币资金

其他货币资金业务的平行记账内容仅包括银行本票、银行汇票、信用卡等其他货币资金的支付业务。银行本票、银行汇票、信用卡的取得以及余款退回的等业务不需要进行平行记账。财务会计"其他货币资金"科目与预算会计的"资金结存——货币资金"科目相对应。

1. 形成其他货币资金。将款项交存银行取得银行本票、银行汇票、信用卡、支付宝、微信存款时，按照取得的银行本票、银行汇票金额和交存信用卡、支付宝、微信的金额：

财务会计	预算会计
借：其他货币资金——银行本票存款 　　　　　　　　——银行汇票存款 　　　　　　　　——信用卡 　　　　　　　　——支付宝存款 　　　　　　　　——微信存款 　　贷：银行存款	不需要处理

2. 发生支付。使用银行本票、银行汇票等购买库存物品等资产时，按照实际支付金额：

财务会计	预算会计
借：在途物资/库存物品等 　　贷：其他货币资金——银行本票存款 　　　　　　　　　　——银行汇票存款 　　　　　　　　　　——信用卡 　　　　　　　　　　——支付宝存款 　　　　　　　　　　——微信存款	借：事业支出等［实际支付金额］ 　　贷：资金结存——货币资金

3. 余款退回。如有余款或因本票、汇票等超过付款期等原因而退回款项，按照退款金额：

财务会计	预算会计
借：银行存款 　　贷：其他货币资金——银行本票存款 　　　　　　　　　　——银行汇票存款 　　　　　　　　　　——信用卡 　　　　　　　　　　——支付宝存款 　　　　　　　　　　——微信存款	不需要处理

二、应收及预付款项业务的平行记账

财务会计中，应收及预付款项包括财政应返还额度、应收票据、应收账款、预付账款、应收股利、应收利息、其他应收款和坏账准备等。

（一）财政应返还额度

财政应返还额度业务的平行记账内容包括财政直接支付方式下确认财政应返还额度业务和财政授权支付方式下确认财政应返还额度业务。财务会计"财政应返还额度"科目与预算会计的"资金结存——财政应返还额度"科目相对应。

1. 财政直接支付。

（1）年末，单位根据本年度财政直接支付预算指标数大于当年财政直接支付实际发生数的差额：

财务会计	预算会计
借：财政应返还额度——财政直接支付 　　贷：财政拨款收入	借：资金结存——财政应返还额度 　　贷：财政拨款预算收入

（2）单位使用以前年度财政直接支付额度支付款项时：

财务会计	预算会计
借：业务活动费用/单位管理费用/库存物品等 　　贷：财政应返还额度——财政直接支付	借：行政支出/事业支出等 　　贷：资金结存——财政应返还额度

2. 财政授权支付。

（1）年末，单位本年度财政授权支付预算指标数大于零余额账户用款额度下达数的，根据未下达的用款额度：

财务会计	预算会计
借：财政应返还额度——财政授权支付 　　贷：财政拨款收入	借：资金结存——财政应返还额度 　　贷：财政拨款预算收入

（2）年末根据代理银行提供的对账单作注销额度处理时：

财务会计	预算会计
借：财政应返还额度——财政授权支付 　　贷：零余额账户用款额度	借：资金结存——财政应返还额度 　　贷：资金结存——零余额账户用款额度

（3）下年初，单位根据代理银行提供的上年度注销额度恢复到账通知书作恢复额度、单位收到财政部门批复的上年未下达零余额账户用款额度时：

财务会计	预算会计
借：零余额账户用款额度 　　贷：财政应返还额度——财政授权支付	借：资金结存——零余额账户用款额度 　　贷：资金结存——财政应返还额度

（二）应收票据

事业单位应收票据业务的平行记账内容包括持未到期的商业汇票向银行贴现、商业汇票背书转让、商业汇票到期收回应收票据等业务。收到商业汇票、附追索权的商业汇票到期未发生追索事项等业务不需要进行平行记账。财务会计"应收票据"科目与预算会计的"经营预算收入""资金结存——货币资金"等科目相对应。

1. 收到商业汇票。因销售产品、提供服务等收到商业汇票，按照商业汇票的票面金额：

财务会计	预算会计
借：应收票据 　　贷：经营收入等	不需要处理

2. 商业汇票向银行贴现。

（1）持未到期的商业汇票向银行贴现，按照实际收到的金额（即扣除贴现息后的净额）：

财务会计	预算会计
借：银行存款［贴现净额］经营费用等［贴现利息］ 　　贷：应收票据［不附追索权］/短期借款［附追索权］	借：资金结存——货币资金 　　贷：经营预算收入等［贴现净额］

（2）附追索权的商业汇票到期未发生追索事项的，按照商业汇票的票面金额：

财务会计	预算会计
借：短期借款 　　贷：应收票据	不需要处理

3. 商业汇票背书转让。将持有的商业汇票背书转让以取得所需物资时，按照取得物资的成本：

财务会计	预算会计
借：库存物品等 　　贷：应收票据银行存款［差额］	借：经营支出等［支付的金额］ 　　贷：资金结存——货币资金

4. 商业汇票到期。

（1）商业汇票到期，收回票款时，按照实际收到的商业汇票票面金额：

财务会计	预算会计
借：银行存款 　　贷：应收票据	借：资金结存——货币资金 　　贷：经营预算收入等

（2）商业汇票到期，因付款人无力支付票款，收到银行退回的商业承兑汇票、委托收款凭证、未付票款通知书或拒付款证明等时，按照商业汇票的票面金额：

财务会计	预算会计
借：应收账款 　　贷：应收票据	不需要处理

（三）应收账款

事业单位应收账款业务的平行记账内容包括收回应收账款、已核销不需上缴财政的应收账款在以后期间收回等业务。发生应收账款、应收账款收回后需上缴财政、单位已核销需上缴财政的应收账款在以后期间收回等业务不需要进行平行记账。财务会计的"应收账款"科目与预算会计的"事业预算收入""经营预算收入""其他预算收入""非财政拨款结余"等科目相对应。

1. 发生应收账款。

（1）应收账款收回后不需上缴财政时，按照应收未收金额：

财务会计	预算会计
借：应收账款 　　贷：事业收入/经营收入/其他收入等	不需要处理

（2）应收账款收回后需上缴财政时，按照应收未收金额：

财务会计	预算会计
借：应收账款 　　贷：应缴财政款	不需要处理

2. 收回应收账款。

（1）收回不需上缴财政的应收账款时，按照实际收到的金额：

财务会计	预算会计
借：银行存款 　　贷：应收账款	借：资金结存——货币资金等 　　贷：事业预算收入/经营预算收入/其他预算收入等

（2）收回后需上缴财政的应收账款时，按照实际收到的金额：

财务会计	预算会计
借：银行存款 　　贷：应收账款	不需要处理

3. 逾期无法收回的应收账款。

（1）对于账龄超过规定年限、确认无法收回的应收账款，按照规定报经批准后予以核销时，按照核销金额：

财务会计	预算会计
借：坏账准备/应缴财政款 　　贷：应收账款	不需要处理

（2）事业单位已核销不需上缴财政的应收账款在以后期间收回时，按照实际收回金额：

财务会计	预算会计
借：应收账款 　　贷：坏账准备 借：银行存款 　　贷：应收账款	借：资金结存——货币资金 　　贷：非财政拨款结余等

（3）单位已核销需上缴财政的应收账在以后期间收回时，按照实际收回金额：

财务会计	预算会计
借：银行存款等 　　贷：应缴财政款	不需要处理

（四）预付账款

预付账款业务的平行记账内容包括发生预付账款、收到所购物资或劳务，以及根据工程进度结算工程价款、预付账款退回等业务。逾期无法收回的预付账款转为其他应收款等业务不需要进行平行记账。财务会计"预付账款"科目与预算会计的"行政支出""事业支出""财政拨款预算收入""资金结存""财政拨款结转——年初余额调整""财政拨款结余——年初余额调整"等科目相对应。

1. 发生预付账款。根据购货、服务合同或协议规定预付款项时，按照预付金额：

财务会计	预算会计
借：预付账款 　　贷：财政拨款收入/零余额账户用款额度/银行存款等	借：行政支出/事业支出等 　　贷：财政拨款预算收入/资金结存

2. 收到所购资产或服务以及根据工程进度结算工程价款时，按照购入资产或服务的成本：

财务会计	预算会计
借：业务活动费用/库存物品/固定资产/在建工程等 　　贷：预付账款 　　　　零余额账户用款额度/财政拨款收入/ 　　　　银行存款等［补付款项］	借：行政支出/事业支出等［补付款项］ 　　贷：财政拨款预算收入/资金结存

3. 预付款项退回。

（1）当年预付账款退回时，按照实际退回金额：

财务会计	预算会计
借：财政拨款收入［本年直接支付］ 　　零余额账户用款额度/银行存款等 　　贷：预付账款	借：财政拨款预算收入/资金结存 　　贷：行政支出/事业支出等

（2）以前年度预付账款退回时，按照实际退回金额：

财务会计	预算会计
借：财政应返还额度［以前年度直接支付］ 　　零余额账户用款额度/银行存款等 　　贷：预付账款	借：资金结存 　　贷：财政拨款结余——年初余额调整等 　　　　财政拨款结转——年初余额调整等

4. 逾期无法收回的预付账款转为其他应收款时：

财务会计	预算会计
借：其他应收款 　　贷：预付账款	不需要处理

（五）应收股利

事业单位应收股利业务的平行记账内容包括取得长期股权投资、持有长期投资期间发生的应收股利等业务。财务会计"应收股利"科目与预算会计的"投资支出""投资预算收益"等科目相对应。

1. 取得的长期股权投资。

（1）取得长期股权投资，按照支付的价款中所包含的已宣告但尚未发放的现金股利：

财务会计	预算会计
借：长期股权投资 　　应收股利［取得投资支付价款中包含的 　　　　已宣告但尚未发放的现金股利或利润］ 　　贷：银行存款［取得投资支付的全部价款］	借：投资支出［取得投资支付的全部价款］ 　　贷：资金结存——货币资金

（2）收到取得投资所支付价款中包含的已宣告但尚未发放的股利或利润时，按照收到的金额：

财务会计	预算会计
借：银行存款 　　贷：应收股利	借：资金结存——货币资金 　　贷：投资支出等

2. 持有投资期间。

（1）被投资单位宣告发放现金股利或利润时，按照应享有的份额：

财务会计	预算会计
借：应收股利 　　贷：投资收益/长期股权投资	不需要处理

(2) 收到现金股利或利润时，按照收到的金额：

财务会计	预算会计
借：银行存款 　　贷：应收股利	借：资金结存——货币资金 　　贷：投资预算收益

（六）应收利息

事业单位应收利息业务的平行记账内容包括取得长期债券投资、持有长期投资期间发生的应收利息等业务。财务会计"应收利息"科目与预算会计的"投资支出""投资预算收益"等科目相对应。

1. 取得长期债券投资。

(1) 取得长期债券投资，按照确定的投资成本：

财务会计	预算会计
借：长期债券投资 　　应收利息［取得投资支付价款中包含的 　　已到付息期但尚未领取的利息］ 　　贷：银行存款［取得投资支付的全部价款］	借：投资支出［取得投资支付的全部价款］ 　　贷：资金结存——货币资金

(2) 收到取得投资时实际支付价款中所包含的已到付息期但尚未领取的利息时，按照收到的金额：

财务会计	预算会计
借：银行存款 　　贷：应收利息	借：资金结存——货币资金 　　贷：投资支出等

2. 持有投资期间。

(1) 按期计算确认长期债券投资利息收入时，对于分期付息、一次还本的长期债券投资，按照以票面金额和票面利率计算确定的应收未收利息金额：

财务会计	预算会计
借：应收利息［分期付息、到期还本债券计提的利息］ 　　贷：投资收益	不需要处理

(2) 实际收到应收利息时，按照收到的金额：

财务会计	预算会计
借：银行存款 　　贷：应收利息	借：资金结存——货币资金 　　贷：投资预算收益

（七）其他应收款

其他应收款业务的平行记账内容包括发生暂付款项（包括偿还未报销的公务卡款项）、发生其他各种应收款项、拨付给内部有关部门的备用金、逾期无法收回的其他应收款等业务。财务会计"其他应收款"科目与预算会计的"资金结存""上级补助预算收入""附属单位上缴预算收入""其他预算收入"等科目相对应。

1. 发生暂付款项（包括偿还银行未报销的公务卡款项）。

(1) 暂付款项时，按照实际发生金额：

财务会计	预算会计
借：其他应收款 　　贷：银行存款/库存现金/零余额账户用款额度等	不需要处理

(2) 报销时，按照实际报销金额：

财务会计	预算会计
借：业务活动费用/单位管理费用等［实际报销金额］ 　　贷：其他应收款	借：行政支出/事业支出等［实际报销金额］ 　　贷：资金结存

（3）收回暂付款项时，按照收回的金额：

财务会计	预算会计
借：库存现金/银行存款等 　　贷：其他应收款	不需要处理

2. 发生其他各种应收款项。

（1）确认其他应收款时，按照确认的金额：

财务会计	预算会计
借：其他应收款 　　贷：上级补助收入/附属单位上缴收入/其他收入等	不需要处理

（2）收到其他应收款时，按照收到的金额：

财务会计	预算会计
借：银行存款/库存现金等 　　贷：其他应收款	借：资金结存——货币资金 　　贷：上级补助预算收入/附属单位上缴预算收入/ 　　　　其他预算收入等

3. 拨付给有关内部部门的备用金。

（1）财务部门核定并发放备用金时，按照实际发放金额：

财务会计	预算会计
借：其他应收款 　　贷：库存现金等	不需要处理

（2）根据报销数用现金补足备用金定额时：

财务会计	预算会计
借：业务活动费用/单位管理费用等 　　贷：库存现金	借：行政支出/事业支出等 　　贷：资金结存——货币资金

4. 公务卡欠款。

（1）偿还尚未报销的本单位公务卡欠款时，按照偿还的款项：

财务会计	预算会计
借：其他应收款 　　贷：零余额账户用款额度/银行存款等	借：行政支出/事业支出等 　　贷：资金结存——零余额账户用款额度

（2）持卡人报销时，按照报销金额：

财务会计	预算会计
借：业务活动费用/单位管理费用 　　贷：其他应收款	借：行政支出/事业支出等 　　贷：资金结存——零余额账户用款额度

5. 年末暂付的款项属于本年度部门预算资金，但因尚未结算或报销而难以确定支出类型及相关明细科目的，在支付款项时：

财务会计	预算会计
借：其他应收款 　　贷：银行存款	借：其他支出——待处理支出 　　贷：资金结存——货币资金

6. 逾期无法收回的其他应收款。

（1）对于账龄超过规定年限、确认无法收回的其他应收款，按照规定报经批准后予以核销时，按照核销金额：

财务会计	预算会计
借：坏账准备［事业单位］/资产处置费用［行政单位］ 　　贷：其他应收款	不需要处理

(2) 已核销的其他应收款在以后期间收回的，按照实际收回金额：

财务会计	预算会计
事业单位： 借：其他应收款 　　贷：坏账准备 借：银行存款等 　　贷：其他应收款 行政单位： 借：银行存款等 　　贷：其他收入	 借：资金结存——货币资金 　　贷：非财政拨款结余 借：资金结存——货币资金 　　贷：其他预算收入

（八）坏账准备

事业单位坏账准备业务的平行记账内容只包括已核销不需要上缴财政的应收账款在以后期间收回的业务。计提坏账准备，确认坏账损失、冲减坏账准备、报批后予以核销等业务不需要进行平行记账。

1. 年度终了全面分析不需上缴财政的应收账款和其他应收款。

（1）计提坏账准备，确认坏账损失时：

财务会计	预算会计
借：其他费用 　　贷：坏账准备	不需要处理

（2）冲减坏账准备时：

财务会计	预算会计
借：坏账准备 　　贷：其他费用	不需要处理

2. 逾期无法收回的应收账款和其他应收款。

（1）对于账龄超过规定年限并确认无法收回的应收账款、其他应收款，应当按照有关规定报经批准后，按照无法收回的金额：

财务会计	预算会计
借：坏账准备 　　贷：应收账款/其他应收款	不需要处理

（2）已核销的应收账款、其他应收款在以后期间又收回的，按照实际收回金额：

财务会计	预算会计
事业单位： 借：应收账款/其他应收款 　　贷：坏账准备 借：银行存款等 　　贷：应收账款/其他应收款 行政单位： 借：银行存款等 　　贷：其他收入	 借：资金结存——货币资金 　　贷：非财政拨款结余等 借：资金结存——货币资金 　　贷：其他预算收入

三、存货业务的平行记账

财务会计中，存货包括在途材料、库存物品、加工物品等。

（一）在途物品

在途物品业务的平行记账内容包括购入材料等物资、结算凭证收到货未到、款已付或已开出商业汇票等业务。所购材料等物资到达验收入库业务不需要进行平行记账。财务会计"在途物资"科目与预算会计的"行政支出""事业支出""经营支出"等科目相对应。

1. 购入材料等物资，结算凭证收到货未到、款已付或已开出商业汇票时，按照确定的物品采购成本的金额：

财务会计	预算会计
借：在途物资 　　贷：财政拨款收入/零余额账户用款额度/银行存款/ 　　　　应付票据等	借：行政支出/事业支出/经营支出等 　　贷：财政拨款预算收入/资金结存

2. 所购材料等物资到达验收入库时，按照确定的库存物品金额：

财务会计	预算会计
借：库存物品 　　贷：在途物资	不需要处理

（二）库存物品

库存物品业务平行记账内容包括取得库存物品、发出库存物品等业务。库存物品定期盘点及毁损、报废业务不需要进行平行记账。财务会计"在途物资"科目与预算会计的"行政支出""事业支出""经营支出""其他支出"等科目相对应。

1. 取得库存物品。

（1）外购的库存物品验收入库时，按照确定的成本：

财务会计	预算会计
借：库存物品 　　贷：财政拨款收入/财政应返还额度/零余额账户用款额度/ 　　　　银行存款/应付账款等	借：行政支出/事业支出/经营支出等 　　贷：财政拨款预算收入/资金结存

（2）自制的库存物品加工完成、验收入库时，按照确定的成本：

财务会计	预算会计
借：库存物品——相关明细科目 　　贷：加工物品——自制物品	不需要处理

（3）委托外单位加工收回的库存物品验收入库时，按照确定的成本：

财务会计	预算会计
借：库存物品——相关明细科目 　　贷：加工物品——委托加工物品	不需要处理

（4）置换换入的库存物品验收入库时，按照确定的成本：

财务会计	预算会计
借：库存物品［换出资产评估价值＋其他相关支出］ 　　固定资产累计折旧/无形资产累计摊销 　　资产处置费用［借差］ 　　贷：库存物品/固定资产/无形资产等［账面余额］ 　　　　银行存款等［其他相关支出］ 　　　　其他收入［贷差］	借：其他支出［实际支付的其他相关支出］ 　　贷：资金结存

涉及补价的：

①支付补价的，按照确定的成本：

财务会计	预算会计
借：库存物品［换出资产评估价值＋其他相关支出＋补价］ 　　固定资产累计折旧/无形资产累计摊销关支出］ 　　资产处置费用［借差］ 　　贷：库存物品/固定资产/无形资产等［账面余额］ 　　　　银行存款等［其他相关支出＋补价］ 　　　　其他收入［贷差］	借：其他支出［实际支付的补价和其他相关支出］ 　　贷：资金结存

②收到补价的，按照确定的成本：

财务会计	预算会计
借：库存物品［换出资产评估价值+其他相关支出－补价］ 　　银行存款等［补价］ 　　固定资产累计折旧/无形资产累计摊销 　　资产处置费用［借差］ 　贷：库存物品/固定资产/无形资产等［账面余额］ 　　　银行存款等［其他相关支出］ 　　　应缴财政款［补价－其他相关支出］ 　　　其他收入［贷差］	借：其他支出［其他相关支出大于收到的补价的差额］ 　贷：资金结存

（5）接受捐赠的库存物品，按照确定的成本：

财务会计	预算会计
借：库存物品［按照确定的成本］ 　贷：银行存款等［相关税费］ 　　　捐赠收入	借：其他支出［实际支付的相关税费］ 　贷：资金结存

（6）无偿调入的库存物品，按照确定的成本：

财务会计	预算会计
借：库存物品［按照确定的成本］ 　贷：银行存款等［相关税费］ 　　　无偿调拨净资产	借：其他支出［实际支付的相关税费］ 　贷：资金结存

（7）按照名义金额入账的接收捐赠、无偿调入的库存物品及发生的相关税费、运输费等：

财务会计	预算会计
借：库存物品［名义金额］ 　贷：捐赠收入［接受捐赠］/无偿调拨净资产［无偿调入］ 借：其他费用 　贷：银行存款等	不需要处理 借：其他支出 　贷：资金结存

2. 发出库存物品。

（1）开展业务活动、按照规定自主出售或加工物品等领用、发出库存物品时，按照领用、出售等发出物品的实际成本：

财务会计	预算会计
借：业务活动费用/单位管理费用/经营费用/加工物品等 　贷：库存物品［按照领用、发出成本］	不需要处理

（2）经批准对外捐赠的库存物品发出时：

财务会计	预算会计
借：资产处置费用 　贷：库存物品［账面余额］ 　　　银行存款［归属于捐出方的相关费用］	借：其他支出［实际支付的相关费用］ 　贷：资金结存

（3）经批准无偿调出的库存物品发出时：

财务会计	预算会计
借：无偿调拨净资产 　贷：库存物品［账面余额］ 借：资产处置费用 　贷：银行存款等［归属于调出方的相关费用］	借：其他支出［实际支付的相关费用］ 　贷：资金结存

(4) 经批准对外出售［自主出售除外］的库存物品发出时：

财务会计	预算会计
借：资产处置费用 　　贷：库存物品［账面余额］ 借：银行存款等［收到的价款］ 　　贷：银行存款等［发生的相关税费］ 　　　　应缴财政款	不需要处理

(5) 经批准置换换出库存物品，参照置换换入"库存物品"的处理。

3. 库存物品定期盘点及毁损、报废。

(1) 盘盈库存物品，按照确定的入账成本：

财务会计	预算会计
借：库存物品 　　贷：待处理财产损溢	不需要处理

(2) 盘亏或者毁损、报废的库存物品，按照待处理库存物品的账面余额：

财务会计	预算会计
借：待处理财产损溢 　　贷：库存物品［账面余额］	不需要处理

(3) 增值税一般纳税人购进的非自用材料发生盘亏或者毁损、报废的，按照其增值税进项税额：

财务会计	预算会计
借：待处理财产损溢 　　贷：应交增值税——应交税金（进项税额转出）	不需要处理

(三) 加工物品

加工物品业务的平行记账内容包括自制物品、委托加工物品过程中发生的实际支付的人工费用和间接费用的会计核算业务。财务会计"加工物品"科目与预算会计的"行政支出""事业支出""经营支出""其他支出"等科目相对应。

1. 自制物品。

(1) 为自制物品领用材料时，按照材料成本：

财务会计	预算会计
借：加工物品——自制物品（直接材料） 　　贷：库存物品（相关明细科）	不需要处理

(2) 专门从事物品制造的人员发生的直接人工费用，按照实际发生的金额：

财务会计	预算会计
借：加工物品——自制物品（直接人工） 　　贷：应付职工薪酬	不需要处理

(3) 为自制物品发生其他直接费用和间接费用，按照实际发生的金额：

财务会计	预算会计
借：加工物品——自制物品（其他直接费用、间接费用） 　　贷：财政拨款收入/零余额账户用款额度/银行存款等	借：事业支出/经营支出等［实际支付金额］ 　　贷：财政拨款预算收入/资金结存

(4) 自制加工完成、验收入库时，按照所发生的实际成本：

财务会计	预算会计
借：库存物品（相关明细科目） 　　贷：加工物品——自制物品（直接材料、直接人工、 　　　　其他直接费用、间接费用）	不需要处理

2. 委托加工物品。

（1）发给外单位加工材料时，按照其实际成本：

财务会计	预算会计
借：加工物品——委托加工物品 　　贷：库存物品（相关明细科目）	不需要处理

（2）支付加工费、运输费等费用时，按照实际支付的金额：

财务会计	预算会计
借：加工物品——委托加工物品 　　贷：财政拨款收入/零余额账户用款额度/银行存款等	借：行政支出/事业支出/经营支出等 　　贷：财政拨款预算收入/资金结存

（3）委托加工完成的材料等验收入库时，按照加工前发出材料的成本和加工、运输成本等：

财务会计	预算会计
借：库存物品（相关明细科目） 　　贷：加工物品——委托加工物品	不需要处理

四、摊销费用的平行记账

财务会计中，摊销费用包括待摊费用和长期待摊费用。

（一）待摊费用

待摊费用业务的平行记账内容只包括发生待摊费用业务。按照受益期限分期平均摊销、将摊余金额一次全部转入当期费用业务不需要进行平行记账。财务会计"待摊费用"科目与预算会计"行政支出""事业支出"科目相对应。

1. 发生待摊费用时，按照实际预付的金额：

财务会计	预算会计
借：待摊费用 　　贷：财政拨款收入/零余额账户用款额度/银行存款等	借：行政支出/事业支出等 　　贷：财政拨款预算收入/资金结存

2. 按照受益期限分期平均摊销时，按照摊销金额：

财务会计	预算会计
借：业务活动费用/单位管理费用/经营费用等 　　贷：待摊费用［每期摊销金额］	不需要处理

3. 将摊余金额一次全部转入当期费用时，按照摊销金额：

财务会计	预算会计
借：业务活动费用/单位管理费用/经营费用等 　　贷：待摊费用［全部未摊销金额］	不需要处理

（二）长期待摊费用

长期待摊费用业务平行记账内容只包括发生长期待摊费用业务。按照受益期限分期平均摊销、将摊余金额一次全部转入当期费用业务不需要进行平行记账。财务会计"长期待摊费用"科目与预算会计"行政支出""事业支出"等科目相对应。

1. 发生长期待摊费用时，按照支出金额：

财务会计	预算会计
借：长期待摊费用 　　贷：财政拨款收入/零余额账户用款额度/银行存款等	借：行政支出/事业支出等 　　贷：财政拨款预算收入/资金结存

2. 按期摊销或一次转销长期待摊费用剩余账面余额，按照摊销金额：

财务会计	预算会计
借：业务活动费用/单位管理费用/经营费用等 　　贷：长期待摊费用	不需要处理

五、投资业务的平行记账

财务会计中，投资包括事业单位的短期投资和长期股权投资、长期债权投资等。

（一）短期投资

事业单位短期投资业务的平行记账内容包括取得短期投资、短期投资持有期间收到利息和出售短期投资或到期收回短期投资（国债）本息等业务。财务会计"短期投资"科目与预算会计的"投资支出"科目相对应。

1. 取得短期投资。

（1）取得短期投资时，按照确定的投资成本：

财务会计	预算会计
借：短期投资 　　贷：银行存款	借：投资支出 　　贷：资金结存——货币资金

（2）收到购买时已到付息期但尚未领取的利息时，按照实际收到的金额：

财务会计	预算会计
借：银行存款 　　贷：短期投资	借：资金结存——货币资金 　　贷：投资支出

2. 短期投资持有期间收到利息时，按照实际收到的金额：

财务会计	预算会计
借：银行存款 　　贷：投资收益	借：资金结存——货币资金 　　贷：投资预算收益

3. 出售短期投资或到期收回投资（国债）本息时，按照实际收到的金额：

财务会计	预算会计
借：银行存款［实际收到的金额］ 　　投资收益［借差］ 　　贷：短期投资［账面余额］ 　　　　投资收益［贷差］	借：资金结存——货币资金［实收款］ 　　投资预算收益［实收款小于投资成本的差额］ 　　贷：投资支出［出售或收回当年投资的］／ 　　　　其他结余［出售或收回以前年度投资的］ 　　　　投资预算收益［实收款大于投资成本的差额］

（二）长期股权投资

事业单位长期股权投资业务的平行记账内容包括取得长期股权投资、持有长期股权投资期间、出售（转让）长期股权投资、其他方式处置长期股权投资、权益法下处置时结转原直接计入净资产的相关金额等业务。财务会计"长期股权投资"科目与预算会计的"投资支出""事业支出"等科目相对应。

1. 取得长期股权投资。

（1）以现金取得的长期股权投资时，按照确定的投资成本（实际成本）：

财务会计	预算会计
借：长期股权投资——成本/长期股权投资 　　应收股利［实际支付价款中包含的已宣告但尚未发放的股利或利润］ 　　贷：银行存款等［实际支付的价款］	借：投资支出［实际支付的价款］ 　　贷：资金结存——货币资金

(2) 收到取得投资时实际支付价款中所包含的已宣告但尚未发放的股利或利润时：

财务会计	预算会计
借：银行存款 　贷：应收股利	借：资金结存——货币资金 　贷：投资支出等

(3) 以现金以外的其他资产置换取得的长期股权投资，参照"库存物品"科目中置换取得库存物品的账务处理。

(4) 以未入账无形资产取得的长期股权投资时，按照评估价值加相关税费作为投资成本：

财务会计	预算会计
借：长期股权投资 　贷：银行存款/其他应交税费 　　　其他收入	借：其他支出［支付的相关税费］ 　贷：资金结存

(5) 接受捐赠的长期股权投资时，按照确定的投资成本：

财务会计	预算会计
借：长期股权投资——成本/长期股权投资 　贷：银行存款等［相关税费］ 　　　捐赠收入	借：其他支出［支付的相关税费］ 　贷：资金结存

(6) 无偿调入的长期股权投资，按照确定的投资成本：

财务会计	预算会计
借：长期股权投资 　贷：无偿调拨净资产 　　　银行存款等［相关税费］	借：其他支出［支付的相关税费］ 　贷：资金结存

2. 持有长期股权投资期间。
(1) 成本法下：
①被投资单位宣告发放现金股利或利润时，按照应收的金额：

财务会计	预算会计
借：应收股利 　贷：投资收益	不需要处理

②收到被投资单位发放的现金股利时，按照实际收到的金额：

财务会计	预算会计
借：银行存款 　贷：应收股利	借：资金结存——货币资金 　贷：投资预算收益

(2) 权益法下：
①被投资单位实现净利润时，按照应享有的份额：

财务会计	预算会计
借：长期股权投资——损益调整 　贷：投资收益	不需要处理

②被投资单位发生净亏损的，按照应分担的份额：

财务会计	预算会计
借：投资收益 　贷：长期股权投资——损益调整	不需要处理

③被投资单位发生净亏损，但以后年度又实现净利润的，按规定恢复确认投资收益的，按照收益分享额弥补未确认的亏损分担额等后的金额：

财务会计	预算会计
借：长期股权投资——损益调整 　　贷：投资收益	不需要处理

④被投资单位宣告发放现金股利或利润的，按照应享有的份额：

财务会计	预算会计
借：应收股利 　　贷：长期股权投资——损益调整	不需要处理

⑤被投资单位除净损益和利润分配以外的所有者权益变动时，按照应享有的份额：

财务会计	预算会计
借：长期股权投资——其他权益变动 　　贷：权益法调整 或： 借：权益法调整 　　贷：长期股权投资——其他权益变动	不需要处理

⑥权益法下收到被投资单位发放的现金股利时：

财务会计	预算会计
借：银行存款 　　贷：应收股利	借：资金结存——货币资金 　　贷：投资预算收益

（3）追加投资成本法改为权益法时：

财务会计	预算会计
借：长期股权投资——成本 　　贷：长期股权投资［成本法下账面余额］ 　　　　银行存款［追加投资］	借：投资支出［实际支付的金额］ 　　贷：资金结存——货币资金

（4）追加投资成本法改为权益法时：

财务会计	预算会计
借：长期股权投资——成本 　　贷：长期股权投资［成本法下账面余额］ 　　　　银行存款等［追加投资］	借：投资支出［实际支付的金额］ 　　贷：资金结存——货币资金

（5）权益法改为成本法时：

财务会计	预算会计
借：长期股权投资 　　贷：长期股权投资——成本 　　　　长期股权投资——损益调整 　　　　长期股权投资——其他权益变动	不需要处理

3. 出售（转让）长期股权投资。

（1）处置以现金取得的（含科技成果转化形成的）长期股权投资时，按照实际取得的价款：

财务会计	预算会计
借：银行存款等［实际取得价款］ 　　投资收益［借差］ 　　贷：长期股权投资［账面余额］ 　　　　应收股利［尚未领取的现金股利或利润］ 　　　　银行存款等［支付的相关税费］ 　　　　投资收益［贷差］	借：资金结存——货币资金［取得价款扣减支付的相关税费后的金额］ 　　贷：投资支出/其他结余［投资款］ 　　　　投资预算收益

(2) 处置以现金以外的其他资产取得的（不含科技成果转化形成的）长期股权投资时，按规定将取得的投资收益（处置价款大于长期股权投资成本的差额）纳入本单位预算管理的，分别以下两种情况处理：

①长期股权投资的账面余额大于其投资成本的：

财务会计	预算会计
应当按照被处置长期股权投资的成本： 借：资产处置费用 　贷：长期股权投资——成本 借：银行存款等［实际取得价款］ 　　长期股权投资——损益调整、其他权益变动［长期股权投资的账面余额减去其投资成本的差额］［贷差］ 　贷：应收股利［尚未领取的现金股利或利润］（如有） 　　　银行存款等［支付的相关税费］ 　　　应缴财政款 　　　长期股权投资——损益调整、其他权益变动 　　　［长期股权投资的账面余额减去其投资成本的差额］［贷差］ 　　　投资收益［实际取得的价款与长期股权投资账面余额的差额］［贷差］	借：资金结存——货币资金 　贷：投资预算收益［获得的现金股利或利润］

②长期股权投资的账面余额小于或等于其投资成本的：

财务会计	预算会计
借：资产处置费用［账面余额］ 　　长期股权投资——损益调整 　　长期股权投资——其他权益变动 　贷：长期股权投资——成本 　　　　　　　　——损益调整 　　　　　　　　——其他权益变动 借：银行存款［实际取得价款］ 　贷：应收股利［尚未领取的现金股利或利润］（如有） 　　　银行存款等［支付的相关税费］ 　　　投资收益［取得价款扣减投资账面余额、应收股利和相关税费后的差额］ 　　　应缴财政款［贷差］	借：资金结存——货币资金［取得价款扣减投资账面余额和相关税费后的差额］ 　贷：投资预算收益

4. 其他方式处置长期股权投资时，按照被处置长期股权投资的账面余额：
(1) 按照规定核销时：

财务会计	预算会计
借：资产处置费用 　贷：长期股权投资［账面余额］	不需要处理

(2) 置换转出时，参照"库存物品"科目中置换取得库存物品的账务处理。

5. 权益法下，处置时结转原直接计入净资产的相关金额时：

财务会计	预算会计
借：权益法调整 　贷：投资收益 或作相反分录	不需要处理

（三）长期债券投资

事业单位长期债券投资业务平行记账内容包括取得长期债券投资、持有长期债券投资期间、到期收回长期债券投资本息、对外出售长期债券投资等业务。财务会计"长期债券投资"科目与预算会计的"投资支出"科目相对应。

1. 取得长期债券投资。
(1) 取得长期债券投资时，按照确定的投资成本（实际成本）：

财务会计	预算会计
借：长期债券投资——成本 　　应收利息［实际支付价款中包含的已到付息期但尚未领取的利息］ 　贷：银行存款等［实际支付价款］	借：投资支出［实际支付价款］ 　贷：资金结存——货币资金

（2）收到取得投资所支付价款中包含的已到付息期但尚未领取的利息时：

财务会计	预算会计
借：银行存款 　　贷：应收利息	借：资金结存——货币资金 　　贷：投资支出等

2. 持有长期债券投资期间。
（1）按期以票面金额与票面利率计算确认利息收入时：

财务会计	预算会计
借：应收利息［分期付息、到期还本］/ 　　长期债券投资——应收利息［到期一次还本付息］ 　　贷：投资收益	不需要处理

（2）实际收到分期的支付利息时：

财务会计	预算会计
借：银行存款 　　贷：应收利息	借：资金结存——货币资金 　　贷：投资预算收益

3. 到期收回长期债券投资本息时，按照实际收到的金额：

财务会计	预算会计
借：银行存款等 　　贷：长期债券投资［账面余额］/应收利息 　　　　投资收益	借：资金结存——货币资金 　　贷：投资支出/其他结余［投资成本］ 　　　　投资预算收益

4. 对外出售长期债券投资时，按照实际收到的金额：

财务会计	预算会计
借：银行存款等［实际收到的款项］ 　　投资收益［借差］ 　　贷：长期债券投资［账面余额］ 　　　　应收利息 　　　　投资收益［贷差］	借：资金结存——货币资金 　　贷：投资支出/其他结余［投资成本］ 　　　　投资预算收益

六、固定资产业务的平行记账

固定资产业务平行记账内容包括固定资产取得、固定资产累计折旧、与固定资产有关的后续支出、固定资产处置等业务。固定资产定期盘点清查业务不需要进行记账。财务会计"固定资产"科目与预算会计的"行政支出""事业支出""其他支出"等科目相对应。

（一）固定资产取得

1. 外购的固定资产。

（1）不需要安装的固定资产，验收合格时，按照确定的固定资产成本：

财务会计	预算会计
借：固定资产 　　贷：财政拨款收入/零余额账户用款额度/ 　　　　应付账款/银行存款等	借：行政支出/事业支出/经营支出等 　　贷：财政拨款预算收入/资金结存

（2）需要安装的固定资产。
①先通过"在建工程"核算时：

财务会计	预算会计
借：在建工程 　　贷：财政拨款收入/零余额账户用款额度/ 　　　　应付账款/银行存款等	借：行政支出/事业支出/经营支出等 　　贷：财政拨款预算收入/资金结存

②安装完工交付使用时：

财务会计	预算会计
借：固定资产 　　贷：在建工程	不需要处理

（3）购入固定资产扣留质量保证金的，应当在取得固定资产时，按照确定的固定资产成本：

财务会计	预算会计
借：固定资产［不需安装］/在建工程［需要安装］ 　　贷：财政拨款收入/零余额账户用款额度/应付账款/银行存款等 　　　　其他应付款［扣留期在1年以内（含1年）］/ 　　　　长期应付款［扣留期超过1年］	借：行政支出/事业支出/经营支出等［购买 　　固定资产实际支付的金额］ 　　贷：财政拨款预算收入/资金结存

（4）质保期满支付质量保证金时：

财务会计	预算会计
借：其他应付款/长期应付款 　　贷：财政拨款收入/零余额账户用款额度/银行存款等	借：行政支出/事业支出/经营支出等 　　贷：财政拨款预算收入/资金结存

2. 自行建造的固定资产，工程完工交付使用时，按照在建工程成本：

财务会计	预算会计
借：固定资产 　　贷：在建工程	不需要处理

3. 融资租入（或跨年度分期付款购入）的固定资产。

（1）融资租入（或跨年度分期付款购入）的固定资产时，按照确定的成本：

财务会计	预算会计
借：固定资产［不需安装］/在建工程［需安装］ 　　贷：长期应付款［协议或合同确定的租赁价款］ 　　　　财政拨款收入/零余额账户用款额度/银行存款等 　　　　［实际支付的相关税费、运输费等］	借：行政支出/事业支出/经营支出等［实际支付的相关税费、 　　运输费等］ 　　贷：财政拨款预算收入/资金结存

（2）定期支付租金（或分期付款）时：

财务会计	预算会计
借：长期应付款 　　贷：财政拨款收入/零余额账户用款额度/银行存款等	借：行政支出/事业支出/经营支出等 　　贷：财政拨款预算收入/资金结存

4. 接受捐赠的固定资产。

（1）接受捐赠的固定资产，按照确定的成本：

财务会计	预算会计
借：固定资产［不需安装］/在建工程［需安装］ 　　贷：固定资产累计折旧 　　　　银行存款/零余额账户用款额度等［发生的相关税费、 　　　　运输费等］ 　　　　捐赠收入［账面价值］（即资产账面余额扣除累计折旧 　　　　后的余额）	借：其他支出［支付的相关税费、运输费等］ 　　贷：资金结存

（2）接受捐赠的固定资产按照名义金额入账的：

财务会计	预算会计
借：固定资产［名义金额］ 　　贷：捐赠收入 借：其他费用 　　贷：银行存款/零余额账户用款额度等［发生的相关税费、 　　　　运输费等］	借：其他支出［支付的相关税费、运输费等］ 　　贷：资金结存

5. 无偿调入的固定资产。

财务会计	预算会计
借：固定资产［不需安装］/在建工程［需安装］［调出方的账面余额加上相关税费］ 　贷：固定资产累计折旧 　　　银行存款/零余额账户用款额度等［支付的相关税费］ 　　　无偿调拨净资产［账面价值］（即资产账面余额扣除累计折旧后的余额）	借：其他支出［支付的相关税费、运输费等］ 　贷：资金结存

6. 置换取得的固定资产，参照"库存物品"科目中置换取得库存物品的账务处理。

（二）固定资产计提折旧

1. 按月计提时，按实际计提的金额：

财务会计	预算会计
借：业务活动费用/单位管理费用/经营费用等 　贷：固定资产累计折旧	不需要处理

2. 处置固定资产时：

财务会计	预算会计
借：待处理财产损溢/无偿调拨净资产/资产处置费用等 　　固定资产累计折旧（计提金额） 　贷：固定资产［账面余额］	（涉及资金支付的，参照"固定资产"科目相关账务处理）

（三）与固定资产有关的后续支出

1. 符合固定资产确认条件的（增加固定资产使用效能或延长其使用年限而发生改建、扩建等后续支出）。

（1）将固定资产转入改建、扩建时：

财务会计	预算会计
借：在建工程［固定资产账面价值］ 　　固定资产累计折旧 　贷：固定资产［账面余额］	不需要处理

（2）为增加固定资产使用效能或延长其使用年限而发生的改建、扩建等后续支出时：

财务会计	预算会计
借：在建工程 　贷：财政拨款收入/零余额账户用款额度/应付账款/ 　　　银行存款等	借：行政支出/事业支出/经营支出等 　贷：财政拨款预算收入/资金结存

2. 不符合固定资产确认条件的。

财务会计	预算会计
借：业务活动费用/单位管理费用/经营费用等 　贷：财政拨款收入/零余额账户用款额度/银行存款等	借：行政支出/事业支出/经营支出或其他支出等 　贷：财政拨款预算收入/资金结存

（四）固定资产处置

1. 出售、转让固定资产。

财务会计	预算会计
借：资产处置费用 　　固定资产累计折旧 　贷：固定资产［账面余额］ 借：银行存款［处置固定资产收到的价款］ 　贷：应缴财政款 　　　银行存款等［发生的相关费用］	不需要处理

2. 对外捐赠的固定资产。

财务会计	预算会计
借：资产处置费用 　　固定资产累计折旧 　　贷：固定资产［账面余额］ 　　　　银行存款等［归属于捐出方的相关费用］	按照对外捐赠过程中发生的归属于捐出方的相关费用 借：其他支出 　　贷：资金结存

3. 无偿调出固定资产。
（1）无偿调出固定资产时：

财务会计	预算会计
借：无偿调拨净资产 　　固定资产累计折旧 　　贷：固定资产［账面余额］	不需要处理

（2）同时，按照无偿调出过程中发生的归属于调出方的相关费用：

财务会计	预算会计
借：资产处置费用 　　贷：银行存款等［归属于调出方的相关费用］	借：其他支出 　　贷：资金结存

4. 置换换出固定资产，参照"库存物品"科目中置换取得库存物品的规定进行账务处理。

（五）固定资产定期清查

1. 盘盈的固定资产，按照确定的入账成本：

财务会计	预算会计
借：固定资产 　　贷：待处理财产损溢	不需要处理

2. 盘亏、毁损报废的固定资产，按照待处理固定资产的账面价值：

财务会计	预算会计
借：待处理财产损溢［账面价值］ 　　固定资产累计折旧 　　贷：固定资产［账面余额］	不需要处理

七、工程物资与在建工程业务的平行记账

（一）工程物资

工程物资业务平行记账内容只包括取得工程物资业务。领用工程物资、剩余工程物资转为存货等业务不需要进行平行记账。财务会计"工程物资"科目与预算会计的"行政支出""事业支出""教育支出"等科目相对应。

1. 购入工程物资时，按照确定的物资成本：

财务会计	预算会计
借：工程物资 　　贷：财政拨款收入/零余额账户用款额度/银行存款/ 　　　　应付账款/其他应付款等	借：行政支出/事业支出/经营支出等［实际支付的款项］ 　　贷：财政拨款预算收入/资金结存

2. 领用工程物资，按照物资成本：

财务会计	预算会计
借：在建工程 　　贷：工程物资	不需要处理

3. 工程完工后将剩余的工程物资转作本单位存货等的，按照物资成本：

财务会计	预算会计
借：库存物资 　　贷：工程物资	不需要处理

（二）在建工程

在建工程业务的平行记账内容包括建筑安装工程投资、设备投资、待摊投资、其他投资、基建转出投资、待核销基建投资等业务。财务会计"在建工程"科目与预算会计的"行政支出""事业支出""经营支出""其他预算收入"等科目相对应。

1. 建筑安装工程投资。

（1）将固定资产等转入改建、扩建时，按照固定资产等资产的账面价值：

财务会计	预算会计
借：在建工程——建筑安装工程投资 　　固定资产累计折旧等 　　贷：固定资产等	不需要处理

（2）发包工程预付工程款时，按预付金额：

财务会计	预算会计
借：预付账款——预付工程款 　　贷：财政拨款收入/零余额账户用款额度/银行存款等	借：行政支出/事业支出等 　　贷：财政拨款预算收入/资金结存

（3）按照进度结算工程款时，按照应承付的工程价款：

财务会计	预算会计
借：在建工程——建筑安装工程投资 　　贷：预付账款——预付工程款 　　　　财政拨款收入/零余额账户用款额度/银行存款/ 　　　　应付账款等	借：行政支出/事业支出等［补付款项］ 　　贷：财政拨款预算收入/资金结存

（4）自行施工小型建筑安装工程发生支出时，按照发生的各项支出金额：

财务会计	预算会计
借：在建工程——建筑安装工程投资 　　贷：工程物资/零余额账户用款额度/银行存款/ 　　　　应付职工薪酬等	借：行政支出/事业支出等［实际支付款项］ 　　贷：资金结存

（5）改扩建过程中替换（拆除）原资产某些组成部分的，按照被替换（或拆除）部分的账面价值：

财务会计	预算会计
借：待处理财产损溢 　　贷：在建工程——建筑安装工程投资	不需要处理

（6）工程竣工验收交付使用时，按照建筑安装工程成本（含应分摊的待摊投资）：

财务会计	预算会计
借：固定资产等 　　贷：在建工程——建筑安装工程投资	不需要处理

2. 设备投资。

（1）购入设备时，按照购入成本：

财务会计	预算会计
借：在建工程——设备投资 　　贷：财政拨款收入/零余额账户用款额度/应付账款/ 　　　　银行存款等	借：行政支出/事业支出等［实际支付的款项］ 　　贷：财政拨款预算收入/资金结存

(2) 安装完毕交付使用时,按照设备投资成本(含设备安装工程成本和分摊的待摊投资):

财务会计	预算会计
借:固定资产等 　　贷:在建工程——设备投资	不需要处理

(3) 将不需要安装设备和达不到固定资产标准的工具器具交付使用时,按照相关设备、工具、器具的实际成本:

财务会计	预算会计
借:固定资产/库存物资 　　贷:在建工程——设备投资	不需要处理

3. 待摊投资。

(1) 发生构成待摊投资的各类费用时,按照实际发生金额:

财务会计	预算会计
借:在建工程——待摊投资 　　贷:财政拨款收入/零余额账户用款额度/银行存款/ 　　　　应付利息/长期借款/其他应交税费等	借:行政支出/事业支出等[实际支付的款项] 　　贷:财政拨款预算收入/资金结存

(2) 对于建设过程中试生产、设备调试等产生的收入,按照取得的收入金额:

财务会计	预算会计
借:银行存款等 　　贷:在建工程——待摊投资[按规定冲减工程成本的部分] 　　　　应缴财政款/其他收入[差额]	借:资金结存 　　贷:其他预算收入

(3) 经批准将单项工程或单位工程报废净损失计入继续施工的工程成本的,按照工程成本扣除残料价值和过失人或保险公司等赔款后的净损失:

财务会计	预算会计
借:在建工程——待摊投资 　　银行存款/其他应收款等[残料变价收入、赔款等] 　　贷:在建工程——建筑安装工程投资[毁损报废工程成本]	不需要处理

(4) 工程交付使用时,按照一定的分配方法进行待摊投资分配时:

财务会计	预算会计
借:在建工程——建筑安装工程投资 　　　　　　——设备投资 　　贷:在建工程——待摊投资	不需要处理

4. 其他投资。

(1) 单位为建设工程发生的房屋购置支出,基本畜禽、林木等的购置、饲养、培育支出,办公生活用家具、器具购置支出,软件研发和不能计入设备投资的软件购置等其他投资支出时,按照实际发生金额:

财务会计	预算会计
借:在建工程——其他投资 　　贷:财政拨款收入/零余额账户用款额度/银行存款等	借:行政支出/事业支出等[实际支付的款项] 　　贷:财政拨款预算收入/资金结存

(2) 工程完成将形成的房屋、基本畜禽、林木等各种财产以及无形资产交付使用时,按照其实际成本:

财务会计	预算会计
借:固定资产/无形资产等 　　贷:在建工程——其他投资	不需要处理

5. 基建转出投资。

(1) 为建设项目配套而建成的、产权不归属本单位的专用设施,在项目竣工验收交付使用时,按照转出的专用设施的成本：

财务会计	预算会计
借：在建工程——基建转出投资 　　贷：在建工程——建筑安装工程投资	不需要处理

（2）冲销转出的在建工程时：

财务会计	预算会计
借：无偿调拨净资产 　　贷：在建工程——基建转出投资	不需要处理

6. 待核销基建支出。

（1）建设项目发生的江河清障、航道清淤、飞播造林、补助群众造林、水土保持、城市绿化等不能形成资产的各类待核销基建支出，按照实际发生金额：

财务会计	预算会计
借：在建工程——待核销基建支出 　　贷：财政拨款收入/零余额账户用款额度/银行存款等	借：行政支出/事业支出［实际支付的款项］ 　　贷：财政拨款预算收入/资金结存

（2）取消的建设项目发生的可行性研究费，按照实际发生金额：

财务会计	预算会计
借：在建工程——待核销基建支出 　　贷：在建工程——待摊投资	不需要处理

（3）由于自然灾害等原因发生的建设项目整体报废所形成的净损失，报经批准后转入待核销基建支出，按照项目整体报废所形成的净损失：

财务会计	预算会计
借：在建工程——待核销基建支出 　　银行存款/其他应收款等［残料变价收入、保险赔款等］ 　　贷：在建工程——建筑安装工程投资等	不需要处理

（4）建设项目竣工验收交付使用时，对发生的待核销基建支出进行冲销时：

财务会计	预算会计
借：资产处置费用 　　贷：在建工程——待核销基建支出	不需要处理

八、无形资产业务的平行记账

无形资产业务平行记账内容包括无形资产取得、无形资产累计摊销、与无形资产有关的后续支出、无形资产处置、研发支出等业务。财务会计"无形资产"科目与预算会计的"行政支出""事业支出""经营支出""其他预算收入"等科目相对应。

（一）无形资产取得

1. 外购的无形资产入账，按照确认的成本：

财务会计	预算会计
借：无形资产 　　贷：财政拨款收入/零余额账户用款额度/应付账款/ 　　　　银行存款等	借：行政支出/事业支出/经营支出等 　　贷：财政拨款预算收入/资金结存

2. 委托软件公司开发的软件（视同外购无形资产）。
(1) 按照合同约定预付开发费时，按照预付的金额：

财务会计	预算会计
借：预付账款 　　贷：财政拨款收入/零余额账户用款额度/银行存款等	借：行政支出/事业支出/经营支出［预付的款项］ 　　贷：财政拨款预算收入/资金结存

(2) 交付使用，并支付剩余或全部软件开发费用时，按照软件开发费用总额：

财务会计	预算会计
借：无形资产［开发费总额］ 　　贷：预付账款 　　　　财政拨款收入/零余额账户用款额度/ 　　　　银行存款等［支付的剩余款项］	按照支付的剩余款项金额： 借：行政支出/事业支出/经营支出等 　　贷：财政拨款预算收入/资金结存

3. 自行开发形成的无形资产。
(1) 开发完成，达到预定用途形成无形资产的按照研究开发项目进入开发阶段后至达到预定用途前所发生的支出总额：

财务会计	预算会计
借：无形资产 　　贷：研发支出——开发支出	不需要处理

(2) 自行研究开发无形资产尚未进入开发阶段，或者确实无法区分研究阶段支出和开发阶段支出，但按法律程序已申请取得无形资产的，按照依法取得时发生的注册费、聘请律师费等费用：

财务会计	预算会计
借：无形资产［依法取得时发生的注册费、聘请律师费等费用］ 　　贷：财政拨款收入/零余额账户用款额度/银行存款等	借：行政支出/事业支出/经营支出等 　　贷：财政拨款预算收入/资金结存

4. 置换取得的无形资产，参照"库存物品"科目中置换取得库存物品的相关规定进行账务处理。
5. 接受捐赠的无形资产。
(1) 按照取得的无形资产成本：

财务会计	预算会计
借：无形资产 　　贷：无形资产累计摊销 　　　　银行存款/零余额账户用款额度等［发生的相关税费等］ 　　　　捐赠收入［账面价值］（即资产账面余额扣除累计折旧后的余额）	借：其他支出［支付的相关税费等］ 　　贷：资金结存

(2) 接受捐赠的无形资产按照名义金额入账的，按照名义金额：

财务会计	预算会计
借：无形资产［名义金额］ 　　贷：捐赠收入 借：其他费用 　　贷：银行存款/零余额账户用款额度等［发生的相关税费等］	借：其他支出［支付的相关税费等］ 　　贷：资金结存

6. 无偿调入的无形资产，按照确定的无形资产成本：

财务会计	预算会计
借：无形资产［调出方的账面余额加上相关费用］ 　　贷：无形资产累计摊销 　　　　银行存款/零余额账户用款额度等［发生的相关税费等］ 　　　　无偿调拨净资产［账面价值］（即资产账面余额扣除累计折旧后的余额）	借：其他支出［支付的相关税费等］ 　　贷：资金结存

（二）无形资产累计摊销

1. 按照对无形资产进行摊销时，按照应摊销金额：

财务会计	预算会计
借：业务活动费用/单位管理费用/加工物品等 　　贷：无形资产累计摊销	不需要处理

2. 处置无形资产时，按照所处置无形资产的账面价值：

财务会计	预算会计
借：资产处置费用/无偿调拨净资产等 　　无形资产累计摊销 　　贷：无形资产［账面余额］	不需要处理

（三）与无形资产有关的后续支出

1. 符合无形资产确认条件的后续支出（如为增加无形资产的使用效能而发生的后续支出），按照支出的金额：

财务会计	预算会计
借：在建工程 　　无形资产累计摊销 　　贷：无形资产 借：在建工程/无形资产［无需暂停计提摊销的］ 　　贷：财政拨款收入/零余额账户用款额度/银行存款等	借：行政支出/事业支出/经营支出等［实际支付的资金］ 　　贷：财政拨款预算收入/资金结存

2. 不符合无形资产确认条件的后续支出（为维护无形资产的正常使用而发生的后续支出）：

财务会计	预算会计
借：业务活动费用/单位管理费用/经营费用等 　　贷：财政拨款收入/零余额账户用款额度/银行存款等	借：行政支出/事业支出/经营支出等 　　贷：财政拨款预算收入/资金结存

（四）无形资产处置

1. 出售、转让无形资产。

财务会计	预算会计
借：资产处置费用［账面价值］ 　　无形资产累计摊销 　　贷：无形资产［账面余额］ 借：银行存款等［收到的价款］ 　　贷：银行存款等［发生的相关费用］ 　　　　应缴财政款/其他收入	不需要处理 如转让收入按照规定纳入本单位预算 借：资金结存 　　贷：其他预算收入

2. 对外捐赠无形资产。

财务会计	预算会计
借：资产处置费用 　　无形资产累计摊销 　　贷：无形资产［账面余额］ 　　　　银行存款等［归属于捐出方的相关费用］	借：其他支出［归属于捐出方的相关费用］ 　　贷：资金结存

3. 无偿调出无形资产。

财务会计	预算会计
借：无偿调拨净资产 　　无形资产累计摊销 　　贷：无形资产［账面余额］ 借：资产处置费用 　　贷：银行存款等［相关费用］	借：其他支出［归属于调出方的相关费用］ 　　贷：资金结存

4. 置换换出无形资产，参照"库存物品"科目中置换取得库存物品的规定进行账务处理。

5. 经批准核销无形资产时。

财务会计	预算会计
借：资产处置费用 　　无形资产累计摊销 　　贷：无形资产［账面余额］	不需要处理

（五）研发支出（单位自行研究开发无形资产）

研发支出业务的平行记账包括自行研究开发项目研究阶段的支出和自行研究开发项目开发阶段的支出等业务。自行研究开发项目完成，达到预定用途形成无形资产；年末经评估，研发项目预计不能达到预定用途的业务不需要进行平行记账。财务会计"研发支出"科目与预算会计的"事业支出""经营支出"等科目相对应。

1. 自行研究开发项目研究阶段的支出。

（1）应当按照合理的方法先归集，按照从事研究及其辅助活动人员计提的薪酬，研究活动领用的库存物品，发生的与研究活动相关的管理费、间接费和其他各项费用：

财务会计	预算会计
借：研发支出——研究支出 　　贷：应付职工薪酬/库存物品/财政拨款收入/ 　　　　零余额账户用款额度/银行存款等	借：事业支出/经营支出等［实际支付的款项］ 　　贷：财政拨款预算收入/资金结存

（2）期（月）末转入当期费用时：

财务会计	预算会计
借：业务活动费用等 　　贷：研发支出——研究支出	不需要处理

2. 自行研究开发项目开发阶段的支出，应当按照合理的方法先归集。按照从事开发及其辅助活动人员计提的薪酬，开发活动领用的库存物品，发生的与开发活动相关的管理费、间接费和其他各项费用：

财务会计	预算会计
借：研发支出——开发支出 　　贷：应付职工薪酬 　　　　库存物品 　　　　财政拨款收入/零余额账户用款额度/银行存款等	借：事业支出/经营支出［实际支付的款项］ 　　贷：财政拨款预算收入/资金结存

3. 自行研究开发项目完成，达到预定用途形成无形资产的，按照本科目归集的开发阶段的支出金额：

财务会计	预算会计
借：无形资产 　　贷：研发支出——开发支出	不需要处理

4. 年末经评估，研发项目预计不能达到预定用途的，应当将已发生的开发支出金额全部转入当期费用：

财务会计	预算会计
借：业务活动费用等 　　贷：研发支出——开发支出	不需要处理

九、公共基础设施业务的平行记账

公共基础设施业务平行记账内容包括取得公共基础设施、与公共基础设施有关的后续支出、按照规定处置公共基础设施等业务。公共基础设施累计折旧（摊销）、报废、毁损的公共基础设施等业务不需要进行平行记账。财务会计"公共基础设施"科目与预算会计的"行政支出""事业支出""其他支出"等科目相对应。

（一）取得公共基础设施

1. 自行建造公共基础设施完工交付使用时，按照在建工程的成本：

财务会计	预算会计
借：公共基础设施 　　贷：在建工程	不需要处理

2. 接受无偿调入的公共基础设施时，按照确定的成本：

财务会计	预算会计
借：公共基础设施 　　贷：无偿调拨净资产 　　　　财政拨款收入/零余额账户用款额度/银行存款等 　　　　［发生的归属于调入方的相关费用］ 如无偿调入公共基础设施成本无法可靠取得的 借：其他费用［发生的归属于调入方的相关费用］ 　　贷：财政拨款收入/零余额账户用款额度/银行存款等	借：其他支出［支付的归属于调入方的相关费用］ 　　贷：财政拨款预算收入/资金结存

3. 接受捐赠的公共基础设施，按照确定的成本：

财务会计	预算会计
借：公共基础设施 　　贷：公共基础设施累计折旧（摊销） 　　　　捐赠收入［账面价值］（即资产账面余额扣除累计折旧后的余额 　　　　财政拨款收入/零余额账户用款额度/银行存款等 　　　　［发生的归属于捐入方的相关费用］ 如接受捐赠的公共基础设施成本无法可靠取得的 借：其他费用［发生的归属于捐入方的相关费用］ 　　贷：财政拨款收入/零余额账户用款额度/银行存款等	借：其他支出［支付的归属于捐入方的相关费用］ 　　贷：财政拨款预算收入/资金结存

4. 外购的公共基础设施，按照确定的成本：

财务会计	预算会计
借：公共基础设施 　　贷：财政拨款收入/零余额账户用款额度/应付账款/ 　　　　银行存款等	借：行政支出/事业支出 　　贷：财政拨款预算收入/资金结存

5. 无偿调入的公共基础设施，按照确定的无形资产成本：

财务会计	预算会计
借：公共基础设施［调出方的账面余额加上相关费］ 　　贷：公共基础设施累计折旧（摊销） 　　　　银行存款/零余额账户用款额度等［发生的相关税费等］ 　　　　无偿调拨净资产［账面价值］（即资产账面余额扣除累计折旧后的余额）	借：其他支出［支付的相关税费等］ 　　贷：资金结存

（二）公共基础设施累计折旧（摊销）

1. 按月计提公共基础设施折旧或摊销时，按照应计提的折旧（摊销）额：

财务会计	预算会计
借：业务活动费用 　　贷：公共基础设施累计折旧（摊销）	不需要处理

2. 处置公共基础设施时，按照所处置公共基础设施的账面价值：

财务会计	预算会计
借：待处理财产损溢 　　公共基础设施累计折旧（摊销） 　　贷：公共基础设施［账面余额］	不需要处理

（三）与公共基础设施有关的后续支出

1. 为增加公共基础设施使用效能或延长其使用寿命而发生的改建、扩建等后续支出时：

财务会计	预算会计
借：在建工程 　　公共基础设施累计折旧（摊销） 　　贷：公共基础设施［账面余额］ 借：在建工程［发生的相关后续支出］ 　　贷：财政拨款收入/零余额账户用款额度/应付账款/ 　　　　银行存款等 借：公共基础设施 　　贷：在建工程	借：行政支出/事业支出［实际支付的款项］ 　　贷：财政拨款预算收入/资金结存

2. 为维护公共基础设施的正常使用而发生的日常维修、养护等后续支出时：

财务会计	预算会计
借：业务活动费用 　　贷：财政拨款收入/零余额账户用款额度/银行存款等	借：行政支出/事业支出［实际支付的款项］ 　　贷：财政拨款预算收入/资金结存

（四）按照规定处置公共基础设施

1. 对外捐赠公共基础设施时：

财务会计	预算会计
借：资产处置费用 　　公共基础设施累计折旧（摊销） 　　贷：公共基础设施［账面余额］ 　　　　银行存款等［归属于捐出方的相关费用］	借：其他支出［支付的归属于捐出方的相关费用］ 　　贷：资金结存等

2. 无偿调出公共基础设施时：

财务会计	预算会计
借：无偿调拨净资产 　　公共基础设施累计折旧（摊销） 　　贷：公共基础设施［账面余额］ 借：资产处置费用 　　贷：银行存款等［归属于调出方的相关费用］	借：其他支出［支付的归属于调出方的相关费用］ 　　贷：资金结存等

（五）报废、毁损的公共基础设施

财务会计	预算会计
借：待处理财产损溢 　　公共基础设施累计折旧（摊销） 　　贷：公共基础设施［账面余额］	不需要处理

十、政府储备物资业务的平行记账

政府储备物资业务平行记账内容包括取得政府储备物资、发出政府储备物资等业务。政府储备物资盘盈、盘亏、报废或毁损业务不需要进行平行记账。财务会计"政府储备物资"科目与预算会计的"行政支出""事业支出""其他支出"等科目相对应。

（一）取得政府储备物资

1. 购入的政府储备物资验收入库，按照确定的成本：

财务会计	预算会计
借：政府储备物资 　　贷：财政拨款收入/零余额账户用款额度/应付账款/ 　　　　银行存款等	借：行政支出/事业支出等 　　贷：财政拨款预算收入/资金结存

2. 接受捐赠的政府储备物资验收入库，按照确定的成本：

财务会计	预算会计
借：政府储备物资 　　贷：捐赠收入 　　　　财政拨款收入/零余额账户用款额度/银行存款 　　　　［捐入方承担的相关税费］	借：其他支出［捐入方承担的相关税费］ 　　贷：财政拨款预算收入/资金结存

3. 无偿调入的政府储备物资验收入库，按照确定的成本：

财务会计	预算会计
借：政府储备物资 　　贷：无偿调拨净资产 　　　　财政拨款收入/零余额账户用款额度/银行存款 　　　　［调入方承担的相关税费］	借：其他支出［调入方承担的相关税费］ 　　贷：财政拨款预算收入/资金结存

（二）发出政府储备物资

1. 动用发出无需收回的政府储备物资的，按照发出物资的账面余额：

财务会计	预算会计
借：业务活动费用 　　贷：政府储备物资［账面余额］	不需要处理

2. 因动用发出需要收回或预期可能收回的政府储备物资的。
（1）在发出物资时，按照发出物资的账面余额：

财务会计	预算会计
借：政府储备物资——发出 　　贷：政府储备物资——在库	不需要处理

（2）按照规定的质量验收标准收回物资时：

财务会计	预算会计
借：政府储备物资——在库［收回物资的账面余额］ 　　业务活动费用［未收回物资的账面余额］ 　　贷：政府储备物资——发出	不需要处理

3. 因行政管理主体变动等原因而将政府储备物资调拨给其他主体的，按照无偿调出政府储备物资的账面余额：

财务会计	预算会计
借：无偿调拨净资产 　　贷：政府储备物资［账面余额］	不需要处理

4. 对外销售政府储备物资。
（1）对外销售政府储备物资并将销售收入纳入单位预算统一管理的，发出物资时：

财务会计	预算会计
借：业务活动费用 　　贷：政府储备物资［账面余额］ 借：银行存款/应收账款等 　　贷：事业收入等 借：业务活动费用 　　贷：银行存款等［发生的相关税费］	借：资金结存［收到的销售价款］ 　　贷：事业预算收入等 借：行政支出/事业支出 　　贷：资金结存［支付的相关税费］

(2) 对外销售政府储备物资并按照规定将销售净收入上缴财政的,发出物资时:

财务会计	预算会计

借:资产处置费用
    贷:政府储备物资[账面余额]
借:银行存款等[收到的销售价款]
    贷:银行存款[发生的相关税费]
        应缴财政款
	不需要处理

(三) 政府储备物资盘盈、盘亏或者报废、毁损

1. 盘盈的政府储备物资,按照确定的入账成本:

财务会计	预算会计
借:政府储备物资 贷:待处理财产损溢	不需要处理

2. 盘亏或者报废、毁损的政府储备物资,按照待处理政府储备物资的账面余额:

财务会计	预算会计
借:待处理财产损溢 贷:政府储备物资	不需要处理

十一、文物文化资产、受托代理资产业务的平行记账

(一) 文物文化资产业务的平行记账

文物文化资产业务平行记账内容包括取得文物文化资产、按照规定处置文物文化资产等业务。盘点文物文化资产业务不需要进行平行记账。财务会计"文物文化资产"科目与预算会计的"行政支出""事业支出""其他支出"等科目相对应。

1. 取得文物文化资产。
(1) 外购的文物文化资产,按照确定的成本:

财务会计	预算会计

借:文物文化资产
    贷:财政拨款收入/零余额账户用款额度/应付账款/
        银行存款等
	借:行政支出/事业支出
	    贷:财政拨款预算收入/资金结存

(2) 接受无偿调入的文物文化资产:

财务会计	预算会计

借:文物文化资产[按照确定的成本]
    贷:无偿调拨净资产
        财政拨款收入/零余额账户用款额度/银行存款等
        [发生的归属于调入方的相关费用]
如无偿调入的文物文化资产成本无法可靠取得的
借:其他费用[发生的归属于调入方的相关费用]
    贷:财政拨款收入/零余额账户用款额度/银行存款等
	借:其他支出[支付的归属于调入方的相关费用]
	    贷:财政拨款预算收入/资金结存

(3) 接受捐赠的文物文化资产:

财务会计	预算会计

借:文物文化资产[按照确定的成本]
    贷:捐赠收入/财政拨款收入/零余额账户用款额度/银行存款
        [发生的归属于捐入方的相关费用]
接受捐赠的文物文化资产成本无法可靠取得的
借:其他费用[发生的归属于调入方的相关费用]
    贷:财政拨款收入/零余额账户用款额度/银行存款等
	借:其他支出[支付的归属于捐入方的相关费用]
	    贷:财政拨款预算收入/资金结存

2. 按照规定处置文物文化资产。
（1）经批准对外捐赠文物文化资产：

财务会计	预算会计
借：资产处置费用 　　贷：文物文化资产［账面余额］ 　　　　银行存款等［归属于捐出方的相关费用］	借：其他支出［支付的归属于捐出方的相关费用］ 　　贷：资金结存等

（2）报经批准无偿调出文物文化资产：

财务会计	预算会计
借：无偿调拨净资产 　　贷：文物文化资产［账面余额］ 借：资产处置费用 　　贷：银行存款等［归属于调出方的相关费用］	借：其他支出［支付的归属于调出方的相关费用］ 　　贷：资金结存等

3. 盘点文物文化资产。
（1）盘盈时：

财务会计	预算会计
借：文物文化资产［入账成本］ 　　贷：待处理财产损溢	不需要处理

（2）盘亏、毁损、报废时：

财务会计	预算会计
借：待处理财产损溢 　　贷：文物文化资产［账面余额］	不需要处理

（二）受托代理资产业务的平行记账

受托代理资产业务平行记账内容包括受托转赠物资、受托储存管理物资等业务。罚没物资业务不需要进行平行记账。财务会计"受托代理资产"科目与预算会计的"其他支出"科目相对应。

1. 受托转赠物资。
（1）接受委托转赠的物资验收入库，按照确定的成本：

财务会计	预算会计
借：受托代理资产 　　贷：受托代理负债	不需要处理

（2）受托协议约定由受托方承担相关税费、运输费的，应当按照实际支付的相关税费、运输费等金额：

财务会计	预算会计
借：其他费用 　　贷：财政拨款收入/零余额账户用款额度/银行存款等	借：其他支出［实际支付的相关税费、运输费等］ 　　贷：财政拨款预算收入/资金结存

（3）将受托转赠物资交付受赠人时，按照转赠物资的成本：

财务会计	预算会计
借：受托代理负债 　　贷：受托代理资产	不需要处理

（4）转赠物资的委托人取消了对捐赠物资的转赠要求，且不再收回捐赠物资的，应当将转赠物资转为单位的存货、固定资产等。按照转赠物资的成本：

财务会计	预算会计
借：受托代理负债 　　贷：受托代理资产 借：库存物品/固定资产等 　　贷：其他收入	不需要处理

2. 受托储存管理物资。

（1）接受委托储存的物资验收入库，按照确定的成本：

财务会计	预算会计
借：受托代理资产 　　贷：受托代理负债	不需要处理

（2）发生由受托单位承担的与受托储存管理的物资相关的运输费、保管费等费用时，按照实际发生的费用金额：

财务会计	预算会计
借：其他费用等 　　贷：财政拨款收入/零余额账户用款额度/银行存款等	借：其他支出等［实际支付的运输费、保管费等］ 　　贷：财政拨款预算收入/资金结存

（3）根据委托人要求交付受托储存管理的物资时，按照发出物资的成本：

财务会计	预算会计
借：受托代理负债 　　贷：受托代理资产	不需要处理

3. 罚没物资。

（1）罚没物资验收（入库）时，按照确定的成本：

财务会计	预算会计
借：受托代理资产 　　贷：受托代理负债	不需要处理

（2）按照规定处置或移交罚没物资时，按照罚没物资的成本：

财务会计	预算会计
借：受托代理负债 　　贷：受托代理资产 处置时取得款项的 借：银行存款等 　　贷：应缴财政款	不需要处理

十二、保障性住房业务的平行记账

保障性住房业务平行记账内容包括保障性住房取得、保障性住房累计折旧等业务。出租保障性住房、处置保障性住房、保障性住房定期盘点清查业务不需要进行平行记账。财务会计"保障性住房"科目与预算会计的"行政支出""事业支出""其他支出"等科目相对应。

（一）保障性住房取得

1. 外购的保障性住房，按照确定的成本：

财务会计	预算会计
借：保障性住房 　　贷：财政拨款收入/零余额账户用款额度/银行存款等	借：行政支出/事业支出 　　贷：财政拨款预算收入/资金结存

2. 自行建造的保障性住房，工程完工交付使用时，按照在建工程成本：

财务会计	预算会计
借：保障性住房 　　贷：在建工程	不需要处理

3. 无偿调入的保障性住房：

财务会计	预算会计
借：保障性住房［确定的成本］ 　　贷：银行存款/零余额账户用款额度等［发生的相关费用］ 　　　　无偿调拨净资产［差额］	借：其他支出［支付的相关费用］ 　　贷：资金结存

（二）保障性住房累计折旧

1. 按月计提保障性住房折旧时，按照应计提的折旧额：

财务会计	预算会计
借：业务活动费用 　　贷：保障性住房累计折旧	不需要处理

2. 报经批准处置保障性住房时，按照所处置保障性住房的账面价值：

财务会计	预算会计
借：待处理财产损溢/无偿调拨净资产/资产处置费用等［账面价值］ 　　保障性住房累计折旧 　　贷：保障性住房［账面余额］	涉及资金支付的，参照"保障性住房"科目的相关账务处理

（三）出租保障性住房

按照规定出租保障性住房并将出租收入上缴同级财政，按照收取的租金金额：

财务会计	预算会计
借：银行存款/应收账款 　　贷：应缴财政款	不需要处理

（四）处置保障性住房

1. 出售保障性住房。

财务会计	预算会计
借：资产处置费用 　　保障性住房累计折旧 　　贷：保障性住房［账面余额］	不需要处理
借：银行存款［处置保障性住房收到的价款］ 　　贷：应缴财政款 　　　　银行存款等［发生的相关费用］	不需要处理

2. 无偿调出保障性住房。

（1）报经批准无偿调出保障性住房时：

财务会计	预算会计
借：无偿调拨净资产 　　保障性住房累计折旧 　　贷：保障性住房［账面余额］	不需要处理

（2）同时，按照无偿调出过程中发生的归属于调出方的相关费用：

财务会计	预算会计
借：资产处置费用 　　贷：银行存款等［归属于调出方的相关费用］	借：其他支出 　　贷：资金结存等

（五）保障性住房定期盘点清查

1. 盘盈的保障性住房。

财务会计	预算会计
借：保障性住房 　　贷：待处理财产损溢	不需要处理

2. 盘亏、毁损或报废的保障性住房。

财务会计	预算会计
借：待处理财产损溢［账面价值］ 　　保障性住房累计折旧 　　贷：保障性住房［账面余额］	涉及资金支付的，参照"保障性住房"科目的相关账务处理

十三、待处理财产损溢业务的平行记账

待处理财产损溢业务的平行记账内容只包括盘亏或毁损、报废的非现金资产业务中，处理收入小于相关费用的业务。其他业务如账款核对时发现的现金短缺或溢余、盘盈的非现金资产业务带来的待处理财产损溢等业务均不需要进行平行记账。财务会计"待处理财产损溢"科目与预算会计的"其他支出"科目相对应。

（一）账款核对时发现的现金短缺或溢余

参照"库存现金"部分的处理。

（二）盘盈的非现金资产

1. 转入待处理资产时，按照确定的成本：

财务会计	预算会计
借：库存物品/固定资产/无形资产/公共基础设施/政府储备物资/ 　　文物文化资产/保障性住房等 　　贷：待处理财产损溢	不需要处理

2. 报经批准后予以核销时：

（1）对于流动资产：

财务会计	预算会计
借：待处理财产损溢 　　贷：单位管理费用［事业单位］ 　　　　业务活动费用［行政单位］	不需要处理

（2）对于非流动资产：

财务会计	预算会计
借：待处理财产损溢 　　贷：以前年度盈余调整	不需要处理

如属于本年度取得的，按照当年新取得相关资产进行账务处理；如属于以前年度取得的，按照前期差错处理

（三）盘亏或毁损、报废的非现金资产

1. 转入待处理财产时：

财务会计	预算会计
借：待处理财产损溢——待处理财产价值 　　固定资产累计折旧/公共基础设施累计折旧（摊销）/ 　　无形资产累计摊销/保障性住房累计折旧 　　贷：库存物品/固定资产/公共基础设施/无形资产/ 　　　　政府储备物资/文物文化资产/保障性住房等	不需要处理

2. 报经批准处理时：

财务会计	预算会计
借：资产处置费用 　　贷：待处理财产损溢——待处理财产价值	不需要处理

3. 处理毁损、报废实物资产过程中取得的残值或残值变价收入、保险理赔或过失人赔偿等时：

财务会计	预算会计
借：库存现金/银行存款/库存物品/其他应收款等 　　贷：待处理财产损溢——处理净收入	不需要处理

4. 处理毁损、报废实物资产过程中发生的相关费用时：

财务会计	预算会计
借：待处理财产损溢——处理净收入 　　贷：库存现金/银行存款等	不需要处理

5. 处理收支结清，处理收入大于相关费用时：

财务会计	预算会计
借：待处理财产损溢——处理净收入 　　贷：应缴财政款	不需要处理

6. 处理收支结清，处理收入小于相关费用时：

财务会计	预算会计
借：资产处置费用 　　贷：待处理财产损溢——处理净收入	借：其他支出 　　贷：资金结存等［支付的处理净支出］

第三节　负债业务的平行记账

按照平行记账的原理，负债业务凡涉及纳入预算管理的现金收支的业务，在进行财务会计核算的同时进行预算会计核算。不涉及纳入预算管理现金收支的负债业务只需进行财务会计核算。

在负债业务平行记账中，可参照下列"负债类会计科目与预算会计相关科目对照表"（见表25-3）进行账务处理。

表25-3　　　　　负债类会计科目与预算会计相关科目对照表

财务会计			预算会计			科目对应说明
科目编号	科目名称	适用范围	科目编号	科目名称	适用范围	
2001	短期借款	事业	6501/7701	债务预算收入/债务还本支出	事业	借入、归还短期借款时
2101	应交增值税		7201/7301	事业支出/经营支出等		购入应税资产或服务、缴纳增值税时
			6101/6401	事业预算收入/经营预算收入等		销售应税产品或提供应税服务时
2102	其他应交税费		7201/7301	事业支出/经营支出等		实际缴纳城建税、教育附加等其他税款和个人所得税时
2103	应缴财政款		—	—		由于应缴财政款不属于纳入预算的收支范围，所以不作预算会计处理
2201	应付职工薪酬		7101/7201/7301	行政支出/事业支出/经营支出等		向职工支付工资、津贴补贴等薪酬、缴纳职工社保费和住房公积金、从应付职工薪酬中支付其他款项时

续表

财务会计			预算会计			科目对应说明
科目编号	科目名称	适用范围	科目编号	科目名称	适用范围	
2301	应付票据	事业	7201/7301	事业支出/经营支出等	事业	支付银行手续费、到期支付票款时
2302	应付账款		7101/7201	行政支出/事业支出等		偿付预付账款时
2303	应付政府补贴款	行政	7101	行政支出	行政	支付应付政府补贴款时
2304	应付利息	事业	7901	其他支出		实际支付利息时
2305	预收账款	事业	6101/6401	事业预算收入/经营预算收入等	事业	从付款方预收款项时
2306	其他应付款		8001	资金结存		暂存款项确认收入时
			7101/7201	行政支出/事业支出等		其他应付义务发生时
2401	预提费用		8202/7201	非财政拨款结余/事业支出等		计提、实际使用费用时
			7101/7201/7301	行政支出/事业支出/经营支出等		实际支付每月计提的租金费用时
2501	长期借款	事业	6501	债务预算收入	事业	借入各种长期借款时
			7701/7901	债务还本支出/其他支出		归还借款本金及各种利息时
2502	长期应付款		7101/7201/7301	行政支出/事业支出/经营支出等		支付长期应付款时
2601	预计负债		7201/7901	事业支出/经营支出/其他支出		实际偿付预计负债时
2901	受托代理负债		7901/7301/6001/8001	其他支出—财政拨款预算收入—资金结存		

一、短期借款业务的平行记账

短期借款业务的平行记账内容主要包括事业单位借入款项、计提并支付利息、偿还借款及到期应付而无力承兑票据转为贷款等。短期借款计提利息业务不需要进行平行记账。财务会计"短期借款"科目与预算会计的"债务预算收入""债务还本支出"等科目相对应。

（一）借入各种短期借款时，按照实际借入的金额

财务会计	预算会计
借：银行存款 　　贷：短期借款	借：资金结存——货币资金 　　贷：债务预算收入

（二）银行承兑汇票到期，本单位无力支付票款的，按照应付票款的账面余额

财务会计	预算会计
借：应付票据 　　贷：短期借款	借：经营支出等 　　贷：债务预算收入

（三）归还短期借款时，按照实际支付的金额

财务会计	预算会计
借：短期借款 　　贷：银行存款	借：债务还本支出 　　贷：资金结存——货币资金

二、应交增值税业务的平行记账

应交增值税业务分为增值税一般纳税人和小规模纳税人两类情况，平行记账主要内容包括事业单位购入增值税应税项目或服务的进项税额计算；销售增值税应税项目或提供服务时销项税额计算；实际缴

纳增值税等。单位购入增值税应税项目或服务的进项税额待认证和待抵扣，进项税额减免、转出，多交、未交税金结转，转让金融商品时增值税计算等业务不需要进行平行记账。

财务会计"应交增值税"科目与预算会计的"事业预算收入""经营预算收入""事业支出""经营支出"及"资金结存"等科目相对应。

（一）增值税一般纳税人

1. 购入应税资产或服务时：

财务会计	预算会计
借：业务活动费用/在途物品/库存物品/工程物资/固定资产/无形资产等 　　应交增值税——应交税金（进项税额）[当月已认证可抵扣] 　　应交增值税——待认证进项税额[当月未认证可抵扣] 　贷：银行存款/零余额账户用款额度[实际支付金额]/应付票据[开出并承兑的商业汇票]/应付账款等[应付的金额]	借：事业支出/经营支出 　贷：资金结存等[实际支付的金额]

2. 经税务机关认证为不可抵扣进项税时，按照需转出进项税额时：

财务会计	预算会计
借：应交增值税——应交税金（进项税额） 　贷：应交增值税——待认证进项税额 同时： 借：业务活动费用等 　贷：应交增值税——应交税金（进项税额转出）	不需要处理

3. 购进不动产或在建工程按规定分年抵扣进项税额的。

（1）购进时，按当期可抵扣的进项税额：

财务会计	预算会计
借：固定资产/在建工程等 　　应交增值税——应交税金（进项税额）[当期可抵扣] 　　应交增值税——待抵扣进项税额[以后期间可抵扣] 　贷：银行存款/零余额账户用款额度等[实际支付的金额]/ 　　　应付票据[开出并承兑的商业汇票]/应付账款[应付的金额]	借：事业支出/经营支出等 　贷：资金结存等[实际支付的金额]

（2）以后期间抵扣尚未抵扣的进项税额，按照允许抵扣的金额：

财务会计	预算会计
借：应交增值税——应交税金（进项税额） 　贷：应交增值税——待抵扣进项税额	不需要处理

4. 购入的应税项目发生盘亏、毁损、报废、对外捐赠、无偿调出等非正常损失或改变用途的，按转出、待抵扣、待认证增值税额：

财务会计	预算会计
借：待处理财产损益/固定资产/无形资产等[按照现行增值税制度规定不得从销项税额中抵扣的税额] 　贷：应交增值税——应交税金（进项税额转出）/应交增值税——待认证进项税额/应交增值税——待抵扣进项税额	不需要处理

5. 原不得抵扣且未抵扣进项税额的固定资产、无形资产等，因改变用途等用于允许抵扣进项税额的应税项目时：

财务会计	预算会计
借：应交增值税——应交税金（进项税额）[可以抵扣的进项税额] 　贷：固定资产/无形资产等	不需要处理

6. 购入时已全额计入进项税额的货物或服务等，转用于不动产在建工程的，对于结转以后期间的进项税额时，按结转待抵扣金额：

财务会计	预算会计
借：应交增值税——待抵扣进项税额 　　贷：应交增值税——应交税金（进项税额）	不需要处理

7. 购进资产或服务时作为代扣代缴义务人。
(1) 计税时，按照代扣代缴的增值税额：

财务会计	预算会计
借：业务活动费用/在途物品/工程物资/固定资产/无形资产等 　　应交增值税——应交税金（进项税额）[当期可抵扣] 　　贷：银行存款 [实际支付的金额] 　　　　应付账款等 　　　　应交增值税——代扣代缴增值税	借：事业支出/经营支出等 　　贷：资金结存等 [实际支付的金额]

(2) 实际缴纳代扣代缴增值税时，按照代扣代缴的增值税额：

财务会计	预算会计
借：应交增值税——代扣代缴增值税 　　贷：银行存款/零余额账户用款额度等	借：事业支出/经营支出等 　　贷：资金结存等 [实际支付的金额]

8. 销售应税产品或提供应税服务，按照现行增值税制度规定计算的销项税额：

财务会计	预算会计
借：银行存款/应收账款/应收票据等 [包含增值税的价款总额] 　　贷：事业收入/经营收入等（扣除增值税销项税后的价款） 　　　　应交增值税——应交税金（销项税额）/应交增值税——简易计税	借：资金结存 [实际收到的含税金额] 　　贷：事业预算收入/经营预算收入等

9. 金融商品转让应交增值税，按照应纳税额：
(1) 产生收益，按照应纳税额：

财务会计	预算会计
借：投资收益 [按净收益计算的应纳增值税] 　　贷：应交增值税——转让金融商品应交增值税	不需要处理

(2) 产生损失，按照可结转下月抵扣税额：

财务会计	预算会计
借：应交增值税——转让金融商品应交增值税 　　贷：投资收益 [按净损失计算的应纳增值税]	不需要处理

(3) 交纳增值税时，按实际交纳金额：

财务会计	预算会计
借：应交增值税——转让金融商品应交增值税 　　贷：银行存款等	借：投资预算收益等 　　贷：资金结存 [实际支付的金额]

(4) 年末，如有借方余额时，按实际借方余额：

财务会计	预算会计
借：投资收益 　　贷：应交增值税——转让金融商品应交增值税	不需要处理

10. 月末转出多交和未交增值税。
（1）转出本月未交增值税，按未交明细金额：

财务会计	预算会计
借：应交增值税——应交税金（转出未交增值税） 　　贷：应交增值税——未交税金	不需要处理

（2）转出本月多交增值税，按多交明细金额：

财务会计	预算会计
借：应交增值税——未交税金 　　贷：应交增值税——应交税金（转出多交增值税）	不需要处理

11. 缴纳增值税。
（1）本月缴纳本月增值税，按实际缴纳金额：

财务会计	预算会计
借：应交增值税——应交税金（已交税金） 　　贷：银行存款/零余额账户用款额度等	借：事业支出/经营支出等 　　贷：资金结存

（2）本月缴纳以前期间未交增值税，按实际缴纳金额：

财务会计	预算会计
借：应交增值税——未交税金 　　贷：银行存款/零余额账户用款额度等	借：事业支出/经营支出等 　　贷：资金结存

（3）按规定预缴增值税，按预缴的实际金额：

财务会计	预算会计
借：应交增值税——预交税金 　　贷：银行存款/零余额账户用款额度等	借：事业支出/经营支出等 　　贷：资金结存

（4）按规定预交增值税，按预交税额结转时：

财务会计	预算会计
借：应交增值税——未交税金 　　贷：应交增值税——预交税金	不需要处理

（5）当期直接减免的增值税应纳税额，按实际减免金额：

财务会计	预算会计
借：应交增值税——应交税金（减免税款） 　　贷：业务活动费用/经营费用等	不需要处理

（二）增值税小规模纳税人
1. 购入应税资产或服务。
（1）购入应税服务或资产，按价税合计金额：

财务会计	预算会计
借：业务活动费用/在途物品/库存物品/无形资产等［按价税合计金额］ 　　贷：银行存款等［实际支付金额］/应付票据［开出并承兑的商业汇票］/应付账款等［应付的金额］	借：事业支出/经营支出等 　　贷：资金结存［实际支付的金额］

（2）购进资产或服务时作为扣缴义务人，按代扣代缴金额：

财务会计	预算会计
借：业务活动费用/在途物品/库存物品/无形资产等 　　贷：应付账款/银行存款等 　　　　应交增值税——代扣代缴增值税	借：事业支出/经营支出等 　　贷：资金结存［实际支付的金额］

(3) 实际缴纳时参见一般纳税人的账务处理。

2. 销售应税项目或提供应税服务时。

(1) 销售资产或提供服务时：

财务会计	预算会计
借：银行存款/应收账款/应收票据 [包含增值税的价款总额] 　　贷：事业收入/经营收入等 [扣除增值税金额后的价款] 　　　　应交增值税	借：资金结存 [实际收到的含税金额] 　　贷：事业预算收入/经营预算收入等

(2) 金融产品转让。

①产生收益时：

财务会计	预算会计
借：投资收益 [按净收益计算的应纳增值税] 　　贷：应交增值税——转让金融商品应交增值税	不需要处理

②产生损失时：

财务会计	预算会计
借：应交增值税——转让金融商品应交增值税 　　贷：投资收益 [按净收益计算的应纳增值税]	不需要处理

③实际缴纳时：参照一般纳税人的账务处理。

3. 缴纳增值税，按照实际支付金额：

财务会计	预算会计
借：应交增值税 　　贷：银行存款等	借：事业支出/经营支出等 　　贷：资金结存

4. 减免增值税。

财务会计	预算会计
借：应交增值税 　　贷：业务活动费用/经营费用	不用处理

三、其他应交税费业务的平行记账

其他应交税费业务的平行记账内容包括单位按税法规定的除增值税以外的其他各项税费的缴纳，计提其他各项税费业务不需要进行平行记账。财务会计"其他应交税费"科目在实际缴纳各项其他税费时与预算会计的"行政支出"、"事业支出"及"经营支出"和"资金结存"科目相对应。

（一）城市维护建设税、教育费附加、地方教育附加、车船税、房产税、城镇土地使用税等业务

1. 发生时，按照税法规定计算的应缴税费金额：

财务会计	预算会计
借：业务活动费用/单位管理费用/经营费用等 　　贷：其他应交税费——应交城市维护建设税/应交教育费附加 　　　　/应交地方教育费附加/应交车船税/应交房产税/应交城 　　　　镇土地使用税	不需要处理

2. 实际缴纳时，按照上缴金额：

财务会计	预算会计
借：其他应交税费——应交城市维护建设税/应交教育费附加/应交地 方教育费附加/应交车船税/应交房产税/应交城镇土地使用税 　　贷：银行存款等	借：事业支出/经营支出等 　　贷：资金结存

（二）代扣代缴职工个人所得税

1. 计算应代扣代缴职工个人所得税金额：

（1）职工个人所得税，按照税法规定计算应代扣代缴金额：

财务会计	预算会计
借：应付职工薪酬 　　贷：其他应交税费——应交个人所得税	不需要处理

（2）职工以外其他人员个人所得税，按照税法规定计算应代扣代缴金额：

财务会计	预算会计
借：业务活动费用/单位管理费用等 　　贷：其他应交税费——应交个人所得税	不需要处理

2. 实际缴纳个人所得税款，按照实际上缴金额：

财务会计	预算会计
借：其他应交税费——应交个人所得税 　　贷：财政拨款收入/零余额账户用款额度/银行存款等	借：行政支出/事业支出/经营支出等 　　贷：财政拨款预算收入/资金结存

（三）发生企业所得税纳税义务

1. 计算企业所得税，按照税法规定计算企业所得税金额：

财务会计	预算会计
借：所得税费用 　　贷：其他应交税费——单位应交所得税	不需要处理

2. 实际缴纳企业所得税款，按实际缴纳金额：

财务会计	预算会计
借：其他应交税费——单位应交所得税 　　贷：银行存款等	借：非财政拨款结余 　　贷：资金结存

四、应缴财政款业务平行记账

应缴财政款业务不需要平行记账，不作预算会计处理。

1. 取得或应收按照规定应缴财政的款项时，按照取得或应收的金额：

财务会计	预算会计
借：银行存款/应收账款等 　　贷：应缴财政款	不需要处理

2. 处置资产取得应上缴财政的处置净收入，参照"待处理财政损溢"科目的账务处理。

3. 上缴财政款项，按实际上缴金额：

财务会计	预算会计
借：应缴财政款 　　贷：银行存款等	不需要处理

五、应付职工薪酬业务平行记账

应付职工薪酬业务的平行记账内容包括发放单位职工的各种薪酬、按规定缴纳职工社会保险费和住房公积金等业务。应付职工薪酬的计提并代扣所得税、社会保险费、住房公积金等扣款业务不需要进行平行记账。财务会计"应付职工薪酬"科目与预算会计的"行政支出""事业支出""经营支出""财政拨款预算收入""资金结存"等科目相对应。

（一）计算确认当期应付职工薪酬

1. 从事专业及其辅助活动人员的职工工资，按计算确认金额：

财务会计	预算会计
借：业务活动费用/单位管理费用 　　贷：应付职工薪酬	不需要处理

2. 应由在建工程、加工物品、自行研发无形资产负担的职工工资，按计算确认金额：

财务会计	预算会计
借：在建工程/加工物品/研发支出等 　　贷：应付职工薪酬	不需要处理

3. 从事专业及其辅助活动以外的经营活动人员的职工工资，按计算确认金额：

财务会计	预算会计
借：经营费用 　　贷：应付职工薪酬	不需要处理

4. 因解除与职工的劳动关系而给予的补偿，按计算确认金额：

财务会计	预算会计
借：单位管理费用 　　贷：应付职工薪酬	不需要处理

（二）向职工支付工资、津贴补贴等薪酬，按实际支付金额

财务会计	预算会计
借：应付职工薪酬 　　贷：财政拨款收入/零余额账户用款额度/银行存款等	借：行政支出/事业支出/经营支出等 　　贷：财政拨款预算收入/资金结存

（三）从职工薪酬中代扣各种款项

1. 代扣代缴个人所得税，按照代扣的金额：

财务会计	预算会计
借：应付职工薪酬——基本工资 　　贷：其他应交税费——应交个人所得税	不需要处理

2. 代扣社会保险费和住房公积金，按照代扣的金额：

财务会计	预算会计
借：应付职工薪酬——基本工资 　　贷：应付职工薪酬——社会保险费/住房公积金	不需要处理

3. 代扣为职工垫付的水电费用、房租等费用，按照代扣的金额：

财务会计	预算会计
借：应付职工薪酬——基本工资 　　贷：其他应收款等	不需要处理

（四）按规定缴纳社会保险和住房公积金，按照实际缴纳的金额

财务会计	预算会计
借：应付职工薪酬——社会保险费/住房公积金 　　贷：财政拨款收入/零余额账户用款额度/银行存款	借：行政支出/事业支出/经营支出等 　　贷：财政拨款预算收入/资金结存等

（五）按规定使用售房款发放购房补贴的
1. 计提购房补贴费用时：

财务会计	预算会计
借：业务活动费用/单位管理费用 　　贷：应付职工薪酬	不需要处理

2. 发放购房补贴时

财务会计	预算会计
借：应付职工薪酬的相关明细科目 　　贷：银行存款等	借：行政支出/事业支出等 　　贷：资金结存——货币资金

（六）从职工薪酬中支付的其他款项

财务会计	预算会计
借：应付职工薪酬 　　贷：零余额账户用款额度/银行存款	借：行政支出/事业支出/经营支出等 　　贷：资金结存等

六、应付票据业务平行记账

应付票据业务的平行记账内容包括支付相关利息、手续费及承兑票据等。开出票据、应付票据转应付账款，将应付账款转应付票据等业务不需要进行平行记账。财务会计"应付票据"科目与预算会计的"事业支出""经营支出""其他支出""债务预算收入""资金结存"等科目相对应。

（一）开出、承兑商业汇票

财务会计	预算会计
借：库存物品/固定资产等 　　贷：应付票据	不需要处理

（二）以商业汇票抵付应付账款

财务会计	预算会计
借：应付账款 　　贷：应付票据	不需要处理

（三）支付银行承兑汇票手续费

财务会计	预算会计
借：业务活动费用/经营费用等 　　贷：银行存款等	借：事业支出/经营支出 　　贷：资金结存——货币资金

（四）商业汇票到期
1. 收到银行支付到期票据的付款通知，按照实际付款金额：

财务会计	预算会计
借：应付票据 　　贷：银行存款	借：事业支出/经营支出 　　贷：资金结存——货币资金

2. 银行承兑汇票到期，本单位无力支付票款，按照应付票据账面余额：

财务会计	预算会计
借：应付票据 　　贷：短期借款	借：事业支出/经营支出 　　贷：债务预算收入

3. 商业承兑汇票到期，本单位无力支付票款，按照应付票据账面余额：

财务会计	预算会计
借：应付票据 　　贷：应付账款	不需要处理

七、应付账款业务的平行记账

应付账款业务的平行记账内容包括对购买物资、发生服务及工程建设时发生欠款的偿还。单位发生欠款时或由商业汇票等其他欠款形式抵付应付账款、无法偿付及债权人豁免应付账款等业务不需要进行平行记账。财务会计"应付账款"科目与预算会计的"行政支出""事业支出""财政拨款预算收入""资金结存"等科目相对应。

（一）购入物资、设备或服务以及完成工程进度但尚未付款，按照应付未付款金额

财务会计	预算会计
借：库存物品/固定资产/在建工程等 　　贷：应付账款	不需要处理

（二）偿付应付账款，按照实际支付金额

财务会计	预算会计
借：应付账款 　　贷：财政拨款收入/零余额账户用款额度/银行存款等	借：行政支出/事业支出等 　　贷：财政拨款预算收入/资金结存

（三）开出商业汇票抵付应付账款，按照应付账款金额

财务会计	预算会计
借：应付账款 　　贷：应付票据	不需要处理

（四）无法偿付或债权人豁免偿还的应付账款

财务会计	预算会计
借：应付账款 　　贷：其他收入	不需要处理

八、应付政府补贴款业务的平行记账

应付政府补贴款业务的平行记账内容包括对需支付给政府补贴接受者各种补贴款的支付业务。应付政府补贴款的发生不需要进行平行记账。财务会计中"应付政府补贴款"科目与预算会计的"行政支出""资金结存"等科目相对应。

（一）发生（确认）应付政府补贴款，按照应付政府补贴金额

财务会计	预算会计
借：业务活动费用 　　贷：应付政府补贴款	不需要处理

（二）支付应付政府补贴款，按照支付金额

财务会计	预算会计
借：应付政府补贴款 　　贷：零余额账户用款额度/银行存款等	借：行政支出 　　贷：资金结存等

九、应付利息业务的平行记账

应付利息业务的平行记账主要内容包括利息的支付，应付利息的计提业务不需要进行平行记账。财务会计"应付利息"科目与预算会计的"其他支出""资金结存"等科目相对应。

（一）计算当期利息，按照计算确定的金额

财务会计	预算会计
借：在建工程/其他费用 　　贷：应付利息	不需要处理

（二）实际支付利息，按照支付的金额

财务会计	预算会计
借：应付利息 　　贷：银行存款等	借：其他支出 　　贷：资金结存——货币资金

十、预收账款业务的平行记账

预收账款业务的平行记账内容包括按合同预先收取的尚未结算的销售商品或提供服务款、确认收入时发生补付或退回多收款项等。无法偿付或债权人豁免预收款项业务不需要进行平行记账。财务会计"预收账款"科目与预算会计的"事业收入""资金结存"等科目相对应。

（一）收取预收账款，按照实际从付款方预先收到的金额

财务会计	预算会计
借：银行存款 　　贷：预收账款	借：资金结存——货币资金 　　贷：事业预算收入/经营预算收入

（二）确认有关收入时，按照预收账款账面余额

财务会计	预算会计
借：预收账款 　　银行存款［收到补付款］ 　　贷：事业收入/经营收入等 　　　　银行存款［退回预收款］	借：资金结存——货币资金 　　贷：事业预算收入/经营预算收入等［收到补付款］ 退回预收款的金额做相反会计分录

（三）无法偿付或债权人豁免偿还的预收账款，按照批准核销金额

财务会计	预算会计
借：预收账款 　　贷：其他收入	不需要处理

十一、其他应付款业务的平行记账

其他应付款业务的平行记账内容包括对收到的偿还期限在1年内（含1年）应付及暂收的款项结算确认收入、收到同级财政部门预拨下期预算款和没有纳入预算的暂付款项经批准确认财政拨款、支付其他应付款业务。其他应付款的取得、退回、转拨、确认及无法偿还或债权人豁免业务不需要进行平行记账。财务会计中"其他应付款"科目与预算会计的"其他预算收入"和"资金结存"等科目相对应。

（一）发生暂收款项

1. 取得暂收款项，按照实际取得金额：

财务会计	预算会计
借：银行存款 　　贷：其他应付款	不需要处理

2. 确认收入，按照其他应付款账面余额：

财务会计	预算会计
借：其他应付款 　　贷：事业收入等	借：资金结存 　　贷：事业预算收入等

3. 退回（转拨暂收款项），按照实际退回金额：

财务会计	预算会计
借：其他应付款 　　贷：银行存款等	不需要处理

（二）收到同级财政部门预拨下期预算款和没有纳入预算的暂付款项

1. 收到同级财政部门预拨下期预算款和没有纳入预算的款项，按照实际收到金额：

财务会计	预算会计
借：银行存款 　　贷：其他应付款	不需要处理

2. 待到下一期预算或批准纳入预算时，按实际收到的预拨金额：

财务会计	预算会计
借：其他应付款 　　贷：财政拨款收入	借：资金结存 　　贷：财政拨款预算收入

（三）年末暂收的款项属于本年度预算资金，但因内部管理等原因难以确定预算收入类型及相关明细科目的，收到款项时：

财务会计	预算会计
借：银行存款 　　贷：其他应付款	借：资金结存 　　贷：其他预算收入——待处理收入

（四）暂收款项属于下一年度年度预算资金的

1. 收到款项时：

财务会计	预算会计
借：银行存款 　　贷：其他应付款	不需要处理

2. 待下一年初，应当按照上年暂收的款项金额：

财务会计	预算会计
借：其他应付款 　　贷：有关收入	借：资金结存 　　贷：有关款预算收入

（五）发生其他应付义务

1. 确认其他应付款项，按照确认金额：

财务会计	预算会计
借：业务活动费用/单位管理费用 　　贷：其他应付款	不需要处理

2. 支付其他应付款项，按照实际支付金额：

财务会计	预算会计
借：其他应付款 　　贷：银行存款等	借：行政支出/事业支出 　　贷：资金结存

（六）无法偿付或债权人豁免偿还的其他应付款项，按照实际批准核销金额

财务会计	预算会计
借：其他应付款 　　贷：其他收入	不需要处理

十二、预提费用业务的平行记账

预提费用业务的平行记账内容包括每期相关已预提租金、利息等费用的实际支付，科研项目收入中提取的项目间接费用或管理费用的计提和使用等，相关费用的预提业务不需要进行平行记账。财务会计"预提费用"科目核算在科研项目收入中提取的项目间接费用或管理费用时与预算会计的"非财政拨款结转""非财政拨款结余"相衔接。其他租金等预提费用支付核算与预算会计中"行政支出""事业支出""经营支出""资金结存"等科目相对应。

（一）按规定计提项目间接费用或管理费

1. 计提时，按照提取的金额：

财务会计	预算会计
借：单位管理费用 　　贷：预提费用——项目间接费用或管理费	借：非财政拨款结转——项目间接费用或管理费 　　贷：非财政拨款结余——项目间接费用或管理费

2. 实际使用时，按照实际支付的金额：

财务会计	预算会计
借：预提费用——项目间接费用或管理费 　　贷：银行存款/库存现金	借：事业支出等 　　贷：资金结存——货币资金

（二）按规定预提每期租金等费用

1. 预提时，按照预提的金额：

财务会计	预算会计
借：业务活动费用/单位管理费用/经营费用等 　　贷：预提费用	不需要处理

2. 支付时，按照支付金额：

财务会计	预算会计
借：预提费用 　　贷：银行存款等	借：行政支出/事业支出/经营支出等 　　贷：资金结存——货币资金

十三、长期借款业务的平行记账

长期借款业务的平行记账内容包括长期借款的借入、归还及支付利息等，长期借款计算并计提利息业务不需要进行平行记账。财务会计"长期借款"科目与预算会计的"债务预算收入""其他支出""资金结存"等科目相对应。

（一）借入各项长期借款，按照实际借入金额

财务会计	预算会计
借：银行存款 　　贷：长期借款——本金	借：资金结存——货币资金 　　贷：债务预算收入——本金

（二）为购建固定资产、公共基础设施等应支付专门借款利息

1. 属于工程项目建设期间发生的，按照计算确定的应支付的利息金额：

财务会计	预算会计
借：在建工程 　　贷：应付利息［分期付息，到期还本］ 　　　　长期借款——应计利息［到期一次还本付息］	不需要处理

2. 属于工程项目完工交付使用后发生的，按照计算确定的应支付的利息金额：

财务会计	预算会计
借：其他费用 　　贷：应付利息［分期付息，到期还本］ 　　　　长期借款——应计利息［到期一次还本付息］	不需要处理

3. 实际支付利息，按照实际支付金额：

财务会计	预算会计
借：应付利息 　　贷：银行存款等	借：其他支出 　　贷：资金结存——货币资金

（三）其他长期借款利息

1. 计提利息，按照计算确定的应支付的利息金额：

财务会计	预算会计
借：其他费用 　　贷：应付利息［分期付息，到期还本］ 　　　　长期借款——应计利息［到期一次还本付息］	不需要处理

2. 分期实际支付利息，按照实际支付金额：

财务会计	预算会计
借：应付利息 　　贷：银行存款等	借：其他支出 　　贷：资金结存——货币资金

（四）归还长期借款，按照实际支付金额

财务会计	预算会计
借：长期借款——本金 　　　　　　　——应计利息［到期一次还本付息］ 　　贷：银行存款	借：债务还本支出［支付的本金］ 　　贷：资金结存——货币资金 借：其他支出［支付的利息］ 　　贷：资金结存——货币资金

十四、长期应付款业务的平行记账

长期应付款业务的平行记账内容包括长期应付款的支付等，长期应付款的发生及无法偿还，或债权人豁免业务不需要进行平行记账。财务会计"长期应付款"科目与预算会计的"行政支出""事业支出""经营支出""财政拨款预算收入""资金结存"等科目相对应。

（一）发生长期应付款，按照应付金额

财务会计	预算会计
借：固定资产/在建工程等 　　贷：长期应付款	不需要处理

（二）支付长期应付款，按照实际支付的金额

财务会计	预算会计
借：长期应付款 　　贷：财政拨款收入/零余额账户用款额度/银行存款	借：行政支出/事业支出/经营支出 　　贷：财政拨款预算收入/资金结存

（三）无法偿还付或债权人豁免偿还的长期应付款，按照经批准核销金额

财务会计	预算会计
借：长期应付款 　　贷：其他收入	不需要处理

十五、预计负债业务的平行记账

预计负债业务的平行记账内容包括预计负债偿付，预计负债的确认及账面余额调整业务不需要进行平行记账。财务会计"预计负债"科目与预算会计的"事业支出""经营支出""其他支出""资金结存"等科目相对应。

（一）确认预计负债，按照预计的金额：

财务会计	预算会计
借：业务活动费用/经营费用/其他费用等 　　贷：预计负债	不需要处理

（二）实际偿付预计负债，按照偿付的金额

财务会计	预算会计
借：预计负债 　　贷：银行存款	借：事业支出/经营支出/其他支出 　　贷：资金结存

（三）对预计负债账面余额进行调整，按照调整增加（或减少）的金额

财务会计	预算会计
借：业务活动费用/经营费用/其他费用等 　　贷：预计负债 或作相反会计分录（仅限当年调减预计负债）	不需要处理

十六、受托代理负债业务的平行记账

受托代理负债业务的平行记账内容包括按照协议由受托方支付的受托代理、保管资产税费、运输费按规定由单位财务机构代办、但不具备单独设立银行账户条件的单位受托代理团费、受托代理本单位职工个人缴存的住宅专项维修资金等业务。受托代理、保管资产的接受、交付、按规定委托人转赠物资取消转赠并不再收回，以及取得和处置罚没资产、代理团费、受托代理本单位职工个人缴存的住宅专项维修资金等业务不需要进行平行记账。财务会计"受托代理负债"科目与预算会计的"行政支出"、"事业支出"等科目相对应。

（一）发生受托代理负债，按照确定的成本

财务会计	预算会计
借：库存现金——受托代理资产/银行存款——受托代理资产/受托代理资产 　　贷：受托代理负债	不需要处理

（二）支付受托代理负债，按照支付的成本

财务会计	预算会计
借：受托代理负债 　　贷：库存现金——受托代理资产/银行存款——受托代理资产/受托代理资产	不需要处理

（三）当受托人取消对捐赠物资的转赠要求，且不收回捐赠物资，或本单位接受捐赠物资的，按照转赠物资成本

财务会计	预算会计
借：受托代理负债 　　贷：受托代理资产 同时：借：库存物品/固定资产等 　　　　贷：其他收入	不需要处理

（四）团费业务的具体工作按规定由单位财务机构代办、但不具备单独设立银行账户条件的

1. 收到团费时：

财务会计	预算会计
借：受托代理资产 　　贷：受托代理负债	不需要处理

2. 支付团费时：

财务会计	预算会计
借：受托代理负债 　　贷：受托代理资产	不需要处理

第四节　净资产业务的平行记账

按照平行记账的原理，净资产业务凡涉及纳入预算管理的现金收支的业务，在进行财务会计核算的同时进行预算会计核算，不涉及纳入预算管理现金收支的净资产业务只需进行财务会计核算。

在净资产业务平行记账中，可参照"净资产类会计科目与预算会计相关科目对照表"（见表25－4）进行账务处理。

表25－4　　　　　　　　　净资产类会计科目与预算会计相关科目对照表

财务会计			预算会计			科目对应说明
科目编号	科目名称	适用范围	科目编号	科目名称	适用范围	
	净资产类			预算结余类		
3001	累计盈余		8101	财政拨款结转		
			8102	财政拨款结余		
			8201	非财政拨款结转		
3101	专用基金	事业	8301	专用结余	事业	使用从收入中提取并列入费用的专用基金时，不是预算结余类科目
			7201	事业支出	事业	
3201	权益法调整	事业	—		事业	
3301	本年盈余		—			
3302	本年盈余分配		8701	非财政拨款结余分配	事业	年末，按有关规定提取专用基金时
3401	无偿调拨净资产		8001	资金结存		取得无偿调入资产时
			7901	其他支出		无偿调拨中发生相关支出时，不是预算结余类科目
3501	以前年度盈余调整		8101	财政拨款结转		
			8102	财政拨款结余		
			8201	非财政拨款结转		
			8202	非财政拨款结余		

一、累计盈余业务的平行记账

累计盈余业务平行记账内容包括按规定上缴、缴回、单位间调剂结转结余资金产生的净资产变动等业务。年末，本年盈余分配、无偿调拨净资产科目余额转入，不涉及纳入预算管理现金收支的净资产业务，不需要进行平行记账。财务会计"累计盈余"科目与预算会计的"非财政拨款结转""财政拨款结余""财政拨款结转""资金结存"等科目相对应。

1. 年末，将"本年盈余分配"科目余额转入时：

财务会计	预算会计
借：本年盈余分配 　　贷：累计盈余 或作相反会计分录	不需要处理

2. 年末，将"无偿调拨净资产"科目余额转入时：

财务会计	预算会计
借：无偿调拨净资产 　　贷：累计盈余 或作相反会计分录	不需要处理

3. 按照规定上缴财政拨款结转结余、缴回非财政拨款结转资金、向其他单位调出财政拨款结转资金。

（1）按照规定上缴财政拨款结转结余时，按照实际上缴资金数额：

财务会计	预算会计
借：累计盈余 　　贷：财政应返还额度/零余账户用款额度/银行存款等	借：财政拨款结转——归集上缴 或财政拨款结余——归集上缴 　　贷：资金结存——财政应返还额度/零余账户用款额度/货币资金

（2）按规定缴回非财政拨款结转资金，按照实际缴回金额：

财务会计	预算会计
借：累计盈余 　　贷：银行存款等	借：非财政拨款结转——缴回资金 　　贷：资金结存——货币资金

（3）按规定向其他单位调出财政拨款结转资金时，按照实际调减的额度数额或调减的资金数额：

财务会计	预算会计
借：累计盈余 　　贷：财政应返还额度/零余账户用款额度/银行存款等	借：非财政拨款结转——归集调出 　　贷：资金结存——财政应返还额度/零余账户用款额度/货币资金

（4）按规定从其他单位调入财政拨款结转资金时，按照实际调增的额度数额或调入的资金数额：

财务会计	预算会计
借：财政应返还额度/零余账户用款额度/银行存款等 　　贷：累计盈余	借：资金结存——财政应返还额度/零余账户用款额度/货币资金 　　贷：财政拨款结转——归集调入

4. 将"以前年度盈余调整"科目的余额转入时：

财务会计	预算会计
借：累计盈余 　　贷：以前年度盈余调整 或作相反会计分录	不需要处理

5. 按照规定使用专用基金购置固定资产、无形资产的，相关账务处理参见"专用基金"科目。

二、专用基金业务的平行记账

专用基金业务平行记账内容包括按规定从本年度非财政拨款结余或经营结余中提取专用基金的、使用专用基金的业务。财务会计"专用基金"科目与预算会计的"非财政拨款结余分配""事业支出""专用结余""资金结存"等科目相对应。

1. 年末，根据有关规定从本年度非财政拨款结余或经营结余中提取专用基金的，按照预算会计下计算的提取金额：

财务会计	预算会计
借：本年盈余分配 　　贷：专用基金	借：非财政拨款结余分配 　　贷：专用结余

2. 根据有关规定从收入中提取专用基金并计入费用的，一般按照预算收入计算提取的金额：

财务会计	预算会计
借：业务活动费用等 　　贷：专用基金	不需要处理

3. 根据有关规定设置的其他专用基金，按照实际的基金金额：

财务会计	预算会计
借：银行存款等 　　贷：专用基金	不需要处理

4. 按照规定使用专用基金时：

财务会计	预算会计
借：专用基金 　　贷：银行存款等 购置固定资产、无形资产的： 借：固定资产/无形资产等 　　贷：银行存款等 借：专用基金 　　贷：累计盈余	使用从收入中提取并列入费用的专用基金： 借：事业支出等 　　贷：资金结存 使用从非财政拨款结余或经营结余中提取的专用基金： 借：专用结余 　　贷：资金结存——货币资金

三、权益法调整业务的平行记账

权益法调整业务的内容只包括核算事业单位持有的长期股权投资采用权益法核算时，按照投资单位除净损益和利润分配以外的所有者权益变动份额调整长期股权投资账面余额而计入净资产的金额的业务，不涉及预算会计业务，不需要进行平行记账。

四、本期盈余业务的平行记账

本期盈余业务的内容只包括反映核算单位各项收入、费用相抵后的余额的业务，不涉及预算会计业务，不需要进行平行记账。

五、本年盈余分配业务的平行记账

本年盈余分配业务的平行记账内容只包括核算在预算会计下提取专用基金时的业务。财务会计"本年盈余分配"科目与预算会计的"非财政拨款结余分配""专用结余"科目相对应。

(一) 年末，将本期盈余科目余额转入

1. 本期盈余科目为贷方余额时：

财务会计	预算会计
借：本期盈余 　　贷：本年盈余分配	不需要处理

2. 本期盈余科目为借方余额时：

财务会计	预算会计
借：本年盈余分配 　　贷：本期盈余	不需要处理

(二) 年末，按照有关规定提取专用基金时，按照预算会计下计算的提取金额

财务会计	预算会计
借：本年盈余分配 　　贷：专用基金	借：非财政拨款结余分配 　　贷：专用结余

(三) 年末，将本科目余额转入累计盈余

1. 本科目为贷方余额时：

财务会计	预算会计
借：本年盈余分配 　　贷：累计盈余	不需要处理

2. 本科目为借方余额时：

财务会计	预算会计
借：累计盈余 　　贷：本年盈余分配	不需要处理

六、无偿调拨净资产业务的平行记账

无偿调拨净资产业务的平行记账内容包括在预算会计中核算单位之间无偿调入、调出资产时产生的相关税费支出的业务。财务会计"无偿调拨净资产"科目与预算会计的"其他支出""资金结存"等科目相对应。

1. 按照规定取得无偿调入的存货、长期股权投资、固定资产、无形资产、公共基础设施、政府储备物资、文物文化资产、保障性住房等，按照确定的成本：

财务会计	预算会计
借：库存物品/固定资产/无形资产/长期股权投资/公共基础设施/政府储备物资/保障性住房等 　　贷：无偿调拨净资产 　　　　零余额账户用款额度/银行存款等［发生的归属调入方的相关费用］	借：其他支出［发生的归属于调入方的相关费用］ 　　贷：资金结存等

2. 按照规定经批准无偿调出存货、长期股权投资、固定资产、无形资产、公共基础设施、政府储备物资、文物文化资产、保障性住房等，按照调出资产的账面余额或账面价值：

财务会计	预算会计
借：无偿调拨净资产 　　固定资产累计折旧/无形资产累计摊销/公共基础设施累计折旧（摊销）/保障性住房累计折旧等 　　贷：库存物品/固定资产/无形资产/长期股权投资/公共基础设施/政府储备物资等［账面余额］	借：其他支出［发生的归属调出方的相关费用］ 　　贷：资金结存等

续表

财务会计	预算会计
借：资产处置费用 　　贷：零余额账户用款额度/银行存款等[发生的归属调出方的相关费用]	

3. 年末，将本科目余额转入累计盈余。
(1) 科目余额为贷方余额时：

财务会计	预算会计
借：无偿调拨净资产 　　贷：累计盈余	不需要处理

(2) 科目余额为借方余额时：

财务会计	预算会计
借：累计盈余 　　贷：无偿调拨净资产	不需要处理

七、以前年度盈余调整业务的平行记账

以前年度盈余调整业务的平行记账的内容包括在核算年度资产负债表日后发生的，或者发现由于计量、确认、记录等方面出现错误，以及盘盈实物资产等需要对以前年度财务报表数据进行调整的业务。财务会计"以前年度盈余调整"科目与预算会计的"财政拨款结转（年初余额调整）""财政拨款结余（年初余额调整）""非财政拨款结转（年初余额调整）""非财政拨款结余（年初余额调整）"等科目相对应。

（一）调整以前年度收入

1. 增加以前年度收入时，按照调整增加的金额：

财务会计	预算会计
借：有关资产或负债科目 　　贷：以前年度盈余调整	按照实际收到的金额： 借：资金结存 　　贷：财政拨款结转/财政拨款结余/非财政拨款结转/非财政拨款结余（年初余额调整）

2. 减少以前年度收入时，按照调整减少的金额：

财务会计	预算会计
借：以前年度盈余调整 　　贷：有关资产或负债科目	按照实际支付的金额： 借：财政拨款结转/财政拨款结余/非财政拨款结转/非财政拨款结余（年初余额调整） 　　贷：资金结存

（二）调整以前年度的费用

1. 增加以前年度的费用时，按照调整增加的金额：

财务会计	预算会计
借：以前年度盈余调整 　　贷：有关资产或负债科目	按照实际支付的金额： 借：财政拨款结转/财政拨款结余/非财政拨款结转/非财政拨款结余（年初余额调整） 　　贷：资金结存

2. 减少以前年度的费用时，按照调整减少的金额：

财务会计	预算会计
借：有关资产或负债科目 　　贷：以前年度盈余调整	按照实际收到的金额： 借：资金结存 　　贷：财政拨款结转/财政拨款结余/非财政拨款结转/非财政拨款结余（年初余额调整）

(三) 盘盈各种非流动资产

报经批准处理时：

财务会计	预算会计
借：待处理财产损溢 　　贷：以前年度盈余调整	不需要处理

(四) 将本科目余额转入累计盈余

1. 本科目为借方余额时：

财务会计	预算会计
借：累计盈余 　　贷：以前年度盈余调整	不需要处理

2. 本科目为贷方余额时：

财务会计	预算会计
借：以前年度盈余调整 　　贷：累计盈余	不需要处理

第五节　收入（预算收入）业务的平行记账

按照平行记账的原理，收入（预算收入）业务凡涉及纳入部门预算管理的现金收入业务，在进行财务会计核算的同时进行预算会计核算；不涉及纳入部门预算管理现金收入的收入业务（预算收入），只需进行财务会计核算。

在收入（预算收入）业务平行记账中，可参照"收入类科目与预算收入科目对照表"（见表25-5）进行账务处理。

表25-5　　　　　　　　　　收入类会计科目与预算收入类科目对照表

财务会计			预算会计			科目对应说明
科目编号	科目名称	适用范围	科目编号	科目名称	适用范围	
	收入类			预算收入类		
4001	财政拨款收入		6001	财政拨款预算收入		
4101	事业收入	事业	6101	事业预算收入	事业	
4201	上级补助收入	事业	6201	上级补助预算收入	事业	
4301	附属单位上缴收入	事业	6301	附属单位上缴预算收入	事业	
4401	经营收入	事业	6401	经营预算收入	事业	
4601	非同级财政拨款收入		6601	非同级财政拨款预算收入		
4602	投资收益	事业	6602	投资预算收益	事业	
4603	捐赠收入		6609	其他预算收入		
4604	利息收入					
4605	租金收入					
4609	其他收入					
2001/2301/2501	短期借款/应付票据/长期借款	事业	6501	债务预算收入	事业	借入短期借款时；银行承兑汇票到期，本单位无力支付票款时；借入长期借款时；财务会计涉及的科目不是收入类科目

一、财政拨款收入（财政拨款预算收入）业务的平行记账

财政拨款收入（财政拨款预算收入）业务平行记账的内容包括收到拨款、年末确认拨款差额、因差

错更正或购货退回等发生的国库直接支付款项退回的、期末或年末结转等业务。财务会计"财政拨款收入"科目与预算会计的"财政拨款预算收入"科目相对应。

（一）收到拨款

1. 财政直接支付方式下，根据财政国库支付执行机构委托代理银行转来的"财政直接支付入账通知书"及相关原始凭证，按照通知书中的直接支付入账金额：

财务会计	预算会计
借：库存物品/固定资产/业务活动费用/单位管理费用/应付职工薪酬等 　　贷：财政拨款收入	借：行政支出/事业支出等 　　贷：财政拨款预算收入

2. 财政授权支付方式下，根据代理银行转来的"财政授权支付额度到账通知书"，按照通知书中的授权支付额度：

财务会计	预算会计
借：零余额账户用款额度 　　贷：财政拨款收入	借：资金结存——零余额账户用款额度 　　贷：财政拨款预算收入

3. 其他方式下，按照实际收到的金额：

财务会计	预算会计
借：银行存款等 　　贷：财政拨款收入	借：资金结存——货币资金 　　贷：财政拨款预算收入

（二）年末确认财政拨款差额

1. 年末，根据本年度财政直接支付预算指标数与当年财政直接支付实际支付数的差额：

财务会计	预算会计
借：财政应返还额度——财政直接支付 　　贷：财政拨款收入	借：资金结存——财政应返还额度 　　贷：财政拨款预算收入

2. 年末，根据本年度财政授权预算指标数大于零余额账户用款额度下达数的差额：

财务会计	预算会计
借：财政应返还额度——财政授权支付 　　贷：财政拨款收入	借：资金结存——财政应返还额度 　　贷：财政拨款预算收入

（三）因差错更正或购货退回等发生的国库直接支付款项退回的

1. 属于本年度支付的款项，按照退回金额：

财务会计	预算会计
借：财政拨款收入 　　贷：业务活动费用/库存物品等	借：财政拨款预算收入 　　贷：行政支出/事业支出等

2. 属于以前年度支付的款项（财政拨款结转资金），按照退回的金额：

财务会计	预算会计
借：财政应返还额度——财政直接支付 　　贷：以前年度盈余调整/库存物品等	借：资金结存——财政应返还额度 　　贷：财政拨款结转——年初余额调整

3. 属于以前年度支付的款项（财政拨款结余资金），按照退回的金额：

财务会计	预算会计
借：财政应返还额度——财政直接支付 　　贷：以前年度盈余调整/库存物品等	借：资金结存——财政应返还额度 　　贷：财政拨款结余——年初余额调整

（四）期末或年末结转

财务会计	预算会计
借：财政拨款收入 　　贷：本期盈余	借：财政拨款预算收入 　　贷：财政拨款结转——本年收支结转

二、事业收入（事业预算收入）业务的平行记账

事业单位事业收入（事业预算收入）业务平行记账内容主要包括采用财政专户返还方式、采用预收款方式确认、采用应收款方式确认、其他提供专业及其辅助服务方式下确认、期末或年末结转等业务，取得应上缴或上缴财政专户款项、按合同进度或按规定计算标准计算收入时不需要平行记账。财务会计"事业收入"科目与预算会计的"事业预算收入"科目相对应。收入中涉及增值税业务处理参照应缴增值税业务核算。

（一）采用财政专户返还方式

1. 实际收到应收应上缴财政专户的事业收入时，按照实际收到或应收的金额：

财务会计	预算会计
借：银行存款/应收账款等 　　贷：应缴财政款	不需要处理

2. 向财政专户上缴款项时，按照实际上缴的金额：

财务会计	预算会计
借：应缴财政款 　　贷：银行存款等	不需要处理

3. 收到从财政专户返还的款项时，按照实际收到的返还金额：

财务会计	预算会计
借：银行存款等 　　贷：事业收入	借：资金结存——货币资金/零余额账户用款额度 　　贷：事业预算收入

（二）采用预收款方式

1. 实际收到款项时，按照实际收到的金额：

财务会计	预算会计
借：银行存款等 　　贷：预收账款	借：资金结存——货币资金 　　贷：事业预算收入

2. 按合同完成进度确认收入时，按照基于合同完成进度计算的金额：

财务会计	预算会计
借：预收账款 　　贷：事业收入	不需要处理

（三）采用应收款方式

1. 根据合同完成进度计算本期应收的款项时：

财务会计	预算会计
借：应收账款 　　贷：事业收入	不需要处理

2. 实际收到款项时：

财务会计	预算会计
借：银行存款等 　　贷：应收账款	借：资金结存——货币资金 　　贷：事业预算收入

（四）其他方式下，按照实际收到的金额

财务会计	预算会计
借：银行存款/库存现金等 　　贷：事业收入	借：资金结存——货币资金 　　贷：事业预算收入

（五）期末或年末结转

1. 专项资金收入：

财务会计	预算会计
借：事业收入 　　贷：本期盈余	借：事业预算收入 　　贷：非财政拨款结转——本年收支结转

2. 非专项资金收入：

财务会计	预算会计
借：事业收入 　　贷：本期盈余	借：事业预算收入 　　贷：其他结余

三、上级补助收入（上级补助预算收入）业务的平行记账

上级补助收入（上级补助预算收入）业务的平行记账内容包括事业单位日常核算以及期末或年末转账等业务。财务会计"上级补助收入"科目与预算会计的"上级补助预算收入"科目相对应。

（一）日常核算

1. 确认时，按照应收或实际收到的金额：

财务会计	预算会计
借：其他应收款/银行存款等 　　贷：上级补助收入	借：资金结存——货币资金 [按照实际收到的金额] 　　贷：上级补助预算收入

2. 收到应收的上级补助预算收入时，按照实际收到的金额：

财务会计	预算会计
借：银行存款等 　　贷：其他应收款	借：资金结存——货币资金 [按照实际收到的金额] 　　贷：上级补助预算收入

（二）期末或年末结转

1. 专项资金收入：

财务会计	预算会计
借：上级补助收入 　　贷：本期盈余	借：上级补助预算收入 　　贷：非财政拨款结转——本年收支结转

2. 非专项资金收入：

财务会计	预算会计
借：上级补助收入 　　贷：本期盈余	借：上级补助预算收入 　　贷：其他结余

四、附属单位上缴收入（附属单位上缴预算收入）业务的平行记账

附属单位上缴收入（附属单位上缴预算收入）业务的平行记账内容包括日常核算以及期末或年末结转等业务。财务会计"附属单位上缴收入"科目与预算会计的"附属单位上缴预算收入"科目相对应。

（一）日常核算

1. 确认时，按照应收或实际收到的金额：

财务会计	预算会计
借：其他应收款/银行存款等 　　贷：附属单位上缴收入	借：资金结存——货币资金［按照实际收到的金额］ 　　贷：附属单位上缴预算收入

2. 实际收到应收附属单位上缴收入款项时，按照实际收到的金额：

财务会计	预算会计
借：银行存款等 　　贷：其他应收款	借：资金结存——货币资金［按照实际收到的金额］ 　　贷：附属单位上缴预算收入

（二）期末或年末结转

1. 专项资金收入：

财务会计	预算会计
借：附属单位上缴收入 　　贷：本期盈余	借：附属单位上缴预算收入 　　贷：非财政拨款结转——本年收支结转

2. 非专项资金收入：

财务会计	预算会计
借：附属单位上缴收入 　　贷：本期盈余	借：附属单位上缴预算收入 　　贷：其他结余

五、经营收入（经营预算收入）业务的平行记账

经营收入（经营预算收入）业务的平行记账内容包括事业单位确认经营收入、收到应收的款项以及期末或年末结转等业务。财务会计"经营收入"科目与预算会计的"经营预算收入"科目相对应。

1. 确认经营收入时，按照确定的收入金额：

财务会计	预算会计
借：银行存款/应收账款/应收票据等 　　贷：经营收入	借：资金结存——货币资金［按实际收到的金额］ 　　贷：经营预算收入

2. 收到应收的款项时，按照实际收到的金额：

财务会计	预算会计
借：银行存款 　　贷：应收账款/应收票据等	借：资金结存——货币资金［按实际收到的金额］ 　　贷：经营预算收入

3. 期末或年末结转：

财务会计	预算会计
借：经营收入 　　贷：本期盈余	借：经营预算收入 　　贷：经营结余

六、非同级财政拨款收入（非同级财政拨款预算收入）业务的平行记账

非同级财政拨款收入（非同级财政拨款预算收入）业务的平行记账内容包括确认收入、收到应收款项以及期末或年末结转等业务。财务会计"非同级财政拨款收入"科目与预算会计的"非同级财政拨款预算收入"科目相对应。

1. 确认收入时，按照应收或实际收到的金额：

财务会计	预算会计
借：其他应收款/银行存款等 　贷：非同级财政拨款收入	借：资金结存——货币资金［按照实际收到的金额］ 　贷：非同级财政拨款预算收入

2. 收到应收的款项时，按照实际收到的金额：

财务会计	预算会计
借：银行存款等 　贷：其他应收款	借：资金结存——货币资金［按照实际收到的金额］ 　贷：非同级财政拨款预算收入

3. 期末或年末结转。
（1）专项资金收入：

财务会计	预算会计
借：非同级财政拨款收入 　贷：本期盈余	借：非同级财政拨款预算收入 　贷：非财政拨款结转——本年收支结转

（2）非专项资金收入：

财务会计	预算会计
借：非同级财政拨款收入 　贷：本期盈余	借：非同级财政拨款预算收入 　贷：其他结余

七、投资收益（投资预算收益）业务的平行记账

投资收益（投资预算收益）业务的平行记账的业务内容主要包括事业单位出售或到期收回短期债券本息、持有的短期投资以及分期付息、一次还本的长期债券投资收到利息或持有长期股权投资取得被投资单位分派的现金股利或利润、出售或转让以非货币性资产取得长期股权投资以及期末或年末结转等业务。计算应收利息、成本法下被投资单位宣告分派利润或股利、采用权益法核算的长期股权投资持有期间损益调整等业务不需要进行平行记账。财务会计"投资收益"科目与预算会计的"投资预算收益"科目对应。

1. 出售或到期收回短期债券本息时：

财务会计	预算会计
借：银行存款 　　投资收益［借差］ 　贷：短期投资［成本］ 　　　投资收益［贷差］	借：资金结存——货币资金［实际收到的款项］ 　　投资预算收益［借差］ 　贷：投资支出/其他结余［投资成本］ 　　　投资预算收益［贷差］

2. 持有的分期付息、一次还本的长期债券投资。
（1）确认应收未收利息时：

财务会计	预算会计
借：应收利息 　贷：投资收益	不需要处理

（2）实际收到利息时：

财务会计	预算会计
借：银行存款 　贷：应收利息	借：资金结存——货币资金 　贷：投资预算收益

3. 持有的一次还本付息的债券投资，计算确定的应收未收利息增加长期债券投资的账面余额时：

财务会计	预算会计
借：长期债券投资——应收利息 　　贷：投资收益	不需要处理

4. 出售长期债券投资或到期收回长期债券投资本息：

财务会计	预算会计
借：银行存款 　　投资收益［借差］ 　　贷：长期债券投资 　　　　应收利息 　　　　投资收益［贷差］	借：资金结存——货币资金［实际收到的款项］ 　　投资预算收益［借差］ 　　贷：投资支出/其他结余 　　　　投资预算收益［贷差］

5. 成本法下长期股权投资持有期间，被投资单位宣告分派利润或股利时。
（1）按照宣告分派的利润中属于单位应享有的份额：

财务会计	预算会计
借：应收股利 　　贷：投资收益	不需要处理

（2）取得分派的利润或股利时，按实际收到的金额：

财务会计	预算会计
借：银行存款 　　贷：应收股利	借：资金结存——货币资金 　　贷：投资预算收益

6. 采用权益法核算的长期股权投资持有期间。
（1）按照应享有或应分担的被投资单位实现的净损益的份额：

财务会计	预算会计
借：长期股权投资——损益调整 　　贷：投资收益［被投资单位实现净利润］ 借：投资收益［被投资单位发生净亏损］ 　　贷：长期股权投资——损益调整	不需要处理

（2）收到被投资单位发放的现金股利：

财务会计	预算会计
借：银行存款 　　贷：应收股利	借：资金结存——货币资金 　　贷：投资预算收益

（3）被投资单位发生净亏损，但以后年度又实现净利润的，按规定恢复确认投资收益：

财务会计	预算会计
借：长期股权投资——损益调整 　　贷：投资收益	不需要处理

7. 期末或年末结转。
（1）投资收益为贷方余额时：

财务会计	预算会计
借：投资收益 　　贷：本期盈余	借：投资预算收益 　　贷：其他结余

（2）投资收益为借方余额时：

财务会计	预算会计
借：本期盈余 　　贷：投资收益	借：其他结余 　　贷：投资预算收益

八、捐赠收入（其他预算收入）业务的平行记账

捐赠收入（其他预算收入）业务的平行记账包括单位接受其他单位或者个人捐赠取得的货币资金、存货以及期末/年末结转等业务。财务会计"捐赠收入"科目与预算会计的"其他预算收入——捐赠收入"科目相对应。

1. 接受捐赠的货币资金，按照实际收到的金额：

财务会计	预算会计
借：银行存款/库存现金 　　贷：捐赠收入	借：资金结存——货币资金 　　贷：其他预算收入——捐赠收入

2. 接受捐赠的存货：
（1）按照确定的成本：

财务会计	预算会计
借：库存商品 　　贷：银行存款等［相关税费支出］ 　　　　捐赠收入	借：其他支出［支付的相关税费］ 　　贷：资金结存——货币资金

（2）如果按照名义金额入账：

财务会计	预算会计
借：库存商品［名义金额］ 　　贷：捐赠收入 借：其他费用 　　贷：银行存款等［相关税费支出］	借：其他支出［支付的相关税费］ 　　贷：资金结存——货币资金

（3）期末或年末结转。
①专项资金：

财务会计	预算会计
借：捐赠收入 　　贷：本期盈余	借：其他预算收入——捐赠收入 　　贷：非财政拨款结转——本年收支结转

②非专项资金：

财务会计	预算会计
借：捐赠收入 　　贷：本期盈余	借：其他预算收入——捐赠收入 　　贷：其他结余

九、利息收入（其他预算收入）业务的平行记账

利息收入（其他预算收入）业务的平行记账内容包括单位确认银行存款利息收入以及期末或年末结转等业务。财务会计"利息收入"科目与预算会计的"其他预算收入——利息收入"科目相对应。

1. 确认银行存款利息收入，实际收到利息时，按照实际收到的金额：

财务会计	预算会计
借：银行存款 　　贷：利息收入	借：资金结存——货币资金 　　贷：其他预算收入——利息收入

2. 期末或年末结转：

财务会计	预算会计
借：利息收入 　　贷：本期盈余	借：其他预算收入——利息收入 　　贷：其他结余

十、租金收入（其他预算收入）业务的平行记账

租金收入（其他预算收入）业务的平行记账内容主要包括事业单位经批准利用国有资产出租以不同方式取得租金以及期末或年末结转等业务。具体分为预收租金方式、后付租金方式以及分期收取租金三种方式，其中预付租金以直线法分期确认租金、后付租金，确认租金时，不需要平行记账。财务会计"租金收入"科目与预算会计"其他预算收入——租金收入"科目相对应。

（一）预收租金方式

1. 收到预付的租金时，按照收到的金额：

财务会计	预算会计
借：银行存款等 　　贷：预收账款	借：资金结存——货币资金 　　贷：其他预算收入——租金收入

2. 按照直线法分期确认租金收入时：

财务会计	预算会计
借：预收账款 　　贷：租金收入	不需要处理

（二）后付租金方式

1. 确认租金收入时：

财务会计	预算会计
借：其他应收款 　　贷：租金收入	不需要处理

2. 收到租金时：

财务会计	预算会计
借：银行存款等 　　贷：其他应收款	借：资金结存——货币资金 　　贷：其他预算收入——租金收入

（三）分期收取租金方式，按期收取租金

财务会计	预算会计
借：银行存款等 　　贷：租金收入	借：资金结存——货币资金 　　贷：其他预算收入——租金收入

（四）期末或年末结转

财务会计	预算会计
借：租金收入 　　贷：本期盈余	借：其他预算收入——租金收入 　　贷：其他结余

十一、其他收入（其他预算收入）业务的平行记账

其他收入（其他预算收入）业务的平行记账的内容包括现金盘盈收入、无形资产处置（科技成果转化）收入、收回已核销的其他应收款、无法偿付的应付及预收款项、资产置换中的估价增值以及期末或年末结转等业务，其中无法查明原因的现金盘盈收入、无法偿付的应付及预收款项、资产置换中的估价

增值等业务不需要平行记账。财务会计"其他收入"科目与预算会计的"其他预算收入"科目对应。

1. 现金盘盈收入，属于无法查明原因的部分，经批准后：

财务会计	预算会计
借：等处理财产损溢 　　贷：其他收入	不需要处理

2. 科技成果转化收入，按规定留归本单位的：

财务会计	预算会计
借：银行存款等 　　贷：其他收入	借：资金结存——货币资金 　　贷：其他预算收入

3. 行政单位收回已核销的其他应收款，按照实际收回的金额：

财务会计	预算会计
借：银行存款等 　　贷：其他收入	借：资金结存——货币资金 　　贷：其他预算收入

4. 无法偿付的应收及预付款项：

财务会计	预算会计
借：应付账款/预收账款/其他应付款/长期应付款 　　贷：其他收入	不需要处理

5. 置换换出资产评估增值，按照换出资产评估价值高于账面价值的金额：

财务会计	预算会计
借：有关科目 　　贷：其他收入	不需要处理

6. 将归属于本单位的售房款纳入部门预算管理，实行专款专用：

收到售房款项（售房收入扣除按标准计提的住宅专项维修资金）时：

财务会计	预算会计
借：银行存款 　　贷：其他收入	借：资金结存——货币资金 　　贷：其他预算收入

7. 年末暂收的款项属于本年度预算资金，但因内部管理等原因难以确定预算收入类型及相关明细科目的，收到款项时：

财务会计	预算会计
借：银行存款 　　贷：其他应付款	借：资金结存 　　贷：其他预算收入——待处理收入

8. 暂收款项属于下一年度预算资金的，收到款项时：

财务会计	预算会计
借：银行存款 　　贷：其他应付款	不需要处理

待下一年初，应当按照上年暂收的款项金额：

财务会计	预算会计
借：其他应付款 　　贷：有关收入	借：资金结存 　　贷：其他预算收入

9. 其他情况，按照应收或实际收到的金额：

财务会计	预算会计
借：其他应收款/银行存款/库存现金等 　　贷：其他收入	借：资金结存——货币资金［按照实际收到的金额］ 　　贷：其他预算收入

10. 期末或年末结转。

（1）专项资金收入：

财务会计	预算会计
借：其他收入 　　贷：本期盈余	借：其他预算收入 　　贷：非财政拨款结转——本年收支结转

（2）非专项资金收入：

财务会计	预算会计
借：其他收入 　　贷：本期盈余	借：其他预算收入 　　贷：其他结余

（3）年末结转"其他预算收入——待处理收入"。

①年末结转时：

财务会计	预算会计
不需要处理	借：其他预算收入——待处理收入 　　贷：非财政拨款结转——待处理收入

②待下一年度预算收入类型及相关明细科目明确后：

财务会计	预算会计
不需要处理	借：非财政拨款结转——待处理收入 　　贷：非财政拨款结转/非财政拨款结余

第六节　费用（预算支出）业务的平行记账

根据平行记账的原理，费用（预算支出）凡涉及纳入部门预算管理的现金支出的业务，在进行财务会计核算的同时进行预算会计核算；不涉及纳入部门预算管理的费用（预算支出）业务，只需进行财务会计核算。

在费用（预算支出）业务平行记账中，可参照"费用类会计科目与预算会计相关科目对照表"（见表25-6）进行账务处理。

表25-6　　　　　　　　　　费用类会计科目与预算支出科目对照表

财务会计			预算会计			科目对应说明
科目编号	科目名称	适用范围	科目编号	科目名称	适用范围	
5001	业务活动费用		7101	行政支出	行政	
			7201	事业支出	事业	
5101	单位管理费用	事业	7201	事业支出	事业	
5201	经营费用	事业	7301	经营支出	事业	
5301	资产处置费用	事业	7901	其他支出	事业	处置资产过程中，发生相关费用时
5401	上缴上级费用		7401	上缴上级支出		
5501	对附属单位补助费用	事业	7501	对附属单位补助支出	事业	
5901	其他费用		7901	其他支出		

续表

财务会计			预算会计			科目对应说明
科目编号	科目名称	适用范围	科目编号	科目名称	适用范围	
5801	所得税费用	事业		非财政拨款结余——累计结余		预算会计科目不是支出类科目
2001/2501	短期借款/长期借款		7701	债务还本支出	事业	按照借款本金偿还各项短期或长期借款时,财务会计科目不是费用类科目
111/10501/1502	短期投资/长期股权投资/长期债券投资	事业	7601	投资支出	事业	以货币资金对外投资、出售对外转让或到期收回本年度以货币资金取得的对外投资时,财务会计科目不是费用类科目

一、业务活动费用(行政支出/事业支出)业务的平行记账

业务活动费用(行政支出/事业支出)业务的平行记账内容包括单位为开展业务活动支付职工薪酬、外部人员劳务费、购买资产或支付在建工程款等、预付款项、应负担的税金及附加、其他与业务活动相关的各项费用、购货退回等业务。计提薪酬及税金、领用库存物品、计提折旧(摊销)、从收入中按照比例计提专用基金业务不需要平行记账。财务会计"业务活动费用"科目与预算会计的"行政支出""事业支出"科目相对应。

1. 为履职或开展业务活动人员计提并支付职工薪酬。

(1)计提时,按照计算的金额:

财务会计	预算会计
借:业务活动费用 贷:应付职工薪酬	不需要处理

(2)实际支付职工薪酬并代扣个人所得税时:

财务会计	预算会计

借:应付职工薪酬
  贷:财政拨款收入/零余额账户用款额度/银行存款等
    其他应交税费——应交个人所得税
	借:行政支出/事业支出[按支付给个人部分]
	  贷:财政拨款预算收入/资金结存

(3)实际缴纳税款时:

财务会计	预算会计

借:其他应交税费——应交个人所得税
  贷:银行存款/零余额账户用款额度等
	借:行政支出/事业支出[按实际缴纳额]
	  贷:资金结存等

2. 为履职或开展业务活动发生的外部人员劳务费。

(1)计提时,按照计算的金额:

财务会计	预算会计
借:业务活动费用 贷:其他应付款	不需要处理

(2)实际支付并代扣个人所得税时:

财务会计	预算会计

借:其他应付款
  贷:财政拨款收入/零余额账户用款额度/银行存款等
    其他应交税费——应交个人所得税
	借:行政支出/事业支出[按照实际支付给个人部分]
	  贷:财政拨款预算收入/资金结存

（3）实际缴纳税款时：

财务会计	预算会计
借：其他应交税费——应交个人所得税 　　贷：银行存款/零余额账户用款额度等	借：行政支出/事业支出［按照实际缴纳额］ 　　贷：资金结存等

3. 为履职或开展业务活动发生的预付或暂付款项。

（1）预付款项。

①支付款项时，按照实际支付的金额：

财务会计	预算会计
借：预付账款 　　贷：财政拨款收入/零余额账户用款额度/银行存款等	借：行政支出/事业支出 　　贷：财政拨款预算收入/资金结存

②结算时，按照实际结算金额：

财务会计	预算会计
借：业务活动费用 　　贷：预付账款 　　　　财政拨款收入/零余额账户用款额度/银行存款等［补付金额］	借：行政支出/事业支出 　　贷：财政拨款预算收入/资金结存［补付金额］

（2）暂付款项。

①支付暂付款项时可先不做预算会计处理。

财务会计	预算会计
借：其他应收款 　　贷：银行存款等	不需要处理

②暂付款项结算时，按照确认结算或报销时的金额。

财务会计	预算会计
借：业务活动费用 　　贷：其他应收款	借：行政支出/事业支出 　　贷：资金结存等

4. 为履职或开展业务活动购买资产或支付在建工程款等业务时：

财务会计	预算会计
借：库存物品/固定资产/无形资产/在建工程等 　　贷：财政拨款收入/零余额账户用款额度/银行存款/应付账款等	借：行政支出/事业支出［按照实际支付价款］ 　　贷：财政拨款预算收入/资金结存

5. 为履职或开展业务活动领用库存物品时，按照领用库存物品成本：

财务会计	预算会计
借：业务活动费用 　　贷：库存物品等	不需要处理

6. 为履职或开展业务活动计提的固定资产、无形资产、公共基础设施、保障性住房折旧（摊销）时，按照计提的折旧、摊销额：

财务会计	预算会计
借：业务活动费用 　　贷：固定资产累计折旧/无形资产累计摊销/公共基础设施累计折旧（摊销）/保障性住房累计折旧	不需要处理

7. 为履职或开展业务活动发生应负担的税金及附加时：

（1）确认应负担的城市维护建设税、教育费附加、地方教育附加、车船税、房产税、城镇土地使用税等，按照计算确定应交纳的金额：

财务会计	预算会计
借：业务活动费用 　　贷：其他应交税费	不需要处理

（2）支付税金及附加时，按照实际支付的金额：

财务会计	预算会计
借：其他应交税费 　　贷：银行存款等	借：行政支出/事业支出 　　贷：资金结存等

8. 按规定使用售房款发放购房补贴的：

（1）计提购房补贴费用时：

财务会计	预算会计
借：业务活动费用 　　贷：应付职工薪酬	不需要处理

（2）发放购房补贴时：

财务会计	预算会计
借：应付职工薪酬的相关明细科目 　　贷：银行存款等	借：行政支出/事业支出等 　　贷：资金结存——货币资金

9. 为履职或开展业务活动发生的其他各项费用，按照费用确认金额或实际支付的金额：

财务会计	预算会计
借：业务活动费用 　　贷：财政拨款收入/零余额账户用款额度/银行存款/应付账款/其他应付款等	借：行政支出/事业支出［按照实际支付的金额］ 　　贷：资金结存/财政拨款补助收入

10. 计提按照规定从收入中提取专用基金并计入费用的，一般按照预算会计下基于预算收入计算提取的金额：专用基金。

财务会计	预算会计
借：业务活动费用 　　贷：专用基金	不需要处理

11. 当年发生购货退回的业务，对于已计入本年业务活动费用的，按照收回或应收的金额：

财务会计	预算会计
借：财政拨款收入/零余额账户用款额度/银行存款/应收账款等 　　贷：库存物品/业务活动费用	借：财政拨款预算收入/资金结存 　　贷：行政支出/事业支出

12. 期末/年末结转。

财务会计	预算会计
借：本期盈余 　　贷：业务活动费用	借：财政拨款结转——本年收支结转［财政拨款支出］ 　　　非财政拨款结转——本年收支结转［非同级财政专项资金支出］ 　　　其他结余［非同级财政、非专项资金支出］ 　　贷：行政支出/事业支出

二、单位管理费用（事业支出）业务的平行记账

单位管理费用（事业支出）业务的平行记账内容包括事业单位为开展管理活动支付职工薪酬、外部

人员劳务费、购买资产或支付在建工程款等、预付款项、应负担的税金及附加、其他各项与管理活动相关的费用、购货退回等业务。计提薪酬及税金、领用库存物品、计提折旧（摊销）不需要平行记账。财务会计"单位管理费用"科目与预算会计的"事业支出"科目相对应。

1. 单位管理活动人员职工薪酬。

（1）计提时，按照计算的金额：

财务会计	预算会计
借：单位管理费用 　　贷：应付职工薪酬	不需要处理

（2）实际支付给职工并代扣个人所得税时：

财务会计	预算会计
借：应付职工薪酬 　　贷：财政拨款收入/零余额账户用款额度/银行存款等 　　　　其他应交税费——应交个人所得税	借：事业支出［按照支付给个人部分］ 　　贷：财政拨款预算收入/资金结存

（3）实际缴纳税款时：

财务会计	预算会计
借：其他应交税费——应交个人所得税 　　贷：银行存款/零余额账户用款额度等	借：事业支出［按照实际缴纳额］ 　　贷：资金结存等

2. 为单位开展管理活动发生的外部人员劳务费。

（1）计提时，按照计算的金额：

财务会计	预算会计
借：单位管理费用 　　贷：其他应付款	不需要处理

（2）实际支付并代扣个人所得税时：

财务会计	预算会计
借：其他应付款 　　贷：财政拨款收入/零余额账户用款额度/银行存款等 　　　　其他应交税费——应交个人所得税	借：事业支出［按照实际支付给个人部分］ 　　贷：财政拨款预算收入/资金结存

（3）实际支付税款时：

财务会计	预算会计
借：其他应交税费——应交个人所得税 　　贷：银行存款/零余额账户用款额度等	借：事业支出［按照实际缴纳额］ 　　贷：资金结存等

3. 开展管理活动发生的预付或暂付款项。

（1）预付账款。

①支付款项时，按照实际支付的金额：

财务会计	预算会计
借：预付账款 　　贷：财政拨款收入/零余额账户用款额度/银行存款等	借：事业支出 　　贷：财政拨款预算收入/资金结存

②结算时，按照实际结算金额：

财务会计	预算会计
借：单位管理费用 　　贷：预付账款 　　　　财政拨款收入/零余额账户用款额度/银行存款［补付金额］	借：事业支出 　　贷：财政拨款预算收入/资金结存［补付金额］

（2）暂付款项。

①支付暂付款项时可不做预算会计处理：

财务会计	预算会计
借：其他应收款 　　贷：银行存款等	不需要处理

②暂付款项结算时，按照确认结算或报销时的金额：

财务会计	预算会计
借：单位管理费用 　　贷：其他应收款	借：事业支出 　　贷：资金结存等

4. 发生的其他与管理活动相关的各项费用时，按照费用确认金额或实际支付的金额：

财务会计	预算会计
借：单位管理费用 　　贷：财政拨款收入/零余额账户用款额度/银行存款/应付账款等	借：事业支出［按实际支付的金额］ 　　贷：财政拨款补助收入/资金结存

5. 为单位开展管理活动购买资产或支付在建工程款时，按照实际支付或应付的价款：

财务会计	预算会计
借：库存物品/固定资产/无形资产/在建工程等 　　贷：财政拨款收入/零余额账户用款额度/银行存款/应付账款等	借：事业支出［按照实际支付价款］ 　　贷：财政拨款预算收入/资金结存

6. 管理活动所用固定资产、无形资产计提的折旧、摊销，按照规定计提的折旧、摊销额：

财务会计	预算会计
借：单位管理费用 　　贷：固定资产累计折旧/无形资产累计摊销	不需要处理

7. 开展管理活动内部领用库存物品时，按照领用库存物品的成本：

财务会计	预算会计
借：单位管理费用 　　贷：库存物品	不需要处理

8. 开展管理活动发生应负担的税金及附加。

（1）确认应负担的城市维护建设税、教育费附加、地方教育附加、车船税、房产税、城镇土地使用税等，按照计算确定应交纳的金额：

财务会计	预算会计
借：单位管理费用 　　贷：其他应交税费	不需要处理

（2）实际缴纳时：

财务会计	预算会计
借：其他应交税费 　　贷：银行存款等	借：事业支出 　　贷：资金结存等

9. 按规定使用售房款发放购房补贴的：

（1）计提购房补贴费用时：

财务会计	预算会计
借：单位管理费用 　　贷：应付职工薪酬	不需要处理

(2) 发放购房补贴时：

财务会计	预算会计
借：应付职工薪酬的相关明细科目 　　贷：银行存款等	借：行政支出/事业支出等 　　贷：资金结存——货币资金

10. 当年发生的购货退回时，对于已计入本年业务活动费用的，按照收回或应收的金额：

财务会计	预算会计
借：财政拨款收入/零余额账户用款额度/银行存款/应收账款等 　　贷：库存物品/单位管理费用等	借：财政拨款预算收入/资金结存 　　贷：事业支出

11. 期末/年末结转。

财务会计	预算会计
借：本期盈余 　　贷：单位管理费用	借：财政拨款结转——本年收支结转［财政拨款支出］ 　　　非财政拨款结转——本年收支结转［非同级财政专项资金支出］ 　　　其他结余［非同级财政非专项支出］ 　　贷：事业支出

三、经营费用（经营支出）业务的平行记账

经营费用（经营支出）业务的平行记账内容包括单位为开展经营活动支付职工薪酬、购买资产或支付在建工程款等、预付款项、应负担的税金及附加、其他各项费用、购货退回等业务。计提薪酬及税金、领用库存物品、计提折旧（摊销）、从收入中按照比例计提专用基金业务不需要平行记账。财务会计"经营费用"科目与预算会计的"经营支出"科目相对应。

1. 为经营活动人员支付职工薪酬。
(1) 计提时，按照计算的金额：

财务会计	预算会计
借：经营费用 　　贷：应付职工薪酬	不需要处理

(2) 实际支付给职工时：

财务会计	预算会计
借：应付职工薪酬 　　贷：财政拨款收入/零余额账户用款额度/银行存款等 　　　其他应交税费——应交个人所得税	借：经营支出［按照支付给个人部分］ 　　贷：资金结存——货币资金

(3) 实际支付税款时：

财务会计	预算会计
借：其他应交税费——应交个人所得税 　　贷：银行存款等	借：经营支出［按照实际缴纳额］ 　　贷：资金结存——货币资金

2. 为单位开展经营活动购买资产或支付在建工程款时，按照实际支付或应付的金额：

财务会计	预算会计
借：库存物品/固定资产/无形资产/在建工程 　　贷：银行存款/应付账款等	借：经营支出［按照实际支付金额］ 　　贷：资金结存——货币资金

3. 开展经营活动内部领用或出售发出物品等，按照实际成本：

财务会计	预算会计
借：经营费用 　　贷：库存物品	不需要处理

4. 开展经营活动发生的预付款项。

（1）预付时，按照实际支付金额：

财务会计	预算会计
借：预付账款 　　贷：银行存款	借：经营支出 　　贷：资金结存——货币资金

（2）结算时，按照实际结算金额：

财务会计	预算会计
借：经营费用 　　贷：预付账款 　　　　银行存款[补付金额]	借：经营支出 　　贷：资金结存——货币资金[补付金额]

5. 开展经营活动发生的税金及附加。

（1）确认应负担的城市维护建设税、教育费附加、地方教育附加、车船税、房产税、城镇土地使用税等，按照计算确定应交纳的金额：

财务会计	预算会计
借：经营费用 　　贷：其他应交税费	不需要处理

（2）支付税金及附加时，按照实际缴纳金额：

财务会计	预算会计
借：其他应交税费 　　贷：银行存款等	借：经营支出 　　贷：资金结存——货币资金

6. 开展经营活动发生的其他各项费用时，按照费用确认金额或实际支付金额：

财务会计	预算会计
借：经营费用 　　贷：银行存款/应付账款等	借：经营支出[按照实际支付的金额] 　　贷：资金结存——货币资金

7. 经营活动用固定资产、无形资产计提的折旧、摊销，按照计提的折旧、摊销额：

财务会计	预算会计
借：经营费用 　　贷：固定资产累计折旧/无形资产累计摊销	不需要处理

8. 计提专用基金。按照规定从收入中提取专用基金并计入费用的，一般按照预算会计下基于预算收入计算提取的金额：专用基金。

财务会计	预算会计
借：经营费用 　　贷：专用基金	不需要处理

9. 当年发生的购货退回等，按照收回或应收的金额：

财务会计	预算会计
借：银行存款/应收账款等 　　贷：库存物品/经营费用等	借：资金结存——货币资金[按照实际收到的金额] 　　贷：经营支出

10. 期末或年末结转。

财务会计	预算会计
借：本期盈余 　　贷：经营费用	借：经营结余 　　贷：经营支出

四、资产处置费用业务的平行记账

资产处置费用业务的平行记账内容包括处置资产过程中仅发生相关费用的或发生的费用大于所取得收入的业务。转销被处置资产账面价值、处置资产过程中取得收入、现金短缺报经批准核销、资产盘亏等经批准处理的业务不需要平行记账。财务会计的"资产处置费用"科目与预算会计的"其他支出"科目相对应。

（一）不通过"待处理财产损溢"科目核算的资产处置

1. 转销被处置资产账面价值时：

财务会计	预算会计
借：资产处置费用 　　固定资产累计折旧/无形资产累计摊销/公共基础设施累计折旧（摊销）/保障性住房累计折旧 　贷：库存物品/固定资产/无形资产/公共基础设施/政府储备物资/文物文化资产/保障性住房/在建工程等［账面余额］/其他应收款［行政单位］	不需要处理

2. 处置资产过程中仅发生相关费用的，按照实际发生金额：

财务会计	预算会计
借：资产处置费用 　贷：银行存款/库存现金等	借：其他支出 　贷：资金结存

3. 处置资产过程中取得收入时：

财务会计	预算会计
借：库存现金/银行存款等［取得的价款］ 　贷：银行存款/库存现金等［支付的相关费用］ 　　　应缴财政款	不需要处理

（二）通过"待处理财产损溢"科目核算的资产处置

1. 账款核对中发现的现金短缺，无法查明原因的，报经批准金额核销时：

财务会计	预算会计
借：资产处置费用 　贷：待处理财产损溢	不需要处理

2. 盘亏或者毁损、报废的资产，报经批准处理时，按照处理资产价值：

财务会计	预算会计
借：资产处置费用 　贷：待处理财产损溢——待处理财产价值	不需要处理

3. 处理过程中所发生的费用大于所取得的收入的：

财务会计	预算会计
借：资产处置费用 　贷：待处理财产损溢——处理净收入	借：其他支出［净支出］ 　贷：资金结存

（三）期末/年末结转

财务会计	预算会计
借：本期盈余 　贷：资产处置费用	不需要处理

五、上缴上级费用（上缴上级支出）业务的平行记账

上缴上级费用（上缴上级支出）业务的平行记账内容包括单位按照财政部门和主管部门的规定上缴上级单位的各类费用的业务。财务会计"上缴上级费用"科目与预算会计的"上缴上级支出"科目相对应。

（一）按照实际上缴的金额或者按照规定计算出应当上缴的金额

财务会计	预算会计
借：上缴上级费用 　　贷：银行存款/其他应付款等	借：上缴上级支出［实际上缴的金额］ 　　贷：资金结存——货币资金

（二）实际上缴应缴的金额时

财务会计	预算会计
借：其他应付款 　　贷：银行存款等	不需要处理

（三）期末/年末结账

财务会计	预算会计
借：本期盈余 　　贷：上缴上级费用	借：其他结余 　　贷：上缴上级支出

六、对附属单位补助费用（对附属单位补助支出）业务的平行记账

对附属单位补助费用（对附属单位补助支出）业务的平行记账内容包括事业单位用财政拨款收入之外的收入对附属单位的补助费用业务。财务会计"对附属单位补助费用"科目与预算会计的"对附属单位补助支出"科目相对应。

（一）按照实际补助的金额或者按照规定计算出应当补助的金额

财务会计	预算会计
借：对附属单位补助费用 　　贷：银行存款/其他应付款等	借：对附属单位补助支出［实际补助的金额］ 　　贷：资金结存——货币资金

（二）实际支出应补助的金额时

财务会计	预算会计
借：其他应付款 　　贷：银行存款等	不需要处理

（三）期末/年末结转

财务会计	预算会计
借：本期盈余 　　贷：对附属单位补助费用	借：其他结余 　　贷：对附属单位补助支出

七、投资支出业务的平行记账

投资支出业务的平行记账内容包括以货币资金对外投资、出售对外转让或到期收回本年以货币资金

取得的对外投资等业务。预算会计"投资支出"科目与财务会计的资产类科目"短期投资""长期股权投资""长期债券投资"科目相对应。相关平行记账业务详见"短期投资""长期股权投资""长期债券投资"等科目核算。

八、所得税费用业务的平行记账

所得税费用业务的平行记账内容包括有企业所得税缴纳义务的事业单位实际缴纳所得税的业务。按照税法规定计算的应缴所得税不进行平行记账。财务会计"所得税费用"科目与预算会计的"非财政拨款结余——累计结余"科目相对应。

（一）发生企业所得税纳税义务时，按照税法规定计算应交税金数额

财务会计	预算会计
借：所得税费用 　　贷：其他应交税费——单位应交所得税	不需要处理

（二）实际缴纳时

财务会计	预算会计
借：其他应交税费——单位应交所得税 　　贷：银行存款	借：非财政拨款结余——累计结余 　　贷：资金结存——货币资金

（三）年末结账

财务会计	预算会计
借：本期盈余 　　贷：所得税费用	不需要处理

九、其他费用（其他支出）业务的平行记账

其他费用（其他支出）业务的平行记账内容包括支付利息费用、罚没支出、现金资产捐赠支出以及相关税费、运输费支付等业务。计提利息费用、计提和冲减坏账准备不进行平行记账。财务会计"其他费用"科目与预算会计的"其他支出"科目相对应。

（一）利息费用

1. 计算确定借款利息费用时：

财务会计	预算会计
借：其他费用/在建工程 　　贷：应付利息/长期借款——应计利息等	不需要处理

2. 实际支付利息费用时，按照实际支付的金额：

财务会计	预算会计
借：应付利息/长期借款——应计利息 　　贷：银行存款	借：其他支出 　　贷：资金结存——货币资金

（二）现金资产对外捐赠时，按照实际捐赠的金额

财务会计	预算会计
借：其他费用 　　贷：银行存款/货币资金	借：其他支出 　　贷：资金结存——货币资金

（三）坏账损失

1. 年末事业单位按照规定对收回后不需上缴财政的应收账款和其他应收款计提坏账准备时，按照计提金额：

财务会计	预算会计
借：其他费用 　　贷：坏账准备	不需要处理

2. 冲减多提的坏账准备时，按照计算的冲减金额：

财务会计	预算会计
借：坏账准备 　　贷：其他费用	不需要处理

（四）罚没支出时，按照实际缴纳或应当缴纳的金额

财务会计	预算会计
借：其他费用 　　贷：银行存款/库存现金/其他应付款	借：其他支出 　　贷：资金结存［按实际支出金额］

（五）年末暂付的款项属于本年度部门预算资金，但因尚未结算或报销而难以确定支出类型及相关明细科目的，在支付款项时：

财务会计	预算会计
借：其他应收款 　　贷：银行存款	借：其他支出——待处理支出 　　贷：资金结存——货币资金

（六）发生的其他相关税费、运输费等费用时，按照实际发生的金额

财务会计	预算会计
借：其他费用 　　贷：零余额账户用款额度/银行存款等	借：其他支出 　　贷：资金结存

（七）期末或年末结转

财务会计	预算会计
借：本期盈余 　　贷：其他费用	借：其他结余［非财政非项目资金支出］ 　　非财政拨款结转——本年收支结转［非财政专项资金支出］ 　　贷：其他支出

（八）年末结转"其他支出——待处理支出"

1. 年末结转时：

财务会计	预算会计
不需要处理	借：非财政拨款结转——待处理支出 　　贷：其他支出——待处理支出

2. 待下年度预算支出类型及相关明细科目明确后，

财务会计	预算会计
不需要处理 非财政拨款结转/非财政拨款结余	借：非财政拨款结转/非财政拨款结余 　　贷：非财政拨款结转——待处理支出

第七节　预算结余业务的平行记账

根据平行记账的原理，预算结余凡涉及纳入预算管理的现金收支的业务，在进行财务会计核算的同

时进行预算会计核算；不涉及纳入预算管理现金收支的预算结余业务，只需进行财务会计核算。

在预算结余业务平行记账中，可参照"预算结余类会计科目与财务会计相关科目对照表"（见表25-7）进行账务处理。

表25-7　　　　　　　　　　预算结余类会计科目与财务会计相关科目对照表

预算会计			财务会计			科目对应说明
科目编号	科目名称	适用范围	科目编号	科目名称	适用范围	
预算结余类						
8001	资金结存——货币资金		1001	库存现金		
			1002	银行存款		
			1012	其他货币资金		
	资金结存——零余额账户用款额度		1011	零余额账户用款额度		
	资金结存——财政应返还额度		1201	财政应返还额度		
8101	财政拨款结转		3001/3501	累计盈余/以前年度盈余调整		
8102	财政拨款结余					
8201	非财政拨款结转					
8202	非财政拨款结余					
8301	专用结余	事业	3101	专用基金	事业	
8401	其他结余		——			
8501	经营结余	事业	——			
8701	非财政拨款结余分配	事业	——			

一、资金结存业务的平行记账

资金结存业务的平行记账内容包括取得预算收入、发生预算支出、因购货退回等发生国库授权支付额度退回、按规定使用专用基金、缴纳企业所得税、年末确认未下达的财政用款额度及年末注销零余额账户用款额度，以及预算资金结转结余调整等业务。预算会计"资金结存"科目与财务会计的"库存现金""银行存款""其他货币资金""零余额账户用款额度"及"财政应返还额度"等科目相对应。

（一）取得预算收入

1. 财政授权支付方式下，按代理银行盖章的"授权支付到账通知书"金额：

财务会计	预算会计
借：零余额账户用款额度 　贷：财政拨款收入	借：资金结存——零余额账户用款额度 　贷：财政拨款预算收入

2. 国库集中支付以外的其他支付方式下，按实际收到的财政拨款金额：

财务会计	预算会计
借：银行存款 　贷：财政拨款收入/事业收入/经营收入等	借：资金结存——货币资金 　贷：财政拨款预算收入/事业预算收入/经营预算收入等

（二）从零余额账户提取现金

1. 经批准从零余额账户提取现金时，按提现金额：

财务会计	预算会计
借：库存现金 　贷：零余额账户用款额度	借：资金结存——货币资金 　贷：资金结存——零余额账户用款额度

2. 退回现金时，作相反分录：

财务会计	预算会计
借：零余额账户用款额度 　贷：库存现金	借：资金结存——零余额账户用款额度 　贷：资金结存——货币资金

(三) 发生预算支出

1. 财政授权支付方式下,根据实际支付的款项金额:

财务会计	预算会计
借:业务活动费用/单位管理费用/应付账款/库存物品/固定资产等 　　贷:零余额账户用款额度	借:行政支出/事业支出/经营支出等 　　贷:资金结存——零余额账户用款额度

2. 使用以前年度财政直接支付额度,根据实际支付的款项金额:

财务会计	预算会计
借:业务活动费用/单位管理费用/库存物品/固定资产等 　　贷:财政应返还额度	借:行政支出/事业支出/经营支出等 　　贷:资金结存——财政应返还额度

3. 国库集中支付以外的其他支付方式下,根据实际支付的款项金额:

财务会计	预算会计
借:业务活动费用/单位管理费用/库存物品/固定资产等 　　贷:银行存款/库存现金等	借:行政支出/事业支出/经营支出等 　　贷:资金结存——货币资金

(四) 按规定使用专用基金

1. 一般情况下(除购买固定资产或无形资产外),根据实际支付的金额:

财务会计	预算会计
借:专用基金 　　贷:银行存款等	借:专用结余(使用从非财政拨款结余或经营结余中计提的专用基金) 　　事业支出(使用从收入中计提并计入费用的专用基金) 　　贷:资金结存——货币资金

2. 使用专用基金购买固定资产或无形资产等。

(1) 购入时,根据实际支付的金额:

财务会计	预算会计
借:固定资产/无形资产等 　　贷:银行存款等	借:专用结余(使用从非财政拨款结余或经营结余中计提的专用基金) 　　事业支出(使用从收入中计提并计入费用的专用基金) 　　贷:资金结存——货币资金

(2) 同时,减少专用基金:

财务会计	预算会计
借:专用基金 　　贷:累计盈余	不需要处理

(五) 预算结转结余调整

1. 按照规定上缴财政拨款结转结余资金或注销财政拨款结转结余额度的,按照上缴金额或注销额度:

财务会计	预算会计
借:累计盈余 　　贷:财政应返还额度/零余额账户用款额度/银行存款	借:财政拨款结转——归集上缴/财政拨款结余——归集上缴 　　贷:资金结存——财政应返还额度/零余额账户用款额度/货币资金

2. 按照规定缴回非财政拨款结转资金的,按照实际缴回金额:

财务会计	预算会计
借:累计盈余 　　贷:银行存款	借:非财政拨款结转——缴回资金 　　贷:资金结存——货币资金

3. 收到调入的财政拨款结转资金的，按照实际收到金额：

财务会计	预算会计
借：财政应返还额度/零余额账户用款额度/银行存款 　　贷：累计盈余	借：资金结存——财政应返还额度/零余额账户用款额度/货币资金 　　贷：财政拨款结转——归集调入

（六）因购货退回、发生差错等退回国库款项

1. 属于本年度的，按收到金额：

财务会计	预算会计
借：财政拨款收入/零余额账户用款额度/银行存款 　　贷：业务活动费用/库存物品等	借：财政拨款预算收入/ 　　　资金结存——零余额账户用款额度/货币资金 　　贷：行政支出/事业支出

2. 属于以前年度的，按收到金额：

财务会计	预算会计
借：财政应返还额度/零余额账户用款额度/银行存款 　　贷：以前年度盈余调整	借：资金结存——财政应返还额度/零余额账户用款额度/货币资金 　　贷：财政拨款结转/财政拨款结余/非财政拨款结转/非财政拨款结余（年初余额调整）

（七）缴纳企业所得税

有企业所得税缴纳义务的事业单位按规定缴纳企业所得税的，在实际缴纳时，按实际缴纳金额：

财务会计	预算会计
借：其他应交税费——单位应交所得税 　　贷：银行存款等	借：非财政拨款结余——累计结余 　　贷：资金结存——货币资金

（八）年末确认未下达的财政用款额度

1. 财政直接支付方式下。

（1）年度终了，根据本年度财政直接支付预算指标数与当年财政直接支付实际支出数的差额，即未下达的用款额度：

财务会计	预算会计
借：财政应返还额度——财政直接支付 　　贷：财政拨款收入	借：资金结存——财政应返还额度（财政直接支付） 　　贷：财政拨款预算收入

（2）使用以前年度财政直接支付额度支出时，按实际支出金额：

财务会计	预算会计
借：业务活动费用/单位管理费用/库存物品等 　　贷：财政应返还额度——财政直接支付	借：行政支出/事业支出等 　　贷：资金结存——财政应返还额度（财政直接支付）

2. 财政授权支付方式下。

（1）年度终了，根据本年度财政授权支付预算指标数大于零余额账户用款额度下达数的，即未下达的用款额度：

财务会计	预算会计
借：财政应返还额度——财政授权支付 　　贷：财政拨款收入	借：资金结存——财政应返还额度（财政授权支付） 　　贷：财政拨款预算收入

（2）下年初，单位收到财政部门批复的上年末未下达零余额账户用款额度：

财务会计	预算会计
借：零余额账户用款额度 　　贷：财政应返还额度——财政授权支付	借：资金结存——零余额账户用款额度 　　贷：资金结存——财政应返还额度（财政授权支付）

（九）年末注销零余额账户用款额度

1. 年度终了，根据代理银行提供的对账单注销额度：

财务会计	预算会计
借：财政应返还额度——财政授权支付 　　贷：零余额账户用款额度	借：资金结存——财政应返还额度（财政授权支付） 　　贷：资金结存——零余额账户用款额度

2. 下年初，根据代理银行提供的额度恢复到账通知书：

财务会计	预算会计
借：零余额账户用款额度 　　贷：财政应返还额度——财政授权支付	借：资金结存——零余额账户用款额度 　　贷：资金结存——财政应返还额度（财政授权支付）

二、财政拨款结转业务的平行记账

财政拨款结转业务的平行记账内容包括因购货退回等调整事项、调入调出财政拨款结转资金、上缴财政拨款结转资金及注销财政拨款结转额度等业务。单位内部调剂结余资金及年末结转等业务，财务会计不需要进行平行记账。预算会计"财政拨款结转"科目与财务会计的"以前年度盈余调整""累计盈余"等科目相对应。

（一）因会计差错更正、购货退回等调整事项

1. 属于以前年度国库授权支付或货币资金支付的财政结转资金，按照收回金额，调整增加相关资产：

财务会计	预算会计
借：零余额账户用款额度/银行存款等 　　贷：以前年度盈余调整	借：资金结存——零余额账户用款额度/货币资金等 　　贷：财政拨款结转——年初余额调整

2. 因会计差错更正调整需要减少相关资产的，按照更正金额：

财务会计	预算会计
借：以前年度盈余调整 　　贷：零余额账户用款额度/银行存款等	借：财政拨款结转——年初余额调整 　　贷：资金结存——零余额账户用款额度/货币资金等

（二）从其他单位调入财政拨款结转资金

调入时，按照实际调增的额度数额或调入的资金数额：

财务会计	预算会计
借：财政应返还额度/零余额账户用款额度/银行存款等 　　贷：累计盈余	借：资金结存——财政应返还额度/零余额账户用款额度/货币资金 　　贷：财政拨款结转——归集调入

（三）向其他单位调出财政拨款结转资金

调出时，按照实际调减的额度数额或调出的资金数额：

财务会计	预算会计
借：累计盈余 　　贷：财政应返还额度/零余额账户用款额度/银行存款等	借：财政拨款结转——归集调入 　　贷：资金结存——财政应返还额度/零余额账户用款额度/货币资金

（四）按规定上缴财政拨款结转资金，或注销财政拨款结转额度

上缴或注销时，按照实际上缴资金数额或注销的资金额度：

财务会计	预算会计
借：累计盈余 　　贷：财政应返还额度/零余额账户用款额度/银行存款	借：财政拨款结转——归集上缴 　　贷：资金结存——财政应返还额度/零余额账户用款额度/货币资金

（五）单位内部调剂结余资金

经财政部门批准对财政拨款结余资金改变用途，调整用于其他未完成项目等，按照调整的金额：

财务会计	预算会计
不需要处理	借：财政拨款结余——单位内部调剂 　　贷：财政拨款结转——单位内部调剂

（六）年末结转账务处理

财政拨款结转的年末结转业务处理，包括明细科目内部结转、冲销以及转入财政拨款结余等，不需要进行平行记账。

三、财政拨款结余业务的平行记账

财政拨款结余业务的平行记账内容包括因购货退回等调整事项、上缴财政拨款结余资金及注销财政拨款结余额度等业务、单位内部调剂结余资金及年末结转等业务，财务会计不需要进行平行记账。预算会计"财政拨款结余"科目与财务会计的"以前年度盈余调整""累计盈余"等科目相对应。

（一）因会计差错更正、购货退回等调整事项

1. 属于以前年度国库授权支付或货币资金支付的财政结余资金，按照收回金额，调整增加相关资产：

财务会计	预算会计
借：零余额账户用款额度/银行存款等 　　贷：以前年度盈余调整	借：资金结存——零余额账户用款额度/货币资金等 　　贷：财政拨款结余——年初余额调整

2. 因会计差错更正调整需要减少相关资产的，按照更正金额：

财务会计	预算会计
借：以前年度盈余调整 　　贷：零余额账户用款额度/银行存款等	借：财政拨款结余——年初余额调整 　　贷：资金结存——零余额账户用款额度/货币资金等

（二）按规定上缴财政拨款结余资金，或注销财政拨款结余额度

上缴时，按照实际上缴资金数额或注销的资金额度：

财务会计	预算会计
借：累计盈余 　　贷：财政应返还额度/零余额账户用款额度/银行存款	借：财政拨款结余——归集上缴 　　贷：资金结存——财政应返还额度/零余额账户用款额度/货币资金

（三）单位内部调剂结余资金

经财政部门批准对财政拨款结余资金改变用途，调整用于其他未完成项目等，按照调整的金额：

财务会计	预算会计
不需要处理	借：财政拨款结余——单位内部调剂 　　贷：财政拨款结转——单位内部调剂

（四）年末结转账务处理

财政拨款结余的年末结转业务处理，包括明细科目内部结转、冲销，以及由财政拨款结转转入结余等，不需要进行平行记账。

四、非财政拨款结转业务的平行记账

非财政拨款结转业务的平行记账内容包括从科研项目预算收入中提取项目管理费或间接费、因购货退回等调整事项、上缴非财政拨款结转资金等业务，以及由非财政拨款结转资金转入结余资金及年末结转等业务，财务会计不需要进行平行记账。预算会计"非财政拨款结转"科目与财务会计的"以前年度

盈余调整""累计盈余"等科目相对应。

（一）按规定从科研项目预算收入中提取项目管理费或间接费

计提时，按提取金额：

财务会计	预算会计
借：单位管理费用 　贷：预提费用——项目间接费用或管理费	借：非财政拨款结转——项目间接费用或管理费 　贷：非财政拨款结余——项目间接费用或管理费

（二）因购货退回、会计差错更正等调整事项

1. 按照实际收到的金额或更正金额，增加相关资产：

财务会计	预算会计
借：银行存款等 　贷：以前年度盈余调整	借：资金结存——货币资金 　贷：非财政拨款结转——年初余额调整

2. 按照实际支付金额或更正金额，减少相关资产：

财务会计	预算会计
借：以前年度盈余调整 　贷：银行存款等	借：非财政拨款结转——年初余额调整 　贷：资金结存——货币资金

（三）按规定上缴非财政拨款结转资金

上缴时，按照实际上缴资金数额：

财务会计	预算会计
借：累计盈余 　贷：银行存款等	借：非财政拨款结转——缴回资金 　贷：资金结存——货币资金

（四）由非财政拨款结转资金转入结余资金

年末结转后，应当对非财政拨款专项结转资金各项目情况进行分析，留归本单位使用的非财政拨款专项（项目已完成）剩余资金，转入非财政拨款结余：

财务会计	预算会计
不需要处理	借：非财政拨款结转——累计结转 　贷：非财政拨款结余——结转转入

（五）年末结转账务处理

非财政拨款结转的年末结转业务处理，包括明细科目内部结转、冲销，以及由非财政拨款结转转入非财政拨款结余等，不需要进行平行记账。

五、非财政拨款结余业务的平行记账

非财政拨款结余业务的平行记账内容包括从科研项目预算收入中提取项目管理费或间接费、缴纳企业所得税、因购货退回等调整事项等业务。由非财政拨款结转资金转入结余资金及年末结转等业务，财务会计不需要进行平行记账。预算会计"非财政拨款结余"科目与财务会计的"以前年度盈余调整""累计盈余"等科目相对应。

（一）按规定从科研项目预算收入中提取项目管理费或间接费

计提时，按提取金额：

财务会计	预算会计
借：单位管理费用 　贷：预提费用——项目间接费用或管理费	借：非财政拨款结转——项目间接费用或管理费 　贷：非财政拨款结余——项目间接费用或管理费

（二）缴纳企业所得税

有企业所得税缴纳义务的事业单位按规定缴纳企业所得税的，在实际缴纳时，按实际缴纳金额：

财务会计	预算会计
借：其他应交税费——单位应交所得税 　　贷：银行存款等	借：非财政拨款结余——累计结余 　　贷：资金结存——货币资金

（三）因购货退回、会计差错更正等调整事项

1. 按照实际收到的金额或更正金额，增加相关资产：

财务会计	预算会计
借：银行存款等 　　贷：以前年度盈余调整	借：资金结存——货币资金 　　贷：非财政拨款结余——年初余额调整

2. 按照实际支付金额或更正金额，减少相关资产：

财务会计	预算会计
借：以前年度盈余调整 　　贷：银行存款等	借：非财政拨款结余——年初余额调整 　　贷：资金结存——货币资金

（四）由非财政拨款结转资金转入结余资金

年末结转后，应当对非财政拨款专项结转资金各项目情况进行分析，留归本单位使用的非财政拨款专项（项目已完成）剩余资金，转入非财政拨款结余：

财务会计	预算会计
不需要处理	借：非财政拨款结转——累计结转 　　贷：非财政拨款结余——结转转入

（五）年末结转账务处理

非财政拨款结余的年末结转业务处理，包括明细科目内部结转、冲销，以及由非财政拨款结转转入非财政拨款结余等，不需要进行平行记账处理。

六、专用结余业务的平行记账

专用基金业务的平行记账内容包括从本年度非财政拨款结余或经营结余中提取基金，以及使用专用基金等业务。按预算收入计提专用基金、收到货币资金设置专用基金，以及使用专用基金购买固定资产或无形资产时冲减专用基金等业务，预算会计不需要进行平行记账。预算会计"专用结余"科目与财务会计的"专用基金"科目相对应。

（一）计提专用基金

1. 按预算收入一定比例计提基金并计入费用。

计提时，按照事业预算收入的一定比例计算的提取金额（一般按照预算会计下预算收入计算提取金额，国家另有规定的，从其规定）：

财务会计	预算会计
借：业务活动费用等 　　贷：专用基金	不需要处理

2. 从本年度非财政拨款结余或经营结余中提取基金。

计提时，按照预算会计下计算的提取金额：

财务会计	预算会计
借：本年盈余分配 　　贷：专用基金	借：非财政拨款结余分配 　　贷：专用结余

3. 设置其他专用基金。

按照实际收到的基金金额：

财务会计	预算会计
借：银行存款等 贷：专用基金	不需要处理

（二）使用专用基金

1. 一般情况下（除购买固定资产或无形资产外），根据实际支付的金额：

财务会计	预算会计

借：专用基金
    贷：银行存款等
	借：专用结余（使用从非财政拨款结余或经营结余中计提的专用基金）
	    事业支出（使用从收入中计提并计入费用的专用基金）
	  贷：资金结存——货币资金

2. 使用专用基金购买固定资产或无形资产等。
（1）购入时，根据实际支付的金额：

财务会计	预算会计

借：固定资产/无形资产
    贷：银行存款等
	借：专用结余（使用从非财政拨款结余或经营结余中计提的专用基金）
	    事业支出（使用从收入中计提并计入费用的专用基金）
	  贷：资金结存——货币资金

（2）同时，减少专用基金：

财务会计	预算会计
借：专用基金 贷：累计盈余	不需要处理

七、经营结余、其他结余、非财政拨款结余分配等业务的平行记账

在预算会计中，"经营结余""其他结余"与"非财政拨款结余分配"等科目用于年末结账时汇总反映经营预算收支与各类非财政拨款预算收支情况，以及反映非财政拨款结余分配情况和结果，不涉及财务会计科目核算，因此不需要进行平行记账。

第二十六章 会计调整

会计调整，是指政府会计主体因按照国家法律、行政法规和政府会计准则制度的要求，或者在特定情况下对其原采用的会计政策、会计估计，以及发现的会计差错、发生的报告日后事项等所作的调整。会计调整内容包括会计政策变更、会计估计变更、会计差错更正和报告日后事项的会计处理规定。

政府会计主体应当根据政府会计准则制度的规定，结合自身实际情况，确定本政府会计主体具体的会计政策和会计估计，并履行本政府会计主体内部报批程序；法律、行政法规等规定应当报送有关方面批准或备案的，从其规定。

政府会计主体的会计政策和会计估计一经确定，不得随意变更。如需变更，应重新按照内部报批程序，并按政府会计准则的规定处理。

第一节 会计政策及其变更

一、会计政策概述

会计政策，是指政府会计主体在会计核算时所遵循的特定原则、基础以及所采用的具体会计处理方法。特定原则，是指政府会计主体按照政府会计准则制度所制定的、适用于本会计主体的会计原则。具体会计处理方法，是指政府会计主体从政府会计准则制度规定的诸多可选择的会计处理方法中所选择的、适用于本会计主体的会计处理方法，如长期股权投资的权益法和成本法等。

会计政策具有以下特点：

第一，会计政策的选择性。会计政策是在允许的特定原则、计量基础和会计处理方法中作出指定或具体选择。由于政府会计主体经济业务或事项的复杂性和多样化，某些经济业务或事项在符合特定原则和计量基础的要求下，可以有多种会计处理方法，即存在不止一种可供选择的会计政策。例如，确定发出存货的实际成本时可以在先进先出法、加权平均法或者个别计价法中进行选择。

第二，会计政策应当在政府会计准则制度规定的范围内选择。在我国，政府会计准则和政府会计制度属于行政法规，会计政策所包括的特定原则、计量基础和具体会计处理方法由政府会计准则或政府会计制度规定，具有一定的强制性。政府会计主体必须在法规所允许的范围内选择适合本政府会计主体实际情况的会计政策，即政府会计主体在发生某项经济业务或事项时，必须从允许的特定原则、计量基础和会计处理方法中选择出适合本政府会计主体特点的会计政策。

第三，会计政策的层次性。会计政策包括特定原则、计量基础和会计处理方法三个层次。例如，《政府会计准则第1号——存货》规定：以与该存货相关的服务潜力很可能实现或者经济利益很可能流入政府会计主体；该存货的成本或者价值能够可靠地计量，就是确认存货要遵循的特定原则；会计基础是为将会计原则体现在会计核算中而采用的计量基础，例如，《政府会计准则——基本准则》中涉及的资产的计量属性主要包括的历史成本、重置成本、现值、公允价值和名义金额就是计量基础；《政府会计准则第2号——投资》规定的"长期股权投资在持有期间，通常应当采用权益法进行核算。政府会计主体无权决定被投资单位的财务和经营政策或无权参与被投资单位的财务和经营政策决策的，应当采用成本法进行核算"，就是会计处理方法。特定原则、计量基础和会计处理方法三者是一个具有逻辑性的、密不可分的整体，通过这个整体，会计政策才能得以应用和落实。

政府会计主体一般应当披露的重要会计政策主要包括：

1. 发出存货成本的计量，是指政府会计主体确定发出存货成本所采用的会计处理。例如，政府会计主体发出存货成本的计量是采用先进先出法，还是采用其他计量方法。

2. 长期股权投资的后续计量，是指政府会计主体取得长期股权投资后的会计处理。例如，政府会计主体对被投资单位的长期股权投资是采用成本法，还是采用权益法核算。

3. 固定资产的初始计量，是指对取得的固定资产初始成本的计量。例如，政府会计主体取得的固定资产初始成本是以购买价款，还是以购买价款的现值为基础进行计量。

4. 无形资产的确认，是指对无形项目的支出是否确认为无形资产。例如，政府会计主体内部研究开发项目开发阶段的支出是确认为无形资产，还是在发生时计入当期盈余。

5. 资产置换的计量，是指资产置换事项中对换入资产成本的计量。例如，资产置换是以换出资产的公允价值作为确定换入资产成本的基础，还是以换出资产的评估价值作为确定换入资产成本的基础。

6. 收入的确认，是指收入确认所采用的会计原则。例如，政府会计确认收入时要同时满足以下条件：与收入相关的含有服务潜力或者经济利益的经济资源很可能流入政府会计主体；含有服务潜力或者经济利益的经济资源流入会导致政府会计主体资产增加或者负债减少。

7. 利息费用的处理，是指利息费用的会计处理方法，即是采用资本化，还是采用费用化。

8. 合并政策，是指编制合并财务报表所采用的原则。例如，合并范围的确定原则等。

9. 其他重要的会计政策。

二、会计政策变更

会计政策变更，是指政府会计主体对相同或者相似的经济业务或者事项由原来采用的会计政策改用另一会计政策的行为。为保证会计信息的可比性，使财务报表使用者在比较政府会计主体一个以上期间的财务报表时，能够正确判断政府会计主体的财务状况、运行情况（运行成本）和现金流量的趋势。一般情况下，政府会计主体应当对相同或者相似的经济业务或者事项采用相同的会计政策进行处理。但是，其他政府会计准则制度另有规定的除外。政府会计主体采用的会计政策，在每一会计期间和前后各期应当保持一致，不得随意变更。否则，势必削弱会计信息的可比性。政府会计主体采用的会计政策，在每一会计期间和前后各期应当保持一致。但是，满足下列条件之一的，可以变更会计政策：

第一，法律、行政法规或者政府会计准则制度等要求变更。这种情况是指，按照法律、行政法规以及政府会计制度的规定，要求政府会计主体采用新的会计政策，则政府会计主体应当按照法律、行政法规以及政府会计制度的规定改变原会计政策，按照新的会计政策执行。例如，《政府会计准则第3号——固定资产》对固定资产要实提折旧，这就要求执行政府会计准则体系的政府会计主体按照新规定，将原来不计成本费用的虚提折旧改为准则规定将实提折旧计入成本费用的方法。

第二，会计政策变更能够提供有关政府会计主体财务状况、运行情况等更可靠、更相关的会计信息。由于经济环境、客观情况的改变，使政府会计主体原先采用的会计政策所提供的会计信息，已不能恰当地反映政府会计主体的财务状况、运行情况等。在这种情况下，应改变原有会计政策，按变更后新的会计政策进行会计处理，以便对外提供更可靠、更相关的会计信息。例如，某事业单位根据以往经验按余额百分比法计提坏账准备，近期单位对应收账款进行了清理，发现多笔应收账款的账龄差别较大，风险程度也不同。如果再按余额百分比法计提坏账准备，可能不会反映单位应收账款及盈余的情况，则应将坏账准备的计提方法改为账龄分析法。

对会计政策变更的认定，直接影响会计处理方法的选择。因此，在会计实务中，政府会计主体应当正确认定属于会计政策变更的情形。下列两种情况不属于会计政策变更：

第一，本期发生的经济业务或者事项与以前相比具有本质差别而采用新的会计政策。这是因为，会计政策是针对特定类型的经济业务或者事项，如果发生的经济业务或者事项与其他经济业务或者事项有本质区别，那么，政府会计主体实际上是为新的经济业务或者事项选择适当的会计政策，并没有改变原有的会计政策。例如，将自用的办公楼改为出租，不属于会计政策变更，而是采用新的会计政策。

第二，对初次发生的或不重要的经济业务或者事项采用新的会计政策。对初次发生的某类经济业务或者事项采用适当的会计政策,并未改变原有的会计政策。例如,某事业单位原在生产经营过程中使用少量的低值易耗品,并且价值较低,故单位在领用低值易耗品时一次计入费用;该单位于近期投产新产品,所需低值易耗品比较多,且价值较大,单位对领用的低值易耗品处理方法改为五五摊销法。该单位低值易耗品在生产经营中所占的费用比例并不大,改变低值易耗品处理方法后,对盈余的影响也不大,属于不重要的事项,会计政策在这种情况下的改变不属于会计政策变更。

三、会计政策变更的会计处理

发生会计政策变更时,有两种会计处理方法,即追溯调整法和未来适用法,两种方法适用于不同的情形。

（一）追溯调整法

追溯调整法,是指对某项经济业务或事项变更会计政策时,视同该项经济业务或事项初次发生时即采用变更后的会计政策,并以此对财务报表相关项目进行调整的方法。

采用追溯调整法时,政府会计主体应当将会计政策变更的累积影响调整最早前期有关净资产项目的期初余额,其他相关项目的期初数也应一并调整。涉及收入、费用等项目的,应当将会计政策变更的影响调整受影响期间的各个相关项目。政府会计主体按规定编制比较财务报表的,对于比较财务报表可比期间的会计政策变更影响,应当调整各该期间的收入或费用以及其他相关项目,视同该政策在比较财务报表期间一直采用。对于比较财务报表可比期间以前的会计政策变更的累积影响数,政府会计主体应当调整比较财务报表最早期间所涉及的期初净资产各项目,财务报表其他相关项目的期初数也应一并调整。

会计政策变更累积影响,是指按照变更后的会计政策对以前各期追溯计算的最早前期各个受影响的净资产项目以及其他相关项目的期初应有金额与现有金额之间的差额；会计政策变更的影响,是指按照变更后的会计政策对以前各期追溯计算的各个受影响的项目变更后的金额与现有金额之间的差额。

追溯调整法通常由以下步骤构成:

第一步,计算会计政策变更的累积影响数；

第二步,编制相关项目的调整分录；

第三步,调整列报前期财务报表相关项目及其金额；

第四步,附注说明。

会计政策变更的累积影响数可以分解为以下两个金额之间的差额:

1. 在变更会计政策当期,按变更后的会计政策对以前各期追溯计算,所得到的列报前期最早净资产项目以及其他相关项目的期初金额。

2. 在变更会计政策当期,列报前期最早净资产项目以及其他相关项目的期初金额。

在财务报表只提供列报项目上一个可比会计期间比较数据的情况下,上述第2项,在变更会计政策当期,列报前期最早净资产项目以及其他相关项目的期初金额,即为上期资产负债表所反映的净资产项目以及其他相关项目的期初金额,可以从上年资产负债表项目中获得；需要计算确定的是第1项,即按变更后的会计政策对以前各期追溯计算,所得到的是列报前期最早净资产项目以及其他相关项目的期初金额。

累积影响数通常可以通过以下各步计算获得:

第一步,根据新的会计政策重新计算受影响的前期经济业务或事项；

第二步,计算两种会计政策下的差异；

第三步,计算会计政策变更的累积影响数。

【例26-1】甲事业单位经有关部门批准,用自行开发的专利技术,于2016年1月1日对A股份有限公司进行投资,其投资占A股份有限公司表决权资本的30%,并具有重大影响。该事业单位按照原会计制度规定,按成本法核算了该长期投资,初始投资成本200万元。从2019年1月1日起按照《政府会计准则第2号——投资》规定,政府会计主体有权决定被投资单位的财务和经营政策的,通常应采用权益法核算,并要求对这项会计政策变更按追溯调整法进行会计处理。假定A股份有限公司2016年、2017年、2018年实现净利润分别为200 000元、100 000元、150 000元。甲事业单位2017年、2018年分回现金股利分别为 20 000 元和 15 000 元。甲事业单位和 A 股份有限公司的所得税税率均为 25%。财务报表只提供列报项目上一个可比会计期间的比较数据。根据资料，甲事业单位的会计政策累计影响数如表 26-1 所示。

表 26-1　　　　　　　　　　　甲事业单位的会计政策累计影响数计算表　　　　　　　　　　单位：元

年度	权益法	成本法	税前差异	所得税影响	税后差异
2016	60 000	0	60 000	0	60 000
2017	30 000	20 000	10 000	0	10 000
2018	45 000	15 000	30 000	0	30 000
小计	135 000	35 000	100 000	0	100 000

甲事业单位 2019 年 12 月 31 日的比较财务报表列报前期最早期初为 2018 年 1 月 1 日。

甲事业单位 2017 年末按成本法和权益法核算 A 股份有限公司的投资收益及长期股权投资的账面税前差异为 70 000 元；由于甲事业单位与 A 股份有限公司的所得税率相同，甲事业单位从 A 股份有限公司分回的利润已在 A 股份有限公司交纳了所得税，故不需要再计算交纳所得税，按权益法与按成本法核算对所得税均无影响，因此，所得税影响为零，税后差异也为 70 000 元。即甲事业单位 2018 年初由成本法改为权益法的累积影响数为 70 000 元。

甲事业单位在 2016 年、2017 年、2018 年三年间按成本法和权益法核算 A 股份有限公司的投资收益及长期股权投资的账面税前差异为 100 000 元，其中，70 000 元是调整 2018 年 1 月 1 日累积影响数，30 000 元是调整 2018 年当期金额。

其会计处理如下：

（1）调整会计政策变更累积影响数

借：长期股权投资——A 股份有限公司　　　　　　　　　　　　　　　　　70 000
　　贷：累计盈余　　　　　　　　　　　　　　　　　　　　　　　　　　70 000

（2）2018 年有关事项的调整分录：

借：长期股权投资——A 股份有限公司　　　　　　　　　　　　　　　　　30 000
　　贷：累计盈余　　　　　　　　　　　　　　　　　　　　　　　　　　30 000

（3）报表调整

甲事业单位在编制 2019 年度的财务报表时，应调整资产负债表的年初数、收入费用表上年数；净资产变动表的上年数也应作相应调整。调整项目如下：

资产负债表年初数：调增"长期股权投资"项目 10 万元；调增"累计盈余"项目 10 万元。

收入费用表上年数："投资收益"项目增加 3 万元（4.5-1.5）。

净资产变动表：本年年初"累计盈余"项目增加 10 万元；上年年初"累计盈余"项目增加 7 万元。

（4）附注说明

甲事业单位按《政府会计准则第 2 号——投资》的规定，对 A 股份有限公司的投资原按成本法，从 2019 年 1 月 1 日起改按权益法核算，此项会计政策变更已采用追溯调整法，调整了列报前期最早净资产项目以及其他相关项目的期初金额；收入费用的上年数栏，已按调整数字填列；净资产变动表也已按调整数字填列。此项会计政策变更的累积影响数为 70 000 元；2018 年的本年盈余调增了 30 000 元；2018 年期初累计盈余调增了 70 000 元。

（二）未来适用法

会计政策变更累积影响数不能合理确定的，政府会计主体应当采用未来适用法对会计政策变更进行处理。

未来适用法，是指对某项经济业务或事项变更会计政策时，将变更后的会计政策应用于变更日及以后发生的经济业务或者事项的方法。

采用未来适用法时，政府会计主体不需要计算会计政策变更产生的累积影响数，也无需调整财务报表相关项目的期初数和比较财务报表相关项目。

【例26-2】乙事业单位开展非独立核算经营活动，原对发出存货采用加权平均法，由于采用新准则，按其规定，乙事业单位从2019年1月1日起改用先进先出法。2019年1月1日存货的价值为250 000元，单位当年购入存货的实际成本为1 800 000元，2019年12月31日按加权平均法计算确定的存货价值为450 000元，当年经营收入为2 500 000元，假设该年度其他费用为1 200 000元，所得税税率为25%。2019年12月31日按加权平均法计算的存货价值为220 000元。

乙事业单位由于市场环境变化而改变会计政策，假定对其采用未来适用法进行处理，即对存货采用先进先出法从2019年及以后才适用，不需要计算2019年1月1日以前按先进先出法计算存货应有的余额以及对净资产的影响金额。

计算确定会计政策变更对本期盈余的影响数如表26-2所示。

表26-2　　　　　　　　　　会计政策变更对本期盈余影响计算表　　　　　　　　　　单位：元

项目	先进先出法	加权平均法
一、本期收入		
经营收入	2 500 000	2 500 000
二、本期费用		
经营费用	1 600 000	1 830 000
其他费用	120 000	120 000
所得税费用	195 000	137 500
三、本期盈余	585 000	412 500
差额	172 500	

乙事业单位由于会计政策变更使本期盈余增加了172 500元。其中，采用先进先出法的销售成本为：期初存货+购入存货实际成本-期末存货=250 000+1 800 000-450 000=1 600 000（元）；采用加权平均法的销售成本为：期初存货+购入存货实际成本-期末存货=250 000+1 800 000-220 000=1 830 000（元）。

（三）会计政策变更会计处理方法的选择

对于会计政策变更，政府会计主体应当根据具体情况，分别采用不同的会计处理方法：

1. 政府会计主体根据法律、行政法规或者国家统一的会计制度等要求变更会计政策的，应当按照国家相关会计规定执行。

如按照新旧会计制度衔接办法的规定，从2019年1月1日起，政府会计主体应对下列新账的相关财务会计科目余额按照新制度规定的会计核算基础进行调整：

（1）计提坏账准备。新制度要求对事业单位收回后无需上缴财政的应收账款和其他应收款提取坏账准备。在新旧制度转换时，单位应当按照2018年12月31日无需上缴财政的应收账款和其他应收款的余额计算应计提的坏账准备金额，借记"累计盈余"科目，贷记"坏账准备"科目。

（2）按照权益法调整长期股权投资账面余额。对按照新制度规定应当采用权益法核算的长期股权投资，在新旧制度转换时，事业单位应当在"长期股权投资"科目下设置"新旧制度转换调整"明细科目，依据被投资单位2018年12月31日财务报表的所有者权益账面余额，以及单位持有被投资单位的股权比例，计算应享有或应分担的被投资单位所有者权益的份额，调整长期股权投资的账面余额，借记或贷记"长期股权投资——新旧制度转换调整"科目，贷记或借记"累计盈余"科目。

（3）确认长期债券投资期末应收利息。事业单位应当按照新制度规定于2019年1月1日补记长期债券投资应收利息，按照长期债券投资的应收利息金额，借记"长期债券投资"科目〔到期一次还本付息〕或"应收利息"科目〔分期付息、到期还本〕，贷记"累计盈余"科目。

（4）补提折旧。单位（行政和事业）在原账中尚未计提固定资产折旧的，应当全面核查截至2018年12月31日的固定资产的预计使用年限、已使用年限、尚可使用年限等，并于2019年1月1日对尚未计提折旧的固定资产补提折旧，按照应计提的折旧金额，借记"累计盈余"科目，贷记"固定资产累计折旧"科目。

单位在原账的"固定资产"科目中核算了按照新制度规定应当记入"公共基础设施""保障性住房"科目内容的，应当比照前款规定补提公共基础设施折旧（摊销）、保障性住房折旧，按照应计提的折旧（摊销）金额，借记"累计盈余"科目，贷记"公共基础设施累计折旧（摊销）""保障性住房累计折旧"

科目。

(5) 补提摊销。单位（行政和事业）在原账中尚未计提无形资产摊销的，应当全面核查截至 2018 年 12 月 31 日无形资产的预计使用年限、已使用年限、尚可使用年限等，并于 2019 年 1 月 1 日对前期尚未计提摊销的无形资产补提摊销，按照应计提的摊销金额，借记"累计盈余"科目，贷记"无形资产累计摊销"科目。

(6) 确认长期借款期末应付利息。事业单位应当按照新制度规定于 2019 年 1 月 1 日补记长期借款的应付利息金额，对其中资本化的部分，借记"在建工程"科目，对其中费用化的部分，借记"累计盈余"科目，按照全部长期借款应付利息金额，贷记"长期借款"科目［到期一次还本付息］或"应付利息"科目［分期付息、到期还本］。

单位对新账的财务会计科目期初余额进行调整时，应当编制记账凭证，并将调整事项的确认依据作为原始凭证。

2. 会计政策变更能够提供更可靠、更相关的会计信息的，政府会计主体应当采用追溯调整法进行处理。

3. 会计政策变更累积影响数不能合理确定的，政府会计主体应当采用未来适用法对会计政策变更进行处理。

(四) 会计政策变更的披露

政府会计主体应当在财务报表附注中披露会计政策变更的内容和理由。会计政策变更的内容和原因包括：对会计政策变更的简要阐述、变更的日期、变更前采用的会计政策和变更后所采用的新会计政策及会计政策变更的原因。例如：政府会计主体如果因账簿、凭证超过法定保存期限而销毁，或因不可抗力而毁损、遗失，如火灾、水灾等，或因人为因素，如盗窃、故意毁坏等，可能使会计政策变更的累积影响数无法计算。在这种情况下，会计政策的变更可以采用未来适用法进行处理。

第二节 会计估计及其变更

一、会计估计概述

会计估计，是指政府会计主体对其结果不确定的经济业务或事项以最近可利用的信息为基础所作的判断，如固定资产、无形资产的预计使用年限等。

会计估计具有如下特点：

第一，会计估计的存在是由于经济活动中内在的不确定性因素的影响。在会计核算中，政府会计主体总是力求保持会计核算的准确性，但有些经济业务或事项本身具有不确定性。例如，坏账、固定资产折旧年限、无形资产摊销年限等，因而需要根据经验作出估计。

第二，进行会计估计时，往往以最近可利用的信息或资料为基础。政府会计主体在会计核算中，由于经营活动中内在的不确定性，不得不经常进行估计。一些估计的主要目的是为了确定资产或负债的账面价值，例如，坏账准备、担保责任引起的负债；另一些估计的主要目的是确定将在某一期间记录的收益或费用的金额，例如，某一期间的折旧、摊销的金额。政府会计主体在进行会计估计时，通常应根据当时的情况和经验，以一定的信息或资料为基础进行。但是，随着时间的推移、环境的变化，进行会计估计的基础可能会发生变化，因此，进行会计估计所依据的信息或者资料不得不经常发生变化。由于最新的信息是最接近目标的信息，以其为基础所作的估计最接近实际，所以进行会计估计时，应以最近可利用的信息或资料为基础。

第三，进行会计估计并不会削弱会计确认和计量的可靠性。政府会计主体为了定期、及时地提供有用的会计信息，将延续不断的经济活动人为划分为一定的期间，并在权责发生制的基础上对政府会计主体的财务状况和经营成果进行定期确认和计量。例如，在会计分期的情况下，许多政府会计主体的经济业务或事项跨越若干会计年度，以至于需要在一定程度上作出决定：某一年度发生的开支，哪些可以合理地预期能够产生其他年度以收益形式表示的利益，从而全部或部分向后递延，哪些可以合理地预期在当期能够得到补偿，从而确认为费用。由于会计分期和货币计量的前提，在确认和计量过程中不得不对许多尚在延续中、其结果尚未确定的经济业务或事项予以估计入账。

政府会计主体常见的会计估计的类型包括：

1. 估计坏账。政府会计主体（事业单位）不需要上缴的应收账款和其他应收款的能否收回，取决于各种因素，如债务单位的财务状况、现金流量情况，债务单位的信用情况等。根据债务单位的实际情况预计不需要上缴的应收账款和其他应收款的可收回性是会计估计的一种。

2. 固定资产的预计使用寿命、固定资产的折旧方法。固定资产的预计使用寿命需要政府会计主体根据该项固定资产的性能、使用中的磨损程度、技术发展程度等因素，在《政府会计准则第3号——固定资产》应用指南规定的固定资产的预计使用寿命期间内确定。预计固定资产的预计使用寿命、固定资产的折旧方法也要运用会计估计。

3. 公共基础设施折旧（摊销）方法、折旧（摊销）年限。

4. 保障性住房的折旧方法、折旧年限。

5. 无形资产的受益期。每项无形资产都要确定其受益期（预计使用年限），在确定其受益年限时要运用会计估计。

6. 长期待摊费用的分摊期间。长期待摊费用各项目的摊销期限，通常应当在各个项目的受益期内摊销。在确定各项目的受益期时，需要运用会计估计。

7. 预计负债初始计量的最佳估计数的确定。

8. 其他重要的会计估计。

二、会计估计变更

会计估计变更，是指由于资产和负债的当前状况及预期经济利益和义务发生了变化，从而对资产或负债的账面价值或者资产的定期消耗金额进行调整。

由于政府会计主体经济业务或事项中内在的不确定因素，许多财务报表项目不能准确地计量，只能进行估计，估计过程涉及以最近可以得到的信息为基础所作的判断。但是，估计毕竟是就现有资料对未来所作的判断，随着时间的推移，如果政府会计主体据以进行估计的基础发生了变化，或者由于取得新信息、积累更多经验以及后来的发展变化，可能需要对会计估计进行修订。会计估计变更应当基于确凿的证据。

会计估计变更的情形包括：

第一，赖以进行估计的基础发生了变化。政府会计主体进行会计估计，总是依赖于一定的基础。如果其所依赖的基础发生了变化，则会计估计也应相应发生变化。例如，政府会计主体的某项无形资产摊销年限原定为10年，以后发生的情况表明，该资产的受益年限已不足10年，相应调减摊销年限。

第二，取得了新的信息、积累了更多的经验。政府会计主体进行会计估计是就现有资料对未来所作的判断，随着时间的推移，政府会计主体有可能取得新的信息、积累更多的经验，在这种情况下，政府会计主体可能不得不对会计估计进行修订，即发生会计估计变更。例如，政府会计主体原根据当时能够得到的信息，对收回后不需要上缴财政的应收账款每年按其余额的5%计提坏账准备。现在掌握了新的信息，判定不能收回的应收账款比例已达15%，政府会计主体改按15%的比例计提坏账准备。

会计估计变更，并不意味着以前期间会计估计是错误的，只是由于情况发生变化，或者掌握了新的信息，积累了更多的经验，使得变更会计估计能够更好地反映政府会计主体的财务状况和运行情况。如果以前期间的会计估计是错误的，则属于前期差错，按前期差错更正的会计处理办法进行处理。

三、会计估计变更的会计处理

（一）会计处理方法

会计估计变更时，政府会计主体不需要计算变更产生的累积影响数，但应当对变更当期和未来期间发生的经济业务或事项采用新的会计估计进行处理。

政府会计主体对会计估计变更应当采用未来适用法处理。即在会计估计变更当期及以后期间，采用新的会计估计，不改变以前期间的会计估计，也不调整以前期间的报告结果。

第一，会计估计变更仅影响变更当期的，其影响数应当在变更当期予以确认。例如，政府会计主体原按收回不需要上缴财政的应收账款余额的5%提取坏账准备，由于政府会计不能收回应收账款的比例已达10%，则政府会计主体改按应收账款余额的10%提取坏账准备。这类会计估计的变更，只影响变更当期。因此，应于变更当期确认。

第二，既影响变更当期又影响未来期间的，其影响数应当在变更当期和未来期间予以确认。例如，政府会计主体的某项可计提折旧的固定资产，其有效使用年限估计发生的变更，常常影响变更当期及资产以后使用年限内各个期间的折旧费用，这类会计估计的变更，应于变更当期及以后各期确认。

第三，政府会计主体难以对某项变更区分为会计政策变更或会计估计变更的，应当按照会计估计变更的处理方法进行处理。政府会计主体通过判断会计政策变更和会计估计变更划分基础仍然难以对某项变更进行区分的，应当将其作为会计估计变更处理。

【例26-3】某事业单位2×15年1月1日购入一台管理用设备，价值80 000元，估计使用年限8年，按直线法折旧。至2×19年初，由于新技术的发展等原因，需要对原估计的使用年限作出修正，修改后该设备的耐用年限为6年。

单位对上述估计变更的处理方式如下：

(1) 不调整以前各期折旧，也不计算累计影响数。

(2) 变更日以后发生的经济业务改按新估计计提折旧。

按原估计，每年折旧额为10 000元，已折旧4年，共计40 000元，固定资产净值40 000元，则第五年相关科目的期初余额如下：

固定资产	80 000
减：固定资产累计折旧	40 000
固定资产净值	40 000

改变估计使用年限后，2×19年起每年的折旧费用为20 000元 [40 000÷(6-4)]。2×19年不必对以前年度已提折旧进行调整，只需按重新预计的使用年限计算确定年折旧费用，编制分录如下：

借：单位管理费用	20 000	
贷：固定资产累计折旧		20 000

(3) 附注说明。

本单位一台管理用设备，原始价值80 000元，原估计使用年限8年，按直线法计提折旧。由于新技术的发展，该设备已不能按原估计使用年限计提折旧，本单位于2×19年初变更该设备的耐用年限为6年，以反映该设备的真实耐用年限。估计变更影响本年盈余减少数为20 000元。

(二) 会计估计的披露

政府会计主体应当在财务报表附注中披露与会计估计变更有关的下列信息：

1. 会计估计变更的内容和原因。包括变更的内容、变更日期以及为什么要对会计估计进行变更。

2. 会计估计变更的影响数。包括会计估计变更对当期和未来期间盈余的影响金额，以及对其他各项目的影响金额。

第三节 会计政策变更与会计估计变更的划分

政府会计主体应当在符合我国政府会计准则、制度和其他相关法律法规要求的前提下，以一贯性、适用性和成本效益原则为基础，正确选择和确定本单位采用的会计政策与会计估计，并正确划分会计政策变更与会计估计变更，按照不同的方法进行相关会计处理。

政府会计主体应当以变更事项的会计确认、计量基础和列报项目是否发生变更作为判断该变更是会计政策变更还是会计估计变更的划分基础。

第一，以会计确认是否发生变更作为判断基础。《政府会计准则——基本准则》规定了资产、负债、收入、费用等项会计要素的确认标准，是会计处理的首要环节。一般地，对会计确认的指定或选择是会计政策，其相应的变更是会计政策变更。会计确认的变更一般会引起列报项目的变更。例如，政府会计主体在前期将某项内部研究开发项目开发阶段的支出计入当期支出，而当期按照《政府会计准则第4号——无形资产》的规定，该项支出符合无形资产的确认条件，应当确认为无形资产。该事项的会计确认发生变更，即前期将研发费用确认为一项费用，而当期将其确认为一项资产。该事项中会计确认发生了变化，所以该变更是会计政策变更。

第二，以计量基础是否发生变更作为判断基础。《政府会计准则——基本准则》规定了历史成本、重置成本、现值、公允价值和名义金额5项会计计量属性，是会计处理的计量基础。一般地，对计量基础的指定或选择是会计政策，其相应的变更是会计政策变更。例如，政府会计主体在前期对购入的价款超过正常信用条件延期支付的固定资产初始计量采用历史成本，而当期按照规定，该类固定资产的初始成本应以购买价款的现值为基础确定。该事项的计量基础发生了变化，所以该变更是会计政策变更。

第三，以列报项目是否发生变更作为判断基础。《政府会计制度——行政事业单位会计科目和报表》规定了财务报表项目应采用的列报原则。一般地，对列报项目的指定或选择是会计政策，其相应的变更是会计政策变更。例如，《政府会计制度衔接办法》中规定，将原制度财务会计在列报净资产项目"事业基金、非流动资产基金、财政补助结转、财政补助结余、非财政补助结转、事业结余、经营结余、非财政补助结余分配"等改为"累计盈余"列报项目。因为列报项目发生了变化，所以该变更是会计政策变更。

第四，根据会计确认、计量基础和列报项目所选择的、为取得与资产负债表项目有关的金额或数值（如预计使用寿命等）所采用的处理方法，不是会计政策，而是会计估计，其相应的变更是会计估计变更。例如，政府会计主体需要对某项资产采用公允价值进行计量，而公允价值的确定需要根据市场情况选择不同的处理方法。相应地，当政府会计主体面对的市场情况发生变化时，其采用的确定公允价值的方法变更是会计估计变更，不是会计政策变更。

政府会计主体可以采用以下具体方法划分会计政策变更与会计估计变更：分析并判断该事项是否涉及会计确认、计量基础选择或列报项目的变更，当至少涉及上述一项划分基础变更时，该事项是会计政策变更；不涉及上述划分基础变更时，该事项可以判断为会计估计变更。例如，政府会计主体在前期将某项内部研究开发项目开发阶段的支出计入当期支出，而当期按照《政府会计准则第4号——无形资产》的规定，该项支出符合无形资产的确认条件，应当确认为无形资产。该事项的会计确认发生变更，即前期将研发费用确认为一项费用，而当期将其确认为一项资产。该事项会计确认的变更导致该事项在资产负债表和利润表相关项目的列报也发生变更。该事项涉及会计确认和列报的变更，所以属于会计政策变更。

关于预算会计调整。考虑到实务中预算会计涉及的会计政策变更和会计估计变更情形很少，即使存在，一般也是法定政策变更，国务院财政部门会在变更同时统一出台相关规定，因此会计调整准则关于会计政策变更、会计估计变更的会计处理原则仅适用政府财务会计。

第四节　会计差错及其更正

一、会计差错

会计差错，是指政府会计主体在会计核算时，在确认、计量、记录、报告等方面出现的错误。会计差错通常包括计算或记录错误、应用会计政策错误、疏忽或曲解事实产生的错误、财务舞弊产生的影响等。

会计差错的情形主要有：

（1）计算以及账户分类错误。例如，政府会计主体购入的五年期国债，意图长期持有，但在记账时记入了短期投资，导致账户分类上的错误，并导致在资产负债表上流动资产和非流动资产的分类也有误。

（2）采用法律、行政法规或者国家统一的会计制度等不允许的会计政策。例如，按照《政府会计制度——行政事业单位会计科目和报表》的规定，为建造固定资产、公共基础设施等应支付的专门借款利息：属于工程项目建设期间发生的利息，计入工程成本；属于工程项目完工交付使用后发生的利息，计入当期费用。如果政府会计主体将属于工程项目完工交付使用后发生的利息，也计入该项固定资产的价值，予以资本化，则属于采用法律或会计准则等行政法规、规章所不允许的会计政策。

（3）对事实的疏忽或曲解，以及舞弊。例如，政府会计主体对某项收回后不需要上缴财政的应收账款应按10%计提坏账准备，但该政府会计主体却按5%计提了坏账准备。

需要注意的是，就会计估计的性质来说，它是个近似值，随着更多信息的获得，估计可能需要进行修正，但是会计估计变更不属于前期差错更正。

二、会计差错更正的会计处理

（一）会计差错的会计处理原则

政府会计主体在报告期发现的会计差错，应当按照以下原则处理：

1. 本期发现的与本期相关的会计差错，应当调整本期相关报表（包括财务报表和预算会计报表，下同）相关项目。

2. 本期发现的与前期相关的重大会计差错，如影响收入、费用或预算收支的，应当将其对收入、费用或预算收支的影响数调整发现当期期初的相关净资产项目或者预算结转结余，并调整报表其他相关项目的期初数；如不影响收入、费用或预算收支，应当调整发现当期相关项目的期初数。经过上述调整后，视同该差错在差错发生的期间已经得到更正。

重大会计差错，是指政府会计主体发现的使当期编制的报表不再具有可靠性的会计差错。重大会计差错一般是指金额比较大或性质比较严重，通常某项经济业务或事项对报表的影响金额占该类经济业务或事项对报表影响金额的10%及以上，则认为金额比较大。

政府会计主体滥用会计政策、会计估计及其变更，应当作为重大会计差错予以更正。

3. 本期发现的与前期相关的非重大会计差错，如影响收入、费用或预算收支，应当直接计入本期收入、费用或预算收支，并调整其他相关项目的本期数；如不影响收入、费用或预算收支，应当调整相关项目的本期数。

（二）报告日至报告批准报出日之间发现的会计差错

报告日至报告批准报出日之间发现的报告期间的会计差错及以前期间的非重大会计差错，应当如同报告所属期间发生的事项一样进行会计处理。

报告日至报告批准报出日之间发现的以前期间的重大会计差错，如影响收入、费用或预算收支的，应当将其对收入、费用或预算收支的影响数调整发现当期的期初累计盈余或预算结转结余，并调整报表其他相关项目的期初数；如不影响收入、费用或预算收支，应当调整报表相关项目的期初数。

政府会计主体按规定编制比较财务报表的，对于比较财务报表期间的重大会计差错，应当调整各该期间的收入或费用以及其他相关项目；对于比较财务报表期间以前的重大会计差错，应当调整比较财务报表最早期间的期初累计盈余，财务报表其他相关项目的数字也应一并调整。

会计调整准则关于预算会计前期重大会计差错的处理未要求调整可比期间的预算结转结余，主要考虑决算报告经人大批准后不应再作调整。

（三）会计处理

政府会计主体发生差错更正等采用国库直接支付、授权支付款项，或者收回或支付货币资金核算的：

1. 属于本年度的：

财务会计：借或贷记"财政拨款收入""零余额账户用款额度""银行存款"等科目，贷或借记"业务活动费用""库存物品"等科目。

预算会计：借或贷记"财政拨款预算收入""资金结存——零余额账户用款额度、货币资金"等科目，贷或借记"行政支出""事业支出"等科目。

2. 属于以前年度的：

财务会计：借或贷记"财政应返还额度""零余额账户用款额度""银行存款"等科目，贷或借记

"以前年度盈余调整"科目。

预算会计：借或贷记"资金结存——财政应返还额度、零余额账户用款额度、货币资金"科目，贷或借记"财政拨款结转""财政拨款结余""非财政拨款结转""非财政拨款结余"等科目。

【例26-4】 某事业单位在2×19年5月发现，2×18年漏记一项经营用固定资产的折旧费用150 000元。假如该类经济业务或事项对报表的影响金额在10%及以上，所得税税率为25%。

1. 分析会计差错的影响数。

2×18年少计折旧费用150 000元；多计所得税费用37 500元（150 000×25%）；多计累计盈余112 500元；多计其他应交税费37 500元（150 000×25%）。

2. 编制有关项目的调整分录。

（1）补提折旧：

借：以前年度盈余调整——经营费用　　　　　　　　　　　　　　　　150 000
　　贷：固定资产累计折旧　　　　　　　　　　　　　　　　　　　　　　150 000

（2）调整应交所得税：

借：其他应交税费——单位应交所得税　　　　　　　　　　　　　　　　37 500
　　贷：以前年度盈余调整——所得税费用　　　　　　　　　　　　　　　37 500

（3）将"以前年度盈余调整"科目余额转入累计盈余：

借：累计盈余　　　　　　　　　　　　　　　　　　　　　　　　　　　112 500
　　贷：以前年度盈余调整　　　　　　　　　　　　　　　　　　　　　　112 500

3. 财务报表调整（财务报表略）。

单位在列报2×19年财务报表时，应调整2×19年资产负债表有关项目的年初余额，收入费用表有关项目及净资产变动表的上年金额也应进行调整。

（1）资产负债表项目的调整：

调增固定资产150 000元；调减其他应交税费37 500元；调减累计盈余112 500元。

（2）收入费用表项目的调整：

调增经营费用上年金额150 000元；调减所得税费用上年金额37 500元；调减本年盈余上年金额112 500元。

（3）净资产变动表项目的调整：调减以前年度盈余调整更正项目中累计盈余上年金额112 500元。

此例中未发生现金收支业务，不需要进行预算会计处理。

（四）会计差错更正的披露

政府会计主体应当在财务报表附注中披露重大会计差错的内容和重大会计差错的更正金额。

第五节　报告日后事项

政府决算报告是综合反映政府会计主体年度预算收支执行结果的文件。政府财务报告是反映政府会计主体某一特定日期的财务状况和某一会计期间的运行情况和现金流量等信息的文件。在实际工作中，某些经济业务或事项是在报告日后、报告批准报出日之前发生的，这些经济业务或事项可能会对政府会计主体的预算执行结果、财务状况、运行情况和现金流量产生重要影响，为使政府会计主体提供的会计信息更加准确、全面，便于报告使用者作出经济决策，需要对这些经济业务或事项进行认真分析，以确定是否需要调整报告期财务报表，或仅在附注中说明。

一、报告日后事项的定义

报告日后事项，是指自报告日（年度报告日通常为12月31日）至报告（包括财务报告和决算报告，下同）批准报出日之间发生的需要调整或说明的事项，包括调整事项和非调整事项两类。

理解这一定义，需要注意以下方面：

（一）报告日

报告日是指会计年度末和会计中期期末。中期是指短于一个完整的会计年度的报告期间，包括半年度、季度和月度。按照《会计法》规定，我国会计年度采用公历年度，即1月1日至12月31日。因此，年度报告日是指每年的12月31日，中期报告日是指各会计中期期末。例如，提供第一季度财务报告和预算报告时，报告日是该年度的3月31日；提供半年度财务报告和预算报告时，报告日是该年度的6月30日。

（二）报告批准报出日

报告批准报出日，通常是指对财务报告和预算报告的内容负有法律责任的单位或个人批准的财务报告和预算报告对外公布的日期。政府会计主体报表编制完毕后，须经单位负责人、财务负责人和报表编制人员审查、签字并盖章。单位公章应加盖单位行政公章，不得以财务专用章代替。

（三）有利事项和不利事项

报告日后事项包括有利事项和不利事项。"有利或不利事项"是指，报告日后对政府会计主体预算执行结果、财务状况、运行情况等具有一定影响（既包括有利影响也包括不利影响）的事项。如果某些事项的发生对政府会计主体并无任何影响，那么，这些事项既不是有利事项，也不是不利事项，也就不属于这里所说的报告日后事项。

二、报告日后事项的内容

报告日后事项包括报告日后调整事项（以下简称"调整事项"）和报告日后非调整事项（以下简称"非调整事项"）。

（一）调整事项

报告日后调整事项，是指对报告日已经存在的情况提供了新的或进一步证据的事项。报告日以后获得新的或进一步的证据，有助于对报告日存在状况的有关金额作出重新估计，应当作为调整事项，据此对报告日的报表进行调整。

如果报告日及所属会计期间已经存在某种情况，但当时并不知道其存在或者不能知道确切结果，报告日后发生的事项能够证实该情况的存在或者确切结果，则该事项属于报告日后事项中的调整事项。如果报告日后事项对报告日的情况提供了进一步的证据，证据表明的情况与原来的估计和判断不完全一致，则需要对原来的会计处理进行调整。

政府会计主体发生的调整事项，通常包括下列各项：（1）已证实资产发生了减损。报告日后取得确凿证据，表明某项资产在报告日发生了减损或者需要调整该项资产原先确认的减损金额。（2）已确定获得或支付的赔偿。报告日后诉讼案件结案，法院判决证实了政府会计主体在报告日已经存在现时义务，需要调整原先确认的与该诉讼案件相关的预计负债，或确认一项新负债。（3）报表舞弊或差错。报告日后发现了财务报表舞弊或差错。

【例26-5】甲事业单位因专利侵权被起诉。2×19年12月31日法院尚未判决，参考单位法律顾问对此案件诉讼结果可能性的评估和判断，甲事业单位确认了500万元的预计负债。2×20年2月20日，在单位2×19年度报告批准报出之前，法院作出判决，要求单位支付赔偿款700万元。

本例中，单位在2×19年12月31日结账时已经知道对方胜诉的可能性较大，但不能知道法院判决的确切结果，因此，确认了500万元的预计负债。2×20年2月20日法院判决结果为单位预计负债的存在提供了进一步的证据。此时，按照2×19年12月31日存在状况编制的财务报表和预算会计报表所提供的信息已不能真实反映单位的实际情况，应据此对财务报表和预算会计报表相关项目的数字进行调整。

（二）非调整事项

非调整事项，是指报告日以后才发生或存在的事项。非调整事项的发生不影响报告日政府会计主体的财务报表和预算报表数字，只说明报告日后发生了某些情况。报告日以后才发生或存在的事项，不影响报告日的存在状况，但如不加以说明，将会影响报告使用者作出正确估计和决策，这类事项应当作为非调整事项，在财务报表附注中予以披露，如自然灾害导致的资产损失、外汇汇率发生较大变动等。

（三）调整事项与非调整事项的区别

报告日后发生的某一事项究竟是调整事项还是非调整事项，取决于该事项表明的情况在报告日或报告日以前是否已经存在。若该情况在报告日或之前已经存在，则属于调整事项；反之，则属于非调整事项。这是因为，在会计期间假设下，调整事项虽然发生在报告日的下一会计期间，但其指向的情况在报告日已经存在，报告日后所获得的证据只为报告日已存在状况提供了进一步的证据，为便于真实、公允反映政府会计主体预算执行情况、财务状况和运营情况，需要对报告的财务报表和预算会计报表进行调整。

【例26-6】甲事业单位2×19年10月向乙公司出售一批科技含量较高的原材料，价款为2 000万元，根据销售合同，乙公司应在收到原材料后3个月内付款。至2×19年12月31日，乙公司尚未付款。假定甲事业单位在编制2×19度财务报告和预算报告时有两种情况：(1) 2×19年12月31日甲事业单位根据掌握的资料判断，乙公司有可能破产清算，估计该应收账款将有20%无法收回，故按20%的比例计提坏账准备；2×20年1月20日，甲事业单位收到通知，乙公司已被宣告破产清算，甲事业单位估计有70%的债权无法收回。(2) 2×19年12月31日乙公司的财务状况良好，甲事业单位预计应收账款可按时收回；2×20年1月20日，乙公司发生重大火灾，导致甲公司50%的应收账款无法收回。

2×20年3月15日，甲事业单位的财务报告和决算报告经批准对外公布。

本例中，(1) 导致甲事业单位应收账款无法收回的事实是乙公司财务状况恶化，该事实在报告日已经存在，乙公司被宣告破产只是证实了报告日乙公司财务状况恶化的情况。因此，乙公司破产导致甲事业单位应收款项无法收回的事项属于调整事项。(2) 导致甲事业单位应收账款损失的因素是火灾，火灾是不可预计的，应收账款发生损失这一事实在报告日以后才发生。因此，乙公司发生火灾导致甲事业单位应收款项发生坏账的事项属于非调整事项。

在理解报告日后事项的会计处理时，还需要明确以下两个问题：

第一，如何确定报告日后某一事项是调整事项还是非调整事项，是对报告日后事项进行会计处理的关键。调整和非调整事项是一个广泛的概念，就事项本身而言，可以有各种各样的性质，只要符合政府会计准则中对这两类事项的判断原则即可。另外，同一性质的事项可能是调整事项，也可能是非调整事项，这取决于该事项表明的情况是在报告日或报告日以前已经存在或发生，还是在报告日后才发生的。

第二，政府会计准则以列举的方式说明了报告日后事项中，哪些属于调整事项，哪些属于非调整事项，但并没有列举详尽。实务中，会计人员应按照报告日后事项的判断原则，确定报告日后发生的事项中哪些属于调整事项，哪些属于非调整事项。

三、调整事项的会计处理

（一）调整事项的处理原则

报告日以后发生的调整事项，应当如同报告所属期间发生的事项一样，作出相关会计处理，并对报告日已编制的报表作相应的调整。

对于年度财务报告和决算报告而言，由于报告日后事项发生在报告年度的次年，报告年度的有关账目已经结转，特别是收入、费用（支出）类科目在结账后已无余额。因此，年度报告日后发生的调整事项，应具体分别以下情况进行处理：

1. 涉及收入、费用（支出）的事项，财务会计通过"以前年度盈余调整"科目核算。调整增加以前年度收入时，按照调整增加的金额，借记相关科目，贷记"以前年度盈余调整"科目。调整减少的，作相反会计分录；调整增加以前年度费用时，按照调整增加的金额，借记"以前年度损益调整"科目，贷记相关科目，调整减少的，作相反会计分录。

涉及收入、费用的调整事项，如果发生在该政府会计主体报告日所属年度（即报告年度）所得税汇算清缴前的，应调整报告年度应纳税所得额、应纳所得税税额；发生在该政府会计主体报告年度所得税汇算清缴后的，应调整本年度（即报告年度的次年）应纳所得税税额。

由于以前年度盈余调整增加的所得税费用,记入"以前年度盈余调整"科目的借方,同时贷记"其他应交税费——单位应交所得税"等科目;由于以前年度盈余减少的所得税费用,记入"以前年度盈余调整"科目的贷方,同时借记"其他应交税费——单位应交所得税"等科目。

调整完成后,将"以前年度盈余调整"科目的贷方或借方余额,转入"累计盈余"科目。

涉及收入、费用(支出)的事项,预算会计通过"财政拨款结转""财政拨款结余""非财政拨款结转""非财政拨款结余"科目核算。调整增加以前年度收入时,按照调整增加的金额,借记"资金结存"科目,贷记"财政拨款结转(年初余额调整)""财政拨款结余(年初余额调整)""非财政拨款结转(年初余额调整)""非财政拨款结余(年初余额调整)"科目。调整减少的,做相反会计分录;调整增加以前年度支出时,按照调整增加的金额,借记"财政拨款结转(年初余额调整)""财政拨款结余(年初余额调整)""非财政拨款结转(年初余额调整)""非财政拨款结余(年初余额调整)"科目。贷记"资金结存"科目。调整减少的,作相反会计分录。

2. 涉及累计盈余调整的事项,直接在"累计盈余"科目核算。

3. 不涉及收入、费用"支出"及累计盈余的事项,调整相关科目。

通过上述账务处理后,还应同时调整财务报表和决算报表相关项目的数字,包括:(1)报告日编制的财务报表和决算报表相关项目的期末数或本年发生数;(2)当期编制的财务报表和预算报表相关项目的期初数或上年数;(3)经过上述调整后,如果涉及报表附注内容的,还应当作出相应调整。

(二)报告日后调整事项的具体会计处理方法

为简化处理,如无特殊说明,本节所有的例子均假定如下:财务报告批准报出日是次年4月30日,所得税税率为25%,不考虑报表附注中有关现金流量表项目的数字。

1. 报告日后诉讼案件结案,法院判决证实了政府会计主体在报告日已经存在现时义务,需要调整原先确认的与该诉讼案件相关的预计负债,或确认一项新负债。

这一事项是指导致诉讼的事项在报告日已经发生,但尚不具备确认负债的条件而未确认,报告日后至财务报告和预算报告批准报出日之间获得了新的或进一步的证据(法院判决结果),表明符合负债的确认条件。因此,应在财务报告中确认为一项新负债;或者在报告日虽已确认,但需要根据判决结果调整已确认负债的金额。

【例26-7】甲事业单位与乙公司签订一项销售合同,合同中订明甲事业单位应在2×19年8月销售给乙公司一批新材料。由于甲事业单位未能按照合同发货,致使乙公司发生重大经济损失。2×19年12月,乙公司将甲事业单位告上法庭,要求甲事业单位赔偿450万元。2×19年12月31日法院尚未判决,甲事业单位按负债准则对该诉讼事项确认预计负债300万元。2×20年2月10日,经法院判决甲事业单位应赔偿乙公司400万元,甲、乙双方均服从判决。判决当日,甲事业单位向乙公司支付赔偿款400万元。甲事业单位、乙公司2×19年所得税汇算清缴均在2×20年3月20日完成(假定该项预计负债产生的损失不允许在预计时税前抵扣,只有在损失实际发生时,才允许税前抵扣)。

本例中,2×19年2月10日的判决证实了甲事业单位、乙公司在报告日(即2×19年12月31日)分别存在现时赔偿义务和获赔权利。因此,甲事业单位和乙公司都应将"法院判决"这一事项作为调整事项进行处理。甲事业和乙公司2×19年所得税汇算清缴均在2×20年3月20日完成。因此,应根据法院判决结果调整报告年度应纳税所得额和应纳所得税税额。

财务会计处理:

(1)2×20年2月10日,调整已确认的预计负债金额,并调整所得税费用:

借:以前年度盈余调整——其他费用　　　　　　　　　　1 000 000
　　贷:其他应付款　　　　　　　　　　　　　　　　　　　　　　1 000 000
借:其他应交税费——单位应交所得税　　　　　　　　1 000 000
　　贷:以前年度盈余调整——所得税费用(4 000 000×25%)　　1 000 000
借:预计负债　　　　　　　　　　　　　　　　　　　　3 000 000
　　贷:其他应付款　　　　　　　　　　　　　　　　　　　　　　3 000 000
借:其他应付款　　　　　　　　　　　　　　　　　　　4 000 000

    贷：银行存款   4 000 000

（2）将"以前年度盈余调整"科目余额转入累计盈余：借贷相抵之后为零。

（3）调整报告年度财务报表：

①资产负债表项目的年末数调整：

调增其他应付款400万元，调减其他应交税费100万元，调减预计负债300万元。调减累计盈余为零。

②收入费用表项目的调整：

调增其他费用100万元，调减所得税费用100万元，调减本年盈余为零。

③净资产变动表项目的调整：调减累计盈余75万元。

预算会计处理：

按实际支付的赔偿金额

  借：非财政拨款结余——年初余额调整   4 000 000

    贷：资金结存——货币资金   4 000 000

2. 报告日后取得确凿证据，表明某项资产在报告日发生了减损需要调整该项资产原先确认的金额。

这一事项是指报告日根据当时的资料判断某项资产可能发生了减损，但没有最后确定是否会发生，因而按照当时的最佳估计金额反映在财务报表中。但在报告日至报告批准报出日之间，所取得的确凿证据能证明该事实成立，即某项资产已经发生了减损，则应对报告日所作的估计予以修正。

3. 报告日后进一步确定了报告日前购入资产的成本或售出资产的收入。

这类调整事项包括两方面的内容：（1）若报告日前购入的资产已经按暂估金额等入账，资产负债表日后获得证据，可以进一步确定该资产的成本，则应对已入账的资产成本和发生的预算支出进行调整。（2）单位在报告日已根据收入确认条件确认资产销售收入，但报告日后获得关于资产收入的进一步证据，如发生销售退回等，此时也应调整财务报表和决算报表相关项目的金额。需要说明的是，报告日后发生的销售退回，既包括报告年度或报告中期销售的商品在报告日后发生的销售退回，也包括以前期间销售的商品在报告日后发生的销售退回。

报告所属期间或以前期间所售商品在报告日后退回的，应作为报告日后调整事项处理。发生于报告日后至财务报告和决算报告批准报出日之间的销售退回事项，可能发生于该政府会计主体年度所得税汇算清缴之前，也可能发生于该政府会计主体年度所得税汇算清缴之后，其会计处理分别为：

1. 涉及报告年度所属期间的销售退回发生于该政府会计主体报告年度所得税汇算清缴之前的，应调整报告年度收入费用表的收入、费用等，并相应调整报告年度的应纳税所得额以及报告年度应缴的所得税等。

【例26-8】甲事业单位2×19年11月8日销售一批科技商品给乙公司，取得收入120万元（不含税，增值税税率16%）。甲事业单位发出商品后，按照正常情况已确认收入，并结转经营费用100万元。2×19年12月31日，该笔货款尚未收到，甲事业单位未对应收账款计提坏账准备。2×20年1月12日，由于产品质量问题，本批货物被退回。甲公司于2×20年2月28日完成2×19年所得税汇算清缴。

本例中，销售退回业务发生在报告日后事项涵盖期间内，属于报告日后调整事项。由于销售退回发生在甲事业单位报告年度所得税汇算清缴之前，因此，在所得税汇算清缴时，应扣除该部分销售退回所实现的纳税所得额。

甲事业单位的账务处理如下：

（1）2×20年1月12日，调整经营收入：

  借：以前年度盈余调整   1 200 000

    应交增值税——应交税金（销项税额）   192 000

    贷：应收账款   1 392 000

（2）调整经营费用：

  借：库存商品   1 000 000

    贷：以前年度盈余调整   1 000 000

（3）调整应缴纳的所得税：

  借：其他应交税费——单位应交所得税   50 000

　　　　贷：以前年度盈余调整　　　　　　　　　　　　　　　　　　　　　　50 000
　　（4）将"以前年度盈余调整"科目的余额转入累计盈余：
　　　　借：累计盈余　　　　　　　　　　　　　　　　　　　　　　　　　150 000
　　　　　贷：以前年度盈余调整　　　　　　　　　　　　　　　　　　　　　150 000
　　（5）调整相关财务报表（略）。
　　因为该项退货事项不涉及现金收支业务，不需要进行预算会计处理。
　　2. 报告日后事项中涉及报告年度所属期间的销售退回发生于该政府会计主体报告年度所得税汇算清缴之后，应调整报告年度会计报表的收入、费用等，但按照税法规定，在此期间的销售退回所涉及的应交所得税，应作为本年的纳税调整事项。

四、非调整事项的会计处理

（一）非调整事项的处理原则

报告日后发生的非调整事项，是表明报告日后发生的情况或事项，与报告日存在状况无关，不应当调整报告日的财务报表。但有的非调整事项对财务报告使用者具有重大影响，如不加以说明，将不利于财务报告使用者作出正确估计、决策或者监督管理。因此，应在附注中进行披露。

（二）非调整事项的具体会计处理办法

报告日后发生的非调整事项，应当在报表附注中披露。每项重要的报告日后非调整事项的性质、内容及其对财务状况和运行情况的影响无法作出估计的，应当说明原因。

报告日后非调整事项的主要例子有：

1. 报告日后发生重大诉讼、仲裁和承诺。

报告日后发生的重大诉讼等事项，对政府会计主体影响较大，为防止误导财务报告使用者，应当在报表附注中披露。

2. 报告日后资产价格、税收政策、外汇汇率发生重大变化。

报告日后发生的资产价格、税收政策和外汇汇率的重大变化，虽然不会影响报告日财务报表相关项目的数据，但对政府会计主体报告日后期间的财务状况和运行情况有重大影响，应当在报表附注中予以披露。

3. 报告日后因自然灾害导致资产发生重大损失。

4. 报告日后发行债券以及其他巨额举债。

发行债券以及向银行或非银行金融机构举借巨额债务都是比较重大的事项，虽然这一事项与政府会计主体报告日的存在状况无关，但这一事项的披露能使财务报告使用者了解与此有关的情况及可能带来的影响。因此，应当在报表附注中进行披露。

5. 报告日后发生巨额亏损。

政府会计主体报告日后发生巨额亏损将会对政府会计主体报告期以后的财务状况和运行情况产生重大影响，应当在报表附注中及时披露该事项，以便为财务报告使用者作出正确估计、决策或者监督管理提供信息。

（三）报告日后事项的披露

政府会计主体应当在财务报表附注中披露与报告日后事项有关的下列信息：

1. 财务报告的批准报出者和批准报出日。

2. 每项重要的报告日后非调整事项的性质、内容，及其对财务状况、运行情况的影响；无法作出估计的，应当说明其原因。

此外，鉴于财政总预算会计及部门决算工作的特殊要求，会计调整准则在附则部分规定，财政总预算会计中涉及的会计调整事项，按照《财政总预算会计制度》和财政部其他相关规定处理。行政事业单位预算会计涉及的会计调整事项，按照部门决算报告制度有关要求进行披露。

第二十七章 新旧会计制度衔接

第一节 新旧会计制度衔接概述

为了确保《政府会计制度——行政事业单位会计科目和报表》（以下简称"新制度"）与原行政单位与事业单位会计制度（以下简称"旧〔原〕制度"）顺利衔接与平稳过渡，财政部于2018年2月1日印发了《关于印发〈政府会计制度——行政事业单位会计科目和报表〉与〈行政单位会计制度〉〈事业单位会计制度〉有关衔接问题处理规定的通知》（财会〔2018〕3号），对行政事业单位执行新制度的有关衔接处理进行了详细规定。2018年7~8月，陆续发布了国有林场和苗圃、测绘、地质勘查、高等学校、中小学校、科学事业、医院、基层医疗卫生机构、彩票机构等九个行业事业单位执行《政府会计制度——行政事业单位会计科目和报表》的补充规定和衔接规定的通知（财会〔2018〕11/16/17/19/20/23/24/25/26号），分别对原行业事业单位会计制度在执行新制度后一些特有业务事项的处理和报表编报进行了补充说明和规范，并对原行业会计制度中特有科目衔接处理作出了规定，确保新制度有效贯彻实施。2018年12月6日，财政部发布了《关于进一步做好政府会计准则制度新旧衔接和加强行政事业单位资产核算的通知》（财会〔2018〕34号）（以下统称《衔接规定》），对新旧制度衔接中的疑难问题和未定事项进行了解释和补充说明。

本节介绍新旧会计制度衔接的总体要求和工作程序，为后续新旧会计制度衔接具体方法的讲解奠定了基础。

一、新旧会计制度衔接的总体要求

为了积极贯彻落实《国务院关于批转财政部权责发生制政府综合财务报告制度改革方案的通知》（国发〔2014〕63号）的要求，构建统一、科学、规范的政府会计核算标准体系，夯实政府财务报告的编制基础，2017年10月24日，财政部印发了《政府会计制度——行政事业单位会计科目和报表》（财会〔2017〕25号），自2019年1月1日起施行。

自2019年1月1日起，单位应当严格按照新制度的规定进行会计核算、编制财务报表和预算会计报表。单位应当做好新旧会计制度的衔接准备工作，及时升级更新会计信息系统，按照新会计制度设立2019年1月1日的新账，编制2019年1月1日期初资产负债表，开展日常会计核算工作。2019年度的财务报表与预算会计报表均应当按照新会计制度的要求编制。

根据《财政部关于进一步做好政府会计准则制度新旧衔接和加强行政事业单位资产核算的通知》（财会〔2018〕34号），关于政府会计准则的实施范围有如下规定：

1. 未纳入部门预决算管理范围的事业单位，可以不执行新制度中的预算会计内容，只执行财务会计内容。

2. 原参照执行《中小学校会计制度》《高等学校会计制度》《医院会计制度》《基层医疗卫生机构会计制度》等行业事业单位会计制度的非政府会计主体，可参照执行新制度。

3. 原执行《工会会计制度》的各级工会组织，暂不执行政府会计准则制度，继续执行《工会会计制度》。

4. 属于政府会计准则制度实施范围，但财政部未针对其原执行的会计制度专门制定新旧衔接规定的事业单位，应当参照《〈政府会计制度——行政事业单位会计科目和报表〉与〈事业单位会计制度〉有关衔接问题的处理规定》（财会〔2018〕3号）做好新旧衔接工作。

二、新旧会计制度衔接准备工作

单位会计人员应当认真学习政府会计准则及制度的内容，掌握政府会计制度下各会计事项的核算流程与方法。在此基础上，按照《衔接规定》的要求，做好新旧制度衔接的相关准备工作，主要内容与程序如下：

（一）开展财产清查工作

在2018年末财务决算前，单位应当对资产、负债进行全面清查、盘点、核实和分类，清理、分析预算收入、支出，为实施新旧制度转换做好准备工作。单位可以在2016年资产清查的基础上按照《财政部关于开展2016年全国行政事业单位国有资产清查工作的通知》（财资〔2016〕2号），对2016~2018年资产、负债情况进行全面核查、分析，及时、准确形成新旧制度衔接所需的各类基础数据。

1. 做好各项资产清查工作。

（1）货币资金的清查盘点。单位在年末决算时，认真完成现金、各种存款、零余额账户用款额度的核对，确保数据正确无误。按新制度规定，原账银行存款中的外埠存款、银行本票存款、银行汇票存款、信用卡存款等各种其他货币资金，应当在"其他货币资金"科目核算；如果有受托代理的现金、银行存款余额，应当在"受托代理资产"科目核算，均应分别列示。

（2）存货的清查盘点。单位存货清查盘点应当重点关注"货已入库、发票未到"和"发出未结算"的存货金额，确保做到账实相符。按新制度规定，区分在加工存货、非在加工存货，并按"存货用途或产权性质"区分为工程物资、政府储备物资、受托代理资产、其他存货分类，以及按"是否为购入"及"购入使用资金性质"分类统计，供结转新账使用。

（3）固定资产的清查盘点。单位应当根据新制度有关固定资产及其折旧核算要求，对本单位固定资产原价、已使用年限、尚可使用年限进行全面核查，并根据清理结果进行分类统计，为固定资产转入新账做好准备。按规定需要补提固定资产折旧的单位，还应计算补提折旧额。

按照新制度规定，应当将公共基础设施、政府储备物资、文物文化资产、保障性住房等从原账固定资产中予以区分并分别核算。如果"固定资产"中有符合"无形资产"定义的，即单位持有的没有实物形态的可辨认非货币性资产，包括专利权、商标权、著作权、土地使用权、非专利技术等，以及单位购入的不构成相关硬件不可缺少组成部分的应用软件，也应当区分出来作为"无形资产"核算。

（4）公共基础设施的清查盘点。单位应当按照《政府会计准则第5号——公共基础设施》的规定，做好公共基础设施的清查登记入账工作。对尚未入账的存量公共基础设施的，按规定程序和方法确认其记账主体、分级分类、初始成本、折旧（摊销）原则等信息，供结转新账使用。

单位对应由本单位作为公共基础设施的记账主体的，应当在对公共基础设施进行分级分类的基础上，按照合适的计量单元将存量公共基础设施进行分门别类清查并登记入账。国务院有关行业主管部门对公共基础设施已规定分级分类标准的，从其规定；尚无明确规定的，单位在公共基础设施首次入账时可按照现行管理实务进行分级分类，待统一分类规定出台后再行调整。

单位对公共基础设施至少应当按照市政基础设施、交通基础设施、水利基础设施和其他公共基础设施四个类别进行明细核算，其他明细核算应当遵循政府会计准则制度，并满足编制行政事业性国有资产报告的需要。

（5）文物文化资产的清查盘点。单位应当对原账"固定资产"科目中核算的符合新制度"文物文化资产"科目核算内容的"文物和陈列品"，以及符合新制度"文物文化资产"定义的未入账文物文化资产进行清查登记，供结转新账使用。其中，对于成本无法可靠取得的文物文化资产，单位应当设置备查簿进行登记，待成本能够可靠确定后按照规定及时入账。

（6）在建工程的清查盘点。单位应当逐项清查盘点在建工程，根据新制度要求与基建财务账总账、明细账，分别统计在建工程、工程物资、预付工程款、预付备料款等，供结转新账使用。

（7）无形资产的清查盘点。单位应当根据新制度有关无形资产及其摊销核算要求，对本单位无形资产原价、已使用年限、尚可使用年限进行核查，为确认无形资产及其补计摊销做好准备。单位应将无形资产核查结果汇总，编制无形资产清查明细表，作为按新制度追溯确认尚未入账的无形资产，以及计提无形资产摊销的凭据。

（8）对外投资的清查盘点。事业单位应当逐项清查盘点短期投资、长期投资等对外投资项目，并根据新制度要求，将"长期投资"科目中债券投资与股权投资予以分别统计，计算年末应计、应收债券利息，以及权益法下的股权投资应当归属本单位的权益金额、成本法下的应收未收现金股利；并按"长期股权投资取得方式"分类汇总，供结转新账使用。

单位在新旧制度转换时按照权益法调整长期股权投资账面余额的，如无法获取被投资单位2018年12月31日资产负债表中所有者权益账面余额，可以依据被投资单位2017年12月31日资产负债表中所有者权益账面余额，以及单位持有被投资单位的股权比例，计算应享有或应分担的被投资单位所有者权益的份额，据此调整新账中长期股权投资的账面余额。在以后各年度，单位均可依据被投资单位上年资产负债表中所有者权益的年末数计算调整长期股权投资的账面余额。

2. 做好债权债务的核实确认。

单位要做好债权债务的清查、核实、对账等工作，对核算不规范的要及时予以调整。

（1）应收票据的清查。事业单位应当逐项清查应收票据，补充完善票据登记信息，计算年末应计应收票面利息，按"发生时是否计入预算收入"分类统计，供结转新账使用。

（2）应收账款的清查。事业单位应当逐项清查应收账款，关注长期未核销应收款项及形成原因。根据新制度要求，应收账款要按"往来资金性质（财政补助资金、非财政补助资金）"予以分类；对非财政资金部分应收账款确定计提坏账准备政策，计算应补提坏账准备金额；同时，应当按"发生时是否计入预算收入"分类统计，供结转新账使用。

（3）预付账款的清查。单位应当逐项清查预付账款，关注长期未核销预付款项及形成原因。根据新制度要求，预付账款要按"往来资金性质（财政补助资金、非财政补助专项资金、非财政补助非专项资金）"予以分类统计，供结转新账使用。

（4）其他应收款的清查。单位应当逐项清查其他应收款，关注长期未核销其他应收款项及形成原因。根据新制度要求，其他应收款中如有"货款已付，尚未收货"情况的，应作为"在途物资"单独列示；并按"往来资金性质（财政补助资金、非财政补助专项资金、非财政补助非专项资金）"予以分类，对非财政资金部分应收款项确定计提坏账准备政策，计算应补提坏账准备金额，供结转新账使用。

（5）应付票据的清查。事业单位应当逐项清查应付票据，补充完善票据登记信息，计算年末应计应付票面利息；按"发生时是否计入预算支出"分类统计，供结转新账使用。

（6）应付账款的清查。单位应当逐项清查应付账款，关注长期未核销应付款项及形成原因。根据新制度要求，按"发生时是否计入预算支出"及"预算支出资金来源"分类统计，供结转新账使用。

（7）预收账款的清查。事业单位应当逐项清查预收账款，关注长期未核销预收款项及形成原因。根据新制度要求，按"预收款项资金性质（专项与非专项资金）"分类统计，供结转新账使用。

（8）其他应付款的清查。单位应当逐项清查其他应付款，关注长期未核销应付款项及形成原因。按新制度规定，在其他应付款中，如有因接受代管资金形成的应付款，应当单独列示，在新账的"受托代理负债"科目核算。

（9）借入款项的清查。事业单位应当逐项清查借入款项，按借款期限区分短期借款与长期借款；并按新制度要求，计算年末长期借款应付、未付利息，供结转新账使用。

上述资产清查、债权债务确认的明细表、汇总表格式各单位可根据实际设置，作为单位编制转账会计分录的原始凭证（转入新账户的对应原账户余额及分拆原账户余额的原始凭证）。

（二）调整会计信息系统

在实施新旧会计制度衔接转换前，各单位应当按照新制度要求建立并升级更新会计信息系统，主要包括以下几个方面的内容：

1. 原账数据备份。将旧制度下会计信息系统中2018年12月31日结账后的数据完整备份，按《会计档案管理办法》（财政部令第 79 号）和《企业会计信息化工作规范》（财会〔2013〕20 号）要求，做好会计电子档案的保管工作。

2. 更新系统。按新制度的规定和核算要求，更新会计信息系统中的财务会计和预算会计科目编码、科目名称及报表格式等基础工作。

3. 设置新账。按新制度规定设置 2019 年度新账账套。

4. 转换数据，衔接账套。将 2018 年 12 月 31 日以前，按照旧制度核算的各会计科目余额及新旧会计科目对应关系，进行衔接和对应，正确实现数据转换。

（三）基本建设账数据的并入

根据 2014 年会计制度改革要求，如果单位有按照《国有建设单位会计制度》单独核算的基本建设投资，应当定期将基本建设账数据并入单位"大账"。如果截至 2018 年 12 月 31 日尚未进行基建"并账"的单位，则应当首先参照《新旧行政单位会计制度有关衔接问题的处理规定》（财会〔2013〕219 号）、《新旧事业单位会计制度有关衔接问题的处理规定》（财会〔2013〕2 号），将基建账套相关数据并入 2018 年 12 月 31 日原账中的相关科目余额，再按照 2018 年新旧会计制度《衔接规定》将 2018 年 12 月 31 日原账相关会计科目余额转入新账相应科目。

基本建设账数据的并入方法，请参考"基本建设账数据的并账方法"一节中的内容。

三、新旧制度衔接转换的程序与方法

单位应当根据《衔接规定》，按照规定的程序和方法，完成新旧会计制度的衔接转换工作。

（一）编制原会计制度下的会计科目余额表

单位应当在完成新旧会计制度转换准备工作的基础上，按照原行政事业单位（含行业事业单位）会计制度的要求，编制 2018 年 12 月 31 日的会计科目余额表，有基建业务的单位应当编制基建并账后的会计科目余额表，并按照规定编制原账的部分科目余额明细表（"会计科目余额表"和原账的"部分科目余额明细表"参见行政单位、事业单位及行业事业单位新旧衔接部分的内容）。

（二）按新制度设置新账

单位应当按照《政府会计制度》的要求，根据各单位的具体情况设置总账会计科目及其明细会计科目。《政府会计制度》的会计科目表中有的，但本单位没有相关业务的总账科目，单位可以不设置；单位也可以根据会计核算的需要，自行增设会计制度规定以外的明细科目，合并或减少会计制度规定的明细科目。完成了会计科目设置工作后，应当按照政府会计制度的要求设立和配置 2019 年 1 月 1 日新账账套。

（三）登记新账及科目余额调整

按照《衔接规定》要求，对 2018 年 12 月 31 日会计科目余额表进行结转及调整，形成新制度下的会计科目余额表，包括财务会计科目余额和预算结余科目余额，即将原账科目余额转入新账财务会计科目、按照原账科目余额登记新账预算结余会计科目，将未入账事项登记新账科目，并对相关新账科目余额进行调整。

在具体科目衔接转换时，要区分以下四种情况分别结转：

1. 根据原账余额直接转入新账相应科目。

2. 根据原账有关科目余额分析转入新账相关科目。

3. 将原未入账事项登记新账财务会计科目。单位根据新制度规定如果存在未入账事项的，应当按照《衔接规定》补充登记新账的相应科目。

4. 按照新制度要求对新账有关科目余额进行调整。

（四）编制新账期初科目余额表和期初资产负债表

1. 编制新账科目余额表。按照登记及调整后新账的各会计科目余额，编制 2019 年 1 月 1 日的科目余额表，作为新账各会计科目的期初余额。

2. 编制 2019 年 1 月 1 日资产负债表。根据新账各会计科目期初余额，按照新制度编制 2019 年 1 月 1 日期初资产负债表。

经过上述步骤，完成新旧会计制度衔接转换工作。自2019年1月1日起，单位就应按照《政府会计制度》的规定进行会计核算、编报财务报表和预算会计报表。

第二节 行政单位新旧会计制度衔接

行政单位在新旧会计制度转换过程中，需要根据《行政单位新旧会计制度会计科目对照表》《行政单位原会计科目余额明细表一》和《行政单位原会计科目余额明细表二》，将原账会计科目余额直接或分析转入新账会计科目。新账的科目设有明细科目的，应将原账中对应科目的余额加以分析，分别转入新账中相应科目的相关明细科目。如存在其他《衔接规定》中未列举的原账科目余额的，应当比照《衔接规定》转入新账的相应科目；如存在2018年12月31日前未入账的其他事项的，应当按照《衔接规定》补充登记新账的相应科目。

一、财务会计科目的新旧衔接

行政单位在财务会计科目的新旧衔接过程中，根据2018年12月31日原账的科目余额表、总账及明细账，按照新制度财务会计核算规定，对涉及财务会计科目的核算内容进行详细分析和调整，编制原账的部分科目余额明细表（见表27-1、表27-2）。根据原账科目余额表和《行政单位原会计科目余额明细表一（财务会计）》，将原账科目余额过入新账期初余额。

在对新账的财务会计科目期初余额进行调整及补充登记时，应当编制记账凭证，并将调整及补充登记事项的确认依据作为原始凭证（包括相关财产清查表）。

表27-1　　　　　　　　　　　行政单位原会计科目余额明细表一（财务会计）

总账科目	明细分类	金额	备注
库存现金	库存现金		
	其中：受托代理现金		
银行存款	银行存款		
	其中：受托代理银行存款		
	其他货币资金		
其他应收款	在途物资		已经付款，尚未收到物资
	其他		
存货	在加工存货		
	非在加工存货		
	政府储备物资		
固定资产	固定资产		
	公共基础设施		
	政府储备物资		
	文物文化资产		
	保障性住房		
累计折旧	固定资产累计折旧		
	公共基础设施累计折旧		
	保障性住房累计折旧		
在建工程	在建工程		
	工程物资		
	预付工程款、预付备料款		
应缴税费	应交增值税		
	其他应交税费		
应付账款	应付质量保证金		购置固定资产、完成在建工程等扣留的质量保证金
	其他		

表27-2　　　　　　　　　　行政单位原会计科目余额明细表二（预算会计）

总账科目	明细分类	金额	备注
其他应收款	预付款项		如职工预借的差旅费等
	其中：财政拨款资金预付		
	非财政拨款专项资金预付		
	非财政拨款非专项资金预付		
	需要收回及其他		如支付的押金、应收为职工垫付的款项等

（一）资产类科目余额的调整

1. 资产类科目对照。

新制度扩大了资产的核算范畴，增加了保障性住房、文物文化资产等核算内容，调整了部分科目核算内容。新旧会计制度资产类科目对照如表27-3所示。

表27-3　　　　　　　　　　行政单位新旧会计科目对照表（资产类）

序号	新制度科目		原制度科目	
	编号	名称	编号	名称
1	1001	库存现金	1001	库存现金
2	1002	银行存款	1002	银行存款
3	1021	其他货币资金		
4	1011	零余额账户用款额度	1011	零余额账户用款额度
5	1201	财政应返还额度	1021	财政应返还额度
6	1212	应收账款	1212	应收账款
7	1214	预付账款	1213	预付账款
			1511	在建工程
8	1218	其他应收款	1215	其他应收款
9	1301	在途物品		
10	1302	库存物品	1301	存货
11	1303	加工物品		
12	1811	政府储备物资		
13	1601	固定资产	1501	固定资产
14	1801	公共基础设施		
15	1811	政府储备物资		
16	1821	文物文化资产		
17	1831	保障性住房		
18	1602	固定资产累计折旧	1502	累计折旧
19	1802	公共基础设施累计折旧（摊销）		
20	1832	保障性住房累计折旧		
21	1611	工程物资	1511	在建工程
22	1613	在建工程		
23	1701	无形资产	1601	无形资产
24	1702	无形资产累计摊销	1602	累计摊销
25	1801	公共基础设施	1802	公共基础设施
26	1811	政府储备物资	1801	政府储备物资
27	1891	受托代理资产	1901	受托代理资产
28	1902	待处理财产损溢	1701	待处理财产损溢

2. 原账会计科目余额转入新账。

根据《行政单位新旧会计科目对照表（资产类）》（见表27-3）、原账会计科目余额表及《行政单位原会计科目余额明细表一（财务会计）》（见表27-1），将原账会计科目余额直接或分析转入新账财务会计科目。

（1）"库存现金""零余额账户用款额度""财政应返还额度""应收账款""预付账款""无形资产""公共基础设施""政府储备物资""受托代理资产""待处理财产损溢"科目。新制度设置了"库存现金""零余额账户用款额度""财政应返还额度""应收账款""预付账款""无形资产""公共基础设施""政府储备物资""受托代理资产""待处理财产损溢"科目，其核算内容与原账的上述相应科目的核算内容基本相同。转账时，应将原账中上述科目的余额直接转入新账中相应科目。新账中相应设有明细科目的，应将原账中上述科目的余额加以分析，并分别转入新账中对应科目的相关明细科目中。原账的"库存现金"科目余额中属于新制度规定受托代理资产的金额，转入新账"库存现金"科目下的"受托代理资产"明细科目。

（2）"银行存款"科目。新制度设置了"银行存款"和"其他货币资金"科目，原制度设置了"银行存款"科目。转账时，单位应当将原账"银行存款"科目中核算的属于新制度规定的其他货币资金的金额，转入新账的"其他货币资金"科目；将原账"银行存款"科目余额减去其中属于其他货币资金金额后的差额，转入新账的"银行存款"科目。其中，还应当将原账"银行存款"科目余额中属于新制度规定受托代理资产的金额，转入新账"银行存款"科目下的"受托代理资产"明细科目。

（3）"其他应收款"科目。新制度设置了"其他应收款"科目，该科目的核算内容与原账"其他应收款"科目的核算内容基本相同。转账时，单位应当将原账的"其他应收款"科目余额转入新账的"其他应收款"科目。

新制度设置了"在途物品"科目，单位在原账的"其他应收款"科目中核算了已经付款、尚未收到物资的，应当将原账的"其他应收款"科目余额中已经付款、尚未收到物资的金额，转入新账的"在途物品"科目。

（4）"存货"科目。新制度设置了"库存物品"和"加工物品"科目，原制度设置了"存货"科目。转账时，单位应当将原账的"存货——委托加工存货成本"科目余额转入新账的"加工物品"科目；将原账的"存货"科目余额减去属于委托加工存货成本余额后的差额，转入新账的"库存物品"科目。

单位在原账的"存货"科目中核算了按照新制度规定的政府储备物资的，应当将原账的"存货"科目余额中属于政府储备物资的金额，转入新账的"政府储备物资"科目。

（5）"固定资产"科目。新制度设置了"固定资产""公共基础设施""政府储备物资""文物文化资产""保障性住房"科目。单位在原账"固定资产"科目中只核算了按照新制度规定的固定资产内容的，转账时，应当将原账的"固定资产"科目余额全部转入新账的"固定资产"科目。单位在原账的"固定资产"科目中核算了按照新制度规定应当记入"公共基础设施""政府储备物资""文物文化资产""保障性住房"科目内容的，转账时，应当将原账的"固定资产"科目余额中相应资产的账面余额，分别转入新账的"公共基础设施""政府储备物资""文物文化资产""保障性住房"科目，并将原账的"固定资产"科目余额减去上述金额后的差额，转入新账的"固定资产"科目。

（6）"累计折旧"科目。新制度设置了"固定资产累计折旧"科目，该科目的核算内容与原账"累计折旧——固定资产累计折旧"科目的核算内容基本相同。单位已经计提了固定资产折旧并记入"累计折旧——固定资产累计折旧"科目的，转账时，应当将原账的"累计折旧——固定资产累计折旧"科目余额，转入新账的"固定资产累计折旧"科目。

新制度设置了"公共基础设施累计折旧（摊销）"科目，该科目的核算内容与原账"累计折旧——公共基础设施累计折旧"科目的核算内容基本相同。单位已经计提公共基础设施折旧并记入"累计折旧——公共基础设施累计折旧"科目的，转账时，应当将原账的"累计折旧——公共基础设施累计折旧"科目余额，转入新账的"公共基础设施累计折旧（摊销）"科目。

单位在原账的"固定资产"科目中核算了按照新制度规定应当记入"公共基础设施""保障性住房"科目的内容，且已经计提了固定资产折旧并记入"累计折旧——固定资产累计折旧"科目的，转账时，应当将原账的"累计折旧——固定资产累计折旧"科目余额中属于公共基础设施累计折旧（摊销）、保障性住房累计折旧的金额，分别转入新账的"公共基础设施累计折旧（摊销）""保障性住房累计折旧"科目。

（7）"在建工程"科目。新制度设置了"在建工程""工程物资"和"预付账款——预付备料款、预付工程款"科目,原制度设置了"在建工程"科目。转账时,单位应当将原账的"在建工程"科目余额(基建"并账"后的金额,下同)中属于工程物资的金额,转入新账的"工程物资"科目;将原账"在建工程"科目余额中属于预付备料款、预付工程款的金额,转入新账"预付账款"相关明细科目;将原账的"在建工程"科目余额减去工程物资和预付备料款、预付工程款金额后的差额,转入新账的"在建工程"科目。

(8)"累计摊销"科目。新制度设置了"无形资产累计摊销"科目,该科目的核算内容与原账"累计摊销"科目的核算内容基本相同。单位已经计提了无形资产摊销的,转账时,应当将原账的"累计摊销"科目余额,转入新账的"无形资产累计摊销"科目。

3. 原未入账事项登记新账。

(1)在途物品、政府储备物资、公共基础设施、文物文化资产、保障性住房。单位在新旧制度转换时,应当将 2018 年 12 月 31 日前未入账的在途物品、政府储备物资、公共基础设施、文物文化资产、保障性住房按照新制度规定记入新账。登记新账时,按照确定的在途物品、政府储备物资、公共基础设施、文物文化资产、保障性住房初始入账成本,分别借记"在途物品""政府储备物资""公共基础设施""文物文化资产""保障性住房"科目,贷记"累计盈余"科目。

单位对于登记新账时首次确认的公共基础设施、保障性住房,应当于 2019 年 1 月 1 日以后,按照其在登记新账时确定的成本和尚可使用年限计提折旧(摊销)。

(2)受托代理资产。单位在新旧制度转换时,应当将 2018 年 12 月 31 日前未入账的受托代理物资按照新制度规定记入新账。登记新账时,按照确定的受托代理物资成本,借记"受托代理资产"科目,贷记"受托代理负债"科目。

(3)盘盈资产。单位在新旧制度转换时,应当将 2018 年 12 月 31 日前未入账的盘盈资产按照新制度规定记入新账。登记新账时,按照确定的盘盈资产及其成本,分别借记有关资产科目,按照盘盈资产成本的合计金额,贷记"累计盈余"科目。

4. 新账会计科目余额调整。

按照《衔接规定》,应当对新账的相关财务会计科目余额按照新制度规定的会计核算基础进行调整。在新旧制度转换时,根据资产清查和债权债务核实结果,补提折旧或摊销,编制记账凭证,并将调整及补充登记事项的确认依据作为原始凭证。

(1)补提折旧。单位在原账中尚未计提固定资产折旧、公共基础设施折旧(摊销)的,应当全面核查截至 2018 年 12 月 31 日固定资产、公共基础设施的预计使用年限、已使用年限、尚可使用年限等,并按照新制度规定于 2019 年 1 月 1 日对尚未计提折旧的固定资产、公共基础设施补提折旧,按照应计提的折旧金额,借记"累计盈余"科目,贷记"固定资产累计折旧""公共基础设施累计折旧(摊销)"等科目。

单位在原账的"固定资产"科目中核算了按照新制度规定应当记入"公共基础设施""保障性住房"科目内容的,应当比照前款规定补提公共基础设施折旧(摊销)、保障性住房折旧,按照应计提的折旧(摊销)金额,借记"累计盈余"科目,贷记"公共基础设施累计折旧(摊销)""保障性住房累计折旧"等科目。

(2)补提摊销。单位在原账中尚未计提无形资产摊销的,应当全面核查截至 2018 年 12 月 31 日无形资产的预计使用年限、已使用年限、尚可使用年限等,并按照新制度规定于 2019 年 1 月 1 日对尚未摊销的无形资产补提摊销,按照应计提的摊销金额,借记"累计盈余"科目,贷记"无形资产累计摊销"科目。

(二)负债类会计科目余额的调整

1. 负债类会计科目对照。

新会计制度负债类会计科目同原会计制度会计科目相比,拆分了原制度"应缴税费"科目,合并或调整了部分科目核算内容,增加了"预计负债"科目等。新旧会计制度负债类科目对照如表 27-4 所示。

表 27-4　　　　　　　　　　　行政单位新旧会计科目对照表（负债类）

序号	新制度科目		原制度科目	
	编号	名称	编号	名称
1	2103	应缴财政款	2001	应缴财政款
2	2101	应交增值税	2101	应缴税费
3	2102	其他应交税费		
4	2201	应付职工薪酬	2201	应付职工薪酬
5	2302	应付账款	2301	应付账款
6	2307	其他应付款		
7	2303	应付政府补贴款	2302	应付政府补贴款
8	2307	其他应付款	2305	其他应付款
9	2502	长期应付款	2401	长期应付款
10	2901	受托代理负债	2901	受托代理负债
11	2601	预计负债		

2. 原账会计科目余额转入新账。

根据《行政单位新旧会计科目对照表（负债类）》（见表27-4）、原账会计科目余额表及《行政单位原会计科目余额明细表一（财务会计）》（见表27-1），将原账会计科目余额直接或分析转入新账财务会计科目。

（1）"应缴财政款""应付职工薪酬""应付政府补贴款""其他应付款""长期应付款""受托代理负债"科目。新制度设置了"应缴财政款""应付职工薪酬""应付政府补贴款""其他应付款""长期应付款""受托代理负债"科目，其核算内容与原账的上述相应科目的核算内容基本相同。转账时，单位应当将原账的上述科目余额直接转入新账的相应科目。

（2）"应缴税费"科目。新制度设置了"应交增值税""其他应交税费"科目，原制度设置了"应缴税费"科目。转账时，单位应当将原账的"应缴税费——应缴增值税"科目余额转入新账"应交增值税"科目中的相关明细科目；将原账的"应缴税费"科目余额减去属于应交增值税余额后的差额，转入新账的"其他应交税费"科目。

（3）"应付账款"科目。新制度设置了"应付账款"科目，该科目的核算内容与原账"应付账款"科目的核算内容基本相同，但是不再核算应付质量保证金，应付质量保证金改在新账的"其他应付款"科目核算。转账时，单位应当将原账的"应付账款"科目余额中属于尚未支付质量保证金的余额，转入新账的"其他应付款"科目；将原账的"应付账款"科目余额减去其中属于尚未支付质量保证金的余额后的差额，转入新账的"应付账款"科目。

3. 原未入账事项登记新账。

单位在新旧制度转换时，应当将2018年12月31日按照新制度规定确认的预计负债记入新账。登记新账时，按照确定的预计负债金额，借记"累计盈余"科目，贷记"预计负债"科目。

（三）净资产类会计科目余额的调整

1. 净资产会计科目对照。

新制度净资产类科目变化较大，增加了累计盈余、权益法调整、无偿调拨净资产、以前年度盈余调整等新科目。新旧会计制度净资产类会计科目对照如表27-5所示。

表 27-5　　　　　　　　　　　行政单位新旧会计科目对照表（净资产类）

序号	新制度科目		原制度科目	
	编号	名称	编号	名称
1	3001	累计盈余	3001	财政拨款结转
			3002	财政拨款结余
			3101	其他资金结转结余
			3501	资产基金
			3502	待偿债净资产

2. 原账会计科目余额转入新账。

根据《行政单位新旧会计科目对照表（净资产类）》（见表27-5）、原账会计科目余额表，将原账会计科目余额直接、合并或分析转入新账财务会计科目。

（1）"财政拨款结转""财政拨款结余""其他资金结转结余"科目。新制度设置了"累计盈余"科目，该科目的余额包含了原账的"财政拨款结转""财政拨款结余""其他资金结转结余"科目的余额内容。转账时，单位应当将原账的"财政拨款结转""财政拨款结余""其他资金结转结余"科目余额，转入新账的"累计盈余"科目。

（2）"资产基金""待偿债净资产"科目。依据新制度，单位无需对原制度中"资产基金""待偿债净资产"科目对应的内容进行核算。转账时，单位应当将原账"资产基金"科目贷方余额转入新账的"累计盈余"科目贷方，将原账的"待偿债净资产"科目借方余额转入新账的"累计盈余"科目借方。

3. 新账会计科目余额调整。

按照《衔接规定》，应当对新账的相关财务会计科目余额按照新制度规定的会计核算基础进行调整。在新旧制度转换时，对尚未计提折旧的固定资产补提折旧或对尚未摊销的无形资产补提摊销，同时调整相应的净资产科目，编制记账凭证，并将调整及补充登记事项的确认依据作为原始凭证。

在补提折旧或摊销时，按应计提的折旧或摊销金额，借记"累计盈余"科目，贷记"固定资产累计折旧""公共基础设施累计折旧（摊销）""保障性住房累计折旧""无形资产累计摊销"等科目。

（四）收入类、支出类会计科目衔接转换

行政单位在执行政府会计制度后，原《行政单位会计制度》收入、支出核算会计科目有所变化，对比如表27-6所示。

表27-6　　　　　　　　　　行政单位新旧会计科目对照表（收入费用类）

序号	新制度科目		原制度科目	
	编号	名称	编号	名称
	收入类		收入类	
1	4001	财政拨款收入	4001	财政补助收入
2	4601	非同级财政拨款收入	4501	其他收入
3	4603	捐赠收入		
4	4604	利息收入		
5	4605	租金收入		
6	4609	其他收入		
	费用类		支出类	
7	5001	业务活动费用	5001	经费支出
8	5301	资产处置费用		
9	5901	其他费用		

由于原账中收入类、支出类科目年末无余额，单位无需进行转账处理。自2019年1月1日起，单位应当按照新制度设置收入类、费用类科目并进行账务处理。

二、预算会计科目的新旧衔接

（一）预算结余类会计科目对照

预算结余类会计科目在原制度中没有直接对应的会计科目，其余额需要从原《行政单位会计制度》核算的部分会计科目余额中分析转入。新旧会计制度预算结余类科目对照如表27-7所示。

表27-7　　　　　　　　　　行政单位新旧会计科目对照表（预算结余类）

序号	新制度科目		原制度科目	
	编号	名称	编号	名称
1	8101	财政拨款结转	3001	财政拨款结转
2	8102	财政拨款结余	3002	财政拨款结余
3	8201	非财政拨款结转	3101	其他资金结转结余
4	8202	非财政拨款结余		
5	8001	资金结存（借方）	3001	财政拨款结转
			3002	财政拨款结余
			3101	其他资金结转结余

由于新制度将库存现金、银行存款、其他货币资金、零余额账户用款额度和财政应返还额度纳入了财务会计科目，按照平行记账方式和复式记账借贷原理，在预算会计核算相关预算收入和预算支出时，应以相应的货币资金类科目予以对应。所以新制度在预算会计科目中设置了"资金结存"科目，用以反映各结存类科目对应的资金形态。在"资金结存"科目下设置了"货币资金""零余额账户用款额度"及"财政应返还额度"三个明细科目，清晰反映出预算资金的收支情况以及结存状态，同时也可以使其与财务会计相关货币资金类科目形成对应关系。因此，在新旧会计制度衔接中，预算会计按照收付实现制原则，需要对结存类会计科目进行调整，重新确认登记新账的"财政拨款结转""财政拨款结余""非财政拨款结转""非财政拨款结余"及其明细科目。

（二）预算结存类会计科目余额的调整

1. "财政拨款结转"和"财政拨款结余"科目及对应的"资金结存"科目余额。

新制度设置了"财政拨款结转""财政拨款结余"科目及对应的"资金结存"科目。在新旧制度转换时，单位按照新制度规定将原账其他应收款中的预付款项计入预算支出的，应当对原账的"财政拨款结转"科目余额进行逐项分析，按照减去已经支付财政资金尚未计入预算支出（如其他应收款中的预付款项等）的金额后的差额，登记新账的"财政拨款结转"科目及其明细科目贷方；按照原账的"财政拨款结余"科目余额，登记新账的"财政拨款结余"科目及其明细科目贷方。

新账中：

"财政拨款结转"科目期初余额 = 原账"财政拨款结转"科目余额 - "其他应收款"中属于财政资金的预付款项。

单位应当按照原账的"财政应返还额度"科目余额登记新账的"资金结存——财政应返还额度"科目借方；按照新账的"财政拨款结转"和"财政拨款结余"科目贷方余额合计数，减去新账的"资金结存——财政应返还额度"科目借方余额后的差额，登记新账的"资金结存——货币资金"科目的借方。

因此：

新账"财政拨款结转"科目期初余额 + 新账"财政拨款结余"科目期初余额 - "资金结存——财政应返还额度"科目期初余额 = 新账中的"资金结存——货币资金"科目期初余额。

2. "非财政拨款结转"科目及对应的"资金结存"科目余额。

新制度设置了"非财政拨款结转"科目及对应的"资金结存"科目。在新旧制度转换时，单位按照新制度规定将原账其他应收款中的预付款项计入预算支出的，应当对原账的"其他资金结转结余——项目结转"科目余额进行逐项分析，按照减去已经支付非财政拨款专项资金尚未计入预算支出（如其他应收款中的预付款项等）的金额后的差额，登记新账的"非财政拨款结转"科目及其明细科目贷方；同时，按照相同的金额登记新账的"资金结存——货币资金"科目借方。

3. "非财政拨款结余"科目及对应的"资金结存"科目余额。

（1）登记"非财政拨款结余"科目余额。新制度设置了"非财政拨款结余"科目及对应的"资金结存"科目。在新旧制度转换时，单位应当按照原账的"其他资金结转结余——非项目结余"科目余额，借记新账的"资金结存——货币资金"科目，贷记新账的"非财政拨款结余"科目。

（2）对新账"非财政拨款结余"科目及"资金结存"科目余额进行调整。单位按照新制度规定将原账其他应收款中的预付款项计入预算支出的，应当对原账的"其他应收款"科目余额进行分析，区分其中预付款项的金额（将来很可能列支）和非预付款项的金额，并对预付款项的金额划分为财政拨款资金预付的金额、非财政拨款专项资金预付的金额和非财政拨款非专项资金预付的金额，按照非财政拨款非专项资金预付的金额，借记新账的"非财政拨款结余"科目，贷记新账的"资金结存——货币资金"科目。

（三）预算收入类、预算支出类会计科目

预算收入类、预算支出类会计科目是《政府会计制度》设置的预算会计核算科目，与原《行政单位会计制度》收入、支出类会计科目没有直接转换对应关系，两类科目的核算内容与范围不完全一致。其参照关系如表27-8所示。

表 27-8　　　　行政单位新旧会计科目对照表（预算收入支出类）

序号	新制度科目		原制度科目	
	编号	名称	编号	名称
	预算收入类		收入类	
1	6001	财政拨款预算收入	4001	财政补助收入
2	6601	非同级财政拨款预算收入	4011	其他收入
3	6609	其他预算收入		
	预算支出类		支出类	
4	7101	行政支出	5001	经费支出
5	7901	其他支出		

由于预算收入类、预算支出类会计科目年初无余额，在新旧制度转换时，单位无需对预算收入类、预算支出类会计科目进行新账年初余额登记。

单位应当自 2019 年 1 月 1 日起，按照新制度设置预算收入类、预算支出类科目并进行账务处理。

单位存在 2018 年 12 月 31 日前需要按照新制度预算会计核算基础调整预算会计科目期初余额的其他事项的，应当比照《衔接规定》调整新账的相应预算会计科目期初余额。

单位对预算会计科目的期初余额登记和调整，应当编制记账凭证，并将期初余额登记和调整的依据作为原始凭证。

三、财务报表和预算会计报表的新旧衔接

按照《衔接规定》，行政单位在对原制度会计科目余额进行结转、补充登记未入账事项，以及对部分新账会计科目余额进行调整后，应当编制 2019 年 1 月 1 日的科目余额表及 2019 年度财务报表和预算会计报表（期初余额）。

（一）新旧会计制度报表体系对照

新制度报表体系分为财务报表和预算会计报表。其中，财务报表由会计报表和附注构成，会计报表由资产负债表、收入费用表、净资产变动表和现金流量表组成，其中，单位可自行选择是否编制现金流量表。预算会计报表由预算收入支出表、预算结转结余变动表和财政拨款预算收入支出表组成，是编制部门决算报表的基础。

此外，新制度针对新的核算内容和要求对报表结构进行了调整和优化，对报表附注应当披露的内容进行了细化，对会计报表重要项目说明提供了可参考的披露格式，要求按经济分类披露费用信息，以及要求披露本年预算结余和本年盈余的差异调节过程等。调整完善后的报表体系，对于全面反映单位财务信息和预算执行信息，提高部门、单位会计信息的透明度和决策有用性具有重要的意义。

原《行政单位会计制度》会计报表体系由资产负债表、收入支出表、财政拨款收入支出表等会计报表及其附注组成，与新制度会计报表体系对照如表 27-9 所示。

表 27-9　　　　行政单位新旧会计制度报表体系对照表

序号	政府会计制度			原会计制度			说明
	编号	报表名称	编制期	编号	报表名称	编制期	
一、财务报表							
1	会政财 01 表	资产负债表	月度 年度	会行政 01 表	资产负债表	年度	基本相同
2	会政财 02 表	收入费用表	月度 年度	会行政 02 表	收入支出表	月度 年度	基本相同
3	会政财 03 表	净资产变动表	年度				新增
4	会政财 04 表	现金流量表	年度				新增，可选是否编制
5		附注	年度		附注	年度	要求相同
6				会行政 03 表	财政拨款收入支出表	年度	删除
二、预算会计报表							
7	会政预 01 表	预算收入支出表	年度				新增
8	会政预 02 表	预算结转结余变动表	年度				新增
9	会政预 03 表	财政拨款预算收入支出表	年度				与会行政 03 表类似

其中，财务报表的"资产负债表""收支费用表"为月度、年度报表，与原《行政单位会计制度》的"资产负债表""收入支出表"的内容与格式相似；"净资产变动表"和"现金流量表"为新增年度报表；原《行政单位会计制度》的"财政拨款收入支出表"不再编制，其内容包含到预算会计报表的"财政拨款预算收入支出表"中，但内容与格式有所优化与简略。

（二）期初新会计制度报表的编制

1. 编制2019年1月1日科目余额表。

在将原账科目余额转入新账、未入账事项补充登记新账，以及对相关新账科目余额进行调整后，按照登记及调整后新账的各会计科目余额，编制2019年1月1日的财务会计和预算会计科目余额表（见表27-10、表27-11），作为新账各会计科目的期初余额，也是编制新账报表的基础。

表27-10　　　　　　　　　　　　2019年1月1日新账财务会计科目余额表

序号	科目编号	科目名称	期初余额	序号	科目编号	科目名称	期初余额
一、资产类				二、负债类			
1	1001	库存现金		28	2101	应交增值税	
2	1002	银行存款		29	2102	其他应交税费	
3	1011	零余额账户用款额度		30	2103	应缴财政款	
4	1021	其他货币资金		31	2201	应付职工薪酬	
5	1201	财政应返还额度		32	2302	应付账款	
6	1214	预付账款		33	2303	应付政府补贴款	
7	1218	其他应收款		34	2307	其他应付款	
8	1301	在途物品		35	2401	预提费用	
9	1302	库存物品		36	2502	长期应付款	
10	1303	加工物品		37	2601	预计负债	
11	1401	待摊费用		38	2901	受托代理负债	
12	1601	固定资产				负债合计	
13	1602	固定资产累计折旧		三、净资产类			
14	1611	工程物资		39	3001	累计盈余	
15	1613	在建工程		40	3301	本期盈余	
16	1701	无形资产		41	3302	本年盈余分配	
17	1702	无形资产累计摊销		42	3401	无偿调拨净资产	
18	1703	研发支出		43	3501	以前年度盈余调整	
19	1801	公共基础设施				净资产合计	
20	1802	公共基础设施累计折旧（摊销）					
21	1811	政府储备物资					
22	1821	文物文化资产					
23	1831	保障性住房					
24	1832	保障性住房累计折旧					
25	1891	受托代理资产					
26	1901	长期待摊费用					
27	1902	待处理财务损益					
		资产合计				负债及净资产合计	

表27-11　　　　　　　　　　　　2019年1月1日新账预算会计科目余额表

序号	科目编号	科目名称	期初余额	
			借方余额	贷方余额
1	8001	资金结存		
2	8101	财政拨款结转		
3	8102	财政拨款结余		
4	8201	非财政拨款结转		
5	8202	非财政拨款结余		
		预算结余类合计		

2. 编制 2019 年 1 月 1 日期初资产负债表。

行政单位根据 2019 年 1 月 1 日新账的财务会计科目余额表（见表 27 - 10），按照新制度规定编制 2019 年 1 月 1 日期初资产负债表（仅要求填列各项目"年初余额"）。

3. 编制 2019 年度财务报表和预算会计报表。

行政单位应当按照新制度规定编制 2019 年财务报表和预算会计报表。在编制 2019 年度收入费用表、净资产变动表、现金流量表和预算收入支出表、预算结转结余变动表时，不要求填列上年比较数。

行政单位根据 2019 年 1 月 1 日新账财务会计科目余额表（见表 27 - 10），填列 2019 年净资产变动表各项目的"上年年末余额"；根据 2019 年 1 月 1 日新账预算会计科目余额表（见表 27 - 11），填列 2019 年预算结转结余变动表的"年初预算结转结余"项目和财政拨款预算收入支出表的"年初财政拨款结转结余"项目。

第三节　事业单位新旧会计制度衔接

事业单位在新旧制度衔接转换过程中，需要根据《事业单位新旧会计科目对照表》《事业单位原会计科目余额明细表一（财务会计）》和《事业单位原会计科目余额明细表二（预算会计）》，将原账会计科目余额直接或分析转入新账会计科目。新账的科目设有明细科目的，应将原账中对应科目的余额加以分析，分别转入新账中相应科目的相关明细科目。如存在其他《衔接规定》中未列举的原账科目余额的，应当比照《衔接规定》转入新账的相应科目；如存在 2018 年 12 月 31 日前未入账的其他事项的，应当按照《衔接规定》补充登记新账的相应科目。

一、财务会计科目的新旧衔接

事业单位在新旧会计制度衔接过程中，根据 2018 年 12 月 31 日原账的科目余额表、总账及明细账，按照新制度财务会计核算规定，对涉及财务会计科目的核算内容进行详细分析和调整，编制《事业单位原会计科目余额明细表一（财务会计）》（见表 27 - 12）。根据原账科目余额表和《事业单位原会计科目余额明细表一（财务会计）》，将原账科目余额过入新账期初余额。

在对新账的财务会计科目期初余额进行调整及补充登记时，应当编制记账凭证，并将调整及补充登记事项的确认依据作为原始凭证（包括相关财产清查表）。

表 27 - 12　　　　　　　　　　事业单位原会计科目余额明细表一（财务会计）

总账科目	明细分类	金额	备注
库存现金	库存现金		
	其中：受托代理现金		
银行存款	银行存款		
	其中：受托代理银行存款		
	其他货币资金		
其他应收款	在途物资		已经付款或已开出商业汇票，尚未收到物资
	其他		
存货	在加工存货		
	非在加工存货		
	工程物资		
	政府储备物资		
	受托代理资产		
长期投资	长期股权投资		
	长期债券投资		

续表

总账科目	明细分类	金额	备注
固定资产	固定资产		
	公共基础设施		
	政府储备物资		
	文物文化资产		
	保障性住房		
累计折旧	固定资产累计折旧		
	公共基础设施累计折旧		
	保障性住房累计折旧		
在建工程	在建工程		
	工程物资		
	预付工程款、预付备料款		
应缴税费	应交增值税		
	其他应交税费		
其他应付款	受托代理负债		因接受代管资金形成的应付款
	其他		

（一）资产类会计科目余额的调整

1. 新旧会计制度科目的变化。

事业单位在执行政府会计制度后，原《事业单位会计制度》资产类核算会计科目有所变化，对比如表 27-13 所示。

表 27-13　　　　　　　　　事业单位新旧会计科目对照表（资产类）

序号	新制度科目		原制度科目	
	编号	名称	编号	名称
1	1001	库存现金	1001	库存现金
2	1002	银行存款	1002	银行存款
3	1021	其他货币资金		
4	1011	零余额账户用款额度	1011	零余额账户用款额度
5	1101	短期投资	1201	短期投资
6	1201	财政应返还额度	1101	财政应返还额度
7	1211	应收票据	1211	应收票据
8	1212	应收账款	1212	应收账款
9	1214	预付账款	1213	预付账款
			1511	在建工程（预付备料及工程款）
10	1215	应收股利		
11	1216	应收利息		
12	1219	坏账准备		
13	1218	其他应收款	1215	其他应收款
14	1301	在途物品		
15	1302	库存物品		
16	1303	加工物品	1301	存货
17	1611	工程物资		
18	1811	政府储备物资		
19	1891	受托代理资产		
20	1401	待摊费用		
21	1501	长期股权投资	1401	长期投资
22	1502	长期债券投资		

续表

序号	新制度科目		原制度科目	
	编号	名称	编号	名称
23	1601	固定资产	1501	固定资产
24	1801	公共基础设施		
25	1811	政府储备物资		
26	1821	文物文化资产		
27	1831	保障性住房		
28	1602	固定资产累计折旧	1502	累计折旧
29	1802	公共基础设施累计折旧（摊销）		
30	1832	保障性住房累计折旧		
31	1611	工程物资	1511	在建工程
32	1613	在建工程		
33	1701	无形资产	1601	无形资产
34	1702	无形资产累计摊销	1602	累计摊销
35	1703	研发支出		
36	1901	长期待摊费用		
37	1902	待处理财产损溢	1701	待处置资产损溢

2. 原账会计科目余额转入新账。

根据《事业单位新旧会计科目对照表（资产类）》（见表27-13）、原账会计科目余额表及《事业单位原会计科目余额明细表一（财务会计）》（见表27-12），将原账会计科目余额直接或分析转入新账财务会计科目。

（1）"库存现金""零余额账户用款额度""财政应返还额度""短期投资""应收票据""应收账款""预付账款""无形资产"科目。新制度设置了"库存现金""零余额账户用款额度""财政应返还额度""短期投资""应收票据""应收账款""预付账款""无形资产"科目，其核算内容与原账的上述相应科目的核算内容基本相同。转账时，单位应当将原账的上述科目余额直接转入新账的相应科目。其中，还应当将原账的"库存现金"科目余额中属于新制度规定受托代理资产的金额，转入新账"库存现金"科目下的"受托代理资产"明细科目。

（2）"银行存款"科目。新制度设置了"银行存款"和"其他货币资金"科目，原制度设置了"银行存款"科目。转账时，单位应当将原账"银行存款"科目中核算的属于新制度规定的其他货币资金的金额，转入新账"其他货币资金"科目；将原账"银行存款"科目余额减去其中属于其他货币资金余额后的差额，转入新账的"银行存款"科目。其中，还应当将原账的"银行存款"科目余额中属于新制度规定受托代理资产的金额，转入新账"银行存款"科目下的"受托代理资产"明细科目。

（3）"其他应收款"科目。新制度设置了"其他应收款"科目，该科目的核算内容与原账"其他应收款"科目的核算内容基本相同。转账时，单位应当将原账的"其他应收款"科目余额，转入新账的"其他应收款"科目。

新制度设置了"在途物品"科目，单位在原账"其他应收款"科目中核算了已经付款或开出商业汇票、尚未收到物资的，应当将原账的"其他应收款"科目余额中已经付款或开出商业汇票、尚未收到物资的金额，转入新账的"在途物品"科目。

（4）"存货"科目。新制度设置了"库存物品""加工物品"科目，原制度设置了"存货"科目。转账时，单位应当将原账的"存货"科目余额中属于在加工存货的金额，转入新账的"加工物品"科目；将原账的"存货"科目余额减去属于在加工存货的金额后的差额，转入新账的"库存物品"科目。

单位在原账的"存货"科目中核算了属于新制度规定的工程物资、政府储备物资、受托代理物资的，应当将原账的"存货"科目余额中属于工程物资、政府储备物资、受托代理物资的金额，分别转入新账的"工程物资""政府储备物资""受托代理资产"科目。

（5）"长期投资"科目。新制度设置了"长期股权投资"和"长期债券投资"科目，原制度设置了"长期投资"科目。转账时，单位应当将原账的"长期投资"科目余额中属于股权投资的金额，转入新账的"长期股权投资"科目及其明细科目；将原账的"长期投资"科目余额中属于债券投资的金额，转入新账的"长期债券投资"科目及其明细科目。

（6）"固定资产"科目。新制度设置了"固定资产""公共基础设施""政府储备物资""文物文化资产""保障性住房"科目。单位在原账"固定资产"科目中只核算了按照新制度规定的固定资产内容的，转账时，应当将原账的"固定资产"科目余额全部转入新账的"固定资产"科目。单位在原账的"固定资产"科目中核算了按照新制度规定应当记入"公共基础设施""政府储备物资""文物文化资产""保障性住房"科目内容的，转账时，应当将原账的"固定资产"科目余额中相应资产的账面余额，分别转入新账的"公共基础设施""政府储备物资""文物文化资产""保障性住房"科目，并将原账的"固定资产"科目余额减去上述金额后的差额，转入新账的"固定资产"科目。

（7）"累计折旧"科目。新制度设置了"固定资产累计折旧"科目，该科目的核算内容与原账"累计折旧"科目的核算内容基本相同。单位已经计提了固定资产折旧并记入"累计折旧"科目的，转账时，应当将原账的"累计折旧"科目余额，转入新账的"固定资产累计折旧"科目。

新制度设置了"公共基础设施累计折旧（摊销）"和"保障性住房累计折旧"科目，单位在原账的"固定资产"科目中核算了按照新制度规定应当记入"公共基础设施""保障性住房"科目的内容，且已经计提了固定资产折旧的，转账时，应当将原账的"累计折旧"科目余额中属于公共基础设施累计折旧（摊销）、保障性住房累计折旧的金额，分别转入新账的"公共基础设施累计折旧（摊销）""保障性住房累计折旧"科目。

（8）"在建工程"科目。新制度设置了"在建工程"和"预付账款——预付备料款、预付工程款"科目，原制度设置了"在建工程"科目。转账时，单位应当将原账的"在建工程"科目余额（基建"并账"后的金额，下同）中属于预付备料款、预付工程款的金额，转入新账"预付账款"相关明细科目；将原账的"在建工程"科目余额减去预付备料款、预付工程款金额后的差额，转入新账的"在建工程"科目。

单位在原账"在建工程"科目中核算了按照新制度规定应当记入"工程物资"科目内容的，应当将原账"在建工程"科目余额中属于工程物资的金额，转入新账的"工程物资"科目。

单位在新旧制度转换时，对于2018年12月31日前发生的，已经计入支出，但按照政府会计准则制度应当计入在建工程成本的固定资产更新、改造等费用，无需追溯调整在建工程账面价值。

（9）"累计摊销"科目。新制度设置了"无形资产累计摊销"科目，该科目的核算内容与原账"累计摊销"科目的核算内容基本相同。单位已经计提了无形资产摊销的，转账时，应当将原账的"累计摊销"科目余额，转入新账的"无形资产累计摊销"科目。

（10）"待处置资产损溢"科目。新制度设置了"待处理财产损溢"科目，该科目的核算内容与原账"待处置资产损溢"科目的核算内容基本相同。转账时，单位应当将原账的"待处置资产损溢"科目余额，转入新账的"待处理财产损溢"科目。

3. 原未入账事项登记新账。

（1）应收账款、应收股利、在途物品。单位在新旧制度转换时，应当将2018年12月31日前未入账的应收账款、应收股利、在途物品按照新制度规定记入新账。登记新账时，按照确定的入账金额，分别借记"应收账款""应收股利""在途物品"科目，贷记"累计盈余"科目。

（2）公共基础设施、政府储备物资、文物文化资产、保障性住房。单位在新旧制度转换时，应当将2018年12月31日前未入账的公共基础设施、政府储备物资、文物文化资产、保障性住房按照新制度规定记入新账。登记新账时，按照确定的初始入账成本，分别借记"公共基础设施""政府储备物资""文物文化资产""保障性住房"科目，贷记"累计盈余"科目。

单位对于登记新账时首次确认的公共基础设施、保障性住房，应当于2019年1月1日以后，按照其在登记新账时确定的成本和剩余折旧（摊销）年限计提折旧（摊销）。

（3）受托代理资产。单位在新旧制度转换时，应当将2018年12月31日前未入账的受托代理资产按照新制度规定记入新账。登记新账时，按照确定的受托代理资产入账成本，借记"受托代理资产"科目，贷记"受托代理负债"科目。

（4）盘盈资产。单位在新旧制度转换时，应当将2018年12月31日前未入账的盘盈资产按照新制度规定记入新账。登记新账时，按照确定的盘盈资产及其成本，分别借记有关资产科目，按照盘盈资产成本的合计金额，贷记"累计盈余"科目。

4. 新账会计科目余额调整。

按照《衔接规定》，应当对新账的相关财务会计科目余额按照新制度规定的会计核算基础进行调整。在新旧制度转换时，根据资产清查和债权债务核实结果，计提坏账准备、补提折旧或摊销，按照权益法调整长期股权投资账面余额，确认长期债券投资期末应收利息，编制记账凭证，并将调整及补充登记事项的确认依据作为原始凭证。

（1）计提坏账准备。新制度要求对单位收回后无需上缴财政的应收账款和其他应收款提取坏账准备。在新旧制度转换时，单位应当按照2018年12月31日无需上缴财政的应收账款和其他应收款的余额计算应计提的坏账准备金额，借记"累计盈余"科目，贷记"坏账准备"科目。

（2）按照权益法调整长期股权投资账面余额。对按照新制度规定应当采用权益法核算的长期股权投资，在新旧制度转换时，单位应当在"长期股权投资"科目下设置"新旧制度转换调整"明细科目，依据被投资单位2018年12月31日财务报表的所有者权益账面余额，以及单位持有被投资单位的股权比例，计算应享有或应分担的被投资单位所有者权益的份额，调整长期股权投资的账面余额，借记或贷记"长期股权投资——新旧制度转换调整"科目，贷记或借记"累计盈余"科目。

单位按照权益法调整长期股权投资账面余额的，如无法获取被投资单位2018年12月31日资产负债表中所有者权益账面余额，可以依据被投资单位2017年12月31日资产负债表中所有者权益账面余额，以及单位持有被投资单位的股权比例，计算应享有或应分担的被投资单位所有者权益的份额，据此调整新账中长期股权投资的账面余额。在以后各年度，单位均可依据被投资单位上年资产负债表中所有者权益的年末数计算调整长期股权投资的账面余额。

（3）确认长期债券投资期末应收利息。单位应当按照新制度规定于2019年1月1日补记长期债券投资应收利息，按照长期债券投资的应收利息金额，借记"长期债券投资"科目［到期一次还本付息］或"应收利息"科目［分期付息、到期还本］，贷记"累计盈余"科目。

（4）补提折旧。单位在原账中尚未计提固定资产折旧的，应当全面核查截至2018年12月31日的固定资产的预计使用年限、已使用年限、尚可使用年限等，并于2019年1月1日对尚未计提折旧的固定资产补提折旧，按照应计提的折旧金额，借记"累计盈余"科目，贷记"固定资产累计折旧"科目。

单位在原账中已计提固定资产折旧的，按照《〈政府会计准则第3号——固定资产〉应用指南》中"当月增加固定资产，当月开始计提折旧"的规定，应当补提1个月折旧。按照应计提的折旧金额，借记"累计盈余"科目，贷记"固定资产累计折旧"科目。

单位按照原制度已经计提固定资产折旧，但原确定的固定资产折旧年限与新制度所规定的折旧年限不一致的，在新旧制度转换时无需追溯调整2018年12月31日前已经计提的折旧金额，而应当自执行新制度起，以2019年1月1日该项资产的账面价值（原价减去已提折旧后的金额）作为应计提折旧额，在新制度规定的折旧年限扣除已计提折旧年限的剩余年限内计提折旧。

单位在原账的"固定资产"科目中核算了按照新制度规定应当记入"公共基础设施""保障性住房"科目内容的，应当比照前款规定补提公共基础设施折旧（摊销）、保障性住房折旧，按照应计提的折旧（摊销）金额，借记"累计盈余"科目，贷记"公共基础设施累计折旧（摊销）""保障性住房累计折旧"科目。

（5）补提摊销。单位在原账中尚未计提无形资产摊销的，应当全面核查截至2018年12月31日无形资产的预计使用年限、已使用年限、尚可使用年限等，并于2019年1月1日对前期尚未计提摊销的无形资产补提摊销，按照应计提的摊销金额，借记"累计盈余"科目，贷记"无形资产累计摊销"科目。

（二）负债类会计科目余额的调整

1. 新旧会计制度科目的变化。

事业单位在执行政府会计制度后，原《事业单位会计制度》负债类核算会计科目有所变化，对比如表27-14所示。

表 27-14　　　　　　　　事业单位新旧会计科目对照表（负债类）

序号	新制度科目		原制度科目	
	编号	名称	编号	名称
38	2001	短期借款	2001	短期借款
39	2101	应交增值税	2101	应缴税费
40	2102	其他应交税费		
41	2103	应缴财政款	2102	应缴国库款
			2103	应缴财政专户款
42	2201	应付职工薪酬	2201	应付职工薪酬
43	2301	应付票据	2301	应付票据
44	2302	应付账款	2302	应付账款
45	2304	应付利息		
46	2305	预收账款	2303	预收账款
47	2307	其他应付款	2305	其他应付款
48	2901	受托代理负债		
49	2401	预提费用		
50	2501	长期借款	2401	长期借款
51	2502	长期应付款	2402	长期应付款
52	2601	预计负债		

2. 原账会计科目余额转入新账。

根据《事业单位新旧会计科目对照表（负债类）》（见表27-14）、原账会计科目余额表及《事业单位原会计科目余额明细表一（财务会计）》（见表27-12），将原账会计科目余额直接或分析转入新账财务会计科目。

（1）"短期借款""应付职工薪酬""应付票据""应付账款""预收账款""长期借款""长期应付款"科目。新制度设置了"短期借款""应付职工薪酬""应付票据""应付账款""预收账款""长期借款""长期应付款"科目，这些科目的核算内容与原账的上述相应科目的核算内容基本相同。转账时，单位应当将原账的上述科目余额直接转入新账的相应科目。

（2）"应缴税费"科目。新制度设置了"应交增值税"和"其他应交税费"科目，原制度设置了"应缴税费"科目。转账时，单位应当将原账的"应缴税费——应缴增值税"科目余额，转入新账"应交增值税"中的相关明细科目；将原账的"应缴税费"科目余额减去属于应缴增值税余额后的差额，转入新账的"其他应交税费"科目。

（3）"应缴国库款""应缴财政专户款"科目。新制度设置了"应缴财政款"科目，原制度设置了"应缴国库款""应缴财政专户款"科目。转账时，单位应当将原账的"应缴国库款""应缴财政专户款"科目余额，转入新账的"应缴财政款"科目。

（4）"其他应付款"科目。新制度设置了"其他应付款"科目，该科目的核算内容与原账"其他应付款"科目的核算内容基本相同。转账时，单位应当将原账的"其他应付款"科目余额，转入新账的"其他应付款"科目。其中，单位在原账的"其他应付款"科目中核算了属于新制度规定的受托代理负债的，应当将原账的"其他应付款"科目余额中属于受托代理负债的余额，转入新账的"受托代理负债"科目。

（5）"应付职工薪酬"科目。新制度设置了"应付职工薪酬"科目，核算单位按照有关规定应付给职工及为职工支付的各种薪酬，包括基本工资、国家统一规定的津贴补贴、规范津贴补贴（绩效工资）、改革性补贴、社会保险费（如职工基本养老保险费、职业年金、基本医疗保险费等）、住房公积金等。单位在新旧制度转换时，应当将2018年12月31日前未入账的应付未付职工以及应为职工支付但尚未支付的有关薪酬记入新账，按照确定的应付未付金额，借记新账中"累计盈余"科目，贷记新账中"应付职工薪酬"科目下的相关明细科目。

3. 原未入账事项登记新账。

（1）预计负债。单位在新旧制度转换时，应当将2018年12月31日按照新制度规定确认的预计负债记入新账。登记新账时，按照确定的预计负债金额，借记"累计盈余"科目，贷记"预计负债"科目。

（2）应付质量保证金。单位在新旧制度转换时，应当将2018年12月31日前未入账的应付质量保证金按照新制度规定记入新账。登记新账时，按照确定未入账的应付质量保证金金额，借记"累计盈余"

科目，贷记"其他应付款"科目[扣留期在1年以内（含1年）]、"长期应付款"科目[扣留期超过1年]。

4. 新账会计科目余额调整。

按照《衔接规定》，应当对新账的相关财务会计科目余额按照新制度规定的会计核算基础进行调整。在新旧制度转换时，根据资产清查和债权债务核实结果，确认长期借款期末应付利息，编制记账凭证，并将调整及补充登记事项的确认依据作为原始凭证。

确认长期借款期末应付利息：单位应当按照新制度规定于2019年1月1日补记长期借款的应付利息金额，对其中资本化的部分，借记"在建工程"科目，对其中费用化的部分，借记"累计盈余"科目，按照全部长期借款应付利息金额，贷记"长期借款"科目[到期一次还本付息]或"应付利息"科目[分期付息、到期还本]。

（三）净资产类会计科目余额的调整

1. 新旧会计制度科目的变化。

事业单位在执行政府会计制度后，原《事业单位会计制度》净资产类核算会计科目有所变化，对比如表27-15所示。

表27-15　　　　　　　　　　事业单位新旧会计科目对照表（净资产类）

序号	新制度科目		原制度科目	
	编号	名称	编号	名称
53	3001	累计盈余	3001	事业基金
			3101	非流动资产基金
			3301	财政补助结转
			3302	财政补助结余
			3401	非财政补助结转
		累计盈余（借方）	3403	经营结余（借方）
54	3101	专用基金	3201	专用基金
55	3201	权益法调整		
56	3301	本期盈余	3402	事业结余
57	3302	本年盈余分配	3404	非财政补助结余分配
58	3401	无偿调拨净资产		
59	3501	以前年度盈余调整		

2. 原账会计科目余额转入新账。

根据《事业单位新旧会计科目对照表（净资产类）》（见表27-15）、原账会计科目余额表及《事业单位原会计科目余额明细表一（财务会计）》（见表27-12），将原账会计科目余额直接、合并或分析转入新账财务会计科目。

（1）"事业基金"科目。新制度设置了"累计盈余"科目，该科目的核算内容包含了原账"事业基金"科目的核算内容。转账时，单位应当将原账的"事业基金"科目余额转入新账的"累计盈余"科目。

（2）"非流动资产基金"科目。依据新制度，无需对原制度中"非流动资产基金"科目对应内容进行核算。转账时，单位应当将原账的"非流动资产基金"科目余额转入新账的"累计盈余"科目。

（3）"专用基金"科目。新制度设置了"专用基金"科目，该科目的核算内容与原账"专用基金"科目的核算内容基本相同。转账时，单位应当将原账的"专用基金"科目余额转入新账的"专用基金"科目。

（4）"经营结余"科目。新制度设置了"本期盈余"科目，该科目的核算内容包含了原账"经营结余"科目的核算内容。新制度规定"本期盈余"科目余额最终转入"累计盈余"科目，如果原账的"经营结余"科目有借方余额，转账时，单位应当将原账的"经营结余"科目借方余额，转入新账的"累计盈余"科目借方。

（5）"财政补助结转""财政补助结余""非财政补助结转"科目。新制度设置了"累计盈余"科目，该科目的余额包含了原账的"财政补助结转""财政补助结余""非财政补助结转"科目的余额内容。转账时，单位应当将原账的"财政补助结转""财政补助结余""非财政补助结转"科目余额，转入新账的

"累计盈余"科目。

(6) "事业结余""非财政补助结余分配"科目。由于原账的"事业结余""非财政补助结余分配"科目年末无余额,这两个科目无需进行转账处理。

3. 新账会计科目余额调整。

按照《衔接规定》,应当对新账的相关财务会计科目余额按照新制度规定的会计核算基础进行调整。在新旧制度转换时,根据资产清查和债权债务核实结果,计提坏账准备、补提折旧或摊销,按照权益法调整长期股权投资账面余额,确认长期债券投资期末应收利息和长期借款期末应付利息,编制记账凭证,并将调整及补充登记事项的确认依据作为原始凭证。调整及补充登记时,涉及净资产变动的,借记或贷记有关资产负债科目,贷记或借记"累计盈余"。

(四)收入类、支出类会计科目

事业单位在执行政府会计制度后,原《事业单位会计制度》收入、支出核算会计科目有所变化,对比如表27–16所示。

表27–16　　　　　　　事业单位新旧会计科目对照表(收入支出类)

序号	新制度科目		原制度科目	
	编号	名称	编号	名称
(一)收入类				
60	4001	财政拨款收入	4001	财政补助收入
61	4101	事业收入	4101	事业收入
62	4201	上级补助收入	4201	上级补助收入
63	4301	附属单位上缴收入	4301	附属单位上缴收入
64	4401	经营收入	4401	经营收入
65	4601	非同级财政拨款收入	4501	其他收入
66	4602	投资收益		
67	4603	捐赠收入		
68	4604	利息收入		
69	4605	租金收入		
70	4609	其他收入		
(二)费用类(支出类)				
71	5001	业务活动费用	5001	事业支出
72	5101	单位管理费用		
73	5201	经营费用	5301	经营支出
74	5401	上缴上级费用	5101	上缴上级支出
75	5501	对附属单位补助费用	5201	对附属单位补助支出
76	5801	所得税费用	3404	非财政补助结余分配
77	5301	资产处置费用	5401	其他支出
78	5901	其他费用		

由于原账中收入类、支出类科目年末无余额,无需进行转账处理。自2019年1月1日起,单位应当按照新制度设置收入费用类科目并进行账务处理。

二、预算会计科目的新旧衔接

事业单位在新旧会计制度衔接转换过程中,根据2018年12月31日原账的科目余额表、总账及明细账,按照新制度预算会计核算基础,对涉及预算会计核算内容的会计科目进行详细分析和调整,编制《事业单位原会计科目余额明细表二(预算会计)》(见表27–17)。根据原账科目余额表和表27–17,将原账科目余额过入新账期初余额。

在对新账的预算会计科目期初余额进行调整及补充登记时,应当编制记账凭证,并将调整及补充登记事项的确认依据作为原始凭证。

表 27-17　　　　　　　　　事业单位原会计科目余额明细表二（预算会计）

总账科目	明细分类	金额	备注
应收票据、应收账款	发生时不计入预算收入		如转让资产的应收票据、应收账款
	发生时计入预算收入		
	其中：专项收入		
	其他		
预付账款	财政补助资金预付		
	非财政补助专项资金预付		
	非财政补助非专项资金预付		
其他应收款	预付款项		如职工预借的差旅费等
	其中：财政补助资金预付		
	非财政补助专项资金预付		
	非财政补助非专项资金预付		
	需要收回及其他		如支付的押金、应收为职工垫付的款项等
存货	购入存货		
	其中：使用财政补助资金购入		
	使用非财政补助专项资金购入		
	使用非财政补助非专项资金购入		
	非购入存货		如无偿调入、接受捐赠的存货等
长期投资	长期股权投资		
	其中：用现金资产取得		
	用非现金资产或其他方式取得		
	长期债券投资		
应付票据、应付账款	发生时不计入预算支出		
	发生时计入预算支出		
	其中：财政补助资金应付		
	非财政补助专项资金应付		
	非财政补助非专项资金应付		
预收账款	预收专项资金		
	预收非专项资金		
专用基金	从非财政补助结余分配中提取		
	从收入中列支提取		
	其他		

（一）预算结余类会计科目与原账会计科目对照

预算结余类会计科目在原制度中没有直接对应的会计科目，其余额需要从原《事业单位会计制度》核算的部分会计科目余额中分析转入。新旧制度预算结余类会计科目对照如表 27-18 所示。

表 27-18　　　　　　　　　事业单位新旧会计科目对照表（预算结余类）

序号	新制度科目		原制度科目	
	编号	名称	编号	名称
1	8101	财政拨款结转	3301	财政补助结转
2	8102	财政拨款结余	3302	财政补助结余
3	8201	非财政拨款结转	3401	非财政补助结转
4	8202	非财政拨款结余	3001	事业基金
5	8301	专用结余	3201	专用基金
6	8401	经营结余	3403	经营结余
7	8001	资金结存（借方）	3301	财政补助结转
			3302	财政补助结余
			3401	非财政补助结转
			3001	事业基金
			3201	专用基金
			3403	经营结余
8	8501	其他结余	3402	事业结余
9	8701	非财政拨款结余分配	3404	非财政补助结余分配

为了保证复式记账借贷平衡，体现收付实现制下预算资金流入、流出和结存情况，新制度除设置了"财政拨款结转""财政拨款结余""非财政拨款结转""非财政拨款结余""专用结余"等预算结存类科目外，还设置了"资金结存"科目，用于反映各结存类科目对应的资金形态。"资金结存"科目设置了

"零余额账户用款额度""货币资金"和"财政应返还额度"等明细科目。当确认预算收入时，同时借记"资金结存"科目；当确认预算支出时，同时贷记"资金结存"科目。年末结账后"资金结存"科目余额为借方余额，上述结存类科目余额为贷方余额，两者方向相反、金额相等。因此，在新、旧会计制度衔接中，预算会计按照收付实现制原则，需要对结存类会计科目进行调整，重新确认登记新账的"财政拨款结转""财政拨款结余""非财政拨款结转""非财政拨款结余""专用结余"科目及其明细科目。

（二）预算结余类会计科目余额的调整

根据《事业单位新旧会计科目对照表（预算结余类）》（见表27-18）、原账会计科目余额表及《事业单位原会计科目余额明细表二（预算会计）》（见表27-17），将原账会计科目余额分析转入新账预算结余会计科目。

1."财政拨款结转"和"财政拨款结余"科目及对应的"资金结存"科目余额。

新制度设置了"财政拨款结转""财政拨款结余"科目及对应的"资金结存"科目。在新旧制度转换时，单位应当对原账的"财政补助结转"科目余额进行逐项分析，加上各项结转转入的预算支出中已经计入预算支出尚未支付财政资金（如发生时列支的应付账款、从财政拨款中提取的应付福利费等）的金额，减去已经支付财政资金尚未计入预算支出（如购入的存货、预付账款等）的金额，按照增减后的金额，登记新账的"财政拨款结转"科目及其明细科目贷方；按照原账"财政补助结余"科目余额，登记新账的"财政拨款结余"科目及其明细科目贷方。

按照原账"财政应返还额度"科目余额登记新账的"资金结存——财政应返还额度"科目借方；按照新账的"财政拨款结转"和"财政拨款结余"科目贷方余额合计数，减去新账的"资金结存——财政应返还额度"科目借方余额后的差额，登记新账的"资金结存——货币资金"科目借方。

2."非财政拨款结转"科目及对应的"资金结存"科目余额。

新制度设置了"非财政拨款结转"科目及对应的"资金结存"科目。在新旧制度转换时，单位应当对原账的"非财政补助结转"科目余额进行逐项分析，加上各项结转转入的预算支出中已经计入预算支出尚未支付非财政补助专项资金（如发生时列支的应付账款）的金额，减去已经支付非财政补助专项资金尚未计入预算支出（如购入的存货、预付账款等）的金额，加上各项结转转入的预算收入中已经收到非财政补助专项资金尚未计入预算收入（如预收账款）的金额，减去已经计入预算收入尚未收到非财政补助专项资金（如应收账款）的金额，按照增减后的金额，登记新账的"非财政拨款结转"科目及其明细科目贷方；同时，按照相同的金额登记新账的"资金结存——货币资金"科目借方。

3."专用结余"科目及对应的"资金结存"科目余额。

新制度设置了"专用结余"科目及对应的"资金结存"科目。"专用结余"科目用于核算事业单位按照规定从非财政拨款结余中提取的具有专门用途的资金的变动和滚存情况，提取基金时贷记本科目，使用基金时借记本科目。"专用结余"贷方余额表现为一定金额的现金流入，根据预算会计的收付实现制基础，需要同时确认调整增加"资金结存"与"专用结余"科目金额。

因此，在新旧制度转换时，单位应当按照原账"专用基金"科目余额中通过非财政补助结余分配形成的金额，借记新账的"资金结存——货币资金"科目，贷记新账的"专用结余"科目。

4."经营结余"科目及对应的"资金结存"科目余额。

新制度设置了"经营结余"科目及对应的"资金结存"科目。"经营结余"科目用于核算事业单位年度内经营活动收支相抵后余额弥补以前年度经营亏损后的余额。年末结账时，"经营预算收入"转入时记入本科目贷方，"经营支出"转入时记入本科目借方。本科目如年末有借方余额，则为经营亏损，不予结转。"经营结余"借方余额为经营现金净流出金额，根据预算会计的收付实现制基础，需要减少"资金结存"和"经营结余"科目金额。

因此，如果原账中"经营结余"科目期末有借方余额，在新旧制度转换时，单位应当按照原账的"经营结余"科目余额，借记新账的"经营结余"科目，贷记新账的"资金结存——货币资金"科目。

5."非财政拨款结余"科目及对应的"资金结存"科目余额。

（1）登记"非财政拨款结余"科目余额。新制度设置了"非财政拨款结余"科目及对应的"资金结存"科目。在新旧制度转换时，单位应当按照原账的"事业基金"科目余额，借记新账的"资金结存——货币资金"科目，贷记新账的"非财政拨款结余"科目。

(2) 对新账"非财政拨款结余"科目及"资金结存"科目余额进行调整。

①调整短期投资对非财政拨款结余的影响。为了全面反映单位预算支出信息，体现收付实现制会计核算原则，新制度在预算支出类会计科目中设置了"投资支出"科目，核算事业单位以货币资金对外投资发生的现金流出，以货币资金对外投资时借记本科目，收回投资时贷记本科目。年末结账时转入"其他结余"科目，最终转入"非财政拨款结余"科目。

在新旧会计制度衔接时，按照预算会计的收付实现制基础，需要确认调整"短期投资"现金流出业务。因此，单位应当按照原账的"短期投资"科目余额，借记"非财政拨款结余"科目，贷记"资金结存——货币资金"科目。

②调整应收票据、应收账款对非财政拨款结余的影响。为了全面反映单位预算支出信息，体现收付实现制会计核算原则，新制度在预算收入类会计科目中设置了"事业预算收入""经营预算收入"等科目，核算事业单位开展业务活动、经营活动等取得的现金流入，取得各类现金收入时贷记"事业预算收入""经营预算收入"等科目。其中，"事业预算收入""经营预算收入"等科目本年发生额中的非专项资金收入，年末结账时转入"其他结余"科目，最终转入"非财政拨款结余"科目。

原账的"应收票据""应收账款"科目余额中已计入预算收入部分，因没有现金流入，根据预算会计的收付实现制基础，不能确认为预算收入。因此，在新旧会计制度衔接时，单位应当对原账的"应收票据""应收账款"科目余额进行分析，区分其中发生时计入预算收入的金额和没有计入预算收入的金额。对发生时计入预算收入的金额，再区分计入专项资金收入的金额和计入非专项资金收入的金额，按照计入非专项资金收入的金额，借记"非财政拨款结余"科目，贷记"资金结存——货币资金"科目。

③调整预付账款对非财政拨款结余的影响。为了全面反映单位预算支出信息，体现收付实现制会计核算原则，新制度在预算支出类会计科目中设置了"事业支出""经营支出"等科目，核算事业单位开展业务活动、经营活动等实际发生的各项现金流出，实际支付时借记"事业支出""经营支出"等科目。其中，"事业支出""经营支出"等科目本年发生额中的非财政非专项资金支出，年末结账时转入"其他结余"科目，最终转入"非财政拨款结余"科目。

原账的"预付账款"科目余额，在财务会计中未计入支出，但根据预算会计的收付实现制基础，需要确认调整"预付账款"现金流出业务。因此，在新旧会计制度衔接时，单位应当对原账的"预付账款"科目余额进行分析，区分其中由财政补助资金预付的金额、非财政补助专项资金预付的金额和非财政补助非专项资金预付的金额，按照非财政补助非专项资金预付的金额，借记"非财政拨款结余"科目，贷记"资金结存——货币资金"科目。

④调整其他应收款对非财政拨款结余的影响。为了全面反映单位预算支出信息，体现收付实现制会计核算原则，新制度在预算支出类会计科目中设置了"事业支出""经营支出"等科目，核算事业单位开展业务活动、经营活动等实际发生的各项现金流出，实际支付时借记"事业支出""经营支出"等科目。其中，"事业支出""经营支出"等科目本年发生额中的非财政非专项资金支出，年末结账时转入"其他结余"科目，最终转入"非财政拨款结余"科目。

原账的"其他应收款"科目余额中，对于已计入预算支出的预付款项，根据预算会计的收付实现制基础，需要确认调整"其他应收款"现金流出业务。因此，在新旧会计制度衔接时，单位按照新制度规定将原账其他应收款中的预付款项计入预算支出的，应当对原账的"其他应收款"科目余额进行分析，区分其中预付款项的金额（将来很可能列支）和非预付款项的金额，并对预付款项的金额划分为财政补助资金预付的金额、非财政补助专项资金预付的金额和非财政补助非专项资金预付的金额，按照非财政补助非专项资金预付的金额，借记"非财政拨款结余"科目，贷记"资金结存——货币资金"科目。

⑤调整存货对非财政拨款结余的影响。为了全面反映单位预算支出信息，体现收付实现制会计核算原则，新制度在预算支出类会计科目中设置了"事业支出""经营支出"等科目，核算事业单位开展业务活动、经营活动等实际发生的各项现金流出，实际支付时借记"事业支出""经营支出"等科目。其中，"事业支出""经营支出"等科目本年发生额中的非财政非专项资金支出，年末结账时转入"其他结余"科目，最终转入"非财政拨款结余"科目。

原账的"存货"科目余额，在财务会计中未计入支出，但根据预算会计的收付实现制基础，需要确认调整购入存货的现金流出业务。因此，在新旧会计制度衔接时，单位应当对原账的"存货"科目余额进行分析，区分购入的存货金额和非购入的存货金额。对购入的存货金额划分出其中使用财政补助资金购入的金额、使用非财政补助专项资金购入的金额和使用非财政补助非专项资金购入的金额，按照使用非财政补助非专项资金购入的金额，借记"非财政拨款结余"科目，贷记"资金结存——货币资金"科目。

⑥调整长期股权投资对非财政拨款结余的影响。为了全面反映单位预算支出信息，体现收付实现制会计核算原则，新制度在预算支出类会计科目中设置了"投资支出"科目，核算事业单位以货币资金对外投资发生的现金流出，以货币资金对外投资时借记本科目，收回投资时贷记本科目。年末结账时转入"其他结余"科目，最终转入"非财政拨款结余"科目。

在新旧会计制度衔接时，按照预算会计的核算基础，需要确认调整"长期股权投资"中现金流出业务。因此，单位应当对原账的"长期投资"科目余额中属于股权投资的金额进行分析，区分其中用现金资产取得的金额和用非现金资产及其他方式取得的金额，按照用现金资产取得的金额，借记"非财政拨款结余"科目，贷记"资金结存——货币资金"科目。

在以货币资金取得长期股权投资时，已将"事业基金"转入"非流动资产基金——长期投资"的，不需要调整。

⑦调整长期债券投资对非财政拨款结余的影响。为了全面反映单位预算支出信息，体现收付实现制会计核算原则，新制度在预算支出类会计科目中设置了"投资支出"科目，核算事业单位以货币资金对外投资发生的现金流出，以货币资金对外投资时借记本科目，收回投资时贷记本科目。年末结账时转入"其他结余"科目，最终转入"非财政拨款结余"科目。

在新旧会计制度衔接时，按照预算会计的核算基础，需要确认调整"长期债券投资"的现金流出业务。因此，单位应当按照原账的"长期投资"科目余额中属于债券投资的余额，借记"非财政拨款结余"科目，贷记"资金结存——货币资金"科目。

在以货币资金取得长期债券投资时，已将"事业基金"转入"非流动资产基金——长期投资"的，不需要调整。

⑧调整短期借款、长期借款对非财政拨款结余的影响。为了全面反映单位预算支出信息，体现收付实现制会计核算原则，新制度在预算收入类会计科目中设置了"债务预算收入"科目，核算事业单位按照规定从银行和其他金融机构等借入的、纳入部门预算管理的、不以财政资金作为偿还来源的债务本金，收到借入款项时贷记本科目，偿还借款时贷记"债务还本支出"。年末结账时转入"其他结余"科目，最终转入"非财政拨款结余"科目。

在新旧会计制度衔接时，按照预算会计的核算基础，需要确认调整"短期借款""长期借款"带来的现金流入业务。因此，单位应当按照原账的"短期借款""长期借款"科目余额，借记"资金结存——货币资金"科目，贷记"非财政拨款结余"科目。

⑨调整应付票据、应付账款对非财政拨款结余的影响。为了全面反映单位预算支出信息，体现收付实现制会计核算原则，新制度在预算支出类会计科目中设置了"事业支出""经营支出"等科目，核算事业单位开展业务活动、经营活动等实际发生的各项现金流出，实际支付时借记"事业支出""经营支出"等科目。其中，"事业支出""经营支出"等科目本年发生额中的非财政非专项资金支出，年末结账时转入"其他结余"科目，最终转入"非财政拨款结余"科目。

原账的"应付票据""应付账款"科目余额中已计入预算支出部分，因现金尚未实际流出，根据预算会计的收付实现制基础，不能确认为预算支出，即应当从支出中予以冲减。因此，在新旧会计制度衔接时，单位应当对原账的"应付票据""应付账款"科目余额进行分析，区分其中发生时计入预算支出的金额和未计入预算支出的金额。将计入预算支出的金额划分出财政补助应付的金额、非财政补助专项资金应付的金额和非财政补助非专项资金应付的金额，按照非财政补助非专项资金应付的金额，借记"资金结存——货币资金"科目，贷记"非财政拨款结余"科目。

⑩调整预收账款对非财政拨款结余的影响。为了全面反映单位预算支出信息，体现收付实现制会计核算原则，新制度在预算收入类会计科目中设置了"事业预算收入""经营预算收入"等科目，核算事业单位开展业务活动、经营活动等取得的现金流入，取得各类现金收入时贷记"事业预算收入""经营收入"等科目。其中，"事业预算收入""经营预算收入"等科目本年发生额中的非专项资金收入，年末结账时转入"其他结余"，最终转入"非财政拨款结余"科目。

原账的"预收账款"科目余额，在财务会计中未计入收入，但根据预算会计的收付实现制基础，需要确认调整"预收账款"带来的现金流入为预算收入。因此，在新旧会计制度衔接时，单位应当按照原账的"预收账款"科目余额中预收非财政非专项资金的金额，借记"资金结存——货币资金"科目，贷记"非财政拨款结余"科目。

⑪调整专用基金对非财政拨款结余的影响。原账的"专用基金"科目余额中按照列支提取的专用基金，虽已计入预算支出但现金尚未实际流出，根据预算会计的收付实现制基础，不能确认为预算支出，即应当从支出中予以冲减。因此，在新旧会计制度衔接时，单位应当对原账的"专用基金"科目余额进行分析，划分出按照收入比例列支提取的专用基金，按照列支提取的专用基金的金额，借记"资金结存——货币资金"科目，贷记"非财政拨款结余"科目。

（3）按新账货币资金余额进行调整。单位按照前述（1）、（2）两个步骤难以准确调整出"非财政拨款结余"科目及对应的"资金结存"科目余额的，在新旧制度转换时，可以在新账的"库存现金""银行存款""其他货币资金""财政应返还额度"科目借方余额合计数基础上，对不纳入单位预算管理的资金进行调整（如减去新账中货币资金形式的受托代理资产、应缴财政款、已收取将来需要退回资金的其他应付款，加上已支付将来需要收回资金的其他应收款），按照调整后的金额减去新账的"财政拨款结转""财政拨款结余""非财政拨款结转""专用结余"科目贷方余额合计数，加上"经营结余"科目借方余额后的金额，登记新账的"非财政拨款结余"科目贷方；同时，按照相同的金额登记新账的"资金结存——货币资金"科目借方。

6."其他结余""非财政拨款结余分配"科目。

新制度设置了"其他结余"和"非财政拨款结余分配"科目。"其他结余"科目用于核算单位本年度除财政拨款收支、非同级财政专项资金收支和经营收支以外各项收支相抵后的余额。"非财政拨款结余分配"用于核算事业单位本年度非财政拨款结余分配的情况和结果。该两科目均为年末结账用科目，年末结账后一般应无余额。因此，在新旧制度转换时，单位无需对"其他结余"和"非财政拨款结余分配"科目进行新账年初余额登记。

（三）预算收入类、预算支出类会计科目

预算收入类、预算支出类会计科目是《政府会计制度》设置的预算会计核算科目，与原《事业单位会计制度》收入类、支出类会计科目没有直接转换对应关系，两类科目的核算内容与范围不完全一致。其参照关系如表 27-19 所示。

表 27-19　　　　　　　　　事业单位新旧会计科目对照表（预算收入支出类）

序号	新制度科目		原制度科目	
	编号	名称	编号	名称
（一）预算收入类				
10	6001	财政拨款预算收入	4001	财政补助收入
11	6101	事业预算收入	4101	事业收入
12	6201	上级补助预算收入	4201	上级补助收入
13	6301	附属单位上缴预算收入	4301	附属单位上缴收入
14	6401	经营预算收入	4401	经营收入
15	6501	债务预算收入		
16	6601	非同级财政拨款预算收入	4501	其他收入
17	6602	投资预算收益		
18	6609	其他预算收入		
（二）预算支出类				
19	7201	事业支出	5001	事业支出
20	7301	经营支出	5301	经营支出
21	7401	上缴上级支出	5101	上缴上级支出
22	7501	对附属单位补助支出	5201	对附属单位补助支出
23	7601	投资支出		
24	7701	债务还本支出		
25	7901	其他支出	5401	其他支出

由于预算收入类、预算支出类会计科目年初无余额，在新旧制度转换时，无需对预算收入类、预算支出类会计科目进行新账年初余额登记。单位应当自2019年1月1日起，按照新制度设置预算收入类、预算支出类科目并进行账务处理。

三、财务报表和预算会计报表的新旧衔接

按照《衔接规定》，事业单位在对原制度会计科目余额进行结转、补充登记未入账事项，以及对部分新账会计科目余额进行调整后，应当编制2019年1月1日的科目余额表及2019年度财务报表和预算会计报表（期初余额）。

（一）新旧会计制度报表体系对照

《政府会计制度》报表体系包括财务报表和预算会计报表。其中，财务报表由资产负债表、收入费用表、净资产变动表和现金流量表等会计报表和报表附注组成。预算会计报表是按照《政府会计制度》"双基础、双功能、双报告"的要求设计与编制，由预算收入支出表、预算结转结余变动表和财政拨款预算收入支出表等报表组成。

《政府会计制度》根据新的核算内容和要求对其报表结构进行了调整和优化，细化了报表附注应当披露的内容，对会计报表重要项目说明提供了参考的披露格式，要求按经济分类披露费用信息，以及要求披露本年预算结余和本年盈余的差异调节过程等。新制度报表体系，对于全面反映单位财务信息和预算执行信息，提高部门、单位会计信息的透明度和决策有用性具有重要意义。

原《事业单位会计制度》会计报表体系由资产负债表、收入支出表、财政补助收入支出表等会计报表和报表附注组成，与新制度会计报表体系的对照如表27-20所示。

表27-20 事业单位新旧会计制度报表体系对照表

序号	政府会计制度			事业会计制度			说明
	编号	报表名称	编制期	编号	报表名称	编制期	
一、财务报表							
1	会政财01表	资产负债表	月度年度	会事业01表	资产负债表	月度年度	基本相同
2	会政财02表	收入费用表	月度年度	会事业02表	收入支出表	月度年度	基本相同
3	会政财03表	净资产变动表	年度				新增
4	会政财04表	现金流量表	年度				新增，可选是否编制
5				会事业03表	财政补助收入支出表	年度	删除
6		附注	年度		附注	年度	要求相同
二、预算会计报表							
7	会政预01表	预算收入支出表	年度				新增
8	会政预02表	预算结转结余变动表	年度				新增
9	会政预03表	财政拨款预算收入支出表	年度				与会事业03表类似

其中，财务报表的"资产负债表""收支费用表"为月度、年度报表，与原《事业单位会计制度》的"资产负债表""收入支出表"的内容与格式相似；"净资产变动表"和"现金流量表"为新增年度报表；原《事业单位会计制度》的"财政补助收入支出表"不再编制，其内容包含到预算会计报表的"财政拨款预算收入支出表"中，但内容与格式有所优化与简略。

（二）期初新会计制度报表的编制

1. 编制2019年1月1日科目余额表。

在将原账科目余额转入新账、未入账事项补充登记新账，以及对相关新账科目余额进行调整后，按照登记及调整后新账的各会计科目余额，编制2019年1月1日的财务会计和预算会计科目余额表（见表27-21、表27-22），作为新账各会计科目的期初余额，也是编制新账报表的基础。

表27-21　　　　　　　　　　　2019年1月1日新账财务会计科目余额表

序号	科目编号	科目名称	期初余额	序号	科目编号	科目名称	期初余额
一、资产类				二、负债类			
1	1001	库存现金		36	2001	短期借款	
2	1002	银行存款		37	2101	应交增值税	
3	1011	零余额账户用款额度		38	2102	其他应交税费	
4	1021	其他货币资金		39	2103	应缴财政款	
5	1101	短期投资		40	2201	应付职工薪酬	
6	1201	财政应返还额度		41	2301	应付票据	
7	1211	应收票据		42	2302	应付账款	
8	1212	应收账款		43	2303	应付政府补贴款	
9	1214	预付账款		44	2304	应付利息	
10	1215	应收股利		45	2305	预收账款	
11	1216	应收利息		46	2307	其他应付款	
12	1218	其他应收款		47	2401	预提费用	
13	1219	坏账准备		48	2501	长期借款	
14	1301	在途物品		49	2502	长期应付款	
15	1302	库存物品		50	2601	预计负债	
16	1303	加工物品		51	2901	受托代理负债	
17	1401	待摊费用				负债合计	
18	1501	长期股权投资		三、净资产类			
19	1502	长期债券投资		52	3001	累计盈余	
20	1601	固定资产		53	3101	专用基金	
21	1602	固定资产累计折旧		54	3201	权益法调整	
22	1611	工程物资		55	3301	本期盈余	
23	1613	在建工程		56	3302	本年盈余分配	
24	1701	无形资产		57	3401	无偿调拨净资产	
25	1702	无形资产累计摊销		58	3501	以前年度盈余调整	
26	1703	研发支出				净资产合计	
27	1801	公共基础设施					
28	1802	公共基础设施累计折旧（摊销）					
29	1811	政府储备物资					
30	1821	文物文化资产					
31	1831	保障性住房					
32	1832	保障性住房累计折旧					
33	1891	受托代理资产					
34	1901	长期待摊费用					
35	1902	待处理财产损溢					
		资产合计				负债及净资产合计	

表27-22　　　　　　　　　　　2019年1月1日新账预算会计科目余额表

序号	科目编号	科目名称	期初余额	
			借方余额	贷方余额
1	8001	资金结存		
2	8101	财政拨款结转		
3	8102	财政拨款结余		
4	8201	非财政拨款结转		
5	8202	非财政拨款结余		
6	8301	专用结余		
7	8401	经营结余		
8	8501	其他结余		
9	8701	非财政拨款结余分配		
		预算结余类合计		

2. 编制2019年1月1日期初资产负债表。

事业单位根据2019年1月1日新账的财务会计科目余额表（见表27-21）。按照新制度规定编制2019年1月1日期初资产负债表（仅要求填列各项目"年初余额"）。

3. 编制2019年度财务报表和预算会计报表。

事业单位应当按照新制度规定编制2019年财务报表和预算会计报表。在编制2019年度收入费用表、净资产变动表、现金流量表和预算收入支出表、预算结转结余变动表时，不要求填列上年比较数。

事业单位根据2019年1月1日新账财务会计科目余额表（见表27-21），填列2019年净资产变动表各项目的"上年年末余额"；根据2019年1月1日新账预算会计科目余额表（见表27-22），填列2019年预算结转结余变动表的"年初预算结转结余"项目和财政拨款预算收入支出表的"年初财政拨款结转结余"项目。

第四节 高等学校新旧会计制度衔接

高等学校在新旧制度衔接转换过程中，需要根据《高等学校新旧会计科目对照表》《高等学校原会计科目余额明细表一（财务会计）》和《高等学校原会计科目余额明细表二（预算会计）》，将原账会计科目余额直接或分析转入新账会计科目、按照原账科目余额登记新账预算结余会计科目。新账的科目设有明细科目的，应将原账中对应科目的余额加以分析，分别转入新账中相应科目的相关明细科目。如存在其他《衔接规定》中未列举的原账科目余额的，应当比照《衔接规定》转入新账的相应科目；如存在2018年12月31日前未入账的其他事项的，应当按照《衔接规定》补充登记新账的相应科目。

一、财务会计科目的新旧衔接

高等学校在新旧会计制度衔接过程中，根据2018年12月31日原账的科目余额表、总账及明细账，按照新制度财务会计核算规定，对涉及财务会计科目的核算内容进行详细分析和调整，编制《高等学校原会计科目余额明细表一（财务会计）》（见表27-23）。根据原账科目余额表和《高等学校原会计科目余额明细表一（财务会计）》，将原账科目余额过入新账期初余额。

在对新账的财务会计科目期初余额进行调整及补充登记时，应当编制记账凭证，并将调整及补充登记事项的确认依据作为原始凭证（包括相关财产清查表）。

表27-23　　　　　　　　　　高等学校原会计科目余额明细表一（财务会计）

总账科目	明细分类	金额	备注
库存现金	库存现金		
	其中：受托代理现金		
银行存款	银行存款		
	其中：受托代理银行存款		
	其他货币资金		
预付账款	使用受托代理资金预付		
	其他		
其他应收款	在途物品		已经付款或已开出商业汇票，尚未收到物资
	使用受托代理资金		
	其他		
存货	在加工存货		
	非在加工存货		
	受托代理资产		
长期投资	长期股权投资		
	其中：对企业法人单位的投资		
	长期债券投资		
固定资产	固定资产		
	受托代理固定资产		

续表

总账科目	明细分类	金额	备注
累计折旧	固定资产累计折旧		
	受托代理固定资产累计折旧		
在建工程	在建工程		
	工程物资		
	预付工程款、预付备料款		
应缴税费	应交增值税		
	其他应交税费		
其他应付款	受托代理负债		因接受代管资金形成的
	其他应付款		
代管款项	受托代理负债		
	其他应付款		
	长期应付款		

（一）资产类会计科目余额的调整

1. 新旧会计制度科目的变化。

高等学校在执行政府会计制度后，原《高等学校会计制度》资产类核算会计科目有所变化，对比如表27-24所示。

表27-24　　　　　　　高等学校新旧会计科目对照表（资产类）

序号	新制度科目		原制度科目	
	编号	名称	编号	名称
1	1001	库存现金	1001	库存现金
2	1002	银行存款	1002	银行存款
3	1021	其他货币资金		
4	1011	零余额账户用款额度	1011	零余额账户用款额度
5	1101	短期投资	1201	短期投资
6	1201	财政应返还额度	1101	财政应返还额度
7	1211	应收票据	1211	应收票据
8	1212	应收账款	1212	应收账款
9	1214	预付账款	1213	预付账款
10	1891	受托代理资产		
11	1218	其他应收款	1215	其他应收款
12	1301	在途物品		
13	1891	受托代理资产		
14	1302	库存物品	1301	存货
15	1303	加工物品		
16	1891	受托代理资产		
17	1501	长期股权投资	1401	长期投资
18	1502	长期债券投资		
19	1601	固定资产	1501	固定资产
20	1891	受托代理资产		
21	1602	固定资产累计折旧	1502	累计折旧
22	3001	累计盈余		
23	1611	工程物资	1511	在建工程
24	1613	在建工程		
25	1214	预付账款		
26	1701	无形资产	1601	无形资产
27	1702	无形资产累计摊销	1602	累计摊销
28	1902	待处理财产损溢	1701	待处置资产损溢

2. 原账会计科目余额转入新账。

根据《高等学校新旧会计科目对照表（资产类）》（见表27-24）、原账会计科目余额表及《高等学校原会计科目余额明细表一（财务会计）》（见表27-23），将原账会计科目余额直接或分析转入新账财务会计科目。

（1）"库存现金""财政应返还额度""短期投资""应收票据""应收账款""无形资产"科目。新制度设置了"库存现金""财政应返还额度""短期投资""应收票据""应收账款""无形资产"科目，其核算内容与原账的上述相应科目的核算内容基本相同。转账时，单位应当将原账的上述科目余额直接转入新账的相应科目。其中，还应当将原账的"库存现金"科目余额中属于新制度规定受托代理资产的金额，转入新账"库存现金"科目下的"受托代理资产"明细科目。

（2）"银行存款"科目。新制度设置了"银行存款"和"其他货币资金"科目，原制度设置了"银行存款"科目。转账时，单位应当将原账"银行存款"科目中核算的属于新制度规定的其他货币资金的金额，转入新账"其他货币资金"科目；将原账"银行存款"科目余额减去其中属于其他货币资金余额后的差额，转入新账的"银行存款"科目。其中，还应当将原账的"银行存款"科目余额中属于新制度规定受托代理资产的金额，转入新账"银行存款"科目下的"受托代理资产"明细科目。

（3）"零余额账户用款额度"科目。由于原账的"零余额账户用款额度"科目年末无余额，无需进行转账处理。

（4）"预付账款"科目。新制度设置了"预付账款"科目，该科目的核算内容与原账"预付账款"科目的核算内容基本相同。转账时，单位应当将原账的"预付账款"科目余额转入新账的"预付账款"科目。

新制度设置了"受托代理资产"科目，单位如果有在原账的"预付账款"科目中核算使用受托代理资金的预付账款，应当将原账的"预付账款"科目余额中使用受托代理资金的金额转入新账的"受托代理资产——应收及暂付款"科目。

（5）"其他应收款"科目。新制度设置了"其他应收款"科目，该科目的核算内容与原账"其他应收款"科目的核算内容基本相同。转账时，单位应当将原账的"其他应收款"科目余额，转入新账的"其他应收款"科目。

新制度设置了"在途物品"科目，单位在原账"其他应收款"科目中核算了已经付款或开出商业汇票、尚未收到物资的，应当将原账的"其他应收款"科目余额中已经付款或开出商业汇票、尚未收到物资的金额，转入新账的"在途物品"科目。

新制度设置了"受托代理资产"科目，单位如果有使用受托代理资金支付其他应收款的，应当将原账的"其他应收款"科目余额中使用受托代理资金的金额转入新账的"受托代理资产——应收及暂付款"科目。

（6）"存货"科目。新制度设置了"库存物品""加工物品"科目，原制度设置了"存货"科目。转账时，单位应当将原账的"存货"科目余额中属于在加工存货的金额，转入新账的"加工物品"科目；将原账的"存货"科目余额减去属于在加工存货的金额后的差额，转入新账的"库存物品"科目。

单位在原账的"存货"科目中核算了属于新制度规定的受托代理物资的，应当将原账的"存货"科目余额中属于受托代理物资的金额，转入新账的"受托代理资产"科目。

（7）"长期投资"科目。新制度设置了"长期股权投资"和"长期债券投资"科目，原制度设置了"长期投资"科目。转账时，单位应当将原账的"长期投资"科目余额中属于股权投资的金额，转入新账的"长期股权投资"科目及其明细科目；将原账的"长期投资"科目余额中属于债券投资的金额，转入新账的"长期债券投资"科目及其明细科目。

单位原账的"长期投资"科目核算的内容中，如果有被投资单位属于非企业法人单位的，应当在转账时先将对非企业法人单位出资的金额从原账的"长期投资"科目余额转出，借记原账的"非流动资产基金——长期投资"科目，贷记原账的"长期投资"科目。

（8）"固定资产"科目。新制度设置了"固定资产"科目，该科目的核算内容与原账"固定资产"科目的核算内容基本相同。转账时，应当将原账的"固定资产"科目余额全部转入新账的"固定资产"科目。

单位如果有使用受托代理资金购买的固定资产，应当将原账的"固定资产"科目余额中使用受托代理资金购买的固定资产的金额转入新账的"受托代理资产——固定资产"科目借方。

（9）"累计折旧"科目。新制度设置了"固定资产累计折旧"科目，该科目的核算内容与原账"累计折旧"科目的核算内容基本相同。单位已经计提了固定资产折旧并记入"累计折旧"科目的，转账时，应当将原账的"累计折旧"科目余额，转入新账的"固定资产累计折旧"科目。

单位如果有使用受托代理资金购买的固定资产并计提了折旧的，应当将原账的"累计折旧"科目余额中对使用受托代理资金购买固定资产计提折旧的金额转入新账的"累计盈余"科目。

（10）"在建工程"科目。新制度设置了"在建工程"和"预付账款——预付备料款、预付工程款"科目，原制度设置了"在建工程"科目。转账时，单位应当将原账的"在建工程"科目余额（基建"并账"后的金额，下同）中属于预付备料款、预付工程款的金额，转入新账"预付账款"相关明细科目；将原账的"在建工程"科目余额减去预付备料款、预付工程款金额后的差额，转入新账的"在建工程"科目。

单位在原账"在建工程"科目中核算了按照新制度规定应当记入"工程物资"科目内容的，应当将原账"在建工程"科目余额中属于工程物资的金额，转入新账的"工程物资"科目。

（11）"累计摊销"科目。新制度设置了"无形资产累计摊销"科目，该科目的核算内容与原账"累计摊销"科目的核算内容基本相同。单位已经计提了无形资产摊销的，转账时，应当将原账的"累计摊销"科目余额，转入新账的"无形资产累计摊销"科目。

（12）"待处置资产损溢"科目。新制度设置了"待处理财产损溢"科目，该科目的核算内容与原账"待处置资产损溢"科目的核算内容基本相同。转账时，单位应当将原账的"待处置资产损溢"科目余额，转入新账的"待处理财产损溢"科目。

3. 原未入账事项登记新账。

（1）应收股利。单位在新旧制度转换时，应当将2018年12月31日前未入账的应收股利按照新制度规定记入新账。登记新账时，按照确定的入账金额，分别借记"应收股利"科目，贷记"累计盈余"科目。

（2）研发支出。高等学校在新旧制度转换时，应当将2018年12月31日前未入账的自行研究开发项目开发阶段的费用按照新制度规定记入新账。登记新账时，按照确定的开发阶段费用金额，借记"研发支出"科目，贷记"累计盈余"科目。

（3）受托代理资产。单位在新旧制度转换时，应当将2018年12月31日前未入账的受托代理资产按照新制度规定记入新账。登记新账时，按照确定的受托代理资产金额，借记"受托代理资产"科目，贷记"受托代理负债"科目。

（4）盘盈资产。单位在新旧制度转换时，应当将2018年12月31日前未入账的盘盈资产按照新制度规定记入新账。登记新账时，按照确定的盘盈资产及其成本，借记有关资产科目，按照盘盈资产成本的合计金额，贷记"累计盈余"科目。

4. 新账会计科目余额调整。

按照《衔接规定》，应当对新账的相关财务会计科目余额按照新制度规定的会计核算基础进行调整。在新旧制度转换时，根据资产清查和债权债务核实结果，计提坏账准备、补提折旧或摊销，按照权益法调整长期股权投资账面余额，确认长期债券投资期末应收利息，编制记账凭证，并将调整及补充登记事项的确认依据作为原始凭证。

（1）计提坏账准备。新制度要求对单位收回后无需上缴财政的应收账款和其他应收款提取坏账准备。在新旧制度转换时，单位应当按照2018年12月31日无需上缴财政的应收账款和其他应收款的余额计算应计提的坏账准备金额，借记"累计盈余"科目，贷记"坏账准备"科目。

（2）按照权益法调整长期股权投资账面余额。对按照新制度规定应当采用权益法核算的长期股权投资，在新旧制度转换时，单位应当在"长期股权投资"科目下设置"新旧制度转换调整"明细科目，依据被投资单位2018年12月31日财务报表的所有者权益账面余额，以及单位持有被投资单位的股权比例，计算应享有或应分担的被投资单位所有者权益的份额，调整长期股权投资的账面余额，借记或贷记"长期股权投资——新旧制度转换调整"科目，贷记或借记"累计盈余"科目。

高等学校对已经持有，且处于停产、半停产、连年亏损、资不抵债、主要靠政府补贴和学校续贷维持经营的被投资单位发生的投资，在新旧制度转换时可继续采用成本法进行核算。

（3）确认长期债券投资期末应收利息。单位应当按照新制度规定于2019年1月1日补记长期债券投资应收利息，按照长期债券投资的应收利息金额，借记"长期债券投资"科目［到期一次还本付息］或"应收利息"科目［分期付息、到期还本］，贷记"累计盈余"科目。

（4）补提折旧。单位在原账中尚未计提固定资产折旧的，应当全面核查截至2018年12月31日的固定资产的预计使用年限、已使用年限、尚可使用年限等，并于2019年1月1日对尚未计提折旧的固定资产补提折旧，按照应计提的折旧金额，借记"累计盈余"科目，贷记"固定资产累计折旧"科目。

（5）补提摊销。单位在原账中尚未计提无形资产摊销的，应当全面核查截至2018年12月31日无形资产的预计使用年限、已使用年限、尚可使用年限等，并于2019年1月1日对前期尚未计提摊销的无形资产补提摊销，按照应计提的摊销金额，借记"累计盈余"科目，贷记"无形资产累计摊销"科目。

（二）负债类会计科目余额的调整

1. 新旧会计制度科目的变化。

高等学校在执行政府会计制度后，原《高等学校会计制度》负债类核算会计科目有所变化，对比如表27-25所示。

表27-25　　　　　　　　　　高等学校新旧会计科目对照表（负债类）

序号	新制度科目		原制度科目	
	编号	名称	编号	名称
29	2001	短期借款	2001	短期借款
30	2101	应交增值税	2101	应缴税费
31	2102	其他应交税费		
32	2103	应缴财政款	2102	应缴国库款
			2103	应缴财政专户款
33	2201	应付职工薪酬	2201	应付职工薪酬
34	2301	应付票据	2301	应付票据
35	2302	应付账款	2302	应付账款
36	2305	预收账款	2303	预收账款
37	2307	其他应付款	2305	其他应付款
38	2901	受托代理负债	3101	非流动资产基金
39	2501	长期借款	2401	长期借款
40	2502	长期应付款	2402	长期应付款
41	2901	受托代理负债	2501	代管款项
42	2307	其他应付款		
43	2502	长期应付款		

2. 原账会计科目余额转入新账。

根据《高等学校新旧会计科目对照表（负债类）》（见表27-25）、原账会计科目余额表及《高等学校原会计科目余额明细表一（财务会计）》（见表27-23），将原账会计科目余额直接或分析转入新账财务会计科目。

（1）"短期借款""应付职工薪酬""应付票据""应付账款""预收账款""长期借款""长期应付款"科目。新制度设置了"短期借款""应付职工薪酬""应付票据""应付账款""预收账款""长期借款""长期应付款"科目，这些科目的核算内容与原账的上述相应科目的核算内容基本相同。转账时，单位应当将原账的上述科目余额直接转入新账的相应科目。

（2）"代管款项"科目。新制度设置了"受托代理负债"科目，原账的"代管款项"科目的核算内容包括了受托代理负债的内容。转账时，单位应当对原账中"代管款项"科目余额进行分析，将其中属于新制度规定受托代理负债的余额转入新账中"受托代理负债"科目；将不属于受托代理负债的余额，根据偿还期限分别转入新账中"其他应付款"和"长期应付款"科目。

（3）"应缴税费"科目。新制度设置了"应交增值税"和"其他应交税费"科目，原制度设置了"应缴税费"科目。转账时，单位应当将原账的"应缴税费——应缴增值税"科目余额，转入新账"应交增值税"中的相关明细科目；将原账的"应缴税费"科目余额减去属于应缴增值税余额后的差额，转入新账的"其他应交税费"科目。

（4）"应缴国库款""应缴财政专户款"科目。新制度设置了"应缴财政款"科目，原制度设置了"应缴国库款""应缴财政专户款"科目。转账时，单位应当将原账的"应缴国库款""应缴财政专户款"科目余额，转入新账的"应缴财政款"科目。

(5) "其他应付款"科目。新制度设置了"其他应付款"科目,该科目的核算内容与原账"其他应付款"科目的核算内容基本相同。转账时,单位应当将原账的"其他应付款"科目余额,转入新账的"其他应付款"科目。其中,单位在原账的"其他应付款"科目中核算了属于新制度规定的受托代理负债的,应当将原账的"其他应付款"科目余额中属于受托代理负债的余额,转入新账的"受托代理负债"科目。

3. 原未入账事项登记新账。

(1) 预计负债。单位在新旧制度转换时,应当将2018年12月31日按照新制度规定确认的预计负债记入新账。登记新账时,按照确定的预计负债金额,借记"累计盈余"科目,贷记"预计负债"科目。

(2) 应付质量保证金。单位在新旧制度转换时,应当将2018年12月31日前未入账的应付质量保证金按照新制度规定记入新账。登记新账时,按照确定未入账的应付质量保证金金额,借记"累计盈余"科目,贷记"其他应付款"科目 [扣留期在1年以内(含1年)]、"长期应付款"科目 [扣留期超过1年]。

4. 新账会计科目余额调整。

按照《衔接规定》,应当对新账的相关财务会计科目余额按照新制度规定的会计核算基础进行调整。在新旧制度转换时,根据资产清查和债权债务核实结果,确认长期借款期末应付利息,编制记账凭证,并将调整及补充登记事项的确认依据作为原始凭证。

确认长期借款期末应付利息:单位应当按照新制度规定于2019年1月1日补记长期借款的应付利息金额,对其中资本化的部分,借记"在建工程"科目,对其中费用化的部分,借记"累计盈余"科目,按照全部长期借款应付利息金额,贷记"长期借款"科目 [到期一次还本付息] 或"应付利息"科目 [分期付息、到期还本]。

(三) 净资产类会计科目余额的调整

1. 新旧会计制度科目的变化。

高等学校在执行政府会计制度后,原《高等学校会计制度》净资产类核算会计科目有所变化,对比如表27-26所示。

表27-26 高等学校新旧会计科目对照表(净资产类)

序号	新制度科目		原制度科目	
	编号	名称	编号	名称
44	3001	累计盈余(贷方)	3001	事业基金
			3101	非流动资产基金
			3301	财政补助结转
			3302	财政补助结余
			3401	非财政补助结转
		累计盈余(借方)	3403	经营结余(借方)
45	3101	专用基金	3201	专用基金

2. 原账会计科目余额转入新账。

根据《高等学校新旧会计科目对照表(净资产类)》(见表27-26)、原账会计科目余额表及《高等学校原会计科目余额明细表一(财务会计科目)》(见表27-23),将原账会计科目余额直接、合并或分析转入新账财务会计科目。

(1) "事业基金"科目。新制度设置了"累计盈余"科目,该科目的核算内容包含了原账"事业基金"科目的核算内容。转账时,单位应当将原账的"事业基金"科目余额转入新账的"累计盈余"科目。

(2) "非流动资产基金"科目。依据新制度,无需对原制度中"非流动资产基金"科目对应内容进行核算。转账时,单位应当将原账的"非流动资产基金"科目余额转入新账的"累计盈余"科目。

单位有使用受托代理资金购买的固定资产的,转账时,应当将"非流动资产基金——固定资产"科目余额中属于受托代理固定资产原值的余额转入新账的"受托代理负债"科目。

(3) "专用基金"科目。新制度设置了"专用基金"科目,该科目的核算内容与原账"专用基金"科目的核算内容基本相同。转账时,单位应当将原账的"专用基金"科目余额转入新账的"专用基金"科目。

（4）"财政补助结转""财政补助结余""非财政补助结转"科目。新制度设置了"累计盈余"科目，该科目的余额包含了原账的"财政补助结转""财政补助结余""非财政补助结转"科目的余额内容。转账时，单位应当将原账的"财政补助结转""财政补助结余""非财政补助结转"科目余额，转入新账的"累计盈余"科目。

（5）"经营结余"科目。新制度设置了"本期盈余"科目，该科目的核算内容包含了原账"经营结余"科目的核算内容。新制度规定"本期盈余"科目余额最终转入"累计盈余"科目，如果原账的"经营结余"科目有借方余额，转账时，单位应当将原账的"经营结余"科目借方余额，转入新账的"累计盈余"科目借方。

（6）"事业结余""非财政补助结余分配"科目。由于原账的"事业结余""非财政补助结余分配"科目年末无余额，这两个科目无需进行转账处理。

3. 新账会计科目余额调整。

按照《衔接规定》，应当对新账的相关财务会计科目余额按照新制度规定的会计核算基础进行调整。在新旧制度转换时，根据资产清查和债权债务核实结果，计提坏账准备、补提折旧或摊销，按照权益法调整长期股权投资账面余额，确认长期债券投资期末应收利息和长期借款期末应付利息，编制记账凭证，并将调整及补充登记事项的确认依据作为原始凭证。

调整及补充登记时，涉及净资产变动的，借记或贷记有关资产负债科目，贷记或借记"累计盈余"。

（四）收入类、支出类会计科目

高等学校在执行政府会计制度后，原《高等学校会计制度》收入、支出类核算会计科目有所变化，对比如表27-27所示。

表27-27　　　　　　　　　　高等学校新旧会计科目对照表（收入支出类）

序号	新制度科目		原制度科目	
	编号	名称	编号	名称
（一）收入类				
46	4001	财政拨款收入	4001	财政补助收入
47	4101	事业收入		
48	410101	教育事业收入	4101	教育事业收入
49	410102	科研事业收入	4102	科研事业收入
50	4201	上级补助收入	4201	上级补助收入
51	4301	附属单位上缴收入	4301	附属单位上缴收入
52	4401	经营收入	4401	经营收入
53	4601	非同级财政拨款收入		
54	4602	投资收益		
55	4603	捐赠收入	4501	其他收入
56	4604	利息收入		
57	4605	租金收入		
58	4609	其他收入		
（二）费用类（支出类）				
59	5001	业务活动费用		
60	500101	教育费用	5001	教育事业支出
61	500102	科研费用	5002	科研事业支出
62	5101	单位管理费用		
63	510101	行政管理费用	5003	行政管理支出
64	510102	后勤保障费用	5004	后勤保障支出
65	510103	离退休费用	5005	离退休支出
66	510109	单位统一负担的其他管理费用		
67	5201	经营费用	5301	经营支出
68	5401	上缴上级费用	5101	上缴上级支出
69	5501	对附属单位补助费用	5201	对附属单位补助支出
70	5801	所得税费用	3404	非财政补助结余分配
71	5301	资产处置费用	5401	其他支出
72	5901	其他费用		

由于原账中收入类、支出类科目年末无余额,无需进行转账处理。自2019年1月1日起,单位应当按照新制度设置收入费用类科目并进行账务处理。

二、预算会计科目的新旧衔接

高等学校在新旧会计制度衔接转换过程中,根据2018年12月31日原账的科目余额表、总账及明细账,按照新制度预算会计核算基础,对涉及预算会计核算内容的会计科目进行详细分析和调整,编制《高等学校原会计科目余额明细表二(预算会计)》(见表27-28)。根据原账科目余额表和《高等学校原会计科目余额明细表二(预算会计)》,将原账科目余额过入新账期初余额。

在对新账的预算会计科目期初余额进行调整及补充登记时,应当编制记账凭证,并将调整及补充登记事项的确认依据作为原始凭证。

表27-28　　　　　　　　　高等学校原会计科目余额明细表二(预算会计)

总账科目	明细分类	金额	备注
应收票据、应收账款	发生时不计入收入		
	发生时计入收入		
	其中:专项收入		
	其他		
预付账款 (扣除属于受托 代理资产的预付款)	财政补助资金预付		
	非财政补助专项资金预付		
	非财政补助非专项资金预付		
其他应收款 (扣除属于受托 代理资产的应收款)	预付款项		如职工预借的差旅费等
	其中:财政补助资金预付		
	非财政补助专项资金预付		
	非财政补助非专项资金预付		
	需要收回及其他		如支付的押金、应收为职工垫付的款项等
存货 (扣除属于受托 代理资产的存货)	购入存货		
	其中:使用财政补助资金购入		
	使用非财政补助专项资金购入		
	使用非财政补助非专项资金购入		
	非购入存货		如无偿调入、接受捐赠的存货等
长期投资 (扣除对非企业 法人股权投资)	长期股权投资		
	其中:用现金资产取得		
	用非现金资产或其他方式取得		
	长期债券投资		
应付票据、应付账款	发生时不计入支出		
	发生时计入支出		
	其中:财政补助资金应付		
	非财政补助专项资金应付		
	非财政补助非专项资金应付		
预收账款	预收专项资金		
	预收非专项资金		
应缴税费—— 应缴增值税	非财政拨款专项资金应交		
	非财政拨款非专项资金应交		
应缴税费—— 应缴其他税费	财政拨款应交		
	非财政拨款专项资金应交		
	非财政拨款非专项资金应交		
其他应付款 (扣除属于受托 代理资产的应收款)	支出类		确认其他应付款确认了支出
	其中:财政补助资金应付		
	非财政补助专项资金应付		
	非财政补助非专项资金应付		
	周转类		如收取的押金、保证金等
专用基金	从非财政补助结余中提取		
	从收入中列支提取		
	其他		

(一) 预算结余类会计科目与原账会计科目对照

预算结余类会计科目在原制度中没有直接对应的会计科目，其余额需要从原《高等学校会计制度》核算的部分会计科目余额中分析转入。新旧制度预算结余类会计科目对照如表27-29所示。

表27-29　　　　　　　　　　高等学校新旧会计科目对照表（预算结余类）

序号	新会计科目		原制度科目	
	编号	名称	编号	名称
1	8101	财政拨款结转	3301	财政补助结转
2	8102	财政拨款结余	3302	财政补助结余
3	8201	非财政拨款结转	3401	非财政补助结转
4	8202	非财政拨款结余	3001	事业基金
5	8301	专用结余	3201	专用基金
6	8401	经营结余	3403	经营结余
7	8001	资金结存（借方）	3301	财政补助结转
			3302	财政补助结余
			3401	非财政补助结转
			3001	事业基金
			3201	专用基金
			3403	经营结余
8	8501	其他结余	3402	事业结余
9	8701	非财政拨款结余分配	3404	非财政补助结余分配

为了保证复式记账借贷平衡，体现收付实现制下预算资金流入、流出和结存情况，新制度除设置了"财政拨款结转""财政拨款结余""非财政拨款结转""非财政拨款结余""专用结余"等预算结存类科目外，还设置了"资金结存"科目，用以反映各结存类科目对应的资金形态。"资金结存"科目设置了"零余额账户用款额度""货币资金"和"财政应返还额度"等明细科目。当确认预算收入时，同时借记"资金结存"科目；当确认预算支出时，同时贷记"资金结存"科目。年末结账后"资金结存"科目余额为借方余额，上述结存类科目余额为贷方余额，两者方向相反、金额相等。因此，在新旧会计制度衔接中，预算会计按照收付实现制原则，对结存类会计科目进行调整，重新确认登记新账的"财政拨款结转""财政拨款结余""非财政拨款结转""非财政拨款结余""专用结余"科目及其明细科目。

(二) 预算结余类会计科目余额的调整

根据《高等学校新旧会计科目对照表（预算结余类）》（见表27-29）、原账会计科目余额表及《高等学校原会计科目余额明细表二（预算会计）》（见表27-28），将原账会计科目余额分析转入新账预算会计科目。

1. "财政拨款结转"和"财政拨款结余"科目及对应的"资金结存"科目余额。

新制度设置了"财政拨款结转""财政拨款结余"科目及对应的"资金结存"科目。在新旧制度转换时，单位应当对原账的"财政补助结转"科目余额进行逐项分析，加上已经计入支出尚未支付财政资金（如发生时列支的应收票据、应付账款、应交税费、应付职工薪酬等）的金额，减去已经支付财政资金尚未计入支出（如购入的存货、预付账款、其他应收款等）的金额，按照增减后的金额，登记新账的"财政拨款结转"科目及其明细科目贷方；按照原账"财政补助结余"科目余额，登记新账的"财政拨款结余"科目及其明细科目贷方。

按照原账"财政应返还额度"科目余额登记新账的"资金结存——财政应返还额度"科目借方；按照新账的"财政拨款结转"和"财政拨款结余"科目贷方余额合计数，减去新账的"资金结存——财政应返还额度"科目借方余额后的差额，登记新账的"资金结存——货币资金"科目借方。

2. "非财政拨款结转"科目及对应的"资金结存"科目余额。

新制度设置了"非财政拨款结转"科目及对应的"资金结存"科目。在新旧制度转换时，单位应当对原账的"非财政补助结转"科目余额进行逐项分析，加上已经计入支出尚未支付非财政补助专项资金（如发生时列支的应收票据、应付账款、应交税费、应付职工薪酬等）的金额，减去已经支付非财政补助专项资金尚未计入支出（如购入的存货、预付账款等）的金额，加上已经收到非财政补助专项资金尚未计入预算收入（如预收账款等）的金额，减去已经计入预算收入尚未收到非财政补助专项资金（如应收票据、应收账款、其他应收款等）的金额，按照增减后的金额，登记新账的"非财政拨款结转"科目及其明细科目贷方；同时，按照相同的金额登记新账的"资金结存——货币资金"科目借方。

3."专用结余"科目及对应的"资金结存"科目余额。

新制度设置了"专用结余"科目及对应的"资金结存"科目。"专用结余"科目用于核算事业单位按照规定从非财政拨款结余中提取的具有专门用途的资金的变动和滚存情况，提取基金时贷记本科目，使用基金时借记本科目。"专用结余"贷方余额表现为一定金额的现金流入，根据预算会计的收付实现制基础，需要同时确认调整增加"资金结存"与"专用结余"科目金额。

因此，在新旧制度转换时，单位应当按照原账"专用基金"科目余额中通过非财政补助结余分配形成的金额，借记新账的"资金结存——货币资金"科目，贷记新账的"专用结余"科目。

4."经营结余"科目及对应的"资金结存"科目余额。

新制度设置了"经营结余"科目及对应的"资金结存"科目。"经营结余"科目用于核算事业单位年度内经营活动收支相抵后金额弥补以前年度经营亏损后的余额。年末结账时，"经营预算收入"转入时贷记本科目，"经营支出"转入时借记本科目。本科目如年末有借方余额，则为经营亏损，不予结转。"经营结余"借方余额表现为经营现金净流出金额，根据预算会计的收付实现制基础，需要确认调整减少"资金结存"和"经营结余"科目金额。

因此，如果原账的"经营结余"科目期末有借方余额，在新旧制度转换时，单位应当按照原账的"经营结余"科目余额，借记新账的"经营结余"科目，贷记新账的"资金结存——货币资金"科目。

5."非财政拨款结余"科目及对应的"资金结存"科目余额。

（1）登记"非财政拨款结余"科目余额。新制度设置了"非财政拨款结余"科目及对应的"资金结存"科目。在新旧制度转换时，单位应当按照原账的"事业基金"科目余额，借记新账的"资金结存——货币资金"科目，贷记新账的"非财政拨款结余"科目。

（2）对新账"非财政拨款结余"科目及"资金结存"科目余额进行调整。

①调整短期投资对非财政拨款结余的影响。为了全面反映单位预算支出信息，体现收付实现制会计核算原则，新制度在预算支出类会计科目中设置了"投资支出"科目，核算事业单位以货币资金对外投资发生的现金流出，以货币资金对外投资时借记本科目，收回投资时贷记本科目。年末结账时转入"其他结余"科目，最终转入"非财政拨款结余"科目。

在新旧会计制度衔接时，按照预算会计的收付实现制基础，需要确认调整"短期投资"现金流出业务。因此，单位应当按照原账的"短期投资"科目余额，借记"非财政拨款结余"科目，贷记"资金结存——货币资金"科目。

②调整应收票据、应收账款对非财政拨款结余的影响。为了全面反映单位预算支出信息，体现收付实现制会计核算原则，新制度在预算收入类会计科目中设置了"事业预算收入""经营预算收入"等科目，核算事业单位开展业务活动、经营活动等取得的现金流入，取得各类现金收入时贷记"事业预算收入""经营预算收入"等科目。其中，"事业预算收入""经营预算收入"等科目本年发生额中的非专项资金收入，年末结账时转入"其他结余"科目，最终转入"非财政拨款结余"科目。

原账的"应收票据""应收账款"科目余额中已计入预算收入部分，因没有现金流入，根据预算会计的收付实现制基础，不能确认为"事业预算收入"。因此，在新旧会计制度衔接时，单位应当对原账的"应收票据""应收账款"科目余额进行分析，区分其中发生时计入预算收入的金额和没有计入预算收入的金额。对发生时计入预算收入的金额，再区分计入专项资金收入的金额和计入非专项资金收入的金额，按照计入非专项资金收入的金额，借记"非财政拨款结余"科目，贷记"资金结存——货币资金"科目。

③调整预付账款对非财政拨款结余的影响。为了全面反映单位预算支出信息，体现收付实现制会计核算原则，新制度在预算支出类会计科目中设置了"事业支出""经营支出"等科目，核算事业单位开展业务活动、经营活动等实际发生的各项现金流出，实际支付时借记"事业支出""经营支出"等科目。其

中,"事业支出""经营支出"等科目本年发生额中的非财政非专项资金支出,年末结账时转入"其他结余"科目,最终转入"非财政拨款结余"科目。

原账的"预付账款"科目余额,在财务会计中未计入支出,但根据预算会计的收付实现制基础,需要确认调整"预付账款"现金流出业务。因此,在新旧会计制度衔接时,单位应当对原账的"预付账款"科目余额进行分析,区分其中由财政补助资金预付的金额、非财政补助专项资金预付的金额和非财政补助非专项资金预付的金额,按照非财政补助非专项资金预付的金额,借记"非财政拨款结余"科目,贷记"资金结存——货币资金"科目。

④调整其他应收款对非财政拨款结余的影响。为了全面反映单位预算支出信息,体现收付实现制会计核算原则,新制度在预算支出类会计科目中设置了"事业支出""经营支出"等科目,核算事业单位开展业务活动、经营活动等实际发生的各项现金流出,实际支付时借记"事业支出""经营支出"等科目。其中,"事业支出""经营支出"等科目本年发生额中的非财政非专项资金支出,年末结账时转入"其他结余"科目,最终转入"非财政拨款结余"科目。

原账的"其他应收款"科目余额中,对于已计入预算支出的预付款项,根据预算会计的收付实现制基础,需要确认调整"其他应收款"现金流出业务。因此,在新旧会计制度衔接时,单位按照新制度规定将原账其他应收款中的预付款项计入预算支出的,应当对原账的"其他应收款"科目余额进行分析,区分其中预付款项的金额(将来很可能列支)和非预付款项的金额,并将预付款项的金额划分为财政补助资金预付的金额、非财政补助专项资金预付的金额和非财政补助非专项资金预付的金额,按照非财政补助非专项资金预付的金额,借记"非财政拨款结余"科目,贷记"资金结存——货币资金"科目。

⑤调整存货对非财政拨款结余的影响。为了全面反映单位预算支出信息,体现收付实现制会计核算原则,新制度在预算支出类会计科目中设置了"事业支出""经营支出"等科目,核算事业单位开展业务活动、经营活动等实际发生的各项现金流出,实际支付时借记"事业支出""经营支出"等科目。其中,"事业支出""经营支出"等科目本年发生额中的非财政非专项资金支出,年末结账时转入"其他结余"科目,最终转入"非财政拨款结余"科目。

原账的"存货"科目余额,在财务会计中未计入支出,但根据预算会计的收付实现制基础,需要确认调整购入存货的现金流出业务。因此,在新旧会计制度衔接时,单位应当对原账的"存货"科目余额进行分析,区分购入的存货金额和非购入的存货金额。对购入的存货金额划分出其中使用财政补助资金购入的金额、使用非财政补助专项资金购入的金额和使用非财政补助非专项资金购入的金额,按照使用非财政补助非专项资金购入的金额,借记"非财政拨款结余"科目,贷记"资金结存——货币资金"科目。

⑥调整长期股权投资对非财政拨款结余的影响。为了全面反映单位预算支出信息,体现收付实现制会计核算原则,新制度在预算支出类会计科目中设置了"投资支出"科目,核算事业单位以货币资金对外投资发生的现金流出,以货币资金对外投资时借记本科目,收回投资时贷记本科目。年末结账时转入"其他结余"科目,最终转入"非财政拨款结余"科目。

在新旧会计制度衔接时,按照预算会计的核算基础,需要确认调整"长期股权投资"中现金流出业务。因此,单位应当对原账的"长期投资"科目余额中属于股权投资的余额(不含对非企业法人投资)进行分析,区分其中用现金资产取得的金额和用非现金资产及其他方式取得的金额,按照用现金资产取得的金额,借记"非财政拨款结余"科目,贷记"资金结存——货币资金"科目。

在以货币资金取得长期股权投资时,已将"事业基金"转入"非流动资产基金——长期投资"的,不需要调整。

⑦调整长期债券投资对非财政拨款结余的影响。为了全面反映单位预算支出信息,体现收付实现制会计核算原则,新制度在预算支出类会计科目中设置了"投资支出"科目,核算事业单位以货币资金对外投资发生的现金流出,以货币资金对外投资时借记本科目,收回投资时贷记本科目。年末结账时转入"其他结余"科目,最终转入"非财政拨款结余"科目。

在新旧会计制度衔接时,按照预算会计的核算基础,需要确认调整"长期债券投资"的现金流出业务。因此,单位应当按照原账的"长期投资"科目余额中属于债券投资的余额,借记"非财政拨款结余"科目,贷记"资金结存——货币资金"科目。

在以货币资金取得长期债券投资时，已将"事业基金"转入"非流动资产基金——长期投资"科目的，不需要调整。

⑧调整短期借款、长期借款对非财政拨款结余的影响。为了全面反映单位预算支出信息，体现收付实现制会计核算原则，新制度在预算收入类会计科目中设置了"债务预算收入"科目，核算事业单位按照规定从银行和其他金融机构等借入的、纳入部门预算管理的、不以财政资金作为偿还来源的债务本金，收到借入款项时借记本科目，偿还借款时贷记"债务还本支出"。年末结账时转入"其他结余"科目，最终转入"非财政拨款结余"科目。

在新旧会计制度衔接时，按照预算会计的核算基础，需要确认调整"短期借款""长期借款"带来的现金流入业务。因此，单位应当按照原账的"短期借款""长期借款"科目余额，借记"资金结存——货币资金"科目，贷记"非财政拨款结余"科目。

⑨调整应付票据、应付账款对非财政拨款结余的影响。为了全面反映单位预算支出信息，体现收付实现制会计核算原则，新制度在预算支出类会计科目中设置了"事业支出""经营支出"等科目，核算事业单位开展业务活动、经营活动等实际发生的各项现金流出，实际支付时借记"事业支出""经营支出"等科目。其中，"事业支出""经营支出"等科目本年发生额中的非财政非专项资金支出，年末结账时转入"其他结余"科目，最终转入"非财政拨款结余"科目。

原账的"应付票据""应付账款"科目余额中已计入预算支出部分，因现金尚未实际流出，根据预算会计的收付实现制基础，不能确认为预算支出，即应当从支出中予以冲减。因此，在新旧会计制度衔接时，单位应当对原账的"应付票据""应付账款"科目余额进行分析，区分其中发生时计入预算支出的金额和未计入预算支出的金额。将计入预算支出的金额划分出财政补助应付的金额、非财政补助专项资金应付的金额和非财政补助非专项资金应付的金额，按照非财政补助非专项资金应付的金额，借记"资金结存——货币资金"科目，贷记"非财政拨款结余"科目。

⑩调整应缴增值税对非财政拨款结余的影响。原账的"应缴税费——应缴增值税"科目余额中已计入预算收入部分（销售资产或提供服务等业务）或预算支出部分（取得资产或接受劳务等业务），因现金尚未实际流入或流出，根据预算会计的收付实现制基础，不能确认为预算收入或预算支出，应当从收入或支出中予以冲减。

因此，在新旧会计制度衔接时，单位应当对原账"应缴税费——应缴增值税"科目余额进行分析，划分出与非财政补助专项资金相关的金额和与非财政补助非专项资金相关的金额。按照与非财政补助非专项资金相关的金额，计算应调整非财政拨款结余的金额。

应调整金额如为正数，按照该金额借记"资金结存——货币资金"科目，贷记"非财政补助结余"科目；如为负数，按照该金额借记"非财政拨款结余"科目，贷记"资金结存——货币资金"科目。

⑪调整其他应缴税费对非财政拨款结余的影响。原账的"应缴税费"科目余额非增值税的其他应交税费，已计入预算支出部分，因现金尚未实际流出，根据预算会计的收付实现制基础，不能确认为预算支出，应当从支出中予以冲减。

因此，在新旧会计制度衔接时，单位应当对原账"应缴税费"余额中非增值税的其他应缴税费金额进行分析，划分出财政补助应交金额、非财政补助专项资金应交金额和非财政补助非专项资金应交金额，按照非财政补助非专项资金应交金额，借记"资金结存——货币资金"科目，贷记"非财政拨款结余"科目。

⑫调整预收账款对非财政拨款结余的影响。为了全面反映单位预算支出信息，体现收付实现制会计核算原则，新制度在预算收入类会计科目中设置了"事业预算收入""经营收入"等科目，核算事业单位开展业务活动、经营活动等取得的现金流入，取得各类现金收入时贷记"事业预算收入""经营预算收入"等科目。其中，"事业预算收入""经营预算收入"等科目本年发生额中的非专项资金收入，年末结账时转入"其他结余"，最终转入"非财政拨款结余"科目。

原账的"预收账款"科目余额，在财务会计中未计入收入，但根据预算会计的收付实现制基础，需要确认调整"预收账款"带来的现金流入为预算收入。因此，在新旧会计制度衔接时，单位应当按照原账的"预收账款"科目余额中预收非财政非专项资金的金额，借记"资金结存——货币资金"科目，贷记"非财政拨款结余"科目。

⑬调整其他应付款对非财政拨款结余的影响。原账的"其他应付款"科目余额中已计入支出部分，因现金尚未实际流出，根据预算会计的收付实现制基础，不能确认为预算支出，应当从支出中予以冲减。

因此，在新旧会计制度衔接时，单位应当对原账的"其他应付款"科目余额（扣除属于受托代理负债的金额）进行分析，区分其中支出类的金额（确认其他应付款时记入了支出）和周转类的金额（如收取的押金、保证金等），并对支出类的金额划分为财政补助资金列支的金额、非财政补助专项资金列支的金额和非财政补助非专项资金列支的金额，按照非财政补助非专项资金列支的金额，借记"资金结存——货币资金"科目，贷记"非财政拨款结余"科目。

⑭调整专用基金对非财政拨款结余的影响。原账的"专用基金"科目余额中计提时已计入支出部分，因现金尚未实际流出，根据预算会计的收付实现制基础，不能确认为预算支出，应当从支出中予以冲减。

因此，在新旧会计制度衔接时，单位应当对原账的"专用基金"科目余额进行分析，划分出按照收入比例列支提取的专用基金（如列支提取的职工福利基金、列支提取的学生奖助基金等），按照列支提取的专用基金的金额，借记"资金结存——货币资金"科目，贷记"非财政拨款结余"科目。

（3）按新账货币资金余额进行调整。单位按照前述（1）、（2）两个步骤难以准确调整出"非财政拨款结余"科目及对应的"资金结存"科目余额的，在新旧制度转换时，可以在新账的"库存现金""银行存款""其他货币资金""财政应返还额度"科目借方余额合计数基础上，对不纳入单位预算管理的资金进行调整（如减去新账中货币资金形式的受托代理资产、应缴财政款、已收取将来需要退回资金的其他应付款，加上已支付将来需要收回资金的其他应收款），按照调整后的金额减去新账的"财政拨款结转""财政拨款结余""非财政拨款结转""专用结余"科目贷方余额合计数，加上"经营结余"科目借方余额后的金额，登记新账的"非财政拨款结余"科目贷方；同时，按照相同的金额登记新账的"资金结存——货币资金"科目借方。

6."其他结余""非财政拨款结余分配"科目。

新制度设置了"其他结余"和"非财政拨款结余分配"科目。"其他结余"科目用于核算单位本年度除财政拨款收支、非同级财政专项资金收支和经营收支以外各项收支相抵后的余额。"非财政拨款结余分配"用于核算事业单位本年度非财政拨款结余分配的情况和结果。该两科目均为年末结账用过渡科目，年末结账后一般应无余额。因此，在新旧制度转换时，单位无需对"其他结余"和"非财政拨款结余分配"科目进行新账年初余额登记。

（三）预算收入类、预算支出类会计科目

预算收入类、预算支出类会计科目是《政府会计制度》设置的预算会计核算会计科目，与原《高等学校会计制度》收入类、支出类会计科目没有直接转换对应关系，两类科目的核算内容与范围不完全一致。其参照关系如表27-30所示。

表27-30　　　　　　　　　　高等学校新旧会计科目对照表（预算收入支出类）

序号	新制度科目		原制度科目	
	编号	名称	编号	名称
（一）预算收入类				
10	6001	财政拨款预算收入	4001	财政补助收入
11	6101	事业预算收入		
12	610101	教育事业预算收入	4101	事业收入
13	610102	科研事业预算收入	4102	科研事业收入
14	6201	上级补助预算收入	4201	上级补助收入
15	6301	附属单位上缴预算收入	4301	附属单位上缴收入
16	6401	经营预算收入	4401	经营收入
17	6501	债务预算收入		
18	6601	非同级财政拨款预算收入	4501	其他收入
19	6602	投资预算收益		
20	6603	捐赠预算收入		
21	6609	其他预算收入		
（二）预算支出类				
22	7201	事业支出		
23	720101	教育支出	5001	教育事业支出

续表

序号	新制度科目		原制度科目	
	编号	名称	编号	名称
24	720102	科研支出	5002	科研事业支出
25	720103	行政管理支出	5003	行政管理支出
26	720104	后勤保障支出	5004	后勤保障支出
27	720105	离退休支出	5005	离退休支出
28	720109	其他事业支出		
29	7301	经营支出	5301	经营支出
30	7401	上缴上级支出	5101	上缴上级支出
31	7501	对附属单位补助支出	5201	对附属单位补助支出
32	7601	投资支出		
33	7701	债务还本支出		
34	7901	其他支出	5401	其他支出

由于预算收入类、预算支出类会计科目年初无余额，在新旧制度转换时，单位无需对预算收入类、预算支出类会计科目进行新账年初余额登记。单位应当自2019年1月1日起，按照新制度设置预算收入类、预算支出类科目并进行账务处理。

三、财务报表和预算会计报表的新旧衔接

按照《衔接规定》，高等学校在对原制度会计科目余额进行结转、补充登记未入账事项，以及对部分新账会计科目余额进行调整后，应当编制2019年1月1日的科目余额表及2019年度财务报表和预算会计报表（期初余额）。

（一）新旧会计制度报表体系对照

《政府会计制度》报表体系包括财务报表和预算会计报表。其中，财务报表由资产负债表、收入费用表、净资产变动表和现金流量表等会计报表和报表附注组成。预算会计报表是按照《政府会计制度》"双基础、双功能、双报告"的要求设计与编制，由预算收入支出表、预算结转结余变动表和财政拨款预算收入支出表等报表组成。

《政府会计制度》根据新的核算内容和要求对其报表结构进行了调整和优化，细化了报表附注应当披露的内容，对会计报表重要项目说明提供了参考的披露格式，要求按经济分类披露费用信息，以及要求披露本年预算结余和本年盈余的差异调节过程等。新制度报表体系，对于全面反映单位财务信息和预算执行信息，提高部门、单位会计信息的透明度和决策有用性具有重要意义。

原《高等学校会计制度》会计报表体系由资产负债表、收入支出表、财政补助收入支出表等会计报表和报表附注组成，与新制度会计报表体系对照如表27-31所示。

表27-31　　　　　　　　高等学校新旧会计制度报表体系对照表

序号	政府会计制度			高等学校会计制度			说明
	编号	报表名称	编制期	编号	报表名称	编制期	
一、财务报表							
1	会政财01表	资产负债表	月度、年度	会高校01表	资产负债表	月度、年度	基本相同
2	会政财02表	收入费用表	月度、年度	会高校02表	收入支出表	月度、年度	基本相同
3	会政财03表	净资产变动表	年度				新增
4	会政财04表	现金流量表	年度				新增，可选择编制
5				会高校03表	财政补助收入支出表	年度	删除
6		附注	年度		附注	年度	要求相同
二、预算会计报表							
7	会政预01表	预算收入支出表	年度				新增

续表

序号	政府会计制度			高等学校会计制度			说明
	编号	报表名称	编制期	编号	报表名称	编制期	
8	会政预02表	预算结转结余变动表	年度				新增
9	会政预03表	财政拨款预算收入支出表	年度				与会高校03表类似

其中，财务报表的"资产负债表""收入费用表"为月度、年度报表，与原《高等学校会计制度》的"资产负债表""收入支出表"的内容与格式相似；"净资产变动表"和"现金流量表"为新增年度报表；原《高等学校会计制度》的"财政补助收入支出表"不再编制，其内容包含到预算会计报表的"财政拨款预算收入支出表"中，但内容与格式有所优化与简略。

（二）期初新会计制度报表的编制

1. 编制2019年1月1日科目余额表。

在将原账科目余额转入新账、未入账事项补充登记新账，以及对相关新账科目余额进行调整后，按照登记及调整后新账的各会计科目余额，编制2019年1月1日的财务会计和预算会计科目余额表（见表27-32、表27-33），作为新账各会计科目的期初余额，也是编制新账报表的基础。

表27-32　　　　　　　　　　　2019年1月1日新账财务会计科目余额表

序号	科目编号	科目名称	期初余额	序号	科目编号	科目名称	期初余额
一、资产类				二、负债类			
1	1001	库存现金		36	2001	短期借款	
2	1002	银行存款		37	2101	应交增值税	
3	1011	零余额账户用款额度		38	2102	其他应交税费	
4	1021	其他货币资金		39	2103	应缴财政款	
5	1101	短期投资		40	2201	应付职工薪酬	
6	1201	财政应返还额度		41	2301	应付票据	
7	1211	应收票据		42	2302	应付账款	
8	1212	应收账款		43	2303	应付政府补贴款	
9	1214	预付账款		44	2304	应付利息	
10	1215	应收股利		45	2305	预收账款	
11	1216	应收利息		46	2307	其他应付款	
12	1218	其他应收款		47	2401	预提费用	
13	1219	坏账准备		48	2501	长期借款	
14	1301	在途物品		49	2502	长期应付款	
15	1302	库存物品		50	2601	预计负债	
16	1303	加工物品		51	2901	受托代理负债	
17	1401	待摊费用		负债合计			
18	1501	长期股权投资		三、净资产类			
19	1502	长期债券投资		52	3001	累计盈余	
20	1601	固定资产		53	3101	专用基金	
21	1602	固定资产累计折旧		54	3201	权益法调整	
22	1611	工程物资		55	3301	本期盈余	
23	1613	在建工程		56	3302	本年盈余分配	
24	1701	无形资产		57	3401	无偿调拨净资产	
25	1702	无形资产累计摊销		58	3501	以前年度盈余调整	
26	1703	研发支出		净资产合计			
27	1801	公共基础设施					
28	1802	公共基础设施累计折旧（摊销）					
29	1811	政府储备物资					
30	1821	文物文化资产					
31	1831	保障性住房					
32	1832	保障性住房累计折旧					
33	1891	受托代理资产					
34	1901	长期待摊费用					
35	1902	待处理财产损溢					
资产合计				负债及净资产合计			

表 27-33　　　　　　　　　2019 年 1 月 1 日新账财务会计科目余额表

序号	科目编号	科目名称	期初余额	
			借方余额	贷方余额
1	8001	资金结存		
2	8101	财政拨款结转		
3	8102	财政拨款结余		
4	8201	非财政拨款结转		
5	8202	非财政拨款结余		
6	8301	专用结余		
7	8401	经营结余		
8	8501	其他结余		
9	8701	非财政拨款结余分配		
		预算结余类合计		

2. 编制 2019 年 1 月 1 日资产负债表。

高等学校根据 2019 年 1 月 1 日新账的财务会计科目余额表（见表 27-32），按照新制度规定编制 2019 年 1 月 1 日资产负债表（仅要求填列各项目"年初余额"）。

3. 编制 2019 年度财务报表和预算会计报表。

高等学校按照新制度规定编制 2019 年财务报表和预算会计报表。在编制 2019 年度收入费用表、净资产变动表、现金流量表和预算收入支出表、预算结转结余变动表时，不要求填列上年比较数。

高等学校应当根据 2019 年 1 月 1 日新账财务会计科目余额表（见表 27-32），填列 2019 年净资产变动表各项目的"上年年末余额"；根据 2019 年 1 月 1 日新账预算会计科目余额表（见表 27-33），填列 2019 年预算结转结余变动表的"年初预算结转结余"项目和财政拨款预算收入支出表的"年初财政拨款结转结余"项目。

第五节　中小学校新旧会计制度衔接

中小学校在新旧制度衔接转换过程中，需要按照《中小学校新旧会计科目对照表》《中小学校原会计科目余额明细表一（财务会计）》和《中小学校原会计科目余额明细表二（预算会计）》，将原账会计科目余额直接或分析转入新账会计科目、按照原账科目余额登记新账预算结余会计科目。新账的科目设有明细科目的，应将原账中对应科目的余额加以分析，分别转入新账中相应科目的相关明细科目。如存在其他《衔接规定》中未列举的原账科目余额的，应当比照《衔接规定》转入新账的相应科目；如存在 2018 年 12 月 31 日前未入账的其他事项的，应当按照《衔接规定》补充登记新账的相应科目。

一、财务会计科目的新旧衔接

中小学校在新旧会计制度衔接过程中，根据 2018 年 12 月 31 日原账的科目余额表、总账及明细账，按照新制度财务会计核算规定，对涉及财务会计科目的核算内容进行详细分析和调整，编制《中小学校原会计科目余额明细表一（财务会计）》（见表 27-34）。根据原账科目余额表和《中小学校原会计科目余额明细表一（财务会计）》，将原账科目余额过入新账期初余额。

在对新账的财务会计科目期初余额进行调整及补充登记时，应当编制记账凭证，并将调整及补充登记事项的确认依据作为原始凭证（包括相关财产清查表）。

表 27-34　　　　　　　　　中小学校原会计科目余额明细表一（财务会计）

总账科目	明细分类	金额	备注
库存现金	库存现金		
	其中：受托代理现金		

续表

总账科目	明细分类	金额	备注
银行存款	银行存款		
	其中：受托代理银行存款		
	其他货币资金		
应收账款	应收票据		
	应收账款		
	预收账款		
其他应收款	在途物品		已经付款，尚未收到物资
	其他		
存货	库存物品		
	受托代理资产		
长期投资	长期股权投资		
	长期债券投资		
在建工程	在建工程		
	工程物资		
	预付工程款、预付备料款		
应缴税费	应交增值税		
	其他应交税费		
应付账款	应付票据		
	应付账款		
	预收账款		
其他应付款	受托代理负债		因接受代管资金形成的应付款
	其他应付款		
代管款项	受托代理负债		
	其他应付款		
	长期应付款		

（一）资产类会计科目余额的调整

1. 新旧会计制度科目的变化。

中小学校在执行政府会计制度后，原《中小学校会计制度》资产类核算会计科目有所变化，对比如表27-35所示。

表27-35　　　　　　　　中小学校新旧会计科目对照表（资产类）

序号	新制度科目		原制度科目	
	编号	名称	编号	名称
1	1001	库存现金	1001	库存现金
2	1002	银行存款	1002	银行存款
3	1021	其他货币资金		
4	1011	零余额账户用款额度	1011	零余额账户用款额度
5	1101	短期投资	1201	短期投资
6	1201	财政应返还额度	1101	财政应返还额度
7	1211	应收票据		
8	1212	应收账款	1212	应收账款
9	1214	预付账款		
10	1218	其他应收款	1215	其他应收款
11	1301	在途物品		
12	1302	库存物品	1301	存货
13	1891	受托代理资产		
14	1501	长期股权投资	1401	长期投资
15	1502	长期债券投资		
16	1601	固定资产	1501	固定资产
17	1611	工程物资	1511	在建工程
18	1613	在建工程		
19	1214	预付账款		
20	1701	无形资产	1601	无形资产
21	1902	待处理财产损溢	1701	待处置资产损溢

2. 原账会计科目余额转入新账。

根据《中小学校新旧会计科目对照表（资产类）》（见表27-35）、原账会计科目余额表及《中小学校原会计科目余额明细表一（财务会计）》（见表27-34），将原账会计科目余额直接或分析转入新账财务会计科目。

（1）"库存现金""财政应返还额度""短期投资""固定资产""无形资产"科目。新制度设置了"库存现金""财政应返还额度""短期投资""固定资产""无形资产"科目，其核算内容与原账的上述相应科目的核算内容基本相同。转账时，单位应当将原账的上述科目余额直接转入新账的相应科目。其中，还应当将原账的"库存现金"科目余额中属于新制度规定受托代理资产的金额，转入新账"库存现金"科目下的"受托代理资产"明细科目。

（2）"银行存款"科目。新制度设置了"银行存款"和"其他货币资金"科目，原制度设置了"银行存款"科目。转账时，单位应当将原账"银行存款"科目中核算的属于新制度规定的其他货币资金的金额，转入新账"其他货币资金"科目；将原账"银行存款"科目余额减去其中属于其他货币资金余额后的差额，转入新账的"银行存款"科目。其中，还应当将原账的"银行存款"科目余额中属于新制度规定受托代理资产的金额，转入新账"银行存款"科目下的"受托代理资产"明细科目。

（3）"零余额账户用款额度"科目。由于原账的"零余额账户用款额度"科目年末无余额，无需进行转账处理。

（4）"应收账款"科目。新制度设置了"应收票据""应收账款""预付账款"科目，这三个科目的核算内容与原账的"应收账款"科目的核算内容基本相同。转账时，单位应当将原账的"应收账款"科目余额中属于新制度规定的应收票据的金额转入新账的"应收票据"科目；将原账的"应收账款"科目余额中属于新制度规定的应收账款的金额转入新账的"应收账款"科目；将原账的"应收账款"科目余额中属于新制度规定的预付账款的金额转入新账的"预付账款"科目。

（5）"其他应收款"科目。新制度设置了"其他应收款"科目，该科目的核算内容与原账"其他应收款"科目的核算内容基本相同。转账时，单位应当将原账的"其他应收款"科目余额，转入新账的"其他应收款"科目。

新制度设置了"在途物品"科目，单位在原账"其他应收款"科目中核算了已经付款或开出商业汇票、尚未收到物资的，应当将原账的"其他应收款"科目余额中已经付款或开出商业汇票、尚未收到物资的金额，转入新账的"在途物品"科目。

（6）"存货"科目。新制度设置了"库存物品""加工物品"科目，原制度设置了"存货"科目。转账时，单位应当将原账的"存货"科目余额中属于在加工存货的金额，转入新账的"加工物品"科目；将原账的"存货"科目余额减去属于在加工存货的金额后的差额，转入新账的"库存物品"科目。

单位在原账的"存货"科目中核算了属于新制度规定的受托代理物资的，应当将原账的"存货"科目余额中属于受托代理物资的金额，转入新账的"受托代理资产"科目。

（7）"长期投资"科目。新制度设置了"长期股权投资"和"长期债券投资"科目，原制度设置了"长期投资"科目。转账时，单位应当将原账的"长期投资"科目余额中属于股权投资的金额，转入新账的"长期股权投资"科目及其明细科目；将原账的"长期投资"科目余额中属于债券投资的金额，转入新账的"长期债券投资"科目及其明细科目。

（8）"在建工程"科目。新制度设置了"在建工程"和"预付账款——预付备料款、预付工程款"科目，原制度设置了"在建工程"科目。转账时，单位应当将原账的"在建工程"科目余额（基建"并账"后的金额，下同）中属于预付备料款、预付工程款的金额，转入新账"预付账款"相关明细科目；将原账的"在建工程"科目余额减去预付备料款、预付工程款金额后的差额，转入新账的"在建工程"科目。

单位在原账"在建工程"科目中核算了按照新制度规定应当记入"工程物资"科目内容的，应当将原账"在建工程"科目余额中属于工程物资的金额，转入新账的"工程物资"科目。

（9）"待处置资产损溢"科目。新制度设置了"待处理财产损溢"科目，该科目的核算内容与原账"待处置资产损溢"科目的核算内容基本相同。转账时，单位应当将原账的"待处置资产损溢"科目余额，转入新账的"待处理财产损溢"科目。

3. 原未入账事项登记新账。

（1）应收股利。单位在新旧制度转换时，应当将2018年12月31日前未入账的应收账款、应收股利、在途物品按照新制度规定记入新账。登记新账时，按照确定的入账金额，分别借记"应收账款""应收股利""在途物品"科目，贷记"累计盈余"科目。

（2）受托代理资产。单位在新旧制度转换时，应当将2018年12月31日前未入账的受托代理资产按照新制度规定记入新账。登记新账时，按照确定的受托代理资产金额，借记"受托代理资产"科目，贷记"受托代理负债"科目。

（3）盘盈资产。单位在新旧制度转换时，应当将2018年12月31日前未入账的盘盈资产按照新制度规定记入新账。登记新账时，按照确定的盘盈资产及其成本，分别借记有关资产科目，按照盘盈资产成本的合计金额，贷记"累计盈余"科目。

4. 新账会计科目余额调整。

按照《衔接规定》，应当对新账的相关财务会计科目余额按照新制度规定的会计核算基础进行调整。根据资产清查和债权债务核实结果，计提坏账准备、补提折旧或摊销，按照权益法调整长期股权投资账面余额，确认长期债券投资期末应收利息和长期借款期末应付利息，编制记账凭证，并将调整及补充登记事项的确认依据作为原始凭证。

（1）计提坏账准备。新制度要求对单位收回后无需上缴财政的应收账款和其他应收款提取坏账准备。在新旧制度转换时，单位应当按照2018年12月31日无需上缴财政的应收账款和其他应收款的余额计算应计提的坏账准备金额，借记"累计盈余"科目，贷记"坏账准备"科目。

（2）按照权益法调整长期股权投资账面余额。对按照新制度规定应当采用权益法核算的长期股权投资，在新旧制度转换时，单位应当在"长期股权投资"科目下设置"新旧制度转换调整"明细科目，依据被投资单位2018年12月31日财务报表的所有者权益账面余额，以及单位持有被投资单位的股权比例，计算应享有或应分担的被投资单位所有者权益的份额，调整长期股权投资的账面余额，借记或贷记"长期股权投资——新旧制度转换调整"科目，贷记或借记"累计盈余"科目。

（3）确认长期债券投资期末应收利息。单位应当按照新制度规定于2019年1月1日补记长期债券投资应收利息，按照长期债券投资的应收利息金额，借记"长期债券投资"科目［到期一次还本付息］或"应收利息"科目［分期付息、到期还本］，贷记"累计盈余"科目。

（4）补提折旧。单位在原账中尚未计提固定资产折旧的，应当全面核查截至2018年12月31日的固定资产的预计使用年限、已使用年限、尚可使用年限等，并于2019年1月1日对尚未计提折旧的固定资产补提折旧，按照应计提的折旧金额，借记"累计盈余"科目，贷记"固定资产累计折旧"科目。

（5）补提摊销。单位在原账中尚未计提无形资产摊销的，应当全面核查截至2018年12月31日无形资产的预计使用年限、已使用年限、尚可使用年限等，并于2019年1月1日对前期尚未计提摊销的无形资产补提摊销，按照应计提的摊销金额，借记"累计盈余"科目，贷记"无形资产累计摊销"科目。

（二）负债类会计科目余额的调整

1. 新旧会计制度科目的变化。

中小学校在执行政府会计制度后，原《中小学校会计制度》负债类核算会计科目有所变化，对比如表27-36所示。

表27-36 中小学校新旧会计科目对照表（负债类）

序号	新制度科目		原制度科目	
	编号	名称	编号	名称
22	2001	短期借款	2001	短期借款
23	2101	应交增值税	2101	应缴税费
24	2102	其他应交税费		
25	2103	应缴财政款	2102	应缴国库款
			2103	应缴财政专户款
26	2201	应付职工薪酬	2201	应付职工薪酬
27	2301	应付票据	2302	应付账款
28	2302	应付账款		
29	2305	预收账款		

续表

序号	新制度科目		原制度科目	
	编号	名称	编号	名称
30	2307	其他应付款	2305	其他应付款
31	2901	受托代理负债		
32	2501	长期借款	2401	长期借款
33	2502	长期应付款	2402	长期应付款
34	2901	受托代理负债	2501	代管款项
35	2307	其他应付款		
36	2502	长期应付款		

2. 原账会计科目余额转入新账。

根据《中小学校新旧会计科目对照表（负债类）》（见表27-36）、原账会计科目余额表及《中小学校原会计科目余额明细表一（财务会计）》（见表27-34），将原账会计科目余额直接或分析转入新账财务会计科目。

（1）"短期借款""应付职工薪酬""长期借款""长期应付款"科目。新制度设置了"短期借款""应付职工薪酬""长期借款""长期应付款"科目，这些科目的核算内容与原账的上述相应科目的核算内容基本相同。转账时，单位应当将原账的上述科目余额直接转入新账的相应科目。

（2）"应缴税费"科目。新制度设置了"应交增值税"和"其他应交税费"科目，原制度设置了"应缴税费"科目。转账时，单位应当将原账的"应缴税费——应缴增值税"科目余额，转入新账"应交增值税"中的相关明细科目；将原账的"应缴税费"科目余额减去属于应缴增值税余额后的差额，转入新账的"其他应交税费"科目。

（3）"应缴国库款""应缴财政专户款"科目。新制度设置了"应缴财政款"科目，原制度设置了"应缴国库款""应缴财政专户款"科目。转账时，单位应当将原账的"应缴国库款""应缴财政专户款"科目余额，转入新账的"应缴财政款"科目。

（4）"应付账款"科目。新制度设置了"应付票据""应付账款""预收账款"科目，这三个科目的核算内容与原账的"应付账款"科目的核算内容基本相同。转账时，中小学校应当将原账的"应付账款"科目余额中属于应付票据的金额转入新账的"应付票据"科目；将原账的"应付账款"科目余额中属于应付账款的金额转入新账的"应付账款"科目；将原账的"应付账款"科目余额中属于预收账款的金额转入新账的"预收账款"科目。

（5）"其他应付款"科目。新制度设置了"其他应付款"科目，该科目的核算内容与原账"其他应付款"科目的核算内容基本相同。转账时，单位应当将原账的"其他应付款"科目余额，转入新账的"其他应付款"科目。其中，单位在原账的"其他应付款"科目中核算了属于新制度规定的受托代理负债的，应当将原账的"其他应付款"科目余额中属于受托代理负债的余额，转入新账的"受托代理负债"科目。

（6）"代管款项"科目。新制度设置了"受托代理负债"科目，原账的"代管款项"科目的核算内容包括了受托代理负债的内容。转账时，单位应当对原账中"代管款项"科目余额进行分析，将其中属于新制度规定受托代理负债的余额转入新账中"受托代理负债"科目；将不属于受托代理负债的余额，根据偿还期限分别转入新账中"其他应付款"和"长期应付款"科目。

3. 原未入账事项登记新账。

（1）预计负债。单位在新旧制度转换时，应当将2018年12月31日按照新制度规定确认的预计负债记入新账。登记新账时，按照确定的预计负债金额，借记"累计盈余"科目，贷记"预计负债"科目。

（2）应付质量保证金。单位在新旧制度转换时，应当将2018年12月31日前未入账的应付质量保证金按照新制度规定记入新账。登记新账时，按照确定未入账的应付质量保证金金额，借记"累计盈余"科目，贷记"其他应付款"科目[扣留期在1年以内（含1年）]、"长期应付款"科目[扣留期超过1年]。

4. 新账会计科目余额调整。

按照《衔接规定》，应当对新账的相关财务会计科目余额按照新制度规定的会计核算基础进行调整。在新旧制度转换时，根据资产清查和债权债务核实结果，确认长期借款期末应付利息，编制记账凭证，并将调整及补充登记事项的确认依据作为原始凭证。

确认长期借款期末应付利息：单位应当按照新制度规定于2019年1月1日补记长期借款的应付利息金额，对其中资本化的部分，借记"在建工程"科目，对其中费用化的部分，借记"累计盈余"科目，按照全部长期借款应付利息金额，贷记"长期借款"科目［到期一次还本付息］或"应付利息"科目［分期付息、到期还本］。

（三）净资产类会计科目余额的调整

1. 新旧会计制度科目的变化。

中小学校在执行政府会计制度后，原《中小学校会计制度》净资产类核算会计科目有所变化，对比如表27-37所示。

表27-37　　　　　　　　　中小学校新旧会计科目对照表（净资产类）

序号	新制度科目		原制度科目	
	编号	名称	编号	名称
37	3001	累计盈余（贷方）	3001	事业基金
			3101	非流动资产基金
			3301	财政补助结转
			3302	财政补助结余
			3401	非财政补助结转
		累计盈余（借方）	3403	经营结余（借方）
38	3101	专用基金	3201	专用基金

2. 原账会计科目余额转入新账。

根据《中小学校新旧会计科目对照表（净资产类）》（见表27-37）、原账会计科目余额表及《中小学校原会计科目余额明细表一（财务会计）》（见表27-34），将原账会计科目余额直接、合并或分析转入新账财务会计科目。

（1）"事业基金"科目。新制度设置了"累计盈余"科目，该科目的核算内容包含了原账"事业基金"科目的核算内容。转账时，单位应当将原账的"事业基金"科目余额转入新账的"累计盈余"科目。

（2）"非流动资产基金"科目。依据新制度，无需对原制度中"非流动资产基金"科目对应内容进行核算。转账时，单位应当将原账的"非流动资产基金"科目余额转入新账的"累计盈余"科目。

（3）"专用基金"科目。新制度设置了"专用基金"科目，该科目的核算内容与原账"专用基金"科目的核算内容基本相同。转账时，单位应当将原账的"专用基金"科目余额转入新账的"专用基金"科目。

（4）"财政补助结转""财政补助结余""非财政补助结转"科目。新制度设置了"累计盈余"科目，该科目的余额包含了原账的"财政补助结转""财政补助结余""非财政补助结转"科目的余额内容。转账时，单位应当将原账的"财政补助结转""财政补助结余""非财政补助结转"科目余额，转入新账的"累计盈余"科目。

（5）"经营结余"科目。新制度设置了"本期盈余"科目，该科目的核算内容包含了原账"经营结余"科目的核算内容。新制度规定"本期盈余"科目余额最终转入"累计盈余"科目，如果原账的"经营结余"科目有借方余额，转账时，单位应当将原账的"经营结余"科目借方余额，转入新账的"累计盈余"科目借方。

（6）"事业结余""非财政补助结余分配"科目。由于原账的"事业结余""非财政补助结余分配"科目年末无余额，这两个科目无需进行转账处理。

3. 新账会计科目余额调整。

按照《衔接规定》，应当对新账的相关财务会计科目余额按照新制度规定的会计核算基础进行调整。在新旧制度转换时，根据资产清查和债权债务核实结果，计提坏账准备、补提折旧或摊销，按照权益法调整长期股权投资账面余额，确认长期债券投资期末应收利息和长期借款期末应付利息，编制记账凭证，并将调整及补充登记事项的确认依据作为原始凭证。

调整及补充登记时，涉及净资产变动的，借记或贷记有关资产负债科目，贷记或借记"累计盈余"。

（四）收入类、支出类会计科目

中小学校在执行政府会计制度后，原《中小学校会计制度》收入、支出核算会计科目有所变化，对比如表27-38所示。

表27-38　中小学校新旧会计科目对照表（收入支出类）

序号	新制度科目		原制度科目	
	编号	名称	编号	名称
（一）收入类				
39	4001	财政拨款收入	4001	公共财政预算拨款
			4002	政府性基金预算拨款
40	4101	事业收入	4101	事业收入
41	4201	上级补助收入	4201	上级补助收入
42	4301	附属单位上缴收入	4301	附属单位上缴收入
43	4401	经营收入	4401	经营收入
44	4601	非同级财政拨款收入	4501	其他收入
45	4602	投资收益		
46	4603	捐赠收入		
47	4604	利息收入		
48	4605	租金收入		
49	4609	其他收入		
（二）费用类（支出类）				
50	5001	业务活动费用	5001	事业支出
51	5101	单位管理费用		
52	5201	经营费用	5301	经营支出
53	5401	上缴上级费用	5101	上缴上级支出
54	5501	对附属单位补助费用	5201	对附属单位补助支出
55	5801	所得税费用	3404	非财政补助结余分配
56	5301	资产处置费用	5401	其他支出
57	5901	其他费用		

由于原账中收入类、支出类科目年末无余额，无需进行转账处理。自2019年1月1日起，单位应当按照新制度设置收入类、费用类科目并进行账务处理。

二、预算会计科目的新旧衔接

中小学校在新旧会计制度衔接转换过程中，根据2018年12月31日原账的科目余额表、总账及明细账，按照新制度预算会计核算基础，对涉及预算会计科目核算内容的会计科目进行详细分析和调整，编制《中小学校原会计科目余额明细表二（预算会计）》（见表27-39）。根据原账科目余额表和《中小学校原会计科目余额明细表二（预算会计）》，将原账科目余额过入新账期初余额。

在对新账的预算会计科目期初余额进行调整及补充登记时，应当编制记账凭证，并将调整及补充登记事项的确认依据作为原始凭证。

表27-39　中小学校原会计科目余额明细表二（预算会计）

总账科目	明细分类	金额	备注
应收账款	应收票据和应收账款		
	其中：发生时不计入收入		如转让资产的应收票据和应收账款
	发生时计入收入		
	其中：专项收入		
	其他		
	预付账款		
	其中：财政补助资金预付		
	非财政补助专项资金预付		
	非财政补助非专项资金预付		

续表

总账科目	明细分类	金额	备注
其他应收款	预付款项		如职工预借的差旅费等
	其中：财政补助资金预付		
	非财政补助专项资金预付		
	非财政补助非专项资金预付		
	需要收回及其他		如支付的押金、应收为职工垫付的款项等
存货	购入存货		
	其中：使用财政补助资金购入		
	使用非财政补助专项资金购入		
	使用非财政补助非专项资金购入		
	非购入存货		如无偿调入、接受捐赠的存货等
长期投资	长期股权投资		
	其中：用现金资产取得		
	用非现金资产或其他方式取得		
	长期债券投资		
应付账款	应付票据和应付账款		
	其中：发生时不计入支出		
	发生时计入支出		
	其中：财政补助资金应付		
	非财政补助专项资金应付		
	非财政补助非专项资金应付		
	预收账款		
	其中：预收专项资金		
	预收非专项资金		
专用基金	从非财政补助结余中提取		
	从收入中列支提取		
	其他		

（一）预算结余类会计科目与原账会计科目对照

预算结余类会计科目在原制度中没有直接对应的会计科目，其余额需要从原《中小学校会计制度》核算的部分会计科目余额中分析转入。新旧制度预算结余类会计科目对照如表27-40所示。

表27-40　　　　　中小学校新旧会计科目对照表（预算结余类）

| 序号 | 新制度科目 | | 原制度科目 | |
	编号	名称	编号	名称
1	8101	财政拨款结转	3301	财政补助结转
2	8102	财政拨款结余	3302	财政补助结余
3	8201	非财政拨款结转	3101	非财政补助结转
4	8202	非财政拨款结余	3401	事业基金
5	8301	专用结余	3201	专用基金
6	8401	经营结余	3403	经营结余
7	8001	资金结存（借方）	3301	财政补助结转
			3302	财政补助结余
			3401	非财政补助结转
			3001	事业基金
			3201	专用基金
			3403	经营结余
8	8501	其他结余	3402	事业结余
9	8701	非财政拨款结余分配	3404	非财政补助结余分配

为了保证复式记账借贷平衡，体现收付实现制下预算资金流入、流出和结存情况，新制度除设置了"财政拨款结转""财政拨款结余""非财政拨款结转""非财政拨款结余""专用结余"等预算结存类科目外，还设置了"资金结存"科目，用以反映各结存类科目对应的资金形态。"资金结存"科目设置了"零余额账户用款额度""货币资金"和"财政应返还额度"等明细科目。当确认预算收入时，同时借记"资金结存"科目；当确认预算支出时，同时贷记"资金结存"科目。年末结账后"资金结存"科目余额为借方余额，上述结存类科目余额为贷方余额，两者方向相反、金额相等。因此，在新旧会计制度衔接中，预算会计按照收付实现制原则，对结存类会计科目进行调整，重新确认登记新账的"财政拨款结

转""财政拨款结余""非财政拨款结转""非财政拨款结余""专用结余"科目及其明细科目。

(二) 预算结余类会计科目余额的调整

根据《中小学校新旧会计科目对照表（预算结余类）》（见表27-40）、原账会计科目余额表及《中小学校原会计科目余额明细表二（预算会计）》（见表27-39），将原账会计科目余额分析转入新账预算会计科目。

1. "财政拨款结转"和"财政拨款结余"科目及对应的"资金结存"科目余额。

新制度设置了"财政拨款结转""财政拨款结余"科目及对应的"资金结存"科目。在新旧制度转换时，单位应当对原账的"财政补助结转"科目余额进行逐项分析，加上已经计入支出尚未支付财政资金（如发生时列支的应付账款、应缴税费、应付职工薪酬等）的金额，减去已经支付财政资金尚未计入支出（如购入的存货、预付账款、其他应收款等）的金额，按照增减后的金额，登记新账的"财政拨款结转"科目及其明细科目贷方；按照原账"财政补助结余"科目余额，登记新账的"财政拨款结余"科目及其明细科目贷方。

按照原账"财政应返还额度"科目余额登记新账的"资金结存——财政应返还额度"科目借方；按照新账的"财政拨款结转"和"财政拨款结余"科目贷方余额合计数，减去新账的"资金结存——财政应返还额度"科目借方余额后的差额，登记新账的"资金结存——货币资金"科目借方。

2. "非财政拨款结转"科目及对应的"资金结存"科目余额。

新制度设置了"非财政拨款结转"科目及对应的"资金结存"科目。在新旧制度转换时，单位应当对原账的"非财政补助结转"科目余额进行逐项分析，在原账的"非财政补助结转"科目余额基础上，加上已经计入支出尚未支付非财政补助专项资金（如发生时列支的应付票据、应付账款、应缴税费、应付职工薪酬等）的金额，减去已经支付非财政补助专项资金尚未计入支出（如购入的存货、预付账款、其他应收款等）的金额，加上已经收到非财政补助专项资金尚未计入预算收入（如预收账款）的金额，减去已经计入预算收入尚未收到非财政补助专项资金（如应付票据、应收账款等）的金额，按照增减后的金额，登记新账的"非财政拨款结转"科目及其明细科目贷方；同时，按照相同的金额登记新账的"资金结存——货币资金"科目借方。

3. "专用结余"科目及对应的"资金结存"科目余额。

新制度设置了"专用结余"科目及对应的"资金结存"科目。"专用结余"科目用于核算事业单位按照规定从非财政拨款结余中提取的具有专门用途的资金的变动和滚存情况，提取基金时贷记本科目，使用基金时借记本科目。"专用结余"贷方余额表现为一定金额的现金流入，根据预算会计的收付实现制基础，需要同时确认调整增加"资金结存"与"专用结余"科目金额。

因此，在新旧制度转换时，单位应当按照原账"专用基金"科目余额中通过非财政补助结余分配形成的金额，借记新账的"资金结存——货币资金"科目，贷记新账的"专用结余"科目。

4. "经营结余"科目及对应的"资金结存"科目余额。

新制度设置了"经营结余"科目及对应的"资金结存"科目。"经营结余"科目用于核算事业单位年度内经营活动收支相抵后余额弥补以前年度经营亏损后的余额。年末结账时，"经营预算收入"转入时贷记本科目，"经营支出"转入时借记本科目。本科目如年末有借方余额，则为经营亏损，不予结转。"经营结余"借方余额表现为经营现金净流出金额，根据预算会计的收付实现制基础，需要确认调整减少"资金结存"和"经营结余"科目金额。

因此，如果原账的"经营结余"科目期末有借方余额，在新旧制度转换时，单位应当按照原账的"经营结余"科目余额，借记新账的"经营结余"科目，贷记新账的"资金结存——货币资金"科目。

5. "非财政拨款结余"科目及对应的"资金结存"科目余额。

（1）登记"非财政拨款结余"科目余额。新制度设置了"非财政拨款结余"科目及对应的"资金结存"科目。在新旧制度转换时，单位应当按照原账的"事业基金"科目余额，借记新账的"资金结存——货币资金"科目，贷记新账的"非财政拨款结余"科目。

（2）对新账"非财政拨款结余"科目及"资金结存"科目余额进行调整。

①调整短期投资对非财政拨款结余的影响。为了全面反映单位预算支出信息，体现收付实现制会计核算原则，新制度在预算支出类会计科目中设置了"投资支出"科目，核算事业单位以货币资金对外投资发生的现金流出，以货币资金对外投资时借记本科目，收回投资时贷记本科目。年末结账时转入"其他结余"科目，最终转入"非财政拨款结余"科目。

在新旧会计制度衔接时，按照预算会计的收付实现制基础，需要确认调整"短期投资"现金流出业务。因此，单位应当按照原账的"短期投资"科目余额，借记"非财政拨款结余"科目，贷记"资金结存——货币资金"科目。

②调整应收票据、应收账款对非财政拨款结余的影响。为了全面反映单位预算支出信息，体现收付实现制会计核算原则，新制度在预算收入类会计科目中设置了"事业预算收入""经营预算收入"等科目，核算事业单位开展业务活动、经营活动等取得的现金流入，取得各类现金收入时贷记"事业预算收入""经营预算收入"等科目。其中，"事业预算收入""经营预算收入"等科目本年发生额中的非专项资金收入，年末结账时转入"其他结余"科目，最终转入"非财政拨款结余"科目。

原账的"应收票据""应收账款"科目余额中已计入预算收入部分，因没有现金流入，根据预算会计的收付实现制基础，不能确认为预算收入。因此，在新旧会计制度衔接时，单位应当对原账的"应收票据""应收账款"科目余额进行分析，区分其中发生时计入预算收入的金额和没有计入预算收入的金额。对发生时计入收入的金额，再区分计入专项资金收入的金额和计入非专项资金收入的金额，按照计入非专项资金收入的金额，借记"非财政拨款结余"科目，贷记"资金结存——货币资金"科目。

③调整预付账款对非财政拨款结余的影响。为了全面反映单位预算支出信息，体现收付实现制会计核算原则，新制度在预算支出类会计科目中设置了"事业支出""经营支出"等科目，核算事业单位开展业务活动、经营活动等实际发生的各项现金流出，实际支付时借记"事业支出""经营支出"等科目。其中，"事业支出""经营支出"等科目本年发生额中的非财政非专项资金支出，年末结账时转入"其他结余"科目，最终转入"非财政拨款结余"科目。

原账的"预付账款"科目余额，在财务会计中未计入支出，但根据预算会计的收付实现制基础，需要确认调整"预付账款"现金流出业务。因此，在新旧会计制度衔接时，单位应当对原账的"预付账款"科目余额进行分析，区分其中由财政补助资金预付的金额、非财政补助专项资金预付的金额和非财政补助非专项资金预付的金额，按照非财政补助非专项资金预付的金额，借记"非财政拨款结余"科目，贷记"资金结存——货币资金"科目。

④调整其他应收款对非财政拨款结余的影响。为了全面反映单位预算支出信息，体现收付实现制会计核算原则，新制度在预算支出类会计科目中设置了"事业支出""经营支出"等科目，核算事业单位开展业务活动、经营活动等实际发生的各项现金流出，实际支付时借记"事业支出""经营支出"等科目。其中，"事业支出""经营支出"等科目本年发生额中的非财政非专项资金支出，年末结账时转入"其他结余"科目，最终转入"非财政拨款结余"科目。

原账的"其他应收款"科目余额中，对于已计入预算支出的预付款项，根据预算会计的收付实现制基础，需要确认调整"其他应收款"现金流出业务。因此，在新旧会计制度衔接时，单位按照新制度规定将原账其他应收款中的预付款项计入支出的，应当对原账的"其他应收款"科目余额进行分析，区分其中预付款项的金额（将来很可能列支）和非预付款项的金额，并对预付款项的金额划分为财政补助资金预付的金额、非财政补助专项资金预付的金额和非财政补助非专项资金预付的金额，按照非财政补助非专项资金预付的金额，借记"非财政拨款结余"科目，贷记"资金结存——货币资金"科目。

⑤调整存货对非财政拨款结余的影响。为了全面反映单位预算支出信息，体现收付实现制会计核算原则，新制度在预算支出类会计科目中设置了"事业支出""经营支出"等科目，核算事业单位开展业务活动、经营活动等实际发生的各项现金流出，实际支付时借记"事业支出""经营支出"等科目。其中，"事业支出""经营支出"等科目本年发生额中的非财政非专项资金支出，年末结账时转入"其他结余"科目，最终转入"非财政拨款结余"科目。

原账的"存货"科目余额，在财务会计中未计入支出，但根据预算会计的收付实现制基础，需要确认调整购入存货的现金流出业务。因此，在新旧会计制度衔接时，单位应当对原账的"存货"科目余额进行分析，区分购入的存货金额和非购入的存货金额。对购入的存货金额划分出其中使用财政补助资金购入的金额、使用非财政补助专项资金购入的金额和使用非财政补助非专项资金购入的金额，按照使用非财政补助非专项资金购入的金额，借记"非财政拨款结余"科目，贷记"资金结存——货币资金"科目。

⑥调整长期股权投资对非财政拨款结余的影响。为了全面反映单位预算支出信息，体现收付实现制会计核算原则，新制度在预算支出类会计科目中设置了"投资支出"科目，核算事业单位以货币资金对外投资发生的现金流出，以货币资金对外投资时借记本科目，收回投资时贷记本科目。年末结账时转入"其他结余"科目，最终转入"非财政拨款结余"科目。

在新旧会计制度衔接时，按照预算会计的核算基础，需要确认调整"长期股权投资"中现金流出业务。因此，单位应当对原账的"长期投资"科目余额中属于股权投资的余额进行分析，区分其中用现金资产取得的金额和用非现金资产及其他方式取得的金额，按照用现金资产取得的金额，借记"非财政拨款结余"科目，贷记"资金结存——货币资金"科目。

在以货币资金取得长期股权投资时，已将"事业基金"转入"非流动资产基金——长期投资"的，不需要调整。

⑦调整长期债券投资对非财政拨款结余的影响。为了全面反映单位预算支出信息，体现收付实现制会计核算原则，新制度在预算支出类会计科目中设置了"投资支出"科目，核算事业单位以货币资金对外投资发生的现金流出，以货币资金对外投资时借记本科目，收回投资时贷记本科目。年末结账时转入"其他结余"科目，最终转入"非财政拨款结余"科目。

在新旧会计制度衔接时，按照预算会计的核算基础，需要确认调整"长期债券投资"的现金流出业务。因此，单位应当按照原账的"长期投资"科目余额中属于债券投资的余额，借记"非财政拨款结余"科目，贷记"资金结存——货币资金"科目。

在以货币资金取得长期股权投资时，已将"事业基金"转入"非流动资产基金——长期投资"的，不需要调整。

⑧调整短期借款、长期借款对非财政拨款结余的影响。为了全面反映单位预算支出信息，体现收付实现制会计核算原则，新制度在预算收入类会计科目中设置了"债务预算收入"科目，核算事业单位按照规定从银行和其他金融机构等借入的、纳入部门预算管理的、不以财政资金作为偿还来源的债务本金，收到借入款项时贷记本科目，偿还借款时贷记"债务还本支出"。年末结账时转入"其他结余"科目，最终转入"非财政拨款结余"科目。

在新旧会计制度衔接时，按照预算会计的核算基础，需要确认调整"短期借款""长期借款"带来的现金流入业务。因此，单位应当按照原账的"短期借款""长期借款"科目余额，借记"资金结存——货币资金"科目，贷记"非财政拨款结余"科目。

⑨调整应缴税费、应付职工薪酬对非财政拨款结余的影响。原账的"应缴税费""应付职工薪酬"科目余额应交税费、应付职工薪酬，已计入预算支出部分，因现金尚未实际流出，根据预算会计的收付实现制基础，不能确认为预算支出，应当从支出中予以冲减。

因此，在新旧会计制度衔接时，单位应当对原账"应缴税费""应付职工薪酬"科目余额进行分析，将计入支出尚未支付的金额划分出财政补助应付的金额、非财政补助专项资金应付的金额和非财政补助非专项资金应付的金额，按照非财政补助非专项资金应付的金额，借记"资金结存——货币资金"科目，贷记"非财政拨款结余"科目。

⑩调整应付票据、应付账款对非财政拨款结余的影响。为了全面反映单位预算支出信息，体现收付实现制会计核算原则，新制度在预算支出类会计科目中设置了"事业支出""经营支出"等科目，核算事业单位开展业务活动、经营活动等实际发生的各项现金流出，实际支付时借记"事业支出""经营支出"等科目。其中，"事业支出""经营支出"等科目本年发生额中的非财政非专项资金支出，年末结账时转入"其他结余"科目，最终转入"非财政拨款结余"科目。

原账的"应付票据""应付账款"科目余额中已计入预算支出部分，因现金尚未实际流出，根据预算会计的收付实现制基础，不能确认为预算支出，即应当从支出中予以冲减。因此，在新旧会计制度衔接时，单位应当对原账的"应付票据""应付账款"科目余额进行分析，区分其中发生时计入支出的金额和未计入支出的金额。将计入支出尚未支付的金额划分出财政补助应付的金额、非财政补助专项资金应付的金额和非财政补助非专项资金应付的金额，按照非财政补助非专项资金应付的金额，借记"资金结存——货币资金"科目，贷记"非财政拨款结余"科目。

⑪调整预收账款对非财政拨款结余的影响。为了全面反映单位预算支出信息，体现收付实现制会计核算原则，新制度在预算收入类会计科目中设置了"事业预算收入""经营收入"等科目，核算事业单位开展业务活动、经营活动等取得的现金流入，取得各类现金收入时贷记"事业预算收入""经营预算收入"等科目。其中，"事业预算收入""经营预算收入"等科目本年发生额中的非专项资金收入，年末结账时转入"其他结余"科目，最终转入"非财政拨款结余"科目。

原账的"预收账款"科目余额，在财务会计中不计入收入，但根据预算会计的收付实现制基础，需要确认调整"预收账款"带来的现金流入为预算收入。因此，在新旧会计制度衔接时，单位应当按照原账的"预收账款"科目余额中预收非财政非专项资金的金额,借记"资金结存——货币资金"科目,贷记"非财政拨款结余"科目。

⑫调整专用基金对非财政拨款结余的影响。原账的"专用基金"科目余额中计提时已计入支出部分,因现金尚未实际流出,根据预算会计的收付实现制基础,不能确认为预算支出,应当从支出中予以冲减。

因此,在新旧会计制度衔接时,单位应当对原账的"专用基金"科目余额进行分析,划分出按照预算收入比例列支提取的专用基金(如列支提取的职工福利基金、学生奖助基金等),按照列支提取的专用基金的金额,借记"资金结存——货币资金"科目,贷记"非财政拨款结余"科目。

(3)按新账货币资金余额进行调整。

单位按照前述(1)、(2)两个步骤难以准确调整出"非财政拨款结余"科目及对应的"资金结存"科目余额的,在新旧制度转换时,可以在新账的"库存现金""银行存款""其他货币资金""财政应返还额度"科目借方余额合计数基础上,对不纳入单位预算管理的资金进行调整(如减去新账中货币资金形式的受托代理资产、应缴财政款、已收取将来需要退回资金的其他应付款,加上已支付将来需要收回资金的其他应收款),按照调整后的金额减去新账的"财政拨款结转""财政拨款结余""非财政拨款结转""专用结余"科目贷方余额合计数,加上"经营结余"科目借方余额后的金额,登记新账的"非财政拨款结余"科目贷方;同时,按照相同的金额登记新账的"资金结存——货币资金"科目借方。

6."其他结余""非财政拨款结余分配"科目。

新制度设置了"其他结余"和"非财政拨款结余分配"科目。"其他结余"科目用于核算单位本年度除财政拨款收支、非同级财政专项资金收支和经营收支以外各项收支相抵后的余额。"非财政拨款结余分配"用于核算事业单位本年度非财政拨款结余分配的情况和结果。该两科目均为年末结账用科目,年末结账后一般应无余额。因此,在新旧制度转换时,单位无需对"其他结余"和"非财政拨款结余分配"科目进行新账年初余额登记。

(三)预算收入类、预算支出类会计科目

预算收入类、预算支出类会计科目是《政府会计制度》设置的预算会计核算会计科目,与原《中小学校会计制度》收入类、支出类会计科目没有直接转换对应关系,两类科目的核算内容与范围不完全一致。其参照关系如表27-41所示。

表27-41　　　　　　　　中小学校新旧会计科目对照表(预算收入支出类)

序号	新制度科目		原制度科目	
	编号	名称	编号	名称
(一)预算收入类				
10	6001	财政拨款预算收入	4001	公共财政预算拨款
			4002	政府性基金预算拨款
11	6101	事业预算收入	4101	事业收入
12	6201	上级补助预算收入	4201	上级补助收入
13	6301	附属单位上缴预算收入	4301	附属单位上缴收入
14	6401	经营预算收入	4401	经营收入
15	6501	债务预算收入		
16	6601	非同级财政拨款预算收入	4501	其他收入
17	6602	投资预算收益		
18	6609	其他预算收入		
(二)预算支出类				
19	7201	事业支出	5001	事业支出
20	7301	经营支出	5301	经营支出
21	7401	上缴上级支出	5101	上缴上级支出
22	7501	对附属单位补助支出	5201	对附属单位补助支出
23	7601	投资支出		
24	7701	债务还本支出		
25	7901	其他支出	5401	其他支出

由于预算收入类、预算支出类会计科目年初无余额,在新旧制度转换时,无需对预算收入类、预算支出类会计科目进行新账年初余额登记。单位应当自2019年1月1日起,按照新制度设置预算收入类、预算支出类科目并进行账务处理。

三、财务报表和预算会计报表的新旧衔接

按照《衔接规定》，中小学校在对原制度会计科目余额进行结转、补充登记未入账事项，以及对部分新账会计科目余额进行调整后，应当编制2019年1月1日的科目余额表及2019年度财务报表和预算会计报表（期初余额）。

（一）新旧会计制度报表体系对照

《政府会计制度》报表体系包括财务报表和预算会计报表。其中，财务报表由资产负债表、收入费用表、净资产变动表和现金流量表等会计报表和报表附注组成。预算会计报表是按照《政府会计制度》"双基础、双功能、双报告"的要求设计与编制，由预算收入支出表、预算结转结余变动表和财政拨款预算收入支出表等报表组成。

《政府会计制度》根据新的核算内容和要求对其报表结构进行了调整和优化，细化了报表附注应当披露的内容，对会计报表重要项目说明提供了参考的披露格式，要求按经济分类披露费用信息，以及要求披露本年预算结余和本年盈余的差异调节过程等。新制度报表体系，对于全面反映单位财务信息和预算执行信息，提高部门、单位会计信息的透明度和决策有用性具有重要意义。

原《中小学校会计制度》会计报表体系由资产负债表、收入支出表、财政补助收入支出表等会计报表和报表附注组成，与新制度会计报表体系对照如表27-42所示。

表27-42　　　　　　　　　　中小学校新旧会计制度报表体系对照表

序号	政府会计制度			中小学校会计制度			说明
	编号	报表名称	编制期	编号	报表名称	编制期	
一、财务报表							
1	会政财01表	资产负债表	月度年度	会中小学校01表	资产负债表	月度年度	基本相同
2	会政财02表	收入费用表	月度年度	会中小学校02表	收入支出表	月度年度	基本相同
3	会政财03表	净资产变动表	年度				新增
4	会政财04表	现金流量表	年度				新增，可选择编制
5				会中小学校03表	财政补助收入支出表	年度	删除
6		附注	年度		附注	年度	要求相同
二、预算会计报表							
7	会政预01表	预算收入支出表	年度				新增
8	会政预02表	预算结转结余变动表	年度				新增
9	会政预03表	财政拨款预算收入支出表	年度				与会中小学校03表类似

其中，财务报表的"资产负债表""收入费用表"为月度、年度报表，与原《中小学校会计制度》的"资产负债表""收入支出表"的内容与格式相似；"净资产变动表"和"现金流量表"为新增年度报表；原《中小学校会计制度》的"财政补助收入支出表"不再编制，其内容包含到预算会计报表的"财政拨款预算收入支出表"中，但内容与格式有所优化与简略。

（二）期初新会计制度报表的编制

1. 编制2019年1月1日科目余额表。

在将原账科目余额转入新账、未入账事项补充登记新账，以及对相关新账科目余额进行调整后，按照登记及调整后新账的各会计科目余额，编制2019年1月1日的财务会计和预算会计科目余额表（见表27-43、表27-44），作为新账各会计科目的期初余额，也是编制新账报表的基础。

表27-43　　　　　　　　　　　2019年1月1日新账财务会计科目余额表

序号	科目编号	科目名称	期初余额	序号	科目编号	科目名称	期初余额
一、资产类				二、负债类			
1	1001	库存现金		36	2001	短期借款	
2	1002	银行存款		37	2101	应交增值税	
3	1011	零余额账户用款额度		38	2102	其他应交税费	
4	1021	其他货币资金		39	2103	应缴财政款	
5	1101	短期投资		40	2201	应付职工薪酬	
6	1201	财政应返还额度		41	2301	应付票据	
7	1211	应收票据		42	2302	应付账款	
8	1212	应收账款		43	2303	应付政府补贴款	
9	1214	预付账款		44	2304	应付利息	
10	1215	应收股利		45	2305	预收账款	
11	1216	应收利息		46	2307	其他应付款	
12	1218	其他应收款		47	2401	预提费用	
13	1219	坏账准备		48	2501	长期借款	
14	1301	在途物品		49	2502	长期应付款	
15	1302	库存物品		50	2601	预计负债	
16	1303	加工物品		51	2901	受托代理负债	
17	1401	待摊费用				负债合计	
18	1501	长期股权投资		三、净资产类			
19	1502	长期债券投资		52	3001	累计盈余	
20	1601	固定资产		53	3101	专用基金	
21	1602	固定资产累计折旧		54	3201	权益法调整	
22	1611	工程物资		55	3301	本期盈余	
23	1613	在建工程		56	3302	本年盈余分配	
24	1701	无形资产		57	3401	无偿调拨净资产	
25	1702	无形资产累计摊销		58	3501	以前年度盈余调整	
26	1703	研发支出				净资产合计	
27	1801	公共基础设施					
28	1802	公共基础设施累计折旧（摊销）					
29	1811	政府储备物资					
30	1821	文物文化资产					
31	1831	保障性住房					
32	1832	保障性住房累计折旧					
33	1891	受托代理资产					
34	1901	长期待摊费用					
35	1902	待处理财产损溢					
		资产合计				负债及净资产合计	

表27-44　　　　　　　　　　　2019年1月1日新账预算会计科目余额表

序号	科目编号	科目名称	期初余额	
			借方余额	贷方余额
1	8001	资金结存		
2	8101	财政拨款结转		
3	8102	财政拨款结余		
4	8201	非财政拨款结转		
5	8202	非财政拨款结余		
6	8301	专用结余		
7	8401	经营结余		
8	8501	其他结余		
9	8701	非财政拨款结余分配		
		预算结余类合计		

2. 编制2019年1月1日资产负债表。

中小学校应当根据2019年1月1日新账的财务会计科目余额（见表28-43），按照新制度编制2019年1月1日资产负债表（仅要求填列各项目"年初余额"）。

3. 2019 年度财务报表和预算会计报表的编制。

中小学校应当按照新制度规定编制 2019 年财务报表和预算会计报表。在编制 2019 年度收入费用表、净资产变动表、现金流量表和预算收入支出表、预算结转结余变动表时，不要求填列上年比较数。

中小学校应当根据 2019 年 1 月 1 日新账财务会计科目余额表（见表 27-43），填列 2019 年净资产变动表各项目的"上年年末余额"；根据 2019 年 1 月 1 日新账预算会计科目余额表（见表 27-44），填列 2019 年预算结转结余变动表的"年初预算结转结余"项目和财政拨款预算收入支出表的"年初财政拨款结转结余"项目。

第六节 科学事业单位新旧会计制度衔接

科学事业单位在新旧制度衔接转换过程中，需要根据《科学事业单位新旧会计科目对照表》《科学事业单位原会计科目余额明细表一（财务会计）》和《科学事业单位原会计科目余额明细表二（预算会计）》，将原账会计科目余额直接或分析转入新账会计科目、按照原账科目余额登记新账预算结余会计科目。新账的科目设有明细科目的，应将原账中对应科目的余额加以分析，分别转入新账中相应科目的相关明细科目。如存在其他《衔接规定》中未列举的原账科目余额的，应当比照《衔接规定》转入新账的相应科目；如存在 2018 年 12 月 31 日前未入账的其他事项的，应当按照《衔接规定》补充登记新账的相应科目。

一、财务会计科目的新旧衔接

科学事业单位在新旧会计制度衔接过程中，根据 2018 年 12 月 31 日原账的科目余额表、总账及明细账，按照新制度财务会计核算规定，对涉及财务会计科目的核算内容进行详细分析和调整，编制《科学事业单位原会计科目余额明细表一（财务会计）》（见表 27-45）。根据原账科目余额表和《科学事业单位原会计科目余额明细表一（财务会计）》，将原账科目余额过入新账期初余额。

在对新账的财务会计科目期初余额进行调整及补充登记时，应当编制记账凭证，并将调整及补充登记事项的确认依据作为原始凭证（包括相关财产清查表）。

表 27-45　　　　　科学事业单位原会计科目余额明细表一（财务会计）

总账科目	明细分类	金额	备注
库存现金	库存现金		
	其中：受托代理现金		
银行存款	银行存款		
	其中：受托代理银行存款		
	其他货币资金		
其他应收款	在途物品		已经付款或已开出商业汇票，尚未收到物资
	其他		
库存材料	在加工材料		
	非在加工材料		
科技产品	生产成本		
	产成品		
长期投资	长期股权投资		
	长期债券投资		
在建工程	在建工程		
	工程物资		
	预付工程款、预付备料款		
应缴税费	应交增值税		
	其他应交税费		
其他应付款	受托代理负债		
	其他		

（一）资产类会计科目余额的调整

1. 新旧会计制度科目的变化。

科学事业单位在执行政府会计制度后，原《科学事业单位会计制度》资产类核算会计科目有所变化，对比如表27-46所示。

表27-46　　　　　　　　　　科学事业单位新旧会计科目对照表（资产类）

序号	新制度科目		原制度科目	
	编号	名称	编号	名称
1	1001	库存现金	1001	库存现金
2	1002	银行存款	1002	银行存款
3	1021	其他货币资金		
4	1011	零余额账户用款额度	1011	零余额账户用款额度
5	1101	短期投资	1201	短期投资
6	1201	财政应返还额度	1101	财政应返还额度
7	1211	应收票据	1211	应收票据
8	1212	应收账款	1212	应收账款
9	1214	预付账款	1213	预付账款
10	1218	其他应收款	1215	其他应收款
11	1301	在途物品		
12	1302	库存物品	1301	库存材料
13	1303	加工物品		
14	1302	库存物品	1302	科技产品
15	1303	加工物品		
16	1501	长期股权投资	1401	长期投资
17	1502	长期债券投资		
18	1601	固定资产	1501	固定资产
19	1602	固定资产累计折旧	1502	累计折旧
20	1611	工程物资		
21	1613	在建工程	1511	在建工程
22	1214	预付账款		
23	1701	无形资产	1601	无形资产
24	1702	无形资产累计摊销	1602	累计摊销
25	1902	待处理财产损溢	1701	待处置资产损溢

2. 原账会计科目余额转入新账。

根据《科学事业单位新旧会计科目对照表（资产类）》（见表27-46）、原账会计科目余额表及《科学事业单位原会计科目余额明细表一（财务会计）》（见表27-45），将原账会计科目余额直接或分析转入新账财务会计科目。

（1）"财政应返还额度""短期投资""应收票据""应收账款""预付账款""无形资产""固定资产"科目。新制度设置了"财政应返还额度""短期投资""应收票据""应收账款""预付账款""无形资产""固定资产"科目，其核算内容与原账的上述相应科目的核算内容基本相同。转账时，单位应当将原账的上述科目余额直接转入新账的相应科目。

新制度设置了"受托代理资产"科目，科学事业单位在原账上述科目中核算了属于新制度规定受托代理资产的，应当将原账上述科目余额中属于新制度规定受托代理资产的金额转入新账"受托代理资产"科目。

（2）"库存现金"科目。新制度设置了"库存现金"科目。转账时，单位应当将原账的"库存现金"科目余额直接转入新账的"库存现金"科目。其中，还应当将原账的"库存现金"科目余额中属于新制度规定受托代理资产的金额，转入新账"库存现金"科目下的"受托代理资产"明细科目。

（3）"银行存款"科目。新制度设置了"银行存款"和"其他货币资金"科目，原制度设置了"银行存款"科目。转账时，单位应当将原账"银行存款"科目中核算的属于新制度规定的其他货币资金的金额，转入新账"其他货币资金"科目；将原账"银行存款"科目余额减去其中属于其他货币资金余额后的差额，转入新账的"银行存款"科目。其中，还应当将原账的"银行存款"科目余额中属于新制度规定受托代理资产的金额，转入新账"银行存款"科目下的"受托代理资产"明细科目。

（4）"零余额账户用款额度"科目。由于原账的"零余额账户用款额度"科目年末无余额，无需进行转账处理。

（5）"其他应收款"科目。新制度设置了"其他应收款"科目，该科目的核算内容与原账"其他应收款"科目的核算内容基本相同。转账时，单位应当将原账的"其他应收款"科目余额，转入新账的"其他应收款"科目。

新制度设置了"在途物品"科目，单位在原账"其他应收款"科目中核算了已经付款或开出商业汇票、尚未收到物资的，应当将原账的"其他应收款"科目余额中已经付款或开出商业汇票、尚未收到物资的金额，转入新账的"在途物品"科目。

（6）"库存材料"科目。新制度设置了"库存物品"、"加工物品"科目，原制度设置了"库存材料"科目。转账时，单位应当将原账的"库存材料"科目余额中属于在加工材料的金额，转入新账的"加工物品"科目；将原账的"库存材料"科目余额减去属于在加工材料的金额后的差额，转入新账的"库存物品"科目。

（7）"科技产品"科目。新制度设置了"库存物品""加工物品"科目，原制度设置了"科技产品"科目。科学事业单位原账的"科技产品"科目用来核算单位利用非财政性资金试制、生产并已验收入库的科技产品的实际成本。转账时，单位应当将原账的"科技产品"科目中的"生产成本"明细科目余额转入新账的"加工物品"科目；将原账的"科技产品"科目中"产成品"明细科目余额转入新账的"库存物品"科目。

（8）"长期投资"科目。新制度设置了"长期股权投资"和"长期债券投资"科目，原制度设置了"长期投资"科目。转账时，单位应当将原账的"长期投资"科目余额中属于股权投资的金额，转入新账的"长期股权投资"科目及其明细科目；将原账的"长期投资"科目余额中属于债券投资的金额，转入新账的"长期债券投资"科目及其明细科目。

（9）"累计折旧"科目。新制度设置了"固定资产累计折旧"科目，该科目的核算内容与原账"累计折旧"科目的核算内容基本相同。单位已经计提了固定资产折旧并记入"累计折旧"科目的，转账时，应当将原账的"累计折旧"科目余额，转入新账的"固定资产累计折旧"科目。

（10）"在建工程"科目。新制度设置了"在建工程"和"预付账款——预付备料款、预付工程款"科目，原制度设置了"在建工程"科目。转账时，单位应当将原账的"在建工程"科目余额（基建"并账"后的金额，下同）中属于预付备料款、预付工程款的金额，转入新账"预付账款"相关明细科目；将原账的"在建工程"科目余额减去预付备料款、预付工程款金额后的差额，转入新账的"在建工程"科目。

单位在原账"在建工程"科目中核算了按照新制度规定应当记入"工程物资"科目内容的，应当将原账"在建工程"科目余额中属于工程物资的金额，转入新账的"工程物资"科目。

（11）"累计摊销"科目。新制度设置了"无形资产累计摊销"科目，该科目的核算内容与原账"累计摊销"科目的核算内容基本相同。单位已经计提了无形资产摊销的，转账时，应当将原账的"累计摊销"科目余额，转入新账的"无形资产累计摊销"科目。

（12）"待处置资产损溢"科目。新制度设置了"待处理财产损溢"科目，该科目的核算内容与原账"待处置资产损溢"科目的核算内容基本相同。转账时，单位应当将原账的"待处置资产损溢"科目余额，转入新账的"待处理财产损溢"科目。

3. 原未入账事项登记新账。

（1）应收股利。单位在新旧制度转换时，应当将2018年12月31日前未入账的应收股利按照新制度规定记入新账。登记新账时，按照确定的入账金额，借记"应收股利"科目，贷记"累计盈余"科目。

（2）研发支出。单位在新旧制度转换时，应当将2018年12月31日前未入账的自行研究开发项目开发阶段的费用按照新制度规定记入新账。登记新账时，按照确定的开发阶段费用金额，借记"研发支出"科目，贷记"累计盈余"科目。

（3）受托代理资产。单位在新旧制度转换时，应当将2018年12月31日前未入账的受托代理资产按照新制度规定记入新账。登记新账时，按照确定的受托代理资产入账成本，借记"受托代理资产"科目，贷记"受托代理负债"科目。

（4）盘盈资产。单位在新旧制度转换时，应当将2018年12月31日前未入账的盘盈资产按照新制度规定记入新账。登记新账时，按照确定的盘盈资产及其成本，分别借记有关资产科目，按照盘盈资产成本的合计金额，贷记"累计盈余"科目。

4. 新账会计科目余额调整。

按照《衔接规定》，应当对新账的相关财务会计科目余额按照新制度规定的会计核算基础进行调整。根据资产清查和债权债务核实结果，计提坏账准备、补提折旧或摊销，按照权益法调整长期股权投资账面余额，确认长期债券投资期末应收利息和长期借款期末应付利息，编制记账凭证，并将调整及补充登记事项的确认依据作为原始凭证。

（1）计提坏账准备。新制度要求对单位收回后无需上缴财政的应收账款和其他应收款提取坏账准备。在新旧制度转换时，单位应当按照2018年12月31日无需上缴财政的应收账款和其他应收款的余额计算应计提的坏账准备金额，借记"累计盈余"科目，贷记"坏账准备"科目。

（2）按照权益法调整长期股权投资账面余额。对按照新制度规定应当采用权益法核算的长期股权投资，在新旧制度转换时，单位应当在"长期股权投资"科目下设置"新旧制度转换调整"明细科目，依据被投资单位2018年12月31日财务报表的所有者权益账面余额，以及单位持有被投资单位的股权比例，计算应享有或应分担的被投资单位所有者权益的份额，调整长期股权投资的账面余额，借记或贷记"长期股权投资——新旧制度转换调整"科目，贷记或借记"累计盈余"科目。

（3）确认长期债券投资期末应收利息。单位应当按照新制度规定于2019年1月1日补记长期债券投资应收利息，按照长期债券投资的应收利息金额，借记"长期债券投资"科目［到期一次还本付息］或"应收利息"科目［分期付息、到期还本］，贷记"累计盈余"科目。

（4）补提折旧。单位在原账中尚未计提固定资产折旧的，应当全面核查截至2018年12月31日的固定资产的预计使用年限、已使用年限、尚可使用年限等，并于2019年1月1日对尚未计提折旧的固定资产补提折旧，按照应计提的折旧金额，借记"累计盈余"科目，贷记"固定资产累计折旧"科目。

（5）补提摊销。单位在原账中尚未计提无形资产摊销的，应当全面核查截至2018年12月31日无形资产的预计使用年限、已使用年限、尚可使用年限等，并于2019年1月1日对前期尚未计提摊销的无形资产补提摊销，按照应计提的摊销金额，借记"累计盈余"科目，贷记"无形资产累计摊销"科目。

（二）负债类会计科目余额的调整

1. 新旧会计制度科目的变化。

科学事业单位在执行政府会计制度后，原《科学事业单位会计制度》负债类核算会计科目有所变化，对比如表27－47所示。

表27－47　　　　　　　　　科学事业单位新旧会计科目对照表（负债类）

序号	新制度科目		原制度科目	
	编号	名称	编号	名称
26	2001	短期借款	2001	短期借款
27	2101	应交增值税	2101	应缴税费
28	2102	其他应交税费		
29	2103	应缴财政款	2102	应缴国库款
			2103	应缴财政专户款
30	2201	应付职工薪酬	2201	应付职工薪酬
31	2301	应付票据	2301	应付票据
32	2302	应付账款	2302	应付账款
33	2305	预收账款	2303	预收账款
34	2307	其他应付款	2305	其他应付款
35	2901	受托代理负债		
36	2501	长期借款	2401	长期借款
37	2502	长期应付款	2402	长期应付款

2. 原账会计科目余额转入新账。

根据《科学事业单位新旧会计科目对照表（负债类）》（见表27－47）、原账会计科目余额表及《科学事业单位原会计科目余额明细表一（财务会计）》（见表27－45），将原账会计科目余额直接或分析转入新账财务会计科目。

(1) "短期借款""应付职工薪酬""应付票据""应付账款""预收账款""长期借款""长期应付款"科目。新制度设置了"短期借款""应付职工薪酬""应付票据""应付账款""预收账款""长期借款""长期应付款"科目，这些科目的核算内容与原账的上述相应科目的核算内容基本相同。转账时，单位应当将原账的上述科目余额直接转入新账的相应科目。

(2) "应缴税费"科目。新制度设置了"应交增值税"和"其他应交税费"科目，原制度设置了"应缴税费"科目。转账时，单位应当将原账的"应缴税费——应缴增值税"科目余额，转入新账"应交增值税"中的相关明细科目；将原账的"应缴税费"科目余额减去属于应缴增值税余额后的差额，转入新账的"其他应交税费"科目。

(3) "应缴国库款""应缴财政专户款"科目。新制度设置了"应缴财政款"科目，原制度设置了"应缴国库款""应缴财政专户款"科目。转账时，单位应当将原账的"应缴国库款""应缴财政专户款"科目余额，转入新账的"应缴财政款"科目。

(4) "其他应付款"科目。新制度设置了"其他应付款"科目，该科目的核算内容与原账"其他应付款"科目的核算内容基本相同。转账时，单位应当将原账的"其他应付款"科目余额，转入新账的"其他应付款"科目。其中，单位在原账的"其他应付款"科目中核算了属于新制度规定的受托代理负债的，应当将原账的"其他应付款"科目余额中属于受托代理负债的余额，转入新账的"受托代理负债"科目。

3. 原未入账事项登记新账。

(1) 预计负债。单位在新旧制度转换时，应当将2018年12月31日按照新制度规定确认的预计负债记入新账。登记新账时，按照确定的预计负债金额，借记"累计盈余"科目，贷记"预计负债"科目。

(2) 应付质量保证金。单位在新旧制度转换时，应当将2018年12月31日前未入账的应付质量保证金按照新制度规定记入新账。登记新账时，按照确定未入账的应付质量保证金金额，借记"累计盈余"科目，贷记"其他应付款"科目［扣留期在1年以内（含1年）］、"长期应付款"科目［扣留期超过1年］。

4. 新账会计科目余额调整。

按照《衔接规定》，应当对新账的相关财务会计科目余额按照新制度规定的会计核算基础进行调整。在新旧制度转换时，根据资产清查和债权债务核实结果，确认长期借款期末应付利息，编制记账凭证，并将调整及补充登记事项的确认依据作为原始凭证。

确认长期借款期末应付利息：单位应当按照新制度规定于2019年1月1日补记长期借款的应付利息金额，对其中资本化的部分，借记"在建工程"科目，对其中费用化的部分，借记"累计盈余"科目，按照全部长期借款应付利息金额，贷记"长期借款"科目［到期一次还本付息］或"应付利息"科目［分期付息、到期还本］。

(三) 净资产类会计科目余额的调整

1. 新旧会计制度科目的变化。

事业单位在执行政府会计制度后，原《科学事业单位会计制度》净资产类核算会计科目有所变化，对比如表27-48所示。

表27-48　　　　　　科学事业单位新旧会计科目对照表（净资产类）

序号	新制度科目		原制度科目	
	编号	名称	编号	名称
38	3001	累计盈余	3001	事业基金
			3101	非流动资产基金
			3301	财政补助结转
			3302	财政补助结余
			3401	非财政补助结转
		累计盈余（借方）	3403	经营结余（借方）
39	3101	专用基金	3201	专用基金

2. 原账会计科目余额转入新账。

根据《科学事业单位新旧会计科目对照表（净资产类）》（见表27-48）、原账会计科目余额表及《科学事业单位原会计科目余额明细表一（财务会计）》（见表27-45），将原账会计科目余额直接、合并或分析转入新账财务会计科目。

(1)"事业基金"科目。新制度设置了"累计盈余"科目,该科目的核算内容包含了原账"事业基金"科目的核算内容。转账时,单位应当将原账的"事业基金"科目余额转入新账的"累计盈余"科目。

(2)"非流动资产基金"科目。依据新制度,无需对原制度中"非流动资产基金"科目对应内容进行核算。转账时,单位应当将原账的"非流动资产基金"科目余额转入新账的"累计盈余"科目。

(3)"专用基金"科目。新制度设置了"专用基金"科目,该科目的核算内容与原账"专用基金"科目的核算内容基本相同。转账时,单位应当将原账的"专用基金"科目余额转入新账的"专用基金"科目。

(4)"财政补助结转""财政补助结余""非财政补助结转"科目。新制度设置了"累计盈余"科目,该科目的余额包含了原账的"财政补助结转""财政补助结余""非财政补助结转"科目的余额内容。转账时,单位应当将原账的"财政补助结转""财政补助结余""非财政补助结转"科目余额,转入新账的"累计盈余"科目。

(5)"经营结余"科目。新制度设置了"本期盈余"科目,该科目的核算内容包含了原账"经营结余"科目的核算内容。新制度规定"本期盈余"科目余额最终转入"累计盈余"科目,如果原账的"经营结余"科目有借方余额,转账时,单位应当将原账的"经营结余"科目借方余额,转入新账的"累计盈余"科目借方。

(6)"事业结余""非财政补助结余分配"科目。由于原账的"事业结余""非财政补助结余分配"科目年末无余额,这两个科目无需进行转账处理。

3. 新账会计科目余额调整。

按照《衔接规定》,应当对新账的相关财务会计科目余额按照新制度规定的会计核算基础进行调整。在新旧制度转换时,根据资产清查和债权债务核实结果,计提坏账准备、补提折旧或摊销,按照权益法调整长期股权投资账面余额,确认长期债券投资期末应收利息和长期借款期末应付利息,编制记账凭证,并将调整及补充登记事项的确认依据作为原始凭证。调整及补充登记时,涉及净资产变动的,借记或贷记有关资产负债科目,贷记或借记"累计盈余"科目。

(四)收入类、支出类会计科目

科学事业单位在执行政府会计制度后,原《科学事业单位会计制度》收入、支出核算会计科目有所变化,对比如表27-49所示。

表27-49 　　　　　科学事业单位新旧会计科目对照表(收入费用类)

序号	新制度科目		原制度科目	
	编号	名称	编号	名称
(一)收入类				
40	4001	财政拨款收入	4001	财政补助收入
41	4101	事业收入		
42	410101	科研收入	4101	科研收入
43	410102	非科研收入	4102	非科研收入
44	4201	上级补助收入	4201	上级补助收入
45	4301	附属单位上缴收入	4301	附属单位上缴收入
46	4401	经营收入	4401	经营收入
47	4601	非同级财政拨款收入		
48	4602	投资收益		
49	4603	捐赠收入	4501	其他收入
50	4604	利息收入		
51	4605	租金收入		
52	4609	其他收入		
(二)费用类				
53	5001	业务管理费		
54	500101	科研支出	5001	科研支出
55	500102	非科研支出	5002	非科研支出
			5003	支撑业务支出
56	5101	单位管理费用	5004	行政管理支出
			5006	后勤保障支出
			5007	离退休支出

续表

序号	新制度科目		原制度科目	
	编号	名称	编号	名称
57	5201	经营费用	5301	经营支出
58	5401	上缴上级费用	5101	上缴上级支出
59	5501	对附属单位补助费用	5201	对附属单位补助支出
60	5801	所得税费用	3404	非财政补助结余分配
61	5301	资产处置费用	5401	其他支出
62	5901	其他费用		

由于原账中收入支出类科目年末无余额，无需进行转账处理。自 2019 年 1 月 1 日起，单位应当按照新制度设置收入费用类科目并进行账务处理。

二、预算会计科目的新旧衔接

科学事业单位根据 2018 年 12 月 31 日原账的科目余额表、总账及明细账，按照新制度预算会计核算基础，对涉及预算会计核算内容的会计科目进行详细分析和调整，编制《科学事业单位原会计科目余额明细表二（预算会计）》（见表 27-50）。根据原账科目余额表和《科学事业单位原会计科目余额明细表二（预算会计）》，将原账科目余额过入新账期初余额。

在对新账的预算会计科目期初余额进行调整及补充登记时，应当编制记账凭证，并将调整及补充登记事项的确认依据作为原始凭证。

表 27-50　　　　　　　　　科学事业单位原会计科目余额明细表二（预算会计）

总账科目	明细分类	金额	备注
应收票据、应收账款	发生时不计入收入		如转让资产的应收票据、应收账款
	发生时计入收入		
	其中：专项收入		
	其他		
预付账款	财政补助资金预付		
	非财政补助专项资金预付		
	非财政补助非专项资金预付		
其他应收款	预付款项		如职工预借的差旅费等
	其中：财政补助资金预付		
	非财政补助专项资金预付		
	非财政补助非专项资金预付		
	需要收回及其他		如支付的押金、应收为职工垫付的款项等
库存材料、科技产品	购入存货		
	其中：使用财政补助资金购入		
	使用非财政补助专项资金购入		
	使用非财政补助非专项资金购入		
	非购入存货		
长期投资	长期股权投资		
	其中：用现金资产取得		
	用非现金资产或其他方式取得		
	长期债券投资		
应付票据、应付账款、应付职工薪酬、长期应付款	发生时不计入支出		
	发生时计入支出		
	其中：财政补助资金应付		
	非财政补助专项资金应付		
	非财政补助非专项资金应付		
预收账款	预收专项资金		
	预收非专项资金		
应缴税费——应缴增值税	非财政拨款专项资金应交		
	非财政拨款非专项资金应交		
应缴税费——应缴其他税费	财政拨款应交		
	非财政补助专项资金应交		
	非财政补助非专项资金应交		

续表

总账科目	明细分类	金额	备注
其他应付款（扣除属于受托代理负债的金额）	支出类		确认其他应付款时确认支出
	其中：财政补助资金应付		
	非财政补助专项资金应付		
	非财政补助非专项资金应付		
	周转类		如收取的押金、保证金等
专用基金	从非财政补助结余分配中提取		
	从收入中列支提取		
	其他		

（一）预算结余类会计科目与原账会计科目对照

预算结余类会计科目在原制度中没有直接对应的会计科目，其余额需要从原《科学事业单位会计制度》核算的部分会计科目余额中分析转入。新旧制度预算结余类会计科目对照如表27-51所示。

表27-51　　　　　　　　　　科学事业单位新旧会计科目对照表（预算结余类）

序号	新制度科目		原制度科目	
	编号	名称	编号	名称
1	8101	财政拨款结转	3301	财政补助结转
2	8102	财政拨款结余	3302	财政补助结余
3	8201	非财政拨款结转	3401	非财政补助结转
4	8202	非财政拨款结余	3001	事业基金
5	8301	专用结余	3201	专用基金
6	8401	经营结余	3403	经营结余
7	8001	资金结存（借方）	3301	财政补助结转
			3302	财政补助结余
			3401	非财政补助结转
			3001	事业基金
			3201	专用基金
			3403	经营结余

为了保证复式记账借贷平衡，体现收付实现制下预算资金流入、流出和结存情况，新制度除设置了"财政拨款结转""财政拨款结余""非财政拨款结转""非财政拨款结余""专用结余"等预算结存类科目外，还设置了"资金结存"科目，用以反映各结存类科目对应的资金形态。"资金结存"科目设置了"零余额账户用款额度""货币资金"和"财政应返还额度"等明细科目。当确认预算收入时，同时借记"资金结存"科目；当确认预算支出时，同时贷记"资金结存"科目。年末结账后"资金结存"科目余额为借方余额，上述结存类科目余额为贷方余额，两者方向相反、金额相等。因此，在新旧会计制度衔接中，预算会计按照收付实现制原则，需要对结存类会计科目进行调整，重新确认登记新账的"财政拨款结转""财政拨款结余""非财政拨款结转""非财政拨款结余""专用结余"科目及其明细科目。

（二）预算结余类会计科目余额的调整

根据《科学事业单位新旧会计科目对照表（预算结余类）》（见表27-51）、原账会计科目余额表及《科学事业单位原会计科目余额明细表二（预算会计）》（见表27-50），将原账会计科目余额分析转入新账预算结余会计科目。

1. "财政拨款结转"和"财政拨款结余"科目及对应的"资金结存"科目余额。新制度设置了"财政拨款结转""财政拨款结余"科目及对应的"资金结存"科目。在新旧制度转换时，单位应当对原账的"财政补助结转"科目余额进行逐项分析，加上各项结转转入的预算支出中已经计入预算支出尚未支付财政资金（如发生时列支的应付账款）的金额，减去已经支付财政资金尚未计入预算支出（如购入的库存材料、科技产品成本中支付的款项、预付账款等）的金额，按照增减后的金额，登记新账的"财政拨款结转"科目及其明细科目贷方；按照原账"财政补助结余"科目余额，登记新账的"财政拨款结余"科目及其明细科目贷方。

按照原账"财政应返还额度"科目余额登记新账的"资金结存——财政应返还额度"科目借方；按照新账的"财政拨款结转"和"财政拨款结余"科目贷方余额合计数，减去新账的"资金结存——财政应返还额度"科目借方余额后的差额，登记新账的"资金结存——货币资金"科目借方。

2. "非财政拨款结转"科目及对应的"资金结存"科目余额。新制度设置了"非财政拨款结转"科目及对应的"资金结存"科目。在新旧制度转换时，单位应当对原账的"非财政补助结转"科目余额进行逐项分析，加上各项结转转入的预算支出中已经计入预算支出尚未支付非财政补助专项资金（如发生时列支的应付账款）的金额，减去已经支付非财政补助专项资金尚未计入预算支出（如购入的库存材料、科技产品成本中支付的款项、预付账款等）的金额，加上各项结转转入的预算收入中已经收到非财政补助专项资金尚未计入预算收入（如预收账款）的金额，减去已经计入预算收入尚未收到非财政补助专项资金（如应收账款）的金额，按照增减后的金额，登记新账的"非财政拨款结转"科目及其明细科目贷方；同时，按照相同的金额登记新账的"资金结存——货币资金"科目借方。

3. "专用结余"科目及对应的"资金结存"科目余额。新制度设置了"专用结余"科目及对应的"资金结存"科目。"专用结余"科目用于核算事业单位按照规定从非财政拨款结余中提取的具有专门用途的资金的变动和滚存情况，提取基金时贷记本科目，使用基金时借记本科目。按照预算会计的借贷平衡原则，"专用结余"贷方余额表现为一定金额的现金流入，根据预算会计的收付实现制基础，需要同时确认调整增加"资金结存"与"专用结余"科目金额。

因此，在新旧制度转换时，单位应当按照原账"专用基金"科目余额中通过非财政补助结余分配形成的金额，借记新账的"资金结存——货币资金"科目，贷记新账的"专用结余"科目。

4. "经营结余"科目及对应的"资金结存"科目余额。新制度设置了"经营结余"科目及对应的"资金结存"科目。"经营结余"科目用于核算事业单位年度内经营活动收支相抵后余额弥补以前年度经营亏损后的余额。年末结账时，"经营预算收入"转入时贷记本科目，"经营支出"转入时借记本科目。本科目如年末有借方余额，则为经营亏损，不予结转。按照预算会计的借贷平衡原则，"经营结余"借方余额表现为经营现金净流出金额，根据预算会计的收付实现制基础，需要确认调整减少"资金结存"和"经营结余"科目金额。

因此，如果原账的"经营结余"科目期末有借方余额，在新旧制度转换时，单位应当按照原账的"经营结余"科目余额，借记新账的"经营结余"科目，贷记新账的"资金结存——货币资金"科目。

5. "非财政拨款结余"科目及对应的"资金结存"科目余额。

（1）登记"非财政拨款结余"科目余额。新制度设置了"非财政拨款结余"科目及对应的"资金结存"科目。在新旧制度转换时，单位应当按照原账的"事业基金"科目余额，借记新账的"资金结存——货币资金"科目，贷记新账的"非财政拨款结余"科目。

（2）对新账"非财政拨款结余"科目及"资金结存"科目余额进行调整。

①调整短期投资对非财政拨款结余的影响。为了全面反映单位预算支出信息，体现收付实现制会计核算原则，新制度在预算支出类会计科目中设置了"投资支出"科目，核算事业单位以货币资金对外投资发生的现金流出，以货币资金对外投资时借记本科目，收回投资时贷记本科目，年末结账时转入"其他结余"科目，最终转入"非财政拨款结余"科目。

在新旧会计制度衔接时，按照预算会计的收付实现制基础，需要确认调整"短期投资"现金流出业务。因此，单位应当按照原账的"短期投资"科目余额，借记"非财政拨款结余"科目，贷记"资金结存——货币资金"科目。

②调整应收票据、应收账款对非财政拨款结余的影响。为了全面反映单位预算支出信息，体现收付实现制会计核算原则，新制度在预算收入类会计科目中设置了"事业预算收入""经营预算收入"等科目，核算事业单位开展业务活动、经营活动等取得的现金流入，取得各类现金收入时贷记"事业预算收入""经营预算收入"等科目。其中，"事业预算收入""经营预算收入"等科目本年发生额中的非专项资金收入，年末结账时转入"其他结余"科目，最终转入"非财政拨款结余"科目。

原账的"应收票据""应收账款"科目余额中已计入预算收入部分，因没有现金流入，根据预算会计的收付实现制基础，不能确认为预算收入。因此，在新旧会计制度衔接时，单位应当对原账的"应收票据""应收账款"科目余额进行分析，区分其中发生时计入预算收入的金额和没有计入预算收入的金额。对发生时计入预算收入的金额，再区分计入专项资金收入的金额和计入非专项资金收入的金额，按照计入非专项资金收入的金额，借记"非财政拨款结余"科目，贷记"资金结存——货币资金"科目。

③调整预付账款对非财政拨款结余的影响。为了全面反映单位预算支出信息,体现收付实现制会计核算原则,新制度在预算支出类会计科目中设置了"事业支出""经营支出"等科目,核算事业单位开展业务活动、经营活动等实际发生的各项现金流出,实际支付时借记"事业支出""经营支出"等科目。其中,"事业支出""经营支出"等科目本年发生额中的非财政非专项资金支出,年末结账时转入"其他结余"科目,最终转入"非财政拨款结余"科目。

原账的"预付账款"科目余额,在财务会计中未计入支出,但根据预算会计的收付实现制基础,需要确认调整"预付账款"现金流出业务。因此,在新旧会计制度衔接时,单位应当对原账的"预付账款"科目余额进行分析,区分其中由财政补助资金预付的金额、非财政补助专项资金预付的金额和非财政补助非专项资金预付的金额,按照非财政补助非专项资金预付的金额,借记"非财政拨款结余"科目,贷记"资金结存——货币资金"科目。

④调整其他应收款对非财政拨款结余的影响。为了全面反映单位预算支出信息,体现收付实现制会计核算原则,新制度在预算支出类会计科目中设置了"事业支出""经营支出"等科目,核算事业单位开展业务活动、经营活动等实际发生的各项现金流出,实际支付时借记"事业支出""经营支出"等科目。其中,"事业支出""经营支出"等科目本年发生额中的非财政非专项资金支出,年末结账时转入"其他结余"科目,最终转入"非财政拨款结余"科目。

原账的"其他应收款"科目余额中,对于已计入预算支出的预付款项,根据预算会计的收付实现制基础,需要确认调整"其他应收款"现金流出业务。因此,在新旧会计制度衔接时,单位按照新制度规定将原账其他应收款中的预付款项计入预算支出的,应当对原账的"其他应收款"科目余额进行分析,区分其中预付款项的金额(将来很可能列支)和非预付款项的金额,并将预付款项的金额划分为财政补助资金预付的金额、非财政补助专项资金预付的金额和非财政补助非专项资金预付的金额,按照非财政补助非专项资金预付的金额,借记"非财政拨款结余"科目,贷记"资金结存——货币资金"科目。

⑤调整库存材料对非财政拨款结余的影响。为了全面反映单位预算支出信息,体现收付实现制会计核算原则,新制度在预算支出类会计科目中设置了"事业支出""经营支出"等科目,核算事业单位开展业务活动、经营活动等实际发生的各项现金流出,实际支付时借记"事业支出""经营支出"等科目。其中,"事业支出""经营支出"等科目本年发生额中的非财政非专项资金支出,年末结账时转入"其他结余"科目,最终转入"非财政拨款结余"科目。

原账的"库存材料"科目余额,在财务会计中未计入支出,但根据预算会计的收付实现制基础,需要确认调整购入库存材料的现金流出业务。因此,在新旧会计制度衔接时,单位应当对原账的"库存材料"科目余额进行分析,区分购入的库存材料金额和非购入的库存材料金额。对购入的库存材料金额划分出其中使用财政补助资金购入的金额、使用非财政补助专项资金购入的金额和使用非财政补助非专项资金购入的金额,按照使用非财政补助非专项资金购入的金额,借记"非财政拨款结余"科目,贷记"资金结存——货币资金"科目。

⑥调整科技产品对非财政拨款结余的影响。为了全面反映单位预算支出信息,体现收付实现制会计核算原则,新制度在预算支出类会计科目中设置了"事业支出""经营支出"等科目,核算事业单位开展业务活动、经营活动等实际发生的各项现金流出,实际支付时借记"事业支出""经营支出"等科目。其中,"事业支出""经营支出"等科目本年发生额中的非财政非专项资金支出,年末结账时转入"其他结余"科目,最终转入"非财政拨款结余"科目。

原账的"科技产品"科目余额,在财务会计中未计入支出,但根据预算会计的收付实现制基础,需要确认调整购入科技产品的现金流出业务。因此,单位应当对原账的"科技产品"科目余额进行分析,区分其中已经支付资金的金额。对科技产品成本中已经支付资金的金额划分出使用非财政专项资金支付的金额和使用非财政非专项资金支付的金额,按照使用非财政非专项资金支付的金额,借记"非财政拨款结余"科目,贷记"资金结存——货币资金"科目。

⑦调整长期股权投资对非财政拨款结余的影响。为了全面反映单位预算支出信息,体现收付实现制会计核算原则,新制度在预算支出类会计科目中设置了"投资支出"科目,核算事业单位以货币资金对外投资发生的现金流出,以货币资金对外投资时借记本科目,收回投资时贷记本科目。年末结账时转入

"其他结余"科目，最终转入"非财政拨款结余"科目。

在新旧会计制度衔接时，按照预算会计的核算基础，需要确认调整"长期股权投资"中现金流出业务。因此，单位应当对原账的"长期投资"科目余额中属于股权投资的余额进行分析，区分其中用现金资产取得的金额和用非现金资产及其他方式取得的金额，按照用现金资产取得的金额，借记"非财政拨款结余"科目，贷记"资金结存——货币资金"科目。

在以货币资金取得长期股权投资时，已将"事业基金"转入"非流动资产基金——长期投资"科目的，不需要调整。

⑧调整长期债券投资对非财政拨款结余的影响。为了全面反映单位预算支出信息，体现收付实现制会计核算原则，新制度在预算支出类会计科目中设置了"投资支出"科目，核算事业单位以货币资金对外投资发生的现金流出，以货币资金对外投资时借记本科目，收回投资时贷记本科目。年末结账时转入"其他结余"科目，最终转入"非财政拨款结余"科目。

在新旧会计制度衔接时，按照预算会计的核算基础，需要确认调整"长期债券投资"的现金流出业务。因此，单位应当按照原账的"长期投资"科目余额中属于债券投资的余额，借记"非财政拨款结余"科目，贷记"资金结存——货币资金"科目。

在以货币资金取得长期债券投资时，已将"事业基金"转入"非流动资产基金——长期投资"科目的，不需要调整。

⑨调整短期借款、长期借款对非财政拨款结余的影响。为了全面反映单位预算支出信息，体现收付实现制会计核算原则，新制度在预算收入类会计科目中设置了"债务预算收入"，核算事业单位按照规定从银行和其他金融机构等借入的、纳入部门预算管理的、不以财政资金作为偿还来源的债务本金，收到借入款项时借记本科目，偿还借款时贷记"债务还本支出"。年末结账时转入"其他结余"科目，最终转入"非财政拨款结余"科目。

在新旧会计制度衔接时，按照预算会计的核算基础，需要确认调整"短期借款""长期借款"带来的现金流入业务。因此，单位应当按照原账的"短期借款""长期借款"科目余额，借记"资金结存——货币资金"科目，贷记"非财政拨款结余"科目。

⑩调整应付票据、应付账款、应付职工薪酬、长期应付款对非财政拨款结余的影响。为了全面反映单位预算支出信息，体现收付实现制会计核算原则，新制度在预算支出类会计科目中设置了"事业支出""经营支出"等科目，核算事业单位开展业务活动、经营活动等实际发生的各项现金流出，实际支付时借记"事业支出""经营支出"等科目。其中，"事业支出""经营支出"等科目本年发生额中的非专项资金支出，年末结账时转入"其他结余"科目，最终转入"非财政拨款结余"科目。

原账的"应付票据""应付账款""应付职工薪酬""长期应付款"科目余额中已计入预算支出部分，因现金尚未实际流出，根据预算会计的收付实现制基础，不能确认为预算支出，即应当从支出中予以冲减。因此，在新旧会计制度衔接时，单位应当对原账的"应付票据""应付账款""应付职工薪酬""长期应付款"科目余额进行分析，区分其中发生时计入预算支出的金额和未计入预算支出的金额。将计入预算支出的金额划分出财政补助应付的金额、非财政补助专项资金应付的金额和非财政补助非专项资金应付的金额，按照非财政补助非专项资金应付的金额，借记"资金结存——货币资金"科目，贷记"非财政拨款结余"科目。

⑪调整应交增值税对非财政拨款结余的影响。原账的"应缴税费——应交增值税"科目余额中已计入预算收入部分（销售资产或提供服务等业务）或预算支出部分（取得资产或接受劳务等业务），因现金尚未实际流入或流出，根据预算会计的收付实现制基础，不能确认为预算收入或预算支出，应当从收入或支出中予以冲减。

因此，在新旧会计制度衔接时，单位应当对原账"应缴税费——应交增值税"科目余额进行分析，划分出与非财政补助专项资金相关的金额和与非财政补助非专项资金相关的金额。按照与非财政补助非专项资金相关的金额，计算应调整非财政拨款结余的金额。

应调整金额如为正数，按照该金额借记"资金结存——货币资金"科目，贷记"非财政补助结余"科目；如为负数，按照该金额借记"非财政拨款结余"科目，贷记"资金结存——货币资金"科目。

⑫调整其他应交税费对非财政拨款结余的影响。原账的"应缴税费"科目余额非增值税的其他应交税费，已计入预算支出部分，因现金尚未实际流出，根据预算会计的收付实现制基础，不能确认为预算支出，应当从支出中予以冲减。

因此，在新旧会计制度衔接时，单位应当对原账"应缴税费"余额中非增值税的其他应交税费金额进行分析，划分出财政补助应交金额、非财政补助专项资金应交金额和非财政补助非专项资金应交金额，按照非财政补助非专项资金应交金额，借记"资金结存——货币资金"科目，贷记"非财政拨款结余"科目。

⑬调整预收账款对非财政拨款结余的影响。为了全面反映单位预算支出信息，体现收付实现制会计核算原则，新制度在预算收入类会计科目中设置了"事业预算收入""经营预算收入"等科目，核算事业单位开展业务活动、经营活动等取得的现金流入，取得各类现金收入时贷记"事业预算收入""经营预算收入"等科目。其中，"事业预算收入""经营预算收入"等科目本年发生额中的非专项资金收入，年末结账时转入"其他结余"科目，最终转入"非财政拨款结余"科目。

原账的"预收账款"科目余额，在财务会计中未计入收入，但根据预算会计的收付实现制基础，需要确认调整"预收账款"带来的现金流入为预算收入。因此，在新旧会计制度衔接时，单位应当按照原账的"预收账款"科目余额中预收非财政非专项资金的金额，借记"资金结存——货币资金"科目，贷记"非财政拨款结余"科目。

⑭调整其他应付款对非财政拨款结余的影响。原账的"其他应付款"科目余额中已计入支出部分，因现金尚未实际流出，根据预算会计的收付实现制基础，不能确认为预算支出，应当从支出中予以冲减。

因此，在新旧会计制度衔接时，单位应当对原账的"其他应付款"科目余额（扣除属于受托代理负债的金额）进行分析，区分其中支出类的金额（确认其他应付款时记入了支出）和周转类的金额（如收取的押金、保证金等），并对支出类的金额划分为财政补助资金列支的金额、非财政补助专项资金列支的金额和非财政补助非专项资金列支的金额，按照非财政补助非专项资金列支的金额，借记"资金结存——货币资金"科目，贷记"非财政拨款结余"科目。

⑮调整专用基金对非财政拨款结余的影响。原账的"专用基金"科目余额中计提时已计入支出部分，因现金尚未实际流出，根据预算会计的收付实现制基础，不能确认为预算支出，应当从支出中予以冲减。

因此，在新旧会计制度衔接时，单位应当对原账的"专用基金"科目余额进行分析，划分出按照收入比例列支提取的专用基金（如列支提取的职工福利基金、科技成果转化基金等），按照列支提取的专用基金的金额，借记"资金结存——货币资金"科目，贷记"非财政拨款结余"科目。

（3）按新账货币资金余额进行调整。单位按照前述（1）、（2）两个步骤难以准确调整出"非财政拨款结余"科目及对应的"资金结存"科目余额的，在新旧制度转换时，可以在新账的"库存现金""银行存款""其他货币资金""财政应返还额度"科目借方余额合计数基础上，对不纳入单位预算管理的资金进行调整（如减去新账中货币资金形式的受托代理资产、应缴财政款、已收取将来需要退回资金的其他应付款等，加上已支付将来需要收回资金的其他应收款等），按照调整后的金额减去新账的"财政拨款结转""财政拨款结余""非财政拨款结转""专用结余"科目贷方余额合计数，加上"经营结余"科目借方余额后的金额，登记新账的"非财政拨款结余"科目贷方；同时，按照相同的金额登记新账的"资金结存——货币资金"科目借方。

6."其他结余""非财政拨款结余分配"科目。新制度设置了"其他结余"和"非财政拨款结余分配"科目。"其他结余"科目用于核算单位本年度除财政拨款收支、非同级财政专项资金收支和经营收支以外各项收支相抵后的余额。"非财政拨款结余分配"用于核算事业单位本年度非财政拨款结余分配的情况和结果。该两科目为年末结账用科目，年末结账后一般应无余额。因此，在新旧制度转换时，单位无需对"其他结余"和"非财政拨款结余分配"科目进行新账年初余额登记。

（三）预算收入类、预算支出类会计科目

预算收入类、预算支出类会计科目是《政府会计制度》设置的预算会计核算科目，与原《科学事业单位会计制度》收入类、支出类会计科目没有直接转换对应关系，两类科目的核算内容与范围不完全一致。其参照关系如表27-52所示。

表 27-52 科学事业单位新旧会计科目对照表（预算收入支出类）

序号	新制度科目 编号	新制度科目 名称	原制度科目 编号	原制度科目 名称
（一）预算收入类				
8	6001	财政拨款预算收入	4001	财政补助收入
9	6101	事业预算收入		
10	610101	科研收入	4101	科研收入
11	610102	非科研收入	4102	非科研收入
12	6201	上级补助预算收入	4201	上级补助收入
13	6301	附属单位上缴预算收入	4301	附属单位上缴收入
14	6401	经营预算收入	4401	经营收入
15	6501	债务预算收入		
16	6601	非同级财政拨款预算收入		
17	6602	投资预算收益	4501	其他收入
18	6609	其他预算收入		
（二）预算支出类				
19	7201	事业支出		
20	720101	科研支出	5001	科研支出
21	720102	非科研支出	5002	非科研支出
			5003	支撑业务支出
22	720103	管理支出	5004	行政管理支出
			5006	后勤保障支出
			5007	离退休支出
23	7301	经营支出	5301	经营支出
24	7401	上缴上级支出	5101	上缴上级支出
25	7501	对附属单位补助支出	5201	对附属单位补助支出
26	7601	投资支出		
27	7701	债务还本支出		
28	7901	其他支出	5401	其他支出

由于预算收入类、预算支出类会计科目年初无余额，在新旧制度转换时，无需对预算收入类、预算支出类会计科目进行新账年初余额登记。单位应当自 2019 年 1 月 1 日起，按照新制度设置预算收入类、预算支出类科目并进行账务处理。

三、财务报表和预算会计报表的新旧衔接

按照《衔接规定》，科学事业单位在对原制度会计科目余额进行结转、补充登记未入账事项，以及对部分新账会计科目余额进行调整后，应当编制 2019 年 1 月 1 日的科目余额表及 2019 年度财务报表和预算会计报表（期初余额）。

（一）新旧会计制度报表体系对照

《政府会计制度》报表体系包括财务报表和预算会计报表。其中，财务报表由资产负债表、收入费用表、净资产变动表和现金流量表等会计报表和报表附注组成。预算会计报表是按照《政府会计制度》"双基础、双功能、双报告"的要求设计与编制，由预算收入支出表、预算结转结余变动表和财政拨款预算收入支出表等报表组成。

《政府会计制度》根据新的核算内容和要求对其报表结构进行了调整和优化，细化了报表附注应当披露的内容，对会计报表重要项目说明提供了参考的披露格式，要求按经济分类披露费用信息，以及要求披露本年预算结余和本年盈余的差异调节过程等。新制度报表体系，对于全面反映单位财务信息和预算执行信息，提高部门、单位会计信息的透明度和决策有用性具有重要意义。

原《科学事业单位会计制度》会计报表体系由资产负债表、收入支出表、财政补助收入支出表等会计报表和报表附注组成，与新制度会计报表体系对照如表 27-53 所示。

表27-53　　　　　　　　　　　科学事业单位新旧会计制度报表体系对照表

序号	政府会计制度			科学事业会计制度			说明
	编号	报表名称	编制期	编号	报表名称	编制期	
一、财务报表							
1	会政财01表	资产负债表	月度、年度	会科01表	资产负债表	月度、年度	基本相同
2	会政财02表	收入费用表	月度、年度	会科02表	收入支出表	月度、年度	基本相同
3	会政财03表	净资产变动表	年度				新增
4	会政财04表	现金流量表	年度				新增，可选是否编制
5				会科03表	财政补助收入支出表	年度	删除
6		附注	年度		附注	年度	要求相同
二、预算会计报表							
7	会政预01表	预算收入支出表	年度				新增
8	会政预02表	预算结转结余变动表	年度				新增
9	会政预03表	财政拨款预算收入支出表	年度				与会科03表类似

其中，财务报表的"资产负债表""收入费用表"为月度、年度报表，与原《科学事业单位会计制度》的"资产负债表""收入支出表"的内容与格式相似；"净资产变动表"和"现金流量表"为新增年度报表；原《科学事业单位会计制度》的"财政补助收入支出表"不再编制，其内容包含到预算会计报表的"财政拨款预算收入支出表"中，但内容与格式有所优化与简略。

（二）期初新会计制度报表的编制

1. 编制2019年1月1日科目余额表。

在将原账科目余额转入新账、未入账事项补充登记新账，以及对相关新账科目余额进行调整后，按照登记及调整后新账的各会计科目余额，编制2019年1月1日的财务会计和预算会计科目余额表（见表27-54、表27-55），作为新账各会计科目的期初余额，也是编制新账报表的基础。

表27-54　　　　　　　　　　　2019年1月1日新账财务会计科目余额表

序号	科目编号	科目名称	期初余额	序号	科目编号	科目名称	期初余额
一、资产类				二、负债类			
1	1001	库存现金		36	2001	短期借款	
2	1002	银行存款		37	2101	应交增值税	
3	1011	零余额账户用款额度		38	2102	其他应交税费	
4	1021	其他货币资金		39	2103	应缴财政款	
5	1101	短期投资		40	2201	应付职工薪酬	
6	1201	财政应返还额度		41	2301	应付票据	
7	1211	应收票据		42	2302	应付账款	
8	1212	应收账款		43	2303	应付政府补贴款	
9	1214	预付账款		44	2304	应付利息	
10	1215	应收股利		45	2305	预收账款	
11	1216	应收利息		46	2307	其他应付款	
12	1218	其他应收款		47	2401	预提费用	
13	1219	坏账准备		48	2501	长期借款	
14	1301	在途物品		49	2502	长期应付款	
15	1302	库存物品		50	2601	预计负债	
16	1303	加工物品		51	2901	受托代理负债	
17	1401	待摊费用				负债合计	

续表

序号	科目编号	科目名称	期初余额	序号	科目编号	科目名称	期初余额
18	1501	长期股权投资				三、净资产类	
19	1502	长期债券投资		52	3001	累计盈余	
20	1601	固定资产		53	3101	专用基金	
21	1602	固定资产累计折旧		54	3201	权益法调整	
22	1611	工程物资		55	3301	本期盈余	
23	1613	在建工程		56	3302	本年盈余分配	
24	1701	无形资产		57	3401	无偿调拨净资产	
25	1702	无形资产累计摊销		58	3501	以前年度盈余调整	
26	1703	研发支出				净资产合计	
27	1801	公共基础设施					
28	1802	公共基础设施累计折旧（摊销）					
29	1811	政府储备物资					
30	1821	文物文化资产					
31	1831	保障性住房					
32	1832	保障性住房累计折旧					
33	1891	受托代理资产					
34	1901	长期待摊费用					
35	1902	待处理财产损溢					
		资产合计				负债及净资产合计	

表 27 - 55　　　　　　　　2019 年 1 月 1 日新账预算会计科目余额表

序号	科目编号	科目名称	期初余额	
			借方余额	贷方余额
1	8001	资金结存		
2	8101	财政拨款结转		
3	8102	财政拨款结余		
4	8201	非财政拨款结转		
5	8202	非财政拨款结余		
6	8301	专用结余		
7	8401	经营结余		
8	8501	其他结余		
9	8701	非财政拨款结余分配		
		预算结余类合计		

2. 编制 2019 年 1 月 1 日期初资产负债表。

科学事业单位根据 2019 年 1 月 1 日新账的财务会计科目余额表（见表 27 - 54），按照新制度规定编制 2019 年 1 月 1 日期初资产负债表（仅要求填列各项目"年初余额"）。

3. 编制 2019 年度财务报表和预算会计报表。

科学事业单位按照新制度规定编制 2019 年财务报表和预算会计报表。在编制 2019 年度收入费用表、净资产变动表、现金流量表和预算收入支出表、预算结转结余变动表时，不要求填列上年比较数。

科学事业单位根据 2019 年 1 月 1 日新账财务会计科目余额表（见表 27 - 54），填列 2019 年净资产变动表各项目的"上年年末余额"；根据 2019 年 1 月 1 日新账预算会计科目余额表（见表 27 - 55），填列 2019 年预算结转结余变动表的"年初预算结转结余"项目和财政拨款预算收入支出表的"年初财政拨款结转结余"项目。

第七节　彩票机构新旧会计制度衔接

彩票机构在新旧制度衔接转换过程中，需要根据《彩票机构新旧会计科目对照表》《彩票机构原会计科目余额明细表一（财务会计）》和《彩票机构原会计科目余额明细表二（预算会计）》进行会计制度衔接转换，应当将原账中各会计科目2018年12月31日余额转入新账，即分别将原账中资产、负债和净资产类各会计科目的余额，直接或分析转入新账的财务会计科目，按照原账科目余额登记新账预算结余会计科目。新账的科目设有明细科目的，应将原账中对应科目的余额加以分析，分别转入新账中相应科目的相关明细科目。如存在其他《衔接规定》中未列举的原账科目余额的，应当比照《衔接规定》转入新账的相应科目。如存在2018年12月31日前未入账的其他事项的，应当比照《衔接规定》登记新账的相应科目。

一、财务会计科目的新旧衔接

彩票机构在新旧会计制度衔接过程中，根据2018年12月31日原账的科目余额表、总账及明细账，按照新制度财务会计核算规定，对涉及财务会计科目的核算内容进行详细分析和调整，编制《彩票机构原会计科目余额明细表一（财务会计）》（见表27-56）。根据原账科目余额表和《彩票机构原会计科目余额明细表一（财务会计）》，将原账科目余额过入新账期初余额。

彩票机构在对新账的财务会计科目期初余额进行调整及补记未入账事项时，应当编制记账凭证，并将调整及补充登记事项的确认依据作为原始凭证。

表27-56　　　　　　　　　彩票机构原会计科目余额明细表一（财务会计）

总账科目	明细分类	金额	备注
库存现金	库存现金		
	其中：受托代理现金		
银行存款	银行存款		
	其中：受托代理银行存款		
	其他货币资金		
其他应收款	在途物品		已经付款或已开出商业汇票，尚未收到物资
	其他		
长期投资	长期股权投资		
	长期债券投资		
在建工程	在建工程		
	工程物资		
	预付工程款、预付备料款		
应缴税费	应交增值税		
	其他应交税费		
其他应付款	受托代理负债		因接受代管资金形成的应付款
	其他		
专用基金	彩票兑奖周转金		
	彩票发行销售风险基金		
	其他专用基金		

（一）资产类会计科目余额的调整

1. 新旧会计制度科目的变化。

彩票机构在执行政府会计制度后，原《彩票机构会计制度》资产类会计科目有所变化，新制度扩大了资产的核算范畴，调整了部分科目核算内容。新旧会计制度资产类科目对照如表27-57所示。

表27-57　　　　　　　　　彩票机构新旧会计科目对照表（资产类）

序号	新制度科目		原制度科目	
	编号	名称	编号	名称
1	1001	库存现金	1001	库存现金
2	1002	银行存款	1002	银行存款
3	1021	其他货币资金		
4	1011	零余额账户用款额度	1011	零余额账户用款额度
5	1101	短期投资	1101	短期投资
6	1211	应收票据	1211	应收票据
7	1212	应收账款	1212	应收账款

续表

序号	新制度科目		原制度科目	
	编号	名称	编号	名称
8	1214	预付账款	1213	预付账款
9	1218	其他应收款	1215	其他应收款
10	1301	在途物品		
11	1302	库存物品	1301	库存材料
			1302	库存彩票
12	1501	长期股权投资	1401	长期股权投资
13	1502	长期债券投资		
14	1601	固定资产	1501	固定资产
15	1602	固定资产累计折旧	1502	累计折旧
16	1611	工程物资	1511	在建工程
17	1613	在建工程		
18	1214	预付账款		
19	1701	无形资产	1601	无形资产
20	1702	无形资产累计摊销	1602	累计摊销
21	1902	待处理财产损溢	1701	待处理财产损溢

2. 原账会计科目余额转入新账。

根据原账会计科目余额表、《彩票机构原会计科目余额明细表（财务会计）》（见表 27-56）及《彩票机构新旧会计科目对照表（资产类）》（见表 27-57），将原账会计科目余额直接或分析转入新账财务会计科目。

（1）"库存现金""短期投资""应收票据""应收账款""预付账款""固定资产""无形资产"科目。新制度设置了"库存现金""短期投资""应收票据""应收账款""预付账款""固定资产""无形资产"科目，其核算内容与原账的上述相应科目的核算内容基本相同。转账时，彩票机构应当将原账的上述科目余额直接转入新账的相应科目。其中，还应当将原账的"库存现金"科目余额中属于新制度规定受托代理资产的现金金额，转入新账"库存现金"科目下的"受托代理资产"明细科目。

（2）"银行存款"科目。新制度设置了"银行存款"和"其他货币资金"科目，原制度设置了"银行存款"科目。转账时，彩票机构应当将原账"银行存款"科目中核算的属于新制度规定的其他货币资金的金额，转入新账"其他货币资金"科目；将原账"银行存款"科目余额减去其中属于其他货币资金余额后的差额，转入新账的"银行存款"科目。其中，还应当将原账的"银行存款"科目余额中属于新制度规定受托代理资产的金额，转入新账"银行存款"科目下的"受托代理资产"明细科目。

（3）"其他应收款"科目。新制度设置了"其他应收款"科目，该科目的核算内容与原账"其他应收款"科目的核算内容基本相同。转账时，单位应当将原账的"其他应收款"科目余额，转入新账的"其他应收款"科目。

新制度设置了"在途物品"科目，彩票机构在原账"其他应收款"科目中核算了已经付款或开出商业汇票、尚未收到物资的，应当将原账的"其他应收款"科目余额中已经付款或开出商业汇票、尚未收到物资的金额，转入新账的"在途物品"科目。

（4）"库存材料""库存彩票"科目。新制度设置了"库存物品"科目，原制度设置了"库存材料""库存彩票"科目。转账时，彩票机构应当将原账的"库存材料"科目余额，转入新账的"库存物品"科目及其明细科目。

彩票机构应当将在原账的"库存彩票"科目余额，转入新账的"库存物品"科目。

（5）"长期投资"科目。新制度设置了"长期股权投资"和"长期债券投资"科目，原制度设置了"长期投资"科目。转账时，彩票机构应当将原账的"长期投资"科目余额中属于股权投资的金额，转入新账的"长期股权投资"科目及其明细科目；将原账的"长期投资"科目余额中属于债券投资的金额，转入新账的"长期债券投资"科目及其明细科目。

（6）"累计折旧"科目。新制度设置了"固定资产累计折旧"科目，该科目的核算内容与彩票机构原账"累计折旧"科目的核算内容基本相同。已经计提了固定资产折旧并记入"累计折旧"科目的，转账时，应当将原账的"累计折旧"科目余额，转入新账的"固定资产累计折旧"科目。

(7)"在建工程"科目。新制度设置了"在建工程""工程物资""预付账款——预付备料款、预付工程款"科目，原制度设置了"在建工程"科目。转账时，彩票机构应当将原账的"在建工程"科目余额（基建"并账"后的金额，下同）中属于预付备料款、预付工程款的金额，转入新账"预付账款"相关明细科目；将原账的"在建工程"科目余额减去预付备料款、预付工程款金额后的差额，转入新账的"在建工程"科目。

彩票机构在原账"在建工程"科目中核算了按照新制度规定应当记入"工程物资"科目内容的，应当将原账"在建工程"科目余额中属于工程物资的金额，转入新账的"工程物资"科目。

(8)"累计摊销"科目。新制度设置了"无形资产累计摊销"科目，该科目的核算内容与原账"累计摊销"科目的核算内容基本相同。彩票机构已经计提了无形资产摊销的，转账时，应当将原账的"累计摊销"科目余额，转入新账的"无形资产累计摊销"科目。

(9)"待处置资产损溢"科目。新制度设置了"待处理财产损溢"科目，该科目的核算内容与原账"待处置资产损溢"科目的核算内容基本相同。转账时，彩票机构应当将原账的"待处置资产损溢"科目余额，转入新账的"待处理财产损溢"科目。

(10)"零余额账户用款额度"科目。由于原账的"零余额账户用款额度"科目年末无余额，该科目无需进行转账处理。

3. 资产类原未入账事项登记新账。

(1)应收账款、应收股利、在途物品。彩票机构在新旧制度转换时，应当将 2018 年 12 月 31 日前未入账的应收账款、应收股利、在途物品按照新制度规定记入新账。登记新账时，按照确定的入账金额，分别借记"应收账款""应收股利""在途物品"科目，贷记"累计盈余"科目。

(2)受托代理资产。彩票机构在新旧制度转换时，应当将 2018 年 12 月 31 日前未入账的受托代理资产按照新制度规定记入新账。登记新账时，按照确定的受托代理资产入账成本，借记"受托代理资产"科目，贷记"受托代理负债"科目。

(3)盘盈资产。彩票机构在新旧制度转换时，应当将 2018 年 12 月 31 日前未入账的盘盈资产按照新制度规定记入新账。登记新账时，按照确定的盘盈资产及其成本，分别借记有关资产科目，按照盘盈资产成本的合计金额，贷记"累计盈余"科目。

4. 新账财务会计科目余额调整。

按照《衔接规定》，应当对新账的相关财务会计科目余额，按照新制度规定的会计核算基础进行调整。根据资产清查和债权债务核实结果，计提坏账准备、补提折旧或摊销，按照权益法调整长期股权投资账面余额，确认长期债券投资期末应收利息，编制记账凭证，并将调整及补充登记事项的确认依据作为原始凭证。

(1)计提坏账准备。新制度要求彩票机构对收回后无需上缴财政的应收账款和其他应收款提取坏账准备。在新旧制度转换时，彩票机构应当按照 2018 年 12 月 31 日无需上缴财政的应收账款和其他应收款的余额计算应计提的坏账准备金额，借记"累计盈余"科目，贷记"坏账准备"科目。

(2)按照权益法调整长期股权投资账面余额。对按照新制度规定应当采用权益法核算的长期股权投资，在新旧制度转换时，彩票机构应当在"长期股权投资"科目下设置"新旧制度转换调整"明细科目，依据被投资单位 2018 年 12 月 31 日财务报表的所有者权益账面余额，以及单位持有被投资单位的股权比例，计算应享有或应分担的被投资单位所有者权益的份额，调整长期股权投资的账面余额，借记或贷记"长期股权投资——新旧制度转换调整"科目，贷记或借记"累计盈余"科目。

(3)确认长期债券投资期末应收利息。彩票机构应当按照新制度规定于 2019 年 1 月 1 日补记长期债券投资应收利息，按照长期债券投资的应收利息金额，借记"长期债券投资"科目［到期一次还本付息］或"应收利息"科目［分期付息、到期还本］，贷记"累计盈余"科目。

(4)补提折旧。彩票机构在原账中尚未计提固定资产折旧的，应当全面核查截至 2018 年 12 月 31 日的固定资产的预计使用年限、已使用年限、尚可使用年限等，并于 2019 年 1 月 1 日对尚未计提折旧的固定资产补提折旧，按照应计提的折旧金额，借记"累计盈余"科目，贷记"固定资产累计折旧"科目。

(5)补提摊销。彩票机构在原账中尚未计提无形资产摊销的，应当全面核查截至 2018 年 12 月 31 日无形资产的预计使用年限、已使用年限、尚可使用年限等，并于 2019 年 1 月 1 日对前期尚未计提摊销的无形资产补提摊销,按照应计提的摊销金额,借记"累计盈余"科目,贷记"无形资产累计摊销"科目。

(二) 负债类会计科目余额的调整

1. 新旧会计制度科目的变化。

彩票机构在执行政府会计制度后,原《彩票机构会计制度》负债类核算会计科目有所变化,对比如表27-58所示。

表27-58 彩票机构新旧会计科目对照表(负债类)

序号	新制度科目		原制度科目	
	编号	名称	编号	名称
22	2001	短期借款	2001	短期借款
23	2101	应交增值税	2101	应缴税费
24	2102	其他应交税费		
25	2103	应缴财政款	2102	应缴国库款
			2103	应缴财政专户款
26	2201	应付职工薪酬	2201	应付职工薪酬
27	2301	应付票据	2301	应付票据
28	2302	应付账款	2302	应付账款
29	2305	预收账款	2303	预收账款
30	2307	其他应付款	2305	其他应付款
31	2901	受托代理负债		
32	2309	应付返奖奖金	2401	应付返奖奖金
33	2310	应付代销费	2402	应付代销费
34	2501	长期借款	2501	长期借款
35	2502	长期应付款	2502	长期应付款

2. 原账会计科目余额转入新账。

根据原账会计科目余额表、《彩票机构原会计科目余额明细表一(财务会计)》(见表27-56)及《彩票机构新旧会计科目对照表(负债类)》(见表27-58),将原账会计科目余额直接或分析转入新账财务会计科目。

(1)"短期借款""应付职工薪酬""应付票据""应付账款""预收账款""应付返奖奖金""应付代销费""长期借款""长期应付款"科目。新制度设置了"短期借款""应付职工薪酬""应付票据""应付账款""预收账款""应付返奖奖金""应付代销费""长期借款""长期应付款"科目,这些科目的核算内容与原账的上述相应科目的核算内容基本相同。转账时,彩票机构应当将原账的上述科目余额直接转入新账的相应科目。

(2)"应缴税费"科目。新制度设置了"应交增值税"和"其他应交税费"科目,原制度设置了"应缴税费"科目。转账时,彩票机构应当将原账的"应缴税费——应缴增值税"科目余额,转入新账"应交增值税"科目;将原账的"应缴税费"科目余额减去属于应缴增值税余额后的差额,转入新账的"其他应交税费"中的相关明细科目。

(3)"应缴国库款""应缴财政专户款"科目。新制度设置了"应缴财政款"科目,原制度设置了"应缴国库款""应缴财政专户款"科目。转账时,彩票机构应当将原账的"应缴国库款""应缴财政专户款"科目余额,转入新账的"应缴财政款"科目。

(4)"其他应付款"科目。新制度设置了"其他应付款"科目,该科目的核算内容与原账"其他应付款"科目的核算内容基本相同。转账时,彩票机构应当将原账的"其他应付款"科目余额,转入新账的"其他应付款"科目。其中,彩票机构在原账的"其他应付款"科目中核算了属于新制度规定的受托代理负债的,应当将原账的"其他应付款"科目余额中属于受托代理负债的余额,转入新账的"受托代理负债"科目。

(5)"彩票销售结算"科目。新制度未设置原制度的"彩票销售结算"科目。由于原账的"彩票销售结算"科目年末一般无余额,无需进行转账处理。

3. 负债类原未入账事项登记新账。

(1)预计负债。彩票机构在新旧制度转换时,应当将2018年12月31日按照新制度规定确认的预计负债记入新账。登记新账时,按照确定的预计负债金额,借记"累计盈余"科目,贷记"预计负债"

科目。

（2）应付质量保证金。彩票机构在新旧制度转换时，应当将2018年12月31日前未入账的应付质量保证金按照新制度规定记入新账。登记新账时，按照确定未入账的应付质量保证金金额，借记"累计盈余"科目，贷记"其他应付款"科目［扣留期在1年以内（含1年）］、"长期应付款"科目［扣留期超过1年］。

4. 新账会计科目余额调整。

按照《衔接规定》，应当对新账的相关财务会计科目余额按照新制度规定的会计核算基础进行调整。在新旧制度转换时，根据资产清查和债权债务核实结果，确认长期借款期末应付利息，编制记账凭证，并将调整及补充登记事项的确认依据作为原始凭证。

确认长期借款期末应付利息：彩票机构应当按照新制度规定于2019年1月1日补记长期借款的应付利息金额，对其中资本化的部分，借记"在建工程"科目，对其中费用化的部分，借记"累计盈余"科目，按照全部长期借款应付利息金额，贷记"长期借款"科目［到期一次还本付息］或"应付利息"科目［分期付息、到期还本］。

（三）净资产类会计科目余额的调整

1. 新旧会计制度科目变化。

彩票机构在执行政府会计制度后，原《彩票机构会计制度》净资产类会计科目变化较大，增加了累计盈余、权益法调整、无偿调拨净资产、以前年度盈余调整等科目。新旧会计制度净资产类科目对照如表27-59所示。

表27-59　　　　　　　　　彩票机构新旧会计科目对照表（净资产类）

序号	新制度科目		原制度科目	
	编号	名称	编号	名称
36	3001	累计盈余	3001	事业基金
			3005	库存彩票基金
			3101	非流动资产基金
			3301	财政专户核拨资金结转
			3302	财政专户核拨资金结余
			3401	非财政专户核拨资金结转
		累计盈余（借方）	3403	经营结转（借方）
37	3101	专用基金	3201	专用基金
38	3001	累计盈余		

2. 原账会计科目余额转入新账。

根据原账会计科目余额表、《彩票机构原会计科目余额明细表一（财务会计）》（见表27-56）和《彩票机构新旧会计科目对照表（净资产类）》（见表27-59），将原账会计科目余额直接、合并或分析转入新账财务会计科目。

（1）"事业基金"科目。新制度设置了"累计盈余"科目，该科目的核算内容包含了原账"事业基金"科目的核算内容。转账时，彩票机构应当将原账的"事业基金"科目余额转入新账的"累计盈余"科目。

（2）"库存彩票基金""非流动资产基金"科目。依据新制度，无需对原制度中"库存彩票基金""非流动资产基金"科目对应内容进行核算。转账时，彩票机构应当将原账的"库存彩票基金""非流动资产基金"科目余额转入新账的"累计盈余"科目。

（3）"专用基金"科目。新制度设置了"专用基金"科目，该科目的核算内容不包括原账"专用基金"科目中彩票发行销售风险基金核算内容。转账时，彩票机构应当将原账的"专用基金"科目余额减去属于彩票发行销售风险基金金额后的差额转入新账的"专用基金"科目；将原账的"专用基金"科目中属于彩票发行销售风险基金的金额，转入新账的"累计盈余"科目。

（4）"财政专户核拨资金结转""财政专户核拨资金结余""非财政专户核拨资金结转"科目。新制度设置了"累计盈余"科目，该科目的余额包含了原账的"财政专户核拨资金结转""财政专户核拨资金结余""非财政专户核拨资金结转"科目的余额内容。转账时，彩票机构应当将原账的"财政专户核拨资金结转""财政专户核拨资金结余""非财政专户核拨资金结转"科目余额，转入新账的"累计盈余"科目。

(5)"经营结余"科目。新制度设置了"本期盈余"科目,该科目的核算内容包含了原账"经营结余"科目的核算内容。新制度规定"本期盈余"科目余额最终转入"累计盈余"科目,如果原账的"经营结余"科目有借方余额,转账时,彩票机构应当将原账的"经营结余"科目借方余额,转入新账的"累计盈余"科目借方。

(6)"待分配事业结余""非财政专户核拨资金结余分配"科目。由于原账的"待分配事业结余""非财政专户核拨结余分配"科目年末一般无余额,无需进行转账处理。

3. 新账会计科目余额调整。

按照《衔接规定》,应当对新账的相关财务会计科目余额按照新制度规定的会计核算基础进行调整。在新旧制度转换时,根据资产清查和债权债务核实结果,计提坏账准备、补提折旧或摊销,按照权益法调整长期股权投资账面余额,确认长期债券投资期末应收利息和长期借款期末应付利息,编制记账凭证,并将调整及补充登记事项的确认依据作为原始凭证。

调整及补充登记时,涉及净资产变动的,借记或贷记有关资产负债科目,贷记或借记"累计盈余"科目。

(四)收入类、支出类会计科目

由于原账中收入类、支出类科目年末无余额,无需进行转账处理。自 2019 年 1 月 1 日起,彩票机构应当按照新制度设置收入类、费用类科目并进行账务处理。并根据行业特殊业务核算要求,在不影响会计处理和编制报表前提下,结合实际情况自行增设或减少会计科目。新旧制度收入类、费用类会计科目比较如表 27-60 所示。

表 27-60 彩票机构新旧会计科目对照表(收入费用类)

序号	新制度科目		原制度科目	
	编号	名称	编号	名称
(一)收入类				
39	4001	财政拨款收入		
40	4101	事业收入	4101	事业收入
41	4201	上级补助收入	4201	上级补助收入
42	4301	附属单位上缴收入	4301	附属单位上缴收入
43	4401	经营收入	4401	经营收入
44	4601	非同级财政拨款收入		
45	4602	投资收益		
46	4603	捐赠收入	4501	其他收入
47	4604	利息收入		
48	4605	租金收入		
49	4609	其他收入		
(二)费用类				
50	5001	业务活动费	5001	事业支出
51	5101	单位管理费用		
52	5201	经营费用	5301	经营支出
53	5301	资产处置费用		
54	5401	上缴上级费用		
55	5501	对附属单位补助费用	5201	对附属单位补助支出
56	5801	所得税费用		
57	5901	其他费用	5401	其他支出

二、预算会计科目的新旧衔接

彩票机构在新旧会计制度衔接转换过程中,根据 2018 年 12 月 31 日原账的科目余额表、总账及明细账,按照新制度预算会计核算基础,对涉及预算会计核算内容的会计科目进行详细分析和调整,编制《彩票机构原会计科目余额明细表二(预算会计)》(见表 27-61)。根据原账科目余额表和《彩票机构原会计科目余额明细表二(预算会计)》,将原账科目余额过入新账期初余额。

在对新账的预算会计科目期初余额进行调整及补充登记时,应当编制记账凭证,并将调整及补充登记事项的确认依据作为原始凭证。

表 27-61 彩票机构原会计科目余额明细表二（预算会计）

总账科目	明细分类	金额	备注
应收票据、应收账款（扣除应收彩票资金）	发生时不计入收入		如转让资产的应收票据、应收账款
	发生时计入收入		
	其中：专项收入		
	其他		
预付账款	财政专户核拨资金预付		
	非财政专户核拨专项资金预付		
	非财政核拨非专项资金预付		
其他应收款	预付款项		如职工预借的差旅费等
	其中：财政专户核拨资金预付		
	非财政专户核拨专项资金预付		
	非财政专户核拨非专项资金预付		
	需要收回及其他		如支付的押金、应收为职工垫付的款项等
库存材料	购入材料		
	其中：使用财政专户核拨资金购入		
	使用非财政专户核拨专项资金购入		
	使用非财政专户核拨非专项资金购入		
	非购入材料		如无偿调入、接受捐赠的库存材料等
长期投资	长期股权投资		
	其中：用现金资产取得		
	用非现金资产或其他方式取得		
	长期债券投资		
应付票据、应付账款（扣除应付彩票资金）	发生时不计入支出		
	发生时计入支出		
	其中：财政专户核拨资金应付		
	非财政专户核拨资金应付		
	非财政专户核拨非专项资金应付		
预收账款（扣除预收彩票资金）	预收专项资金		
	预收非专项资金		
专用基金	从非财政专户核拨资金结余分配中提取		
	从收入中列支提取		
	其他		

（一）预算结余类会计科目与原账会计科目对照

预算结余类会计科目在原制度没有直接对应的会计科目，其余额需要从原《彩票机构会计制度》核算的部分会计科目余额中分析转入。新旧制度预算结余类会计科目对照如表 27-62 所示。

表 27-62 彩票机构新旧会计科目对照表（预算结余类）

序号	新制度科目		原制度科目	
	编号	名称	编号	名称
1	8101	财政拨款结转	3301	财政专户核拨资金结转
2	8102	财政拨款结余	3302	财政专户核拨资金结余
3	8201	非财政拨款结转	3401	非财政专户核拨资金结转
4	8202	非财政拨款结余	3001	事业基金
5	8202	非财政拨款结余	3201	专用基金
6	8301	专用结余		
7	8401	经营结余	3403	经营结余
8	8001	资金结存（借方）	3301	财政专户核拨资金结转
			3302	财政专户核拨资金结余
			3401	非财政专户核拨资金结转
			3001	事业基金
			3201	专用基金
			3403	经营结余

为了保证复式记账借贷平衡，体现收付实现制下预算资金流入、流出和结存情况，新制度除设置了"财政拨款结转""财政拨款结余""非财政拨款结转""非财政拨款结余""专用结余"等预算结余类科目外，还设置了"资金结存"科目，用以反映各结存类科目对应的资金形态。"资金结存"科目设置了

"零余额账户用款额度""货币资金"和"财政应返还额度"等明细科目。当确认预算收入时,同时借记"资金结存"科目;当确认预算支出时,同时贷记"资金结存"科目。年末结账后"资金结存"科目余额为借方余额,上述结存类科目余额为贷方余额。为此,在新旧会计制度衔接中,预算会计按照收付实现制原则,对结存类会计科目进行调整,重新确认登记新账的"财政拨款结转""财政拨款结余""非财政拨款结转""非财政拨款结余""专用结余"科目及其明细科目。

(二)预算结余类会计科目余额结转

根据《彩票机构新旧会计科目对照表(预算结余类)》(见表 27-62)、原账会计科目余额表及《彩票机构原会计科目余额明细表二(预算会计)》(见表 27-61),将原账会计科目余额分析转入新账预算结余会计科目。

1. "财政专户核拨资金结转"和"财政专户核拨资金结余"科目及对应的"资金结存"科目余额。新制度设置了"财政拨款结转""财政拨款结余"科目及对应的"资金结存"科目。在新旧制度转换时,彩票机构应当对原账的"财政专户核拨资金结转"和"财政专户核拨资金结余"科目余额进行逐项分析,加上各项结转转入的预算支出中已经计入预算支出尚未支付财政资金(如发生时列支的应付账款)的金额,减去已经支付财政资金尚未计入预算支出(如购入的存货、预付账款等)的金额,按照增减后的金额,登记新账的"财政拨款结转"科目及其明细科目贷方;按照原账"财政专户核拨资金结余"科目余额,登记新账的"财政拨款结余"科目及其明细科目贷方。

彩票机构应当按照原账"财政应返还额度"科目余额登记新账的"资金结存——财政应返还额度"科目借方;按照新账的"财政拨款结转"和"财政拨款结余"科目贷方余额合计数,减去新账的"资金结存——财政应返还额度"科目借方余额后的差额,登记新账的"资金结存——货币资金"科目借方。

2. "非财政专户核拨资金结转"科目及对应的"资金结存"科目余额。新制度设置了"非财政拨款结转"科目及对应的"资金结存"科目。在新旧制度转换时,彩票机构应当对原账的"非财政专户核拨资金结转"科目余额进行逐项分析,加上各项结转转入的预算支出中已经计入预算支出尚未支付非财政专户核拨专项资金(如发生时列支的应付账款)的金额,减去已经支付非财政专户核拨专项资金尚未计入预算支出(如购入的存货、预付账款等)的金额,加上各项结转转入的预算收入中已经收到非财政专户核拨专项资金尚未计入预算收入(如预收账款)的金额,减去已经计入预算收入尚未收到非财政专户核拨专项资金(如应收账款)的金额,按照增减后的金额,登记新账的"非财政拨款结转"科目及其明细科目贷方;同时,按照相同的金额登记新账的"资金结存——货币资金"科目借方。

3. "专用基金"科目及对应的"资金结存"科目余额。新制度设置了"专用结余"科目及对应的"资金结存"科目。"专用结余"科目用于核算按照规定从非财政拨款结余中提取的具有专门用途的资金的变动和滚存情况,提取基金时贷记本科目,使用基金时借记本科目。按照预算会计的借贷平衡原则,"专用结余"贷方余额表现为一定金额的现金流入,根据预算会计的收付实现制基础,需要同时确认调整增加"资金结存"与"专用结余"科目金额。

因此,在新旧制度转换时,彩票机构应当按照原账"专用基金"科目余额中通过非财政专户核拨资金结余分配形成的金额,借记新账的"资金结存——货币资金"科目,贷记新账的"专用结余"科目。

4. "经营结余"科目及对应的"资金结存"科目余额。新制度设置了"经营结余"科目及对应的"资金结存"科目。"经营结余"科目用于核算年度内经营活动收支相抵后的余额弥补以前年度经营亏损后的余额。年末结账时,"经营预算收入"转入时贷记本科目,"经营支出"转入时借记本科目。本科目如年末有借方余额,则为经营亏损,不予结转。按照预算会计的借贷平衡原则,"经营结余"借方余额表现为经营现金净流出金额,根据预算会计的收付实现制基础,需要确认调整减少"资金结存"和"经营结余"科目金额。

因此,如果原账的"经营结余"科目期末有借方余额,在新旧制度转换时,彩票机构应当按照原账的"经营结余"科目余额,借记新账的"经营结余"科目,贷记新账的"资金结存——货币资金"科目。

5. "非财政拨款结余"科目及对应的"资金结存"科目余额。

(1)登记"非财政拨款结余"科目余额。新制度设置了"非财政拨款结余"科目及对应的"资金结存"科目。在新旧制度转换时，彩票机构应当按照原账的"事业基金"科目余额，借记新账的"资金结存——货币资金"科目，贷记新账的"非财政拨款结余"科目。

（2）对新账"非财政拨款结余"科目及"资金结存"科目余额进行调整。

①调整短期投资对非财政拨款结余的影响。新制度在预算支出类会计科目中设置了"投资支出"科目，核算彩票机构以货币资金对外投资发生的现金流出，以货币资金对外投资时借记本科目，收回投资时贷记本科目。年末结账时转入"其他结余"科目，最终转入"非财政拨款结余"科目。

在新旧会计制度衔接时，彩票机构按照新制度预算会计核算基础，需要确认调整"短期投资"现金流出业务。因此，彩票机构应当按照原账的"短期投资"科目余额，借记"非财政拨款结余"科目，贷记"资金结存——货币资金"科目。

②调整应收票据、应收账款对非财政拨款结余的影响。新制度在预算收入类会计科目中设置了"事业预算收入""经营预算收入"等科目，核算彩票机构开展业务活动、经营活动取得的现金流入，取得各类现金收入时贷记"事业预算收入""经营预算收入"等科目。其中，"事业预算收入""经营预算收入"等科目本年发生额中的非专项资金收入，年末结账时转入"其他结余"科目，最终转入"非财政拨款结余"科目。

原账的"应收票据""应收账款"科目余额中已计入预算收入部分，因没有现金流入，根据预算会计的收付实现制基础，不能确认为预算收入。因此，在新旧会计制度衔接时，彩票机构应当对原账的"应收票据""应收账款"科目余额减去应收彩票资金后进行分析，区分其中发生时计入预算收入的金额和没有计入预算收入的金额。对发生时计入预算收入的金额，再区分计入专项资金收入的金额和计入非专项资金收入的金额，按照计入非专项资金收入的金额，借记"非财政拨款结余"科目，贷记"资金结存——货币资金"科目。

③调整预付账款对非财政拨款结余的影响。新制度在预算支出类会计科目中设置了"事业支出""经营支出"等科目，核算彩票机构开展业务活动、经营活动等实际发生的各项现金流出，实际支付时借记"事业支出""经营支出"等科目。其中，"事业支出""经营支出"等科目本年发生额中的非财政非专项资金支出，年末结账时转入"其他结余"科目，最终转入"非财政拨款结余"科目。

原账的"预付账款"科目余额，在财务会计中未计入支出，但根据预算会计的收付实现制基础，需要确认调整"预付账款"现金流出业务。因此，在新旧会计制度衔接时，彩票机构应当对原账的"预付账款"科目余额进行分析，区分其中由财政核拨资金预付的金额、非财政核拨专项资金预付的金额和非财政核拨非专项资金预付的金额，按照非财政核拨非专项资金预付的金额，借记"非财政拨款结余"科目，贷记"资金结存——货币资金"科目。

④调整其他应收款对非财政拨款结余的影响。新制度在预算支出类会计科目中设置了"事业支出""经营支出"等科目，核算彩票机构开展业务活动、经营活动等实际发生的各项现金流出，实际支付时借记"事业支出""经营支出"等科目。其中，"事业支出""经营支出"等科目本年发生额中的非财政非专项资金支出，年末结账时转入"其他结余"科目，最终转入"非财政拨款结余"科目。

原账的"其他应收款"科目余额中，对于已计入预算支出的预付款项，根据预算会计的收付实现制基础，需要确认调整"其他应收款"现金流出业务。因此，在新旧会计制度衔接时，彩票机构按照新制度规定将原账其他应收款中的预付款项计入预算支出的，应当对原账的"其他应收款"科目余额进行分析，区分其中预付款项的金额（将来很可能列支）和非预付款项的金额，并对预付款项的金额划分为财政核拨资金预付的金额、非财政核拨专项资金预付的金额和非财政核拨非专项资金预付的金额，按照非财政核拨非专项资金预付的金额，借记"非财政拨款结余"科目，贷记"资金结存——货币资金"科目。

⑤调整库存材料对非财政拨款结余的影响。新制度在预算支出类会计科目中设置了"事业支出""经营支出"等科目，核算彩票机构开展业务活动、经营活动等实际发生的各项现金流出，实际支付时借记"事业支出""经营支出"等科目。其中，"事业支出""经营支出"等科目本年发生额中的非财政非专项资金支出，年末结账时转入"其他结余"科目，最终转入"非财政拨款结余"科目。

原账的库存材料科目余额，在财务会计中未计入支出，但根据预算会计的收付实现制基础，需要确认调整购入存货的现金流出业务。因此，在新旧会计制度衔接时，彩票机构应当对原账的"库存材料"

科目余额进行分析，区分购入的库存金额和非购入的库存金额。对购入的库存金额划分出其中使用财政核拨资金购入的金额、使用非财政核拨专项资金购入的金额和使用非财政核拨非专项资金购入的金额，按照使用非财政核拨非专项资金购入的金额，借记"非财政拨款结余"科目，贷记"资金结存——货币资金"科目。

⑥调整长期股权投资对非财政拨款结余的影响。新制度在预算支出类会计科目中设置了"投资支出"科目，核算彩票货币资金对机构对外投资发生的现金流出，以货币资金对外投资时借记本科目，收回投资时贷记本科目。年末结账时转入"其他结余"科目，最终转入"非财政拨款结余"科目。

在新旧会计制度衔接时，按照预算会计的核算基础，需要确认调整"长期股权投资"中现金流出业务。因此，彩票机构应当对原账的"长期投资"科目余额中属于股权投资的余额进行分析，区分其中用现金资产取得的金额和用非现金资产及其他方式取得的金额，按照用现金资产取得的金额，借记"非财政拨款结余"科目，贷记"资金结存——货币资金"科目。

在以货币资金取得长期股权投资时，已将"事业基金"转入"非流动资产基金——长期投资"的，不需要调整。

⑦调整长期债券投资对非财政拨款结余的影响。新制度在预算支出类会计科目中设置了"投资支出"科目，核算彩票货币资金对机构对外投资发生的现金流出，以货币资金对外投资时借记本科目，收回投资时贷记本科目。年末结账时转入"其他结余"科目，最终转入"非财政拨款结余"科目。

在新旧会计制度衔接时，按照预算会计的核算基础，需要确认调整"长期债券投资"的现金流出业务。因此，彩票机构应当按照原账的"长期投资"科目余额中属于债券投资的余额，借记"非财政拨款结余"科目，贷记"资金结存——货币资金"科目。

在以货币资金取得长期债券投资时，已将"事业基金"转入"非流动资产基金——长期投资"科目的，不需要调整。

⑧调整短期借款、长期借款对非财政拨款结余的影响。新制度在预算收入类会计科目中设置了"债务预算收入"科目，核算彩票机构按照规定从银行和其他金融机构等借入的、纳入部门预算管理的、不以财政资金作为偿还来源的债务本金，收到借入款项时借记本科目，偿还借款时贷记"债务还本支出"科目。年末结账时转入"其他结余"科目，最终转入"非财政拨款结余"科目。

在新旧会计制度衔接时，按照预算会计的核算基础，需要确认调整"短期借款""长期借款"带来的现金流入业务。因此，彩票机构应当按照原账的"短期借款""长期借款"科目余额，借记"资金结存——货币资金"科目，贷记"非财政拨款结余"科目。

⑨调整应付票据、应付账款对非财政拨款结余的影响。新制度在预算支出类会计科目中设置了"事业支出""经营支出"等科目，核算彩票机构开展业务活动、经营活动等实际发生的各项现金流出，实际支付时借记"事业支出""经营支出"等科目。其中，"事业支出""经营支出"等科目本年发生额中的非财政非专项资金支出，年末结账时转入"其他结余"科目，最终转入"非财政拨款结余"科目。

原账的"应付票据""应付账款"科目余额中已计入预算支出部分，因现金尚未实际流出，根据预算会计的收付实现制基础，不能确认为预算支出，即应当从支出中予以冲减。因此，在新旧会计制度衔接时，彩票机构应当对原账的"应付票据""应付账款"科目余额进行分析，区分其中发生时计入预算支出的金额和未计入预算支出的金额。将计入预算支出的金额划分出财政专户核拨应付的金额、非财政专户核拨专项资金应付的金额和非财政专户核拨非专项资金应付的金额，按照非财政专户核拨非专项资金应付的金额，借记"资金结存——货币资金"科目，贷记"非财政拨款结余"科目。

⑩调整预收账款对非财政拨款结余的影响。新制度在预算收入类会计科目中设置了"事业预算收入""经营预算收入"等科目，核算彩票机构开展业务活动、经营活动取得的现金流入，取得各类现金收入时贷记"事业预算收入""经营预算收入"等科目。其中，"事业预算收入""经营预算收入"等科目本年发生额中的非专项资金收入，年末结账时转入"其他结余"科目，最终转入"非财政拨款结余"科目。

原账的"预收账款"科目余额，在财务会计中未计入收入，但根据预算会计的收付实现制基础，需要确认调整"预收账款"带来的现金流入为预算收入。因此，在新旧会计制度衔接时，彩票机构应当按照原账的"预收账款"科目余额中预收非财政核拨非专项资金的金额，借记"资金结存——货币资金"

科目，贷记"非财政拨款结余"科目。

⑪调整专用基金对非财政拨款结余的影响。彩票机构应当对原账的"专用基金"科目余额进行分析，划分出按照收入比例列支提取的专用基金，按照列支提取的专用基金的金额，借记"资金结存——货币资金"科目，贷记"非财政拨款结余"科目。

（3）按新账货币资金余额进行调整。彩票机构按照前述（1）、（2）两个步骤难以准确调整出"非财政拨款结余"科目及对应的"资金结存"科目余额的，在新旧制度转换时，可以在新账的"库存现金""银行存款""其他货币资金""财政应返还额度"科目借方余额合计数基础上，对不纳入单位预算管理的资金进行调整（如减去新账中货币资金形式的受托代理资产、应缴财政款、已收取将来需要退回资金的其他应付款等，加上已支付将来需要收回资金的其他应收款等），按照调整后的金额减去新账的"财政拨款结转""财政拨款结余""非财政拨款结转""专用结余"科目贷方余额合计数，加上"经营结余"科目借方余额后的金额，登记新账的"非财政拨款结余"科目贷方；同时，按照相同的金额登记新账的"资金结存——货币资金"科目借方。

6. "待分配事业结余""非财政专户核拨资金结余分配"科目

新制度设置了"其他结余"和"非财政拨款结余分配"科目。"其他结余"科目用于核算单位本年度除财政拨款收支、非同级财政专项资金收支和经营收支以外各项收支相抵后的余额，与原账"待分配事业结余"核算内容相似。"非财政拨款结余分配"用于核算事业单位本年度非财政拨款结余分配的情况和结果，与原账"非财政专户核拨资金结余分配"核算内容相同。由于"待分配事业结余""非财政专户核拨资金结余分配"两科目均为年末结账用科目，年末结账后一般应无余额。因此，在新旧制度转换时，彩票机构无需对"待分配事业结余""非财政专户核拨资金结余分配"科目进行转账处理。

（三）预算收入类、预算支出类会计科目

预算收入类、预算支出类会计科目是《政府会计制度》设置的预算会计核算会计科目，与原《彩票机构会计制度》收入支出类会计科目没有直接转换对应关系，两类科目的核算内容与范围不完全一致。其参照关系如表27-63所示。

表27-63　　　　　　　彩票机构新旧会计科目对照表（预算收入支出类）

序号	新制度科目		原制度科目	
	编号	名称	编号	名称
（一）预算收入类				
9	6001	财政拨款预算收入		
10	6101	事业预算收入	4101	事业收入
11	6201	上级补助预算收入	4201	上级补助收入
12	6301	附属单位上缴预算收入	4301	附属单位上缴收入
13	6401	经营预算收入	4401	经营收入
14	6501	债务预算收入		
15	6601	非同级财政拨款预算收入	4501	其他收入
16	6602	投资预算收益		
17	6609	其他预算收入		
（二）预算支出类				
18	7201	事业支出	5001	事业支出
19	7301	经营支出	5301	经营支出
20	7401	上缴上级支出		
21	7501	对附属单位补助支出	5201	对附属单位补助支出
22	7601	投资支出		
23	7701	债务还本支出		
24	7901	其他支出	5401	其他支出

由于预算收入类、预算支出类会计科目年初无余额，在新旧制度转换时，单位无需对预算收入类、预算支出类会计科目进行新账年初余额登记。彩票机构应当自2019年1月1日起，按照新制度设置预算收入类、预算支出类科目并进行账务处理。

三、财务报表和预算会计报表的新旧衔接

按照《衔接规定》，彩票机构对原制度会计科目余额进行结转、补充登记未入账事项，以及对部分新账会计科目余额进行调整后，应当编制 2019 年 1 月 1 日的科目余额表及 2019 年度财务报表和预算会计报表（年初余额）。

（一）新旧会计制度报表体系对照

新制度报表体系分为财务报表和预算会计报表，其中，财务报表由会计报表和附注构成，会计报表由资产负债表、收入费用表、净资产变动表和现金流量表组成，其中，单位可自行选择编制现金流量表。预算会计报表由预算收入表、预算结转结余变动表和财政拨款预算收入支出表组成，是编制部门决算报表的基础。

此外，新制度针对新的核算内容和要求对报表结构进行了调整和优化，对报表附注应当披露的内容进行了细化，对会计报表重要项目说明提供了可参考的披露格式、要求按经济分类披露费用信息、要求披露本年预算结余和本年盈余的差异调节过程等。调整完善后的报表体系，对于全面反映单位财务信息和预算执行信息，提高部门、单位会计信息的透明度和决策有用性具有重要的意义。

原《彩票机构会计制度》会计报表体系由资产负债表、收入支出表、财政补助收入支出表等会计报表和报表附注组成，与新制度会计报表体系对照如表 27-64 所示。

表 27-64　　　　　　　　　　新旧会计制度报表体系对照表

序号	新会计制度			原会计制度			说明
	编号	报表名称	编制期	编号	报表名称	编制期	
一、财务会计报表							
1	会政财 01 表	资产负债表	月度、年度	会彩 01 表	资产负债表	月度、年度	基本相同
2	会政财 01 表附表 01	返奖奖金变动明细表	年度	会彩 01 表附表 01	返奖奖金变动明细表	年度	
3	会政财 01 表附表 02	彩票资金分配明细表	年度	会彩 01 表附表 02	彩票资金分配明细表	年度	
4	会政财 02 表	收入费用表	月度、年度	会彩 02 表	收入支出表	月度、年度	基本相同
5	会政财 03 表	净资产变动表	年度				新增
6	会政财 04 表	现金流量表	年度				新增，可选是否编制
7				会彩 03 表	财政专户核拨资金收入支出表	年度	删除
8		附注	年度		附注	年度	要求相同
二、预算会计报表							
9	会政预 01 表	预算收入支出表	年度				新增
10	会政预 02 表	预算结转结余变动表	年度				新增
11	会政预 03 表	财政拨款预算收入支出表	年度				与会彩 03 表类似

其中，财务报表的"资产负债表""收支费用表"为月度、年度报表，与原《彩票机构会计制度》的"资产负债表""收入支出表"的内容与格式相似；"净资产变动表"和"现金流量表"为新增年度报表；原《彩票机构会计制度》的"财政专户核拨资金收入支出表"不再编制，其内容包含到预算会计报表的"财政拨款预算收入支出表"中，但内容与格式有所优化与简略。

（二）期初新会计制度报表的编制

1. 编制 2019 年 1 月 1 日科目余额表。

在将原账科目余额转入新账、未入账事项补充登记新账，以及对相关新账科目余额进行调整后，按照登记及调整后新账的各会计科目余额，编制 2019 年 1 月 1 日的财务会计和预算会计科目余额表（见表 27-65、表 27-66），作为新账各会计科目的期初余额，也是编制新账报表的基础。

表 27-65　　　　　　　　　　　2019 年 1 月 1 日新账财务会计科目余额表

序号	科目编号	科目名称	期初余额	序号	科目编号	科目名称	期初余额
一、资产类				二、负债类			
1	1001	库存现金		36	2001	短期借款	
2	1002	银行存款		37	2101	应交增值税	
3	1011	零余额账户用款额度		38	2102	其他应交税费	
4	1021	其他货币资金		39	2103	应缴财政款	
5	1101	短期投资		40	2201	应付职工薪酬	
6	1201	财政应返还额度		41	2301	应付票据	
7	1211	应收票据		42	2302	应付账款	
8	1212	应收账款		43	2303	应付政府补贴款	
9	1214	预付账款		44	2304	应付利息	
10	1215	应收股利		45	2305	预收账款	
11	1216	应收利息		46	2307	其他应付款	
12	1218	其他应收款		47	2401	预提费用	
13	1219	坏账准备		48	2501	长期借款	
14	1301	在途物品		49	2502	长期应付款	
15	1302	库存物品		50	2601	预计负债	
16	1303	加工物品		51	2901	受托代理负债	
17	1401	待摊费用				负债合计	
18	1501	长期股权投资		三、净资产类			
19	1502	长期债券投资		52	3001	累计盈余	
20	1601	固定资产		53	3101	专用基金	
21	1602	固定资产累计折旧		54	3201	权益法调整	
22	1611	工程物资		55	3301	本期盈余	
23	1613	在建工程		56	3302	本年盈余分配	
24	1701	无形资产		57	3401	无偿调拨净资产	
25	1702	无形资产累计摊销		58	3501	以前年度盈余调整	
26	1703	研发支出				净资产合计	
27	1801	公共基础设施					
28	1802	公共基础设施累计折旧（摊销）					
29	1811	政府储备物资					
30	1821	文物文化资产					
31	1831	保障性住房					
32	1832	保障性住房累计折旧					
33	1891	受托代理资产					
34	1901	长期待摊费用					
35	1902	待处理财务损溢					
		资产合计				负债及净资产合计	

表 27-66　　　　　　　　　　　2019 年 1 月 1 日新账预算会计科目余额表

序号	科目编号	科目名称	期初余额	
			借方余额	贷方余额
1	8001	资金结存		
2	8101	财政拨款结转		
3	8102	财政拨款结余		
4	8201	非财政拨款结转		
5	8202	非财政拨款结余		
6	8301	专用结余		
7	8401	经营结余		
8	8501	其他结余		
9	8701	非财政拨款结余分配		
		预算结余类合计		

2. 编制 2019 年 1 月 1 日资产负债表。

彩票机构根据 2019 年 1 月 1 日新账的财务会计科目余额表（见表 27-65），按照新制度编制 2019 年 1 月 1 日期初资产负债表（仅要求填列各项目"年初余额"）。

3. 编制2019年度财务报表和预算会计报表。

彩票机构按照新制度规定编制2019年财务报表和预算会计报表。在编制2019年度收入费用表、净资产变动表、现金流量表和预算收入支出表、预算结转结余变动表时，不要求填列上年比较数。

彩票机构根据2019年1月1日新账财务会计科目余额表（见表27-65），填列2019年净资产变动表各项目的"上年年末余额"，不要求填报上年比较数；根据2019年1月1日新账预算会计科目余额表（见表27-66），填列2019年预算结转结余变动表的"年初预算结转结余"项目和财政拨款预算收入支出表的"年初财政拨款结转结余"项目。

第八节 医院新旧会计制度衔接

医院在新旧制度衔接转换过程中，需要根据《医院新旧会计科目对照表》《医院原会计科目余额明细表一（财务会计）》和《医院原会计科目余额明细表二（预算会计）》进行会计制度衔接转换，将原账中各会计科目2018年12月31日余额转入新账，即将原账中资产、负债和净资产类各会计科目的余额，直接或分析转入新账的财务会计和预算会计科目。新账的科目设有明细科目的，应将原账中对应科目的余额加以分析，分别转入新账中相应科目的相关明细科目。如存在其他《衔接规定》中未列举的原账科目余额的，应当比照《衔接规定》转入新账的相应科目。如存在2018年12月31日前未入账的其他事项的，应当比照《衔接规定》登记新账的相应科目。

一、财务会计科目的新旧衔接

医院在新旧会计制度衔接过程中，根据2018年12月31日原账的科目余额表、总账及明细账，按照新制度财务会计核算规定，对涉及财务会计科目的核算内容进行详细分析和调整，编制《医院原会计科目余额明细表一（财务会计）》（见表27-67）。根据原账科目余额表和《医院原会计科目余额明细表一（财务会计）》，将原账科目余额过入新账期初余额。

医院在进行新账财务会计科目期初余额进行调整及补充登记时，应当编制记账凭证，并将调整及补充登记事项的确认依据作为原始凭证（包括相关财产清查明细表等）。

表27-67　　　　　　医院原会计科目余额明细表一（财务会计）

总账科目	明细分类	金额	备注
库存现金	库存现金		
	其中：受托代理现金		
银行存款	银行存款		
	其中：受托代理银行存款		
预付账款	在途物品		
	其他		
其他应收款	应收股利		
	应收利息		
	应收账款		
	在途物品		已经付款，尚未收到物资
	其他		
库存物资	受托代理资产		
	工程物资		
	其他		
长期投资	长期股权投资		
	长期债券投资		

续表

总账科目	明细分类	金额	备注
在建工程	在建工程		
	工程物资		
应交税费	应交增值税		
	其他应交税费		
应缴款项	应缴财政款		
	其他		
其他应付款	受托代理负债		
	其他		
预提费用	短期借款应付利息		
	其他		
长期借款	分期付息、到期还本的长期借款应付利息		
	其他		
待冲基金	对应财政项目拨款经费形成的资产的待冲基金		
	对应科教经费形成的资产的待冲基金		
财政补助结转（余）	项目支出结转和项目支出结余		
	基本支出结转		

（一）资产类会计科目余额的调整

1. 新旧会计制度科目的变化。

医院在执行政府会计制度后，原《医院会计制度》资产类会计科目有所变化，新制度扩大了资产的核算范畴，增加了受托代理资产等核算内容，调整了部分科目核算内容。新旧会计制度资产类科目余额对照如表27-68所示。

表27-68　　　　　　　　　　医院新旧会计科目对照表（资产类）

序号	新制度会计科目		原制度会计科目	
	编号	名称	编号	名称
1	1001	库存现金	1001	库存现金
2	1002	银行存款	1002	银行存款
3	1011	零余额账户用款额度	1003	零余额账户用款额度
4	1021	其他货币资金	1004	其他货币资金
5	1201	财政应返还额度	1201	财政应返还额度
6	1101	短期投资	1101	短期投资
7	1212	应收账款	1211	应收在院病人医疗款
			1212	应收医疗款
8	1218	其他应收款	1215	其他应收款
9	1215	应收股利		
10	1216	应收利息		
11	1212	应收账款		
12	1301	在途物品		
13	1219	坏账准备	1221	坏账准备
14	1214	预付账款	1231	预付账款
15	1301	在途物品		
16	1302	库存物品	1301	库存物资
17	1611	工程物资		
18	1891	受托代理资产		
19	1303	加工物品	1302	在加工物资
20	1401	待摊费用	1401	待摊费用
21	1501	长期股权投资	1501	长期投资
22	1502	长期债券投资		
23	1601	固定资产	1601	固定资产
24	1602	固定资产累计折旧	1602	累计折旧

续表

序号	新制度会计科目		原制度会计科目	
	编号	名称	编号	名称
25	1611	工程物资	1611	在建工程
26	1613	在建工程		
27	1902	待处理财产损溢	1621	固定资产清理
28	1701	无形资产	1701	无形资产
29	1702	无形资产累计摊销	1702	累计摊销
30	1901	长期待摊费用	1801	长期待摊费用
31	1902	待处理财产损溢	1901	待处理财产损溢

2. 原账科目余额转入新账。

(1)"库存现金""银行存款""零余额账户用款额度""其他货币资金""短期投资""财政应返还额度""坏账准备""待摊费用""固定资产""无形资产""长期待摊费用""待处理财产损溢"科目。新制度设置了"库存现金""银行存款""零余额账户用款额度""其他货币资金""短期投资""财政应返还额度""坏账准备""待摊费用""固定资产""无形资产""长期待摊费用""待处理财产损溢"科目,其核算内容与原账的上述相应科目的核算内容基本相同。转账时,医院应当将原账的上述科目余额直接转入新账的相应科目。其中,还应当将原账的"库存现金"和"银行存款"科目余额中属于新制度规定受托代理资产的金额,转入新账"库存现金"和"银行存款"科目下的"受托代理资产"明细科目。

由于原账的"零余额账户用款额度"科目年末无余额,该科目不需进行转账处理。

(2)"应收在院病人医疗款""应收医疗款""在加工物资""固定资产清理"科目。新制度设置了"应收账款"科目,与原账的"应收在院病人医疗款"和"应收医疗款"科目核算内容基本相同;设置了"加工物品"科目,与原账的"在加工物资"核算内容基本相同;设置了"待处理财产损溢"科目,与原账的"固定资产清理"科目核算内容基本相同。医院在转账时,应当将原账的上述科目余额直接转入新账的相应科目。

(3)"其他应收款"科目。新制度设置了"其他应收款"科目,该科目的核算内容与原账"其他应收款"科目的核算内容基本相同。转账时,医院应当将原账的"其他应收款"科目余额,转入新账的"其他应收款"科目。

新制度设置了"在途物品"科目,医院在原账"其他应收款"科目中核算了已经付款或开出商业汇票、尚未收到的药品、卫生材料及其他物资的,转账时,应当将原账的"其他应收款"科目余额中已经付款或开出商业汇票、尚未收到物资的金额,转入新账的"在途物品"科目。

新制度设置了"应收股利"科目,医院在原账"其他应收款"科目中核算的长期股权投资中,在被投资单位宣告分派利润时,按照宣告分派的利润中属于医院应享有的份额,转账时,应当将原账的"其他应收款"科目余额中此部分金额转入"应收股利"科目。

新制度设置了"应收利息"科目,医院在原账"其他应收款"科目中核算的长期债权投资的分期付息、到期还本的应收利息内容的,转账时,应当将原账的"其他应收款"科目余额中此部分金额转入"应收利息"科目。

(4)"预付账款"科目。新制度设置了"在途物品"和"预付账款"科目,原制度设置了"预付账款"科目。转账时,医院应当将原账"预付账款"科目中核算的已经付款或开出商业汇票、尚未收到物资的金额,转入新账的"在途物品"科目,将剩余余额,转入新账的"预付账款"科目。

(5)"库存物资"科目。新制度设置了"库存物品""工程物资""受托代理资产"科目,医院在原账的"库存物资"科目中核算了属于新制度规定的工程物资受托代理物资的,应当将原账的"库存物资"科目余额中属于上述科目的金额分别转入新账的"工程物资""受托代理资产"科目,将原账的"库存物资"科目余额减去上述科目金额后的余额转入新账的"库存物品"科目,再按药品、卫生材料等明细科目内容进行核算。

(6)"长期投资"科目。新制度设置了"长期股权投资"和"长期债券投资"科目,原制度设置了"长期投资"科目。转账时,医院应当按原账"长期投资"科目下"股权投资"明细科目和"债权投资"明细科目的金额,分别转入新账的"长期股权投资"科目和"长期债券投资"科目,并按各自明细科目内容进行核算。

(7)"累计折旧""累计摊销"科目。新制度设置了"固定资产累计折旧"科目,该科目的核算内容与原账"累计折旧"科目的核算内容基本相同;设置了"无形资产累计摊销"科目,与原账的"累计摊销"科目核算内容基本相同。医院转账时,应当将原账的上述科目余额直接转入新账的相应科目。

(8)"在建工程"科目。新制度设置了"在建工程",该科目的核算内容与原账"在建工程"科目的核算内容基本相同。转账时,医院应当将原账的"在建工程"科目余额(基建"并账"后的金额,下同)转入新账的"在建工程"科目。

医院在原账"在建工程"科目中核算了按照新制度规定应当记入"工程物资"科目内容的,应当将原账"在建工程"科目余额中属于工程物资的金额,转入新账的"工程物资"科目。

3. 原未入账事项登记新账。

(1)受托代理资产。医院在新旧制度转换时,应当将 2018 年 12 月 31 日前未入账的受托代理资产按照新制度规定记入新账。登记新账时,按照确定的受托代理资产入账成本,借记"受托代理资产"科目,贷记"受托代理负债"科目。

(2)盘盈资产。医院在新旧制度转换时,应当将 2018 年 12 月 31 日前未入账的盘盈资产按照新制度规定记入新账。登记新账时,按照确定的盘盈资产及其成本,分别借记有关资产科目,按照盘盈资产成本的合计金额,贷记"累计盈余——新旧转换盈余"科目。

4. 新账会计科目余额调整。

按照《衔接规定》,应当对新账的相关财务会计科目余额按照新制度规定的会计核算基础进行调整。在新旧制度转换时,根据资产清查和债权债务核实结果,计提坏账准备、补提折旧或摊销,按照权益法调整长期股权投资账面余额,编制记账凭证,并将调整及补充登记事项的确认依据作为原始凭证。

(1)调整坏账准备。新制度要求对医院收回后无需上缴财政的应收账款和其他应收款提取坏账准备。在新旧制度转换时,医院应当按照 2018 年 12 月 31 日无需上缴财政的"应收账款"科目扣除应收在院病人医疗款后的余额,以及"其他应收款"科目余额,计算应计提的坏账准备金额,对比原账"坏账准备"科目余额进行调整。补提坏账准备时,借记"累计盈余——新旧转换盈余"科目,贷记"坏账准备"科目;冲回多提坏账准备时,借记"坏账准备"科目,贷记"累计盈余——新旧转换盈余"科目。

(2)按照权益法调整长期股权投资账面余额。对按照新制度规定应当采用权益法核算的长期股权投资,在新旧制度转换时,医院应当在"长期股权投资"科目下设置"新旧制度转换调整"明细科目,依据被投资单位 2018 年 12 月 31 日财务报表的所有者权益账面余额,以及医院持有被投资单位的股权比例,计算应享有或应分担的被投资单位所有者权益的份额,调整长期股权投资的账面余额,借记或贷记"长期股权投资——新旧制度转换调整"科目,贷记或借记"累计盈余——新旧转换盈余"科目。

(3)补提折旧。医院应当对截至 2018 年 12 月 31 日前购置的未计提完折旧的固定资产,在新旧制度转换时,按照补充规定提供的折旧年限计算补提一个月折旧,按照由财政项目拨款经费形成的固定资产应补提的金额,借记"累计盈余——财政项目盈余"科目,贷记"固定资产累计折旧"科目相关明细科目;按照由科教经费形成的固定资产应补提的金额,借记"累计盈余——科教盈余"科目,贷记"固定资产累计折旧"科目相关明细科目;按照其他固定资产应补提的金额,借记"累计盈余——新旧转换盈余"科目,贷记"固定资产累计折旧"科目相关明细科目。

(二)负债类会计科目余额的调整

1. 新旧会计制度科目的变化。

医院在执行政府会计制度后,原《医院会计制度》负债类会计科目有所变化,新制度财务会计核算增加了预提费用、应付利息等负债类会计科目,调整、合并或拆分了部分科目核算内容。新旧会计制度负债类科目余额对照如表 27-69 所示。

表 27-69　　　　　　　　　　　医院新旧会计科目对照表（负债类）

序号	新制度会计科目		原制度会计科目	
	编号	名称	编号	名称
32	2001	短期借款	2001	短期借款
33	2103	应缴财政款	2101	应缴款项
34	2307	其他应付款		
35	2301	应付票据	2201	应付票据
36	2302	应付账款	2202	应付账款
37	2001	短期借款		
38	2305	预收账款	2203	预收医疗款
39	2201	应付职工薪酬	2204	应付职工薪酬
			2206	应付社会保障费
40	3001	累计盈余	2205	应付福利费
41	2101	应交增值税	2207	应交税费
42	2102	其他应交税费		
43	2307	其他应付款	2209	其他应付款
44	2901	受托代理负债		
45	2401	预提费用	2301	预提费用
46	2304	应付利息		
47	2501	长期借款	2401	长期借款
48	2304	应付利息		
49	2502	长期应付款	2402	长期应付款

2. 原账科目余额转入新账。

（1）"短期借款""应付票据""应付账款""长期借款""长期应付款"科目。新制度设置了"短期借款""应付票据""应付账款""长期借款""长期应付款"科目，这些科目的核算内容与原账的上述相应科目的核算内容基本相同。转账时，医院应当将原账的上述科目余额直接转入新账的相应科目。

医院在原账的"长期借款"科目中核算了分期付息、到期还本的长期借款应付利息的，应当将原账的"长期借款"科目余额中属于分期付息、到期还本的长期借款应付利息金额转入新账的"应付利息"科目。

医院在原账的"应付账款"科目中核算了无力支付银行承兑汇票而转入"应付账款"科目的余额的，应当将原账的"应付账款"科目余额中属于因无力支付银行承兑汇票而转入应付账款科目的余额，转入新账的"短期借款"科目。

（2）"应缴款项"科目。新制度设置了"应缴财政款"科目，与原账的"应缴款项"科目核算内容基本一致。转账时，医院应当将原账的上述科目余额直接转入新账的相应科目。

如医院原账的"应缴款项"科目余额中有不属于应缴财政款项的金额则需单独剔除出来转入新账的"其他应付款"科目。

（3）"预收医疗款""应付职工薪酬""应付社会保障费"科目。新制度设置了"预收账款"科目，与原制度的"预收医疗款"科目核算内容基本一致；设置了"应付职工薪酬"，核算内容包括原制度"应付职工薪酬"和"应付社会保障费"科目核算内容。转账时，医院应当将原账的上述科目余额直接转入新账的相应科目。

（4）"应付福利费"科目。新制度未设置"应付福利费"科目。转账时，医院应当对原账的"应付福利费"科目余额进行分析，将其中属于职工福利基金的金额转入新账的"专用基金——职工福利基金"科目，将其他余额转入新账的"累计盈余——新旧转换盈余"科目。

（5）"应交税费"科目。新制度设置了"应交增值税"和"其他应交税费"科目，原制度"应交税费"科目核算内容包含上述两部分内容。转账时，医院应当将原账的"应交税费——应交增值税"科目余额，转入新账"应交增值税"中的相关明细科目；将原账的"应交税费"科目余额减去属于应交增值税余额后的差额，转入新账的"其他应交税费"科目。

（6）"其他应付款"科目。新制度设置了"其他应付款"科目，该科目的核算内容与原账"其他应付款"科目的核算内容基本相同。转账时，医院应当将原账的"其他应付款"科目余额，转入新账的"其他应付款"科目。其中，医院在原账的"其他应付款"科目中核算了属于新制度规定的受托代理负债的，应当将原账的"其他应付款"科目余额中属于受托代理负债的余额，转入新账的"受托代理负债"科目。

（7）"预提费用"科目。新制度设置了"预提费用"科目，该科目的核算内容与原账"预提费用"科目的核算内容基本相同。转账时，医院应当将原账的"预提费用"科目余额，转入新账的"预提费用"科目。医院在原账的"预提费用"科目中核算短期借款利息和长期借款分次计息一次还本情况，且不计入在建工程的利息的，应当将此部分应付利息转入新账的"应付利息"科目。

3. 原未入账事项登记新账。

预计负债。医院在新旧制度转换时，应当将2018年12月31日按照新制度规定确认的预计负债记入新账。登记新账时，按照确定的预计负债金额，借记"累计盈余——新旧转换盈余"科目，贷记"预计负债"科目。

（三）净资产类科目余额的调整

1. 新旧会计制度科目的变化。

医院在执行政府会计制度后，原《医院会计制度》净资产类科目变化较大，增加了累计盈余、权益法调整、无偿调拨净资产、以前年度盈余调整等新科目。新旧会计制度净资产类科目对照如表27-70所示。

表27-70　　　　　　　　　医院新旧会计科目对照表（净资产类）

序号	新制度会计科目		原制度会计科目	
	编号	名称	编号	名称
50	3001	累计盈余	3001	事业基金
			3201	待冲基金
			3301	财政补助结转（余）
			3302	科教项目结转（余）
		累计盈余（借方）	3501	结余分配（借方）
51	3101	专用基金	3101	专用基金

2. 净资产类科目余额转入新账。

（1）"专用基金"科目。新制度设置了"专用基金"科目，该科目的核算内容与原账"专用基金"科目的核算内容基本相同。转账时，医院应当将原账的"专用基金"科目余额转入新账的"专用基金"科目。

（2）"事业基金""待冲基金""财政补助结转（余）""科教项目结转（余）"科目。新制度设置了"累计盈余"科目，该科目的核算内容包含了原账"事业基金""待冲基金""财政补助结转（余）""科教项目结转（余）"科目的核算内容。

转账时，医院应当将原账的"事业基金"科目余额转入新账的"累计盈余——新旧转换盈余"科目；将原账的"待冲基金——待冲财政基金"科目余额转入新账的"累计盈余——财政项目盈余"科目；将原账的"待冲基金——待冲科教项目基金"科目余额转入新账的"累计盈余——科教盈余"科目；将原账的"财政补助结转（余）"科目中项目支出结转和项目支出结余部分的余额转入新账的"累计盈余——财政项目盈余"科目；将原账的"财政补助结转（余）"科目中基本支出结转部分的余额转入新账的"累计盈余——医疗盈余"科目；将原账的"科教项目结转（余）"科目余额转入新账的"累计盈余——科教盈余"科目。

（3）"本期结余""结余分配"科目。由于原账的"本期结余"科目年末无余额，因此无需进行转账处理。

由于原账的"结余分配"科目一般年末无余额，因此基本上无需进行转账处理。新制度规定"本年盈余分配"科目余额年末应当转入"累计盈余"科目。因此，对于医院年末存在累计未弥补亏损的，按新制度规定结转至"累计盈余——新旧转换盈余"科目借方。

(四)收入类、费用类会计科目

医院在执行政府会计制度后,原《医院会计制度》收入支出类会计科目有所变化,对照如表27-71所示。

表27-71　医院新旧会计科目对照表(收入费用类)

序号	新制度会计科目		原制度会计科目	
	编号	科目名称	编号	科目名称
(一)收入类				
52	4001	财政拨款收入	4101	财政补助收入
53	4101	事业收入	4001	医疗收入
			4201	科教项目收入
54	4201	上级补助收入		
55	4301	附属单位上缴收入		
56	4401	经营收入		
57	4601	非同级财政拨款收入	4301	其他收入
58	4602	投资收益		
59	4603	捐赠收入		
60	4604	利息收入		
61	4605	租金收入		
62	4609	其他收入		
(二)费用类				
63	5001	业务活动费用	5001	医疗业务成本
			5101	财政项目补助支出
			5201	科教项目补助支出
64	5101	单位管理费用	5301	管理费用
65	5201	经营费用	5302	其他支出
66	5301	资产处置费用		
67	5401	上缴上级费用		
68	5501	对附属单位补助费用		
69	5801	所得税费用	5302	其他支出
70	5901	其他费用		

由于新账中收入类、支出类科目年末无余额,无需进行转账处理。自2019年1月1日起,医院应当按照新制度及补充规定设置收入类、费用类科目并进行账务处理,并根据行业特殊业务核算要求,在不影响会计处理和编制报表的前提下,可以根据实际情况自行增设或减少某些会计科目。

二、预算会计科目的新旧衔接

医院在新旧会计制度衔接转换过程中,根据2018年12月31日原账的科目余额表、总账及明细账,按照新制度预算会计核算基础,对涉及预算会计核算内容的会计科目进行详细分析和调整,编制《医院原会计科目余额明细表二(预算会计)》(见表27-72)。根据原账科目余额表和《医院原会计科目余额明细表二(预算会计)》,将原账科目余额过入新账期初余额。

在对新账的预算会计科目期初余额进行调整及补充登记时,应当编制记账凭证,并将调整及补充登记事项的确认依据作为原始凭证。

表27-72　医院原会计科目余额明细表二(预算会计)

总账科目	明细分类	金额	备注
预付账款	财政补助资金预付		
	非财政补助专项资金预付		
	非财政补助非专项资金预付		

续表

总账科目	明细分类	金额	备注
其他应收款	预付款项		如职工预借的差旅费等
	其中：财政补助资金预付		
	非财政补助专项资金预付		
	非财政补助非专项资金预付		
	需要收回及其他		如支付的押金、应收为职工垫付的款项等
库存物资	购入库存物资		
	非购入库存物资		如接受捐赠、无偿调入物资等
在加工物资	加工过程中支付资金		
	其中：财政补助资金支付		
	非财政补助专项资金支付		
	非财政补助非专项资金支付		
	加工过程中未支付资金		
长期投资	长期股权投资		
	其中：现金资产取得		
	非现金资产或其他方式取得		
	长期债券投资		
	其中：投资成本		
	其他		
应付票据、应付账款	发生时不计入支出		
	发生时计入支出		
	其中：财政补助资金应付		
	非财政补助专项资金应付		
	非财政补助非专项资金应付		
长期借款	借款本金		
	其他		
待冲基金	对应非流动资产的待冲基金		
	对应流动资产的待冲基金		
专用基金	从非财政补助结余分配中提取		
	其他		

（一）预算结余类会计科目与原账会计科目对照

按照新制度"双功能、双基础、双报告"的核算原则，新制度增加的预算会计科目，通过"资金结存"科目衔接财政拨款结转（余）、非财政拨款结转（余）等会计科目。新旧制度预算结余类科目对照如表27-73所示。

表27-73　　　　　　　　医院新旧会计科目对照表（预算结余类）

序号	新制度会计科目		原制度会计科目	
	编号	名称	编号	名称
1	8101	财政拨款结转	3301	财政补助结转（余）
2	8102	财政拨款结余		
3	8201	非财政拨款结转	3302	科教项目结转（余）
4	8202	非财政拨款结余	3001	事业基金
5	8301	专用结余	3101	专用基金
6	8001	资金结存（借方）	3301	财政补助结转（余）
			3302	科教项目结转（余）
			3001	事业基金
			3101	专用基金

为了保证复式记账借贷平衡，体现收付实现制下预算资金流入、流出和结存情况，新制度除设置了"财政拨款结转""财政拨款结余""非财政拨款结转""非财政拨款结余""专用结余"等预算结存类科目外，还设置了"资金结存"科目，用以反映各结存类科目对应的资金形态。"资金结存"科目设置了"零余额账户用款额度""货币资金"和"财政应返还额度"等明细科目。当确认预算收入时，同时借记"资金结存"科目；当确认预算支出时，同时贷记"资金结存"科目。年末结账后"资金结存"科目余额为借方余额，上述结存类科目余额为贷方余额，两者方向相反、金额相等。因此，在新旧会计制度衔接中，预算会计按照收付实现制原则，对结存类会计科目进行调整，重新确认登记新账的"财政拨款结转""财政拨款结余""非财政拨款结转""非财政拨款结余""专用结余"科目及其明细科目。

（二）预算结余类会计科目余额的调整

根据《医院新旧会计科目对照表（预算会计类）》（见表27-73）、原账会计科目余额表及《医院原会计科目余额明细表二（预算会计）》（见表27-72），将原账会计科目余额分析转入新账预算会计科目。

1. "财政拨款结转"和"财政拨款结余"科目及对应的"资金结存"科目余额。

新制度设置了"财政拨款结转""财政拨款结余"科目及对应的"资金结存"科目。新旧制度转换时，医院应当对原账的"财政补助结转（余）"科目余额进行逐项分析，加上各项结转转入的预算支出中已经计入预算支出尚未支付财政资金（如发生时列支的应付账款）的金额，减去已经支付财政资金尚未计入预算支出（如预付账款等）的金额，按照增减后的金额，登记新账的"财政拨款结转"科目及其明细科目贷方；按照原账"财政补助结转（余）"科目余额，登记新账的"财政拨款结转"科目及其明细科目贷方。

医院应当按照原账"财政应返还额度"科目余额登记新账的"资金结存——财政应返还额度"科目借方；按照原账的"财政拨款结转"和"财政拨款结余"科目贷方余额合计数，减去新账的"资金结存——财政应返还额度"科目借方余额后的差额，登记新账的"资金结存——货币资金"科目借方。

2. "非财政拨款结转"科目及对应的"资金结存"科目余额。

新制度设置了"非财政拨款结转"科目及对应的"资金结存"科目。在新旧制度转换时，医院应当对原账的"科教项目结转（余）"科目余额进行逐项分析，加上各项结转（余）转入的预算支出中已经计入预算支出尚未支付非财政补助专项资金（如发生时列支的应付账款）的金额，减去已经支付非财政补助专项资金尚未计入预算支出（如预付账款等）的金额，按照增减后的金额，登记新账的"非财政拨款结转"科目及其明细科目贷方；同时，按照相同的金额登记新账的"资金结存——货币资金"科目借方。

3. "专用结余"科目及对应的"资金结存"科目余额

新制度设置了"专用结余"科目及对应的"资金结存"科目。"专用结余"科目用于核算事业单位按照规定从非财政拨款结余中提取的具有专门用途的资金的变动和滚存情况，提取基金时贷记本科目，使用基金时借记本科目。

因此，在新旧制度转换时，医院应当按照原账"专用基金"科目余额中通过非财政拨款结余分配形成的金额，借记新账的"资金结存——货币资金"科目，贷记新账的"专用结余"科目。

医院应当对于原账"应付福利费"科目中属于职工福利基金（从非财政拨款结余中提取形成）的金额，应当在确定新账的"专用结余"科目余额时作为调增项处理，借记新账的"资金结存——货币资金"科目，贷记新账的"专用结余"科目。

4. "非财政拨款结余"科目及对应的"资金结存"科目余额。

新制度设置了"非财政拨款结余"科目及对应的"资金结存"科目。在新旧制度转换时，医院应当在新账的"库存现金""银行存款""其他货币资金""财政应返还额度"科目借方余额合计数基础上，对不纳入单位预算管理的资金进行调整（如减去新账中货币资金形式的受托代理资产、应缴财政款、已收取将来需要退回资金的其他应付款，加上已支付将来需要收回资金的其他应收款），按照调整后的金额减去新账的"财政拨款结转""财政拨款结余""非财政拨款结转""专用结余"科目贷方余额合计数的金额，登记新账的"非财政拨款结余"科目贷方；同时，按照相同的金额登记新账的"资金结存——货币资金"科目借方。

5. "经营结余""其他结余""非财政拨款结余分配"科目。

新制度设置了"经营结余"科目,该科目的核算内容原账在"其他支出"科目中核算。在新旧制度转换时,无需对"经营结余"科目进行新账年初余额登记。

新制度设置了"其他结余"和"非财政拨款结余分配"科目。"其他结余"科目用于核算单位本年度除财政拨款收支、非同级财政专项资金收支和经营收支以外各项收支相抵后的余额。"非财政拨款结余分配"用于核算事业单位本年度非财政拨款结余分配的情况和结果。该两科目均为年末结账用科目,年末结账后一般应无余额。因此,在新旧制度转换时,医院无需对"其他结余"和"非财政拨款结余分配"科目进行新账年初余额登记。

医院如果原账"结余分配——未弥补亏损"年末有借方余额,新旧制度转换时,医院应当按照原账的"结余分配——未弥补亏损"科目余额,借记新账的"非财政拨款结余分配——未弥补亏损",贷记新账的"资金结存——货币资金"科目。

(三)预算收入类、预算支出类会计科目

按照新制度"双功能、双基础、双报告"的核算原则,新制度设置的预算会计科目,与原《医院会计制度》收入、支出类会计科目对照如表 27-74 所示。

表 27-74　　　　　　　　　医院新旧会计科目对照表(预算收入支出类)

序号	新制度会计科目		原制度会计科目	
	编号	科目名称	编号	科目名称
(一)预算收入类				
7	6001	财政拨款预算收入	4101	财政补助收入
8	6101	事业预算收入	4001	医疗收入
9	6201	上级补助预算收入		
10	6301	附属单位上缴预算收入		
11	6401	经营预算收入	4301	其他收入
12	6501	债务预算收入		
13	6601	非同级财政拨款预算收入		
14	6602	投资预算收益	4301	其他收入
15	6609	其他预算收入		
(二)预算支出类				
16	7201	事业支出	5001	医疗业务成本
17	7301	经营支出	5302	其他支出
18	7401	上缴上级支出		
19	7501	对附属单位补助支出		
20	7601	投资支出		
21	7701	债务还本支出		
22	7901	其他支出	5302	其他支出

由于预算收入类、预算支出类会计科目年初无余额,在新旧制度转换时,医院无需对预算收入类、预算支出类会计科目进行新账年初余额登记。自 2019 年 1 月 1 日起,按照新制度及补充规定设置预算收入类、预算支出类科目并进行账务处理,根据实际情况设置明细科目核算。

三、财务报表与预算会计报表的新旧衔接

按照《衔接规定》,医院在对旧制度科目余额进行转账、完成未入账事项登记入账,以及对部分新账科目余额进行调整工作后,应当编制 2019 年 1 月 1 日的科目余额表,按照新账资产负债表版式编制期初余额,编制其他财务报表、预算会计报表有关报表的期初数据。

(一)新旧会计制度报表体系对照

新制度报表体系分为财务报表和预算会计报表。其中,财务报表由会计报表和附注构成,会计报表由资产负债表、收入费用表、净资产变动表和现金流量表组成(单位可自行选择是否编制现金流量表)。预算会

计报表由预算收入表、预算结转结余变动表和财政拨款预算收入支出表组成,是编制部门决算报表的基础。

旧制度会计报表体系主要包括资产负债表、收入支出总表、业务收支明细表、财政补助收支明细表、净资产变动表(见表27-75)。

此外,新制度针对新的核算内容和要求对报表结构进行了调整和优化,对报表附注应当披露的内容进行了细化,对会计报表重要项目说明提供了可参考的披露格式、要求按经济分类披露费用信息、要求披露本年预算结余和本年盈余的差异调节过程等。调整完善后的报表体系,对于全面反映单位财务信息和预算执行信息,提高部门、单位会计信息的透明度和决策有用性具有重要的意义。

表27-75 医院新旧会计制度报表体系对照

序号	新制度报表			原制度报表			对照关系说明
	编号	报表名称	编制期	编号	报表名称	编制期	
一、财务报表							
1	会政财01表	资产负债表	月度、年度	会医01表	资产负债表	月度、季度、年度	基本相同,对应新制度要求有调整,属继承关系,取消季报
2	会政财02表	收入费用表	月度、年度	会医02表	收入费用总表	月度、季度、年度	基本相同,对应新制度要求有调整,属继承关系,取消季报
3	会政财02表附表01	医疗活动收入费用明细表	月度、年度	会医02表附表01	医疗收入费用明细表	月度、季度、年度	旧制度医院行业专有收支明细表,新制度需以增加附表方式予以补充
4	会政财03表	净资产变动表	年度				新制度新增表
5	会政财04表	现金流量表	年度	会医03表	现金流量表	年度	基本相同,对应新制度要求有调整,属继承关系,取消季报
6				会医04表	财政补助收支情况表	年度	旧制度医院行业针对政府投入设定主表
7		附注	年度				新制度新增表
二、预算会计报表							
8	会政预01表	预算收入支出表	年度	会医02表	收入费用总表	月度、季度、年度	对应新制度双基础、双功能需要,新增预算会计报表
9				会医02表附表01	医疗收入费用明细表	月度、季度、年度	
10	会政预02表	预算结转结余变动表	年度				
11	会政预03表	财政拨款预算收入支出表	年度	会医04表	财政补助收支情况表	年度	
三、成本报表							
12	成本医01表	医院各科室直接成本表	月度、年度	成本医01表	医院各科室直接成本表	月度、年度	补充规定中保留了医院行业成本报表
13	成本医02表	医院临床服务类科室全成本表	月度、年度	成本医02表	医院临床服务类科室全成本表	月度、年度	
14	成本医03表	医院临床服务类科室全成本构成分析表	月度、年度	成本医03表	医院临床服务类科室全成本构成分析表	月度、年度	

(二)期初新会计制度报表的编制

1. 编制2019年1月1日科目余额表。

在将原账科目余额转入新账、未入账事项补充登记新账,以及对相关新账科目余额进行调整后,按照登记及调整后新账的各会计科目余额,编制2019年1月1日的财务会计和预算会计科目余额表(见

表27-76、表27-77），作为新账各会计科目的期初余额，也是编制新账报表的基础。

表27-76　　　　　　　　　　　2019年1月1日新账财务会计科目余额表

序号	科目编号	科目名称	期初余额	序号	科目编号	科目名称	期初余额
一、资产类				二、负债类			
1	1001	库存现金		36	2001	短期借款	
2	1002	银行存款		37	2101	应交增值税	
3	1011	零余额账户用款额度		38	2102	其他应交税费	
4	1021	其他货币资金		39	2103	应缴财政款	
5	1101	短期投资		40	2201	应付职工薪酬	
6	1201	财政应返还额度		41	2301	应付票据	
7	1211	应收票据		42	2302	应付账款	
8	1212	应收账款		43	2303	应付政府补贴款	
9	1214	预付账款		44	2304	应付利息	
10	1215	应收股利		45	2305	预收账款	
11	1216	应收利息		46	2307	其他应付款	
12	1218	其他应收款		47	2401	预提费用	
13	1219	坏账准备		48	2501	长期借款	
14	1301	在途物品		49	2502	长期应付款	
15	1302	库存物品		50	2601	预计负债	
16	1303	加工物品		51	2901	受托代理负债	
17	1401	待摊费用				负债合计	
18	1501	长期股权投资		三、净资产类			
19	1502	长期债券投资		52	3001	累计盈余	
20	1601	固定资产		53	3101	专用基金	
21	1602	固定资产累计折旧		54	3201	权益法调整	
22	1611	工程物资		55	3301	本期盈余	
23	1613	在建工程		56	3302	本年盈余分配	
24	1701	无形资产		57	3401	无偿调拨净资产	
25	1702	无形资产累计摊销		58	3501	以前年度盈余调整	
26	1703	研发支出				净资产合计	
27	1801	公共基础设施					
28	1802	公共基础设施累计折旧（摊销）					
29	1811	政府储备物资					
30	1821	文物文化资产					
31	1831	保障性住房					
32	1832	保障性住房累计折旧					
33	1891	受托代理资产					
34	1901	长期待摊费用					
35	1902	待处理财务损溢					
		资产合计				负债及净资产合计	

表27-77　　　　　　　　　　　2019年1月1日新账预算会计科目余额表

序号	科目编号	科目名称	期初余额	
			借方余额	贷方余额
1	8001	资金结存		
2	8101	财政拨款结转		
3	8102	财政拨款结余		
4	8201	非财政拨款结转		
5	8202	非财政拨款结余		
6	8301	专用结余		
7	8401	经营结余		
8	8501	其他结余		
9	8701	非财政拨款结余分配		
		预算结余类合计		

2. 编制 2019 年 1 月 1 日期初资产负债表。

医院根据 2019 年 1 月 1 日新账的财务会计科目余额表（见表 27-76），按照新制度编制 2019 年 1 月 1 日资产负债表（仅要求填列各项目"年初余额"）。

3. 编制期初净资产变动表。

医院根据 2019 年 1 月 1 日新账财务会计科目余额表（见表 27-76），填列 2019 年净资产变动表各项目的"上年年末余额"，不要求填报上年比较数。

4. 编制期初预算会计报表。

医院根据 2019 年 1 月 1 日新账预算会计科目余额表（见表 27-76），填列 2019 年预算结转结余变动表的"年初预算结转结余"项目，不要求填报上年比较数。

医院根据 2019 年 1 月 1 日新账预算会计科目余额表（见表 27-77），填列 2019 年财政拨款预算收入支出表的"年初财政拨款结转结余"项目。

第九节 基层医疗卫生机构新旧会计制度衔接

基层医疗卫生机构在新旧制度衔接转换过程中，需要根据《基层医疗卫生机构新旧会计科目对照表》《基层医疗卫生机构原会计科目余额明细表一（财务会计）》和《基层医疗卫生机构原会计科目余额明细表二（预算会计）》进行会计制度衔接转换，将原账中各会计科目 2018 年 12 月 31 日余额转入新账，即将原账中资产、负债和净资产类各会计科目的余额，直接或分析转入新账中的财务会计科目和预算会计科目。新账的科目设有明细科目的，应将原账中对应科目的余额加以分析，分别转入新账中相应科目的相关明细科目。如存在其他《衔接规定》中未列举的原账科目余额的，应当比照《衔接规定》转入新账的相应科目。如存在 2018 年 12 月 31 日前未入账的其他事项的，应当比照《衔接规定》登记新账的相应科目。

一、财务会计科目的新旧衔接

基层医疗卫生机构在新旧会计制度衔接过程中，根据 2018 年 12 月 31 日原账的科目余额表、总账及明细账，按照新制度财务会计核算规定，对涉及财务会计科目的核算内容进行详细分析和调整，编制《基层医疗卫生机构原会计科目余额明细表一（财务会计）》（见表 27-78）。根据原账科目余额表和《基层医疗卫生机构原会计科目余额明细表一（财务会计）》，将原账科目余额过入新账期初余额。

基层医疗卫生机构对新账的财务会计科目期初余额进行调整及补记未入账事项时，应当编制记账凭证，并将调整及补充登记事项的确认依据作为原始凭证（包括相关财产清查表）。

表 27-78　　　　　基层医疗卫生机构原会计科目余额明细表一（财务会计）

总账科目	明细分类	金额	备注
库存现金	库存现金		
	其中：受托代理现金		
银行存款	银行存款		
	其中：受托代理银行存款		
其他应收款	预付账款		按照合同规定预先支付的款项（包括定金）
	在途物品		已经付款，尚未收到物资
	待处理财产损溢		
	其他		
库存物资	受托代理资产		
	加工存货		
	工程物资		
	其他		

续表

总账科目	明细分类	金额	备注
在建工程	在建工程		
	工程物资		
	预付工程款等		
借入款	短期借款		
	长期借款		
应交税费	应交增值税		
	其他应交税费		
应付账款	应付账款		
	长期应付款		
其他应付款	长期应付款		
	应付利息		
	受托代理负债		
	其他		
财政补助结转（余）	公共卫生活动形成结转（余）		
	科教项目形成结转（余）		
	其他		
其他限定性用途结转（余）	公共卫生活动形成结转（余）		
	科教项目形成结转（余）		
	其他		

（一）资产类会计科目余额的调整

1. 新旧会计制度科目的变化。

基层医疗卫生机构在执行政府会计制度后，原《基层医疗卫生机构会计制度》资产类会计科目有所变化，新制度扩大了资产的核算范畴，增加了受托代理资产等核算内容，调整了部分科目核算内容。新旧会计制度资产类科目对照如表27-79所示。

表27-79　　　　　　　　基层医疗卫生机构新旧会计科目对照表（资产类）

序号	新制度科目		原制度科目	
	编号	名称	编号	名称
1	1001	库存现金	101	库存现金
2	1002	银行存款	102	银行存款
3	1011	零余额账户用款额度	103	零余额账户用款额度
4	1021	其他货币资金	104	其他货币资金
5	1201	财政应返还额度	111	财政应返还额度
6	1212	应收账款	112	应收医疗款
7	1218	其他应收款	114	其他应收款
8	1301	在途物品		
9	1214	预付账款		
10	1902	待处理财产损溢		
11	1302	库存物品	121	库存物资
12	1303	加工物品		
13	1611	工程物资		
14	1891	受托代理资产		
15	1601	固定资产	131	固定资产
16	1613	在建工程	133	在建工程
17	1611	工程物资		
18	1214	预付账款		
19	1701	无形资产	141	无形资产

2. 原账科目余额转入新账。

根据《基层医疗卫生机构新旧会计科目对照表（资产类）》（见表27-79）、原账会计科目余额表及《基层医疗卫生机构原会计科目余额明细表一（财务会计）》（见表27-78），将原账会计科目余额直接或分析转入新账财务会计科目。

（1）"库存现金""银行存款""零余额账户用款额度""其他货币资金""财政应返还额度""固定资产""无形资产"科目。新制度设置了"库存现金""银行存款""零余额账户用款额度""其他货币资金""财政应返还额度""固定资产""无形资产"科目,其核算内容与原账的上述相应科目的核算内容基本相同。转账时,基层医疗卫生机构应当将原账的上述科目余额直接转入新账的相应科目。其中,还应当将原账的"库存现金"和"银行存款"科目余额中属于新制度规定受托代理资产的金额,转入新账"库存现金"和"银行存款"科目下的"受托代理资产"明细科目。

由于原账的"零余额账户用款额度"科目年末无余额,无需进行转账处理。

(2)"应收医疗款"科目。新制度设置了"应收账款"科目,与原账的"应收医疗款"科目核算内容基本相同。转账时,基层医疗卫生机构应当将原账的"应收医疗款"科目余额直接转入新账的"应收账款"科目。

(3)"待摊支出"科目。新账设置了"待摊费用"科目和"长期待摊费用"科目,与原账的"待摊支出"科目核算内容相对应。原制度中"待摊支出"科目仅核算"为组织、管理基本医疗和公共卫生服务活动等日常发生且需要分摊至医疗支出和公共卫生支出的各项间接支出。"新制度调整了基层医疗卫生机构待摊费用核算内容、范围,分别核算单位已经支付,但应当由本期和以后各期分别负担的分摊期在1年以内(含1年)和1年以上(不含1年)的各项费用。

由于原账的"待摊支出"科目年末一般无余额,无需进行转账处理。

(4)"其他应收款"科目。新制度设置了"其他应收款"科目,该科目的核算内容与原账"其他应收款"科目的核算内容基本相同。转账时,基层医疗卫生机构应当将原账的"其他应收款"科目余额,转入新账的"其他应收款"科目。

新制度设置了"在途物品"科目,基层医疗卫生机构在原账"其他应收款"科目中核算了已经按合同规定付款尚未收到的药品、卫生材料及其他物资的,转账时,应当将原账的"其他应收款"科目余额中此部分金额,转入新账的"在途物品"科目。

基层医疗卫生机构在原账的"其他应收款"科目中核算了属于新制度规定的预付账款的,应当将原账的"其他应收款"科目余额中属于预付账款的金额转入新账的"预付账款"科目。

新制度设置了"待处理财产损溢"科目,基层医疗卫生机构在原账"其他应收款"科目中核算尚未按照相关规定完成批准程序的待处理财产损溢的,转账时,单位应当将原账的"其他应收款"科目中待处置资产损溢余额,转入新账的"待处理财产损溢"科目。

(5)"库存物资"科目。新制度设置了"库存物品""加工物品"科目,原制度设置了"库存物资"科目。转账时,基层医疗卫生机构应当将原账的"库存物资"科目余额中属于在加工存货的金额,转入新账的"加工物品"科目;将原账的"库存物资"科目余额减去属于在加工存货的金额后的差额,转入新账的"库存物品"科目。

基层医疗卫生机构在原账的"库存物资"科目中核算了属于新制度规定的工程物资、受托代理物资的,应当将原账的"库存物资"科目余额中属于工程物资、受托代理物资的金额,分别转入新账的"工程物资""受托代理资产"科目。

(6)"在建工程"科目。新制度设置了"在建工程"和"预付账款——预付备料款、预付工程款"科目,原制度设置了"在建工程"科目。转账时,基层医疗卫生机构应当将原账的"在建工程"科目余额(基建"并账"后的金额,下同)中属于预付备料款、预付工程款的金额,转入新账"预付账款"相关明细科目;将原账的"在建工程"科目余额减去预付备料款、预付工程款金额后的差额,转入新账的"在建工程"科目。

基层医疗卫生机构在原账"在建工程"科目中核算了按照新制度规定应当记入"工程物资"科目内容的,应当将原账"在建工程"科目余额中属于工程物资的金额,转入新账的"工程物资"科目。

3. 原未入账事项登记新账。

(1)受托代理资产。基层医疗卫生机构在新旧制度转换时,应当将2018年12月31日前未入账的受托代理资产按照新制度规定记入新账。登记新账时,按照确定的受托代理资产入账成本,借记"受托代理资产"科目,贷记"受托代理负债"科目。

(2)盘盈资产。基层医疗卫生机构在新旧制度转换时,应当将2018年12月31日前未入账的盘盈资产按照新制度规定记入新账。登记新账时,按照确定的盘盈资产及其成本,分别借记有关资产科目,按照盘盈资产成本的合计金额,贷记"累计盈余——新旧转换盈余"科目。

4. 新账会计科目余额调整。

（1）计提坏账准备。新制度要求对单位收回后无需上缴财政的应收账款和其他应收款提取坏账准备。在新旧制度转换时，未按"收支两条线"管理的基层医疗卫生机构应当按照2018年12月31日除应收在院病人医疗款以外的应收账款和其他应收款的余额计算应计提的坏账准备金额，借记"累计盈余——新旧转换盈余"科目，贷记"坏账准备"科目；按"收支两条线"管理的基层医疗卫生机构应当按照2018年12月31日除应收在院病人医疗款、应收医疗款外的应收账款和其他应收款的余额计算应计提的坏账准备金额，借记"累计盈余——新旧转换盈余"科目，贷记"坏账准备"科目。

（2）补提折旧。基层医疗卫生机构在原账中没有计提固定资产折旧，应当根据衔接转换准备工作中已完成的固定资产清理核查结果，以及截至2018年12月31日固定资产的预计使用年限、已使用年限、尚可使用年限等，于2019年1月1日对尚未计提折旧的固定资产补提折旧，按照应计提的折旧金额，借记"累计盈余——医疗盈余"科目，贷记"固定资产累计折旧"科目。

（3）补提摊销。基层医疗卫生机构如果在原账中没有计提无形资产摊销的，应当根据衔接转换准备工作中已完成的无形资产清理核查结果，以及截至2018年12月31日无形资产的预计使用年限、已使用年限、尚可使用年限等，于2019年1月1日对前期尚未计提摊销的无形资产补提摊销，按照应计提的摊销金额，借记"累计盈余——医疗盈余"科目，贷记"无形资产累计摊销"科目。

（二）负债类会计科目余额的调整

1. 新旧会计制度科目的变化。

基层医疗卫生机构在执行政府会计制度后，原《基层医疗卫生机构会计制度》负债类会计科目有所变化，按照"双基础"核算原则，新制度财务会计核算增加了预提费用、应付利息等科目，调整、合并或拆分了部分科目核算内容。新旧会计制度负债类科目对照如表27-80所示。

表27-80　　　　　　基层医疗卫生机构新旧会计科目对照表（负债类）

序号	新制度会计科目		原制度会计科目	
	编号	名称	编号	名称
20	2001	短期借款	201	借入款
21	2501	长期借款		
22	2308	待结算医疗款	202	待结算医疗款
23	2103	应缴财政款	203	应缴款项
24	2302	应付账款	206	应付账款
25	2502	长期应付款		
26	2305	预收账款	207	预收医疗款
27	2201	应付职工薪酬	208	应付职工薪酬
			210	应付社会保障费
28	2101	应交增值税	211	应交税费
29	2102	其他应交税费		
30	2307	其他应付款	221	其他应付款
31	2304	应付利息		
32	2502	长期应付款		
33	2901	受托代理负债		

2. 原账科目余额转入新账。

根据《基层医疗卫生机构新旧会计科目对照表（负债类）》（见表27-80）、原账科目余额表及《基层医疗卫生机构原会计科目余额明细表一（财务会计）》（见表27-78），将原账会计科目余额直接或分析转入新账财务会计科目。

（1）"借入款"科目。新制度设置了"短期借款""长期借款"科目，原制度"借入款"科目核算内容包含上述两部分内容。转账时，单位应将原账的"借入款"科目余额按照借入期限1年以内（含1年）的借款余额和借入期限超过1年（不含1年）的借款余额，分别转入新账的"短期借款"和"长期借款"科目。

（2）"待结算医疗款"科目。补充规定设置了"待结算医疗款"科目，该科目的核算内容与原账的"待结算医疗款"科目核算的内容基本相同。转账时，基层医疗卫生机构应当将原账的"待结算医疗款"科目余额转入新账的"待结算医疗款"科目。

(3)"应交税费"科目。新制度设置了"应交增值税"和"其他应交税费"科目,原制度"应交税费"科目核算内容包含上述两部分内容。转账时,单位应当将原账的"应交税费——应交增值税"科目余额,转入新账"应交增值税"中的相关明细科目;将原账的"应交税费"科目余额减去属于应交增值税余额后的差额,转入新账的"其他应交税费"科目。

(4)"应缴款项"和"预收医疗款"科目。新制度设置了"应缴财政款"科目,与原账的"应缴款项"科目核算内容基本一致;设置了"预收账款"科目,与原制度的"预收医疗款"科目核算内容基本一致。转账时,基层医疗卫生机构应当将原账的上述科目余额直接转入新账的相应科目。

(5)"应付职工薪酬"和"应付社会保障费"科目。新制度设置了"应付职工薪酬"科目,与原账的"应付职工薪酬"和"应付社会保障费"科目的核算内容基本相同。转账时,基层医疗卫生机构应当将原账"应付职工薪酬"和"应付社会保障费"科目余额直接转入新账的相应明细科目。

(6)"应付账款"科目。新制度设置了"应付账款""长期应付款"科目,转账时,单位应将原账"应付账款"科目余额按照偿还期限1年以内(含1年)的款项和超过1年(不含1年)的款项,分别转入新账"应付账款"和"长期应付款"科目。

(7)"其他应付款"科目。新制度设置了"其他应付款"科目,与原账"其他应付款"科目的核算内容基本相同。转账时,基层医疗卫生机构应当将原账的"其他应付款"科目余额,转入新账的"其他应付款"科目。其中,基层医疗卫生机构在原账的"其他应付款"科目中核算了属于新制度规定的长期应付款的,应当将原账的"其他应付款"科目余额中属于长期应付款的金额转入新账的"长期应付款"科目;在原账的"其他应付款"科目中核算了属于新制度规定的应付利息的,应当将原账的"其他应付款"科目余额中属于应付利息的金额转入新账的"应付利息"科目;在原账的"其他应付款"科目中核算了属于新制度规定的受托代理负债的,应当将原账的"其他应付款"科目余额中属于受托代理负债的金额转入新账的"受托代理负债"科目。

3. 原未入账事项登记新账。

(1)预计负债。基层医疗卫生机构在新旧制度转换时,应当将2018年12月31日按照新制度规定确认的预计负债记入新账。登记新账时,按照确定的预计负债金额,借记"累计盈余——新旧转换盈余"科目,贷记"预计负债"科目。

(2)应付质量保证金。基层医疗卫生机构在新旧制度转换时,应当将2018年12月31日前未入账的应付质量保证金按照新制度规定记入新账。登记新账时,按照确定未入账的应付质量保证金金额,借记"累计盈余——新旧转换盈余"科目,贷记"其他应付款"科目[扣留期在1年以内(含1年)]、"长期应付款"科目[扣留期超过1年]。

4. 新账会计科目余额调整。

确认长期借款期末应付利息:基层医疗卫生机构如果存在长期借款,截至2018年末有应付未付利息,应当按照新制度规定于2019年1月1日补记长期借款的应付利息金额,对其中资本化的部分,借记"在建工程"科目,对其中费用化的部分,借记"累计盈余——新旧转换盈余"科目,按照全部长期借款应付利息金额,贷记"长期借款"科目[到期一次还本付息]或"应付利息"科目[分期付息、到期还本]。

(三)净资产类科目余额的调整

1. 新旧会计制度科目的变化。

基层医疗卫生机构在执行政府会计制度后,原《基层医疗卫生机构会计制度》净资产类会计科目变化较大,增加了累计盈余、无偿调拨净资产、以前年度盈余调整等科目。新旧会计制度净资产类科目对照如表27-81所示。

表27-81　　　　　基层医疗卫生机构新旧会计科目对照表(净资产类)

序号	新制度会计科目		原制度会计科目	
	编号	名称	编号	名称
34	3001	累计盈余	301	固定基金
			302	事业基金
			305	财政补助结转(余)
			306	其他限定用途结转(余)
			308	结余分配——待分配结余
35	3101	专用基金	303	专用基金

2. 原账会计科目余额转入新账。

根据《基层医疗卫生机构新旧会计科目对照表（净资产类）》（见表27-81）、原账会计科目余额及《基层医疗卫生机构原账会计科目余额明细表一（财务会计）》（见表27-78），将原账会计科目余额直接或分析转入新账财务会计科目。

（1）"固定基金""事业基金""财政补助结转（余）""其他限定用途结转（余）"科目。新制度及补充规定设置了"累计盈余"科目及相关明细科目，该科目的核算内容包含了原账"固定基金""事业基金""财政补助结转（余）""非限定用途结转（余）"科目的核算内容。

转账时，基层医疗卫生机构应当将原账的"固定基金"科目余额转入新账的"累计盈余——医疗盈余"科目；将原账的"事业基金"科目余额转入新账的"累计盈余——新旧转换盈余"科目。对原账的"财政补助结转（余）""其他限定性用途结转（余）"科目余额进行分析，将属于公共卫生活动形成结转（余）的余额转入新账的"累计盈余——公共卫生盈余"科目，将科教项目形成结转（余）的余额转入新账的"累计盈余——科教盈余"科目，将剩余金额转入新账的"累计盈余——医疗盈余"科目。

（2）"专用基金"科目。新制度设置了"专用基金"科目，该科目的核算内容与原账"专用基金"科目的核算内容基本相同。转账时，基层医疗卫生机构应当将原账的"专用基金"科目余额转入新账的"专用基金"科目。

（3）"结余分配"科目。新制度设置了"本年盈余分配"科目，该科目的核算内容与原账的"结余分配"科目的核算内容基本相同。新制度规定"本年盈余分配"科目余额年末最终转入"累计盈余"科目。如果原账的"结余分配"科目年末存在累计未弥补亏损的，应当转入"累计盈余——新旧转换盈余"科目借方。

（4）"本期结余"科目。由于原账的"本期结余"科目年末无余额，因此无需进行转账处理。

（四）收入类、支出类会计科目

基层医疗卫生机构在执行政府会计制度后，原《基层医疗卫生机构会计制度》收入支出类会计科目有所变化，对照如表27-82所示。

表27-82　基层医疗卫生机构新旧会计科目对照表（收入支出类）

序号	新制度会计科目		原制度会计科目	
	编号	科目名称	编号	科目名称
（一）收入类				
36	4001	财政拨款收入	402	财政补助收入
37	4101	事业收入	401	医疗收入
38	4201	上级补助收入	403	上级补助收入
39	4301	附属单位上缴收入		
40	4401	经营收入		
41	4601	非同级财政拨款收入		
42	4602	投资收益		
43	4603	捐赠收入	406	其他收入
44	4604	利息收入		
45	4605	租金收入		
46	4609	其他收入		
（二）费用类				
47	5001	业务活动费用	501	医疗卫生支出
48	5101	单位管理费用		
49	5201	经营费用		
50	5301	资产处置费用	506	其他支出
51	5401	上缴上级费用		
52	5501	对附属单位补助费用		
53	5801	所得税费用		
54	5901	其他费用	506	其他支出

由于原账中收入类、支出类科目年末无余额，无需进行转账处理。自2019年1月1日起，基层医疗卫生机构应当按照新制度和补充规定设置收入类、费用类科目并进行账务处理，并根据行业特殊业务核算要求，在不影响会计处理和编制报表的前提下，基层医疗卫生机构可根据实际情况自行增设或减少部分明细会计科目。

二、预算会计科目的新旧衔接

基层医疗卫生机构在新旧会计制度衔接转换过程中，根据2018年12月31日原账的科目余额表、总账及明细账，按照新制度预算会计核算基础，对涉及预算会计核算内容的会计科目进行详细分析和调整，编制《基层医疗卫生机构原会计科目余额明细表二（预算会计）》（见表27-83）。根据原账科目余额表和《基层医疗卫生机构原会计科目余额明细表二（预算会计）》，将原账科目余额过入新账期初余额。

基层医疗卫生机构对预算会计科目的期初余额调整及补充登记时，应当编制记账凭证，并将调整及补充登记事项的确认依据作为原始凭证。

表27-83　　　　　　　　　基层医疗卫生机构原会计科目余额明细表二（预算会计）

总账科目	明细分类	金额	备注
其他应收款	预付款项		如预付账款、职工预借的差旅费等
	其中：财政补助资金预付		
	非财政补助专项资金预付		
	非财政补助非专项资金预付		
	需要收回及其他		如支付的押金、应收为职工垫付的款项等
库存物资（扣除属于受托代理资产的物资）	购入库存物资		
	其中：使用财政补助资金购入		
	使用非财政补助专项资金购入		
	使用非财政补助非专项资金购入		
	非购入库存物资		如接受捐赠的物资等
应付账款	发生时不计入支出		
	发生时计入支出		
	其中：财政补助资金应付		
	非财政补助专项资金应付		
	非财政补助非专项资金应付		
专用基金	从非财政补助结余分配中提取		
	从收入中列支提取		
	其他		

（一）预算结余类会计科目与原账会计科目对照

按照新制度"双功能、双基础、双报告"的核算原则，新制度设置了预算会计科目，通过"资金结存"科目衔接财政拨款结转（余）、非财政拨款结转（余）等会计科目。新旧制度预算结余类会计科目对照如表27-84所示。

表27-84　　　　　　　　　基层医疗卫生机构新旧会计科目对照表（预算结余类）

序号	新制度科目		原制度科目	
	编号	名称	编号	名称
1	8101	财政拨款结转	305	财政补助结转（余）
2	8102	财政拨款结余		
3	8201	非财政拨款结转	306	其他限定用途结转（余）
4	8202	非财政拨款结余	302	事业基金
			308	结余分配——待分配结余（借方）
5	8301	专用结余	303	专用基金
6	8001	资金结存（借方）	305	财政补助结转（余）
			306	其他限定用途结转（余）
			302	事业基金
			303	专用基金
			308	结余分配——待分配结余（借方）

为了保证复式记账借贷平衡，体现收付实现制下预算资金流入、流出和结存情况，新制度除设置了"财政拨款结转""财政拨款结余""非财政拨款结转""非财政拨款结余""专用结余"等预算结余类科目外，还设置了"资金结存"科目，用以反映各结余类科目对应的资金形态。"资金结存"科目设置了

"零余额账户用款额度""货币资金"和"财政应返还额度"等明细科目。当确认预算收入时，同时借记"资金结存"科目；当确认预算支出时，同时贷记"资金结存"科目。年末结账后"资金结存"科目余额为借方余额，上述结存类科目余额为贷方余额，两者方向相反、金额相等。因此，在新旧会计制度衔接中，预算会计按照收付实现制原则，对结存类会计科目进行调整，重新确认登记新账的"财政拨款结转""财政拨款结余""非财政拨款结转""非财政拨款结余""专用结余"科目及其明细科目。

(二) 预算结余类会计科目余额的调整

在新旧会计制度衔接时，基层医疗卫生机构根据《基层医疗卫生机构新旧会计科目对照表（预算结余类）》（见表27-84）、原账会计科目余额表及《基层医疗卫生机构原会计科目余额明细表二（预算会计）》（见表27-83），将原账会计科目余额分析转入新账预算会计科目。

1. "财政拨款结转"和"财政拨款结余"科目及对应的"资金结存"科目余额。

新制度设置了"财政拨款结转""财政拨款结余"科目及对应的"资金结存"科目。新旧制度转换时，基层医疗卫生机构应当对原账的"财政补助结转（余）"科目余额进行逐项分析，加上各项结转转入的预算支出中已经计入预算支出但尚未支付财政资金（如发生时已经列支的应付账款）的金额，减去已经支付财政资金尚未计入预算支出（如购入的库存物资等）的金额，按照增减后的金额登记新账的"财政拨款结转"科目及其明细科目贷方；按照原账"财政补助结转（余）"科目余额中结余资金的金额，登记新账的"财政拨款结余"科目及其明细科目贷方。

按照原账"财政应返还额度"科目余额登记新账的"资金结存——财政应返还额度"科目借方；按照新账的"财政拨款结转"和"财政拨款结余"科目贷方余额合计数，减去新账的"资金结存——财政应返还额度"科目借方余额后的差额，登记新账的"资金结存——货币资金"科目借方。

2. "非财政拨款结转"科目及对应的"资金结存"科目余额。

新制度设置了"非财政拨款结转"科目及对应的"资金结存"科目。在新旧制度转换时，基层医疗卫生机构应当对原账的"其他限定用途结转（余）"科目余额进行逐项分析，加上各项结转（余）转入的预算支出中已经计入预算支出尚未支付非财政补助专项资金（如发生时列支的应付账款）的金额，减去已经支付非财政补助专项资金尚未计入预算支出（如购入的库存物资等）的金额，按照增减后的金额登记新账的"其他限定用途结转"科目及其明细科目贷方；同时，按照相同的金额登记新账的"资金结存——货币资金"科目借方。

3. "专用结余"科目及对应的"资金结存"科目余额。

新制度设置了"专用结余"科目及对应的"资金结存"科目。"专用结余"科目用于核算事业单位按照规定从非财政拨款结余中提取的具有专门用途的资金变动和滚存情况，提取基金时贷记本科目，使用基金时借记本科目。按照预算会计的借贷平衡原则，"专用结余"贷方余额表现为一定金额的现金流入，根据预算会计的收付实现制基础，需要同时确认调整增加"资金结存"与"专用结余"科目金额。

因此，在新旧制度转换时，基层医疗卫生机构应当按照原账"专用基金"科目余额中通过非财政补助结余分配形成的金额，借记新账的"资金结存——货币资金"科目，贷记新账的"专用结余"科目。

4. "非财政拨款结余"科目及对应的"资金结存"科目余额。

（1）登记"非财政拨款结余"科目余额。新制度设置了"非财政拨款结余"科目及对应的"资金结存"科目。在新旧制度转换时，基层医疗卫生机构应当按照原账的"事业基金"科目余额，借记新账的"资金结存——货币资金"科目，贷记新账的"非财政拨款结余"科目。

"结余分配"科目为年末结账用科目，基层医疗卫生机构有业务收支结余时，通过本科目进行分配，一般情况下年末无余额。如基层医疗卫生机构存在累计亏损时，原账"结余分配——未弥补亏损"年末有借方余额。新旧制度转换时，基层医疗卫生机构应当借记新账"非财政拨款结余"，贷记新账的"资金结存——货币资金"科目。

（2）对新账"非财政拨款结余"科目及"资金结存"科目余额进行调整。

①调整应收医疗款对非财政拨款结余的影响。为了全面反映单位预算支出信息，体现收付实现制会计核算原则，新制度在预算收入类会计科目中设置了"事业预算收入"等科目，核算事业单位提供服务、销售产品等业务活动及其辅助活动取得的现金流入，取得各类现金收入时贷记本科目。其中，本科目本年发生额中的非专项资金收入，年末结账时转入"其他结余"科目，最终转入"非财政拨款结余"科目。

原账的"应收医疗款"科目余额中已计入预算收入部分，因没有现金流入，根据预算会计的收付实现制基础，不能确认为预算收入。因此，在新旧会计制度衔接时，基层医疗卫生机构应当按照原账的"应收医疗款"科目余额，借记"非财政拨款结余"科目，贷记"资金结存——货币资金"科目。

②调整其他应收款对非财政拨款结余的影响。为了全面反映单位预算支出信息，体现收付实现制会计核算原则，新制度在预算支出类会计科目中设置了"事业支出"科目，核算事业单位开展专业业务活动及其辅助活动实际发生的各项现金流出，实际支付时借记本科目。其中，本科目本年发生额中的非财政非专项资金支出，年末结账时转入"其他结余"科目，最终转入"非财政拨款结余"科目。

原账的"其他应收款"科目余额中，对于已计入预算支出的预付款项，根据预算会计的收付实现制基础，需要确认调整"其他应收款"现金流出业务。因此，在新旧会计制度衔接时，基层医疗卫生机构按照新制度规定将原账其他应收款中的预付款项计入支出的，应当对原账的"其他应收款"科目余额进行分析，区分其中预付款项的金额（将来很可能列支）和非预付款项的金额，并对预付款项的金额划分为财政补助资金预付的金额、非财政补助专项资金预付的金额和非财政补助非专项资金预付的金额，按照非财政补助非专项资金预付的金额，借记"非财政拨款结余"科目，贷记"资金结存——货币资金"科目。

③调整库存物资对非财政拨款结余的影响。为了全面反映单位预算支出信息，体现收付实现制会计核算原则，新制度在预算支出类会计科目中设置了"事业支出"科目，核算事业单位开展专业业务活动及其辅助活动实际发生的各项现金流出，实际支付时借记本科目。其中，本科目本年发生额中的非财政非专项资金支出，年末结账时转入"其他结余"科目，最终转入"非财政拨款结余"科目。

原账的"存货"科目余额，在财务会计中未计入支出，但根据预算会计的收付实现制基础，需要确认调整购入存货的现金流出业务。因此，在新旧会计制度衔接时，基层医疗卫生机构应当对原账的"库存物资"科目余额进行分析，区分购入的库存物资金额和非购入的库存物资金额。对购入的库存物资金额划分出其中使用财政补助资金购入的金额、使用非财政补助专项资金购入的金额和使用非财政补助非专项资金购入的金额，按照使用非财政补助非专项资金购入的金额，借记"非财政拨款结余"科目，贷记"资金结存——货币资金"科目。

④调整借入款对非财政拨款结余的影响。为了全面反映单位预算支出信息，体现收付实现制会计核算原则，新制度在预算收入类会计科目中设置了"债务预算收入"科目，核算事业单位按照规定从银行和其他金融机构等借入的、纳入部门预算管理的、不以财政资金作为偿还来源的债务本金，收到借入款项时借记本科目，偿还借款时贷记"债务还本支出"科目。年末结账时转入"其他结余"科目，最终转入"非财政拨款结余"科目。

在新旧会计制度衔接时，按照预算会计的核算基础，需要确认调整"短期借款""长期借款"带来的现金流入业务。因此，基层医疗卫生机构应当按照原账的"借入款"科目余额，借记"资金结存——货币资金"科目，贷记"非财政拨款结余"科目。

⑤调整应付账款对非财政拨款结余的影响。为了全面反映单位预算支出信息，体现收付实现制会计核算原则，新制度在预算支出类会计科目中设置了"事业支出"科目，核算事业单位开展专业业务活动及其辅助活动实际发生的各项现金流出，实际支付时借记本科目。其中，本科目本年发生额中的非专项资金收入，年末结账时转入"其他结余"科目，最终转入"非财政拨款结余"科目。

原账的"应付账款"科目余额中已计入预算支出部分，因现金尚未实际流出，根据预算会计的收付实现制基础，不能确认为预算支出，即应当从支出中予以冲减。因此，在新旧会计制度衔接时，基层医疗卫生机构应当对原账的"应付账款"科目余额进行分析，区分其中发生时计入支出的金额和未计入支出的金额。将计入支出的金额划分为财政补助资金应付的金额、非财政补助专项资金应付的金额和非财政补助非专项资金应付的金额，按照非财政补助非专项资金应付的金额，借记"资金结存——货币资金"科目，贷记"非财政拨款结余"科目。

⑥调整预收医疗款对非财政拨款结余的影响。为了全面反映单位预算支出信息，体现收付实现制会计核算原则，新制度在预算收入类会计科目中设置了"事业预算收入"科目，核算事业单位开展专业业务活动及其辅助活动取得的现金流入，取得各类现金收入时贷记本科目。其中，本科目本年发生额中的非专项资金收入，年末结账时转入"其他结余"科目，最终转入"非财政拨款结余"科目。

原账的"预收账款"科目余额，在财务会计中未计入收入，但根据预算会计的收付实现制基础，需要确认调整"预收账款"带来的现金流入业务为预算收入。因此，在新旧会计制度衔接时，基层医疗卫生机构应当按照原账的"预收医疗款"科目余额，借记"资金结存——货币资金"科目，贷记"非财政拨款结余"科目。

⑦调整专用基金对非财政拨款结余的影响。基层医疗卫生机构应当对原账的"专用基金"科目余额进行分析，划分出提取时列支的专用基金余额，按照提取时列支的专用基金余额，借记"资金结存——货币资金"科目，贷记"非财政拨款结余"科目。

（3）按新账货币资金余额进行调整（简易扣除法确定"非财政拨款结余"及对应的"资金结存"科目余额）。基层医疗卫生机构按照前述（1）、（2）两个步骤难以准确调整出"非财政拨款结余"科目及对应的"资金结存"科目余额的，在新旧制度转换时，可以在新账的"库存现金""银行存款""其他货币资金""财政应返还额度"科目借方余额合计数基础上，对不纳入单位预算管理的资金进行调整（如减去新账中货币资金形式的受托代理资产、应缴财政款、已收取将来需要退回资金的其他应付款等，加上已支付将来需要收回资金的其他应收款等），按照调整后的金额减去新账的"财政拨款结转""财政拨款结余""非财政拨款结转""专用结余"科目贷方余额合计数，登记新账的"非财政拨款结余"科目贷方；同时，按照相同的金额登记新账的"资金结存——货币资金"科目借方。

5."经营结余"科目。

新制度设置了"经营结余"科目。在新旧制度转换时，无需对"经营结余"科目进行新账年初余额登记。

6."其他结余""非财政拨款结余分配"科目。

新制度设置了"其他结余"和"非财政拨款结余分配"科目。"其他结余"科目用于核算单位本年度除财政拨款收支、非同级财政专项资金收支和经营收支以外各项收支相抵后的余额。"非财政拨款结余分配"用于核算事业单位本年度非财政拨款结余分配的情况和结果。该两科目均为年末结账用过渡科目，年末结账后应无余额。

由于"其他结余"和"非财政拨款结余分配"科目年末无余额，在新旧制度转换时，基层医疗卫生机构无需对"其他结余"和"非财政拨款结余分配"科目进行新账年初余额登记。

（三）预算收入类、预算支出类会计科目

按照新制度"双功能、双基础、双报告"的核算原则，新制度设置了预算会计科目。其中，预算收入类、预算支出类会计科目与原《基层医疗卫生机构会计制度》收入类、支出类会计科目没有直接转换对应关系，两类科目的核算内容与范围不完全一致。其参照关系如表27-85所示。

表27-85 基层医疗卫生机构新旧会计科目对照表（预算收入支出类）

序号	新制度科目		原制度科目	
	编号	名称	编号	名称
（一）预算收入类				
7	6001	财政拨款预算收入	402	财政补助收入
8	6101	事业预算收入	401	医疗收入
9	6201	上级补助预算收入	403	上级补助收入
10	6301	附属单位上缴预算收入		
11	6501	债务预算收入		
12	6401	经营预算收入		
13	6601	非同级财政拨款预算收入	406	其他收入
14	6602	投资预算收益		
15	6609	其他预算收入		
（二）预算支出类				
16	7201	事业支出	501	医疗卫生支出
			502	财政基建设备补助支出
17	7301	经营支出	506	其他支出
18	7401	上缴上级支出		
19	7501	对附属单位补助支出		
20	7601	投资支出		
21	7701	债务还本支出		
22	7901	其他支出	506	其他支出

由于预算收入类、预算支出类会计科目年初无余额，在新旧制度转换时，基层医疗卫生机构无需对

预算收入类、预算支出类会计科目进行新账年初余额登记。自2019年1月1日起，按照新制度设置预算收入类、预算支出类科目进行账务处理，并根据行业特殊业务核算要求，在不影响会计处理和编制报表的前提下，可以根据实际情况自行增设或减少某些明细会计科目。

三、财务报表和预算会计报表的新旧衔接

按照《衔接规定》，基层医疗卫生机构在对原制度科目余额进行转账、登记未入账事项，以及对部分新账科目余额进行调整工作后，编制2019年1月1日的科目余额表，按照新账资产负债表版式编制期初余额，编制财务报表和预算会计报表部分报表的期初数据。

（一）新旧会计制度报表体系对照

新制度报表体系分为财务报表和预算会计报表。其中，财务报表由会计报表和附注构成，会计报表由资产负债表、收入费用表、净资产变动表和现金流量表组成（单位可自行选择是否编制现金流量表）。预算会计报表由预算收入表、预算结转结余变动表和财政拨款预算收入支出表组成，是编制部门决算报表的基础。

旧制度会计报表体系主要包括资产负债表、收入支出总表、业务收支明细表、财政补助收支出明细表、净资产变动表（见表27-86）。

此外，新制度针对新的核算内容和要求对报表结构进行了调整和优化，对报表附注应当披露的内容进行了细化，对会计报表重要项目说明提供了可参考的披露格式、要求按经济分类披露费用信息、要求披露本年预算结余和本年盈余的差异调节过程等。调整完善后的报表体系，对于全面反映单位财务信息和预算执行信息，提高部门、单位会计信息的透明度和决策有用性具有重要的意义。

表27-86　新旧会计制度报表体系对照表

序号	新制度			原制度			对照说明
	编号	报表名称	编制期	编号	报表名称	编制期	对照关系
一、财务报表							
1	会政财01表	资产负债表	月度、年度	会基医01表	资产负债表	月度、季度、年度	基本相同，栏次内容对应新制度要求有调整，属继承关系，取消季报
2	会政财01表附表01	待结算医疗款明细表	月度、年度				
3	会政财02表	收入费用表	月度、年度	会基医02表	收入支出总表	月度、季度、年度	基本相同，对应新制度要求有调整，对应权责发生制引用"费用"概念。属继承关系，取消季报
4	会政财02表附表01	医疗及公共卫生收入费用明细表	月度、年度	会基医02表附表01	业务收支明细表	月度、季度、年度	旧制度基层医疗卫生机构行业收支明细表，新制度需以增加附表方式予以补充
5				会基医02表附表02	财政补助收支出明细表	月度、季度、年度	
6	会政财03表	净资产变动表	年度	会基医03表	净资产变动表	年度	基本相同，对应新制度要求有调整，属继承关系
7	会政财04表	现金流量表	年度				新制度新增表
8		附注	年度				新制度新增表
二、预算会计报表							
9	会政预01表	预算收入支出表	年度	会基医02表	收入支出总表		对应新制度双基础、双功能需要，新增预算会计报表
				会基医02表附表01	业务收支明细表		
10	会政预02表	预算结转结余变动表	年度				
11	会政预03表	财政拨款预算收入支出表	月度、年度	会基医02表附表02	财政补助收支出明细表		

（二）期初财务报表的编制

1. 编制2019年1月1日科目余额表。

在将原账科目余额转入新账、未入账事项补充登记新账，以及对相关新账科目余额进行调整后，按

照登记及调整后新账的各会计科目余额,编制 2019 年 1 月 1 日的财务会计和预算会计科目余额表(见表 27-87、表 27-88),作为新账各会计科目的期初余额,也是编制新账报表的基础。

表 27-87　　　　　　　　　　　2019 年 1 月 1 日新账财务会计科目余额表

序号	科目编号	科目名称	期初余额	序号	科目编号	科目名称	期初余额
一、资产类				二、负债类			
1	1001	库存现金		36	2001	短期借款	
2	1002	银行存款		37	2101	应交增值税	
3	1011	零余额账户用款额度		38	2102	其他应交税费	
4	1021	其他货币资金		39	2103	应缴财政款	
5	1101	短期投资		40	2201	应付职工薪酬	
6	1201	财政应返还额度		41	2301	应付票据	
7	1211	应收票据		42	2302	应付账款	
8	1212	应收账款		43	2303	应付政府补贴款	
9	1214	预付账款		44	2304	应付利息	
10	1215	应收股利		45	2305	预收账款	
11	1216	应收利息		46	2307	其他应付款	
12	1218	其他应收款		47	2401	预提费用	
13	1219	坏账准备		48	2501	长期借款	
14	1301	在途物品		49	2502	长期应付款	
15	1302	库存物品		50	2601	预计负债	
16	1303	加工物品		51	2901	受托代理负债	
17	1401	待摊费用				负债合计	
18	1501	长期股权投资		三、净资产类			
19	1502	长期债券投资		52	3001	累计盈余	
20	1601	固定资产		53	3101	专用基金	
21	1602	固定资产累计折旧		54	3201	权益法调整	
22	1611	工程物资		55	3301	本期盈余	
23	1613	在建工程		56	3302	本年盈余分配	
24	1701	无形资产		57	3401	无偿调拨净资产	
25	1702	无形资产累计摊销		58	3501	以前年度盈余调整	
26	1703	研发支出				净资产合计	
27	1801	公共基础设施					
28	1802	公共基础设施累计折旧(摊销)					
29	1811	政府储备物资					
30	1821	文物文化资产					
31	1831	保障性住房					
32	1832	保障性住房累计折旧					
33	1891	受托代理资产					
34	1901	长期待摊费用					
35	1902	待处理财务损溢					
		资产合计				负债及净资产合计	

表 27-88　　　　　　　　　　　2019 年 1 月 1 日新账预算会计科目余额表

序号	编号	科目名称	期初余额	
			借方余额	贷方余额
1	8001	资金结存		
2	8101	财政拨款结转		
3	8102	财政拨款结余		
4	8201	非财政拨款结转		
5	8202	非财政拨款结余		
6	8301	专用结余		
7	8401	经营结余		
8	8501	其他结余		
9	8701	非财政拨款结余分配		
		预算结余类合计		

2. 编制2019年1月1日期初资产负债表。

基层医疗卫生机构根据2019年1月1日新账的财务会计科目余额表（见表27-87），按照新制度编制2019年1月1日资产负债表（仅要求填列各项目"年初余额"）。

3. 编制期初净资产变动表。

基层医疗卫生机构根据2019年1月1日新账财务会计科目余额表（见表27-87），填列2019年净资产变动表各项目的"上年年末余额"，不要求填报上年比较数。

4. 编制期初预算会计报表。

基层医疗卫生机构根据2019年1月1日新账预算会计科目余额表（见表27-88），填列2019年预算结转结余变动表的"年初预算结转结余"项目，不要求填报上年比较数。

基层医疗卫生机构根据2019年1月1日新账预算会计科目余额表（见表27-88），填列2019年财政拨款预算收入支出表的"年初财政拨款结转结余"项目。

第十节　基本建设账数据的并账方法

根据《政府会计制度——行政事业单位会计科目和报表》（财会〔2018〕3号）"总说明"第四条"单位对基本建设投资应当按照本制度规定统一进行会计核算，不再单独建账，但是应当按项目单独核算，并保证项目资料完整"的规定，事业单位在新旧会计制度衔接转换过程中，应当将基本建设账（以下简称"基建账"）数据彻底并入单位统一账簿（以下简称"大账"）中，并注销原基本建设账。

根据《衔接规定》，单位如果在2018年12月31日前尚未将基建账并入单位"大账"，应当首先按照2013年《新旧行政单位会计制度有关衔接问题的处理规定》（财库〔2013〕219号）、《新旧事业单位会计制度有关衔接问题的处理规定》（财会〔2013〕2号）的要求，将基建账数据并入单位"大账"，然后再按2018年《衔接规定》要求处理新旧会计制度转换衔接事宜。

本节按照原《行政单位会计制度》《事业单位会计制度》会计科目分别说明基建账数据并入单位"大账"方法。标明适用单位的仅适用该类单位（行政单位或事业单位），未标明的均适用所有单位。通用事业单位会计科目与行业事业单位会计科目略有差异，在衔接转换中要注意区别。

一、基建并账的工作程序

在新旧会计制度衔接前，对未进行基建账数据并账处理的单位，应按以下（一）至（八）项程序完成基建并账工作；对已按月进行基建账数据并账处理的单位，应按以下（七）至（八）项程序完成基建并账工作。

（一）编制基建账会计科目余额表

单位应当对2018年度基建账的资产、负债、收入和支出进行全面清查、盘点和核实。在保证2018年度基建账簿数据真实、准确的前提下，按照《国有建设单位会计制度》的要求，编制2018年12月31日《基建账会计科目余额表》。

（二）在"大账"中设置基建会计科目

单位应当按照现行《行政单位会计制度》《事业单位会计制度》《行业事业单位会计制度》规定，在单位"大账"上新设"在建工程——基建工程（基建并账）"科目，单位"大账"会计科目有与基建账会计科目核算内容相同或相近的，可以分析或直接转入"大账"对应的会计科目。如"库存现金""银行存款""零余额账户款额度"等，均在科目下设"（基建并账）"标志或明细科目，以示区别。

（三）编制"大账"和基建账会计科目对照表

单位应编制《单位"大账"和基建账会计科目对照表》（见表27-89/90/91/92），作为基建并账的工作底稿。该表左方为"大账"科目，右方为基建账科目，纵向按资产、负债、净资产、收入和支出五个会计要素及相应科目排列，基建账的每个科目都要对应"大账"的相关科目。有些总账科目可以对应的就将总账科目直接对应，如基建账的"现金"科目对应"大账"的"库存现金"科目，"应收有偿调出器材及工程款"科目对应"大账"的"应收账款"科目等。有些总账科目不能直接对应的，需将基建账的总账科目按内容拆分成明细项目再与"大账"科目对应,如"基建拨款"科目,就需将其分解为同级财政拨款、上级单位拨款等明细项目,才能与"大账"科目相对应。

(四)编制《单位"大账"和基建账会计科目对照余额表》

单位应当依据《单位基建账会计科目余额表》与《单位"大账"和基建账会计科目对照表》,按照基建账科目与"大账"科目的对应关系,将两个制度的相关会计科目余额一一对应起来,编制《单位"大账"和基建账会计科目余额对照表》。

(五)编制并账会计分录

基建账并账会计分录的编制方法有两种:一是单独编制会计分录。按照《事业单位"大账"和基建账会计科目余额对照表》中"大账"各科目借方余额,借记"大账"中的对应科目;按《事业单位"大账"和基建账会计科目余额对照表》"大账"各科目贷方余额,贷记"大账"中的对应科目。二是合并编制会计分录。按照《事业单位"大账"和基建账会计科目余额对照表》中的对应会计科目和数据借记"大账"中的对应科目,贷记基建账的对应科目,或者借记基建账的对应科目,贷记"大账"中的对应科目。

(六)登记"大账"相关总账和明细账

单位应当根据并账会计分录将基建账中的相关数据登记到"大账"相关总账和明细账中,并结出各会计科目的期末余额。

(七)编制基建并账后的会计科目余额表

单位在完成基建并账后,应编制2018年12月31日并账后的《单位"大账"会计科目余额表》,并依据本表对原会计制度下会计科目余额进行调整,形成新制度下的会计科目余额表,供2019年1月1日新旧会计制度衔接使用。

按月进行基建并账的单位,在完成12月基建并账工作后,也应按上述要求编制2018年12月31日并账后的《单位"大账"会计科目余额表》。

(八)注销基建账

按照《政府会计制度——会计科目和报表》规定,单位对基本建设投资要统一进行会计核算,不再单独建账。在新旧会计制度衔接中,将基建账并入"大账"后,还应对基建账进行注销处理,执行《政府会计制度》后,不再进行基建并账会计处理。

单位根据2018年12月31日《基建账会计科目余额表》,编制注销会计分录并登记基建账,将资金占用类和资金来源类各科目余额结平,并按《会计档案管理办法》(财政部令第79号)规定对基建账套所有会计资料进行归档保管。

二、基建账数据的并入方法

(一)基建账数据转换并入"大账"资产类会计科目

1. "大账"资产类会计科目和基建账会计科目的对应关系。

单位在2018年新旧会计制度转换前,应当按照"大账"和基建账会计科目的对应关系,将2018年12月31日基建账科目余额并入"大账"。单位"大账"和基建账会计科目对照表(资产类)如表27-89所示。

表27-89　　　　　　　　　　单位"大账"和基建账会计科目对照表(资产类)

序号	"大账"科目			基建账科目	
	编号	名称	适用	编号	名称
1	1001	库存现金		233	现金
2	1002	银行存款		232	银行存款
3	1011	零余额账户用款额度		234	零余额账户用款额度
4	1021	财政应返还额度		235	财政应返还额度
5	1211	应收票据	事业	253	应收票据
6	1212	应收账款	行政		
7	1212	应收账款		251	应收有偿调出器材及工程款
8	1215	其他应收款		252	其他应收款
				261	拨付所属投资借款
				281	有价证券
9	1501	固定资产		201	固定资产
				111	交付使用资产

续表

序号	"大账"科目			基建账科目	
	编号	名称	适用	编号	名称
10	1502	累计折旧		202	累计折旧
11	1511	在建工程（基建工程）	在建工程	101	建筑安装工程投资
				102	设备投资
				103	待摊投资
				104	其他投资
			工程物资	211	器材采购
				212	采购保管费
				213	库存设备
				214	库存材料
				218	材料成本差异
				219	委托加工器材
			预付备料款	241	预付备料款
			预付工程款	242	预付工程款
12	1701	待处理财产损溢		203	固定资产清理
				271	待处理财产损失

2. 基建账数据并入"大账"资产类会计科目的方法。

（1）"现金""银行存款""零余额账户用款额度""财政应返还额度"科目。按照基建账中"现金""银行存款""零余额账户用款额度""财政应返还额度"科目借方余额，分别借记"大账"中"库存现金""银行存款""零余额账户用款额度""财政应返还额度"科目。

（2）"应收票据"科目。按照基建账中"应收票据"科目借方余额，事业单位借记"大账"中"应收票据"科目，行政单位借记"大账"中"应收账款"科目。

（3）"应收有偿调出器材及工程款"科目。按照基建账中"应收有偿调出器材及工程款"科目借方余额，借记"大账"中"应收账款"科目。

（4）"其他应收款""拨付所属投资借款""有价证券"科目。按照基建账中"其他应收款""拨付所属投资借款""有价证券"科目借方余额，借记"大账"中"其他应收款"科目。

（5）"交付使用财产""固定资产""累计折旧"科目。按照基建账中"交付使用财产""固定资产"科目借方余额，借记"大账"中"固定资产"科目，其中属于无形资产的，借记"大账"中"无形资产"科目；按照基建账中"累计折旧"科目贷方余额，贷记"大账"中"累计折旧"科目。

（6）"建筑安装工程投资""设备投资"等工程类科目。按照基建账中"建筑安装工程投资""设备投资""待摊投资""其他投资""器材采购""采购保管费""库存设备""库存材料""材料成本差异""委托加工器材""预付备料款""预付工程款"科目借方余额，借记"大账"中"在建工程——基建工程"科目。

（7）"固定资产清理""待处理财产损失"科目。按照基建账中"固定资产清理""待处理财产损失"科目借方余额，借记"大账"中"待处理财产损溢"科目。

（二）基建账数据转换并入"大账"负债类会计科目

1. "大账"负债类会计科目与基建账会计科目的对应关系。

单位在新旧会计制度转换前，应当按照"大账"和基建账会计科目的对应关系，将2018年12月31日基建账中科目余额并入"大账"。单位"大账"和基建账会计科目对照表（负债类）如表27-90所示。

表27-90　　　　　　　单位"大账"和基建账会计科目对照表（负债类）

序号	"大账"科目			基建账科目	
	编号	名称	适用	编号	名称
1	2001	短期借款	事业	304	基建投资借款（1年内偿还的）
				305	上级拨入投资借款（1年内偿还的）
				306	其他借款（1年内偿还的）
2	2101	应缴税费		361	应交税金
3	2102/2001	应缴国库款 应缴财政款	事业/行政	362	应交基建包干节余（应交财政部分）
				363	应交基建收入（应交财政部分）
				364	其他应交款（应交财政部分）

续表

序号	"大账"科目			基建账科目	
	编号	名称	适用	编号	名称
4	2201	应付职工薪酬		341	应付工资
				342	应付福利费
5	2301	应付票据	事业	353	应付票据
6	2301	应付账款	行政		
7	2301/2302	应付账款	行政/事业	331	应付器材款
				332	应付工程款（1年以内偿还的）
				351	应付有偿调入器材及工程款
8	2305	其他应付款		352	其他应付款
				304	基建投资借款（利息）
				364	其他应交款（非应交财政部分）
9	2401	长期借款	事业	304	基建投资借款（超过1年偿还的）
				305	上级拨入投资借款（超过1年偿还的）
				306	其他借款（超过1年偿还的）
10	2401	长期应付款	行政	304	基建投资借款
				305	上级拨入投资借款
				306	其他借款
11	2402	长期应付款		332	应付工程款（超过1年偿还的）

2. 基建账数据并入"大账"负债类会计科目的方法。

（1）"基建投资借款""上级拨入投资借款""其他借款"科目。事业单位按照基建账中"基建投资借款""上级拨入投资借款""其他借款"科目贷方余额中借款本金部分，属于超过1年偿还的部分，贷记"大账"中"长期借款"科目；属于1年内偿还的，贷记"大账"中"短期借款"科目，按照借款利息部分，贷记"大账"中"其他应付款"科目。

行政单位按照基建账中"基建投资借款""上级拨入投资借款""其他借款"科目贷方余额，贷记"大账"中"长期应付款"科目。

（2）"应交税金"科目。按照基建账中"应交税金"科目贷方余额，贷记"大账"中"应缴税费"科目。

（3）"应交基建包干节余""应交基建收入""其他应交款"科目。按照基建账中"应交基建包干节余""应交基建收入""其他应交款"科目贷方余额中属于应交财政部分，事业单位贷记"大账"中"应缴国库款"科目，行政单位贷记"大账"中"应缴财政款"科目；其余部分贷记"大账"中"其他应付款"科目。

（4）"应付工资""应付福利费"科目。按照基建账中"应付工资""应付福利费"科目贷方余额，贷记"大账"中"应付职工薪酬"科目。

（5）"应付票据"科目。按照基建账中"应付票据"科目贷方余额，事业单位贷记"大账"中"应付票据"科目，行政单位贷记"大账"中"应付账款"科目。

（6）"应付器材款""应付有偿调入器材及工程款""应付工程款"科目。按照基建账中"应付器材款""应付有偿调入器材及工程款"科目贷方余额，以及"应付工程款"科目贷方余额中属于1年以内（含1年）偿还的部分，贷记"大账"中"应付账款"科目。"应付工程款"科目贷方余额中属于超过1年以上偿还的部分，贷记"大账"中"长期应付款"科目。

（7）"其他应付款"科目。按照基建账中"其他应付款"科目贷方余额，贷记"大账"中"其他应付款"科目。

（三）基建账数据转换并入"大账"净资产类会计科目

1. "大账"净资产类会计科目和基建账会计科目的对应关系。

单位在新旧会计制度转换前，应当按照"大账"和基建账会计科目的对应关系，将2018年12月31日基建账中科目余额并入"大账"。单位"大账"和基建账会计科目对照表（净资产类）如表27-91所示。

表 27-91　　　　　　　　　单位"大账"和基建账会计科目对照表（净资产类）

序号	"大账"科目		适用单位	基建账科目	
	编号	名称		编号	名称
1	3301/3001	财政拨款结转	事业/行政	301	基建拨款（贷方余额中归属于同级财政拨款结转的资金）
				301	基建拨款（本期借方发生额中属于交回同级财政结转的资金）
				401	留成收入（属于同级财政拨款形成的部分）
2	3302/3002	财政拨款结余	事业/行政	301	基建拨款（本期借方发生额中属于交回同级财政的结余资金）
				401	留成收入（属于同级财政拨款形成的部分）
3	3401/3101	非财政补助结转/其他资金结转结余	事业/行政	301	基建拨款（本期借方发生额中属于交回的非同级财政结余资金）
				401	留成收入（属于非同级财政拨款形成的部分）
4	3101	非流动资产基金	事业	根据相关科目分析计算	
	310102	固定资产			
	310103	在建工程			
	310104	无形资产			
5	3501	资产基金	行政		
	350121	固定资产			
	350131	在建工程			
6	3001	事业基金	事业	根据相关科目分析计算	
7	3502	待偿债净资产	行政		

2. 基建账数据并入"大账"净资产类会计科目的方法。

（1）负债对应的待偿债净资产。行政单位按照基建账中"应付器材款""应付工程款""应付有偿调入器材及工程款""应付票据""基建投资借款""其他借款""上级拨入投资借款"科目贷方余额减去尚未使用的借款金额（实行贷转存办法）后的差额，借记"大账"中"待偿债净资产"科目。

（2）在建工程、固定资产对应的资产基金或非流动资产基金。

①行政单位。按照基建账中"固定资产"科目借方余额和"累计折旧"科目贷方余额的差额，贷记"大账"中"资产基金——固定资产"科目。

行政单位按照基建账中"建筑安装工程投资""设备投资""待摊投资""其他投资""器材采购""采购保管费""库存设备""库存材料""材料成本差异""委托加工器材""预付备料款""预付工程款"科目借方余额，贷记"大账"中"资产基金——在建工程"科目。

②事业单位。按照基建账中"固定资产""交付使用财产"科目中固定资产、无形资产的借方余额与"累计折旧"科目相应的贷方余额的差额，分别贷记"大账"中"非流动资产基金——固定资产、无形资产"科目。

按照基建账中"建筑安装工程投资""设备投资""待摊投资""其他投资""器材采购""采购保管费""库存设备""库存材料""材料成本差异""委托加工器材""预付备料款""预付工程款"科目借方余额，贷记"大账"中"非流动资产基金——在建工程"科目。

事业单位在计算结转"非流动资产基金"时，应当扣除以下项目：第一，新账"长期借款""短期借款""其他应付款"等科目贷方增加金额（基建借款及利息）；第二，新账"应付账款""长期应付款"科目贷方增加金额；第三，新账"其他应付款"科目贷方增加金额中与形成"在建工程——基建工程""固定资产""无形资产"等新账非流动资产相对应的金额（如形成"待摊投资"的金额）。按照上述三项合计金额，借记新账中"非流动资产基金——在建工程、固定资产、无形资产"科目。

（3）"基建拨款""留成收入"科目。按照基建账中"基建拨款""留成收入"科目余额中归属于同级财政拨款结转的部分，贷记"大账"中"财政拨款结转"科目；归属于同级财政拨款结余的部分，贷记"大账"中"财政拨款结余"科目；按照归属于非同级财政补助结转的部分，贷记"大账"中"非财政拨款结转"科目。

（四）基建账数据转换并入"大账"收入支出类会计科目

单位"大账"收入支出类会计科目和基建账会计科目对照表如表 27-92 所示。

表27-92　　　　　　　　单位"大账"和基建账会计科目对照表（收入支出类）

序号	"大账"科目			基建账科目	
	编号	名称	适用单位	编号	名称
一、收入类					
1	4001	财政补助收入/财政拨款收入	事业/行政	301	基建拨款（本期贷方发生额中属于同级财政拨款的部分）
2	4501/4011	其他收入	事业/行政	301	基建拨款（本期贷方发生额中属于非同级财政拨款的部分）
3	4011	其他收入	行政	321	上级拨入投资借款
二、支出类					
4	5001	事业支出/经费支出	事业/行政		根据相关科目分析计算
5	5301	经营支出	事业		
6	5401	其他支出	事业		本期实际偿还的借款利息

单位只有在2014年1月1日完成基建并账，且按月将基建账中相关科目的发生额并入"大账"时，基建账的收入支出需要并入"大账"。如果单位已在"大账"中核算了基建资金收支的，不再需要重复进行基建资金收支的并账处理。

因此，在按2014年基建并账衔接规定，年末基建数据并入单位"大账"的，无需进行收入支出类会计科目转账处理。

（五）基建账数据衔接转换并入的总调整

1. 完成了资产、负债和净资产类基建账并入处理后，将"大账"科目的借方合计金额减去贷方合计金额后的差额，事业单位贷记或借记"大账"中"事业基金"科目，行政单位贷记或借记"大账"中"其他资金结转结余"科目。

2. 完成了资产、负债和净资产类基建账数据的并入处理后，应对并账会计分录进行归纳、整理，并试算平衡。由于基建数据并账并非采用"复式记账"，可将所有"大账"的会计科目进行合并，形成一个汇总并账会计分录。

3. 对于单位已在原会计"大账"核算的基建投资事项，在进行上述并账处理时应当剔除重复因素，不得在"大账"中重复反映。包括：将"待核销基建支出"与其对应的资产来源"基建拨款"等相互冲销；抵销单位"大账"与基建账往来款项。可参照企业合并报表的方法，先核对清理单位"大账"与基建账有关"其他应收款""其他应付款"科目的金额，属于单位"大账"与基建账内部往来的事项，进行数据分析，然后编制内部抵销分录进行调整，防止虚增往来账款项。

经过上述步骤，完成了基建账数据并入"大账"。再按本章其他章节介绍的新旧会计制度衔接转换办法，进行新旧会计制度科目衔接转换。

【例27-1】假设某事业单位2018年12月31日基建账科目余额表如表27-93所示。

表27-93　　　　　　　　　　　　2018年度基建账科目余额表

××事业单位　　　　　　　　　　　　　　　　　　　　　　　　　　　　　　　　　　　单位：元

科目代码	资产占用	行次	年末数	科目代码	资产来源	行次	年末数
101	建安工程投资	1	44 500 000.00	301	基建拨款——以前年度拨款	21	28 950 000.00
102	设备投资	2	1 000 000.00		基建拨款——本年自筹拨款	22	1 500 000.00
103	待摊投资	3	900 000.00		基建拨款——本年财政拨款	23	800 000.00
201	固定资产	4	750 000.00		基建拨款——其他部门拨款	24	200 000.00
211	器材采购	5	30 000.00	304	基建投资借款（本金/长期）	25	14 000 000.00
214	库存材料	6	6 000.00		基建投资借款（利息）	26	227 500.00
232	银行存款	7	1 300 000.00	331	应付器材款	27	19 000.00
233	现金	8	500.00	332	应付工程款（1年以内）	28	1 100 000.00
242	预付工程款	9	1 200 000.00		应付工程款（1年以上）	29	2 790 000.00

科目代码	资产占用	行次	年末数	科目代码	资产来源	行次	年末数
252	其他应收款	10	600 000.00	352	其他应付款	30	700 000.00
	资金占用合计		50 286 500.00		资金来源合计		50 286 500.00

（1）衔接转换计算。事业单位按照2013年基建账与单位"大账"衔接转换办法进行并账计算转换，计算过程及结果如表27-94所示。

表27-94 基建并账计算表

行次	基建账科目代码	科目名称	金额	科目代码	科目名称	结转后金额	计算说明
					单位"大账"		
1	101	建安工程投资	44 500 000.00		在建工程——基建工程	46 400 000.00	=基建账第1行至第3行合计
2	102	设备投资	1 000 000.00	1511			
3	103	待摊投资	900 000.00				
4	211	器材采购	30 000.00		在建工程——工程物资	36 000.00	=基建账第4行+第5行
5	214	库存材料	6 000.00				
6	242	预付工程款	1 200 000.00		在建工程——预付工程款	1 200 000.00	=基建账第6行
7		在建工程小计	47 636 000.00		在建工程合计	47 636 000.00	=基建账第7行
8	201	固定资产	750 000.00	1501	固定资产	750 000.00	
9	233	现金	500.00	1001	库存现金	500.00	
10	232	银行存款	1 300 000.00	1002	银行存款	1 300 000.00	
11	252	其他应收款	600 000.00	1215	其他应收款	600 000.00	
12		资金占用合计	50 286 500.00		资产类合计	50 286 500.00	
13	331	应付器材款	19 000.00	2302	应付账款	1 119 000.00	=基建账13行+14行
14	332	应付工程款（1年以内）	1 100 000.00				
15		应付工程款（1年以上）	2 790 000.00	2402	长期应付款	2 790 000.00	
16	304	基建投资借款（本金/长期）	14 000 000.00	2401	长期借款	14 000 000.00	
17		基建投资借款（利息）	227 500.00	2305	其他应付款	227 500.00	
18					在建工程扣除部分	18 136 500.00	
19	301	基建拨款——以前年度拨款	28 950 000.00	3101	非流动资产基金——在建工程	29 499 500.00	="大账"第7行-第18行
20		基建拨款——本年自筹拨款	1 500 000.00	3101	非流动资产基金——固定资产	750 000.00	=基建账第8行
21		基建拨款——本年财政拨款	800 000.00	3301	财政拨款结转	800 000.00	=基建账第21行
22		基建拨款——其他部门拨款	200 000.00	3401	非财政拨款结转	200 000.00	=基建账第22行
23	352	其他应付款	700 000.00	2305	其他应付款	700 000.00	
24					平衡前负债及净资产合计	50 086 000.00	="大账"第18行至第20行合计
25				3001	事业基金	200 500.00	="大账"第12行-第24行
26		资金来源合计	50 286 500.00		负债及净资产合计	50 286 500.00	

事业单位根据基建账并账计算表，编制如下结转分录：

借：在建工程（基建并账）——基建工程　　　　　　　　　　　　46 400 000
　　　　　　　　　　　　——工程物资　　　　　　　　　　　　　　 36 000
　　　　　　　　　　　　——预付工程款　　　　　　　　　　　　1 200 000

固定资产（基建并账） 750 000
库存现金（基建并账） 500
银行存款（基建并账） 1 300 000
其他应收款（基建并账） 600 000
贷：应付账款（基建并账） 1 119 000
　　长期应付款（基建并账） 2 790 000
　　长期借款（基建并账） 14 000 000
　　非流动资产基金（基建并账）——在建工程 29 499 500
　　　　　　　　　　　　　　——固定资产 750 000
　　财政拨款结转（基建并账） 800 000
　　非财政拨款结转（基建并账） 200 000
　　其他应付款（基建并账）——贷款利息 227 500
　　　　　　　　　　　　——其他 700 000
　　事业基金（基建并账） 200 500

（2）编制基建并账后的会计科目余额表。在将2018年12月基建账数据并入"大账"后，编制2018年12月31日基建并账后的会计科目余额表，再按照新旧会计制度转换衔接规定调整后，转入新会计制度账套。基建账并入"大账"后的科目余额表如表27-95所示。

表27-95　　　　　　　　　　　　　　事业单位"大账"科目余额表（并账后）

编制单位：××事业单位　　　　　　　　2018年12月31日　　　　　　　　　　　　　　单位：元

科目名称	行次	并账前	基建并入	并账后余额
一、资产类				
库存现金	1	8 500.00	500.00	9 000.00
银行存款	2	161 500.00	1 300 000.00	1 461 500.00
零余额账户用款额度	3			
短期投资	4	22 500.00		22 500.00
财政应返还额度	5	490 000.00		490 000.00
应收票据	6			
应收账款	7	4 540 000.00		4 540 000.00
预付账款	8	50 000.00		50 000.00
其他应收款	9	3 395 000.00	600 000.00	3 995 500.00
存货	10	331 000.00		331 000.00
长期投资	11	1 610 000.00		1 610 000.00
固定资产	12	12 327 500.00	750 000.00	13 077 500.00
累计折旧	13	-1 507 500.00		-1 507 500.00
在建工程	14		47 636 000.00	47 636 000.00
无形资产	15	266 000.00		266 000.00
累计摊销	16	-53 000.00		-53 000.00
待处置资产损溢	17	51 000.00		51 000.00
资产合计		21 693 000.00	50 286 500.00	71 979 500.00
二、负债及净资产类				
短期借款	31	370 000.00		370 000.00
应缴税费	32	2 400.00		2 400.00
应缴国库款	33	109 000.00		109 000.00
应缴财政专户款	34	3 500.00		3 500.00
应付职工薪酬	35	4 600.00		4 600.00
应付票据	36			
应付账款	37	194 000.00	1 119 000.00	1 313 000.00
预收账款	38	200 000.00		200 000.00
其他应付款	39	50 000.00	927 500.00	977 500.00
长期借款	40	1 320 000.00	14 000 000.00	15 320 000.00
长期应付款	41	20 000.00	2 790 000.00	2 810 000.00
事业基金	42	2 395 500.00	200 500.00	2 596 000.00
非流动资产基金	43	12 643 000.00	30 249 500.00	42 892 500.00
专用基金	44	1 800 000.00		1 800 000.00

续表

科目名称	行次	并账前	基建并入	并账后余额
财政补助结转	45	528 000.00	800 000.00	1 328 000.00
财政补助结余	46	40 000.00		40 000.00
非财政拨款结转	47	2 038 000.00	200 000.00	2 238 000.00
非财政拨款结余	48			
事业结余	49			
经营结余	50	−25 000.00		−25 000.00
负债及净资产合计		21 693 000.00	50 286 500.00	71 979 500.00

【例27-2】 承接【例27-1】。本案例采用单独编制会计分录方法说明注销基建账的步骤。

（1）编制《事业单位基建账科目余额表》（见表27-93）及相关项目明细表。

（2）编制基建账会计报表。

年末，事业单位按照《国有建设单位会计制度》的规定，编制《资金平衡表》（会建01表）、《基建投资表》（会建02表）、《待摊投资明细表》（会建03表）、《基建借款情况表》（会建04表）、《投资包干情况表》（会建05表）。

（3）编制注销基建账会计分录。

事业单位依据《事业单位基建账科目余额表》（见表27-93）及相关项目明细表中相关数据，编制注销基建账会计分录如下：

借：基建拨款——以前年度拨款　　　　　　　　　　28 950 000
　　　　　　——本年自筹拨款　　　　　　　　　　 1 500 000
　　　　　　——本年财政拨款　　　　　　　　　　　 800 000
　　　　　　——本年其他部门拨款　　　　　　　　　 200 000
　　基建投资借款（本金）　　　　　　　　　　　　14 000 000
　　基建投资借款（利息）　　　　　　　　　　　　　 227 500
　　应付器材款　　　　　　　　　　　　　　　　　　　19 000
　　应付工程款　　　　　　　　　　　　　　　　　 3 890 000
　　其他应付款　　　　　　　　　　　　　　　　　　 700 000
　　贷：建设安装工程投资　　　　　　　　　　　　44 500 000
　　　　设备投资　　　　　　　　　　　　　　　　 1 000 000
　　　　待摊投资　　　　　　　　　　　　　　　　　 900 000
　　　　固定资产　　　　　　　　　　　　　　　　　 750 000
　　　　器材采购　　　　　　　　　　　　　　　　　　30 000
　　　　库存材料　　　　　　　　　　　　　　　　　　 6 000
　　　　银行存款　　　　　　　　　　　　　　　　 1 300 000
　　　　现金　　　　　　　　　　　　　　　　　　　　　 500
　　　　预付工程款　　　　　　　　　　　　　　　 1 200 000
　　　　其他应收款　　　　　　　　　　　　　　　　 600 000